中国人民大学会计系列教材

模拟实验

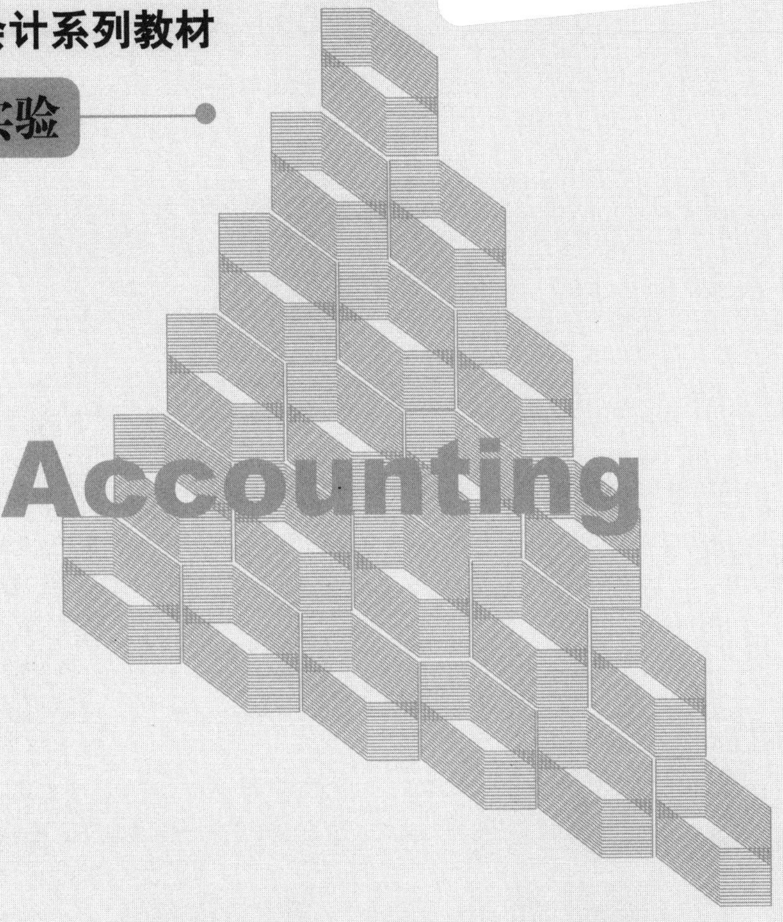

成本会计学模拟实验教程

Emulating Experiment Course in Cost Accounting

马元驹　编著

中国人民大学出版社
·北京·

前　言

《成本会计学模拟实验教程》（以下简称《实验教程》）是中国人民大学会计系列教材《成本会计学》（第六版）的配套模拟实验教材。《实验教程》是在《成本会计业务基本技能训练教程》（2004 年版）的基础上修订而成的，在修订过程中主要突出了以下三个特点：

第一，明确实验教材的目标定位。

《实验教程》是与《成本会计学》（于富生、黎来芳、张敏主编，中国人民大学出版社，第六版，以下简称主教材）相配套的辅助教材。《实验教程》的主要内容和篇章结构均以主教材的内容和篇章结构为依据，主要以产品成本计算、产品成本分析的技能为训练目标，设计和安排相关的教学内容。根据主教材的教学内容和成本会计学模拟实验的需要，《实验教程》对部分章节做了调整。《实验教程》具体设计以下模拟实验项目：要素费用分配、辅助生产费用分配、制造费用分配、在产品成本分配、产品成本计算的基本方法、产品成本计算的辅助方法。

第二，采用纸质教材与电子教材相结合的复合教材设计。

为了提高实验教程的使用效果，方便组织教学，本书配有《成本会计学模拟实验系统》（以下简称《实验系统》，读者登录人大经管图书在线（www. rdjg. com. cn）可免费下载实验系统等教学资源）。《实验系统》从三个方面为读者获得成本会计专业技能提供了便利。其一，“实验示范”以动态录像的方式，演示了在 Excel 工作表中创建产品成本计算和分析的相关模型的全过程，使读者非常直观地了解创建成本计算模型的方法和步骤。其二，“实验操作”提供了在 Excel 工作表中创建产品成本计算相关模型的操作平台，读者可以直接借助该平台进行模拟实验。其三，“实验参考”给出了已经创建完成的各种成本计算模型，读者可以在创建完成自己的成本计算模型之后去核对，也可在创建模型遇到困难时去参考。当然，我们给出的各种成本计算模型的参考答案未必能够解决成本会计中的所有问题，也可能不是解决成本会计中各种问题的最优模型，读者可以根据自己遇到的具体问题创建能够解决相关问题的成本计算模型。总之，读者通过使用《实验教程》及《实验系统》，可以进一步理解成本会计的产品成本计算、成本分析的基本原理，掌握产品成本计算和产品成本分析的基本方法，提高成本会计专业技能。

第三，突出任务导向的教学理念。

根据任务导向的教学理念，将成本会计教学内容设计成具体的模拟实验任务，通过组织实施并完成这些成本会计学模拟实验任务，从中获得成本计算等成本会计的专业技能，并为成本分析奠定基础。

《实验教程》是首都经济贸易大学“成本管理会计优秀教学团队”项目的研究成果之一。《实验教程》由首都经济贸易大学马元驹编著，《实验系统》由首都经济贸易大学马元驹、蔡芸开发。姜旭、李月、刘园参与了部分资料的准备工作。

感谢主教材作者于富生、黎来芳、张敏老师对本书的指导。感谢本书参考的相关论著和教材的作者。感谢中国人民大学出版社工商管理分社陈永凤编辑为本书出版付出的辛勤劳动。

我们所做的是一项实践教学改革的尝试性工作，必然存在不足之处。恳请使用本书的广大读者提出宝贵的意见和建议，以便开发基本满足成本会计实践性教学需要的实验教程。是所至望。

目 录

第 1 章

Chapter 1

成本会计学模拟实验概论

1.1 成本会计学模拟实验的意义和目标

成本会计是以产品成本计算为目的的成本会计信息处理系统。它运用一系列专门的方法，通过对成本费用的归集、分配，最后计算出产品总成本和单位产品成本，为企业管理和决策提供产品成本和其他成本信息。成本会计主要涉及成本核算、成本控制和成本评价。成本会计是以提供成本核算资料为核心的成本信息系统，它是企业特别是制造企业会计信息系统的一个重要组成部分。及时准确地向企业有关成本管理和成本控制部门提供成本信息是成本核算信息系统的基本任务。

成本会计学模拟实验的目标受制于成本会计的目标，成本会计学模拟实验的目标就是通过模拟实验理解成本会计的内容，获得从事成本会计工作的专业技能。现代教育理论认为，掌握知识和技能是获得和发展能力的基础，然而任何一种能力离开了具体的实践活动都不可能得到发展，会计专业能力特别是成本会计专业能力的获得和发展也不例外。《国家中长期教育改革和发展规划纲要(2010—2020 年)》明确提出，高等教育要"强化实践性教学环节"，主张能力为重。因此，成本会计学实验教学应当遵循以能力为重的教学目标。成本会计学的教学内容主要源于成本会计学的创新实践。学习、研究、理解、掌握和应用成本会计，既需要对成本会计学理论融会贯通，也需要掌握和应用成本会计学方法。特别是对于成本会计学中内容比较复杂的方法和模型，如果不亲自动手进行模拟实验，就难以理解成本会计在企业管理中的作用，也无法真正获得成本会计的技能和方法。因此，开设成本会计学模拟实验课是一条通向理论联系实际、提高成本会计技能和应用水平的可行之路。成本会计学模拟实验是在现代教育理论的指导下设计、开发完成的集教学演示、自主学习以及模拟实验于一体的计算机成本会计学模拟实验。本书是中国人民大学会计系列教材《成本会计学》的辅助教材，通过该模拟实验课程的学习，可以巩固和消化《成本会计学》的基本知识，并掌握在 Excel 工作表环境下进行成本核算的专业技能。

因此，本书的目标就是通过提供成本会计专业技能实验这个训练平台，使实验者通过参与实验活动获得成本会计的专业技能，最终为解决成本预测、决策、分析、控制、考核和评价等成本会计问题奠定良好的基础。

1.2 成本会计学模拟实验教程的内容和结构

1.2.1 成本会计学模拟实验教程的内容

本书以于富生、黎来芳、张敏主编的《成本会计学》（中国人民大学出版社，第六版，2012年12月）的主要内容和篇章结构为依据，以成本核算能力和成本分析能力培养为目标，安排模拟实验教学内容。

为了方便模拟实验的教学，我们对实验教学内容做了部分调整。为了突出成本会计核算的实验要求和成本核算基本技能训练的实验目标，且考虑到《成本会计学》第1章“总论”、第2章“工业企业成本核算的要求和一般程序”、第5章“产品成本计算方法概述”等章节中阐述成本核算原理的内容较多，成本核算操作的内容较少，对第8章“其他行业成本核算”、第9章“成本会计前沿”和第10章“成本报表和成本分析”没有安排实验内容。另外，为了均衡工作量，在实验内容的安排上，我们将第3章“费用在各种产品以及期间费用之间的归集和分配”分解为要素费用分配、辅助生产费用分配、制造费用分配等三个实验项目；将第6章“产品成本计算的基本方法”分解为产品成本计算的品种法、产品成本计算的分批法和产品成本计算的分步法等三个实验项目；将第7章“产品成本计算的辅助方法”调整为《实验教程》第9章。调整后的实验内容具体包括要素费用分配、辅助生产费用分配、制造费用分配、在产品成本分配、产品成本计算的品种法、产品成本计算的分步法、产品成本计算的分步法和产品成本计算的辅助方法等八个模拟实验专题。

为了使读者更好地理解《成本会计学》中成本会计的基本内容，模拟实验的内容以该书的例题资料为主，对部分例题资料做了必要的补充，对个别例题资料做了少量修改。例如，将所有例题中的企业名称统一改为“江海电器有限公司”。为了巩固学习成果，我们还在每个模拟实验专题之后提供了用于技能训练的练习题，以巩固成本会计技能训练的效果。希望通过以上模拟实验教学内容的调整，以及相应的模拟实验，帮助读者获得成本核算方面的会计专业技能。

1.2.2 成本会计学模拟实验教程的结构

本书中的每一项实验都按照实验说明、实验示范、实验操作和实验参考的结构来安排。实验的内容、顺序和结构如图1—1所示。

八个模拟实验专题的具体内容如下：要素费用分配实验包括材料费用分配、外购动力费用分配、职工薪酬分配和固定资产折旧费用分配等四个实验。对于诸

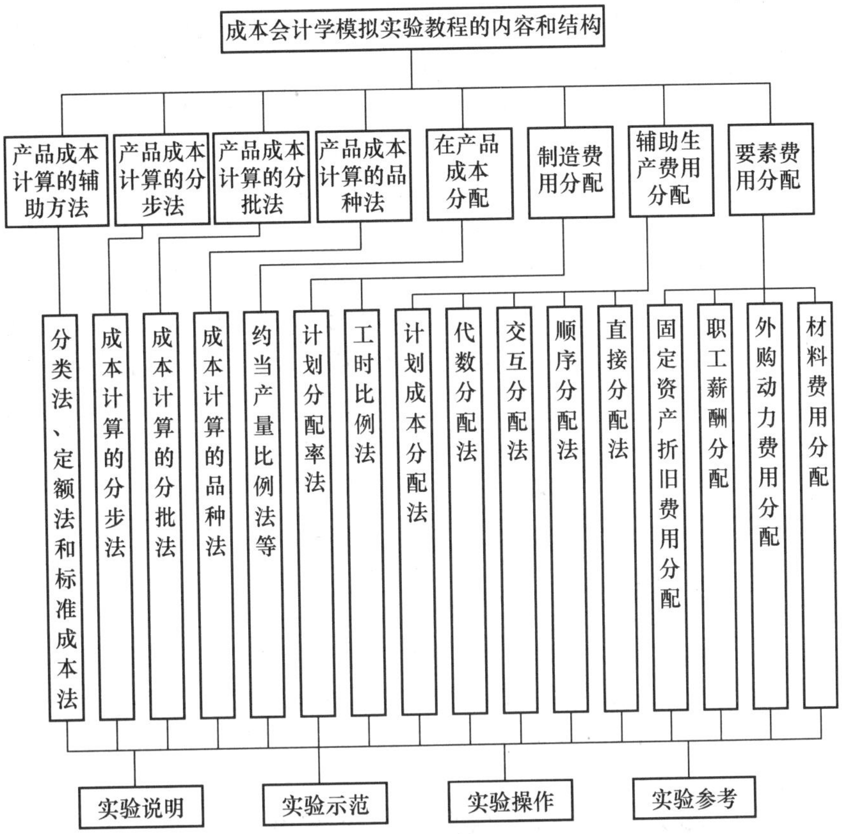

图 1—1 成本会计学模拟实验教程的内容和结构图

如低值易耗品、利息费用、税金、待摊费用和预提费用等其他要素费用，由于问题本身比较简单，读者可借鉴材料费用实验的方法来处理。辅助生产费用分配实验包括直接分配法、顺序分配法、交互分配法、代数分配法和计划成本分配法等五个实验。制造费用分配实验包括工时比例法和计划分配率法两个实验。在产品成本分配实验包括按所耗直接材料费用计价分配、按约当产量比例法分配、按约当产量比例法分配（各工序陆续投料）、按约当产量比例法分配（各工序一次投料）、按约当产量比例法分配（加工费用）、按完工产品成本计算分配、按定额成本计价分配、按定额比例法分配、按定额比例（倒挤）法分配等实验。此外，还包括产品成本计算的品种法、分批法和分步法（其中，分步法包括综合结转分步法、分项结转分步法和平行结转分步法）等实验项目，以及产品成本计算的辅助方法实验项目。

1.3 成本会计学模拟实验教程的教学模式和特点

1.3.1 成本会计学模拟实验教程的教学模式

本书的教学模式是建立在 Excel 工作表工具平台之上的任务导向的教学模

式。使用 Excel 工作表工具平台是为了提高成本会计学模拟实验的训练效果，直接借助 Excel 工作表所具有的易用性好、通用性强以及特别适合解决会计和财务问题的特点。本书将 Excel 工作表作为实现成本会计核算的模拟实验平台，不仅可以借助该平台创建成本会计费用归集和分配的模型，而且可以方便地进行成本分析。只要具备成本会计基本知识，即使不具备计算机知识，经过本书的学习，都可以获得简单而实用的成本会计的技能。本书注重通过提出任务和完成任务来解决成本会计的实际问题，并在解决实际问题的过程中介绍和应用 Excel 工作表的有关公式、函数、分析工具和其他功能，将 Excel 工作表各种功能的应用融合在解决成本会计的过程之中，从而使读者在完成成本会计任务的过程中，逐步熟悉和掌握 Excel 工作表解决成本会计问题的步骤和方法，帮助会计人员迈出自己设计符合实际需要的成本会计模型的第一步。

任务导向的教学模式改变了传统的以教师为中心，强调教师在课堂上的讲解、演示和提问为主要形式的教学方式，取而代之的是既重视教师在课堂中的讲授、演示和提问，又强调以学生为主的自主探究以及任务导向学习的现代教学方式。

本书采用任务导向的教学模式，即根据成本会计教学目标，将教学内容设计成具体的模拟实验任务，并根据模拟实验任务组织和实施教学，帮助读者在巩固理论知识的同时获得成本会计核算和成本分析的专业技能。

1.3.2 成本会计学模拟实验教程的教材特点

为了帮助读者获得成本会计的基本技能，我们采用了平面纸质教程——《成本会计学模拟实验教程》（以下简称《实验教程》）和多媒体电子教程——《成本会计学模拟实验系统》（以下简称《实验系统》）相结合的复合教材设计。实验系统的下载参见本章 1.4 节。

在传统平面纸质教程中，我们通过文字和屏幕图片，比较详细地介绍了基于 Excel 工作表的成本会计中的各种费用的计算和分配过程，通过阅读纸质教程和借助实验系统进行模拟实验，就可以获得基本的成本会计技能。

在《实验系统》中，首先，我们通过录像播放的方式，演示了在 Excel 工作表中创建各种成本会计模型的全过程，使读者非常直观地了解创建主要成本会计模型的方法和步骤。其次，我们提供了创建多种成本会计模型的模板，用来训练创建成本会计模型的基本技能。最后，我们给出了事先创建完成的有关成本计算的成本会计模型，读者可以在自己创建完成各种成本会计模型之后去核对，也可在创建成本会计模型遇到困难时去参考。当然，我们给出的各种成本会计的参考模型未必能够解决成本会计中的所有问题，也可能不是解决各种成本会计问题的最优模型，读者可以根据自己遇到的具体问题创建能够解决相应的成本会计问题的模型。

1.4　实验系统的下载和安装

1.4.1　实验系统的下载

首先登录人大经管图书在线（www. rdjg. com. cn），搜索到本书，打开本书页面即可看到名为“成本会计学模拟实验系统”的文件，单击该文件名即可将实验系统下载至计算机硬盘。然后将实验系统安装到 D 盘的根目录下即可。安装完毕后，我们就可以在 D 盘的根目录下看到名为“成本会计学模拟实验系统”的文件夹。

1.4.2　实验系统的安装

在资源管理器中找到 D 盘，选中“成本会计学模拟实验系统”文件夹，打开该文件夹，找到“cbkjb. xls”文件，然后点击该文件，屏幕上会出现“欢迎使用成本会计学模拟实验系统”、“请输入操作人员姓名:”的提示框字样。在提示框中输入“马元驹”，点击“确定”按钮，即可运行“成本会计学模拟实验系统”。

注意：由于系统使用 VBA 语言编程，在 Excel 2003 的环境下，当系统运行时，可能会出现“运行可能不安全的宏”的提示框。请选择“启用宏”。如果不想再看到该提示框，应选择工具菜单栏的“宏”，再选择“安全性”命令对话框，在安全级中选择“中”，然后单击“确定”按钮，以后运行系统时就不会再出现这种提示框了。

1.5　实验系统的使用

进入实验系统后，其主界面显示有“要素费用分配”、“辅助生产费用分配”、“制造费用分配”、“在产品成本分配”、“成本计算的基本方法”、“成本计算的辅助方法”、“成本费用分析”等实验项目。实验系统中的各个实验项目的结构是按照“实验说明”、“实验示范”、“实验操作”和“实验参考”的顺序安排的。在每个实验项目的下方都设有“进入”按钮，点击某一项目的“进入”按钮，便进入相应的成本会计学模拟实验项目。

1.5.1　要素费用分配

单击主界面中“要素费用分配”下方的“进入”按钮，进入要素费用分配模拟实验项目。在这里分别列出了“实验说明”、“实验示范”、“实验操作”和“实验参考”。要素费用分配模拟实验项目包括材料费用分配、外购动力费用分配、职工薪酬分配和固定资产折旧费用分配等四个实验项目。

1. 实验说明

单击“实验说明”，进入“实验说明”，这里列示了要素费用分配模拟实验的目的和要求。在了解了实验目的和要求之后，单击屏幕左上方的“返回上级”按钮，回到“要素费用分配”界面。

2. 实验示范

单击“实验示范”，进入要素费用分配模拟实验示范相关业务模型的演示目录界面，在这里有在Excel工作表中创建要素费用分配模型时的屏幕录像，具体包括材料费用分配、外购动力费用分配、职工薪酬分配和固定资产折旧费用分配等模型创建的录像。点击要演示的要素费用分配相应模型的名称，就可以观看该模型创建过程的录像，以便对要素费用分配各个模型的创建过程和方法有比较直观的印象。“实验示范”既可以在成本会计课堂上作为教师的辅助教学手段来使用，也可以帮助学生自学。录像演示结束后，单击屏幕左上方的“返回上级”按钮，回到“要素费用分配”界面。

3. 实验操作

单击“实验操作”，进入要素费用分配模拟实验操作相关业务模型的操作目录界面，在这里要求在Excel工作表中创建要素费用分配的模型，具体包括材料费用分配、外购动力费用分配、职工薪酬分配和固定资产折旧费用分配等模型。单击“材料费用分配”项目后，显示定额消耗量比例和定额费用比例这两种分配材料费用方法的界面。打开按照定额消耗量比例分配材料费用模型的Excel工作表，在这里创建定额消耗量比例法分配材料费用模型，并进行材料费用分配。

在完成了材料费用分配之后，保存文件并关闭Excel工作表，回到“分配材料费用”界面。接着打开按照定额费用比例分配材料费用模型的Excel工作表，创建按照定额费用比例分配材料费用的模型，并进行材料费用分配。然后保存文件并关闭Excel工作表，回到显示定额消耗量比例和定额费用比例这两种分配材料费用方法的界面。在该界面上方有一功能按钮“返回上级”，需要返回时，单击该按钮，即可返回上一级“要素费用分配”界面。

依次完成外购动力费用分配、职工薪酬分配和固定资产折旧费用分配等模型的创建并完成费用的分配。

4. 实验参考

单击“实验参考”，进入要素费用分配模型的参考目录界面。在这里有在Excel工作表中已经创建完成的要素费用分配模型，具体包括材料费用分配、外购动力费用分配、职工薪酬分配和固定资产折旧费用分配等模型。单击所要进入的要素费用分配模型，就可以看到已经创建完成的模型，以方便读者在创建模型遇到困难时或模型建成后需要核对时参考。参考结束后，单击屏幕左上方的“返回上级”按钮，回到“要素费用分配”界面。

1.5.2　辅助生产费用分配

单击主界面中"辅助生产费用分配"下方的"进入"按钮，进入辅助生产费用分配模拟实验项目。在这里分别列出了"实验说明"、"实验示范"、"实验操作"和"实验参考"，其中分别列示了直接分配法、顺序分配法、交互分配法、代数分配法和计划成本分配法等五种辅助生产费用的分配方法。

1. 实验说明

单击"实验说明"，进入"实验说明"，这里列示了辅助生产费用分配模拟实验的目的和要求。在了解了实验目的和要求之后，单击屏幕左上方的"返回上级"按钮，回到"辅助生产费用分配"界面。

2. 实验示范

单击"实验示范"，进入实验示范相关业务模型的演示目录界面，在这里有在 Excel 工作表中创建辅助生产费用分配模型时的动态录像。点击要演示的辅助生产费用分配模型的名称，就可以观看该模型创建过程的屏幕录像，以便对辅助生产费用分配各个模型的创建过程和方法有比较直观的印象，了解在 Excel 工作表中创建辅助生产费用分配模型的过程。"实验示范"既可以在课堂上作为辅助教学手段来使用，也可以帮助学生自学。录像演示结束后，单击屏幕左上方的"返回上级"按钮，回到"辅助生产费用分配"界面。

3. 实验操作

在"实验操作"中提供了辅助生产费用分配五种方法的模型框架，实验要求在该模型框架下直接进行创建辅助生产费用分配模型的操作，通过创建五种辅助生产费用分配模型达到训练成本会计辅助生产费用分配操作技能的目的。

打开"直接分配法"分配辅助生产费用的 Excel 工作表文件，创建辅助生产费用直接分配法模型，并进行辅助生产费用分配。然后保存文件并关闭 Excel 工作表，返回"辅助生产费用分配"界面。

依次完成顺序分配法、交互分配法、代数分配法和计划成本分配法等辅助生产费用分配模型的创建并完成费用的分配。在创建完成辅助生产费用分配模型之后，保存文件并关闭 Excel 工作表，回到"分配辅助生产费用"界面。在"实验操作"界面上方有一功能按钮"返回上级"，需要退出时，单击该按钮，即可退出"辅助生产费用分配"界面。

4. 实验参考

单击"实验参考"，进入模拟实验相关模型的参考目录界面。在这里有在 Excel 工作表中已经创建完成的各种辅助生产费用分配模型。单击所要进入的辅助生产费用分配模型，就可以看到已经创建完成的模型，以方便读者在创建辅助生产费用分配模型遇到困难时或模型建成后需要核对时参考。参考结束后，单击屏幕左上方的"返回上级"按钮，回到"辅助生产费用分配"界面。

1.5.3 制造费用分配

单击主界面中“制造费用分配”下方的“进入”按钮，进入制造费用分配模拟实验项目。在这里分别列出了“实验说明”、“实验示范”、“实验操作”和“实验参考”，其中分别列示了工时比例法和计划分配率法这两种制造费用的分配方法。

1. 实验说明

单击“实验说明”，进入“实验说明”，这里列示了制造费用分配模拟实验的目的和要求。在了解了实验目的和要求之后，单击屏幕左上方的“返回上级”按钮，回到“制造费用分配”界面。

2. 实验示范

单击“实验示范”，进入实验示范相关业务模型的演示目录界面，在这里有在 Excel 工作表中创建制造费用分配模型时的动态录像。点击要演示的制造费用分配模型的名称，就可以观看该模型创建过程的屏幕录像，以便对制造费用分配模型的创建过程和方法有比较直观的印象。“实验示范”既可以在课堂上作为辅助教学手段来使用，也可以帮助学生自学。录像演示结束后，单击屏幕左上方的“返回上级”按钮，回到“制造费用分配”界面。

3. 实验操作

在“实验操作”中提供了制造费用分配的模型框架，实验要求在该模型框架下直接进行创建制造费用分配模型的操作，通过创建制造费用分配模型达到训练成本会计操作技能的目的。依次完成工时比例法和计划分配率法两种制造费用分配模型的创建，并完成费用的分配。

在完成了创建制造费用分配模型的操作之后，保存文件并关闭 Excel 工作表，回到“制造费用分配”界面。

4. 实验参考

单击“实验参考”，进入制造费用模拟实验相关模型的参考目录界面。在这里有在 Excel 工作表中已经创建完成的制造费用分配模型。单击所要进入的制造费用分配模型，就可以看到已经创建完成的模型，以方便读者在创建制造费用分配模型遇到困难时或模型建成后需要核对时参考。参考结束后，单击屏幕左上方的“返回上级”按钮，回到“制造费用分配”界面。

1.5.4 在产品成本分配

单击主界面中“在产品成本分配”下方的“进入”按钮，进入在产品成本分配模拟实验项目。在这里分别列出了“实验说明”、“实验示范”、“实验操作”和“实验参考”，包括主教材介绍的关于在产品成本分配的方法：按所耗直接材料费用计价分配、按约当产量比例法分配、按约当产量比例法分配（各工序陆续投料）、按约当产量比例法分配（各工序一次投料）、按约当产量比例法分配（加工费用）、按完工产品成本计算分配、按定额成本计价分配、按定额比例法分配、按定额比例（倒挤）法分配等。

1. 实验说明

单击“实验说明”，进入“实验说明”，这里列示了在产品成本分配模拟实验的目的和要求。在了解了实验目的和要求之后，单击屏幕左上方的“返回上级”按钮，回到“在产品成本分配模拟实验”界面。

2. 实验示范

单击“实验示范”，进入实验示范相关业务模型的演示目录界面，在这里有在 Excel 工作表中创建在产品成本分配模型时的动态录像。点击要演示的在产品成本分配模型的名称，就可以观看该模型创建过程的屏幕录像，以便对在产品成本分配模型的创建过程和方法有比较直观的印象。“实验示范”既可以在课堂上作为在产品成本分配的辅助教学手段来使用，也可以帮助学生自学。录像演示结束后，单击屏幕左上方的“返回上级”按钮，回到“在产品成本分配”界面。

3. 实验操作

在“实验操作”中提供了在产品成本分配的模型框架，实验要求在该模型框架下直接进行创建各种在产品成本分配模型的操作，通过创建在产品成本分配模型达到训练成本会计在产品成本分配操作技能的目的。

在“实验操作”界面上方有一功能按钮“返回上级”，需要退出时，单击该按钮，即可回到“在产品成本分配”界面。

4. 实验参考

单击“实验参考”，进入模拟实验相关模型的参考目录界面。在这里有在 Excel 工作表中已经创建完成的在产品成本分配模型。单击所要进入的在产品成本分配模型，就可以看到已经创建完成的模型，以方便读者在创建模型遇到困难时或模型建成后需要核对时参考。参考结束后，单击屏幕左上方的“返回上级”按钮，回到“在产品成本分配”界面。

1.5.5　产品成本计算的品种法

单击主界面中“产品成本计算的品种法”下方的“进入”按钮，进入产品成本计算的品种法模拟实验项目。在这里分别列出了“实验说明”、“实验示范”、“实验操作”和“实验参考”。

1. 实验说明

单击“实验说明”，进入“实验说明”，这里列示了产品成本计算的品种法模拟实验的目的和要求。在了解了实验目的和要求之后，单击屏幕左上方的“返回上级”按钮，回到“产品成本计算的品种法”界面。

2. 实验示范

单击“实验示范”，进入实验示范相关业务模型的演示目录界面，在这里有在 Excel 工作表中创建产品成本计算的品种法模型时的动态录像。点击要演示产品的产品成本计算的品种法相应模型的名称，就可以观看该模型创建过程的屏幕录像，以便对产品成本计算的品种法模型的创建过程和方法有比较直观的印象。“实验示范”既可以在课堂上作为辅助教学手段来使用，也可以帮助学生自学。录像演示结束后，单击屏幕左上方的“返回上级”按钮，回到“产品成本计算的品种法”界面。

3. 实验操作

在“实验操作”中提供了产品成本计算的品种法的模型框架，实验要求在该模型框架下直接进行创建产品成本计算的品种法模型的操作，通过创建品种法模型达到训练产品成本计算品种法的操作技能的目的。

在完成了上述产品成本计算的品种法模型之后，保存文件并关闭 Excel 工作表，回到“产品成本计算的品种法”界面。

4. 实验参考

单击“实验参考”，进入产品成本计算的品种法模拟实验相关模型的参考目录界面。在这里有在 Excel 工作表中已经创建完成的产品成本计算的品种法模型，单击所要进入的产品成本计算的品种法模型，就可以看到相应的品种法模型，以方便读者在创建产品成本计算的品种法模型遇到困难时或模型建成后需要核对时参考。参考结束后，单击屏幕左上方的“返回上级”按钮，回到“产品成本计算的品种法”界面。

1.5.6 产品成本计算的分批法

单击主界面中“产品成本计算的分批法”下方的“进入”按钮，进入产品成本计算的分批法模拟实验项目。在这里分别列出了“实验说明”、“实验示范”、“实验操作”和“实验参考”。

1. 实验说明

单击“实验说明”，进入“实验说明”，这里列示了产品成本计算的分批法模拟实验的目的和要求。在了解了实验目的和要求之后，单击屏幕左上方的“返回上级”按钮，回到“产品成本计算的分批法”界面。

2. 实验示范

单击“实验示范”，进入实验示范相关业务模型的演示目录界面，在这里有在 Excel 工作表中创建产品成本计算的分批法模型时的动态录像。点击要演示的产品成本计算的分批法相应模型的名称，就可以观看该模型创建过程的屏幕录像，以便对产品成本计算的分批法模型的创建过程和方法有比较直观的印象。“实验示范”既可以在课堂上作为辅助教学手段来使用，也可以帮助学生自学。录像演示结束后，单击屏幕左上方的“返回上级”按钮，回到“产品成本计算的分批法”界面。

3. 实验操作

在“实验操作”中提供了产品成本计算的分批法的模型框架，实验要求在该模型框架下直接进行创建产品成本计算的分批法模型的操作，通过创建分批法模型达到训练产品成本计算分批法的操作技能的目的。

在完成了上述产品成本计算分批法模型之后，保存文件并关闭 Excel 工作表，回到“产品成本计算的分批法”界面。

4. 实验参考

单击“实验参考”，进入产品成本计算的分批法模拟实验相关模型的参考目录界面。在这里有在 Excel 工作表中已经创建完成的产品成本计算的分批法模型，单击所要进入的产品成本计算的分批法模型，就可以看到相应的分批法模型，以方便读者在创建产品成本计算的分批法模型遇到困难时或模型建成后需要核对时参考。参考结束后，单击屏幕左上方的“返回上级”按钮，回到“产品成本计算的分批法”界面。

1.5.7 产品成本计算的分步法

单击主界面中“产品成本计算的分步法”下方的“进入”按钮，进入产品成本计算的分步法模拟实验项目。在这里分别列出了“实验说明”、“实验示范”、“实验操作”和“实验参考”。

1. 实验说明

单击“实验说明”，进入“实验说明”，这里列示了产品成本计算的分步法模拟实验的目的和要求。在了解了实验目的和要求之后，单击屏幕左上方的“返回上级”按钮，回到“产品成本计算的分步法”界面。

2. 实验示范

单击“实验示范”，进入实验示范相关业务模型的演示目录界面，在这里有在 Excel 工作表中创建产品成本计算的分步法模型时的动态录像。点击要演示的产品成本计算的分步法相应模型的名称，就可以观看该模型创建过程的屏幕录像，以便对产品成本计算的分步法模型的创建过程和方法有比较直观的印象。“实验示范”既可以在课堂上作为辅助教学手段来使用，也可以帮助学生自学。录像演示结束后，单击屏幕左上方的“返回上级”按钮，回到“产品成本计算的分步法”界面。

3. 实验操作

在“实验操作”中提供了产品成本计算的分步法的模型框架，实验要求在该模型框架下直接进行创建产品成本计算的分步法模型的操作，通过创建分步法模型达到训练产品成本计算分步法的操作技能的目的。

在完成了上述产品成本计算分步法模型之后，保存文件并关闭 Excel 工作表，回到“产品成本计算的分步法”界面。

4. 实验参考

单击“实验参考”，进入产品成本计算的分步法模拟实验相关模型的参考目录界面。在这里有在 Excel 工作表中已经创建完成的产品成本计算的分步法模型，单击所要进入的产品成本计算的分步法模型，就可以看到相应的分步法模型，以方便读者在创建产品成本计算的分步法模型遇到困难时或模型建成后需要核对时参考。参考结束后，单击屏幕左上方的“返回上级”按钮，回到“产品成本计算的分步法”界面。

1.5.8 产品成本计算的辅助方法

单击主界面中“产品成本计算的辅助方法”下方的“进入”按钮，进入成本计算的辅助方法模拟实验项目。在这里分别列出了“实验说明”、“实验示范”、“实验操作”和“实验参考”，包括主教材介绍的关于成本计算的辅助方法的三种方法：产品成本计算的分类法、定额法和标准成本法等。

1. 实验说明

单击“实验说明”，进入“实验说明”，这里列示了产品成本计算的辅助方法模拟实验的目的和要求。在了解了实验目的和要求之后，单击屏幕左上方的“返回上级”按钮，回到“产品成本计算的辅助方法”界面。

2. 实验示范

单击“实验示范”，进入实验示范相关业务模型的演示目录界面，在这里有在 Excel 工作表中创建产品成本计算的辅助方法模型时的动态录像。点击要演示的产品成本计算的辅助方法相应模型的名称，就可以观看该模型创建过程的屏幕录像，以便对产品成本计算的辅助方法模型的创建过程和方法有比较直观的印象。“实验示范”既可以在课堂上作为辅助教学手段来使用，也可以帮助学生自学。录像演示结束后，单击屏幕左上方的“返回上级”按钮，回到“产品成本计算的辅助方法”界面。

3. 实验操作

在“实验操作”中提供了产品成本计算的辅助方法的模型框架，实验要求在该模型框架下直接进行创建产品成本计算的辅助方法模型的操作，通过创建辅助方法模型达到训练产品成本计算辅助方法的操作技能的目的。

在完成了上述产品成本计算辅助方法模型之后，保存文件并关闭 Excel 工作表，回到“产品成本计算的辅助方法”界面。

4. 实验参考

单击“实验参考”，进入成本计算辅助方法模拟实验相关模型的参考目录界面。在这里有在 Excel 工作表中已经创建完成的产品成本计算的辅助方法模型，单击所要进入的产品成本计算的辅助方法模型，就可以看到相应的辅助方法模型，以方便读者在创建产品成本计算的辅助方法模型遇到困难时或模型建成后需要核对时参考。参考结束后，单击屏幕左上方的“返回上级”按钮，回到“产品成本计算的辅助方法”界面。

第 2 章

Chapter 2

要素费用分配模拟实验

实验导引

实验名称：要素费用分配模拟实验。

实验目的：理解要素费用分配的原理和方法，获得利用 Excel 工作表创建要素费用分配模型的技能。

实验内容：根据主教材第 3 章“费用在各种产品以及期间费用之间的归集和分配”的材料费用、外购动力费用、职工薪酬费用和固定资产折旧等要素费用的分配等主要内容，利用 Excel 工作表创建各项要素费用的分配模型，完成各项要素费用分配的任务。

实验要求：创建要素费用分配模型，分配各项要素费用。

实验参考：参考主教材第 3 章中各项要素费用的分配等相关内容。参考《实验系统》中“要素费用分配”模块的“实验示范”中直接材料费用的分配、外购动力费用的分配、职工薪酬的分配和固定资产折旧费用等要素费用分配的屏幕录像。

2.1 要素费用分配概述

2.1.1 要素费用

要素费用是对企业生产过程中发生的费用按经济内容所作的分类，主要包括劳动对象方面的费用、劳动手段方面的费用、活劳动方面的费用。具体包括：外购材料费用，即企业为生产而耗用的从外部部购进原材料、辅助材料、半成品、包装物、低值易耗品、修理用备件以及其他直接材料的费用；外购动力费用，即企业为生产而耗用的从外部购进各种动力的费用；外购燃料费用，即企业为生产而耗用的从外部购进各种燃料的费用，燃料包括固体燃料、液体燃料、气体燃料等；职工薪酬，即企业所有应计入生产费用的职工工资、工资性津贴、补贴、奖金及职工福利费用等；折旧费与摊销费，即企业计提的固定资产折旧费和无形资产等的摊销费；利息支出，即借款利息支出减去利息收入后的金额；税金，即计入管理费用的各种税金；其他支出，即不属于上述要素的费用支出，如差旅费、办公费、租赁费、保险费和诉讼费等。

2.1.2 要素费用的分配原则及分配标准

要素费用分配是企业成本核算的主要内容和日常工作。当企业生产多种产品时，对共同耗用的要素费用应当在不同的产品之间进行分配。通常按照谁受益谁负担的原则来分配要素费用。因此，要素费用分配主要解决由哪种产品负担要素费用、如何负担和负担多少要素费用的问题，也就是要确定要素费用的分配对象和分配标准。

对于能够分清是为生产哪几种产品而发生的要素费用，直接计入该种产品成本，该产品即为要素费用的分配对象；对于分不清是为生产哪几种产品而发生的共同耗用的要素费用，要选择一定的分配标准进行分配，确定各种产品应负担的要素费用，然后计入相关的产品成本。对于无法分清是生产哪种产品所耗费的要素费用，先计入制造费用，到期末时，再按一定分配标准分配计入产品成本。即平常所说的直接费用直接计入，间接费用分配计入。

对共同耗用的要素费用进行分配时要注意选择合理而简便的分配标准。合理的要素费用分配标准是指分配标准与要素费用的发生之间具有较强的因果关系，存在内在的必然联系。简便的要素费用分配标准是指分配标准容易取得。在要素费用分配的对象和标准确定之后，就可以对共同耗用的要素费用进行分配。常用的分配标准主要有：材料费用定额耗用量、定额耗用量系数、产品的产量、产品的重量、产品的面积或体积、生产工时、机器工时等。

要素费用分配的程序是先计算要素费用分配率，然后计算各种产品应负担的要素费用。其公式如下：

$$\text{某种要素费用分配率}=\text{各种产品实际要素费用耗用量(或耗用额)之和}\div\text{各种产品定额要素费用耗用量之和}\times 100\%$$

$$\text{某种产品应分配的要素费用}=\text{某种产品定额要素费用耗用量(或耗用额)}\times\text{要素费用分配率}$$

如前所述，要素费用包括多种，为了节省篇幅，本章只选择材料费用、外购动力、职工薪酬、固定资产折旧等比较典型的要素费用分配作为实验项目，略去对其他要素费用分配的介绍。

虽然用手工计算方式不难解决要素费用分配问题，但是要素费用分配工作是成本计算的例行工作，每进行一次成本计算就需要进行一次要素费用的分配。共同耗用要素费用的产品品种越多，要素费用分配的计算工作量就越大；产品生产共同耗用要素费用的种类越多，要素费用分配的计算工作量就越大。为了提高要素费用分配的工作效率，减轻成本会计人员的劳动强度，有必要创建要素费用分配模型。

2.2 材料费用分配模型

2.2.1 材料费用分配概述

材料费用是生产产品过程中消耗的各种材料的货币表现。从实物形态看，主要包括原材料及主要材料、半成品、辅助材料、包装物、低值易耗品和修理用备件等。材料费用分配是指企业将一定时期所耗用的各种材料费用按不同方式计入产品成本的过程。

1. 材料费用分配

从企业发生的费用角度看，材料费用是企业生产产品发生的一项费用。通常按照谁受益谁负担的原则来分配材料费用。对于能够分清是为生产哪种产品而发生的材料费用，直接计入该种产品成本，该产品即为材料费用的分配对象；对于分不清是为生产哪几种产品而共同发生的材料费用，要选择一定的分配标准进行分配，确定各种产品应负担的材料费用。

对于为车间管理而发生的材料费用，则应按发生地点归集，月末再同其他间接费用一起选择适当的分配标准，分配计入有关的产品成本。即平常所说的直接费用直接计入，间接费用分配计入。对于为公司管理而发生的材料费用，应计入管理费用。对于专职销售机构发生的材料费用，则应计入销售费用。

2. 材料费用分配的方法

对生产两种或两种以上产品而共同发生的材料费用进行分配时，要注意选择合理而简便的材料费用分配标准。合理的材料费用分配标准是指分配标准与材料费用的发生具有较强的因果关系，具有内在的必然联系。简便的材料费用分配标准是指分配标准容易取得。在材料费用分配的对象和标准确定之后，就可以对共同发生的材料费用进行分配。

材料费用分配的方法主要有：定额消耗量比例法、系数比例法、产品产量比例法等。在确定分配方法时，应尽可能使分配标准符合实际，力求体现多耗用多分配、少耗用少分配的原则。当材料费用是为生产两种或两种以上产品发生时，材料费用就应当在不同的产品之间进行分配。材料费用分配是为了解决由哪种产品负担材料费用，负担多少材料费用的问题，也就是要确定材料费用的分配对象和分配标准。

2.2.2 材料费用分配任务

任务 2—1①

江海电器有限公司生产甲、乙两种产品，共同耗用原材料 60 000 千克，每千克 10 元，共计 600 000 元（为了简化核算，假定该原材料的实际价格与计划价

① 参见于富生、黎来芳、张敏：《成本会计学》，6 版，32 页，北京，中国人民大学出版社，2012。

格一致）。生产甲产品 1 200 件，单件甲产品原材料消耗定额为 30 千克；生产乙产品 800 件，单件乙产品原材料消耗定额为 15 千克。

要求：按照原材料的定额消耗量比例分配 A 种材料费用，计算甲、乙两种产品应负担的 A 种材料费用各为多少。

2.2.3 材料费用分配模型的创建

为了便于说明如何在 Excel 工作表中完成材料费用分配，我们利用任务 2—1 的资料并借助 Excel 工作表创建材料费用分配模型，然后根据这一模型计算出各产品应负担的材料费用，编制会计分录，进行产品成本核算。

在 Excel 工作表中，创建材料费用分配模型的步骤如下。

第一步：录入数据

为了便于叙述和创建材料费用分配模型，以及创建其他要素费用分配模型，我们将模型分为“数据输入区”（即灰色填充的单元格区域）和“结果输出区”（即无填充色的单元格区域）两部分。将任务 2—1 的资料以及相关数据录入材料费用分配模型的“数据输入区”。如图 2—1 所示。

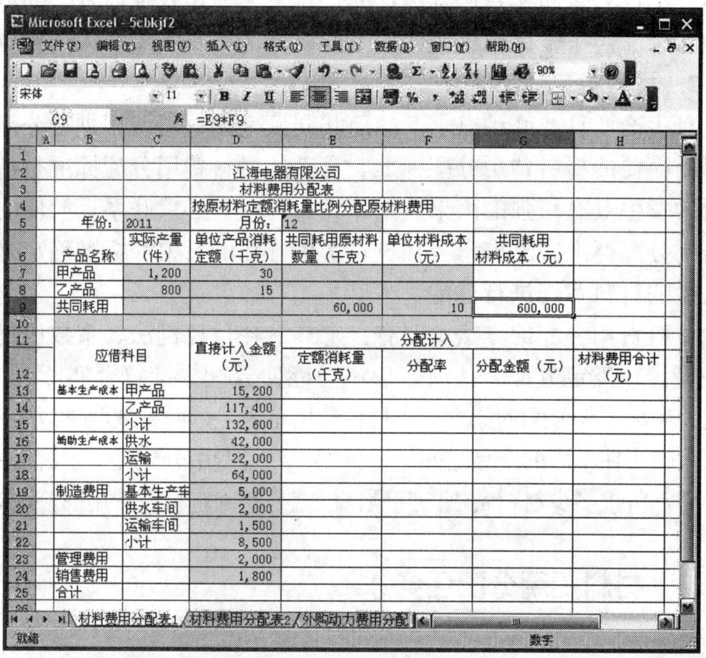

Microsoft Excel - 5cbkjf2

G9 =E9*F9

	B	C	D	E	F	G	H
2			江海电器有限公司				
3			材料费用分配表				
4			按原材料定额消耗量比例分配原材料费用				
5	年份：	2011	月份：	12			
6	产品名称	实际产量（件）	单位产品消耗定额（千克）	共同耗用原材料数量（千克）	单位材料成本（元）	共同耗用材料成本（元）	
7	甲产品	1,200	30				
8	乙产品	800	15				
9	共同耗用			60,000	10	600,000	
10							
11–12	应借科目		直接计入金额（元）	分配计入：定额消耗量（千克）	分配计入：分配率	分配计入：分配金额（元）	材料费用合计（元）
13	基本生产成本	甲产品	15,200				
14		乙产品	117,400				
15		小计	132,600				
16	辅助生产成本	供水	42,000				
17		运输	22,000				
18		小计	64,000				
19	制造费用	基本生产车	5,000				
20		供水车间	2,000				
21		运输车间	1,500				
22		小计	8,500				
23	管理费用		2,000				
24	销售费用		1,800				
25	合计						

材料费用分配表1 / 材料费用分配表2 / 外购动力费用分配

图 2—1

第二步：输入公式，计算定额消耗量

1. 计算甲产品定额消耗量

用鼠标单击单元格 E13，在公式编辑栏中输入“=”（等号），然后用鼠标单击单元格 C7，输入运算符“*”（乘号），再单击单元格 D7，在公式编辑栏内就显示出我们所输入的公式“＝C7＊D7”。如图2—2所示。

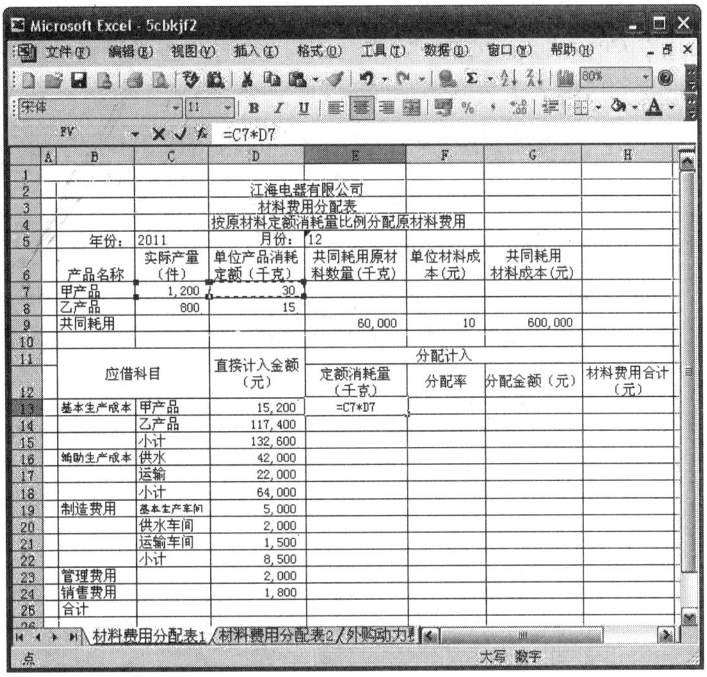
Microsoft Excel - 5cbkjf2

=C7*D7

		江海电器有限公司				
		材料费用分配表				
		按原材料定额消耗量比例分配原材料费用				
年份：	2011	月份：	12			
产品名称	实际产量（件）	单位产品消耗定额（千克）	共同耗用原材料数量（千克）	单位材料成本（元）	共同耗用材料成本（元）	
甲产品	1,200	30				
乙产品	800	15				
共同耗用			60,000	10	600,000	
应借科目		直接计入金额（元）	分配计入			材料费用合计（元）
			定额消耗量（千克）	分配率	分配金额（元）	
基本生产成本	甲产品	15,200	=C7*D7			
	乙产品	117,400				
	小计	132,600				
辅助生产成本	供水	42,000				
	运输	22,000				
	小计	64,000				
制造费用	基本生产车间	5,000				
	供水车间	2,000				
	运输车间	1,500				
	小计	8,500				
管理费用		2,000				
销售费用		1,800				
合计						

材料费用分配表1 / 材料费用分配表2 / 外购动力

图2—2

按下“回车”键，用公式“＝C7＊D7”计算出甲产品定额消耗量。本例中甲产品的定额消耗量为36 000千克。如图2—3所示。

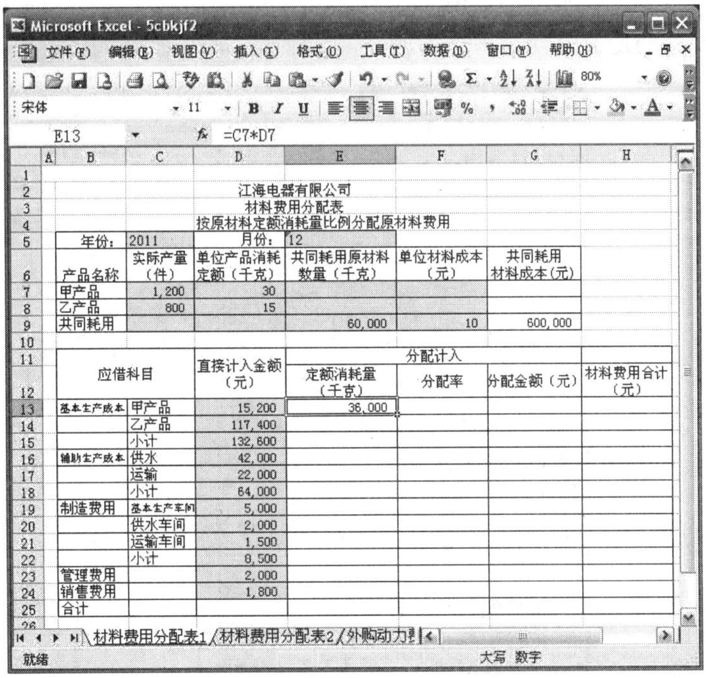
Microsoft Excel - 5cbkjf2

E13　=C7*D7

		江海电器有限公司				
		材料费用分配表				
		按原材料定额消耗量比例分配原材料费用				
年份：	2011	月份：	12			
产品名称	实际产量（件）	单位产品消耗定额（千克）	共同耗用原材料数量（千克）	单位材料成本（元）	共同耗用材料成本（元）	
甲产品	1,200	30				
乙产品	800	15				
共同耗用			60,000	10	600,000	
应借科目		直接计入金额（元）	分配计入			材料费用合计（元）
			定额消耗量（千克）	分配率	分配金额（元）	
基本生产成本	甲产品	15,200	36,000			
	乙产品	117,400				
	小计	132,600				
辅助生产成本	供水	42,000				
	运输	22,000				
	小计	64,000				
制造费用	基本生产车间	5,000				
	供水车间	2,000				
	运输车间	1,500				
	小计	8,500				
管理费用		2,000				
销售费用		1,800				
合计						

材料费用分配表1 / 材料费用分配表2 / 外购动力

图2—3

2. 计算乙产品定额消耗量

用鼠标单击单元格 E14，在公式编辑栏中输入“＝”（等号），然后用鼠标单击单元格 C8，输入运算符“＊”（乘号），再单击单元格 D8，在公式编辑栏内就显示出我们所输入的公式“＝C8＊D8”。如图 2—4 所示。

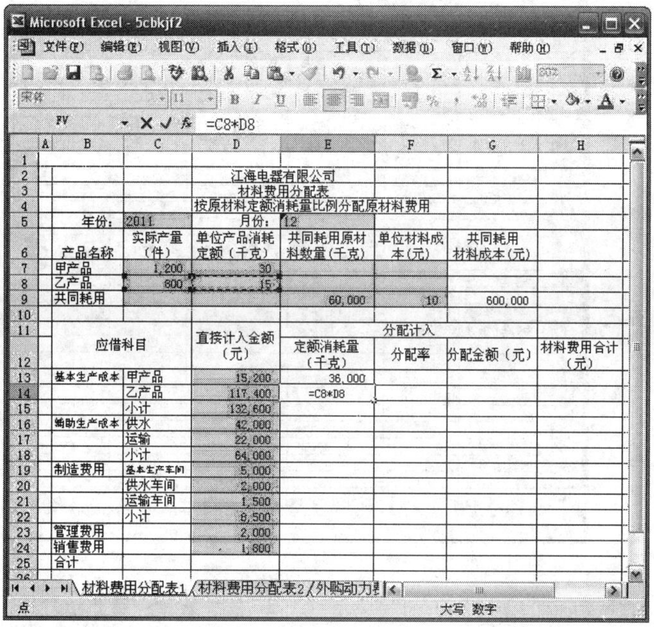

图 2—4

按下“回车”键，用公式“＝C8＊D8”计算出乙产品定额消耗量。本例中乙产品的定额消耗量为 12 000 千克。如图 2—5 所示。

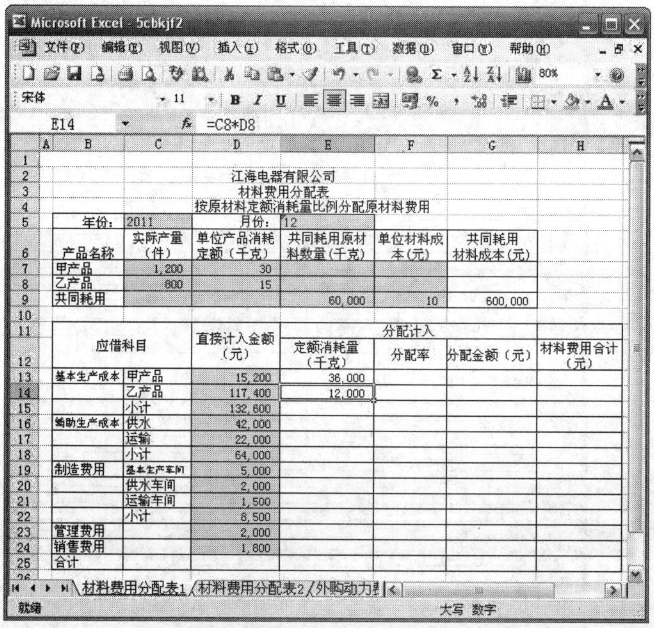

图 2—5

3. 计算甲、乙两种产品定额消耗量合计

用鼠标单击单元格 E15，在公式编辑栏中输入“＝”（等号），然后用鼠标单击单元格 D13，输入运算符“＋”（加号），再单击单元格 E14，在公式编辑栏内就显示出我们所输入的公式“＝E13＋E14”。如图 2—6 所示。

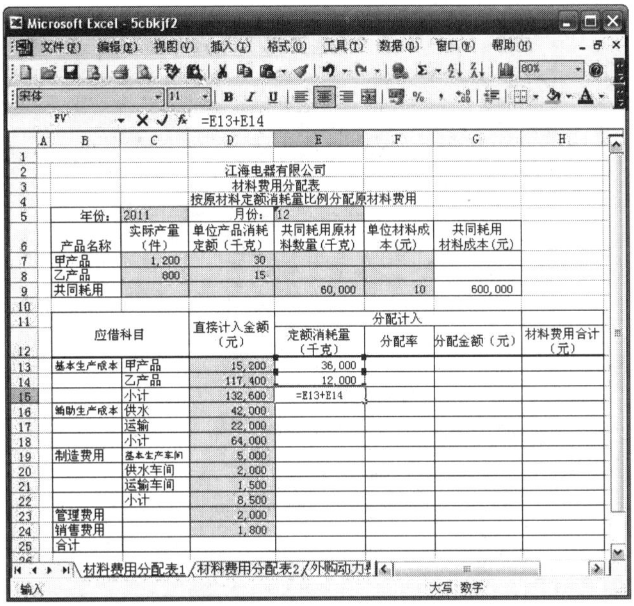

图 2—6

按下“回车”键，用公式“＝E13＋E14”计算出甲、乙两种产品的定额消耗量。本例中甲、乙两种产品定额消耗量的合计数为 48 000 千克。如图 2—7 所示。

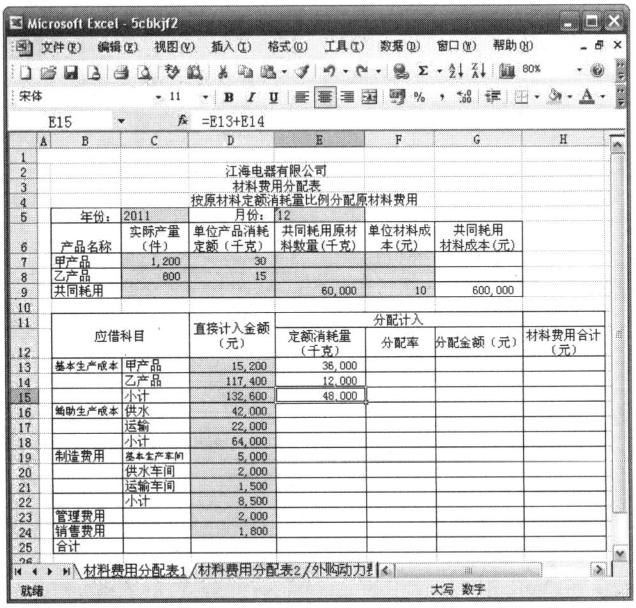

图 2—7

第三步：计算材料费用分配率

用鼠标单击单元格 F15，在公式编辑栏中输入“＝”（等号），然后用鼠标单击单元格 G9，输入运算符“/”（除号），再单击单元格 E15，在公式编辑栏内就显示出我们所输入的公式“＝G9/E15”。如图 2—8 所示。

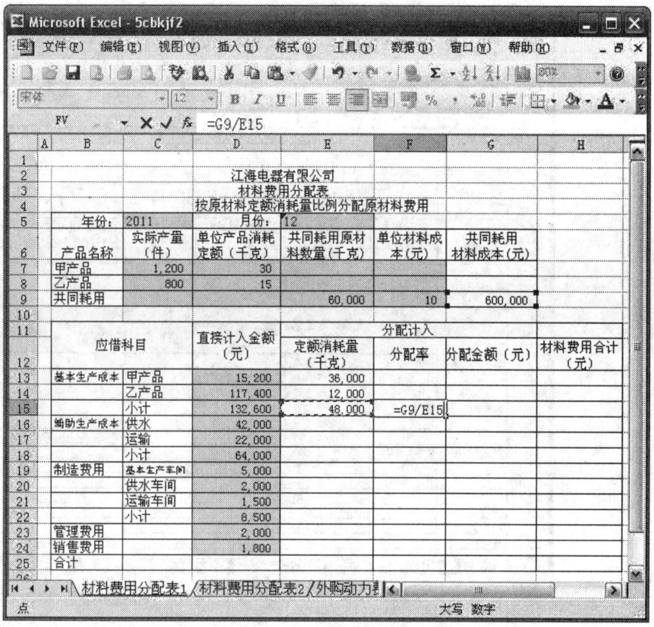

江海电器有限公司						
材料费用分配表						
按原材料定额消耗量比例分配原材料费用						
年份：	2011	月份：	12			
产品名称	实际产量（件）	单位产品消耗定额（千克）	共同耗用原材料数量（千克）	单位材料成本（元）	共同耗用材料成本（元）	
甲产品	1,200	30				
乙产品	800	15				
共同耗用			60,000	10	600,000	
应借科目		直接计入金额（元）	分配计入			材料费用合计（元）
			定额消耗量（千克）	分配率	分配金额（元）	
基本生产成本	甲产品	15,200	36,000			
	乙产品	117,400	12,000			
	小计	132,600	48,000	=G9/E15		
辅助生产成本	供水	42,000				
	运输	22,000				
	小计	64,000				
制造费用	基本生产车间	5,000				
	供水车间	2,000				
	运输车间	1,500				
	小计	8,500				
管理费用		2,000				
销售费用		1,800				
合计						

图 2—8

按下“回车”键，用公式“＝G9/E15”计算出材料费用分配率。本例中材料费用分配率为 12.50。如图 2—9 所示。

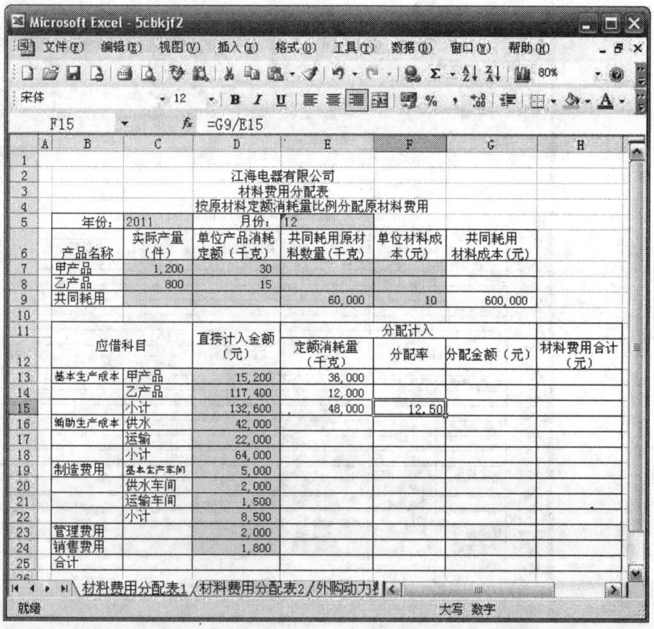

江海电器有限公司						
材料费用分配表						
按原材料定额消耗量比例分配原材料费用						
年份：	2011	月份：	12			
产品名称	实际产量（件）	单位产品消耗定额（千克）	共同耗用原材料数量（千克）	单位材料成本（元）	共同耗用材料成本（元）	
甲产品	1,200	30				
乙产品	800	15				
共同耗用			60,000	10	600,000	
应借科目		直接计入金额（元）	分配计入			材料费用合计（元）
			定额消耗量（千克）	分配率	分配金额（元）	
基本生产成本	甲产品	15,200	36,000			
	乙产品	117,400	12,000			
	小计	132,600	48,000	12.50		
辅助生产成本	供水	42,000				
	运输	22,000				
	小计	64,000				
制造费用	基本生产车间	5,000				
	供水车间	2,000				
	运输车间	1,500				
	小计	8,500				
管理费用		2,000				
销售费用		1,800				
合计						

图 2—9

第四步：输入公式，分配材料费用

1. 计算甲产品应负担的材料费用

用鼠标单击单元格 G13，在公式编辑栏中输入“＝”（等号），然后用鼠标单击单元格 E13，输入运算符“＊”（乘号），再单击单元格 F15，在公式编辑栏内就显示出我们所输入的公式“＝E13＊F15”。如图 2—10 所示。

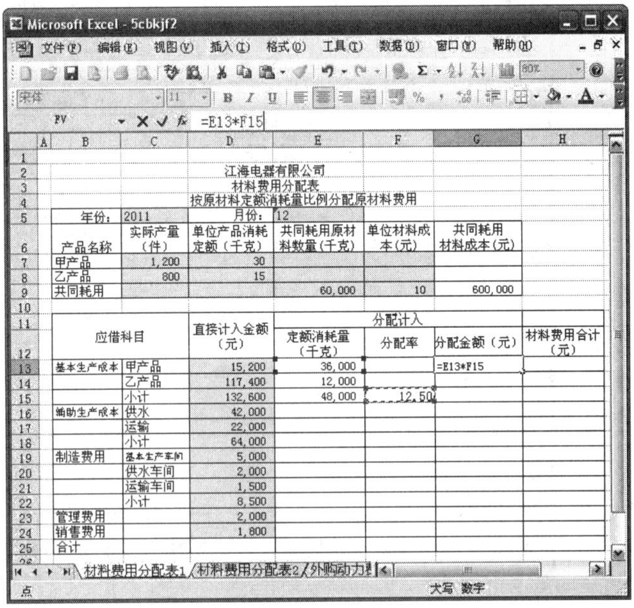

图 2—10

按下“回车”键，用公式“＝E13＊F15”计算出甲产品应负担的 A 种材料费用。本例中甲产品应负担的材料费用为 450 000 元。如图 2—11 所示。

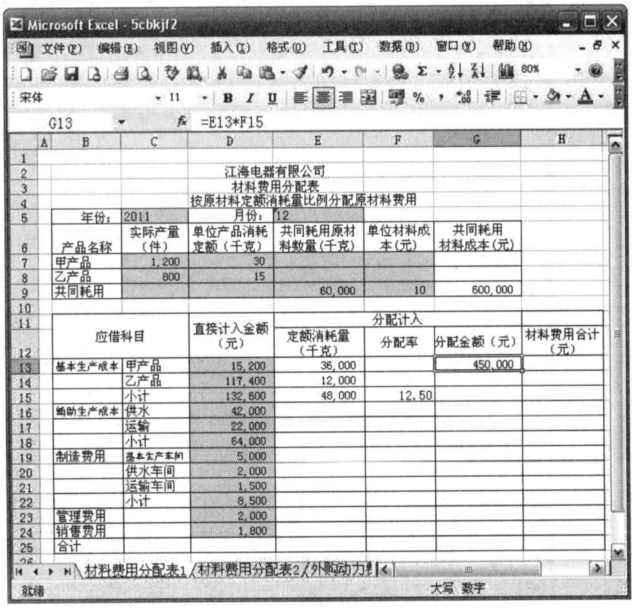

图 2—11

2. 计算乙产品应负担的材料费用

用鼠标单击单元格 G14，在公式编辑栏中输入“＝”（等号），然后用鼠标单击单元格 E14，输入运算符“＊”（乘号），再单击单元格 F15，在公式编辑栏内就显示出我们所输入的公式“＝E14＊F15”。如图 2—12 所示。

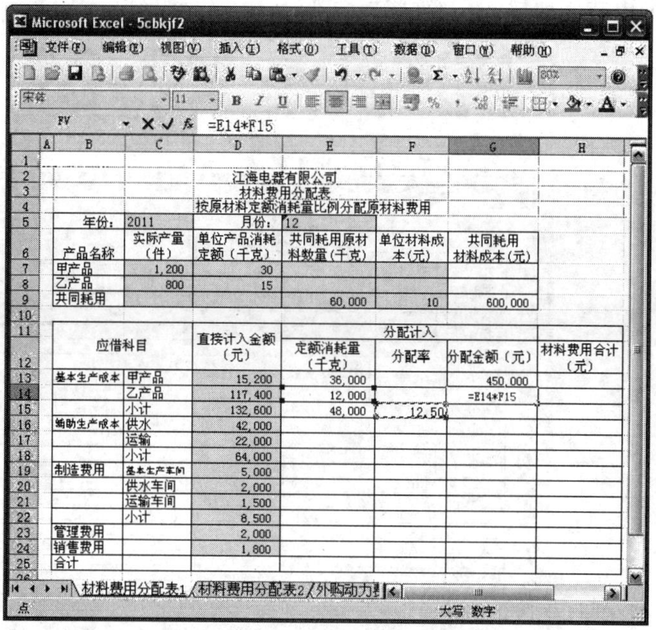

图 2—12

按下“回车”键，用公式“＝E14＊F15”计算出乙产品应负担的 A 种材料费用。本例中乙产品应负担的材料费用为 150 000 元。如图 2—13 所示。

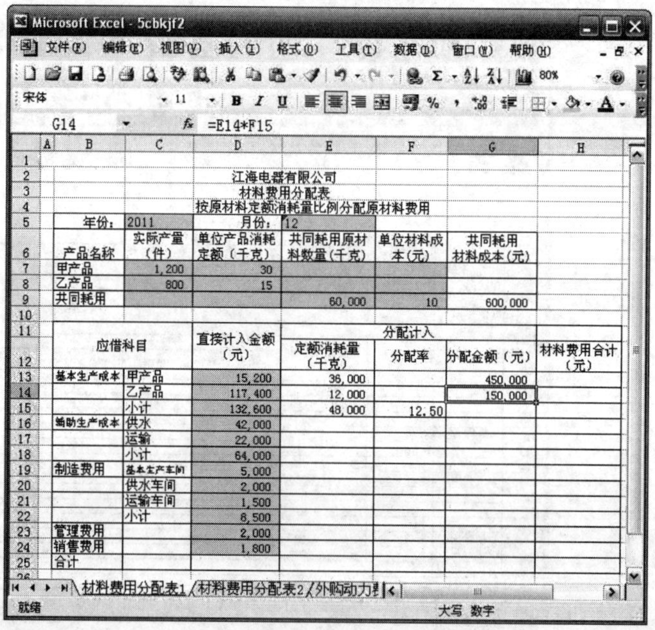

图 2—13

用鼠标单击单元格 H13，在公式编辑栏中输入“＝”（等号），然后用鼠标单击单元格 G13 中的甲产品应分摊的材料费用，引用到单元格 H13。然后用鼠标单击单元格 H14，在公式编辑栏输入“＝”（等号），再用鼠标单击单元格 G14 中的乙产品应分摊的材料费用，引用到单元格 H14。同理，用鼠标单击单元格 H16，在公式编辑栏中输入“＝”（等号），然后用鼠标单击单元格 D16 中的辅助生产供水车间应分摊的材料费用，引用到单元格 H16。再选中单元格 H16，用鼠标指向该单元格的右下角，待鼠标指针变为黑色实心十字时，按下鼠标左键拖向单元格区域 H17：H24，松开鼠标就可以计算出其他产品生产或部门耗用的材料费用。如图 2—14 所示。

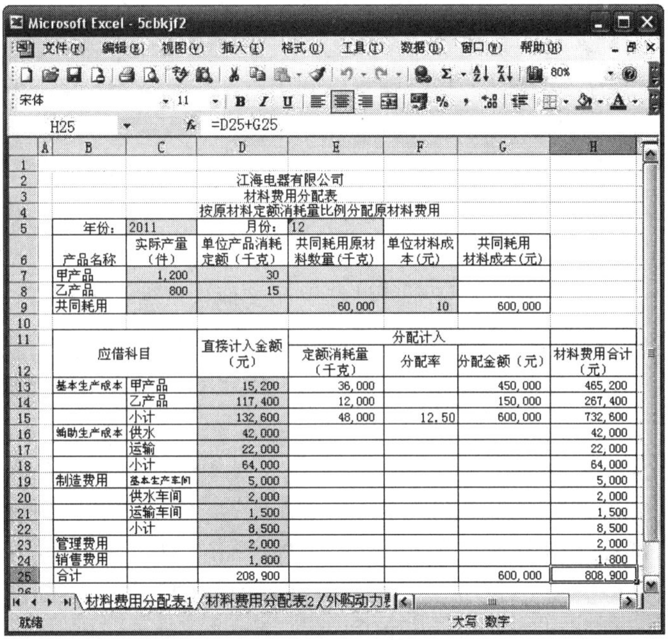

图 2—14

至此，我们已经利用任务 2—1 所提供的资料，按照原材料定额消耗量比例法在 Excel 工作表中创建完成了材料费用分配模型。根据材料费用分配模型计算出各产品应负担的材料费用，编制会计分录如下：

借：生产成本——基本生产成本——甲产品	465 200
——乙产品	267 400
生产成本——辅助生产成本——供水	42 000
——运输	22 000
制造费用——基本生产车间	5 000
制造费用——供水车间	2 000
制造费用——运输车间	1 500
管理费用	2 000
销售费用	1 800
贷：原材料	808 900

根据以上分录登记“生产成本——基本生产成本”、“生产成本——辅助生产成本”和“制造费用”明细账，计算产品成本。

按原材料定额费用比例法与按原材料定额消耗量比例法创建材料费用分配模型的程序大致相同，这里不再赘述。读者可以参考主教材的相关内容，或参考《实验系统》中“要素费用分配实验”项目下“实验示范”的材料费用分配的定额费用比例法的屏幕录像。

2.2.4 材料费用分配模型的应用

我们创建材料费用分配模型的目的并不只是解决上述任务中的材料费用分配这一特定问题，而是建立一个分配材料费用工具或平台。以后遇到相同或类似的材料费用分配问题时，我们就可以利用这个工具或平台了。材料费用分配模型建立后，为我们进行日常材料费用分配提供了极大的便利。这种便利主要表现在以后各期材料费用的分配、其他材料费用的分配以及材料费用分配错误的更正等方面。对材料费用分配模型略加修改后，还可用于燃料和动力费用的分配。

1. 日常材料费用的分配

企业一般都是按月分配材料费用和其他生产费用并计算产品成本，材料费用的分配也按月进行，因此每月都要进行相同且烦琐的材料费用分配工作，不仅计算量大，而且存在出错的可能性。利用创建的材料费用分配模型则可以轻松完成工作。

例如，江海电器有限公司 2012 年 6 月甲、乙两种产品的产量分别为 588 件和 676 件，共同消耗 A 种材料 60 000 千克，假定甲、乙两种产品的单位产品的原材料消耗定额不变。请问甲、乙两种产品应负担的材料费用各为多少？

现在只要将 2012 年 6 月甲产品和乙产品的产量及共同消耗材料费用输入材料费用分配模型，即在单元格 E5 输入“06”；在单元格 C7 输入“588”；在单元格 C8 输入“676”；在单元格 E9 输入“60 000”，然后按下“回车”键，材料费用分配模型就可以自动计算出甲、乙两种产品各自应负担的材料费用。本例中甲产品应负担的材料费用为 380 994 元，乙产品应负担的材料费用为 219 006 元。如图 2—15 所示。

只要材料费用分配模型的内部程序没有发生变化，我们就可以一直使用该模型，直到需要对其内部程序进行修改时，再按新的要求修改后使用。

2. 其他材料费用的分配

以上我们用材料费用分配模型解决了甲、乙两种产品共同耗用 A 种材料的费用分配问题。如果甲、乙两种产品共同耗用的材料除了 A 种材料外，还包括 B 种材料，甚至 C 种材料，那么也可以用材料费用分配模型将甲、乙两种产品共同耗用的 B 种材料费用或 C 种材料费用进行分配。我们只需要输入相应的材料费用分配数据，其他工作将由材料费用分配模型自动完成。

另外，材料费用分配模型还可用来计算分配辅助材料、燃料和动力以及低值易耗品等其他材料费用。如果单位消耗定额有修正，那么将修正后的单位消耗定

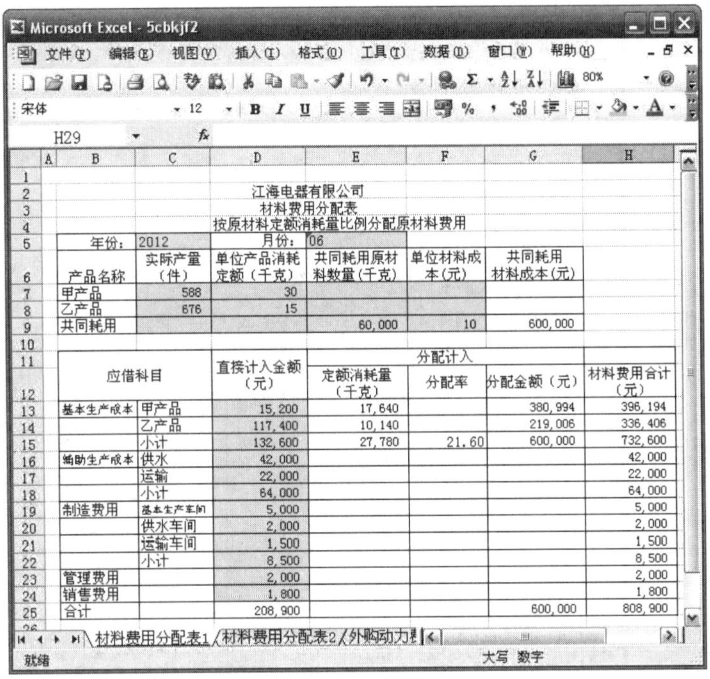

江海电器有限公司

材料费用分配表

按原材料定额消耗量比例分配原材料费用

年份：2012		月份：06			
产品名称	实际产量（件）	单位产品消耗定额（千克）	共同耗用原材料数量（千克）	单位材料成本（元）	共同耗用材料成本（元）
甲产品	588	30			
乙产品	676	15			
共同耗用			60,000	10	600,000

应借科目		直接计入金额（元）	分配计入			材料费用合计（元）
			定额消耗量（千克）	分配率	分配金额（元）	
基本生产成本	甲产品	15,200	17,640		380,994	396,194
	乙产品	117,400	10,140		219,006	336,406
	小计	132,600	27,780	21.60	600,000	732,600
辅助生产成本	供水	42,000				42,000
	运输	22,000				22,000
	小计	64,000				64,000
制造费用	基本生产车间	5,000				5,000
	供水车间	2,000				2,000
	运输车间	1,500				1,500
	小计	8,500				8,500
管理费用		2,000				2,000
销售费用		1,800				1,800
合计		208,900			600,000	808,900

图 2—15

额一同输入材料费用分配模型即可。当然，材料费用分配模型还可用于其他产品的共同耗用材料费用的分配。

3. 材料费用分配错误的更正

在手工条件下，当材料费用分配完成之后，如果发现甲、乙两种产品的产量、单位消耗定额或共同消耗的材料费用等项目中的一项或几项有误，就需要重新计算，这无疑是一件令人烦恼的事情。利用材料费用分配模型来解决这类问题则十分轻松。

例如，如果江海电器有限公司 2012 年 5 月甲、乙两种产品的产量分别应该是 557 件和 652 件，而不是原来的 1 200 件和 800 件。那么甲、乙两种产品应当负担的 A 种材料费用各为多少?

现在只要将 2012 年 5 月正确的产量和共同消耗的 A 种材料费用等资料输入材料费用分配模型，就可以自动计算出新的材料分配率以及甲、乙两种产品各自应负担的材料费用。本例中甲产品应负担的材料费用为384 359元，乙产品应负担的材料费用为 215 641 元。如图 2—16 所示。

4. 材料费用分配模型的维护

在创建材料费用分配模型后，可能出现材料费用分配标准发生变化的情况，这时就需要对该模型做出相应的修正，以满足相关资料变化后进行材料费用分配的需要。材料费用分配模型的维护工作量的大小视相关资料变化的程度而定，也许只做小的修改，也许要做大的修改，甚至重新创建新材料费用分配模型。注意：对保护过的材料费用分配模型进行维护时，要取消工作表保护才能修改工作表中的内容。

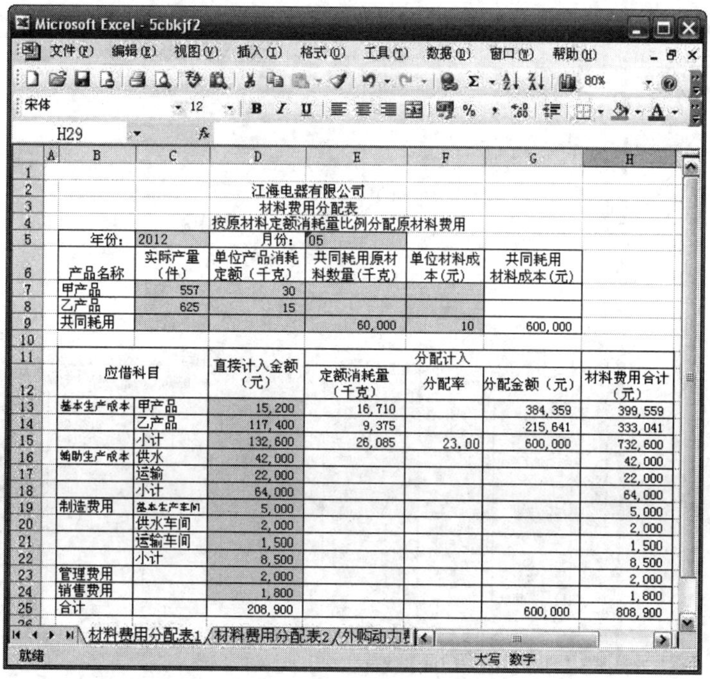

江海电器有限公司

材料费用分配表

按原材料定额消耗量比例分配原材料费用

年份：	2012	月份：	05		
产品名称	实际产量（件）	单位产品消耗定额（千克）	共同耗用原材料数量(千克)	单位材料成本(元)	共同耗用材料成本(元)
甲产品	557	30			
乙产品	625	15			
共同耗用			60,000	10	600,000

应借科目		直接计入金额（元）	分配计入			材料费用合计（元）
			定额消耗量（千克）	分配率	分配金额（元）	
基本生产成本	甲产品	15,200	16,710		384,359	399,559
	乙产品	117,400	9,375		215,641	333,041
	小计	132,600	26,085	23.00	600,000	732,600
辅助生产成本	供水	42,000				42,000
	运输	22,000				22,000
	小计	64,000				64,000
制造费用	基本生产车间	5,000				5,000
	供水车间	2,000				2,000
	运输车间	1,500				1,500
	小计	8,500				8,500
管理费用		2,000				2,000
销售费用		1,800				1,800
合计		208,900			600,000	808,900

图 2—16

2.3 外购动力费用分配模型

2.3.1 外购动力费用分配概述

外购动力费用是指企业在生产产品或提供劳务时所耗用的外购的固体燃料（如煤炭、木材）、液体燃料（如汽油、柴油）、电力、蒸汽等的费用。外购动力费用分配是指企业将一定时期所耗用的各种外购动力费用按不同方式计入产品成本的过程。外购燃料动力费用分配的方法和材料费用分配的方法基本相同，可参考材料费用分配的方法，这里不再赘述。

2.3.2 外购动力费用分配任务

任务 2—2 ①

江海电器有限公司 2011 年 12 月耗电度数合计 67 125 度，金额 26 850 元，每度电 0.4 元。直接用于产品生产耗电 42 750 度，金额 17 100 元，没有分产品安装电表，规定按机器工时比例分配。甲产品机器工时为 5 550 小时，乙产品机

① 参见于富生、黎来芳、张敏：《成本会计学》，6 版，39 页。

器工时为 3 000 小时。

要求： 按机器生产工时比例分配外购动力费用，计算甲、乙两种产品应负担的外购动力费用各为多少。

2.3.3　外购动力费用分配模型的创建

为了便于说明如何在 Excel 工作表中完成外购动力费用分配，我们利用任务 2—2 的资料并借助 Excel 工作表创建外购动力费用分配模型，然后根据这一模型计算出生产产品应负担的外购动力费用，编制会计分录，进行产品成本核算。创建外购动力费用分配模型的程序和创建材料费用分配模型的程序基本相同。因其模型的创建过程比较简单，创建完成的按机器生产工时比例分配外购动力费用的模型如图 2—17 所示。

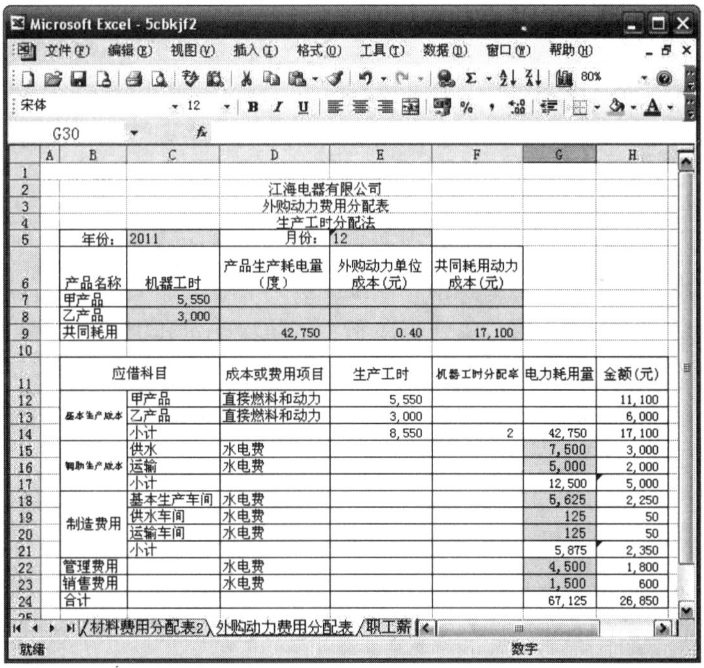

江海电器有限公司

外购动力费用分配表

生产工时分配法

年份：	2011	月份：	12	
产品名称	机器工时	产品生产耗电量（度）	外购动力单位成本(元)	共同耗用动力成本(元)
甲产品	5,550			
乙产品	3,000			
共同耗用		42,750	0.40	17,100

应借科目		成本或费用项目	生产工时	机器工时分配率	电力耗用量	金额(元)
基本生产成本	甲产品	直接燃料和动力	5,550			11,100
	乙产品	直接燃料和动力	3,000			6,000
	小计		8,550	2	42,750	17,100
辅助生产成本	供水	水电费			7,500	3,000
	运输	水电费			5,000	2,000
	小计				12,500	5,000
制造费用	基本生产车间	水电费			5,625	2,250
	供水车间	水电费			125	50
	运输车间	水电费			125	50
	小计				5,875	2,350
管理费用		水电费			4,500	1,800
销售费用		水电费			1,500	600
合计					67,125	26,850

图 2—17

至此，我们已经利用任务 2—2 所提供的资料，按照生产工时比例法在 Excel 工作表中创建完成了外购动力费用分配模型。根据外购动力费用分配模型计算出各产品应负担的外购动力费用，编制会计分录如下：

借：生产成本——基本生产成本——甲产品	11 100
——乙产品	6 000
生产成本——辅助生产成本——供水	3 000
——运输	2 000
制造费用——基本生产车间	2 250

制造费用——供水车间 50
制造费用——运输车间 50
管理费用 1 800
销售费用 600
贷：应付账款（或银行存款） 26 850

根据以上分录登记“生产成本——基本生产成本”、“生产成本——辅助生产成本”和“制造费用”明细账，计算产品成本。

按机器生产工时比例分配法和按原材料定额消耗量比例法创建材料费用分配模型的程序大致相同，这里不再赘述。读者可以参考主教材的相关内容，或参考《实验系统》中“要素费用分配实验”项目下“实验示范”的外购动力费用分配的生产工时比例法的屏幕录像。

2.4 职工薪酬费用分配模型

2.4.1 职工薪酬费用分配概述

1. 职工薪酬费用分配

职工薪酬是指企业为获得职工提供的服务而给予各种形式的报酬以及其他相关支出。职工薪酬主要包括：职工工资、奖金、津贴和补贴；职工福利费；医疗保险费、养老保险费、失业保险费、工伤保险费和生育保险费等社会保险费；住房公积金；工会经费和职工教育经费；非货币性福利；因解除与职工的劳动关系给予的补偿；其他与获得职工提供的服务相关的支出。按有关规定，企业还要按照职工工资总额的10%，12%，2%和10.5%计提医疗保险费、养老保险费、失业保险费和住房公积金，缴纳给当地社会保险经办机构和住房公积金管理机构。

从企业发生的费用角度看，职工薪酬和材料费用一样，也是一项企业费用。通常按照谁受益谁负担的原则来分配职工薪酬费用。当生产工人生产不同的产品时，职工薪酬费用应当在不同的产品之间进行分配。职工薪酬费用分配是为了解决由哪种产品负担职工薪酬费用、如何负担和负担多少的问题，也就是要确定职工薪酬费用的分配对象和分配标准。

对于能够分清是为生产哪种产品而发生的职工薪酬费用，直接计入该种产品成本，该产品即为职工薪酬费用的分配对象；对于分不清是为生产哪几种产品而共同发生的职工薪酬费用，要选择一定的分配标准进行分配，确定各种产品应负担的职工薪酬费用，然后计入相关产品的生产成本。

对于车间管理人员的职工薪酬费用，则应按发生地点归集，月末再同其他间接费用一起选择适当的分配标准，分配计入有关的产品成本。即平常所说的直接费用直接计入，间接费用分配计入。对于公司管理人员的职工薪酬费用，应计入管理费用。对于专职销售人员的职工薪酬费用，则应计入销售费用。

2. 职工薪酬费用分配的方法

在对生产几种产品而发生的职工薪酬费用进行分配时，要注意选择合理而简便的职工薪酬费用分配标准。合理的职工薪酬费用分配标准是指分配标准与职工薪酬费用的发生具有较强的因果关系，具有内在的必然联系。简便的职工薪酬费用分配标准是指分配标准容易取得。在职工薪酬费用分配的对象和标准确定之后，就可以对共同发生的职工薪酬费用进行分配。常用的职工薪酬费用分配标准主要有实际工时和定额工时等。

工资费用分配的方法是：先计算工资费用分配率，然后计算相应产品应负担的工资费用。其计算公式如下：

$$\text{工资费用分配率}=\text{生产工人的工资总额}\div\text{各种产品实际(或定额)工时之和}\times 100\%$$

$$\text{某种产品应分配职工工资费用}=\text{某种产品实际(或定额)工时}\times\text{工资费用分配率}$$

按规定提取的其他薪酬的分配方法是：按现行制度规定的比例提取，并按规定计入成本或费用。其计算公式如下：

$$\text{某种产品应负担的其他薪酬}=\text{该产品应负担的职工工资费用}\times\text{规定的提取比例}$$

2.4.2 职工薪酬费用分配任务

任务 2—3 ①

江海电器有限公司 2011 年 12 月生产甲、乙两种产品。根据工资汇总表等资料记录，直接生产甲产品的工人的计件工资为 30 000 元，直接生产乙产品的工人的计件工资为 20 000 元。当月直接生产甲、乙两种产品共同发生生产工人的计时工资为 320 000 元；辅助生产供水车间职工薪酬为 48 000 元，辅助生产运输车间职工薪酬为 32 000 元，基本生产车间职工薪酬为 20 000 元，辅助生产供水车间职工薪酬为 10 000 元，辅助生产运输车间管理人员薪酬为 10 000 元，公司部门管理人员薪酬为 60 000 元，销售机构人员工资为 10 000 元。公司分别按照职工工资总额的 10%，12%，2%和 10.5%计提医疗保险费、养老保险费、失业保险费和住房公积金。甲、乙两种产品的生产工时分别为 25 000 小时和 15 000 小时。

要求：当月直接为生产甲、乙两种产品共同发生的生产工人的计时工资按实际工时比例分配，按规定的比例计算并计提医疗保险费、养老保险费、失业保险费和住房公积金。

---

① 参见于富生、黎来芳、张敏：《成本会计学》，6 版，45～46 页。

说明：为了完整地反映职工薪酬的计算和分配过程，这里将主教材中的例3—11、例3—12和例3—13的资料融合在一起。

2.4.3 职工薪酬费用分配模型的创建

为了便于说明如何在Excel工作表中完成职工薪酬费用分配，我们利用任务2—3的资料并借助Excel工作表创建职工薪酬费用分配模型，然后根据这一模型计算出各产品应负担的职工薪酬费用，编制会计分录，进行产品成本核算。

在Excel工作表中，创建职工薪酬费用分配模型的步骤如下。

第一步：录入数据

启动Excel工作表，将任务2—3的资料以及需要计算的有关指标录入职工薪酬费用分配模型的数据输入区，并将数据输入区内的相关数据引用到结果输出区。如图2—18所示。

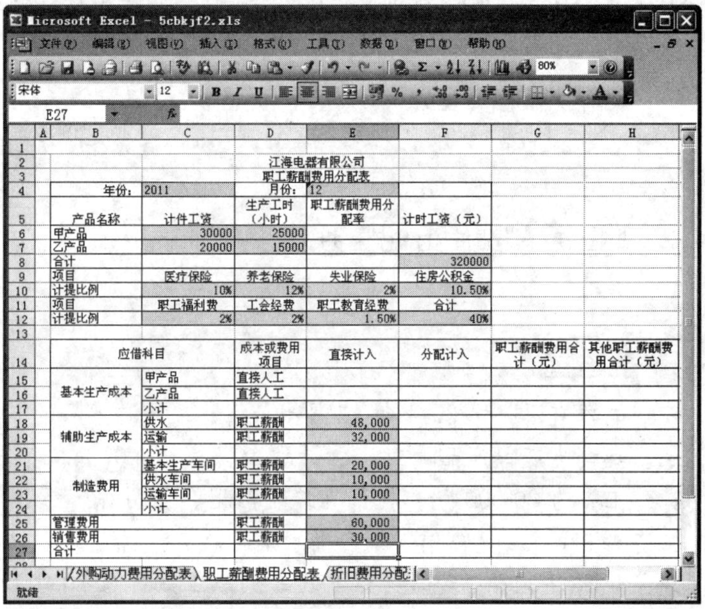

	A	B	C	D	E	F	G	H
1								
2				江海电器有限公司				
3				职工薪酬费用分配表				
4		年份：	2011	月份：	12			
5		产品名称	计件工资	生产工时（小时）	职工薪酬费用分配率	计时工资（元）		
6		甲产品	30000	25000				
7		乙产品	20000	15000				
8		合计				320000		
9		项目	医疗保险	养老保险	失业保险	住房公积金		
10		计提比例	10%	12%	2%	10.50%		
11		项目	职工福利费	工会经费	职工教育经费	合计		
12		计提比例	2%	2%	1.50%	40%		
13								
14		应借科目		成本或费用项目	直接计入	分配计入	职工薪酬费用合计（元）	其他职工薪酬费用合计（元）
15		基本生产成本	甲产品	直接人工				
16			乙产品	直接人工				
17			小计					
18		辅助生产成本	供水	职工薪酬	48,000			
19			运输	职工薪酬	32,000			
20			小计					
21		制造费用	基本生产车间	职工薪酬	20,000			
22			供水车间	职工薪酬	10,000			
23			运输车间	职工薪酬	10,000			
24			小计					
25		管理费用		职工薪酬	60,000			
26		销售费用		职工薪酬	30,000			
27		合计						

图2—18

第二步：分配共同发生的计时工资

1. 调用函数，计算计件工资的合计数

用鼠标单击单元格C8，再用鼠标单击功能区右上方的自动求和按钮“Σ”，在公式编辑栏内就显示出我们所输入的函数“=SUM（D6：D7)”。按下“回车”键，用自动求和函数“=SUM（C6：C7)”计算出计件工资合计数。本例中计件工资合计为50 000元。如图2—19所示。

选中单元格C8，用鼠标指向该单元格的右下角，等到鼠标指针变为黑色实心十字时，按住鼠标左键，拖向单元格D8，计算出生产工时的合计数。本例中生产工时的合计为40 000小时。如图2—20所示。

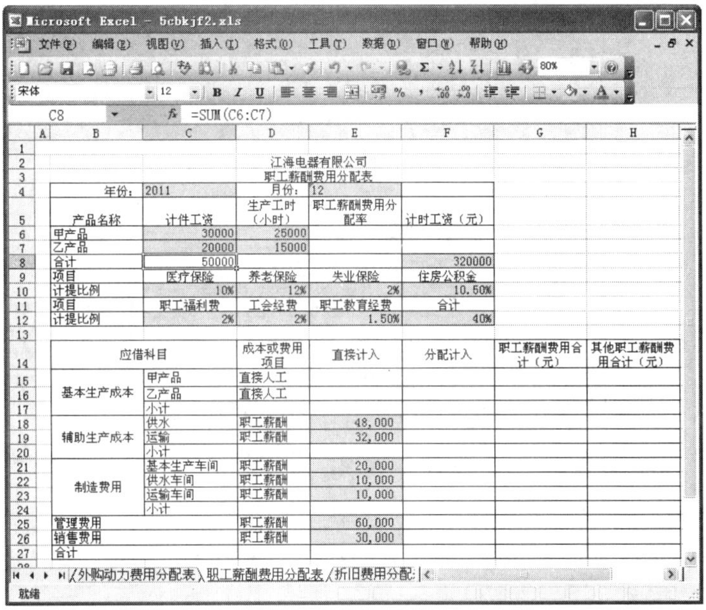

图 2—19

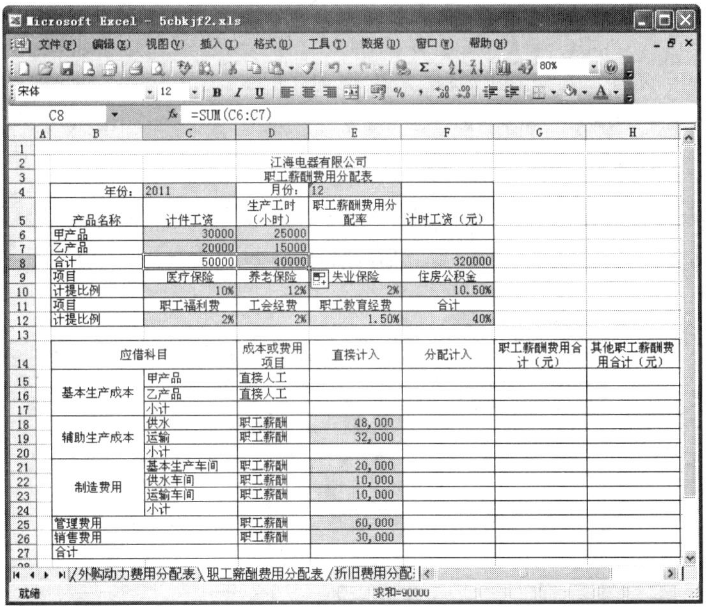

图 2—20

2. 计算职工薪酬分配率

用鼠标单击单元格 E8，在公式编辑栏中输入“＝”（等号），然后用鼠标单击单元格 F8，输入运算符“/”（除号），再用鼠标单击单元格 D8，在公式编辑栏内就显示出我们所输入的公式“＝F8/D8”。按下“回车”键，用公式“＝F8/D8”计算出职工薪酬费用分配率。本例中职工薪酬费用分配率为 8%。如图 2—21 所示。

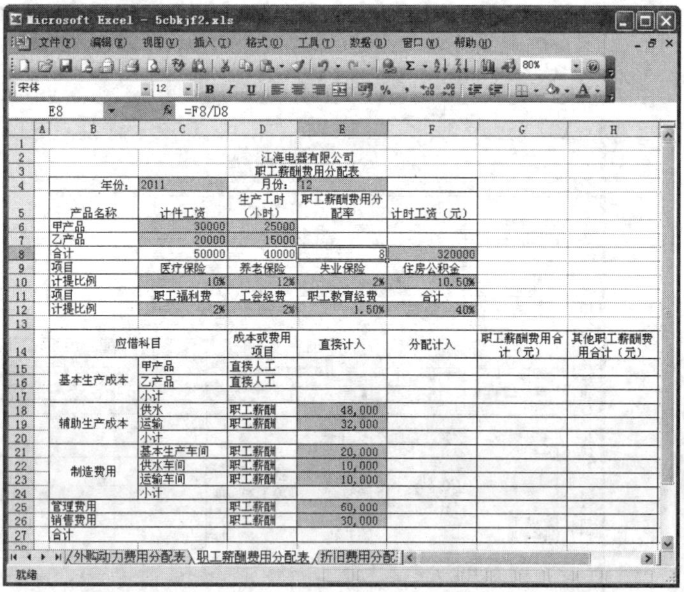

图 2—21

3. 在甲、乙两种产品之间分配职工薪酬费用

首先，计算甲产品应负担的职工薪酬费用。用鼠标单击单元格 F6，输入“＝”（等号）或直接用鼠标单击公式编辑栏内的“＝”按钮，然后用鼠标单击单元格 D6，输入运算符“ ＊ ”（乘号），再用鼠标单击单元格 E8，按一下功能键“F4”，将 E8（相对引用）转换为＄E＄8（绝对引用），在公式编辑栏内就显示出我们所输入的公式“＝D6 ＊ ＄E＄8”。按下“回车”键，用公式“＝D6 ＊ ＄E＄8”计算出甲产品应负担的职工薪酬费用。本例中甲产品应负担的职工薪酬费用为 200 000 元。如图 2—22 所示。

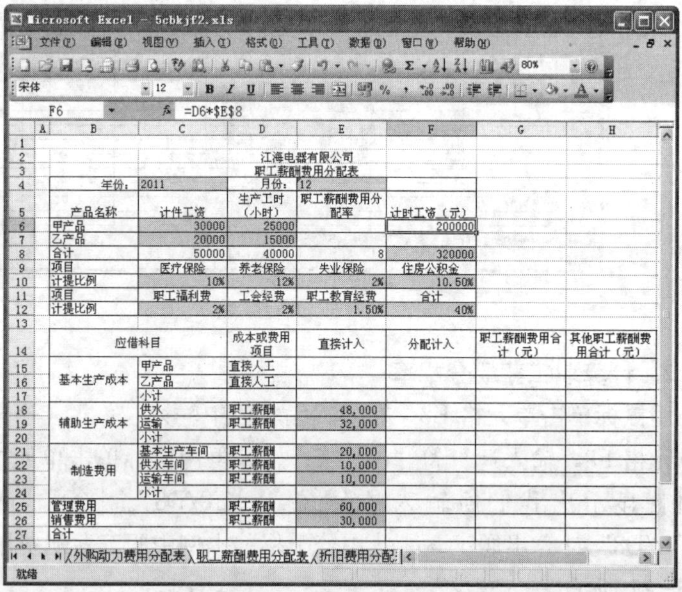

图 2—22

其次，计算乙产品应负担的职工薪酬费用。选中单元格 F6，用鼠标指向该单元格的右下角，等到鼠标指针变为黑色实心十字时，按住鼠标左键，拖向单元格 F7，乙产品应负担的职工薪酬费用就计算出来了。本例中乙产品应负担的职工薪酬费用为 120 000 元。如图 2—23 所示。

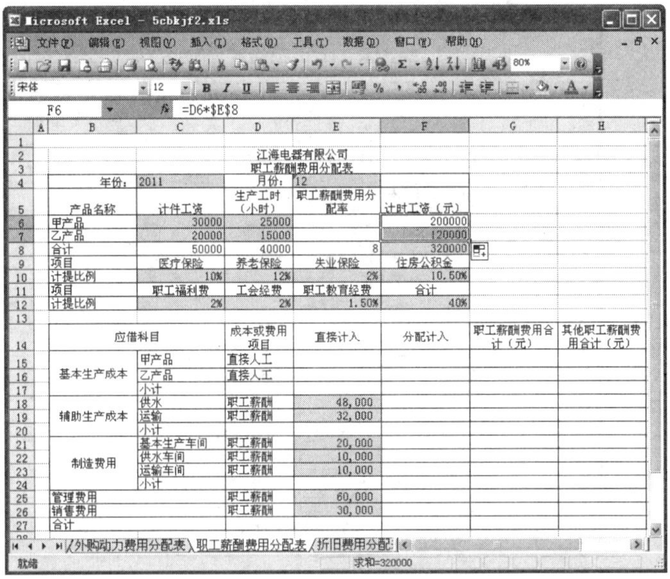

		江海电器有限公司		
		职工薪酬费用分配表		
年份：	2011	月份：	12	
产品名称	计件工资	生产工时（小时）	职工薪酬费用分配率	计时工资（元）
甲产品	30000	25000		200000
乙产品	20000	15000		120000
合计	50000	40000	8	320000
项目	医疗保险	养老保险	失业保险	住房公积金
计提比例	10%	12%	2%	10.50%
项目	职工福利费	工会经费	职工教育经费	合计
计提比例	2%	2%	1.50%	40%

应借科目		成本或费用项目	直接计入	分配计入	职工薪酬费用合计（元）	其他职工薪酬费用合计（元）
基本生产成本	甲产品	直接人工				
	乙产品	直接人工				
	小计					
辅助生产成本	供水	职工薪酬	48,000			
	运输	职工薪酬	32,000			
	小计					
制造费用	基本生产车间	职工薪酬	20,000			
	供水车间	职工薪酬	10,000			
	运输车间	职工薪酬	10,000			
	小计					
管理费用		职工薪酬	60,000			
销售费用		职工薪酬	30,000			
合计						

图 2—23

第三步：计算直接计入产品成本及各受益部门的职工薪酬

选中单元格 E15，输入“＝”（等号）或直接用鼠标单击公式编辑栏内的“＝”按钮，然后用鼠标单击单元格 C6，把直接计入甲产品的职工薪酬 30 000 引到 E15 单元格。如图 2—24 所示。

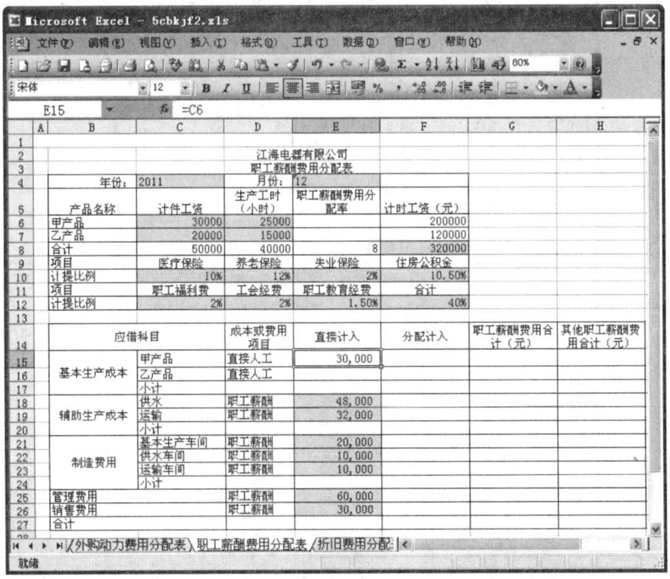

		江海电器有限公司		
		职工薪酬费用分配表		
年份：	2011	月份：	12	
产品名称	计件工资	生产工时（小时）	职工薪酬费用分配率	计时工资（元）
甲产品	30000	25000		200000
乙产品	20000	15000		120000
合计	50000	40000	8	320000
项目	医疗保险	养老保险	失业保险	住房公积金
计提比例	10%	12%	2%	10.50%
项目	职工福利费	工会经费	职工教育经费	合计
计提比例	2%	2%	1.50%	40%

应借科目		成本或费用项目	直接计入	分配计入	职工薪酬费用合计（元）	其他职工薪酬费用合计（元）
基本生产成本	甲产品	直接人工	30,000			
	乙产品	直接人工				
	小计					
辅助生产成本	供水	职工薪酬	48,000			
	运输	职工薪酬	32,000			
	小计					
制造费用	基本生产车间	职工薪酬	20,000			
	供水车间	职工薪酬	10,000			
	运输车间	职工薪酬	10,000			
	小计					
管理费用		职工薪酬	60,000			
销售费用		职工薪酬	30,000			
合计						

图 2—24

选中单元格 E15，用鼠标指向该单元格的右下角，等到鼠标指针变为黑色实心十字时，按住鼠标左键，拖向单元格 E16，把直接计入乙产品的职工薪酬 20 000引到单元格 E16。如图 2—25 所示。

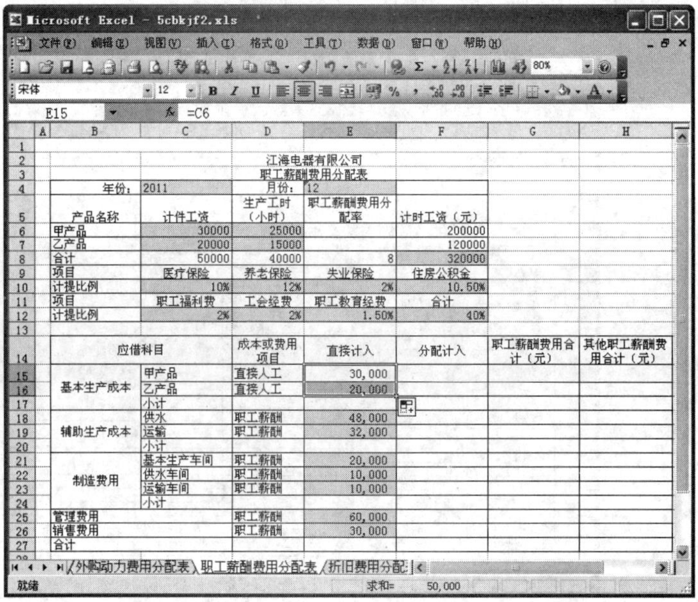

图 2—25

用鼠标单击单元格 E17，再用鼠标单击功能区右上方的自动求和按钮“Σ”，在公式编辑栏内就显示出我们所输入的函数“＝SUM（E15∶E16)”。按下“回车”键，用自动求和函数“＝SUM（E15∶E16)”计算出直接计入甲、乙两种产品的职工薪酬的合计数。如图 2—26 所示。

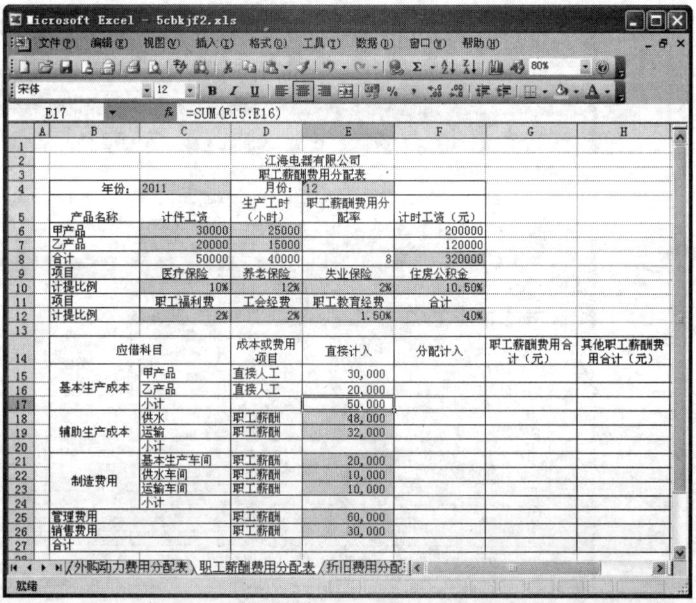

图 2—26

同理，用同样的方法可以计算出辅助生产各车间职工薪酬的合计数、制造费用各车间职工薪酬的合计数。用鼠标选中单元格 E27，输入公式“＝E17＋E20＋E24＋E25＋E26”，按下“回车”键，用公式“＝E17＋E20＋E24＋E25＋E26”计算出直接计入产品以及相关受益部门的职工薪酬费用的合计数。本例中直接计入的职工薪酬费用合计为 260 000 元。如图 2—27 所示。

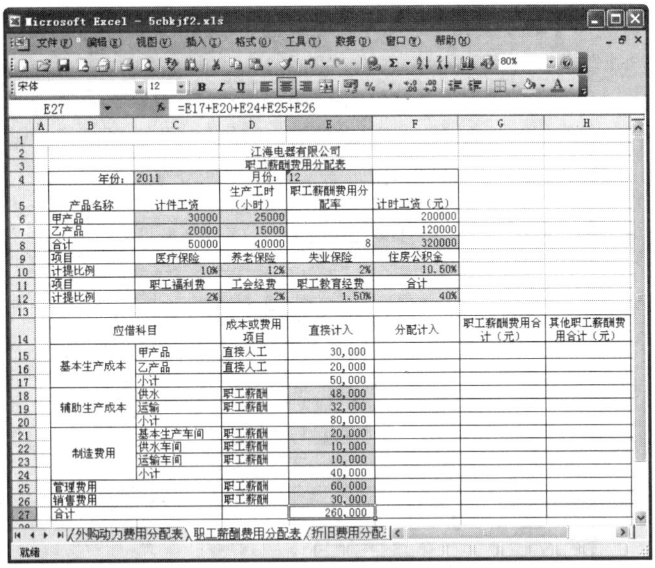

E27　=E17+E20+E24+E25+E26

	B	C	D	E	F	G	H
2			江海电器有限公司				
3			职工薪酬费用分配表				
4	年份：	2011	月份：	12			
5	产品名称	计件工资	生产工时（小时）	职工薪酬费用分配率	计时工资（元）		
6	甲产品	30000	25000		200000		
7	乙产品	20000	15000		120000		
8	合计	50000	40000	8	320000		
9	项目	医疗保险	养老保险	失业保险	住房公积金		
10	计提比例	10%	12%	2%	10.50%		
11	项目	职工福利费	工会经费	职工教育经费	合计		
12	计提比例	2%	2%	1.50%	40%		
14	应借科目		成本或费用项目	直接计入	分配计入	职工薪酬费用合计（元）	其他职工薪酬费用合计（元）
15	基本生产成本	甲产品	直接人工	30,000			
16		乙产品	直接人工	20,000			
17		小计		50,000			
18	辅助生产成本	供水	职工薪酬	48,000			
19		运输	职工薪酬	32,000			
20		小计		80,000			
21	制造费用	基本生产车间	职工薪酬	20,000			
22		供水车间	职工薪酬	10,000			
23		运输车间	职工薪酬	10,000			
24		小计		40,000			
25	管理费用		职工薪酬	60,000			
26	销售费用		职工薪酬	30,000			
27	合计			260,000			

图 2—27

第四步：计算分配计入产品成本的职工薪酬

用鼠标选中单元格 F15，输入公式“＝D6 * ＄E＄8”，按下“回车”键，用公式“＝D6 * ＄E＄8”计算出分配计入甲产品成本的职工薪酬费用。本例中分配计入甲产品成本的职工薪酬费用为 200 000 元。如图 2—28 所示。

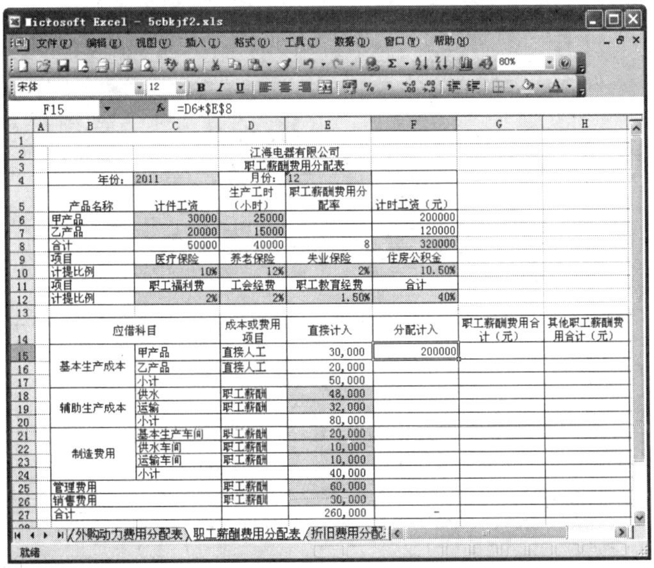

F15　=D6*$E$8

	B	C	D	E	F	G	H
2			江海电器有限公司				
3			职工薪酬费用分配表				
4	年份：	2011	月份：	12			
5	产品名称	计件工资	生产工时（小时）	职工薪酬费用分配率	计时工资（元）		
6	甲产品	30000	25000		200000		
7	乙产品	20000	15000		120000		
8	合计	50000	40000	8	320000		
9	项目	医疗保险	养老保险	失业保险	住房公积金		
10	计提比例	10%	12%	2%	10.50%		
11	项目	职工福利费	工会经费	职工教育经费	合计		
12	计提比例	2%	2%	1.50%	40%		
14	应借科目		成本或费用项目	直接计入	分配计入	职工薪酬费用合计（元）	其他职工薪酬费用合计（元）
15	基本生产成本	甲产品	直接人工	30,000	200000		
16		乙产品	直接人工	20,000			
17		小计		50,000			
18	辅助生产成本	供水	职工薪酬	48,000			
19		运输	职工薪酬	32,000			
20		小计		80,000			
21	制造费用	基本生产车间	职工薪酬	20,000			
22		供水车间	职工薪酬	10,000			
23		运输车间	职工薪酬	10,000			
24		小计		40,000			
25	管理费用		职工薪酬	60,000			
26	销售费用		职工薪酬	30,000			
27	合计			260,000	-		

图 2—28

选中单元格 F15，用鼠标指向该单元格的右下角，等到鼠标指针变为黑色实心十字时，按住鼠标左键，拖向单元格区域 F16：F17，把分配计入乙产品的职工薪酬及其合计数都计算出来。本例中分配计入乙产品成本的职工薪酬费用为 120 000 元，分配计入甲、乙两种产品成本的职工薪酬费用合计为 320 000 元。如图 2—29 所示。

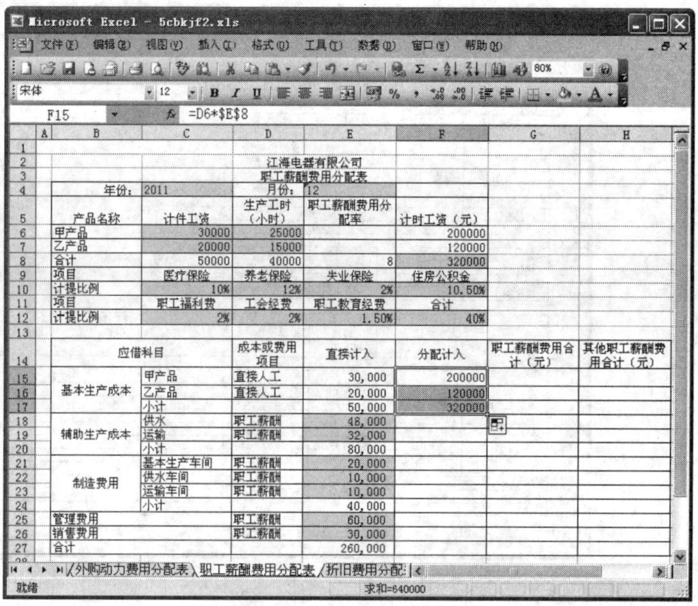

图 2—29

同时，将单元格 F17 中的合计数 320 000 引到 F27 单元格。如图 2—30 所示。

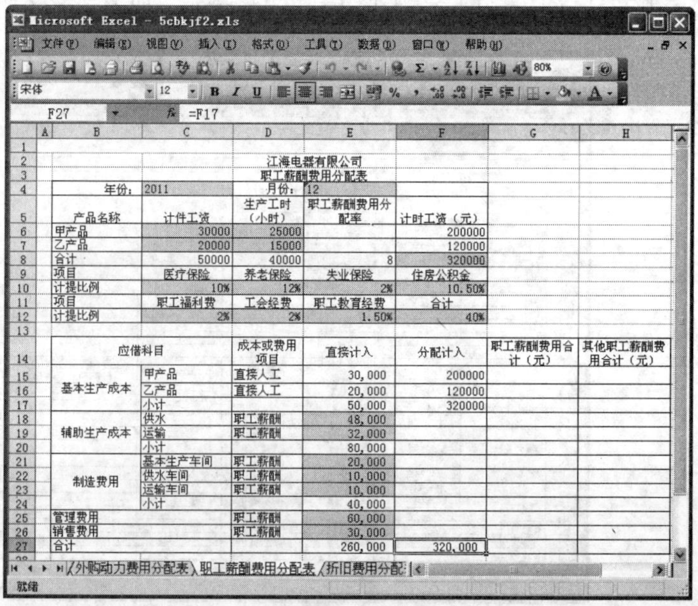

图 2—30

第五步：计算职工薪酬合计数

用鼠标选中单元格G15，输入公式“＝E15＋F15”，按下“回车”键，用公式“＝E15＋F15”计算出直接计入和分配计入甲产品成本的职工薪酬费用的合计数。本例中直接计入和分配计入甲产品成本的职工薪酬费用合计为230 000元。如图2—31所示。

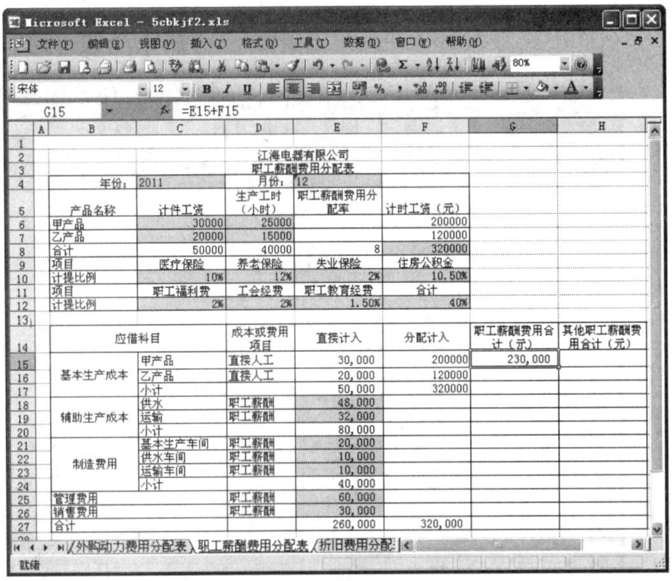

图2—31

选中单元格G15，用鼠标指向该单元格的右下角，等到鼠标指针变为黑色实心十字时，按住鼠标左键，拖向单元格区域G16：G27，把分配计入甲、乙产品以及各收益部门的职工薪酬费用的合计数都计算出来。如图2—32所示。

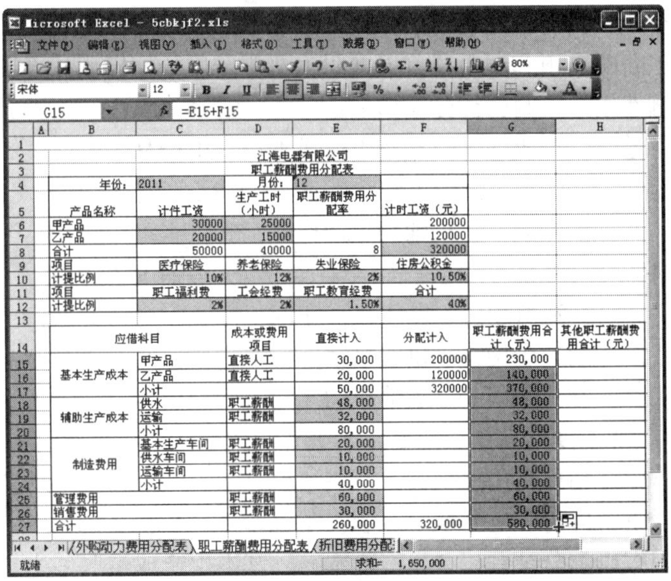

图2—32

第六步：计算其他职工薪酬

用鼠标单击单元格 H15，输入公式“＝G15 * $F$12”，按下“回车”键，用公式“＝G15 * $F$12”计算出计入产品成本和各收益部门的其他职工薪酬费用。本例中计入甲产品成本的其他职工薪酬费用为 92 000 元。然后，选中单元格 H15，用鼠标指向该单元格的右下角，等到鼠标指针变为黑色实心十字时，按住鼠标左键，拖向单元格区域 H16：H27，把分配计入甲、乙产品以及各收益部门的其他职工薪酬都计算出来。如图 2—33 所示。

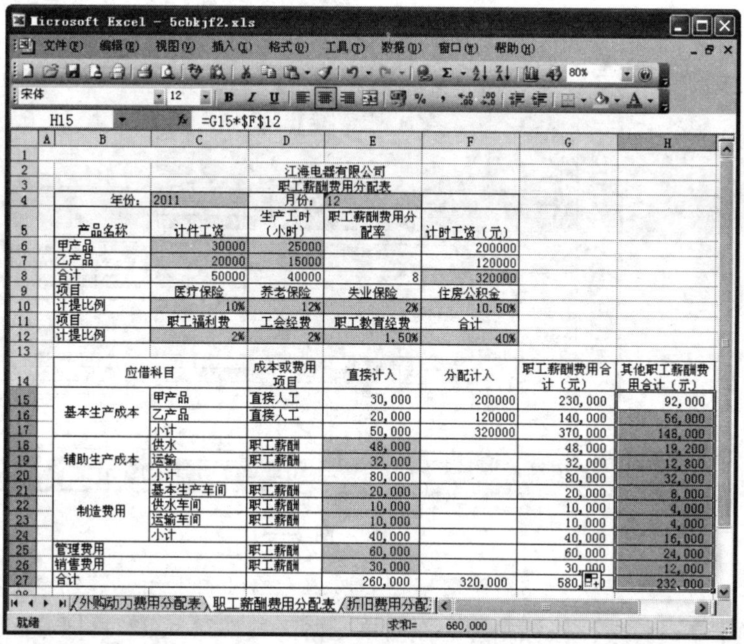

江海电器有限公司					
职工薪酬费用分配表					
年份：	2011	月份：	12		
产品名称	计件工资	生产工时（小时）	职工薪酬费用分配率	计时工资（元）	
甲产品	30000	25000		200000	
乙产品	20000	15000		120000	
合计	50000	40000	8	320000	
项目	医疗保险	养老保险	失业保险	住房公积金	
计提比例	10%	12%	2%	10.50%	
项目	职工福利费	工会经费	职工教育经费	合计	
计提比例	2%	2%	1.50%	40%	

应借科目		成本或费用项目	直接计入	分配计入	职工薪酬费用合计（元）	其他职工薪酬费用合计（元）
基本生产成本	甲产品	直接人工	30,000	200000	230,000	92,000
	乙产品	直接人工	20,000	120000	140,000	56,000
	小计		50,000	320000	370,000	148,000
辅助生产成本	供水	职工薪酬	48,000		48,000	19,200
	运输	职工薪酬	32,000		32,000	12,800
	小计		80,000		80,000	32,000
制造费用	基本生产车间	职工薪酬	20,000		20,000	8,000
	供水车间	职工薪酬	10,000		10,000	4,000
	运输车间	职工薪酬	10,000		10,000	4,000
	小计		40,000		40,000	16,000
管理费用		职工薪酬	60,000		60,000	24,000
销售费用		职工薪酬	30,000		30,000	12,000
合计			260,000	320,000	580,[illegible]	232,000

图 2—33

至此，我们已经利用任务 2—3 所提供的资料，在 Excel 工作表中创建完成了职工薪酬费用分配模型。根据职工薪酬费用分配模型计算出各产品应负担的职工薪酬费用，编制会计分录如下：

借：生产成本——基本生产成本——甲产品	230 000
——乙产品	140 000
生产成本——辅助生产成本——供水	48 000
——运输	32 000
制造费用——基本生产车间	20 000
制造费用——供水车间	10 000
制造费用——运输车间	10 000
管理费用	60 000
销售费用	30 000
贷：应付职工薪酬——职工工资	580 000

根据以上分录登记“生产成本——基本生产成本”、“生产成本——辅助生产成本”和“制造费用”明细账，计算产品成本。

根据职工薪酬费用分配模型计算出各产品应负担的其他职工薪酬费用，编制会计分录如下：

借：生产成本——基本生产——甲产品　　92 000
　　　　　　　　　　　——乙产品　　56 000
　　生产成本——辅助生产成本——供水　　19 200
　　　　　　　　　　　　　——运输　　12 800
　　制造费用——基本生产车间　　8 000
　　制造费用——供水车间　　4 000
　　制造费用——运输车间　　4 000
　　管理费用　　24 000
　　销售费用　　12 000
　贷：应付职工薪酬——职工福利　　232 000

根据以上分录登记“生产成本——基本生产成本”、“生产成本——辅助生产成本”和“制造费用”明细账，计算产品成本。

2.4.4　职工薪酬费用分配模型的应用

职工薪酬费用分配模型建立后，为我们进行日常职工薪酬费用分配提供了极大的便利。这种便利主要表现在以后各期职工薪酬费用分配以及职工薪酬费用分配错误的更正等方面。

1. 日常职工薪酬费用的分配

企业一般都是按月分配和归集职工薪酬费用以及其他生产费用并计算产品成本，所以职工薪酬费用的分配也按月进行，每月都进行相同且烦琐的职工薪酬费用的分配工作，不仅计算量比较大，而且存在出错的可能性。利用已创建的职工薪酬费用分配模型来解决职工薪酬费用的分配问题就简单多了。

假定江海电器有限公司 2012 年 1 月继续生产甲、乙两种产品。根据工资汇总表的记录，当月直接生产甲、乙两种产品共同发生生产工人的工资费用为 228 500元；公司管理部门人员工资为 28 000 元，销售机构人员工资为 19 800 元。公司仍分别按照职工工资总额的 10%，12%，2%和 10.5%计提医疗保险费、养老保险费、失业保险费和住房公积金。两种产品的实际生产工时记录分别为：甲产品 5 880 小时，乙产品 3 668 小时，按照实际工时比例分配职工薪酬费用。甲、乙两种产品应负担的职工薪酬费用各为多少?

现在只要在已经创建完成的职工薪酬费用分配模型中输入 2012 年 1 月的新资料即可，其他计算工作将由模型自动完成。

将 2012 年 1 月甲、乙两种产品的实际生产工时及职工薪酬费用数据输入模型，即在单元格 C4 输入“2012”，在单元格 E4 输入“01”，在单元格 F8 输入“228 500”，在单元格 E25 输入“28 000”，在单元格 E26 输入工资资料“19 800”，在单元格 D6 输入“5 880”，在单元格 D7 输入“3 668”，然后按下“回车”键，模型就可以自动计算出甲、乙两种产品各自应负担的职工薪酬费用。

本例中甲产品应负担的职工薪酬费用为 140 718.5 元，乙产品应负担的职工薪酬费用为 87 781.52 元。如图 2—34 所示。

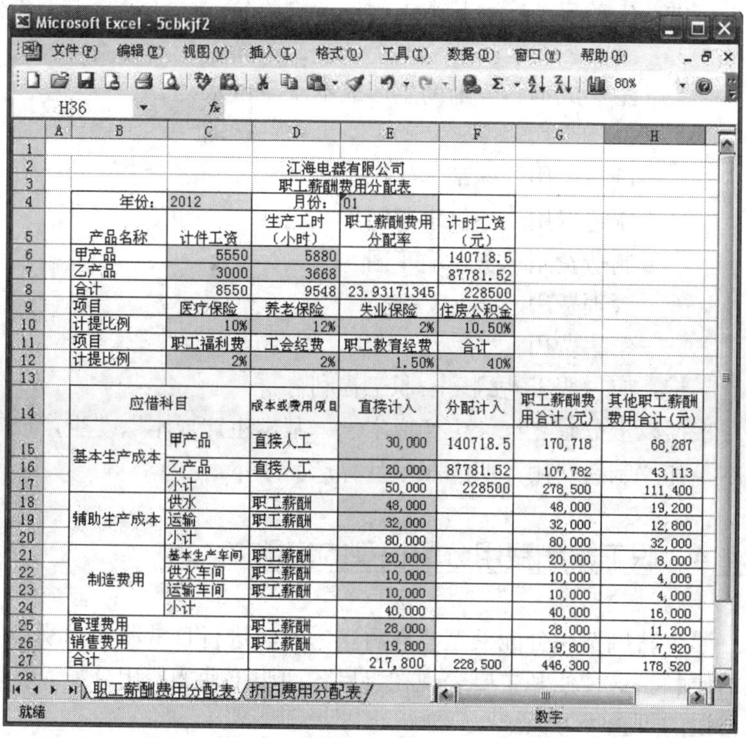

江海电器有限公司
职工薪酬费用分配表

年份：	2012	月份：	01	
产品名称	计件工资	生产工时（小时）	职工薪酬费用分配率	计时工资（元）
甲产品	5550	5880		140718.5
乙产品	3000	3668		87781.52
合计	8550	9548	23.93171345	228500
项目	医疗保险	养老保险	失业保险	住房公积金
计提比例	10%	12%	2%	10.50%
项目	职工福利费	工会经费	职工教育经费	合计
计提比例	2%	2%	1.50%	40%

应借科目		成本或费用项目	直接计入	分配计入	职工薪酬费用合计（元）	其他职工薪酬费用合计（元）
基本生产成本	甲产品	直接人工	30,000	140718.5	170,718	68,287
	乙产品	直接人工	20,000	87781.52	107,782	43,113
	小计		50,000	228500	278,500	111,400
辅助生产成本	供水	职工薪酬	48,000		48,000	19,200
	运输	职工薪酬	32,000		32,000	12,800
	小计		80,000		80,000	32,000
制造费用	基本生产车间	职工薪酬	20,000		20,000	8,000
	供水车间	职工薪酬	10,000		10,000	4,000
	运输车间	职工薪酬	10,000		10,000	4,000
	小计		40,000		40,000	16,000
管理费用		职工薪酬	28,000		28,000	11,200
销售费用		职工薪酬	19,800		19,800	7,920
合计			217,800	228,500	446,300	178,520

图 2—34

2. 职工薪酬费用分配错误的更正

在手工条件下，当职工薪酬费用的分配完成之后，如果发现甲、乙两种产品的实际生产工时或为直接生产甲、乙两种产品的职工薪酬费用等项目中的一项或几项有误，无疑是一件令人非常烦恼的事情。利用职工薪酬费用分配模型来解决这类问题则十分轻松。

例如，2012 年 12 月江海电器有限公司生产甲、乙两种产品而发生的职工薪酬费用和工时统计数有误。生产工人的工资应该为 282 500 元，甲、乙两种产品的实际生产工时分别应该是 5 808 小时、3 686 小时。那么甲、乙两种产品各自应当负担的职工薪酬费用为多少？

现在只要将 2012 年 12 月职工薪酬费用分配所需要的正确的实际生产工时和职工薪酬费用等资料输入模型，就可以自动计算出甲、乙两种产品各自应负担的职工薪酬费用。本例中甲产品应负担的职工薪酬费用为 196 751.5 元，乙产品应负担的职工薪酬费用为 124 238.5 元。如图 2—35 所示。

3. 职工薪酬费用分配模型的测试和维护

（1）职工薪酬费用分配模型的测试。职工薪酬费用分配模型创建完成之后，应当进行测试以确保模型内部程序正确无误。可以将过去若干期的职工薪酬费用分配资料代入模型，得出结果后同原来手工计算的结果对比验证，也可以利用手

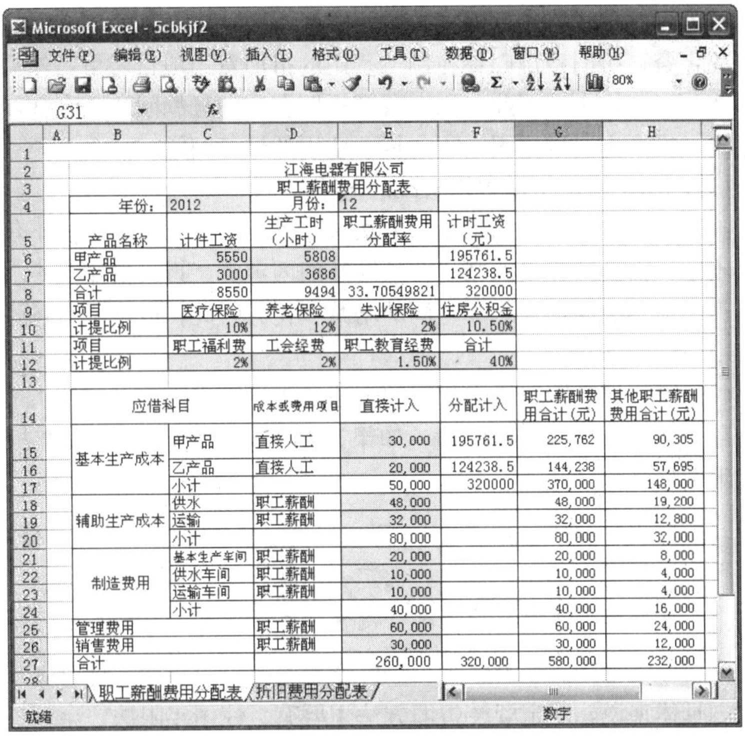

江海电器有限公司

职工薪酬费用分配表

年份：	2012	月份：	12	
产品名称	计件工资	生产工时（小时）	职工薪酬费用分配率	计时工资（元）
甲产品	5550	5808		195761.5
乙产品	3000	3686		124238.5
合计	8550	9494	33.70549821	320000
项目	医疗保险	养老保险	失业保险	住房公积金
计提比例	10%	12%	2%	10.50%
项目	职工福利费	工会经费	职工教育经费	合计
计提比例	2%	2%	1.50%	40%

应借科目		成本或费用项目	直接计入	分配计入	职工薪酬费用合计（元）	其他职工薪酬费用合计（元）
基本生产成本	甲产品	直接人工	30,000	195761.5	225,762	90,305
	乙产品	直接人工	20,000	124238.5	144,238	57,695
	小计		50,000	320000	370,000	148,000
辅助生产成本	供水	职工薪酬	48,000		48,000	19,200
	运输	职工薪酬	32,000		32,000	12,800
	小计		80,000		80,000	32,000
制造费用	基本生产车间	职工薪酬	20,000		20,000	8,000
	供水车间	职工薪酬	10,000		10,000	4,000
	运输车间	职工薪酬	10,000		10,000	4,000
	小计		40,000		40,000	16,000
管理费用		职工薪酬	60,000		60,000	24,000
销售费用		职工薪酬	30,000		30,000	12,000
合计			260,000	320,000	580,000	232,000

图 2—35

工和模型这种两种方式计算出结果进行比对，以保证职工薪酬费用分配模型正确无误。

（2）职工薪酬费用分配模型的保护。职工薪酬费用分配模型创建完成并经测试无误后，为了避免模型被意外修改或破坏，往往需要对其加以保护。

（3）职工薪酬费用分配模型的维护。职工薪酬费用分配模型创建完成后，也可能会遇到职工薪酬费用分配标准发生变化或职工薪酬费用需要在更多或更少的产品之间进行分配的情况。这时就需要对所建的职工薪酬费用分配模型做出相应的修正，以满足实际情况和相关数据变化后正确分配职工薪酬费用的需要。

2.5　固定资产折旧费用分配模型

2.5.1　固定资产折旧费用分配概述

1. 固定资产折旧费用分配

固定资产折旧是指固定资产由于使用而逐渐减少价值。这部分因折旧转移到产品成本中的价值称为固定资产折旧费用。由于当代技术发展迅速，固定资产更新加快，固定资产所占的资金在企业资金总额中所占比重逐步加大，产品成本构成中的固定资产折旧费用也呈逐步上升的趋势，在固定资本密集型企业中更是如此。为了正确地计算产品成本，也可以将固定资产折旧费用作为单独的产品成本项目列示。按现行制度规定，固定资产折旧费用是作为间接费用处理的，即首先将固定资产折旧费用归集在制造费用的折旧费用项目之下，然后将制造费用分配到产品成本之中。因此，固定资产折旧费用的分配问题包含在制造费用分配模型之中，本章主要讨论固定资产折旧费用的计算问题。

2. 固定资产折旧费用分配的方法

计算固定资产折旧费用的方法有多种，不同的折旧方法不仅计算的工作量大小不同，而且计算出的某一会计期间的固定资产折旧费用也不尽相同，从而会引起产品成本的高低变化和利润的增减变化。因此，应当慎重选择适当的固定资产折旧方法。

通常，计算固定资产折旧的方法是先计算出固定资产的折旧率，然后计算相应固定资产应提取的折旧额。如果采用年限法计算固定资产折旧，其计算公式如下：

固定资产年折旧额＝(固定资产原价－净残值)/固定资产使用年限

固定资产年折旧率＝固定资产年折旧额/固定资产原价×100%

固定资产月折旧率＝固定资产年折旧率/12

月固定资产折旧额＝固定资产原价×固定资产月折旧率

具体来说，固定资产折旧方法主要有：使用年限法、余额递减法和年数总和法等。在 Excel 工作表中，创建固定资产折旧费分配模型实际上就是调用相关函数来计算年折旧的过程。不同企业可能采用不同的折旧方法，同一企业对不同的固定资产也可能采用不同的折旧方法。显然，当企业用不同的固定资产折旧方法计提不同固定资产的折旧额时，不仅每个月重复计算的工作量很大，而且容易出错。因此，借助 Excel 工作表创建固定资产折旧费分配模型是一件极有价值的事情。下面主要介绍常用的三种固定资产折旧模型。

(1) 使用年限法模型。在 Excel 工作表中，我们可以调用 SLN 函数来完成使用年限法计算年折旧额的任务。函数 SLN 可以用于按使用年限法（或直线法）计提某项（或某类）固定资产折旧额。其基本句法是：

SLN(Cost,Salvage,Life)

其中，Cost——固定资产原值；

Salvage——固定资产净残值；

Life——固定资产的使用年限。

使用年限法固定资产折旧费用分配模型的创建过程，实际上就是 DDB 函数的调用过程。创建模型的具体步骤如下。

第一步：录入相关资料。启动 Excel 工作表，将任务与计算固定资产折旧费用有关的资料和指标录入使用年限法固定资产折旧费分配模型。

第二步：调用 SLN 折旧函数，计算固定资产折旧额。产量法固定资产折旧模型和工作时数法固定资产折旧模型的创建与上述步骤基本相同，只不过将“固定资产预计使用年限”改为“固定资产预计产量”或“固定资产预计工作时数”，计算出单位产量的折旧额，然后用单位产量的折旧额乘以提取折旧年份实际的

“固定资产产量”或“固定资产工作时数”，即可计算出该年应提取的折旧额。

（2）余额递减法折旧模型。在 Excel 工作表中，可以调用 DDB 函数来完成余额递减法计算固定资产折旧的任务。函数 DDB 可以用于按余额递减法计算某项（或某类）固定资产每期应计提的折旧费。其基本句法是：

DDB(Cost,Salvage,Life,Period,Factor)

其中，Cost——固定资产原值；

Salvage——固定资产净残值；

Life——固定资产的使用年限；

Period——计提第 n 期固定资产折旧的期数；

Factor——可选参数，2 代表“双倍余额递减法”，3 代表“三倍余额递减法”，依此类推；如省略，系统默认值为 2。

余额递减法固定资产折旧费分配模型的创建过程，实际上就是 DDB 函数的调用过程。创建模型的具体步骤如下。

第一步：录入相关资料。启动 Excel 工作表，将任务与计算固定资产折旧费用有关的资料和指标录入 Excel 工作表。

第二步：调用 DDB 折旧函数，计算折旧额。

（3）年数总和法折旧模型。在 Excel 工作表中，可以调用 SYD 函数来完成年数总和法计算固定资产折旧的任务。函数 SYD 可以用于按年数总和法计算某项（或某类）固定资产某期应计提的固定资产折旧费用。其基本句法是：

SYD(Cost,Salvage,Life,Per)

其中，Cost——固定资产原值；

Salvage——固定资产残值；

Life——固定资产的使用期限；

Per——计算折旧的期次。

年数总和法固定资产折旧费用分配模型的创建过程，实际上就是 SYD 函数的调用过程。创建模型的具体步骤如下。

第一步：录入相关资料。启动 Excel 工作表，将任务与计算固定资产折旧费用有关的资料和指标录入 Excel 工作表。

第二步：调用 SYD 折旧函数，计算折旧额。

2.5.2　固定资产折旧费用分配任务

任务 2—4[①]

江海电器有限公司 2011 年 12 月初各项固定资产的原值以及 12 月固定资产

① 参见于富生、黎来芳、张敏：《成本会计学》，6 版，48 页。

增减变动情况如表 2—1 所示。

表 2—1

使用部门	固定资产项目	期初数	本月增加	本月减少
基本生产车间	房屋及建筑物	13 140 000.00	86 666.67	180 000.00
	通用设备	58 000.00	28 000.00	
	小计	13 198 000.00		
供水车间	房屋及建筑物	2 906 666.67		
	通用设备	28 000.00		
	小计	2 934 666.67	0.00	0.00
运输车间	房屋及建筑物	1 840 000.00	0.00	0.00
	通用设备	188 000.00	0.00	0.00
	小计	2 028 000.00	0.00	0.00
管理部门	房屋及建筑物	243 983.76		
	办公设备	156 000.00	28 000.00	24 362.16
	小计	399 983.76	28 000.00	24 362.16
专设销售机构	通用设备	172 697.28		39 752.88
	办公设备	28 992.38		8 672.50
	小计	201 689.66	0.00	48 425.38
合计		13 799 673.42	28 000.00	72 787.54

江海电器有限公司各类固定资产的预计使用年限和预计净残值率如表 2—2 所示。

表 2—2

固定资产类别	房屋及建筑物	通用设备	办公设备
使用寿命（年）	50	16	5
预计净残值率	10.00%	4.00%	1.00%

要求：根据以上资料计算并分配江海电器有限公司 2011 年 12 月固定资产折旧费用。

说明：主教材提供的例题资料是完成了固定资产计算和分配的数据，没有反映出固定资产折旧计算和分配的工作量，这里对原资料进行了改编，以便尽可能体现固定资产折旧工作的全貌。

2.5.3 固定资产折旧费用分配模型的创建

为了便于说明如何在 Excel 工作表中完成固定资产折旧费用分配，我们利用任务 2—4 的资料并借助 Excel 工作表创建固定资产折旧费用分配模型，然后根据这一模型计算出各产品应负担的固定资产折旧费用，编制会计分录，进行产品成本核算。

在 Excel 工作表中，创建固定资产折旧费用分配模型的步骤如下。

第一步：录入数据

将任务 2—4 的资料以及相关数据录入固定资产折旧费用分配模型的“数据输入区”。如图 2—36 所示。

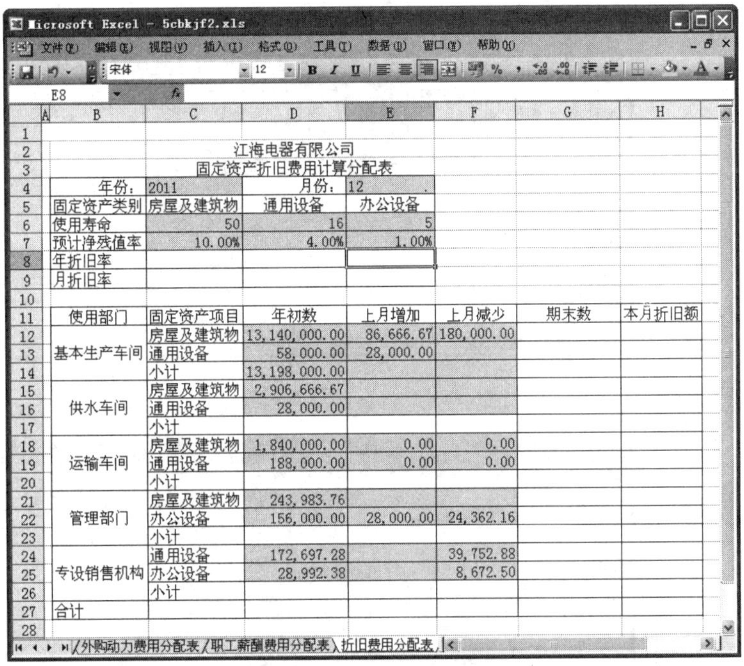

	江海电器有限公司					
	固定资产折旧费用计算分配表					
年份：	2011	月份：	12			
固定资产类别	房屋及建筑物	通用设备	办公设备			
使用寿命	50	16	5			
预计净残值率	10.00%	4.00%	1.00%			
年折旧率						
月折旧率						
使用部门	固定资产项目	年初数	上月增加	上月减少	期末数	本月折旧额
基本生产车间	房屋及建筑物	13,140,000.00	86,666.67	180,000.00		
	通用设备	58,000.00	28,000.00			
	小计	13,198,000.00				
供水车间	房屋及建筑物	2,906,666.67				
	通用设备	28,000.00				
	小计					
运输车间	房屋及建筑物	1,840,000.00	0.00	0.00		
	通用设备	188,000.00	0.00	0.00		
	小计					
管理部门	房屋及建筑物	243,983.76				
	办公设备	156,000.00	28,000.00	24,362.16		
	小计					
专设销售机构	通用设备	172,697.28		39,752.88		
	办公设备	28,992.38		8,672.50		
	小计					
合计						

图 2—36

用自动求和按钮“Σ”求出各类固定资产的小计合计数。选中单元格 D27，输入公式“=D14+D23+D26”，计算出年初固定资产的合计数。然后，用鼠标指向该单元格的右下角，等到鼠标指针变为黑色实心十字时，按住鼠标左键，拖向单元格区域 D27：F27。如图 2—37 所示。

第二步：计算固定资产年折旧率和月折旧率

首先，计算各类固定资产的年折旧率。在单元格 C8 中输入公式“=(1−C7)/C6”，计算出房屋及建筑物类固定资产年折旧率；在单元格 D8 中输入公式“=(1−D7)/D6”，计算出通用设备类固定资产年折旧率；在单元格 E8 中输入公式“=(1−E7)/E6”，计算出办公设备类固定资产年折旧率。

其次，计算各类固定资产的月折旧率。在单元格 C9 中输入公式“=C8/12”，计算出房屋及建筑物类固定资产月折旧率；在单元格 D9 中输入公式“=D8/12”，计算出通用设备类固定资产月折旧率；在单元格 E9 中输入公式“=E8/12”，计算出办公设备类固定资产月折旧率。如图 2—38 所示。

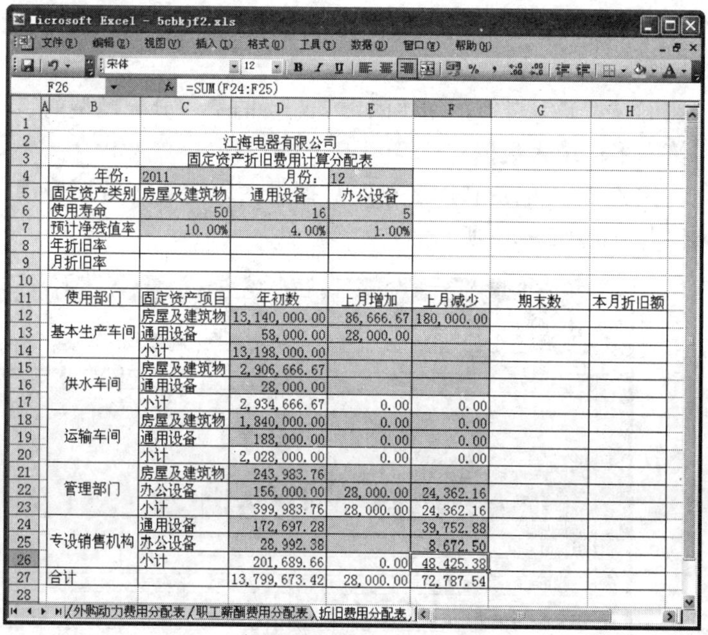

Microsoft Excel - 5cbkjf2.xls

F26 =SUM(F24:F25)

	B	C	D	E	F	G	H
2			江海电器有限公司				
3			固定资产折旧费用计算分配表				
4	年份：	2011	月份：	12			
5	固定资产类别	房屋及建筑物	通用设备	办公设备			
6	使用寿命	50	16	5			
7	预计净残值率	10.00%	4.00%	1.00%			
8	年折旧率						
9	月折旧率						
11	使用部门	固定资产项目	年初数	上月增加	上月减少	期末数	本月折旧额
12	基本生产车间	房屋及建筑物	13,140,000.00	86,666.67	180,000.00		
13		通用设备	58,000.00	28,000.00			
14		小计	13,198,000.00				
15	供水车间	房屋及建筑物	2,906,666.67				
16		通用设备	28,000.00				
17		小计	2,934,666.67	0.00	0.00		
18	运输车间	房屋及建筑物	1,840,000.00	0.00	0.00		
19		通用设备	188,000.00	0.00	0.00		
20		小计	2,028,000.00	0.00	0.00		
21	管理部门	房屋及建筑物	243,983.76				
22		办公设备	156,000.00	28,000.00	24,362.16		
23		小计	399,983.76	28,000.00	24,362.16		
24	专设销售机构	通用设备	172,697.28		39,752.88		
25		办公设备	28,992.38		8,672.50		
26		小计	201,689.66	0.00	48,425.38		
27	合计		13,799,673.42	28,000.00	72,787.54		

外购动力费用分配表 / 职工薪酬费用分配表 / 折旧费用分配表

图 2—37

Microsoft Excel - 5cbkjf2.xls

E9 =E8/12

	B	C	D	E	F	G	H
2			江海电器有限公司				
3			固定资产折旧费用计算分配表				
4	年份：	2011	月份：	12			
5	固定资产类别	房屋及建筑物	通用设备	办公设备			
6	使用寿命（年）	50	16	5			
7	预计净残值率	10.00%	4.00%	1.00%			
8	年折旧率	1.80%	6.00%	19.80%			
9	月折旧率	0.15%	0.50%	1.65%			
11	使用部门	固定资产项目	年初数	上月增加	上月减少	期末数	本月折旧额
12	基本生产车间	房屋及建筑物	13,140,000.00	86,666.67	180,000.00		
13		通用设备	58,000.00	28,000.00			
14		小计	13,198,000.00				
15	供水车间	房屋及建筑物	2,906,666.67				
16		通用设备	28,000.00				
17		小计	2,934,666.67	0.00	0.00		
18	运输车间	房屋及建筑物	1,840,000.00	0.00	0.00		
19		通用设备	188,000.00	0.00	0.00		
20		小计	2,028,000.00	0.00	0.00		
21	管理部门	房屋及建筑物	243,983.76				
22		办公设备	156,000.00	28,000.00	24,362.16		
23		小计	399,983.76	28,000.00	24,362.16		
24	专设销售机构	通用设备	172,697.28		39,752.88		
25		办公设备	28,992.38		8,672.50		
26		小计	201,689.66	0.00	48,425.38		
27	合计		13,799,673.42	28,000.00	72,787.54		

外购动力费用分配表 / 职工薪酬费用分配表 / 折旧费用分配表

图 2—38

第三步：计算上月固定资产期末数

用鼠标单击单元格 G12，在公式编辑栏输入“＝”（等号），然后用鼠标单击单元格 D12，输入运算符“＋”（加号），再用鼠标单击单元格 E12，输入运算符“－”（减号），最后用鼠标单击单元格 F12，在公式编辑栏内就显示出我们所输入的公式“＝D12＋E12－F12”。如图 2—39 所示。

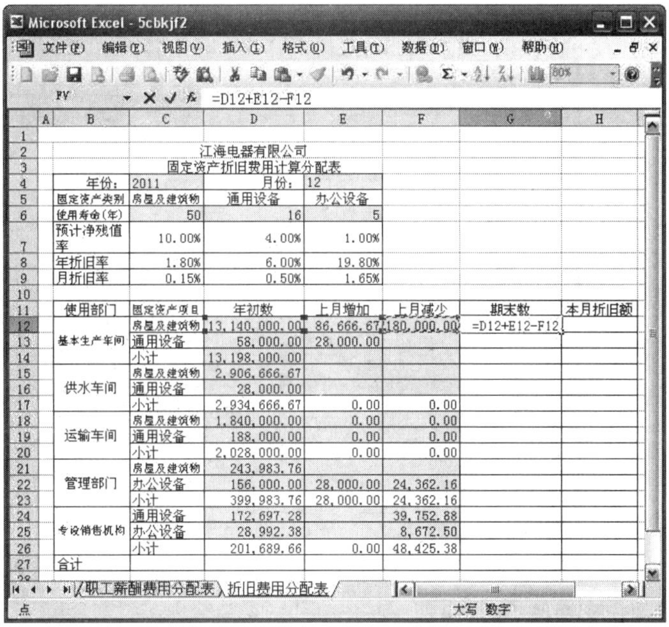

	A	B	C	D	E	F	G	H
1								
2				江海电器有限公司				
3				固定资产折旧费用计算分配表				
4		年份:	2011	月份:	12			
5		固定资产类别	房屋及建筑物	通用设备	办公设备			
6		使用寿命(年)	50	16	5			
7		预计净残值率	10.00%	4.00%	1.00%			
8		年折旧率	1.80%	6.00%	19.80%			
9		月折旧率	0.15%	0.50%	1.65%			
10								
11		使用部门	固定资产项目	年初数	上月增加	上月减少	期末数	本月折旧额
12		基本生产车间	房屋及建筑物	13,140,000.00	86,666.67	180,000.00	=D12+E12-F12	
13			通用设备	58,000.00	28,000.00			
14			小计	13,198,000.00				
15		供水车间	房屋及建筑物	2,906,666.67				
16			通用设备	28,000.00				
17			小计	2,934,666.67	0.00	0.00		
18		运输车间	房屋及建筑物	1,840,000.00	0.00	0.00		
19			通用设备	188,000.00	0.00	0.00		
20			小计	2,028,000.00	0.00	0.00		
21		管理部门	房屋及建筑物	243,983.76				
22			办公设备	156,000.00	28,000.00	24,362.16		
23			小计	399,983.76	28,000.00	24,362.16		
24		专设销售机构	通用设备	172,697.28		39,752.88		
25			办公设备	28,992.38		8,672.50		
26			小计	201,689.66	0.00	48,425.38		
27		合计						

图 2—39

按下“回车”键，用公式“＝D12＋E12－F12”计算出基本生产车间房屋及建筑物类期末固定资产原价。在本例中基本生产车间房屋及建筑物类期末固定资产原价为 13 046 666.67 元。如图 2—40 所示。

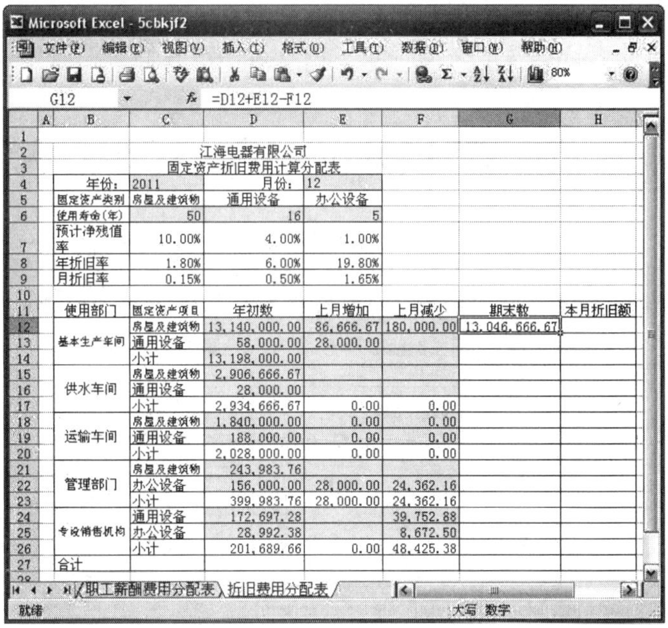

	A	B	C	D	E	F	G	H
1								
2				江海电器有限公司				
3				固定资产折旧费用计算分配表				
4		年份:	2011	月份:	12			
5		固定资产类别	房屋及建筑物	通用设备	办公设备			
6		使用寿命(年)	50	16	5			
7		预计净残值率	10.00%	4.00%	1.00%			
8		年折旧率	1.80%	6.00%	19.80%			
9		月折旧率	0.15%	0.50%	1.65%			
10								
11		使用部门	固定资产项目	年初数	上月增加	上月减少	期末数	本月折旧额
12		基本生产车间	房屋及建筑物	13,140,000.00	86,666.67	180,000.00	13,046,666.67	
13			通用设备	58,000.00	28,000.00			
14			小计	13,198,000.00				
15		供水车间	房屋及建筑物	2,906,666.67				
16			通用设备	28,000.00				
17			小计	2,934,666.67	0.00	0.00		
18		运输车间	房屋及建筑物	1,840,000.00	0.00	0.00		
19			通用设备	188,000.00	0.00	0.00		
20			小计	2,028,000.00	0.00	0.00		
21		管理部门	房屋及建筑物	243,983.76				
22			办公设备	156,000.00	28,000.00	24,362.16		
23			小计	399,983.76	28,000.00	24,362.16		
24		专设销售机构	通用设备	172,697.28		39,752.88		
25			办公设备	28,992.38		8,672.50		
26			小计	201,689.66	0.00	48,425.38		
27		合计						

图 2—40

选中单元格 G12，用鼠标指向该单元格的右下角，等到鼠标指针变为黑色实心十字时，按住鼠标左键，拖向单元格区域 G13：G26。如图 2—41 所示。

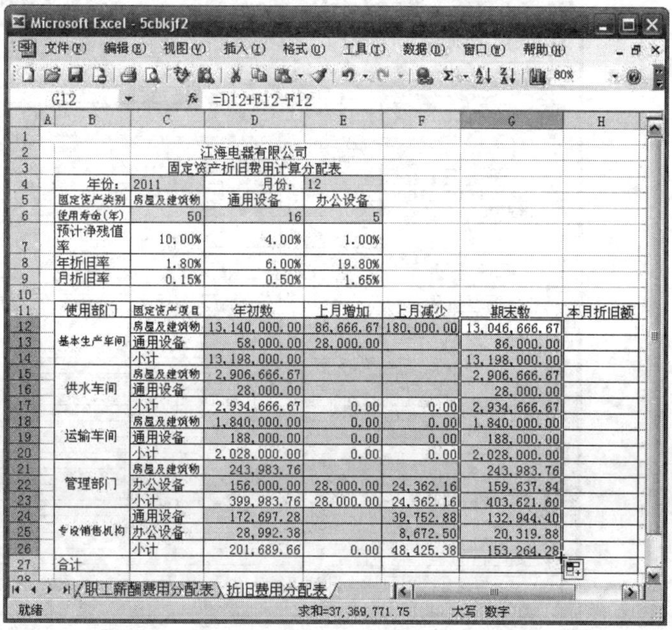

江海电器有限公司						
固定资产折旧费用计算分配表						
年份:	2011	月份:	12			
固定资产类别	房屋及建筑物	通用设备	办公设备			
使用寿命(年)	50	16	5			
预计净残值率	10.00%	4.00%	1.00%			
年折旧率	1.80%	6.00%	19.80%			
月折旧率	0.15%	0.50%	1.65%			
使用部门	固定资产项目	年初数	上月增加	上月减少	期末数	本月折旧额
基本生产车间	房屋及建筑物	13,140,000.00	86,666.67	180,000.00	13,046,666.67	
	通用设备	58,000.00	28,000.00		86,000.00	
	小计	13,198,000.00			13,198,000.00	
供水车间	房屋及建筑物	2,906,666.67			2,906,666.67	
	通用设备	28,000.00			28,000.00	
	小计	2,934,666.67	0.00	0.00	2,934,666.67	
运输车间	房屋及建筑物	1,840,000.00	0.00	0.00	1,840,000.00	
	通用设备	188,000.00	0.00	0.00	188,000.00	
	小计	2,028,000.00	0.00	0.00	2,028,000.00	
管理部门	房屋及建筑物	243,983.76			243,983.76	
	办公设备	156,000.00	28,000.00	24,362.16	159,637.84	
	小计	399,983.76	28,000.00	24,362.16	403,621.60	
专设销售机构	通用设备	172,697.28		39,752.88	132,944.40	
	办公设备	28,992.38		8,672.50	20,319.88	
	小计	201,689.66	0.00	48,425.38	153,264.28	
合计						

图 2—41

这样各部门各类期末固定资产原价就计算出来了，为我们进一步计算各部门固定资产折旧额提供了方便。

用鼠标单击单元格 H12，在公式编辑栏中输入“=”（等号），然后用鼠标单击单元格 G12，输入运算符“*”（乘号），再用鼠标单击单元格 C9（房屋及建筑物的月折旧率），在公式编辑栏内就显示出我们所输入的公式“=G12 * C9”。如图 2—42 所示。

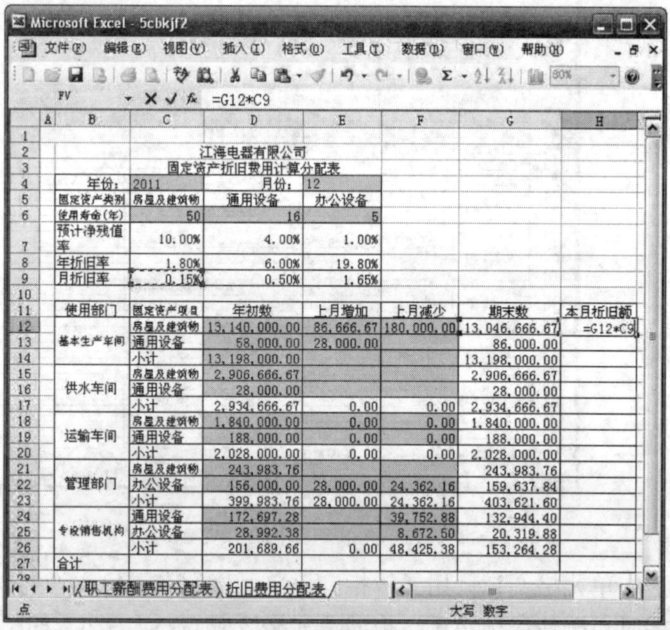

江海电器有限公司						
固定资产折旧费用计算分配表						
年份:	2011	月份:	12			
固定资产类别	房屋及建筑物	通用设备	办公设备			
使用寿命(年)	50	16	5			
预计净残值率	10.00%	4.00%	1.00%			
年折旧率	1.80%	6.00%	19.80%			
月折旧率	0.15%	0.50%	1.65%			
使用部门	固定资产项目	年初数	上月增加	上月减少	期末数	本月折旧额
基本生产车间	房屋及建筑物	13,140,000.00	86,666.67	180,000.00	13,046,666.67	=G12*C9
	通用设备	58,000.00	28,000.00		86,000.00	
	小计	13,198,000.00			13,198,000.00	
供水车间	房屋及建筑物	2,906,666.67			2,906,666.67	
	通用设备	28,000.00			28,000.00	
	小计	2,934,666.67	0.00	0.00	2,934,666.67	
运输车间	房屋及建筑物	1,840,000.00	0.00	0.00	1,840,000.00	
	通用设备	188,000.00	0.00	0.00	188,000.00	
	小计	2,028,000.00	0.00	0.00	2,028,000.00	
管理部门	房屋及建筑物	243,983.76			243,983.76	
	办公设备	156,000.00	28,000.00	24,362.16	159,637.84	
	小计	399,983.76	28,000.00	24,362.16	403,621.60	
专设销售机构	通用设备	172,697.28		39,752.88	132,944.40	
	办公设备	28,992.38		8,672.50	20,319.88	
	小计	201,689.66	0.00	48,425.38	153,264.28	
合计						

图 2—42

按下“回车”键，用公式“=G12＊C9”计算出本月折旧额为 19 570 元。如图 2—43 所示。

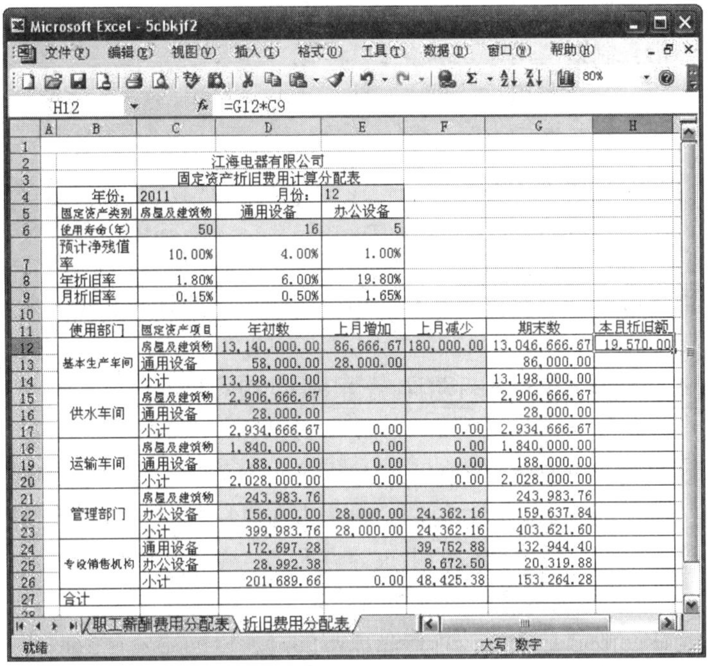

行	B	C	D	E	F	G	H
2			江海电器有限公司				
3			固定资产折旧费用计算分配表				
4	年份:	2011	月份:	12			
5	固定资产类别	房屋及建筑物	通用设备	办公设备			
6	使用寿命(年)	50	16	5			
7	预计净残值率	10.00%	4.00%	1.00%			
8	年折旧率	1.80%	6.00%	19.80%			
9	月折旧率	0.15%	0.50%	1.65%			
11	使用部门	固定资产项目	年初数	上月增加	上月减少	期末数	本月折旧额
12	基本生产车间	房屋及建筑物	13,140,000.00	86,666.67	180,000.00	13,046,666.67	19,570.00
13		通用设备	58,000.00	28,000.00		86,000.00	
14		小计	13,198,000.00			13,198,000.00	
15	供水车间	房屋及建筑物	2,906,666.67			2,906,666.67	
16		通用设备	28,000.00			28,000.00	
17		小计	2,934,666.67	0.00	0.00	2,934,666.67	
18	运输车间	房屋及建筑物	1,840,000.00	0.00	0.00	1,840,000.00	
19		通用设备	188,000.00	0.00	0.00	188,000.00	
20		小计	2,028,000.00	0.00	0.00	2,028,000.00	
21	管理部门	房屋及建筑物	243,983.76			243,983.76	
22		办公设备	156,000.00	28,000.00	24,362.16	159,637.84	
23		小计	399,983.76	28,000.00	24,362.16	403,621.60	
24	专设销售机构	通用设备	172,697.28		39,752.88	132,944.40	
25		办公设备	28,992.38		8,672.50	20,319.88	
26		小计	201,689.66	0.00	48,425.38	153,264.28	
27	合计						

图 2—43

因为不同种类固定资产的折旧率并不相同，所以不能用复制公式的办法，只能分别输入公式来计算固定资产的月折旧率。如图 2—44 所示。

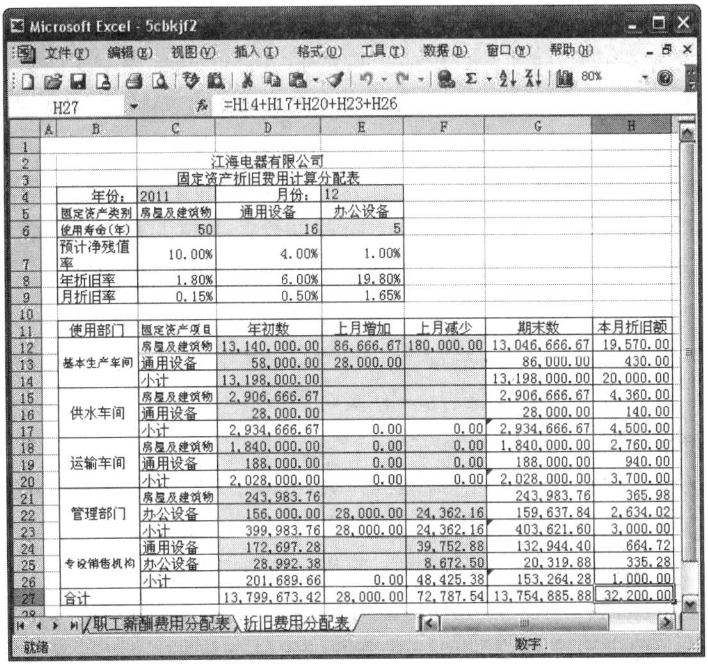

行	B	C	D	E	F	G	H
2			江海电器有限公司				
3			固定资产折旧费用计算分配表				
4	年份:	2011	月份:	12			
5	固定资产类别	房屋及建筑物	通用设备	办公设备			
6	使用寿命(年)	50	16	5			
7	预计净残值率	10.00%	4.00%	1.00%			
8	年折旧率	1.80%	6.00%	19.80%			
9	月折旧率	0.15%	0.50%	1.65%			
11	使用部门	固定资产项目	年初数	上月增加	上月减少	期末数	本月折旧额
12	基本生产车间	房屋及建筑物	13,140,000.00	86,666.67	180,000.00	13,046,666.67	19,570.00
13		通用设备	58,000.00	28,000.00		86,000.00	430.00
14		小计	13,198,000.00			13,198,000.00	20,000.00
15	供水车间	房屋及建筑物	2,906,666.67			2,906,666.67	4,360.00
16		通用设备	28,000.00			28,000.00	140.00
17		小计	2,934,666.67	0.00	0.00	2,934,666.67	4,500.00
18	运输车间	房屋及建筑物	1,840,000.00	0.00	0.00	1,840,000.00	2,760.00
19		通用设备	188,000.00	0.00	0.00	188,000.00	940.00
20		小计	2,028,000.00	0.00	0.00	2,028,000.00	3,700.00
21	管理部门	房屋及建筑物	243,983.76			243,983.76	365.98
22		办公设备	156,000.00	28,000.00	24,362.16	159,637.84	2,634.02
23		小计	399,983.76	28,000.00	24,362.16	403,621.60	3,000.00
24	专设销售机构	通用设备	172,697.28		39,752.88	132,944.40	664.72
25		办公设备	28,992.38		8,672.50	20,319.88	335.28
26		小计	201,689.66	0.00	48,425.38	153,264.28	1,000.00
27	合计		13,799,673.42	28,000.00	72,787.54	13,754,885.88	32,200.00

图 2—44

至此，我们已经利用任务 2—4 所提供的资料，在 Excel 工作表中创建完成了固定资产折旧费用分配模型。根据固定资产折旧费用分配模型计算出各产品应负担的固定资产折旧费用，编制会计分录如下：

借：制造费用——基本生产车间	20 000	
制造费用——供水车间	4 500	
制造费用——运输车间	3 700	
管理费用	3 000	
销售费用	1 000	
贷：累计折旧		32 200

根据以上分录登记“制造费用”明细账，计算产品成本。

2.5.4 固定资产折旧费用分配模型的应用

固定资产折旧费用分配模型建立后，为我们进行日常固定资产折旧费用计算提供了极大的便利。这种便利主要表现在以后各期固定资产折旧费用计算以及固定资产折旧费用计算错误的更正等方面。

1. 日常固定资产折旧费用的计算

企业一般都是按月计算产品成本的，所以固定资产折旧费用的计算也按月进行，每月都有大量且烦琐的计算固定资产折旧费用的工作，而且存在出错的可能性。利用已创建的固定资产折旧费用分配模型解决问题就简单多了。

例如，江海电器有限公司在计算 2012 年 2 月的固定资产折旧费时，只需要将 2012 年 2 月应计提折旧固定资产的有关参数（如原值、净残值和预计的使用年限或产量、工作时数等）输入固定资产折旧费用分配模型，然后按下“回车”键，模型就可以自动计算出应提取的固定资产折旧费用。注意，以上计算的是年折旧额，如果要计算月折旧额，需要将期数由年换算为月。例如，某项固定资产预计可以使用 10 年，现在我们要计算第 6 年第 3 个月的月折旧额，可将使用年限 10 年换算为 120 个月（10×12），第 6 年的第 3 个月换算为 63 个月（即 5×12＋3）。在本例计算折旧函数的期数参数框中输入要计提固定资产折旧费用的月份（第 63 个月），即可计算出第 6 年第 3 个月的月折旧额。

2. 固定资产折旧费用计算错误的更正

在手工条件下，固定资产折旧费用计算完成之后，如果发现计算固定资产折旧费用各项目中的一项或几项有误，无疑是一件令人烦恼的事情。利用固定资产折旧费用分配模型来解决这类问题则十分轻松。

例如，我们在前例的折旧额计算出来之后发现，江海电器有限公司使用的这台生产设备的原始价值不是 500 000 元，而应该是 550 000 元。那么，现在只要在已创建的固定资产折旧费用分配模型中输入修改后的数据，模型将自动计算出正确的折旧额。

3. 固定资产折旧费用分配模型的测试与维护

（1）固定资产折旧费用分配模型的测试。固定资产折旧费分配模型创建完成之后，应当进行测试以确保模型内部程序正确无误。既可以将过去若干期固定资产折旧资料代入模型，得出结果后再同原来的手工结果对比验证，也可以利用手工和模型这两种方式计算出结果进行比对，以保证分配模型的正确无误。

（2）固定资产折旧费用分配模型的保护。固定资产折旧费用分配模型创建完成并经测试后，为了避免模型被意外修改或破坏，往往需要对其加以保护。

（3）固定资产折旧费用分配模型的维护。固定资产折旧费用分配模型创建完成后，也可能会遇到固定资产折旧方法改变的情况。这时就需要对所建的固定资产折旧费用分配模型做出相应的修正，以满足折旧方法改变后计算固定资产折旧额的需要。

至此，材料、外购动力、职工薪酬、固定资产折旧等主要的要素费用分配的模型就创建完成了。主教材还介绍了其他一些要素费用的分配方法，如燃料费用的分配、低值易耗品摊销、税金、待摊费用和预提费用、废品损失和停工损失、期间费用等，鉴于这些要素费用分配的方法和材料费用分配的方法大致相同，步骤也比较简单，这里不再赘述。另外，由于本章的篇幅所限，辅助生产费用的分配将安排在第 3 章“辅助生产费用分配模拟实验”中专门介绍；制造费用的分配将安排在第 4 章“制造费用分配模拟实验。”中专门介绍。

模拟实验题

【实验 1】 江海电器有限公司 2012 年 8 月生产甲、乙、丙三种产品，共同耗用 C 种材料 74 200.8 元。当月甲产品的实际产量为 300 件，单位消耗定额为 50 千克；乙产品的实际产量为 280 件，单位消耗定额为 35 千克；丙产品的实际产量为 220 件，单位消耗定额为 18 千克。

要求： 按照材料定额比例法分别计算甲、乙、丙三种产品应负担的 C 种材料费用。

【实验 2】 江海电器有限公司 2012 年 10 月生产甲、乙、丙三种产品，共同耗用 D 种材料 32 900 千克，材料总成本为 63 800 元。当月甲、乙、丙三种产品的重量分别为 53 000 千克、38 250 千克和 24 750 千克。

要求： 按照产品重量比例法分别计算甲、乙、丙三种产品应负担的 D 种材料费用。

【实验 3】 华正电器有限公司 2012 年 6 月生产甲、乙两种产品。根据工资汇总表的记录，当月直接生产 A，B 两种产品共同发生生产工人的职工薪酬费用为 35 139.00 元。公司分别按照职工工资总额的 10%，12%，2%和 10.5%计提医疗保险费、养老保险费、失业保险费和住房公积金。两种产品的实际生产机器工时记录分别为：A 产品 1 825 小时，B 产品 2 228 小时。

要求： 按规定的比例计算并分配职工薪酬费用。A，B 两种产品共同发生生产人员的职工薪酬费用按照机器工时比例分配。

【实验 4】 华兴机器有限公司 2012 年 8 月生产甲、乙、丙三种产品。根据工资汇总表的记录，当月为直接生产甲、乙、丙三种产品共同发生生产部门生产人员的职工薪酬费用100 000元；生产部门管理人员工资50 000元；公司管理部门人员工资20 000元，销售机构人员工资10 000元。公司分别按照职工工资总额的10%，12%，2%和10.5%计提医疗保险费、养老保险费、失业保险费和住房公积金。甲、乙、丙三种产品的实际生产人工工时记录分别为：甲产品2 000小时，乙产品1 000小时，丙产品800小时。

要求：按规定的比例计算并分配职工薪酬费用。甲、乙、丙三种产品的生产人员的职工薪酬费用按实际人工工时比例分配。

第3章 Chapter 3 辅助生产费用分配模拟实验

实 验 导 引

实验名称： 辅助生产费用分配模拟实验。

实验目的： 理解辅助生产费用分配的原理和方法，获得利用 Excel 工作表模型进行辅助生产费用分配的技能。

实验内容： 根据主教材第 3 章 3.3 节“辅助生产费用的归集和分配”的主要内容，利用 Excel 工作表分别创建直接分配法、顺序分配法、交互分配法、代数分配法和计划成本分配法五种辅助生产费用分配模型，将 Excel 工作表矩阵函数应用于代数法辅助生产费用分配，以及对 Excel 工作表辅助生产费用分配模型进行维护和应用。

实验要求： 创建辅助生产费用分配模型，计算和分配辅助生产产品和劳务的成本，并进行辅助生产费用分配。

实验参考： 参考主教材第 3 章的相关内容。参考《实验系统》“辅助生产费用分配”模块“实验示范”中的直接分配法、顺序分配法、交互分配法、代数分配法和计划成本分配法模型创建的屏幕录像。

3.1 辅助生产费用分配概述

3.1.1 辅助生产费用分配

辅助生产费用是指辅助生产车间在为企业基本生产车间、行政管理部门提供辅助性产品或劳务过程中发生的各种费用。一方面，辅助生产车间在提供辅助性产品和劳务时需要耗费一定的料、工、费，即要发生辅助生产费用；另一方面，辅助生产车间为本企业基本生产车间和行政管理部门提供产品或劳务服务，甚至对外提供产品或劳务。为了正确反映各种产品、各部门耗用的辅助生产车间所提供的产品和劳务，就需要将辅助生产费用按照一定的分配标准在各个受益部门之间进行分配。当生产多种产品时，对共同耗用的辅助生产费用还应在不同的产品之间进行分配。辅助生产费用分配要解决由哪种产品负担辅助生产费用、如何负担和负担多少的问题，也就是要确定辅助生产费用的分配对象和分配标准。

对于能够分清是为生产哪种产品而发生的辅助生产费用，直接计入该种产品成本，该产品即为辅助生产费用的分配对象；对于分不清是为生产哪几种产品而发生的共同耗用的辅助生产费用，应当选择一定的分配标准进行分配，确定各种产品应负担的辅助生产费用，然后计入相关的产品成本。即平常所说的直接费用直接计入，间接费用分配计入。

3.1.2 辅助生产费用分配的方法

辅助生产费用分配的方法有多种，不同的辅助生产费用分配方法不仅计算量大小不同，而且某一会计期间各种产品或各管理部门应分摊的辅助生产费用也不同，从而会引起产品成本的高低变化和利润的增减变化。因此，应当慎重选择辅助生产费用的分配方法。在对共同耗用的辅助生产费用进行分配时，要注意选择合理而简便的辅助生产费用分配标准。合理的辅助生产费用分配标准是指分配标准与辅助生产费用的发生具有较强的因果关系，存在内在的必然联系。简便的辅助生产费用分配标准是指分配标准容易取得。在辅助生产费用的分配对象和分配标准确定之后，就可以对共同耗用的辅助生产费用进行分配。

常用的辅助生产费用分配的方法主要有：直接分配法、顺序分配法、交互分配法、代数分配法和计划成本分配法。

显然，企业无论采用哪种辅助生产费用分配方法，每个月分配辅助生产费用的工作量都很大，而且容易出错。因此，借助 Excel 2003 工作表来创建辅助生产费用分配工作表模型是一件非常有价值的事情。

3.2 辅助生产费用直接分配法模型

3.2.1 辅助生产费用分配任务

任务 3—1 ①

江海电器有限公司有供水和供电两个辅助生产车间，主要为本企业基本生产车间和行政管理部门等服务。根据“辅助生产成本”明细账汇总的资料，2011 年 12 月供电车间发生费用为 36 960 元，供水车间发生费用为 27 000 元。各辅助生产车间供应产品或劳务数量详见表 3—1。

① 参见于富生、黎来芳、张敏：《成本会计学》，6 版，58 页。

表 3—1

受益单位		耗水（立方米）	耗电（度）
基本生产——A 产品			48 000
基本生产车间		24 000	8 000
辅助生产车间	供电	3 000	
	供水		12 000
行政管理部门		2 000	4 000
专设销售机构		1 000	1 600
合计		30 000	73 600

要求：根据以上资料，用直接分配法分配辅助生产费用。

3.2.2　直接分配法模型的创建

使用直接分配法分配辅助生产费用时，不考虑各辅助生产车间之间相互提供劳务或产品的具体情况，将各辅助生产车间发生的费用直接分配到辅助生产车间以外的受益单位。因此，只要将各辅助生产车间发生的费用除以它对外提供劳务或产品的数量，计算出分配率，对外分配一次即可。直接分配法是几种辅助生产费用分配法中最简单的一种。

为了便于说明如何在 Excel 工作表中完成辅助生产费用分配，我们利用任务 3—1 的资料并借助 Excel 工作表创建辅助生产费用直接分配法模型，然后根据这一模型计算出各产品应负担的辅助生产费用，编制会计分录，进行产品成本核算。

在 Excel 2003 工作表中，创建辅助生产费用直接分配法模型的具体步骤如下。

第一步：启动 Excel 2003 工作表

将任务 3—1 的资料以及需要计算的有关指标录入辅助生产费用直接分配法模型。如图 3—1 所示。

第二步：对外分配辅助生产费用

在有关单元格输入计算分配率及分配辅助生产费用的有关公式。由于直接分配法比较简单，为节省篇幅，下面将以显示公式内容的形式来显示有关单元格已输入的公式。要实现工作表上所有公式在显示公式内容与显示公式结果之间的切换，只要同时按下“Ctrl”键和“～”键即可。如图 3—2 所示。

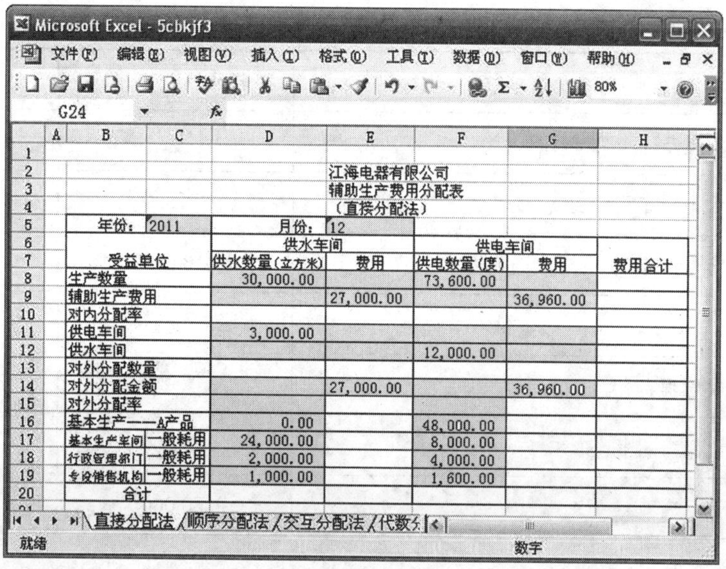

江海电器有限公司
辅助生产费用分配表
（直接分配法）

受益单位		供水车间		供电车间		费用合计
年份：2011		月份：	12			
		供水数量(立方米)	费用	供电数量(度)	费用	
生产数量		30,000.00		73,600.00		
辅助生产费用			27,000.00		36,960.00	
对内分配率						
供电车间		3,000.00				
供水车间				12,000.00		
对外分配数量						
对外分配金额			27,000.00		36,960.00	
对外分配率						
基本生产——A产品		0.00		48,000.00		
基本生产车间	一般耗用	24,000.00		8,000.00		
行政管理部门	一般耗用	2,000.00		4,000.00		
专设销售机构	一般耗用	1,000.00		1,600.00		
合计						

图 3—1

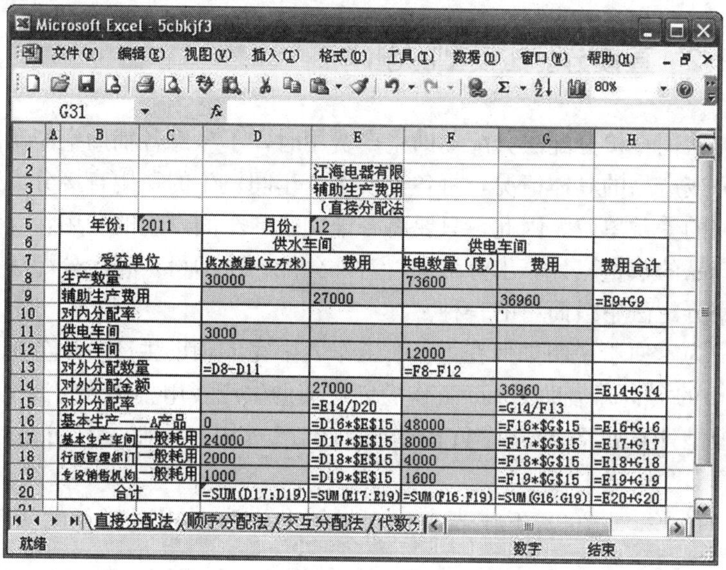

江海电器有限
辅助生产费用
（直接分配法

受益单位		供水车间		供电车间		费用合计
年份：2011		月份：	12			
		供水数量(立方米)	费用	供电数量（度）	费用	
生产数量		30000		73600		
辅助生产费用			27000		36960	=E9+G9
对内分配率						
供电车间		3000				
供水车间				12000		
对外分配数量		=D8-D11		=F8-F12		
对外分配金额			27000		36960	=E14+G14
对外分配率			=E14/D20		=G14/F13	
基本生产——A产品		0	=D16*$E$15	48000	=F16*$G$15	=E16+G16
基本生产车间	一般耗用	24000	=D17*$E$15	8000	=F17*$G$15	=E17+G17
行政管理部门	一般耗用	2000	=D18*$E$15	4000	=F18*$G$15	=E18+G18
专设销售机构	一般耗用	1000	=D19*$E$15	1600	=F19*$G$15	=E19+G19
合计		=SUM(D17:D19)	=SUM(E17:E19)	=SUM(F16:F19)	=SUM(G16:G19)	=E20+G20

图 3—2

在显示公式的单元格中输入以上公式，按直接分配法计算的分配率及对外分配辅助生产费用的模型就创建完成了。再次同时按下“Ctrl”键和“～”键，所有公式显示出计算结果。如图 3—3 所示。

至此，我们已经利用任务 3—1 所提供的资料，在 Excel 工作表中创建完成辅助生产费用直接分配法模型。根据辅助生产费用直接分配法模型计算出各产品应负担的辅助生产费用，编制会计分录如下：

借：生产成本——基本生产成本——A 产品	28 800
制造费用——基本生产车间	28 800

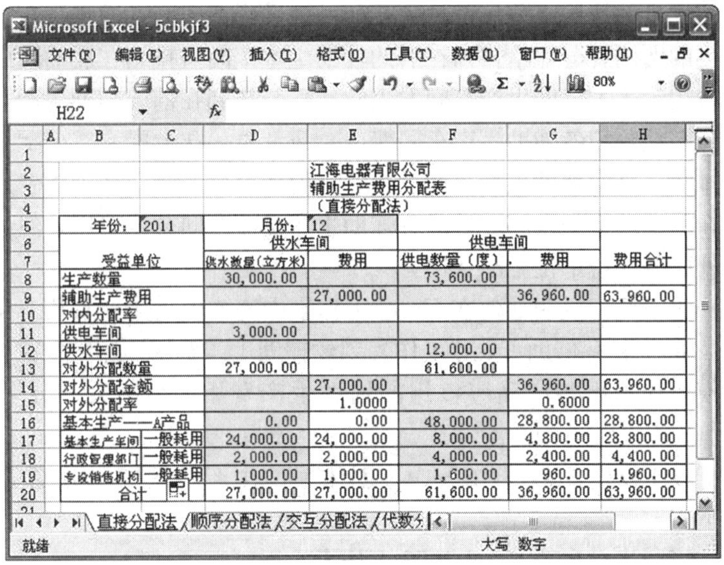

江海电器有限公司
辅助生产费用分配表
（直接分配法）

年份：2011		月份：12				
受益单位		供水车间		供电车间		费用合计
		供水数量（立方米）	费用	供电数量（度）	费用	
生产数量		30,000.00		73,600.00		
辅助生产费用			27,000.00		36,960.00	63,960.00
对内分配率						
供电车间		3,000.00				
供水车间				12,000.00		
对外分配数量		27,000.00		61,600.00		
对外分配金额			27,000.00		36,960.00	63,960.00
对外分配率			1.0000		0.6000	
基本生产——A产品		0.00	0.00	48,000.00	28,800.00	28,800.00
基本生产车间	一般耗用	24,000.00	24,000.00	8,000.00	4,800.00	28,800.00
行政管理部门	一般耗用	2,000.00	2,000.00	4,000.00	2,400.00	4,400.00
专设销售机构	一般耗用	1,000.00	1,000.00	1,600.00	960.00	1,960.00
合计		27,000.00	27,000.00	61,600.00	36,960.00	63,960.00

图 3—3

管理费用	4 400
销售费用	1 960
贷：生产成本——辅助生产成本——供水	27 000
贷：生产成本——辅助生产成本——供电	36 960

根据以上分录登记“生产成本——基本生产成本”、“生产成本——辅助生产成本”和“制造费用”明细账，计算产品成本。

3.3　辅助生产费用顺序分配法模型

3.3.1　辅助生产费用分配任务

任务 3—2 ①

资料同任务 3—1。

要求：用辅助生产费用顺序分配法分配辅助生产费用。

3.3.2　顺序分配法模型的创建

使用顺序分配法分配辅助生产费用时，各辅助生产车间之间相互提供劳务或产品的费用分配是按辅助生产车间受益多少的顺序排列的，排列在后的辅助生产

① 参见于富生、黎来芳、张敏：《成本会计学》，6 版，58 页。

车间发生的费用不分配给排列在前的辅助生产车间，而排列在前的辅助生产车间发生的费用要分配给排列在后的辅助生产车间，排列在后的辅助生产车间应分配的费用等于本辅助生产车间发生的费用与排列在前的辅助生产车间分配来的费用之和。在分配各辅助生产车间费用时只计算一次分配率，分配一次费用，但是除了排在最后的辅助生产车间以外，其他辅助生产车间在分配费用时，首先要对排列在本辅助生产车间之后的各辅助生产受益车间分配费用，然后对辅助生产车间以外的各受益单位分配费用。

为了便于说明如何在 Excel 工作表中完成辅助生产费用分配，我们利用任务 3—2 的资料并借助 Excel 工作表创建辅助生产费用顺序分配法模型，然后根据这一模型计算出各产品应负担的辅助生产费用，编制会计分录，进行产品成本核算。

在 Excel 2003 工作表中，创建辅助生产费用顺序分配法模型的具体步骤如下。

第一步：启动 Excel 2003 工作表

将任务 3—2 的资料以及需要计算的有关指标录入辅助生产费用顺序分配法模型。如图 3—4 所示。

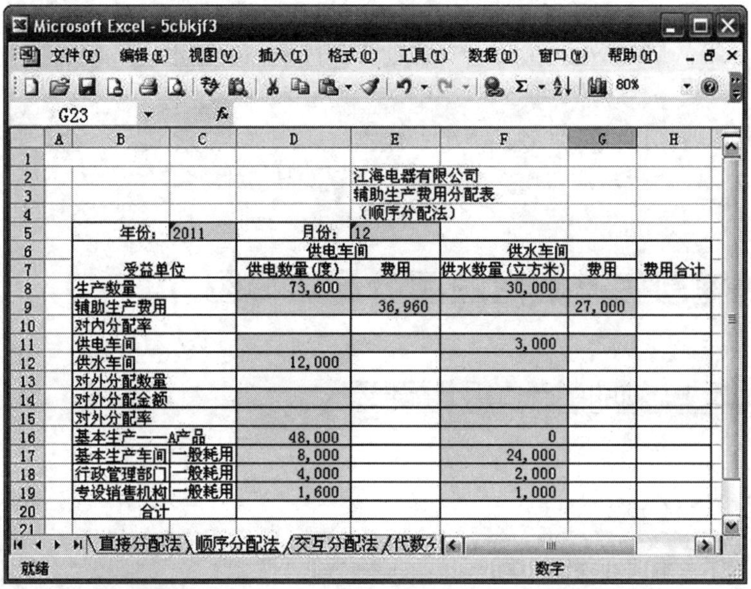

江海电器有限公司
辅助生产费用分配表
（顺序分配法）

年份：	2011		月份：	12			
受益单位		供电车间		供水车间			费用合计
		供电数量（度）	费用	供水数量（立方米）	费用		
生产数量		73,600		30,000			
辅助生产费用			36,960		27,000		
对内分配率							
供电车间				3,000			
供水车间		12,000					
对外分配数量							
对外分配金额							
对外分配率							
基本生产——A产品		48,000		0			
基本生产车间	一般耗用	8,000		24,000			
行政管理部门	一般耗用	4,000		2,000			
专设销售机构	一般耗用	1,600		1,000			
合计							

图 3—4

第二步：分配电力费用

确定供电车间的分配数量和分配费用，由于供电车间排在前面，因此它需要向排在后面的辅助生产车间及辅助生产车间以外的受益单位分配费用。这里的分配费用即为供电车间本身发生的费用；分配数量为供电车间提供的产品总量，即供水车间耗用的 12 000 度，加上辅助生产车间以外受益单位耗用的 61 600 度。

用鼠标单击单元格 E10，在公式编辑栏中输入“＝”（等号），然后用鼠标单击单元格 E9，即确定供电车间的分配费用，输入运算符“/”（除号），再用鼠标单击单元格 D8，在公式编辑栏内就显示出我们所输入的公式“=E9/D8”。如图 3—5 所示。

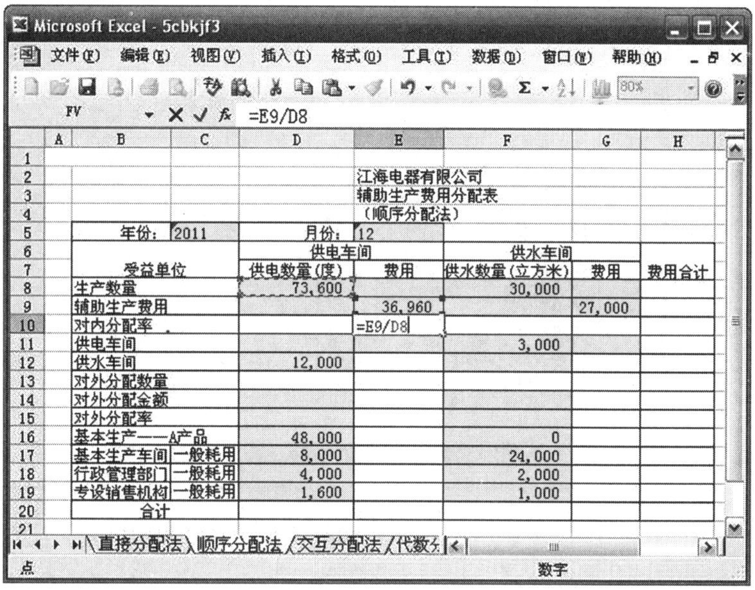
Microsoft Excel - 5cbkjf3

FV =E9/D8

		江海电器有限公司			
		辅助生产费用分配表			
		（顺序分配法）			
年份：2011	月份：12				
受益单位	供电车间		供水车间		费用合计
	供电数量（度）	费用	供水数量（立方米）	费用	
生产数量	73,600		30,000		
辅助生产费用		36,960		27,000	
对内分配率		=E9/D8			
供电车间			3,000		
供水车间	12,000				
对外分配数量					
对外分配金额					
对外分配率					
基本生产——A产品	48,000		0		
基本生产车间 一般耗用	8,000		24,000		
行政管理部门 一般耗用	4,000		2,000		
专设销售机构 一般耗用	1,600		1,000		
合计					

图 3—5

按下“回车”键，用公式“=E9/D8”计算出供电费用分配率。本例中供电费用分配率为 0.502 2。如图 3—6 所示。

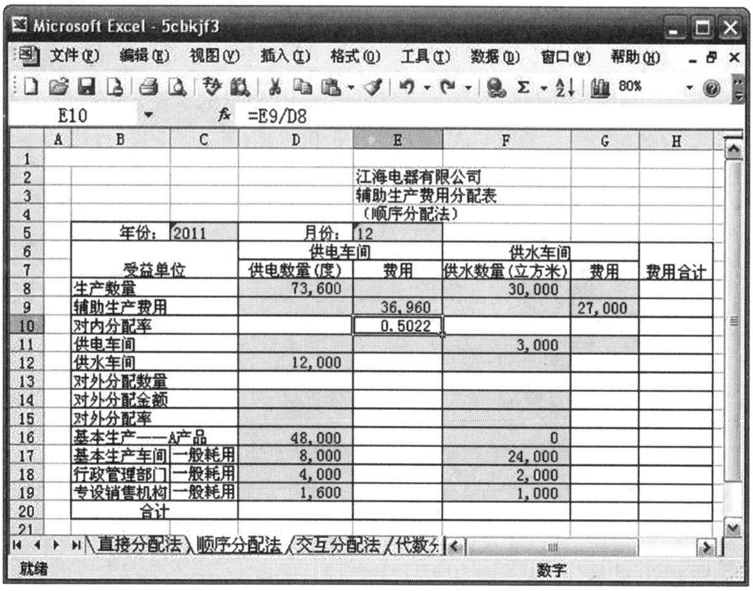
Microsoft Excel - 5cbkjf3

E10 =E9/D8

		江海电器有限公司			
		辅助生产费用分配表			
		（顺序分配法）			
年份：2011	月份：12				
受益单位	供电车间		供水车间		费用合计
	供电数量（度）	费用	供水数量（立方米）	费用	
生产数量	73,600		30,000		
辅助生产费用		36,960		27,000	
对内分配率		0.5022			
供电车间			3,000		
供水车间	12,000				
对外分配数量					
对外分配金额					
对外分配率					
基本生产——A产品	48,000		0		
基本生产车间 一般耗用	8,000		24,000		
行政管理部门 一般耗用	4,000		2,000		
专设销售机构 一般耗用	1,600		1,000		
合计					

图 3—6

用鼠标单击单元格 E12，在公式编辑栏中输入“=”（等号），然后用鼠标单击单元格 D12，输入运算符“*”（乘号），再用鼠标单击单元格 E10，在公式编辑栏内就显示出我们所输入的公式“=D12*E10”。如图 3—7 所示。

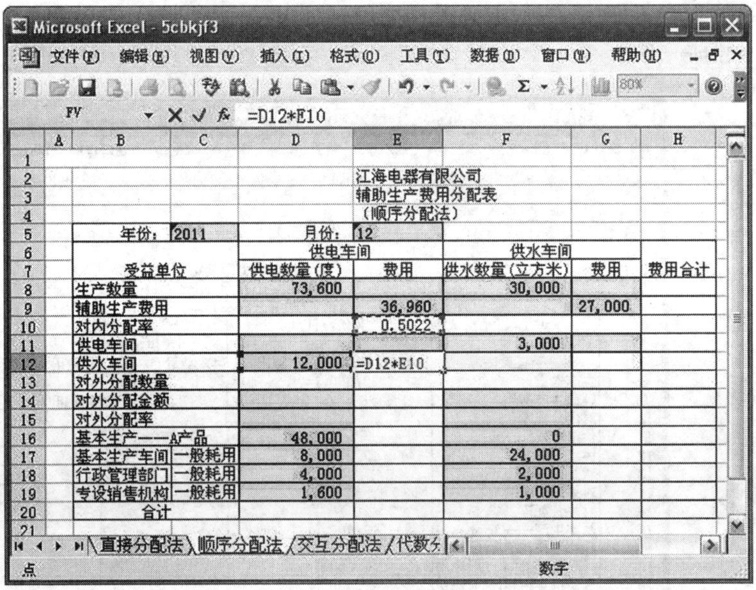

图 3—7

按下"回车"键，就计算出供电车间分配给供水车间的费用。本例中供电车间分配给供水车间的费用为 6 026 元。如图 3—8 所示。

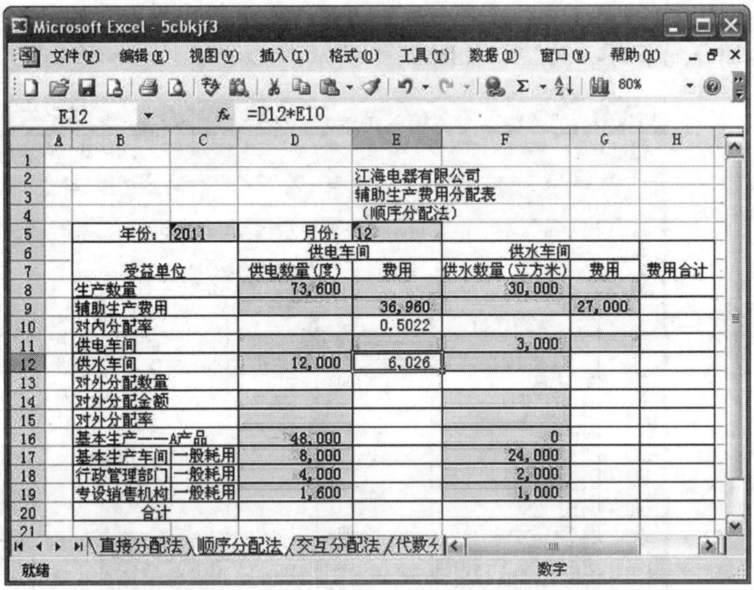

图 3—8

用鼠标单击单元格 D13，在公式编辑栏中输入"＝"（等号），然后用鼠标单击单元格 D8，输入运算符"－"（减号），再用鼠标单击单元格 D12，在公式编辑栏内就显示出我们所输入的公式"＝D8－D12"。按下"回车"键，就计算出对外分配的供电数量，本例中对外分配的供电数量为 61 600 度。接着计算出对外分配的电费金额，本例中对外分配的电费金额为 30 934 元。如图 3—9 所示。

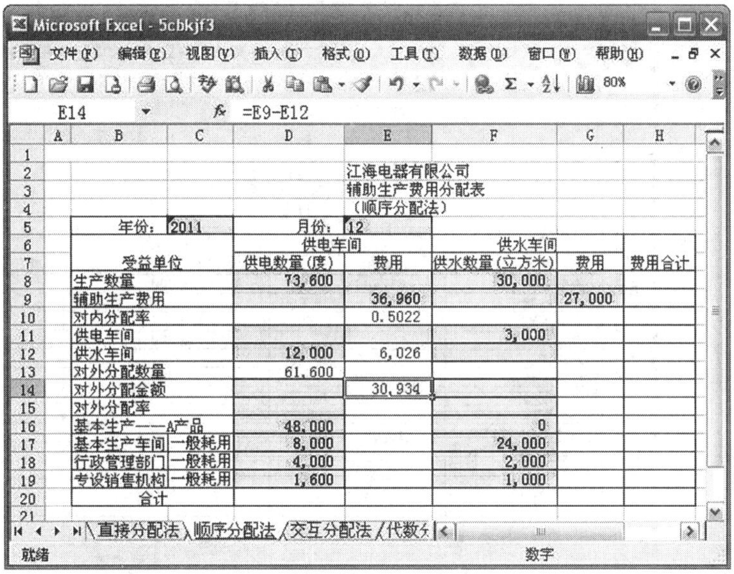

江海电器有限公司
辅助生产费用分配表
（顺序分配法）

受益单位		供电车间 供电数量（度）	供电车间 费用	供水车间 供水数量（立方米）	供水车间 费用	费用合计
年份：2011		月份：12				
生产数量		73,600		30,000		
辅助生产费用			36,960		27,000	
对内分配率			0.5022			
供电车间				3,000		
供水车间		12,000	6,026			
对外分配数量		61,600				
对外分配金额			30,934			
对外分配率						
基本生产——A产品		48,000		0		
基本生产车间	一般耗用	8,000		24,000		
行政管理部门	一般耗用	4,000		2,000		
专设销售机构	一般耗用	1,600		1,000		
合计						

图 3—9

顺序分配法的特点是排列在前的辅助生产车间不负担排列在后的辅助生产车间的费用，排列在后的辅助生产车间要负担排列在前的辅助生产车间分配来的费用，再加上本车间发生的费用作为对外分配的费用额。排列在后的辅助生产车间应分配的费用等于本辅助生产车间原来发生的费用，再加上排列在前的辅助生产车间分配来的费用。在本例中供水车间原来发生的费用为 27 000 元，再加上从供电车间分配来的费用 6 026 元，供水费用金额为 33 026 元。如图 3—10 所示。

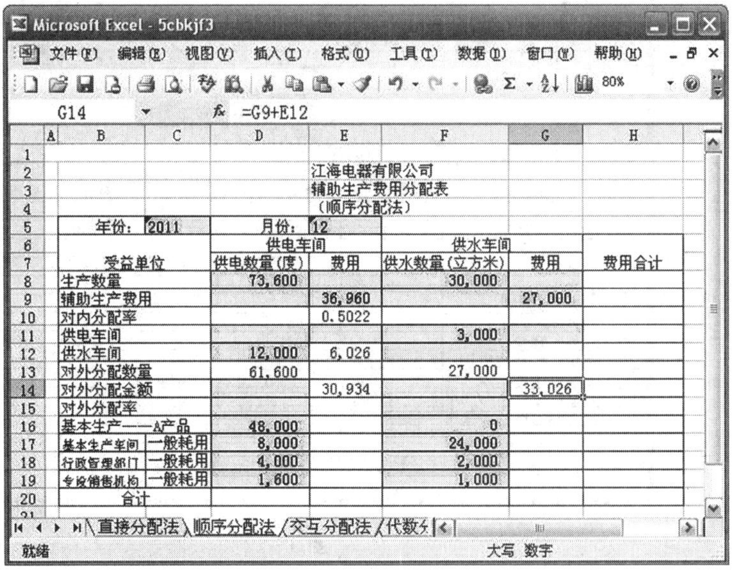

江海电器有限公司
辅助生产费用分配表
（顺序分配法）

受益单位		供电车间 供电数量（度）	供电车间 费用	供水车间 供水数量（立方米）	供水车间 费用	费用合计
年份：2011		月份：12				
生产数量		73,600		30,000		
辅助生产费用			36,960		27,000	
对内分配率			0.5022			
供电车间				3,000		
供水车间		12,000	6,026			
对外分配数量		61,600		27,000		
对外分配金额			30,934		33,026	
对外分配率						
基本生产——A产品		48,000		0		
基本生产车间	一般耗用	8,000		24,000		
行政管理部门	一般耗用	4,000		2,000		
专设销售机构	一般耗用	1,600		1,000		
合计						

图 3—10

接着计算出供电车间对外的电力费用分配率 0.502 2，以及供水车间对外的供水费用分配率 1.223 2。如图 3—11 所示。

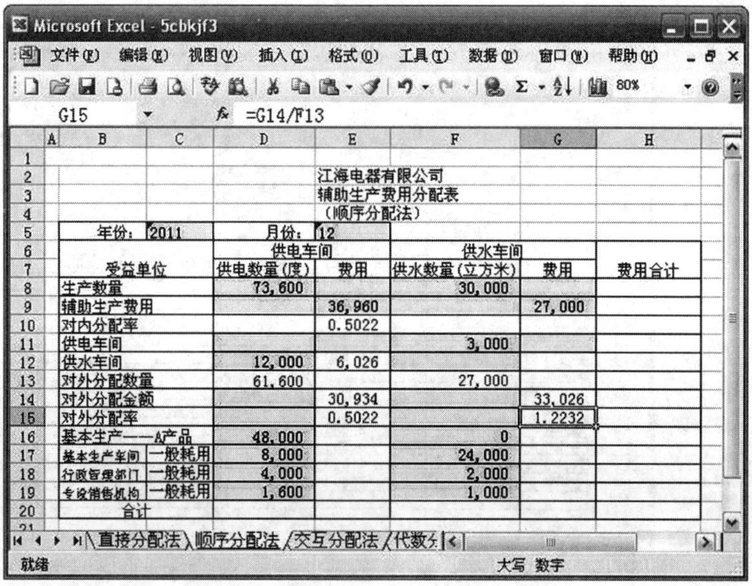

江海电器有限公司 辅助生产费用分配表 （顺序分配法）					
年份：2011	月份：12				
	供电车间		供水车间		
受益单位	供电数量(度)	费用	供水数量(立方米)	费用	费用合计
生产数量	73,600		30,000		
辅助生产费用		36,960		27,000	
对内分配率		0.5022			
供电车间			3,000		
供水车间	12,000	6,026			
对外分配数量	61,600		27,000		
对外分配金额		30,934		33,026	
对外分配率		0.5022		1.2232	
基本生产——A产品	48,000		0		
基本生产车间 一般耗用	8,000		24,000		
行政管理部门 一般耗用	4,000		2,000		
专设销售机构 一般耗用	1,600		1,000		
合计					

图 3—11

然后用鼠标单击单元格 E16，在公式编辑栏中输入“＝”（等号），再用鼠标单击单元格 D16，输入运算符“＊”（乘号），最后用鼠标单击单元格 E15，按一下功能键“F4”，将 E15（相对引用）转换为＄E＄15（绝对引用），在公式编辑栏内就显示出我们所输入的公式“＝D16＊＄E＄15”。如图 3—12 所示。

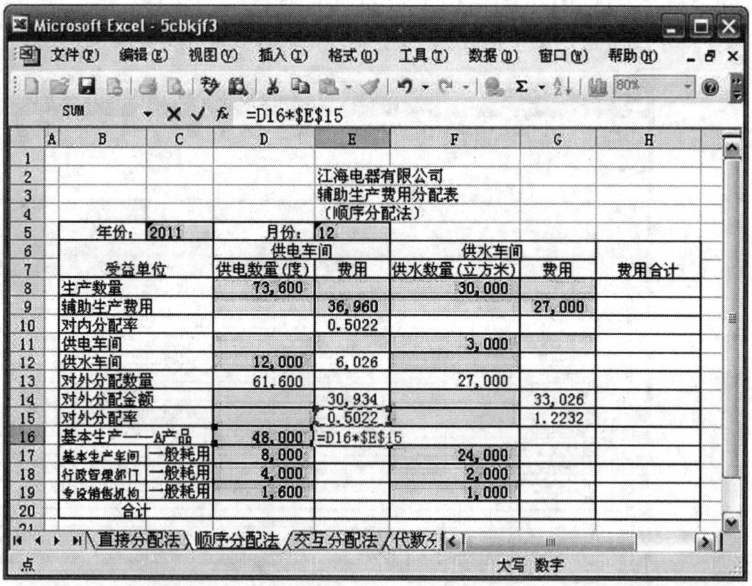

江海电器有限公司 辅助生产费用分配表 （顺序分配法）					
年份：2011	月份：12				
	供电车间		供水车间		
受益单位	供电数量(度)	费用	供水数量(立方米)	费用	费用合计
生产数量	73,600		30,000		
辅助生产费用		36,960		27,000	
对内分配率		0.5022			
供电车间			3,000		
供水车间	12,000	6,026			
对外分配数量	61,600		27,000		
对外分配金额		30,934		33,026	
对外分配率		0.5022		1.2232	
基本生产——A产品	48,000	=D16*$E$15			
基本生产车间 一般耗用	8,000		24,000		
行政管理部门 一般耗用	4,000		2,000		
专设销售机构 一般耗用	1,600		1,000		
合计					

图 3—12

按下“回车”键，应由第一车间生产的产品负担的电费就计算出来了，金额为 24 104 元。然后将鼠标指针指向单元格 E16 的右下角，待鼠标指针变为黑色实心十字时，按住鼠标左键拖向单元格区域 E17：E19，计算出各受益部门应负担的电力费用。如图 3—13 所示。

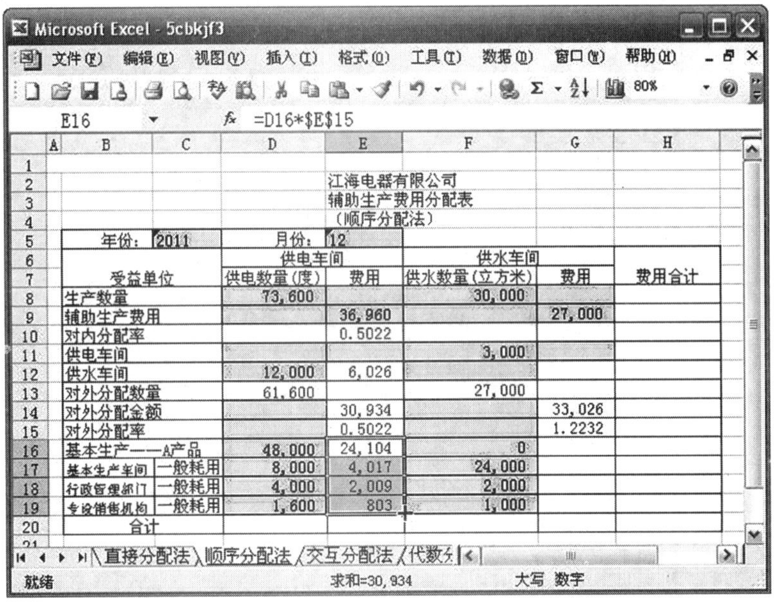

		江海电器有限公司				
		辅助生产费用分配表				
		（顺序分配法）				
年份：2011	月份：12					
受益单位		供电车间		供水车间		费用合计
	供电数量（度）	费用	供水数量（立方米）	费用		
生产数量	73,600		30,000			
辅助生产费用		36,960		27,000		
对内分配率		0.5022				
供电车间			3,000			
供水车间	12,000	6,026				
对外分配数量	61,600		27,000			
对外分配金额		30,934		33,026		
对外分配率		0.5022		1.2232		
基本生产——A产品	48,000	24,104	0			
基本生产车间 一般耗用	8,000	4,017	24,000			
行政管理部门 一般耗用	4,000	2,009	2,000			
专设销售机构 一般耗用	1,600	803	1,000			
合计						

图 3—13

第三步：分配供水车间的费用

用鼠标单击单元格 G16，在公式编辑栏中输入“＝”（等号），然后用鼠标单击单元格 F16，输入运算符“＊”（乘号），再用鼠标单击单元格 G15，按下“F4”键，将“G15”转换为“＄G＄15”，在公式编辑栏内就显示出我们所输入的公式“＝F16＊＄G＄15”。如图 3—14 所示。

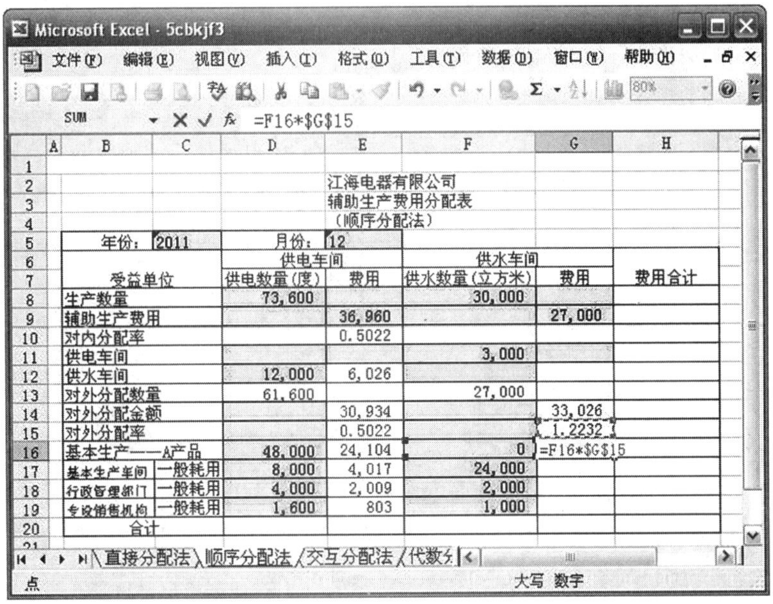

		江海电器有限公司				
		辅助生产费用分配表				
		（顺序分配法）				
年份：2011	月份：12					
受益单位		供电车间		供水车间		费用合计
	供电数量（度）	费用	供水数量（立方米）	费用		
生产数量	73,600		30,000			
辅助生产费用		36,960		27,000		
对内分配率		0.5022				
供电车间			3,000			
供水车间	12,000	6,026				
对外分配数量	61,600		27,000			
对外分配金额		30,934		33,026		
对外分配率		0.5022		1.2232		
基本生产——A产品	48,000	24,104	0	=F16*$G$15		
基本生产车间 一般耗用	8,000	4,017	24,000			
行政管理部门 一般耗用	4,000	2,009	2,000			
专设销售机构 一般耗用	1,600	803	1,000			
合计						

图 3—14

按下“回车”键，基本生产——A产品应负担的供水费用就计算出来了。本例中基本生产——A产品应负担的供水费用为0元。如图3—15所示。

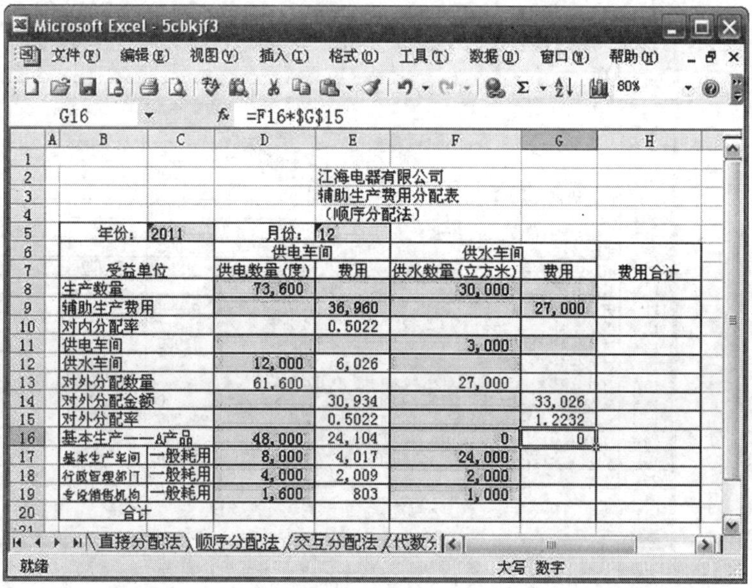

受益单位		供电车间 供电数量(度)	供电车间 费用	供水车间 供水数量(立方米)	供水车间 费用	费用合计
江海电器有限公司 辅助生产费用分配表 （顺序分配法）						
年份：2011		月份：12				
生产数量		73,600		30,000		
辅助生产费用			36,960		27,000	
对内分配率			0.5022			
供电车间				3,000		
供水车间		12,000	6,026			
对外分配数量		61,600		27,000		
对外分配金额			30,934		33,026	
对外分配率			0.5022		1.2232	
基本生产——A产品		48,000	24,104	0	0	
基本生产车间	一般耗用	8,000	4,017	24,000		
行政管理部门	一般耗用	4,000	2,009	2,000		
专设销售机构	一般耗用	1,600	803	1,000		
合计						

图3—15

将鼠标指针指向单元格G16的右下角，待鼠标指针变为黑色实心十字时，按住鼠标左键拖向单元格区域G17：G19，计算出其他受益部门应负担的供水费用。如图3—16所示。

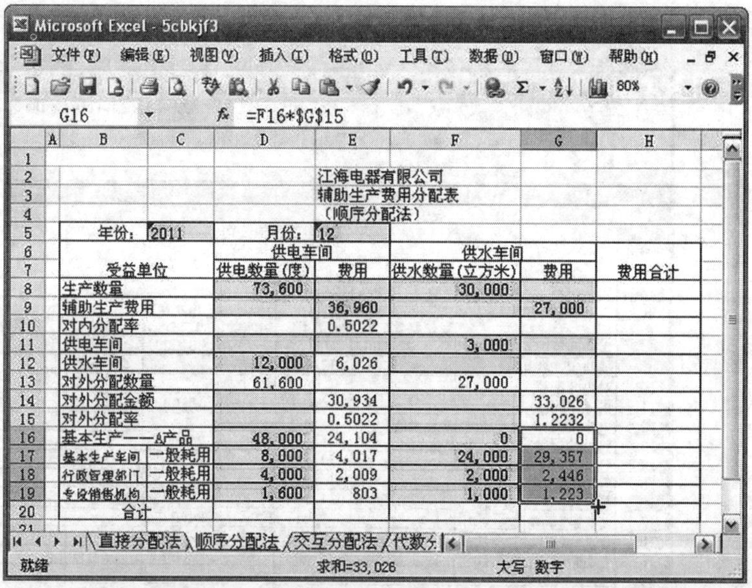

受益单位		供电车间 供电数量(度)	供电车间 费用	供水车间 供水数量(立方米)	供水车间 费用	费用合计
江海电器有限公司 辅助生产费用分配表 （顺序分配法）						
年份：2011		月份：12				
生产数量		73,600		30,000		
辅助生产费用			36,960		27,000	
对内分配率			0.5022			
供电车间				3,000		
供水车间		12,000	6,026			
对外分配数量		61,600		27,000		
对外分配金额			30,934		33,026	
对外分配率			0.5022		1.2232	
基本生产——A产品		48,000	24,104	0	0	
基本生产车间	一般耗用	8,000	4,017	24,000	29,357	
行政管理部门	一般耗用	4,000	2,009	2,000	2,446	
专设销售机构	一般耗用	1,600	803	1,000	1,223	
合计						

图3—16

第四步：计算费用合计

用鼠标单击单元格H16，在公式编辑栏中输入“=”(等号)，然后用鼠标单击单元格 E16，输入运算符“＋”（加号），再用鼠标单击单元格 G16，在公式编辑栏内就显示出我们所输入的公式“＝E6＋G16”。如图 3—17 所示。

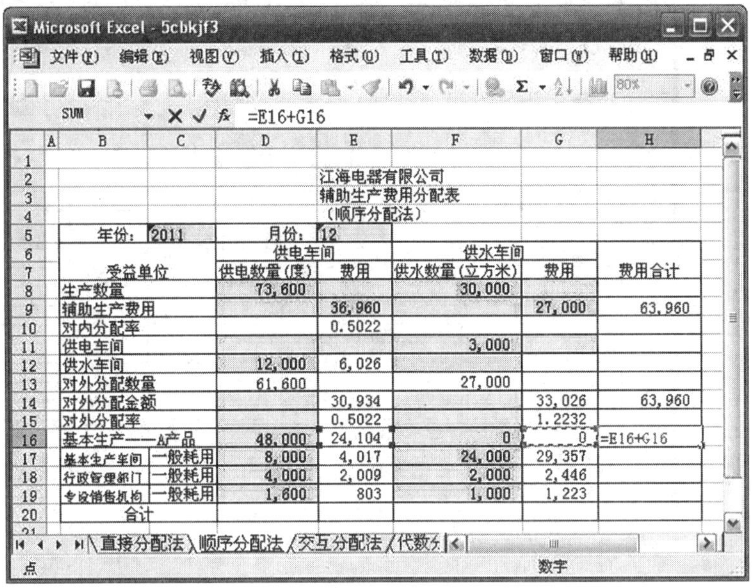

图 3—17

按下“回车”键，用公式“＝E16＋G16”计算出辅助生产费用合计数。本例中基本生产——A 产品生产应分配的辅助生产费用合计 24 104 元。如图 3—18 所示。

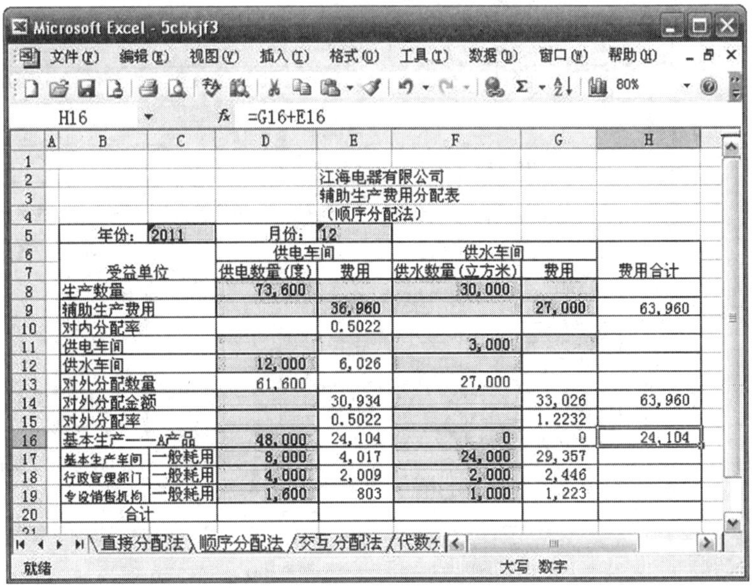

图 3—18

接着将鼠标指针指向单元格 H16 的右下角，待鼠标指针变为黑色实心十字时，按住鼠标左键拖向单元格区域 H17：H19，计算出其他受益部门应负担的辅助生产费用合计数。如图 3—19 所示。

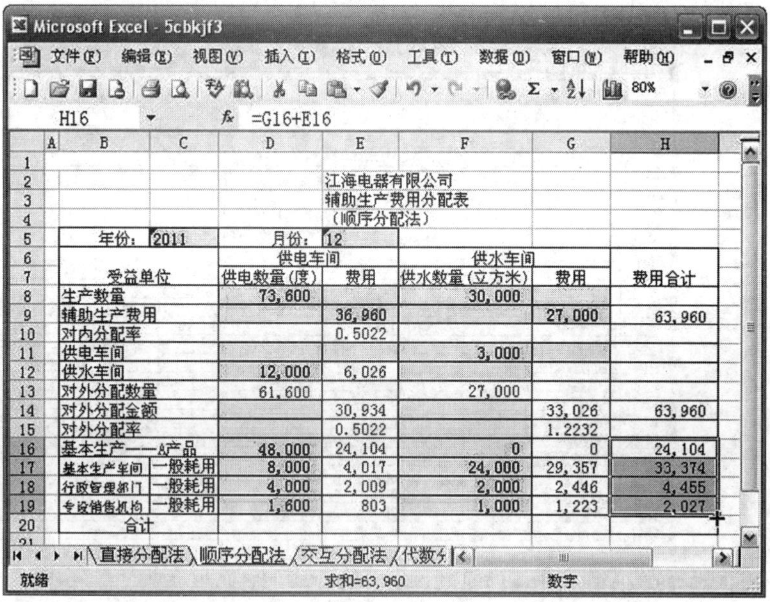

江海电器有限公司
辅助生产费用分配表
（顺序分配法）

受益单位		供电车间		供水车间		费用合计
年份：2011		月份：12				
		供电数量（度）	费用	供水数量（立方米）	费用	
生产数量		73,600		30,000		
辅助生产费用			36,960		27,000	63,960
对内分配率			0.5022			
供电车间				3,000		
供水车间		12,000	6,026			
对外分配数量		61,600		27,000		
对外分配金额			30,934		33,026	63,960
对外分配率			0.5022		1.2232	
基本生产——A产品		48,000	24,104	0	0	24,104
基本生产车间	一般耗用	8,000	4,017	24,000	29,357	33,374
行政管理部门	一般耗用	4,000	2,009	2,000	2,446	4,455
专设销售机构	一般耗用	1,600	803	1,000	1,223	2,027
合计						

图 3—19

最后，我们利用求和函数“∑”，很方便地分别计算出供电车间和供水车间对外分配的产品和劳务的数量和金额。如图 3—20 所示。

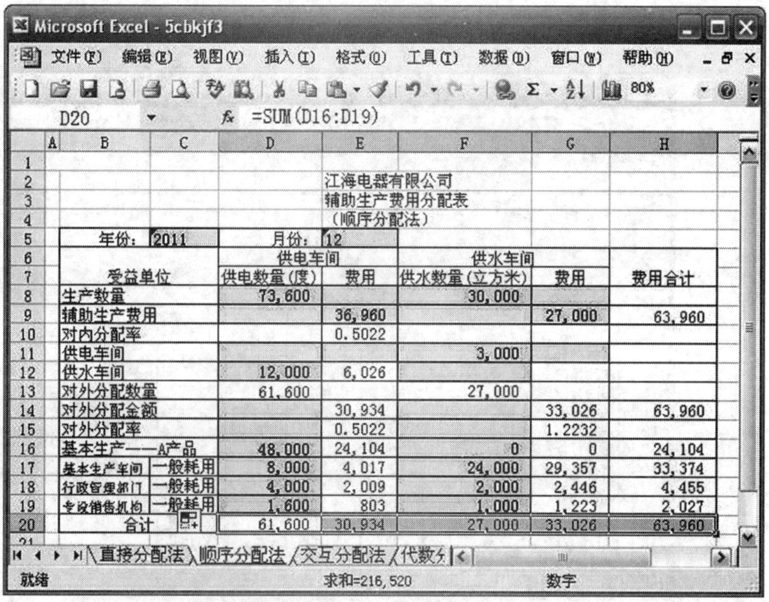

江海电器有限公司
辅助生产费用分配表
（顺序分配法）

受益单位		供电车间		供水车间		费用合计
年份：2011		月份：12				
		供电数量（度）	费用	供水数量（立方米）	费用	
生产数量		73,600		30,000		
辅助生产费用			36,960		27,000	63,960
对内分配率			0.5022			
供电车间				3,000		
供水车间		12,000	6,026			
对外分配数量		61,600		27,000		
对外分配金额			30,934		33,026	63,960
对外分配率			0.5022		1.2232	
基本生产——A产品		48,000	24,104	0	0	24,104
基本生产车间	一般耗用	8,000	4,017	24,000	29,357	33,374
行政管理部门	一般耗用	4,000	2,009	2,000	2,446	4,455
专设销售机构	一般耗用	1,600	803	1,000	1,223	2,027
合计		61,600	30,934	27,000	33,026	63,960

图 3—20

至此，我们已经利用任务 3—2 所提供的资料，在 Excel 工作表中创建完成了辅助生产费用顺序分配法模型。根据辅助生产费用顺序分配法模型计算出各产品应负担的辅助生产费用，编制会计分录如下：

(1) 交互分配。

借：生产成本——辅助生产成本——供水　6 026

　贷：生产成本——辅助生产成本——供电　6 026

(2) 对外分配。

借：生产成本——基本生产成本——A 产品　24 104

　制造费用——基本生产车间　33 374

　管理费用　4 455

　销售费用　2 027

　贷：生产成本——辅助生产成本——供水车间　33 026

　　　　　　　　　　　　　　——供电车间　36 960

根据以上分录登记“生产成本——基本生产成本”、“生产成本——辅助生产成本”和“制造费用”明细账，计算产品成本。

3.4 辅助生产费用交互分配法模型

3.4.1 辅助生产费用分配任务

任务 3—3 [①]

江海电器有限公司有供水和运输两个辅助生产车间，2011 年 12 月有关资料见表 3—2。

表 3—2

辅助生产车间		供水车间	运输车间
待分配辅助生产费用	“辅助生产成本”科目	112 200	68 800
	“制造费用”科目	27 000	26 200
	小计	139 200	95 000
劳务供应数量		139 200 立方米	100 000 公里
耗用劳务数量	供水车间		2 000 公里
	运输车间	20 000 立方米	
	基本生产车间	100 000 立方米	40 000 公里
	行政管理部门	10 000 立方米	10 000 公里
	专设销售机构	9 200 立方米	48 000 公里

要求：根据以上资料，用交互分配法分配辅助生产费用。

① 参见于富生、黎来芳、张敏：《成本会计学》，6 版，61 页。

3.4.2 交互分配法模型的创建

使用交互分配法分配辅助生产费用时，分两步进行。首先，根据各辅助生产车间发生的总费用和提供的劳务或产品的总数量，计算出一个辅助生产费用分配率（即单位产品或劳务成本），然后在相互提供劳务或产品的辅助生产车间之间进行第一次分配。其次，用各辅助生产车间经过交互分配后的费用（即各辅助生产车间交互分配前发生的费用加上交互分配转入的费用，减去交互分配转出的费用），以及对辅助生产车间以外各受益单位提供的劳务或产品的数量，再计算出一个分配率，然后按该分配率将各辅助生产车间的费用分配到辅助生产车间以外的受益单位。

为了便于说明如何在 Excel 工作表中完成辅助生产费用分配，我们利用任务 3—3 的资料并借助 Excel 工作表创建辅助生产费用交互分配法模型，然后根据这一模型计算出各产品应负担的辅助生产费用，编制会计分录，进行产品成本核算。

在 Excel 2003 工作表中，创建辅助生产费用交互分配法模型的具体步骤如下。

第一步：录入相关资料

启动 Excel 2003 工作表，将任务 3—3 的资料以及需要计算的有关指标录入 Excel 2003 工作表。如图 3—21 所示。

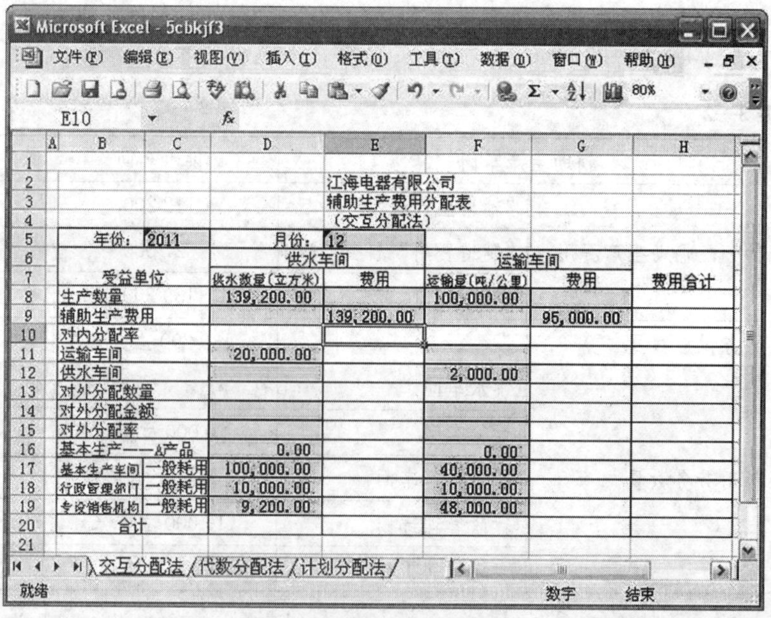

江海电器有限公司
辅助生产费用分配表
（交互分配法）

年份：	2011	月份：	12			
受益单位		供水车间		运输车间		费用合计
		供水数量（立方米）	费用	运输量（吨/公里）	费用	
生产数量		139,200.00		100,000.00		
辅助生产费用			139,200.00		95,000.00	
对内分配率						
运输车间		20,000.00				
供水车间				2,000.00		
对外分配数量						
对外分配金额						
对外分配率						
基本生产——A产品		0.00		0.00		
基本生产车间	一般耗用	100,000.00		40,000.00		
行政管理部门	一般耗用	10,000.00		10,000.00		
专设销售机构	一般耗用	9,200.00		48,000.00		
合计						

图 3—21

注意：这里我们将辅助生产供水车间和运输车间的“辅助生产成本”科目和“制造费用”科目的金额加总在一起，作为辅助生产车间待分配的生产费用。辅助生产内部交互分配费用时，不再经过“制造费用”科目核算。供水车间的待分配费用为：112 200＋27 000＝139 200（元）；运输车间的待分配费用为：68 800＋26 200＝95 000（元）。

第二步：输入公式，计算供水车间和运输车间的费用分配率

用鼠标单击单元格 E10，在公式编辑栏中输入“＝”（等号），然后用鼠标单击单元格 E9，输入运算符“/”（除号），再用鼠标单击单元格 D8，在公式编辑栏内就显示出我们所输入的公式“＝E9/D8”。

按下“回车”键，用公式“＝E9/D8”计算出供水车间费用分配率。本例中供水车间费用分配率为 1.0。同理，用鼠标单击单元格 G10，在公式编辑栏中输入“＝”（等号），然后用鼠标单击单元格 G9，输入运算符“/”（除号），再用鼠标单击单元格 F8，在公式编辑栏内就显示出我们所输入的公式“＝G9/F8”。如图 3—22 所示。

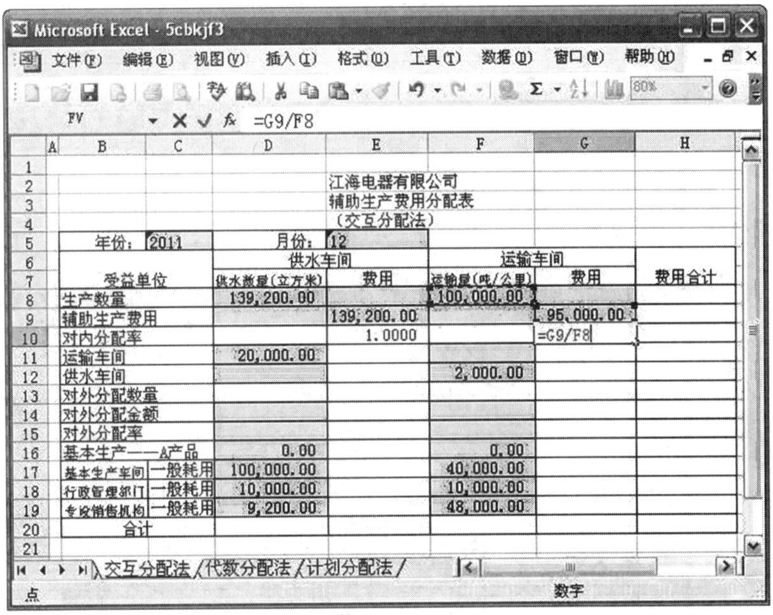

图 3—22

按下“回车”键，用公式“＝G9/F8”计算出运输车间费用分配率。本例中运输车间费用分配率为 0.95。

第三步：辅助生产费用的交互分配

用鼠标单击单元格 E11，在公式编辑栏中输入“＝”（等号），然后用鼠标单击单元格 D11，输入运算符“＊”（乘号），再用鼠标单击单元格 E10，在公式编辑栏内就显示出我们所输入的公式“＝D11＊E10”。如图 3—23 所示。

按下“回车”键，供水车间分配给运输车间的供水费用就计算出来了。本例中供水车间分配给运输车间的费用为 20 000 元。同理，用鼠标单击单元格 G12，在公式编辑栏中输入“＝”（等号），然后用鼠标单击单元格 F12，输入运算符“＊”（乘号），再用鼠标单击单元格 G10，在公式编辑栏内就显示出我们所输入

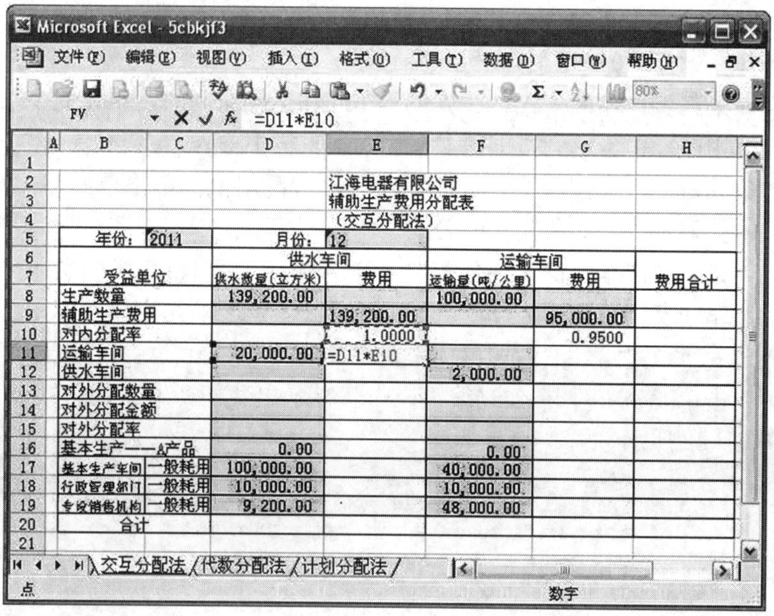

FV =D11*E10

行	B	C	D	E	F	G	H
2				江海电器有限公司			
3				辅助生产费用分配表			
4				（交互分配法）			
5	年份：	2011	月份：	12			
6	受益单位		供水车间		运输车间		费用合计
7			供水数量（立方米）	费用	运输量（吨/公里）	费用	
8	生产数量		139,200.00		100,000.00		
9	辅助生产费用			139,200.00		95,000.00	
10	对内分配率			1.0000		0.9500	
11	运输车间		20,000.00	=D11*E10			
12	供水车间				2,000.00		
13	对外分配数量						
14	对外分配金额						
15	对外分配率						
16	基本生产——A产品		0.00		0.00		
17	基本生产车间	一般耗用	100,000.00		40,000.00		
18	行政管理部门	一般耗用	10,000.00		10,000.00		
19	专设销售机构	一般耗用	9,200.00		48,000.00		
20	合计						

图 3—23

的公式“＝F12＊G10”。如图 3—24 所示。

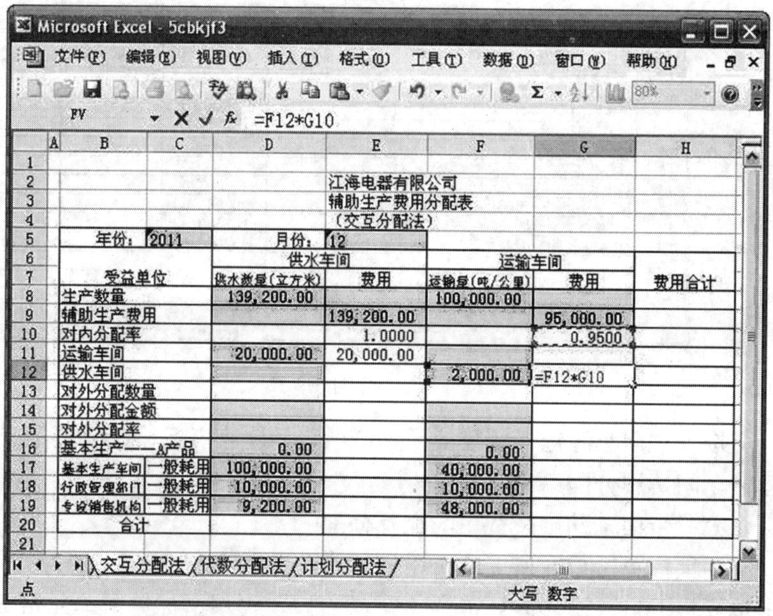

FV =F12*G10

行	B	C	D	E	F	G	H
2				江海电器有限公司			
3				辅助生产费用分配表			
4				（交互分配法）			
5	年份：	2011	月份：	12			
6	受益单位		供水车间		运输车间		费用合计
7			供水数量（立方米）	费用	运输量（吨/公里）	费用	
8	生产数量		139,200.00		100,000.00		
9	辅助生产费用			139,200.00		95,000.00	
10	对内分配率			1.0000		0.9500	
11	运输车间		20,000.00	20,000.00			
12	供水车间				2,000.00	=F12*G10	
13	对外分配数量						
14	对外分配金额						
15	对外分配率						
16	基本生产——A产品		0.00		0.00		
17	基本生产车间	一般耗用	100,000.00		40,000.00		
18	行政管理部门	一般耗用	10,000.00		10,000.00		
19	专设销售机构	一般耗用	9,200.00		48,000.00		
20	合计						

图 3—24

按下“回车”键，运输车间分配给供水车间的运输费用就计算出来了。本例中运输车间分配给供水车间的运输费用为 1 900 元。如图 3—25 所示。

第四步：计算对外分配的数量和费用

使用交互分配法对外分配辅助生产车间费用时，必须确定对外分配的数量和

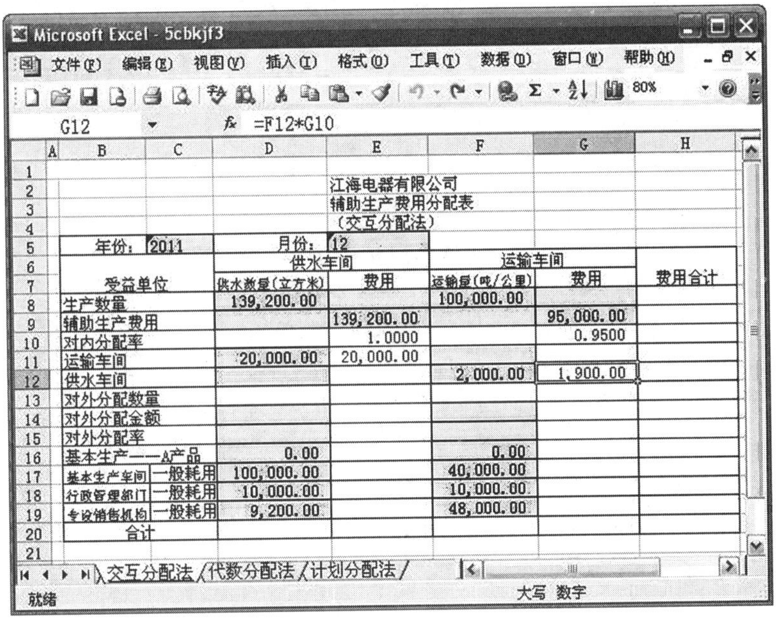

江海电器有限公司
辅助生产费用分配表
（交互分配法）

年份：2011 月份：12

受益单位	供水车间		运输车间		费用合计
	供水数量(立方米)	费用	运输量(吨/公里)	费用	
生产数量	139,200.00		100,000.00		
辅助生产费用		139,200.00		95,000.00	
对内分配率		1.0000		0.9500	
运输车间	20,000.00	20,000.00			
供水车间			2,000.00	1,900.00	
对外分配数量					
对外分配金额					
对外分配率					
基本生产——A产品	0.00		0.00		
基本生产车间 一般耗用	100,000.00		40,000.00		
行政管理部门 一般耗用	10,000.00		10,000.00		
专设销售机构 一般耗用	9,200.00		48,000.00		
合计					

图 3—25

费用。对外分配的数量就是各辅助生产车间对外提供的劳务或产品的数量，或者是用各辅助生产车间提供的劳务或产品总量减去交互分配出去的部分。对外分配的费用就是各辅助生产车间本身发生的费用，加上在交互分配过程中从其他辅助生产车间分配进来的费用，再减去本辅助生产车间分配到其他辅助生产车间的费用后的费用。

首先，计算对外分配辅助生产车间提供劳务或产品的数量。本例中供水车间提供的产品为 139 200 立方米，减去运输车间耗用的 20 000 立方米，对外分配的供水数量为 119 200 立方米；运输车间提供的劳务量为 100 000 吨/公里，减去为供水车间提供的 2 000 吨/公里，对外分配的运输劳务量为 98 000 吨/公里。

其次，计算对外分配的费用。用鼠标单击单元格 E14，在公式编辑栏中输入“＝”（等号），然后用鼠标单击单元格 E9，输入运算符“－”（减号），再用鼠标单击单元格 E11，输入“＋”（加号），最后用鼠标单击单元格 G12，在公式编辑栏内就显示出我们所输入的公式“＝E9－E11＋G12”。如图 3—26 所示。

按下“回车”键，供水车间对外分配的费用就计算出来了。本例中供水车间对外分配的费用为 12 100 元。用鼠标单击单元格 G14，在公式编辑栏中输入“＝”（等号），然后用鼠标单击单元格 G9，输入运算符“－”（减号），再用鼠标单击单元格 G12，输入“＋”（加号），最后用鼠标单击单元格 E11，在公式编辑栏内就显示出我们所输入的公式“＝G9－G12＋E11”。如图 3—27 所示。

按下“回车”键，运输车间对外分配的运输费用就计算出来了。本例中运输车间对外分配的费用为 113 100 元。如图 3—28 所示。

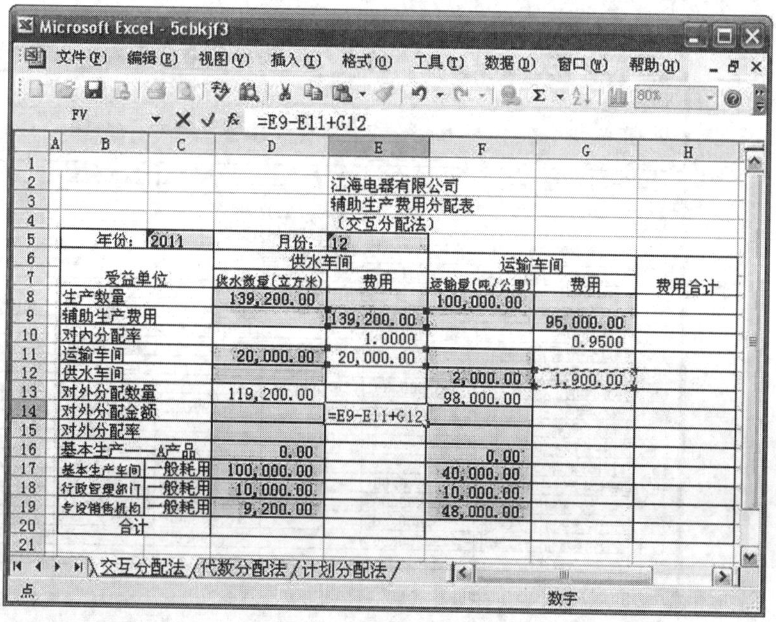

受益单位		供水车间 供水数量(立方米)	供水车间 费用	运输车间 运输量(吨/公里)	运输车间 费用	费用合计
年份：2011		月份：12				
生产数量		139,200.00		100,000.00		
辅助生产费用			139,200.00		95,000.00	
对内分配率			1.0000		0.9500	
运输车间		20,000.00	20,000.00			
供水车间				2,000.00	1,900.00	
对外分配数量		119,200.00		98,000.00		
对外分配金额			=E9-E11+G12			
对外分配率						
基本生产——A产品		0.00		0.00		
基本生产车间	一般耗用	100,000.00		40,000.00		
行政管理部门	一般耗用	10,000.00		10,000.00		
专设销售机构	一般耗用	9,200.00		48,000.00		
合计						

图 3—26

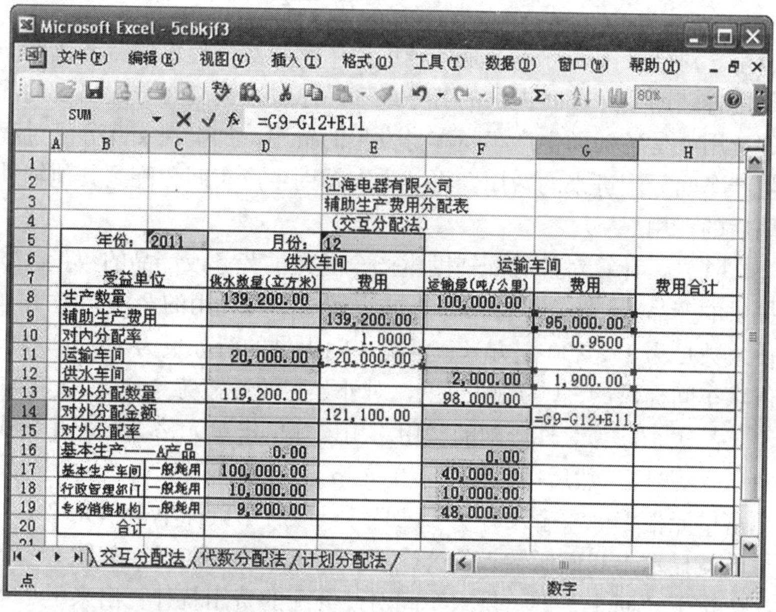

受益单位		供水车间 供水数量(立方米)	供水车间 费用	运输车间 运输量(吨/公里)	运输车间 费用	费用合计
年份：2011		月份：12				
生产数量		139,200.00		100,000.00		
辅助生产费用			139,200.00		95,000.00	
对内分配率			1.0000		0.9500	
运输车间		20,000.00	20,000.00			
供水车间				2,000.00	1,900.00	
对外分配数量		119,200.00		98,000.00		
对外分配金额			121,100.00		=G9-G12+E11	
对外分配率						
基本生产——A产品		0.00		0.00		
基本生产车间	一般耗用	100,000.00		40,000.00		
行政管理部门	一般耗用	10,000.00		10,000.00		
专设销售机构	一般耗用	9,200.00		48,000.00		
合计						

图 3—27

第五步：计算对外分配率

用鼠标单击单元格 E15，在公式编辑栏中输入“=”(等号)，然后用鼠标单击单元格 E14，输入运算符“/”(除号)，再用鼠标单击单元格 D13，在公式编辑栏内就显示出我们所输入的公式“=E14/D13”。按下“回车”键，对外分配供水车间费用的分配率就计算出来了。本例中供水车间费用分配率为 1.015 9。同理，用鼠标单击单元格 G15，在公式编辑栏中输入“=”(等号)，然后用鼠标

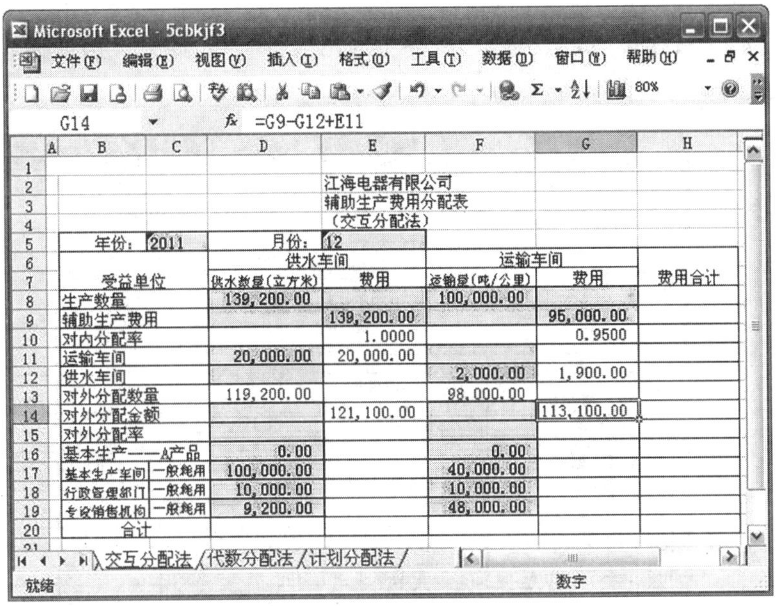

图 3—28

单击单元格 G14，输入运算符“/”（除号），再用鼠标单击单元格 F13，在公式编辑栏内就显示出我们所输入的公式“=G14/F13”。按下“回车”键，对外分配运输车间的费用分配率就计算出来了。本例中运输车间费用分配率为 1.154 1。如图 3—29 所示。

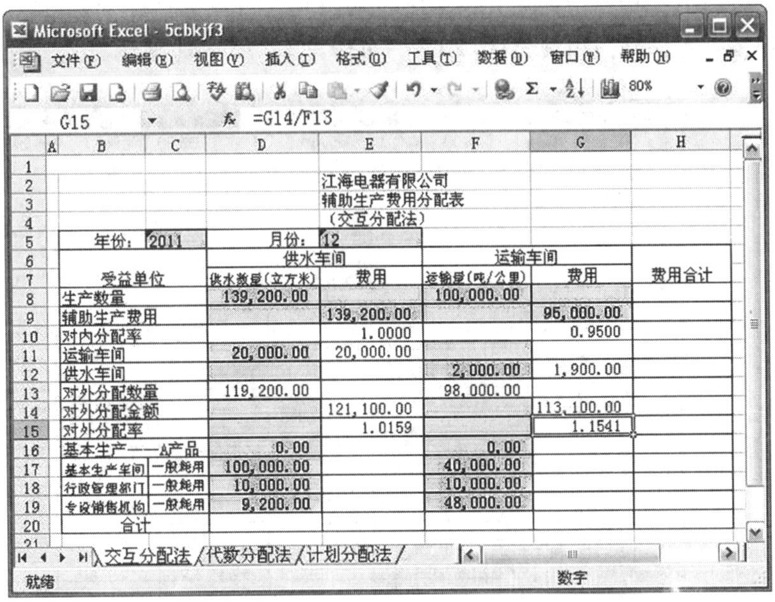

图 3—29

第六步：对外分配辅助生产费用

用鼠标单击单元格 E16，在公式编辑栏中输入“=”（等号），然后用鼠标单击单元格 D16，输入运算符“＊”（乘号），再用鼠标单击单元格 E15，按下“F4”键，将“E15”转换为“$E$15”，在公式编辑栏内就显示出我们所输入的公式“=D16＊$E$15”。如图 3—30 所示。

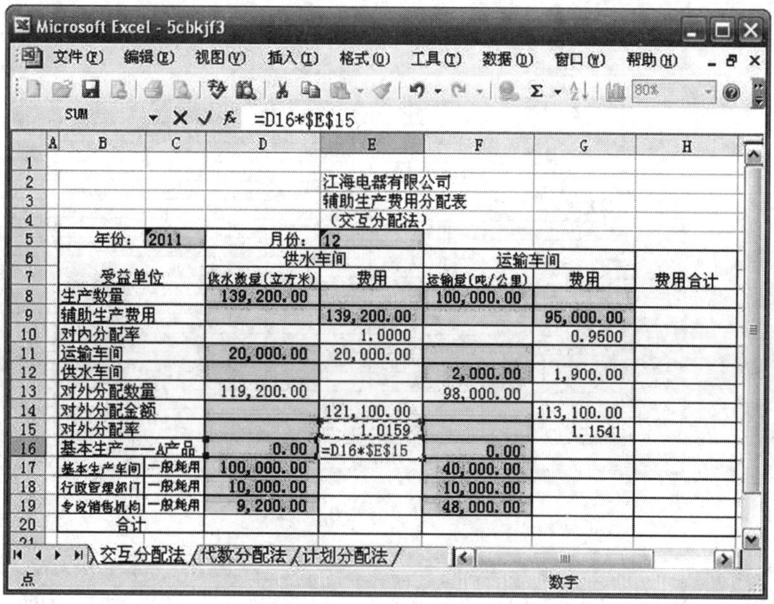

江海电器有限公司
辅助生产费用分配表
（交互分配法）

受益单位		供水车间		运输车间		费用合计
年份：2011		月份：12				
		供水数量(立方米)	费用	运输量(吨/公里)	费用	
生产数量		139,200.00		100,000.00		
辅助生产费用			139,200.00		95,000.00	
对内分配率			1.0000		0.9500	
运输车间		20,000.00	20,000.00			
供水车间				2,000.00	1,900.00	
对外分配数量		119,200.00		98,000.00		
对外分配金额			121,100.00		113,100.00	
对外分配率			1.0159		1.1541	
基本生产——A产品		0.00	=D16*$E$15	0.00		
基本生产车间	一般耗用	100,000.00		40,000.00		
行政管理部门	一般耗用	10,000.00		10,000.00		
专设销售机构	一般耗用	9,200.00		48,000.00		
合计						

图 3—30

按下“回车”键，基本生产——A 产品应负担的电力费用就计算出来了。然后，将鼠标指针指向单元格 E16 的右下角，待鼠标指针变为黑色实心十字时，按住鼠标左键拖向单元格区域 E17：E19。如图 3—31 所示。

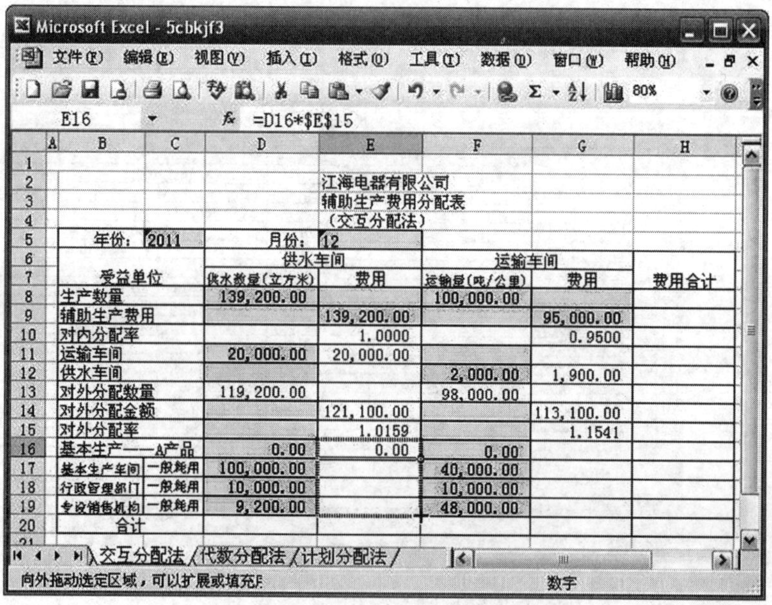

江海电器有限公司
辅助生产费用分配表
（交互分配法）

受益单位		供水车间		运输车间		费用合计
年份：2011		月份：12				
		供水数量(立方米)	费用	运输量(吨/公里)	费用	
生产数量		139,200.00		100,000.00		
辅助生产费用			139,200.00		95,000.00	
对内分配率			1.0000		0.9500	
运输车间		20,000.00	20,000.00			
供水车间				2,000.00	1,900.00	
对外分配数量		119,200.00		98,000.00		
对外分配金额			121,100.00		113,100.00	
对外分配率			1.0159		1.1541	
基本生产——A产品		0.00	0.00	0.00		
基本生产车间	一般耗用	100,000.00		40,000.00		
行政管理部门	一般耗用	10,000.00		10,000.00		
专设销售机构	一般耗用	9,200.00		48,000.00		
合计						

图 3—31

松开鼠标，其他受益部门应负担的供水车间的费用就计算出来了。如图3—32所示。

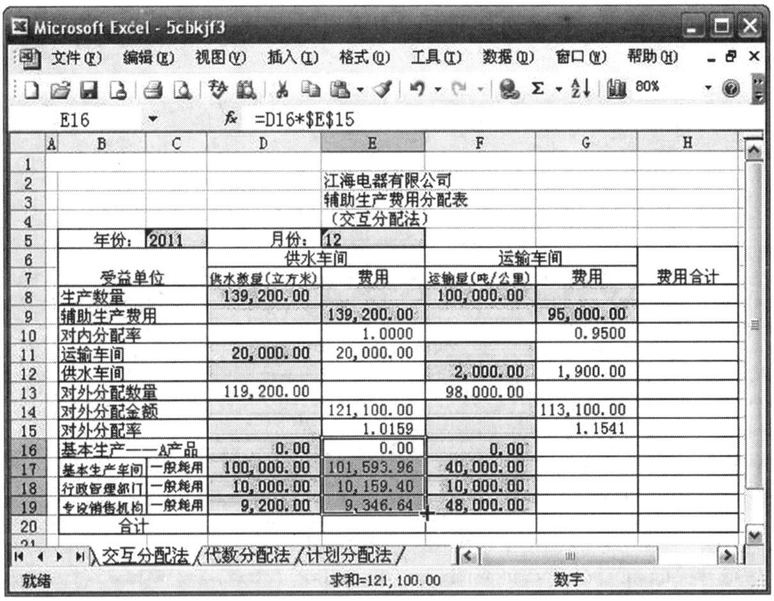

Microsoft Excel - 5cbkjf3

E16　　fx =D16*$E$15

	受益单位		供水车间 供水数量(立方米)	供水车间 费用	运输车间 运输量(吨/公里)	运输车间 费用	费用合计
2				江海电器有限公司			
3				辅助生产费用分配表			
4				(交互分配法)			
5	年份:	2011	月份:	12			
8	生产数量		139,200.00		100,000.00		
9	辅助生产费用			139,200.00		95,000.00	
10	对内分配率			1.0000		0.9500	
11	运输车间		20,000.00	20,000.00			
12	供水车间				2,000.00	1,900.00	
13	对外分配数量		119,200.00		98,000.00		
14	对外分配金额			121,100.00		113,100.00	
15	对外分配率			1.0159		1.1541	
16	基本生产——A产品		0.00	0.00	0.00		
17	基本生产车间	一般耗用	100,000.00	101,593.96	40,000.00		
18	行政管理部门	一般耗用	10,000.00	10,159.40	10,000.00		
19	专设销售机构	一般耗用	9,200.00	9,346.64	48,000.00		
20	合计						

交互分配法 / 代数分配法 / 计划分配法　　就绪　求和=121,100.00　数字

图 3—32

同理，我们可以计算出其他受益部门应负担的运输车间费用。如图3—33所示。

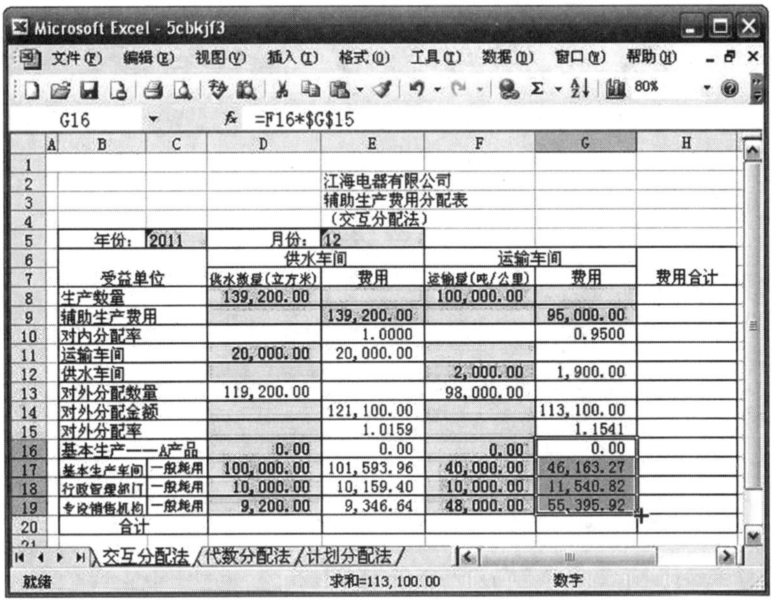

Microsoft Excel - 5cbkjf3

G16　　fx =F16*$G$15

	受益单位		供水车间 供水数量(立方米)	供水车间 费用	运输车间 运输量(吨/公里)	运输车间 费用	费用合计
2				江海电器有限公司			
3				辅助生产费用分配表			
4				(交互分配法)			
5	年份:	2011	月份:	12			
8	生产数量		139,200.00		100,000.00		
9	辅助生产费用			139,200.00		95,000.00	
10	对内分配率			1.0000		0.9500	
11	运输车间		20,000.00	20,000.00			
12	供水车间				2,000.00	1,900.00	
13	对外分配数量		119,200.00		98,000.00		
14	对外分配金额			121,100.00		113,100.00	
15	对外分配率			1.0159		1.1541	
16	基本生产——A产品		0.00	0.00	0.00	0.00	
17	基本生产车间	一般耗用	100,000.00	101,593.96	40,000.00	46,163.27	
18	行政管理部门	一般耗用	10,000.00	10,159.40	10,000.00	11,540.82	
19	专设销售机构	一般耗用	9,200.00	9,346.64	48,000.00	55,395.92	
20	合计						

交互分配法 / 代数分配法 / 计划分配法　　就绪　求和=113,100.00　数字

图 3—33

第七步：计算费用合计

用鼠标单击单元格H16，在公式编辑栏中输入“=”（等号），然后用鼠标单

击单元格 E16，输入运算符“＋”（加号），再用鼠标单击单元格 G16，在公式编辑栏内就显示出我们所输入的公式“＝E16＋G16”。如图 3—34 所示。

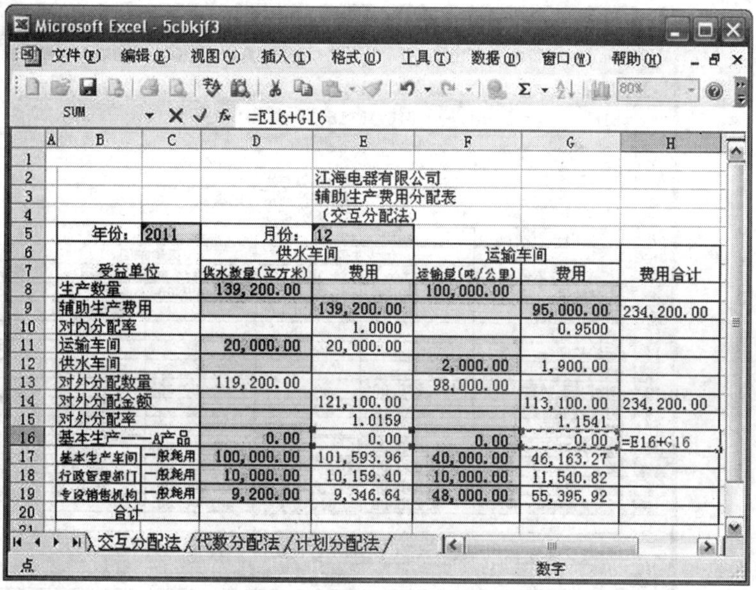

江海电器有限公司
辅助生产费用分配表
（交互分配法）

年份：2011	月份：12				
	供水车间		运输车间		
受益单位	供水数量（立方米）	费用	运输量（吨/公里）	费用	费用合计
生产数量	139,200.00		100,000.00		
辅助生产费用		139,200.00		95,000.00	234,200.00
对内分配率		1.0000		0.9500	
运输车间	20,000.00	20,000.00			
供水车间			2,000.00	1,900.00	
对外分配数量	119,200.00		98,000.00		
对外分配金额		121,100.00		113,100.00	234,200.00
对外分配率		1.0159		1.1541	
基本生产——A产品	0.00	0.00	0.00	0.00	=E16+G16
基本生产车间 一般耗用	100,000.00	101,593.96	40,000.00	46,163.27	
行政管理部门 一般耗用	10,000.00	10,159.40	10,000.00	11,540.82	
专设销售机构 一般耗用	9,200.00	9,346.64	48,000.00	55,395.92	
合计					

图 3—34

按下“回车”键，基本生产——A 产品应负担的供水费用和运输费用的合计数就计算出来了。本例中基本生产——A 产品应负担的供水费用和运输费用合计为 0 元。如图 3—35 所示。

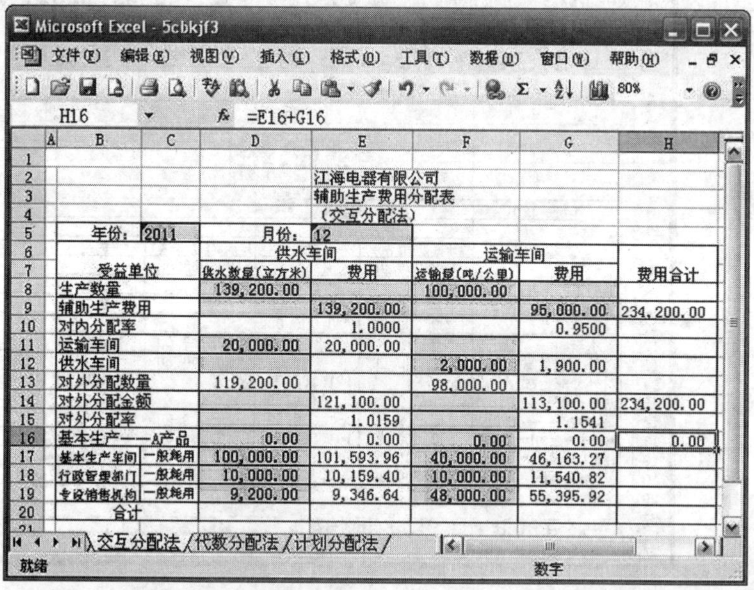

江海电器有限公司
辅助生产费用分配表
（交互分配法）

年份：2011	月份：12				
	供水车间		运输车间		
受益单位	供水数量（立方米）	费用	运输量（吨/公里）	费用	费用合计
生产数量	139,200.00		100,000.00		
辅助生产费用		139,200.00		95,000.00	234,200.00
对内分配率		1.0000		0.9500	
运输车间	20,000.00	20,000.00			
供水车间			2,000.00	1,900.00	
对外分配数量	119,200.00		98,000.00		
对外分配金额		121,100.00		113,100.00	234,200.00
对外分配率		1.0159		1.1541	
基本生产——A产品	0.00	0.00	0.00	0.00	0.00
基本生产车间 一般耗用	100,000.00	101,593.96	40,000.00	46,163.27	
行政管理部门 一般耗用	10,000.00	10,159.40	10,000.00	11,540.82	
专设销售机构 一般耗用	9,200.00	9,346.64	48,000.00	55,395.92	
合计					

图 3—35

用鼠标指针指向单元格 H16 的右下角，待鼠标指针变为黑色实心十字时，按住鼠标左键拖向单元格区域 H17：H19，计算出其他受益部门应负担的供水车间费用和运输车间费用的合计数。如图 3—36 所示。

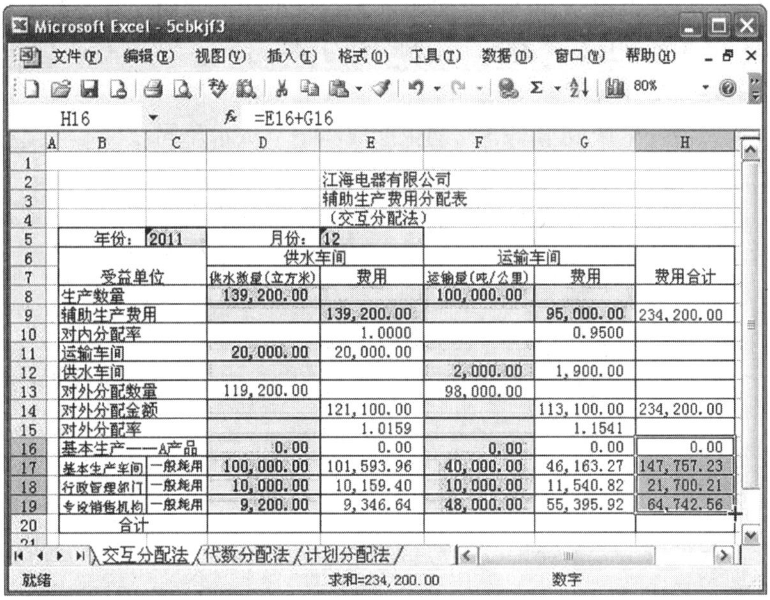

江海电器有限公司
辅助生产费用分配表
（交互分配法）

年份：2011		月份：12				
受益单位		供水车间 供水数量(立方米)	供水车间 费用	运输车间 运输量(吨/公里)	运输车间 费用	费用合计
生产数量		139,200.00		100,000.00		
辅助生产费用			139,200.00		95,000.00	234,200.00
对内分配率			1.0000		0.9500	
运输车间		20,000.00	20,000.00			
供水车间				2,000.00	1,900.00	
对外分配数量		119,200.00		98,000.00		
对外分配金额			121,100.00		113,100.00	234,200.00
对外分配率			1.0159		1.1541	
基本生产——A产品		0.00	0.00	0.00	0.00	0.00
基本生产车间	一般耗用	100,000.00	101,593.96	40,000.00	46,163.27	147,757.23
行政管理部门	一般耗用	10,000.00	10,159.40	10,000.00	11,540.82	21,700.21
专设销售机构	一般耗用	9,200.00	9,346.64	48,000.00	55,395.92	64,742.56
合计						

图 3—36

最后我们选择单元格 D20，用求和函数"∑"很方便地分别计算出供水车间对外分配的辅助生产产品和劳务的数量和金额。然后，用鼠标指针指向单元格 D20 的右下角，待鼠标指针变为黑色实心十字时，按住鼠标左键拖向单元格区域 E20∶H20，计算出运输车间对外分配的辅助生产产品和劳务的数量和金额。如图 3—37 所示。

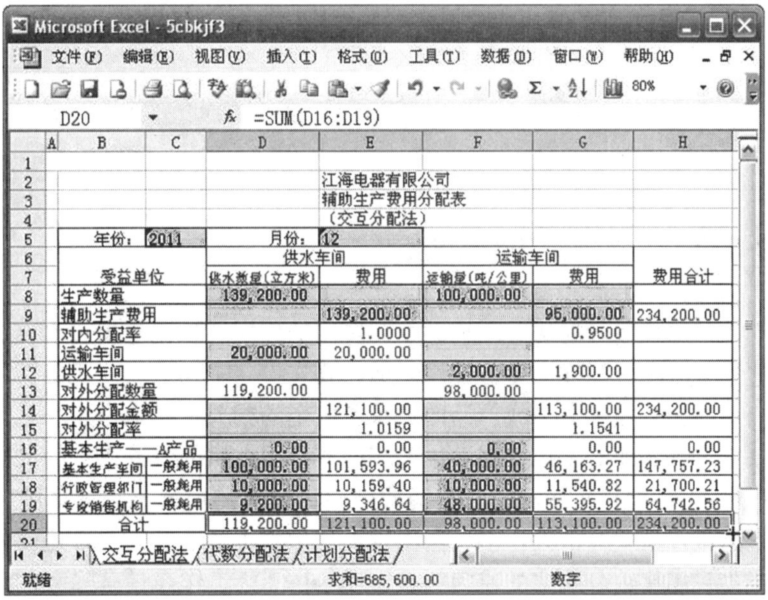

江海电器有限公司
辅助生产费用分配表
（交互分配法）

年份：2011		月份：12				
受益单位		供水车间 供水数量(立方米)	供水车间 费用	运输车间 运输量(吨/公里)	运输车间 费用	费用合计
生产数量		139,200.00		100,000.00		
辅助生产费用			139,200.00		95,000.00	234,200.00
对内分配率			1.0000		0.9500	
运输车间		20,000.00	20,000.00			
供水车间				2,000.00	1,900.00	
对外分配数量		119,200.00		98,000.00		
对外分配金额			121,100.00		113,100.00	234,200.00
对外分配率			1.0159		1.1541	
基本生产——A产品		0.00	0.00	0.00	0.00	0.00
基本生产车间	一般耗用	100,000.00	101,593.96	40,000.00	46,163.27	147,757.23
行政管理部门	一般耗用	10,000.00	10,159.40	10,000.00	11,540.82	21,700.21
专设销售机构	一般耗用	9,200.00	9,346.64	48,000.00	55,395.92	64,742.56
合计		119,200.00	121,100.00	98,000.00	113,100.00	234,200.00

图 3—37

至此，我们已经利用任务 3—3 所提供的资料，在 Excel 工作表中创建完成了辅助生产费用交互分配法模型。根据辅助生产费用交互分配法模型计算出各产品应负担的辅助生产费用，编制会计分录如下：

（1）交互分配。

借：生产成本——辅助生产成本——供水车间　　1 900
　　　　　　　　　　　　　　——运输车间　　20 000
　贷：生产成本——辅助生产成本——供水车间　　20 000
　　　　　　　　　　　　　　　——运输车间　　1 900

（2）对外分配。

借：制造费用——基本生产车间　　147 757.23
　　管理费用　　21 700.21
　　销售费用　　64 742.56
　贷：生产成本——辅助生产成本——供水车间　　121 100
　　　　　　　　　　　　　　　——运输车间　　113 100

根据以上分录登记“生产成本——辅助生产成本”和“制造费用”明细账，计算产品成本。

3.5 辅助生产费用代数分配法模型

3.5.1 辅助生产费用分配任务

任务 3—4 ①

资料同任务 3—3。

要求：用代数分配法分配辅助生产费用。

3.5.2 代数分配法模型的创建

采用代数分配法分配辅助生产费用的分配结果比采用其他方法更准确，但是这种方法在分配辅助生产费用之前，要先设立未知数，并根据辅助生产车间或部门之间相互提供劳务或产品的关系及发生的相关费用来构建联立方程，再解这个联立方程，才能求出各辅助生产车间或部门提供的劳务或产品的单位成本（即分配率）。特别是在辅助生产车间或部门比较多的情况下，计算劳务或产品单位成本的工作量就非常大，甚至会出现无法用手工解决的情况，这就是在实际工作中很少采用代数分配法的原因所在。Excel 2003 工作表具有强大的计算功能，不但

① 参见于富生、黎来芳、张敏：《成本会计学》，6 版，61 页。

能够进行简单的四则运算，还可以进行数组、矩阵的计算，从而使解联立方程变得非常容易，为代数分配法的广泛应用奠定了基础。下面主要介绍如何利用 Excel 2003 工作表的函数，将代数分配法中的联立方程的求解转化为矩阵的求解，从而使代数分配法的计算工作大大简化。这样就既可收到分配简便之利，又可得到分配准确之效，因此 Excel 2003 工作表是分配辅助生产费用中最简便、最经济、最有效和最迅速的工具。

为了便于说明如何在 Excel 工作表中完成辅助生产费用分配，我们利用任务 3—4 的资料并借助 Excel 工作表创建辅助生产费用代数分配法模型，然后根据这一模型计算出各产品应负担的辅助生产费用，编制会计分录，进行产品成本核算。

在 Excel 2003 工作表中，创建辅助生产费用代数分配法模型的具体步骤如下。

第一步：输入相关资料

启动 Excel 2003 工作表，将江海电器有限公司供水、运输两个辅助生产车间 2011 年 12 月发生的费用及向各受益部门提供劳务的相关资料输入辅助生产费用分配代数分配法模型。如图 3—38 所示。

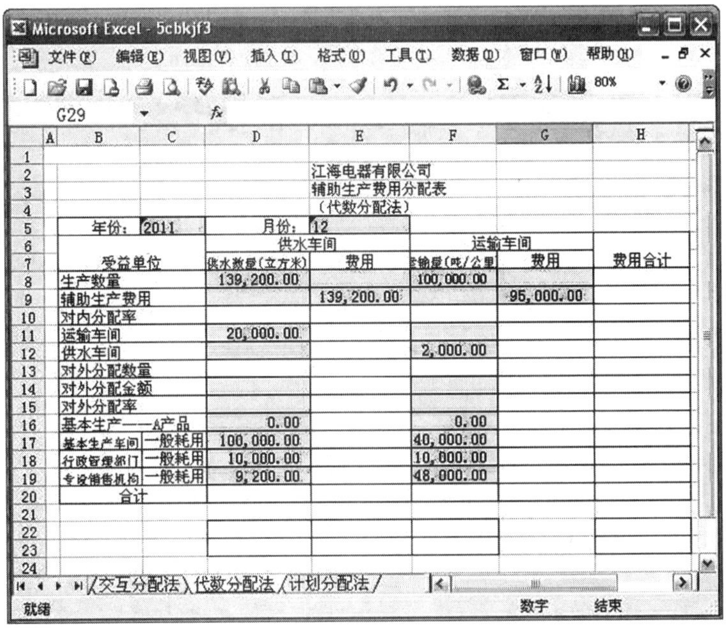

江海电器有限公司
辅助生产费用分配表
（代数分配法）

年份：2011		月份：12			
受益单位		供水车间		运输车间		费用合计
		供水数量（立方米）	费用	运输量（吨/公里）	费用	
生产数量		139,200.00		100,000.00		
辅助生产费用			139,200.00		95,000.00	
对内分配率						
运输车间		20,000.00				
供水车间				2,000.00		
对外分配数量						
对外分配金额						
对外分配率						
基本生产——A产品		0.00		0.00		
基本生产车间	一般耗用	100,000.00		40,000.00		
行政管理部门	一般耗用	10,000.00		10,000.00		
专设销售机构	一般耗用	9,200.00		48,000.00		
合计						

图 3—38

第二步：建立联立方程组

根据提供的资料可以看出，该公司供水和运输两个辅助生产车间不仅向辅助生产车间之外的受益部门提供劳务，而且两个辅助生产车间之间也相互提供劳务。因此设供水车间提供水产品的实际单位成本为 x，运输车间提供运输劳务的实际单位成本为 y。然后，根据两个辅助生产车间相互提供劳务的数量关系建立以下联立方程组：

$$139\,200+2\,000y=139\,200x$$
$$95\,000+20\,000x=100\,000y$$

然后将上述方程组转化为：

$$139\,200x-2\,000y=139\,200$$
$$-20\,000x+100\,000y=95\,000$$

解该方程组，可以分别计算出供水车间每立方米水的单位成本 x 和运输车间每吨/公里单位运输成本 y。显然，用手工解该方程组工作量比较大，正确性也很难保证，特别是在辅助生产车间比较多的情况下。在 Excel 2003 工作表中是通过矩阵运算来解决这个问题的。因此，我们可以将上述联立方程组的有关数据整理成矩阵形式。

$$\boldsymbol{A}=\begin{pmatrix}139\,200 & -2\,000\\ -20\,000 & 100\,000\end{pmatrix}$$

$$\boldsymbol{B}=\begin{pmatrix}139\,200\\ 95\,000\end{pmatrix}$$

在单元格区域 D22：E23 中输入矩阵 $\boldsymbol{A}$ 的资料，同时在单元格区域 F22：F23 中输入矩阵 $\boldsymbol{B}$ 的资料。如图 3—39 所示。

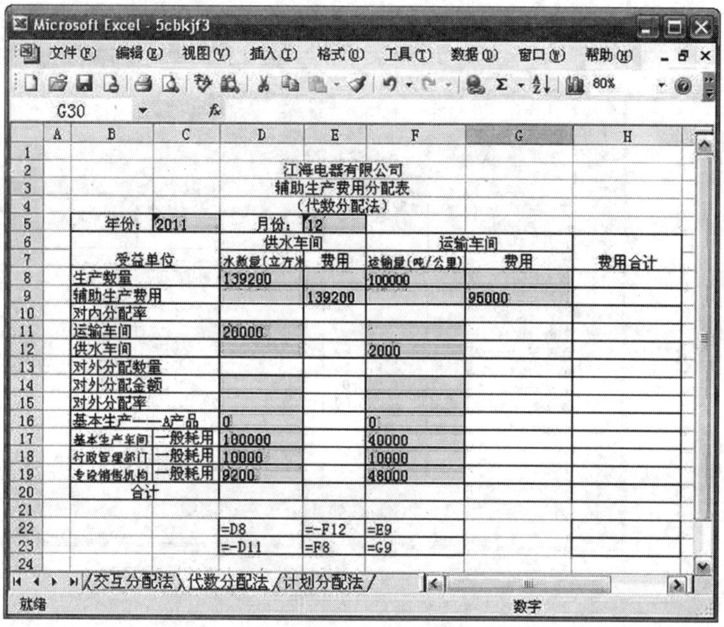

图 3—39

用鼠标单击单元格 H22，单击公式编辑栏左侧的“f_x”按钮（即“插入函数”按钮），弹出“插入函数”对话框，单击“函数分类（C）”栏选择“数学与三角函数”类，在“选择函数（N）”栏中选择“MMULT”函数名。如图 3—40 所示。

图 3—40

单击“确定”按钮，即可调出 MMULT 函数。如图 3—41 所示。

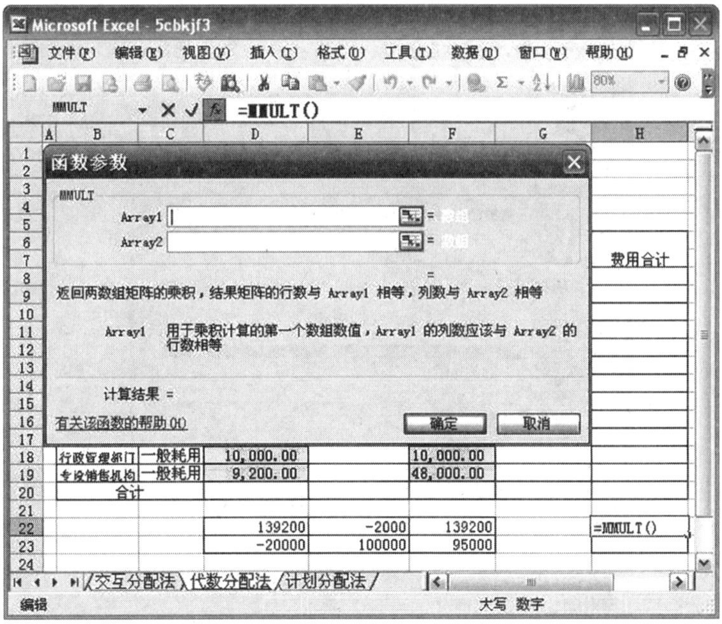

图 3—41

然后用鼠标单击公式编辑栏左侧的下拉箭头，弹出下拉菜单，选择“其他函数…”。如图 3—42 所示。

选择“其他函数…”后，又弹出“插入函数”对话框，在“函数分类（C）”栏中选择“数学与三角函数”类，在“选择函数（N）”栏中选择“MINVERSE”

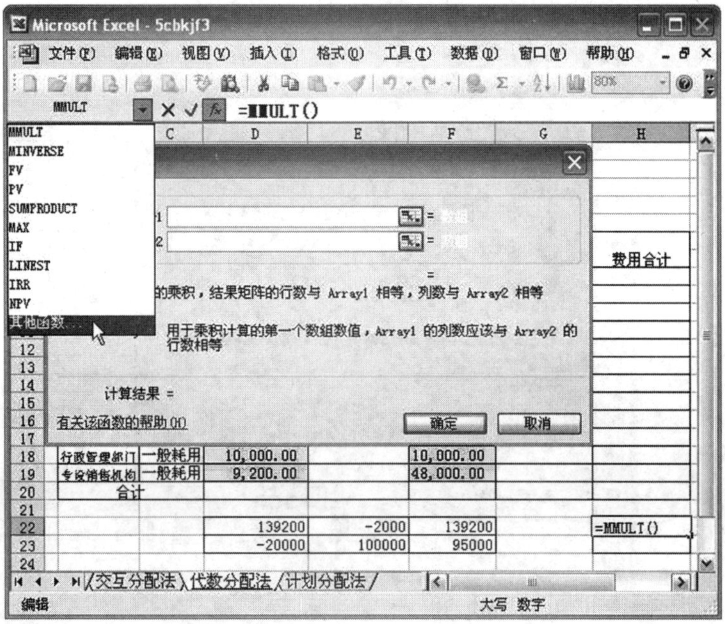

图 3—42

函数名。如图 3—43 所示。

图 3—43

按下“确定”按钮，就弹出“MINVERSE”函数对话框。如图 3—44 所示。

单击“Array”对话框右边的“折叠对话框”按钮，用鼠标选择单元格区域 D22：E23，然后单击“确定”按钮，返回“MINVERSE”函数对话框。如图 3—45 所示。

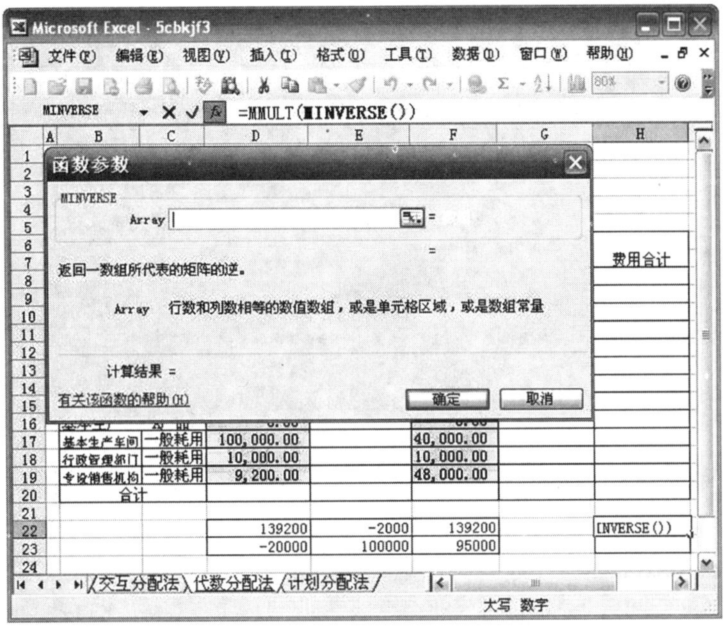

图 3—44

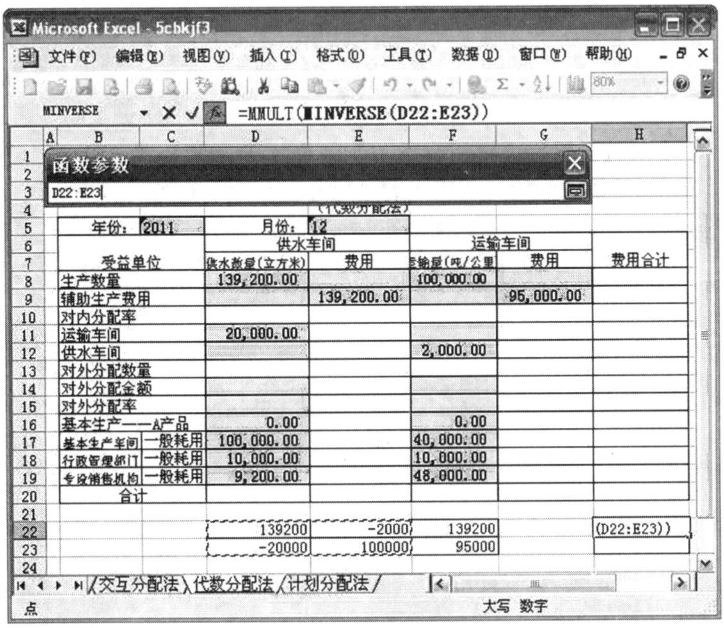

图 3—45

注意：这时用鼠标点击嵌套函数右边双层括号的中间，然后输入逗号，就回到“MMULT”函数对话框。如图 3—46 所示。

单击“Array2”对话框右边的“折叠对话框”按钮，用鼠标选择单元格区域 F22：F23，再次单击对话框右边的“折叠对话框”按钮，又回到“MMULT”函数对话框。如图 3—47 所示。

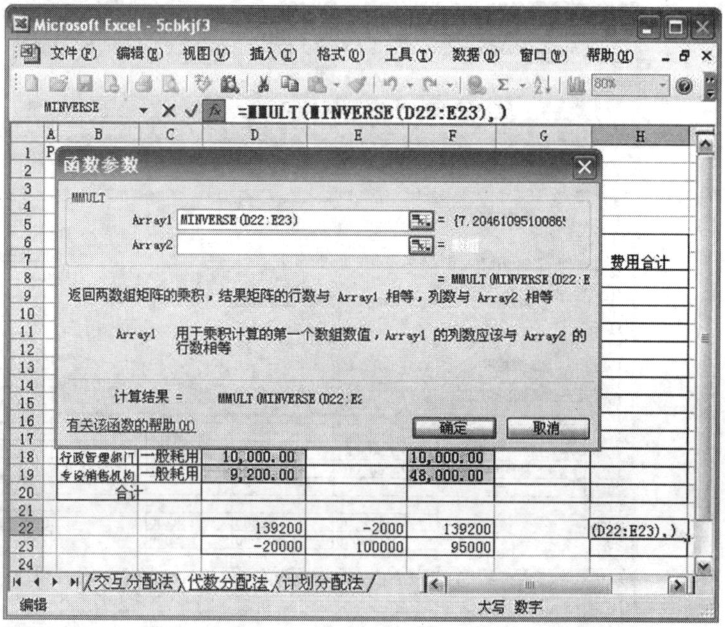

图 3—46

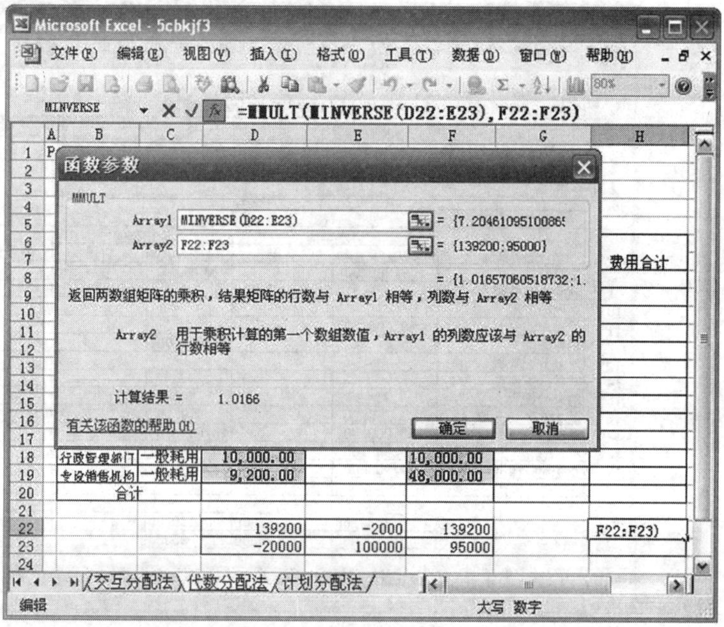

图 3—47

按下“确定”按钮，在单元格 H22 内就显示出 x 的值，即供水费用的分配率。本例中 x 的值为 1.016 6。如图 3—48 所示。

再用鼠标选中单元格区域 H22∶H23。按一下“F2”功能键，然后同时按下“Shift”键、“Ctrl”键和“回车”键，即可在单元格 H23 内得到 y 的值，即运输车间费用的分配率。本例中 y 的值为 1.153 3。如图 3—49 所示。

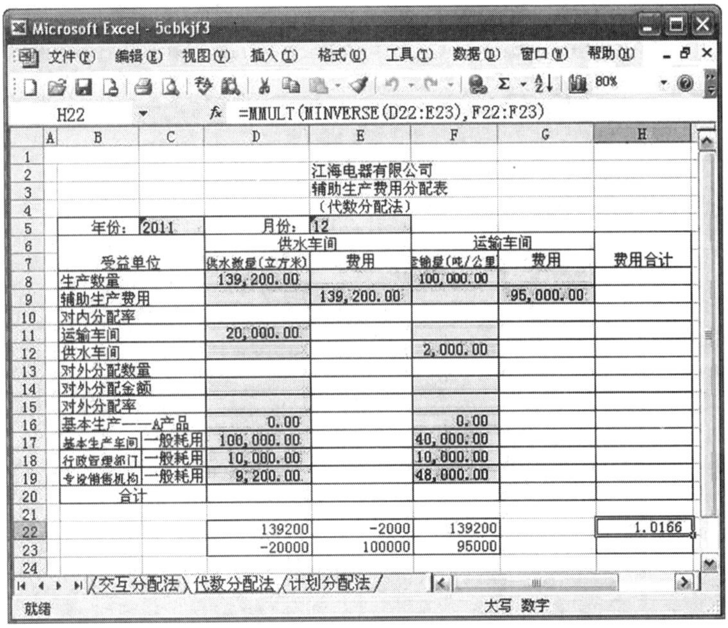

图 3—48

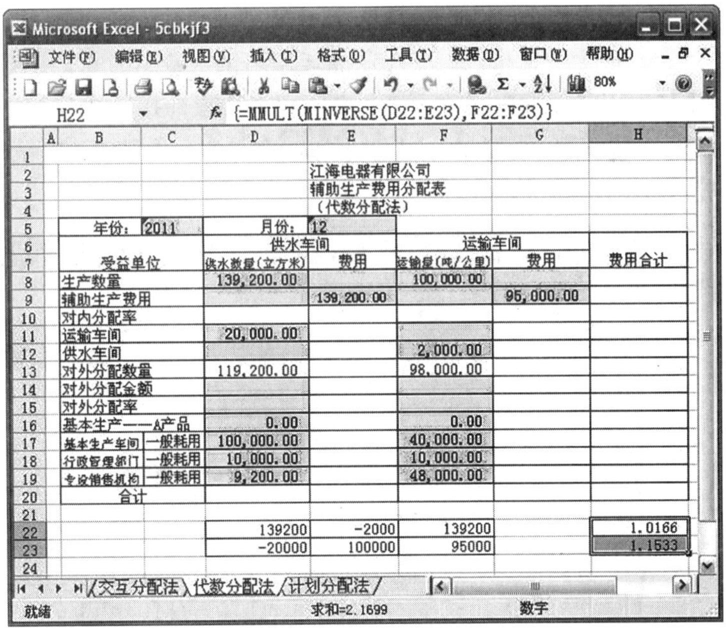

图 3—49

第三步：分配辅助生产费用

首先，将计算出来的供水费用分配率和运输费用分配率分别引用到单元格 E10，E15 和 G10，G15。然后用鼠标单击单元格 E16，在公式编辑栏中输入“=”（等号），再用鼠标单击单元格 D16，输入运算符“*”（乘号），最后用鼠标单击单元格 E15，按一下功能键“F4”，使 E15 变为绝对引用 \$E\$15，在公式编辑栏内就显示出我们所输入的公式“=D16 * \$E\$15”。如图 3—50 所示。

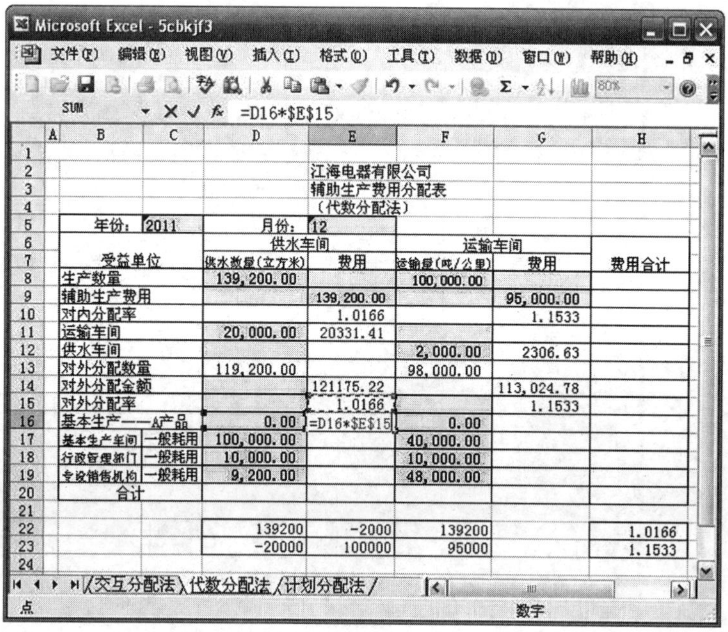

江海电器有限公司
辅助生产费用分配表
（代数分配法）

年份：2011		月份：12				
受益单位		供水车间		运输车间		费用合计
		供水数量(立方米)	费用	运输量(吨/公里)	费用	
生产数量		139,200.00		100,000.00		
辅助生产费用			139,200.00		95,000.00	
对内分配率			1.0166		1.1533	
运输车间		20,000.00	20331.41			
供水车间				2,000.00	2306.63	
对外分配数量		119,200.00		98,000.00		
对外分配金额			121175.22		113,024.78	
对外分配率			1.0166		1.1533	
基本生产——A产品		0.00	=D16*$E$15	0.00		
基本生产车间	一般耗用	100,000.00		40,000.00		
行政管理部门	一般耗用	10,000.00		10,000.00		
专设销售机构	一般耗用	9,200.00		48,000.00		
合计						
		139200	-2000	139200		1.0166
		-20000	100000	95000		1.1533

图 3—50

按下“回车”键，在单元格 E16 内就显示出基本生产——A 产品应负担的供水费用，本例中基本生产——A 产品耗用的供水费用为 0 元。然后用鼠标选中单元格 E16，用鼠标指向该单元格的右下角，待鼠标指针变为黑色实心十字时，按下鼠标左键拖向单元格区域 E17∶E19，就可以计算出其他产品生产或部门耗用的供水费用。如图 3—51 所示。

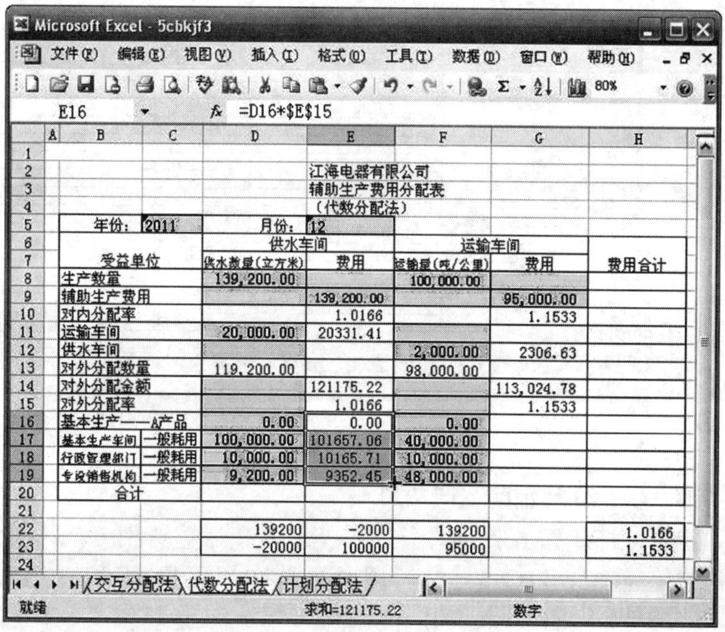

江海电器有限公司
辅助生产费用分配表
（代数分配法）

年份：2011		月份：12				
受益单位		供水车间		运输车间		费用合计
		供水数量(立方米)	费用	运输量(吨/公里)	费用	
生产数量		139,200.00		100,000.00		
辅助生产费用			139,200.00		95,000.00	
对内分配率			1.0166		1.1533	
运输车间		20,000.00	20331.41			
供水车间				2,000.00	2306.63	
对外分配数量		119,200.00		98,000.00		
对外分配金额			121175.22		113,024.78	
对外分配率			1.0166		1.1533	
基本生产——A产品		0.00	0.00	0.00		
基本生产车间	一般耗用	100,000.00	101657.06	40,000.00		
行政管理部门	一般耗用	10,000.00	10165.71	10,000.00		
专设销售机构	一般耗用	9,200.00	9352.45	48,000.00		
合计						
		139200	-2000	139200		1.0166
		-20000	100000	95000		1.1533

图 3—51

同理，我们不难根据已经求出的运输车间提供运输劳务的费用分配率，计算出其他部门应负担的运输费用。如图 3—52 所示。

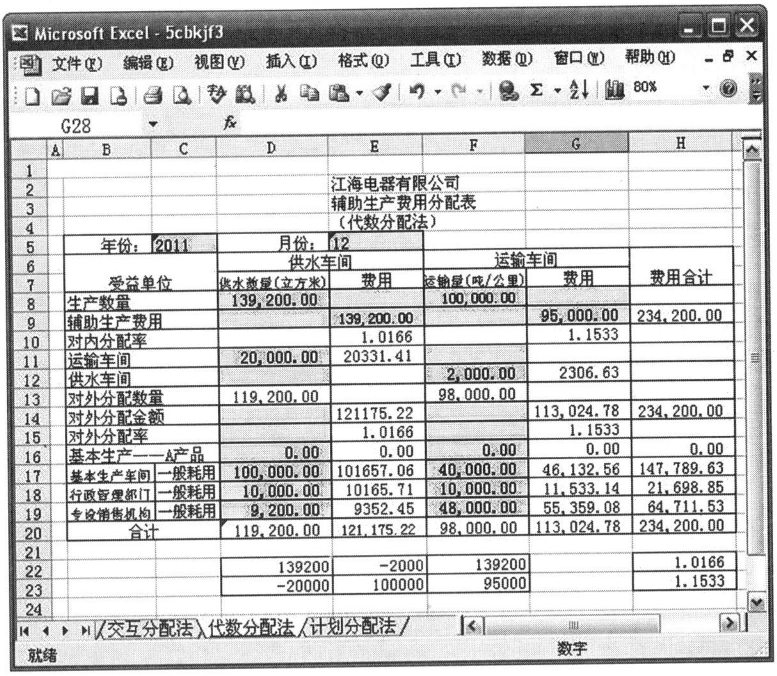

行	B	C	D	E	F	G	H
2				江海电器有限公司			
3				辅助生产费用分配表			
4				（代数分配法）			
5	年份：	2011	月份：	12			
6	受益单位		供水车间		运输车间		费用合计
7			供水数量(立方米)	费用	运输量(吨/公里)	费用	
8	生产数量		139,200.00		100,000.00		
9	辅助生产费用			139,200.00		95,000.00	234,200.00
10	对内分配率			1.0166		1.1533	
11	运输车间		20,000.00	20331.41			
12	供水车间				2,000.00	2306.63	
13	对外分配数量		119,200.00		98,000.00		
14	对外分配金额			121175.22		113,024.78	234,200.00
15	对外分配率			1.0166		1.1533	
16	基本生产——A产品		0.00	0.00	0.00	0.00	0.00
17	基本生产车间	一般耗用	100,000.00	101657.06	40,000.00	46,132.56	147,789.63
18	行政管理部门	一般耗用	10,000.00	10165.71	10,000.00	11,533.14	21,698.85
19	专设销售机构	一般耗用	9,200.00	9352.45	48,000.00	55,359.08	64,711.53
20	合计		119,200.00	121,175.22	98,000.00	113,024.78	234,200.00
22			139200	-2000	139200		1.0166
23			-20000	100000	95000		1.1533

图 3—52

首先解出 x 和 y 的值，然后根据 x 和 y 的值分配辅助生产车间费用。

至此，我们已经利用任务 3—4 所提供的资料，在 Excel 工作表中创建完成了辅助生产费用代数分配法模型。根据辅助生产费用代数分配法模型计算出各部门应负担的辅助生产费用，编制会计分录如下：

（1）对内分配。

借：生产成本——辅助生产成本——供水车间　　2 306.63

　　　　　　　　　　　　　　——运输车间　　20 331.41

　贷：生产成本——辅助生产成本——供水车间　　20 331.41

　　　　　　　　　　　　　　　——运输车间　　2 306.63

（2）对外分配

借：制造费用——基本生产车间　　147 789.63

　　管理费用　　21 698.84（因分配率四舍五入尾差调整）

　　销售费用　　64 711.53

　贷：生产成本——辅助生产成本——供水车间　　121 175.22

　　　　　　　　　　　　　　　——运输车间　　113 024.78

根据以上分录登记“生产成本——辅助生产成本”和“制造费用”明细账，计算产品成本。

3.6 辅助生产费用计划成本分配法模型

3.6.1 辅助生产费用分配任务

任务 3—5 ①

资料同任务 3—4。根据题意，供水车间的计划单位成本为 1.05 元，运输车间的计划单位成本为 1.1 元。

要求：用计划成本分配法分配辅助生产费用。

说明：根据主教材例 3—26 的资料，供水车间消耗的运输车间提供的服务为 2 000 吨/公里，行政管理部门消耗的运输车间提供的服务为 10 000 吨/公里，专设销售机构消耗的运输车间提供的服务为 48 000 吨/公里。这与主教材第 65 页产品成本明细账中各受益单位消耗的运输服务数量的数字不一致。为了体现题意，特别是为了便于对交互分配法、代数分配法和计划分配法进行比较，这里使用的数据完全与例 3—26 的资料相同。基于同样的理由，对产品成本明细账格式进行了比较大的改动。

3.6.2 计划成本分配法模型的创建

计划成本分配法是指按照计划成本将费用在各辅助生产车间进行分配和调整的一种方法。使用计划成本分配法分配辅助生产费用时，分两步进行。首先，根据各辅助生产车间为各受益车间和部门提供服务的数量，按照计划单位成本分配给各受益车间和部门（包括受益的其他辅助生产车间），然后将各辅助生产车间发生的实际费用，加上其他辅助生产车间分配来的费用同按计划单位成本计算的分配数之间的差额，对辅助生产车间以外的受益单位进行追加分配，或将其差额全部计入企业管理费。

为了便于说明如何在 Excel 工作表中完成辅助生产费用分配，我们利用任务 3—5 的资料并借助 Excel 工作表创建辅助生产费用计划成本分配法模型，然后根据这一模型计算出各产品应负担的辅助生产费用，编制会计分录，进行产品成本核算。

在 Excel 2003 工作表中，创建辅助生产费用计划成本分配法模型的具体步骤如下。

第一步：录入相关资料

启动 Excel 2003 工作表，将任务 3—5 的资料和计划分配率以及需要计算的

① 参见于富生、黎来芳、张敏：《成本会计学》，6 版，61 页。

有关指标录入 Excel 2003 工作表。如图 3—53 所示。

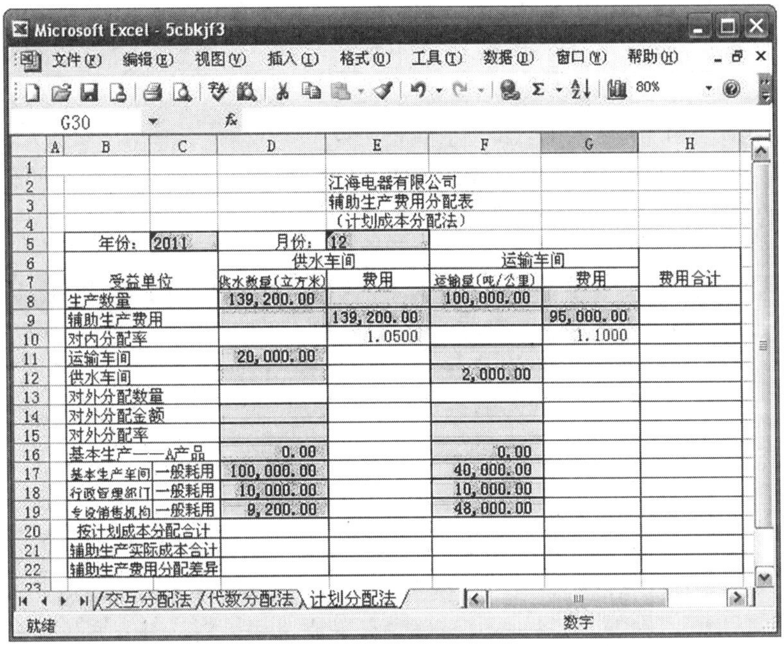

		江海电器有限公司			
		辅助生产费用分配表			
		(计划成本分配法)			
年份：2011		月份：12			
	供水车间		运输车间		
受益单位	供水数量(立方米)	费用	运输量(吨/公里)	费用	费用合计
生产数量	139,200.00		100,000.00		
辅助生产费用		139,200.00		95,000.00	
对内分配率		1.0500		1.1000	
运输车间	20,000.00				
供水车间			2,000.00		
对外分配数量					
对外分配金额					
对外分配率					
基本生产——A产品	0.00		0.00		
基本生产车间 一般耗用	100,000.00		40,000.00		
行政管理部门 一般耗用	10,000.00		10,000.00		
专设销售机构 一般耗用	9,200.00		48,000.00		
按计划成本分配合计					
辅助生产实际成本合计					
辅助生产费用分配差异					

图 3—53

第二步：辅助生产费用的交互分配

用鼠标单击单元格 E11，在公式编辑栏中输入“＝”（等号），然后用鼠标单击单元格 D11，输入运算符“＊”（乘号），再用鼠标单击单元格 E10，在公式编辑栏内就显示出我们所输入的公式“＝D11＊E10”。如图 3—54 所示。

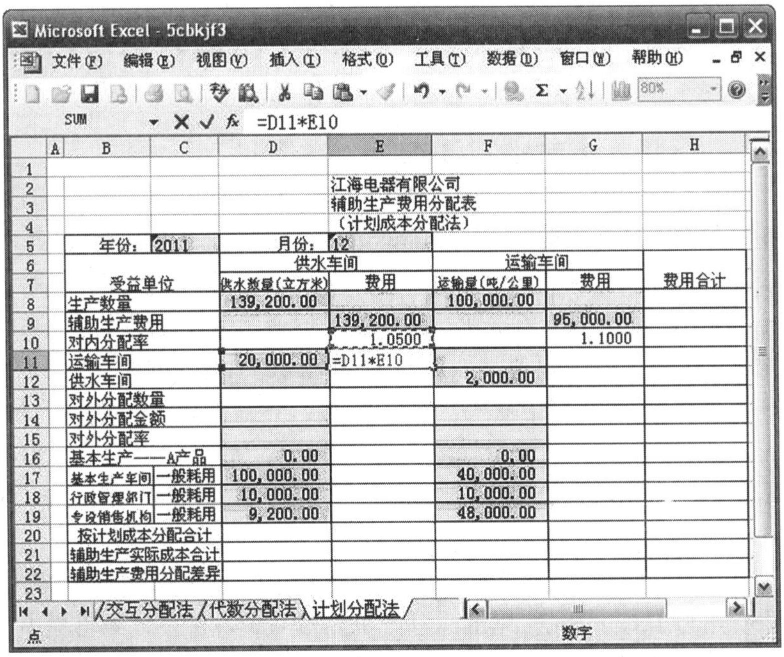

		江海电器有限公司			
		辅助生产费用分配表			
		(计划成本分配法)			
年份：2011		月份：12			
	供水车间		运输车间		
受益单位	供水数量(立方米)	费用	运输量(吨/公里)	费用	费用合计
生产数量	139,200.00		100,000.00		
辅助生产费用		139,200.00		95,000.00	
对内分配率		1.0500		1.1000	
运输车间	20,000.00	=D11*E10			
供水车间			2,000.00		
对外分配数量					
对外分配金额					
对外分配率					
基本生产——A产品	0.00		0.00		
基本生产车间 一般耗用	100,000.00		40,000.00		
行政管理部门 一般耗用	10,000.00		10,000.00		
专设销售机构 一般耗用	9,200.00		48,000.00		
按计划成本分配合计					
辅助生产实际成本合计					
辅助生产费用分配差异					

图 3—54

按下“回车”键，用公式“＝D11＊E10”计算出供水车间分配给运输车间的费用。本例中供水车间分配给运输车间的费用为 21 000 元。同理，用鼠标单击单元格 G12，在公式编辑栏中输入“＝”（等号），然后用鼠标单击单元格 F12，输入运算符“＊”（乘号），再用鼠标单击单元格 G10，在公式编辑栏内就显示出我们所输入的公式“＝F12＊G10”。按下“回车”键，用公式“＝F12＊G10”计算出运输车间分配给供水车间的费用。本例中运输车间分配给供水车间的费用为 2 200 元。如图 3—55 所示。

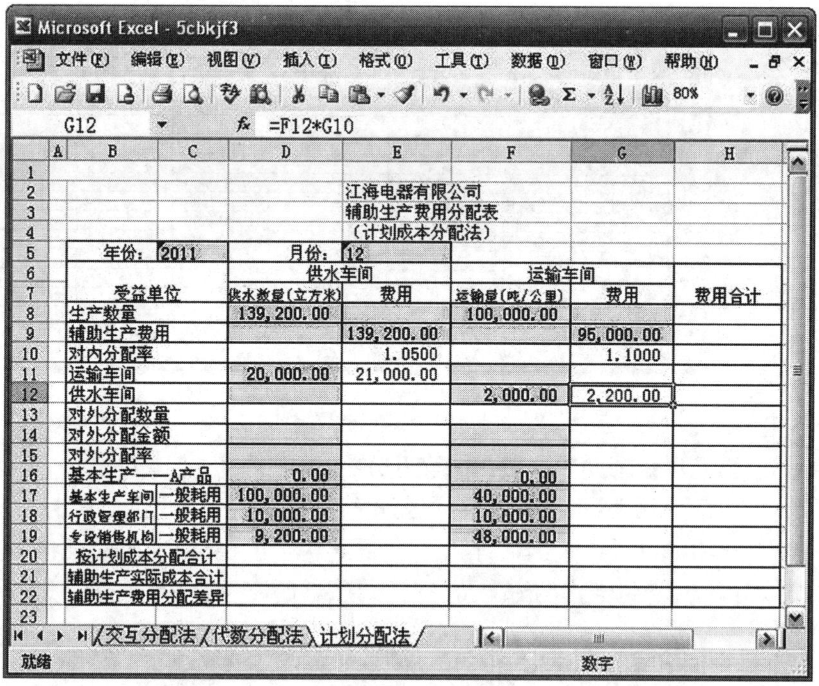

	江海电器有限公司 辅助生产费用分配表 （计划成本分配法）				
年份：2011		月份：12			
受益单位	供水车间		运输车间		费用合计
	供水数量(立方米)	费用	运输量(吨/公里)	费用	
生产数量	139,200.00		100,000.00		
辅助生产费用		139,200.00		95,000.00	
对内分配率		1.0500		1.1000	
运输车间	20,000.00	21,000.00			
供水车间			2,000.00	2,200.00	
对外分配数量					
对外分配金额					
对外分配率					
基本生产——A产品	0.00		0.00		
基本生产车间 一般耗用	100,000.00		40,000.00		
行政管理部门 一般耗用	10,000.00		10,000.00		
专设销售机构 一般耗用	9,200.00		48,000.00		
按计划成本分配合计					
辅助生产实际成本合计					
辅助生产费用分配差异					

图 3—55

第三步：计算对外交互分配的数量和费用

根据计划分配率对外分配辅助生产车间费用时，对外分配的数量就是各辅助生产车间对外提供的劳务或产品的数量，或者是用各辅助生产车间提供的劳务或产品总量减去交互分配出去的部分。对外分配的费用就是各辅助生产车间本身发生的费用，加上在交互分配过程中从其他辅助生产车间分配进来的费用，再减去本辅助生产车间分配到其他辅助生产车间的费用后的费用。用鼠标单击单元格 E14，在公式编辑栏中输入“＝”（等号），然后用鼠标单击单元格 E9，输入运算符“－”（减号），再用鼠标单击单元格 E11，输入“＋”（加号），最后用鼠标单击单元格 G12，在公式编辑栏内就显示出我们所输入的公式“＝E9－E11＋G12”。如图 3—56 所示。

按下“回车”键，对外分配的供水费用就计算出来了，本例中对外分配的供水费用为 120 400 元。用鼠标单击单元格 G14，在公式编辑栏中输入“＝”（等号），然后用鼠标单击单元格 G9，输入运算符“－”（减号），再用鼠标单击单元

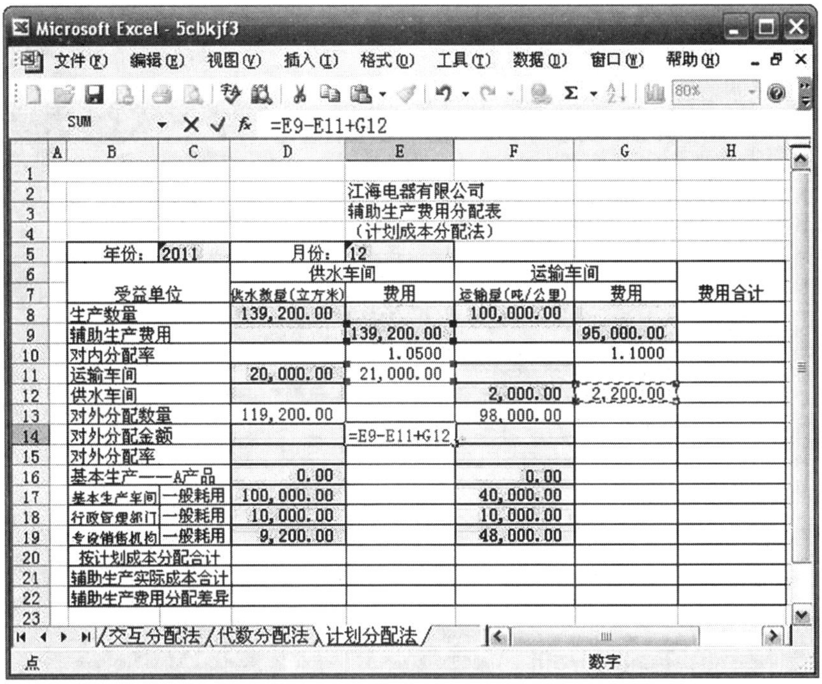

图 3—56

格 G12，输入“＋”（加号），最后用鼠标单击单元格 E11，在公式编辑栏内就显示出我们所输入的公式“＝G9－G12＋E11”。如图 3—57 所示。

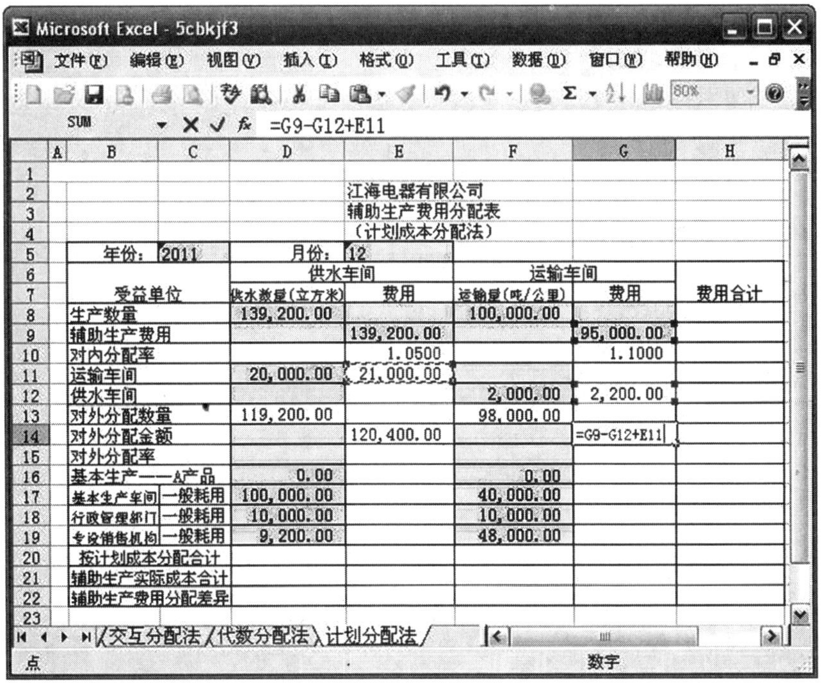

图 3—57

按下“回车”键，对外分配的运输费用就计算出来了。本例中运输车间对外分配的费用为 113 800 元。如图 3—58 所示。

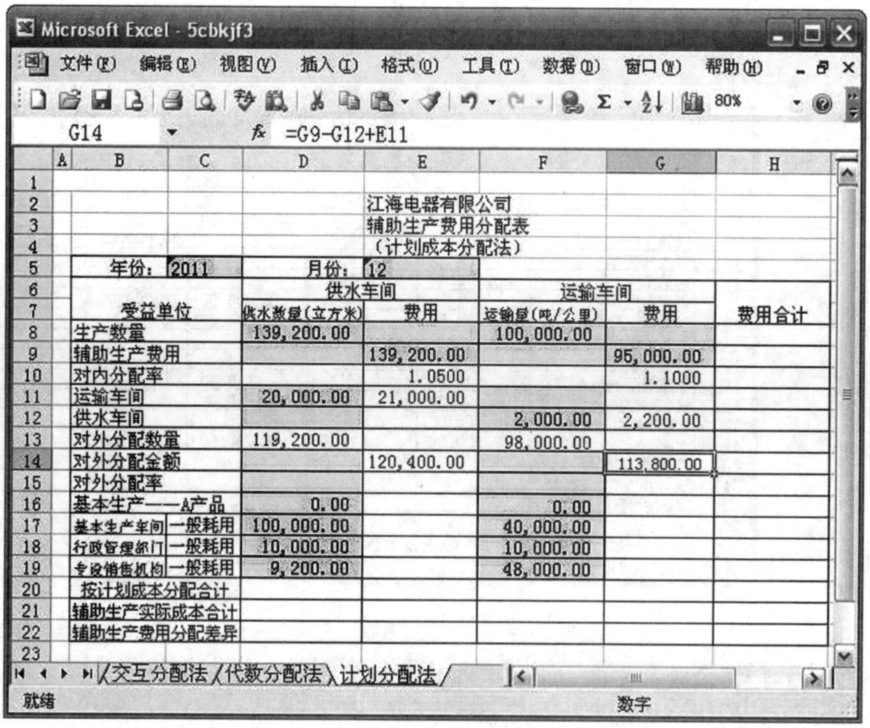

江海电器有限公司
辅助生产费用分配表
（计划成本分配法）

年份：	2011	月份：	12			
受益单位		供水车间		运输车间		费用合计
		供水数量(立方米)	费用	运输量(吨/公里)	费用	
生产数量		139,200.00		100,000.00		
辅助生产费用			139,200.00		95,000.00	
对内分配率			1.0500		1.1000	
运输车间		20,000.00	21,000.00			
供水车间				2,000.00	2,200.00	
对外分配数量		119,200.00		98,000.00		
对外分配金额			120,400.00		113,800.00	
对外分配率						
基本生产——A产品		0.00		0.00		
基本生产车间	一般耗用	100,000.00		40,000.00		
行政管理部门	一般耗用	10,000.00		10,000.00		
专设销售机构	一般耗用	9,200.00		48,000.00		
按计划成本分配合计						
辅助生产实际成本合计						
辅助生产费用分配差异						

图 3—58

第四步：引用对外分配率

使用计划分配法时，对内和对外分配辅助生产费用都用同一个分配率，因此这里我们只要单击单元格 E16，然后单击单元格 E10，就把供水车间的辅助生产费用分配率引用过来了。同理，我们可以方便地把运输车间的辅助生产费用分配率引用过来。

第五步：计算对外分配的辅助生产费用

用鼠标单击单元格 E16，在公式编辑栏中输入“＝”（等号），然后用鼠标单击 D16 单元格，输入运算符“ * ”（乘号），再用鼠标单击单元格 E15，按下“F4”键，将“E15”转换为“＄E＄15”，在公式编辑栏内就显示出我们所输入的公式“＝D16 * ＄E＄15”。如图 3—59 所示。

按下“回车”键，基本生产——A 产品应负担的供水车间费用就计算出来了。将鼠标指针指向单元格 E16 的右下角，待鼠标指针变为黑色实心十字时，按住鼠标左键拖向单元格区域 E17：E19。松开鼠标，其他受益部门应负担的供水车间的辅助生产费用就计算出来了。如图 3—60 所示。

同理，我们可以计算出其他受益部门应负担的运输车间的辅助生产费用。如图 3—61 所示。

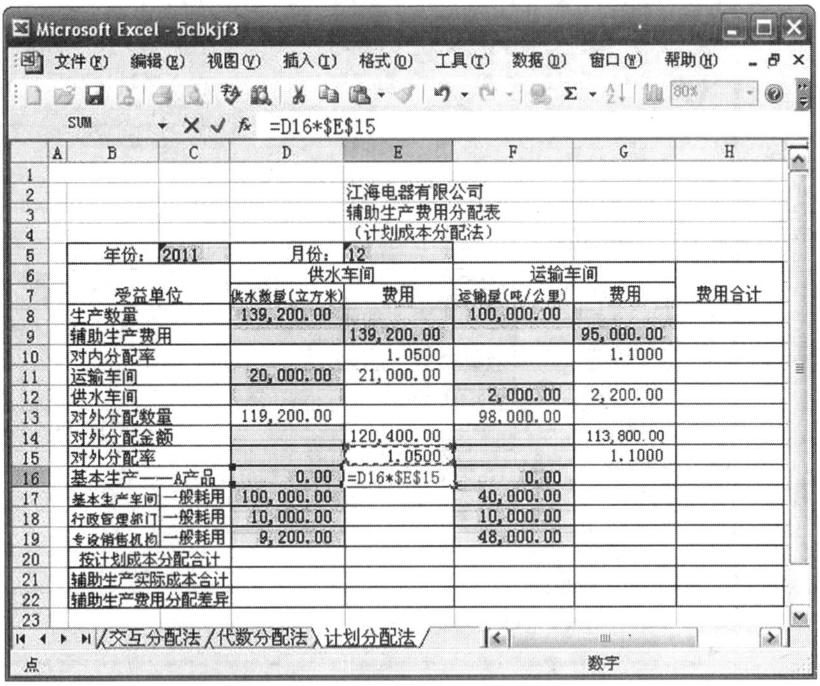

Microsoft Excel - 5cbkjf3

SUM　=D16*$E$15

江海电器有限公司
辅助生产费用分配表
（计划成本分配法）

年份：2011		月份：12				
受益单位		供水车间		运输车间		费用合计
		供水数量(立方米)	费用	运输量(吨/公里)	费用	
生产数量		139,200.00		100,000.00		
辅助生产费用			139,200.00		95,000.00	
对内分配率			1.0500		1.1000	
运输车间		20,000.00	21,000.00			
供水车间				2,000.00	2,200.00	
对外分配数量		119,200.00		98,000.00		
对外分配金额			120,400.00		113,800.00	
对外分配率			1.0500		1.1000	
基本生产——A产品		0.00	=D16*$E$15	0.00		
基本生产车间	一般耗用	100,000.00		40,000.00		
行政管理部门	一般耗用	10,000.00		10,000.00		
专设销售机构	一般耗用	9,200.00		48,000.00		
按计划成本分配合计						
辅助生产实际成本合计						
辅助生产费用分配差异						

交互分配法　代数分配法　计划分配法

点　数字

图 3—59

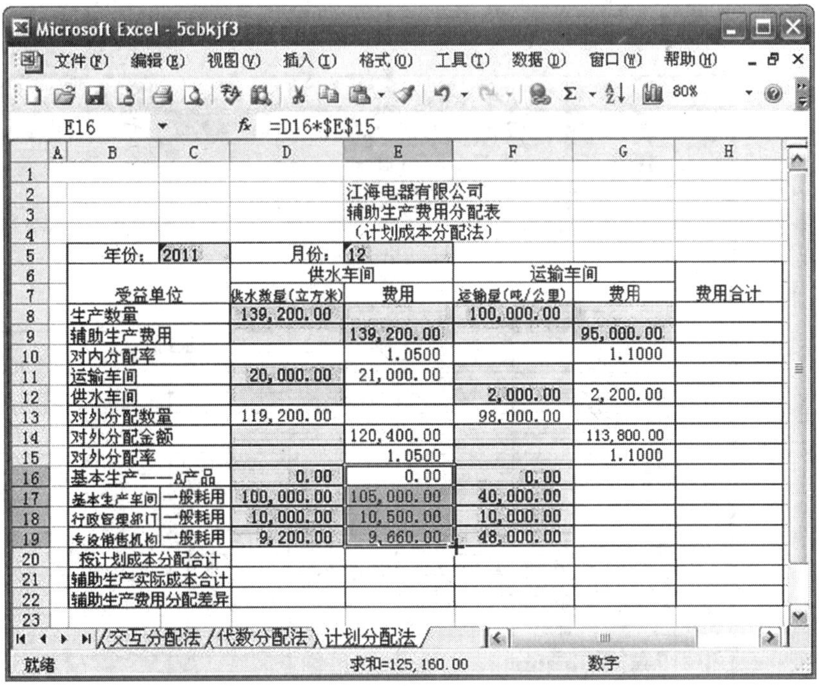

Microsoft Excel - 5cbkjf3

E16　=D16*$E$15

江海电器有限公司
辅助生产费用分配表
（计划成本分配法）

年份：2011		月份：12				
受益单位		供水车间		运输车间		费用合计
		供水数量(立方米)	费用	运输量(吨/公里)	费用	
生产数量		139,200.00		100,000.00		
辅助生产费用			139,200.00		95,000.00	
对内分配率			1.0500		1.1000	
运输车间		20,000.00	21,000.00			
供水车间				2,000.00	2,200.00	
对外分配数量		119,200.00		98,000.00		
对外分配金额			120,400.00		113,800.00	
对外分配率			1.0500		1.1000	
基本生产——A产品		0.00	0.00	0.00		
基本生产车间	一般耗用	100,000.00	105,000.00	40,000.00		
行政管理部门	一般耗用	10,000.00	10,500.00	10,000.00		
专设销售机构	一般耗用	9,200.00	9,660.00	48,000.00		
按计划成本分配合计						
辅助生产实际成本合计						
辅助生产费用分配差异						

交互分配法　代数分配法　计划分配法

就绪　求和=125,160.00　数字

图 3—60

第六步：计算按计划分配率分配的费用合计

用鼠标单击单元格 H16，在公式编辑栏中输入“＝”（等号），然后用鼠标单

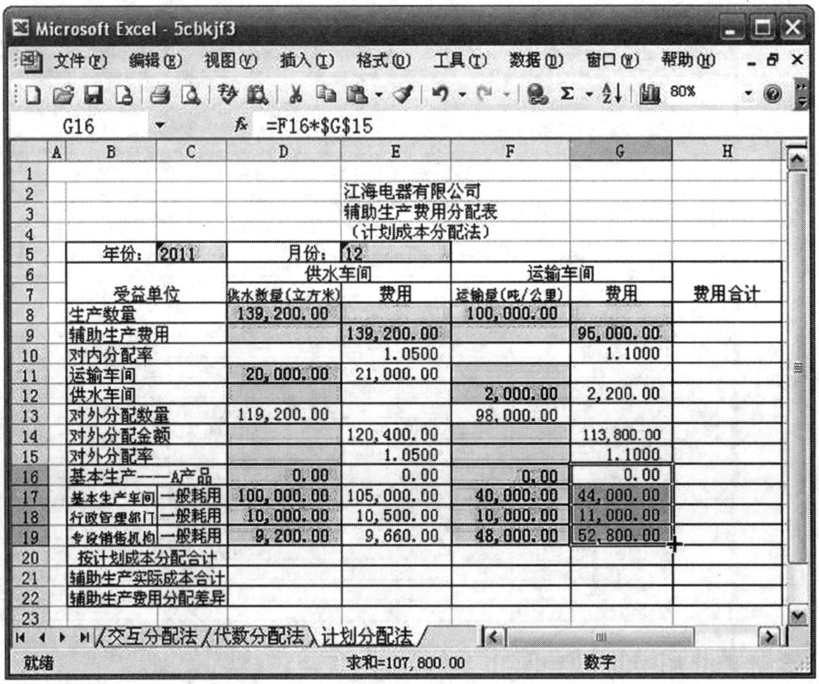

江海电器有限公司
辅助生产费用分配表
（计划成本分配法）

受益单位		供水车间 供水数量(立方米)	供水车间 费用	运输车间 运输量(吨/公里)	运输车间 费用	费用合计
年份：2011		月份：12				
生产数量		139,200.00		100,000.00		
辅助生产费用			139,200.00		95,000.00	
对内分配率			1.0500		1.1000	
运输车间		20,000.00	21,000.00			
供水车间				2,000.00	2,200.00	
对外分配数量		119,200.00		98,000.00		
对外分配金额			120,400.00		113,800.00	
对外分配率			1.0500		1.1000	
基本生产——A产品		0.00	0.00	0.00	0.00	
基本生产车间	一般耗用	100,000.00	105,000.00	40,000.00	44,000.00	
行政管理部门	一般耗用	10,000.00	10,500.00	10,000.00	11,000.00	
专设销售机构	一般耗用	9,200.00	9,660.00	48,000.00	52,800.00	
按计划成本分配合计						
辅助生产实际成本合计						
辅助生产费用分配差异						

图 3—61

击单元格 E16，输入运算符“+”（加号），再用鼠标单击单元格 G16，在公式编辑栏内就显示出我们所输入的公式“=E16+G16”。如图 3—62 所示。

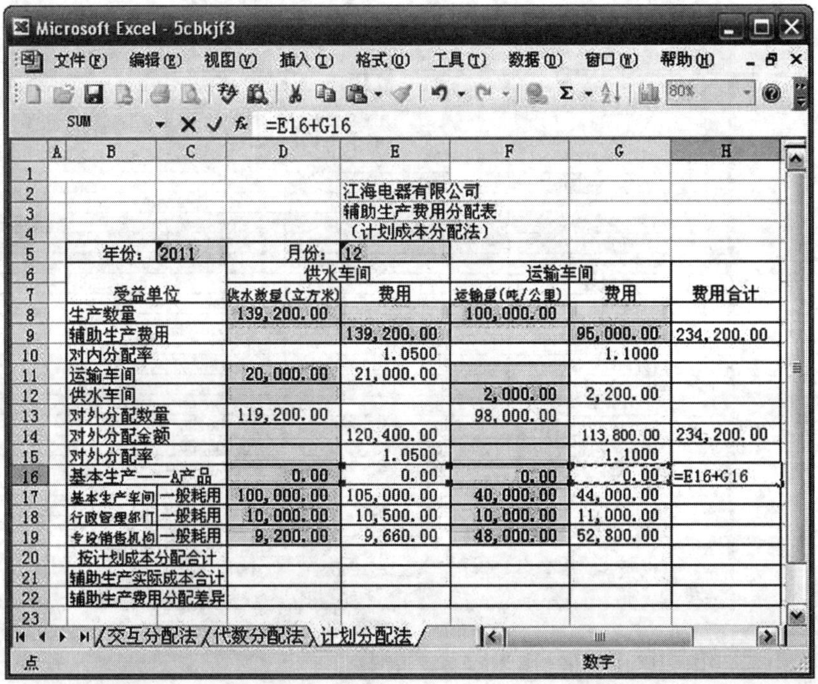

江海电器有限公司
辅助生产费用分配表
（计划成本分配法）

受益单位		供水车间 供水数量(立方米)	供水车间 费用	运输车间 运输量(吨/公里)	运输车间 费用	费用合计
年份：2011		月份：12				
生产数量		139,200.00		100,000.00		
辅助生产费用			139,200.00		95,000.00	234,200.00
对内分配率			1.0500		1.1000	
运输车间		20,000.00	21,000.00			
供水车间				2,000.00	2,200.00	
对外分配数量		119,200.00		98,000.00		
对外分配金额			120,400.00		113,800.00	234,200.00
对外分配率			1.0500		1.1000	
基本生产——A产品		0.00	0.00	0.00	0.00	=E16+G16
基本生产车间	一般耗用	100,000.00	105,000.00	40,000.00	44,000.00	
行政管理部门	一般耗用	10,000.00	10,500.00	10,000.00	11,000.00	
专设销售机构	一般耗用	9,200.00	9,660.00	48,000.00	52,800.00	
按计划成本分配合计						
辅助生产实际成本合计						
辅助生产费用分配差异						

图 3—62

按下“回车”键，基本生产——A 产品应负担的供水车间费用和运输车间费用的合计数就计算出来了。本例中基本生产——A 产品应负担的供水车间费用和运输车间费用合计 0 元。用鼠标指针指向单元格 H16 的右下角，待鼠标指针变为黑色实心十字时，按住鼠标左键拖向单元格区域 H17：H19，计算出其他受益部门应负担的供水车间费用和运输车间费用的合计数。如图 3—63 所示。

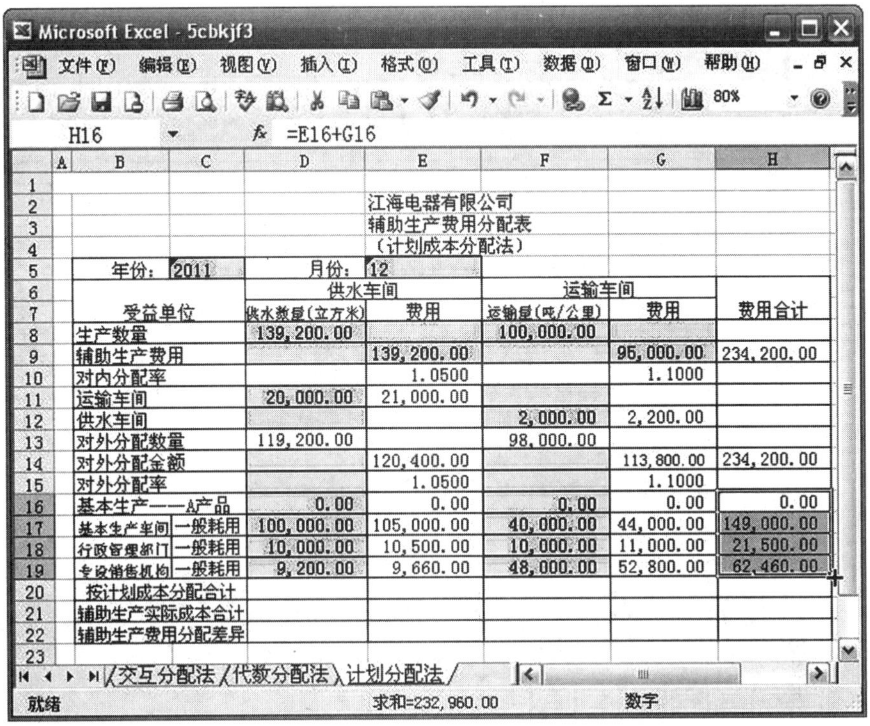
Microsoft Excel - 5cbkjf3
H16　=E16+G16

江海电器有限公司
辅助生产费用分配表
（计划成本分配法）

年份: 2011		月份: 12				
受益单位		供水车间		运输车间		费用合计
		供水数量(立方米)	费用	运输量(吨/公里)	费用	
生产数量		139,200.00		100,000.00		
辅助生产费用			139,200.00		95,000.00	234,200.00
对内分配率			1.0500		1.1000	
运输车间		20,000.00	21,000.00			
供水车间				2,000.00	2,200.00	
对外分配数量		119,200.00		98,000.00		
对外分配金额			120,400.00		113,800.00	234,200.00
对外分配率			1.0500		1.1000	
基本生产——A产品		0.00	0.00	0.00	0.00	0.00
基本生产车间	一般耗用	100,000.00	105,000.00	40,000.00	44,000.00	149,000.00
行政管理部门	一般耗用	10,000.00	10,500.00	10,000.00	11,000.00	21,500.00
专设销售机构	一般耗用	9,200.00	9,660.00	48,000.00	52,800.00	62,460.00
按计划成本分配合计						
辅助生产实际成本合计						
辅助生产费用分配差异						

交互分配法　代数分配法　计划分配法
就绪　求和=232,960.00　数字

图 3—63

我们选择单元格 D20，用求和函数“∑”很方便地分别计算出供水车间的对外分配的数量，然后选择单元格 E20，输入公式“＝E11＋SUM(E16：E19)”，计算出供水辅助生产车间按计划分配率分配的金额合计。同理，我们不难计算出运输辅助生产车间按计划分配率分配的金额合计。如图 3—64 所示。

第七步：计算辅助生产车间实际成本合计

选择单元格 E21，输入公式“＝E9＋G12”，计算出供水辅助生产车间实际成本金额合计。同理，我们不难计算出运输辅助生产车间的实际成本金额合计。如图 3—65 所示。

最后，我们选择单元格 E22，输入公式“＝E21－E20”，计算出供水车间辅助生产费用分配差异。本例中供水车间辅助生产费用分配差异为多分配 4 760 元。然后选择单元格 G22，输入公式“＝G21－G20”，计算出运输车间辅助生产费用分配差异，本例中运输车间辅助生产费用分配差异为少分配 6 000 元。如图 3—66 所示。

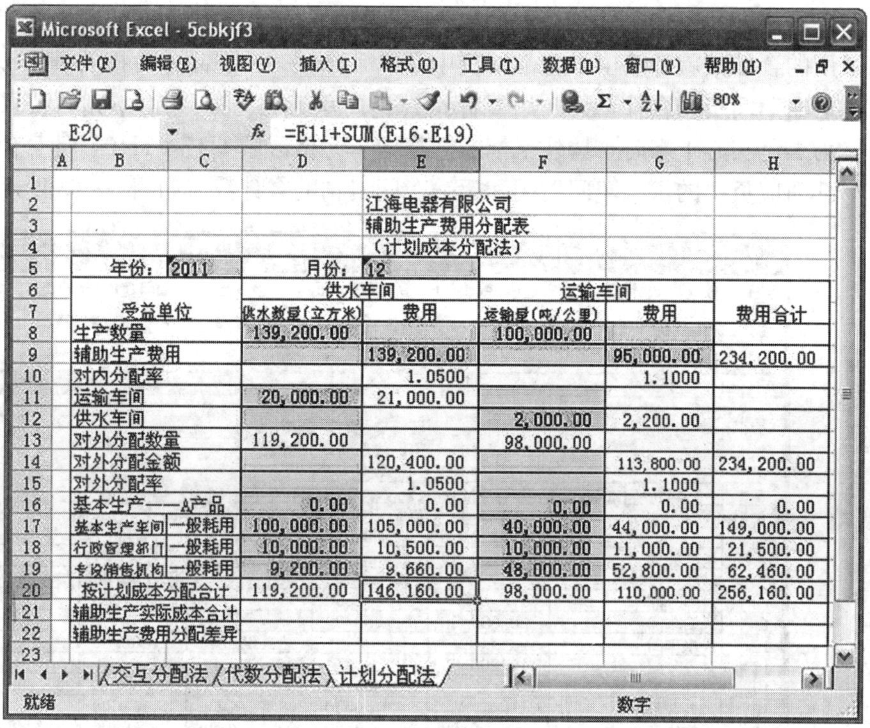

Microsoft Excel - 5cbkjf3

E20 =E11+SUM(E16:E19)

江海电器有限公司
辅助生产费用分配表
（计划成本分配法）

年份：2011 月份：12

受益单位	供水车间 供水数量(立方米)	供水车间 费用	运输车间 运输量(吨/公里)	运输车间 费用	费用合计
生产数量	139,200.00		100,000.00		
辅助生产费用		139,200.00		95,000.00	234,200.00
对内分配率		1.0500		1.1000	
运输车间	20,000.00	21,000.00			
供水车间			2,000.00	2,200.00	
对外分配数量	119,200.00		98,000.00		
对外分配金额		120,400.00		113,800.00	234,200.00
对外分配率		1.0500		1.1000	
基本生产——A产品	0.00	0.00	0.00	0.00	0.00
基本生产车间 一般耗用	100,000.00	105,000.00	40,000.00	44,000.00	149,000.00
行政管理部门 一般耗用	10,000.00	10,500.00	10,000.00	11,000.00	21,500.00
专设销售机构 一般耗用	9,200.00	9,660.00	48,000.00	52,800.00	62,460.00
按计划成本分配合计	119,200.00	146,160.00	98,000.00	110,000.00	256,160.00
辅助生产实际成本合计					
辅助生产费用分配差异					

交互分配法 代数分配法 计划分配法

图 3—64

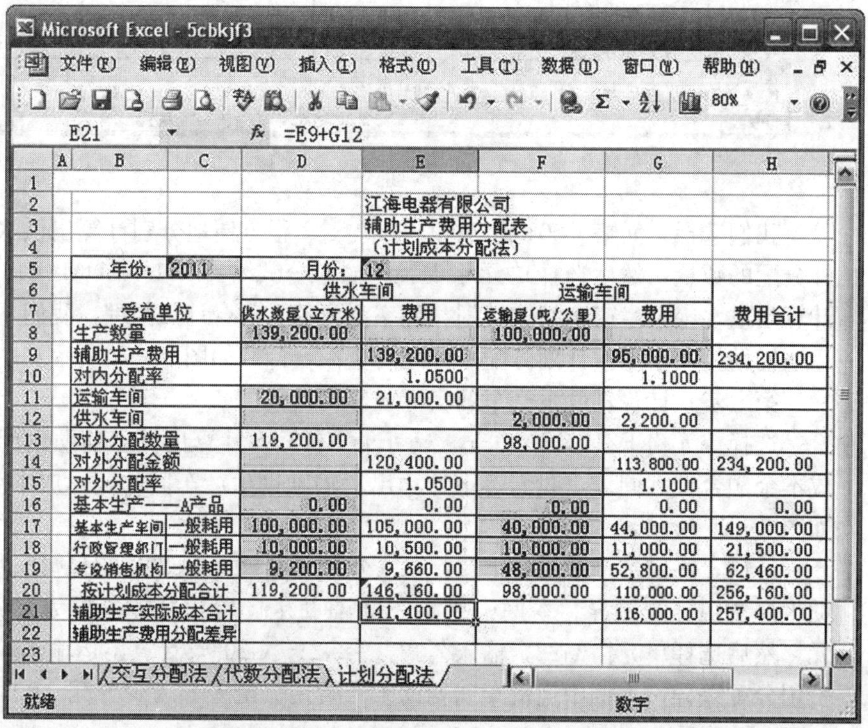

Microsoft Excel - 5cbkjf3

E21 =E9+G12

江海电器有限公司
辅助生产费用分配表
（计划成本分配法）

年份：2011 月份：12

受益单位	供水车间 供水数量(立方米)	供水车间 费用	运输车间 运输量(吨/公里)	运输车间 费用	费用合计
生产数量	139,200.00		100,000.00		
辅助生产费用		139,200.00		95,000.00	234,200.00
对内分配率		1.0500		1.1000	
运输车间	20,000.00	21,000.00			
供水车间			2,000.00	2,200.00	
对外分配数量	119,200.00		98,000.00		
对外分配金额		120,400.00		113,800.00	234,200.00
对外分配率		1.0500		1.1000	
基本生产——A产品	0.00	0.00	0.00	0.00	0.00
基本生产车间 一般耗用	100,000.00	105,000.00	40,000.00	44,000.00	149,000.00
行政管理部门 一般耗用	10,000.00	10,500.00	10,000.00	11,000.00	21,500.00
专设销售机构 一般耗用	9,200.00	9,660.00	48,000.00	52,800.00	62,460.00
按计划成本分配合计	119,200.00	146,160.00	98,000.00	110,000.00	256,160.00
辅助生产实际成本合计		141,400.00		116,000.00	257,400.00
辅助生产费用分配差异					

交互分配法 代数分配法 计划分配法

图 3—65

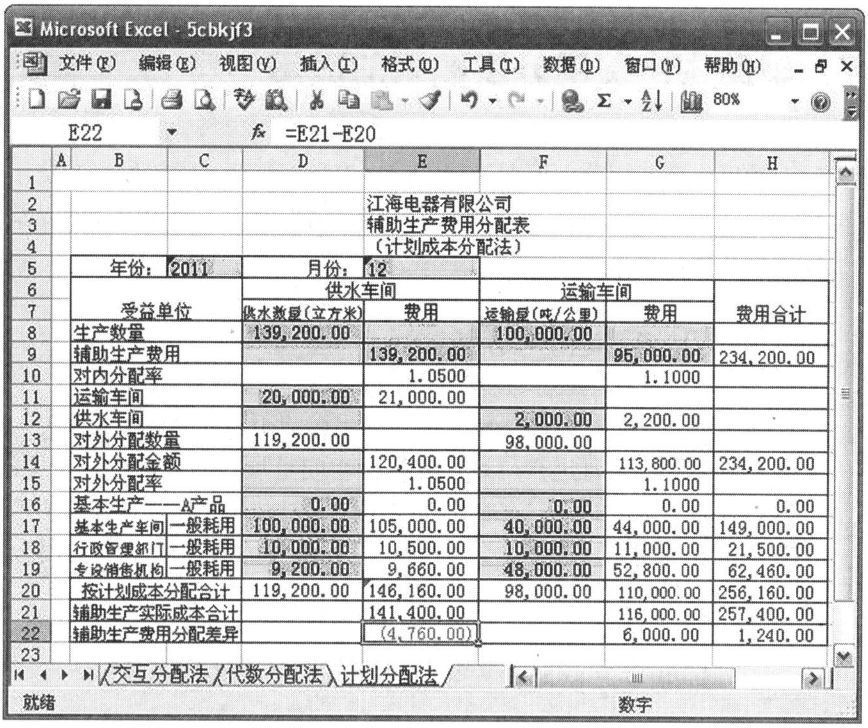

	受益单位	供水车间 供水数量（立方米）	供水车间 费用	运输车间 运输量（吨/公里）	运输车间 费用	费用合计
	江海电器有限公司 辅助生产费用分配表 （计划成本分配法）					
	年份：2011	月份：12				
8	生产数量	139,200.00		100,000.00		
9	辅助生产费用		139,200.00		95,000.00	234,200.00
10	对内分配率		1.0500		1.1000	
11	运输车间	20,000.00	21,000.00			
12	供水车间			2,000.00	2,200.00	
13	对外分配数量	119,200.00		98,000.00		
14	对外分配金额		120,400.00		113,800.00	234,200.00
15	对外分配率		1.0500		1.1000	
16	基本生产——A产品	0.00	0.00	0.00	0.00	0.00
17	基本生产车间 一般耗用	100,000.00	105,000.00	40,000.00	44,000.00	149,000.00
18	行政管理部门 一般耗用	10,000.00	10,500.00	10,000.00	11,000.00	21,500.00
19	专设销售机构 一般耗用	9,200.00	9,660.00	48,000.00	52,800.00	62,460.00
20	按计划成本分配合计	119,200.00	146,160.00	98,000.00	110,000.00	256,160.00
21	辅助生产实际成本合计		141,400.00		116,000.00	257,400.00
22	辅助生产费用分配差异		(4,760.00)		6,000.00	1,240.00

图 3—66

至此，我们已经利用任务 3—5 所提供的资料，在 Excel 工作表中创建完成了辅助生产费用计划成本分配法模型。根据辅助生产费用计划成本分配法模型计算出各产品应负担的辅助生产费用，编制会计分录如下：

（1）按计划成本向收益单位分配。

借：生产成本——辅助生产成本——供水车间	2 200	
——运输车间	21 000	
制造费用——基本生产车间	149 000	
管理费用	21 500	
销售费用	62 460	
贷：生产成本——辅助生产成本——供水车间		146 160
——运输车间		110 000

（2）结转分配差异。

借：管理费用	1 240	
贷：生产成本——辅助生产成本——供水车间		4 760
——运输车间		6 000

根据以上分录登记“生产成本——辅助生产成本”和“制造费用”明细账，计算产品成本。

3.7 辅助生产费用分配模型的应用

辅助生产费用分配模型建立以后，为我们进行日常辅助生产费用分配提供了极大的便利。这种便利主要表现在以后各期辅助生产费用的分配以及辅助生产费用分配错误的更正等方面。

3.7.1 日常辅助生产费用的分配

企业一般都是按月归集和分配辅助生产费用并计算产品成本的，所以辅助生产费用的分配也按月进行，每月都进行相同且烦琐的辅助生产费用的分配工作，不仅计算量比较大，而且存在出错的可能性。利用已创建的辅助生产费用分配模型来解决问题就简单多了。每个月我们只需要输入辅助生产费用分配的相关数据，其他工作将由模型自动完成。

3.7.2 辅助生产费用分配错误的更正

在手工条件下，当辅助生产费用的分配完成之后，如果发现原来分配辅助生产费用的一项或几项数据有误，无疑是一件令人烦恼的事情。利用辅助生产费用分配模型来解决这类问题则十分轻松。

只要将分配辅助生产费用所需的正确资料输入模型，就可以计算出各受益单位应负担的辅助生产费用。

3.7.3 辅助生产费用分配模型的测试和维护

1. 辅助生产费用分配模型的测试

辅助生产费用分配模型创建完成之后，应当进行测试以确保模型内部程序正确无误。可以将过去若干期辅助生产费用分配的资料代入辅助生产费用分配模型，得出结果后再同原来手工计算的结果对比验证，也可以利用手工和模型这两种方式计算出结果进行比对，以保证辅助生产费用分配模型的正确无误。

2. 辅助生产费用分配模型的保护

辅助生产费用分配模型创建完成并经测试无误后，为了避免模型被意外修改或破坏，需要对其加以保护。然而我们并不需要对整个工作表或工作簿加以保护，因为辅助生产车间每月提供的劳务或产品的数量和发生的费用都不同，同时各受益单位每月耗用辅助生产车间提供的劳务或产品的数量也不同。因此，有必要让模型的某些单元格处于解锁的状态，以便每月输入不同劳务或产品的数量、发生的费用及各受益单位耗用辅助生产劳务或产品的数量等资料。

3. 辅助生产费用分配模型的维护

建立辅助生产费用分配模型的工作完成后，也可能会遇到辅助生产费用分配方法需要改变的情况，这时就需要对所建的辅助生产费用模型做相应的修正，以满足方法改变后分配辅助生产费用的需要。辅助生产费用分配模型的维护工作量的大小视相关资料的变化程度而定，也许只做小的修改，也许要做大的修改，甚至重新创建新模型。注意：在对保护过的模型进行维护时，必须先取消保护。

模拟实验题

【实验】 江海电器有限公司设有供电和供水两个辅助生产车间。2012年10月这两个辅助生产车间的有关资料如下：

（1）材料、工资费用：

单位：元

项目	外购电费	外购水费	工资	合计
供电车间	238 800		18 400	257 200
供水车间		21 580	5 823	27 403

（2）制造费用：

单位：元

项目	工资	折旧费	修理费	其他	合计
供电车间	8 300	28 500	31 260	13 140	81 200
供水车间	1 230	892	2 520	1 955	6 597

（3）各受益部门消耗电和水的数量：

单位：元

受益部门	耗电量（度）	耗水量（立方米）
供电车间		4 000
供水车间	23 000	
第一生产车间	124 000	25 000
第二生产车间	152 000	24 000
第三生产车间	64 000	12 200
厂部管理部门	60 000	2 800
合计	423 000	68 000

说明：供电辅助生产车间的计划单位成本是0.8元，供水辅助生产车间的计划单位成本是0.78元。

要求：根据以上资料，分别用直接分配法、顺序分配法、代数分配法、交互分配法和计划成本分配法完成分配辅助生产费用的任务。

第 4 章

Chapter 4 制造费用分配模拟实验

实　验　导　引

实验名称： 制造费用分配模拟实验。

实验目的： 理解制造费用分配的原理和方法，获得利用 Excel 工作表模型进行制造费用分配的技能。

实验内容： 根据主教材第 3 章 3.4 节“制造费用的归集和分配”的主要内容，利用 Excel 工作表创建制造费用分配模型，完成制造费用分配工作，以及制造费用分配模型的维护和应用。

实验要求： 创建制造费用分配模型，分配制造费用。

实验参考： 参考主教材第 3 章的相关内容。参考《实验系统》“制造费用分配”模块“实验示范”中的工时比例法和年度计划分配率法模型创建的屏幕录像。

4.1 制造费用分配概述

4.1.1 制造费用分配

制造费用是指企业为组织产品生产和提供劳务而发生的无法直接计入产品成本的各项间接费用。制造费用的内容比较复杂，包括的项目主要有：车间管理人员和辅助生产工人的工资及福利费、折旧费、修理费、办公费、水电费、机物料消耗、租赁费、保险费、低值易耗品摊销、运输费、劳动保护费以及季节性、修理期间的停工损失等。

在生产一种产品的车间里所发生的制造费用可以作为直接费用直接计入该种产品的产品成本。制造费用的分配是指在生产多种产品的车间里所发生的制造费用不能作为直接费用直接计入有关产品的产品成本，而应该作为间接费用处理，即采用适当的分配方法进行分配，分别计入相应的产品成本。制造费用分配要解决由哪种产品负担制造费用、如何负担和负担多少的问题，也就是要确定制造费用分配的分配对象和分配标准。

4.1.2 制造费用分配的方法

进行制造费用分配时要注意选择合理而简便的制造费用分配标准。合理的制造费用分配标准是指分配标准与制造费用的发生具有较强的因果关系，存在内在的必然联系。简便的制造费用分配标准是指分配标准容易取得。在制造费用的分配对象和分配标准确定之后，就可以对制造费用进行分配。常用的制造费用分配方法主要有：工时比例法、工资比例法、机器工时比例法和年度计划分配率法等。

制造费用分配的方法通常是先计算制造费用分配率，然后计算相应产品应负担的制造费用。其公式如下：

某车间制造费用分配率＝某生产车间制造费用总额÷分配标准总数

某种产品应分配的制造费用＝某种产品的分配标准数×制造费用分配率

制造费用的分配方法有若干种，企业可能会根据不同的情况采用不同的制造费用分配方法。为了节省篇幅，本章主要介绍工时比例法和年度计划分配率法。企业无论采用什么方法，每个月重复分配制造费用的工作量都很大，而且容易出错，特别是生产车间生产的产品品种比较多的情况下。因此，借助Excel 2003工作表来创建制造费用分配模型就成为一件很有价值的事情。

4.2 制造费用分配工时比例法模型

工时比例法是一种按照各种产品所用生产工人实际工时的比例分配制造费用的方法。

4.2.1 制造费用分配任务

任务4—1 [①]

江海电器有限公司生产甲、乙两种产品。2011年12月发生的制造费用总额为180 000元，基本生产车间甲产品生产工时为25 000小时，乙产品生产工时为15 000小时。

要求：根据以上资料，用工时比例分配法分配制造费用。

采用手工计算，我们不难解决这一制造费用分配问题。但是，制造费用分配

① 参见于富生、黎来芳、张敏：《成本会计学》，6版，69页。

是成本计算的例行工作，每进行一次成本计算就需要进行一次制造费用分配。车间生产的产品品种越多，计算工作量就越大；生产产品经过的生产车间越多，计算工作量就越大。为了保证制造费用分配的质量，提高制造费用分配的工作效率，减轻成本会计人员的劳动强度，有必要创建制造费用分配模型。

4.2.2 制造费用分配工时比例法模型的创建

为了便于说明如何在 Excel 工作表中采用工时比例法完成制造费用分配，我们利用任务 4—1 的资料并借助 Excel 工作表创建制造费用分配工时比例法模型，然后根据这一模型计算出各产品应负担的制造费用，编制会计分录，进行产品成本核算。

在 Excel 2003 工作表中，创建制造费用分配工时比例法模型的步骤如下。

第一步：录入相关资料

启动 Excel 2003 工作表，将任务 4—1 的资料以及需要计算的有关指标录入制造费用分配工时比例法模型，并对第一和第二生产车间的分配标准（工时）求和。如图 4—1 所示。

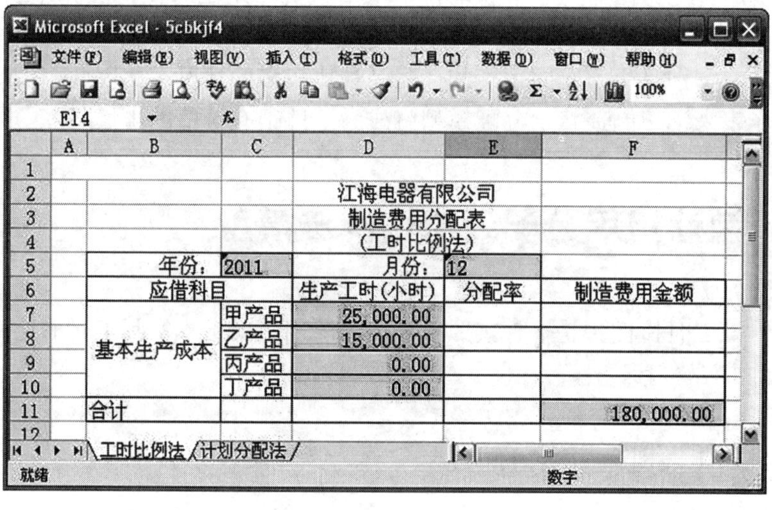

图 4—1

第二步：计算制造费用分配率

用鼠标单击单元格 E11，输入公式“=F11/D11”。如图 4—2 所示。

按下“回车”键，制造费用分配率就计算出来了，本例中制造费用分配率为 4.5。

第三步：分配制造费用

1. 分配甲产品的制造费用

用鼠标单击单元格 F7，输入公式“=D7＊＄E＄11”。如图 4—3 所示。

按下“回车”键，甲产品应负担的制造费用就计算出来了，本例中甲产品应负担的制造费用为 112 500 元。

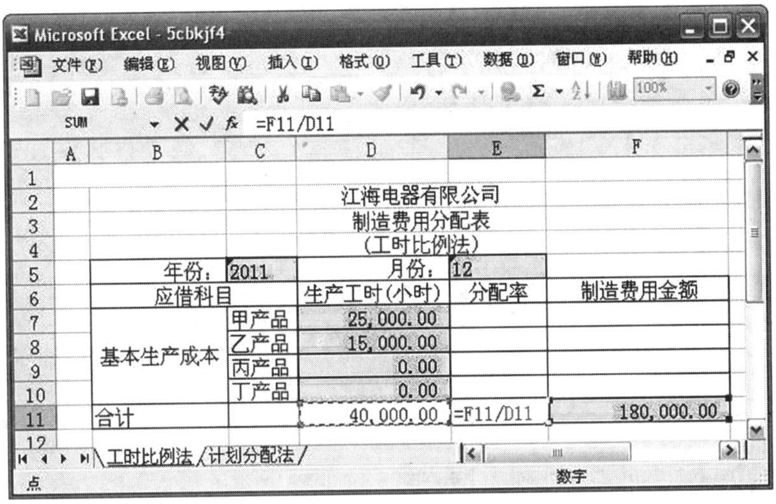

图 4—2

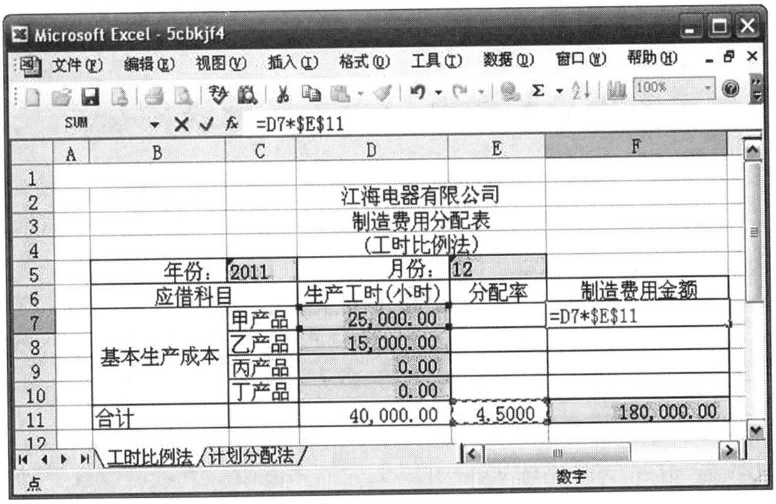

图 4—3

2. 分配其他产品的制造费用

然后，将鼠标指针指向单元格 F7 的右下角，待鼠标指针变为黑色实心十字时，按住鼠标左键拖向单元格区域 F8：F10，其他三种产品应负担的制造费用也就计算出来了。如图 4—4 所示。

至此，我们已经利用任务 4—1 所提供的资料，在 Excel 工作表中创建完成了制造费用分配工时比例法模型。根据制造费用分配工时比例法模型计算出各产品应负担的辅助生产费用，编制会计分录如下：

借：生产成本——基本生产成本——甲产品　　112 500

　　生产成本——基本生产成本——乙产品　　67 500

　贷：制造费用　　180 000

根据以上分录登记“生产成本——基本生产成本”和“制造费用”明细账，计算产品成本。

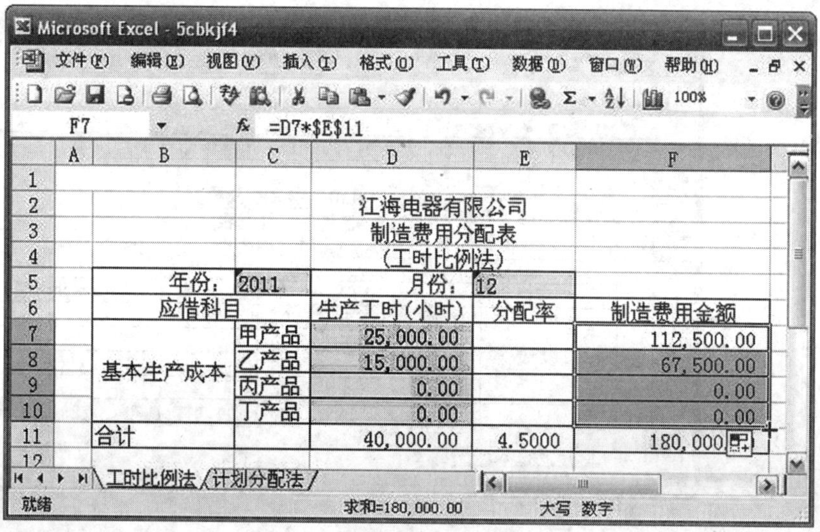

江海电器有限公司					
制造费用分配表					
(工时比例法)					
年份:	2011	月份:	12		
应借科目		生产工时(小时)	分配率	制造费用金额	
基本生产成本	甲产品	25,000.00		112,500.00	
	乙产品	15,000.00		67,500.00	
	丙产品	0.00		0.00	
	丁产品	0.00		0.00	
合计		40,000.00	4.5000	180,000	

图 4—4

4.3 制造费用分配年度计划分配率法模型

制造费用分配的年度计划分配率法，是指按照年度开始前确定的全年度适用的计划分配率分配制造费用的一种方法，采用这种方法，不管各月实际发生的制造费用是多少，每月各种产品中的制造费用都按预先制定的年度计划分配率分配制造费用，对于年度内发生的全年的制造费用实际数和按产品的实际产量与年度计划分配率分配数之间的差额，一般在年末调整计入 12 月的产品成本中。如果全年的制造费用实际数和按产品的实际产量与年度计划分配率分配数之间的差额比较大，而且生产两种或两种以上产品，就需要将该差额在各种产品之间进行追加分配。

采用年度计划分配率法进行分配，可以消除短期波动因素对各月单位产品成本的影响。例如，有的企业是季节性生产企业，有的月份制造费用特别多，有的月份制造费用特别少。如果采用年度计划分配率法，就能够均衡分配计入各月的产品成本中的制造费用，有利于提高产品成本信息的可比性，同时也简化了计算程序。因此，我国很多企业在分配制造费用时都采用这一方法。

4.3.1 制造费用分配任务

任务 4—2 ①

江海电器有限公司全年制造费用计划数为 55 000 元；全年各种产品的计划

① 参见于富生、黎来芳、张敏：《成本会计学》，6 版，70 页。

产量为：甲产品 2 600 件，乙产品 2 250 件；单件产品的工时定额为：甲产品 5 小时，乙产品 4 小时。12 月实际产量为：甲产品 240 件，乙产品 150 件；本月实际发生制造费用 4 900 元。

要求：根据以上资料，用年度计划分配率法分配制造费用。

采用手工计算，我们不难解决这一制造费用分配问题。但是，制造费用分配是成本计算的例行工作，每进行一次成本计算就需要进行一次制造费用分配。车间生产的产品品种越多，计算工作量就越大；生产产品经过的生产车间越多，计算工作量就越大。为了保证制造费用分配的质量，提高制造费用分配的工作效率，减轻成本会计人员的劳动强度，有必要创建制造费用分配模型。

4. 3. 2　制造费用分配年度计划分配率法模型的创建

为了便于说明如何在 Excel 工作表中采用年度计划分配率法完成制造费用分配，我们利用任务 4—2 的资料并借助 Excel 工作表创建制造费用分配年度计划分配率法模型，然后根据这一模型计算出各产品应负担的制造费用，编制会计分录，进行产品成本核算。

在 Excel 2003 工作表中，创建制造费用分配年度计划分配率法模型的步骤如下。

第一步：录入相关资料

启动 Excel 2003 工作表，将任务 4—2 的资料以及需要计算的有关指标录入制造费用分配年度计划分配率法模型。如图 4—5 所示。

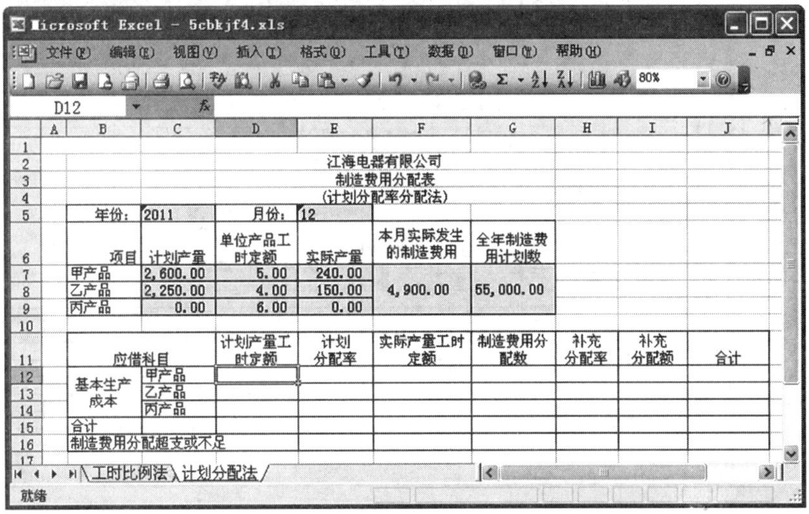

图 4—5

第二步：计算制造费用分配率

1. 计算计划产量工时定额

用鼠标单击单元格 D12，输入公式“＝C7＊D7”。按下“回车”键，本例中甲产品的计划产量工时定额就计算出来了。然后，将鼠标指针指向单元格 D12 的右下角，待鼠标指针变为黑色实心十字时，按住鼠标左键拖向单元格区域 D13：D14，各种产品的计划产量工时定额也就计算出来了。如图 4—6 所示。

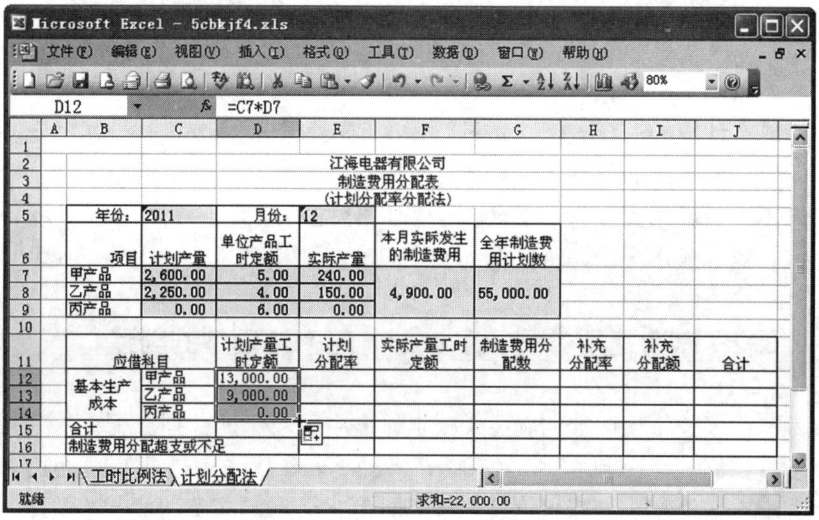

图 4—6

接下来计算实际产量工时定额的合计数，用鼠标单击单元格 D15，再单击常用工具栏内的自动求和按钮"Σ"，在公式编辑栏内就显示出我们所输入的函数"＝SUM（D12：D14）"，计算出计划产量工时定额的合计数。本例中计算出的计划产量工时定额的合计数为 22 000。如图 4—7 所示。

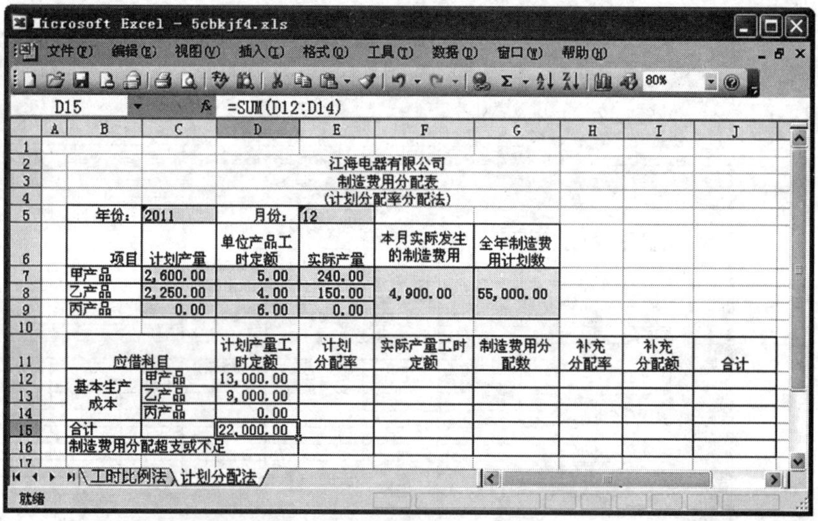

图 4—7

2. 计算制造费用年度计划分配率

用鼠标单击单元格 E15，输入公式"＝G7/D15"。按下"回车"键，制造费用年度计划分配率就计算出来了，本例中制造费用年度计划分配率为 2.5。如图

4—8 所示。

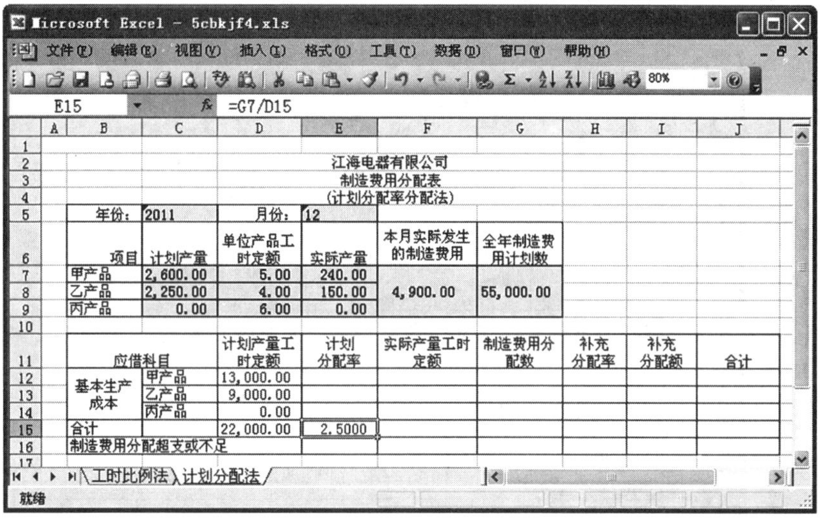

图 4—8

第三步：分配制造费用

1. 计算实际产量工时定额

用鼠标单击单元格 F12，输入公式"＝D7＊E7"。按下"回车"键，实际产量工时定额就计算出来了，本例中甲产品实际产量工时定额为 1 200 小时。然后，将鼠标指针指向单元格 F12 的右下角，待鼠标指针变为黑色实心十字时，按住鼠标左键拖向单元格区域 F13：F14，所有产品的实际产量工时定额也就计算出来了。如图 4—9 所示。

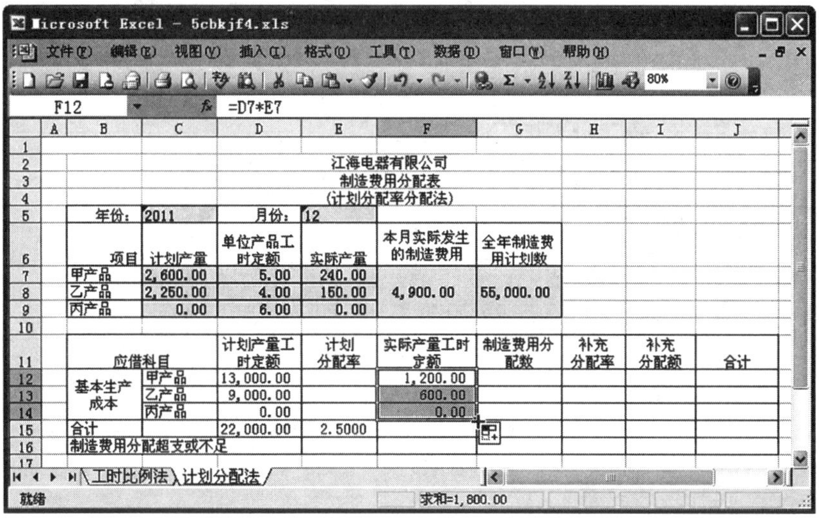

图 4—9

接下来计算实际产量工时定额的合计数，用鼠标单击单元格 F15，再单击常用工具栏内的自动求和按钮"∑"，在公式编辑栏内就显示出我们所输入的函数

“＝SUM（F12：F14）”，计算出实际产量工时定额的合计数。本例中计算出的实际产量工时定额的合计数为 1 800。如图 4—10 所示。

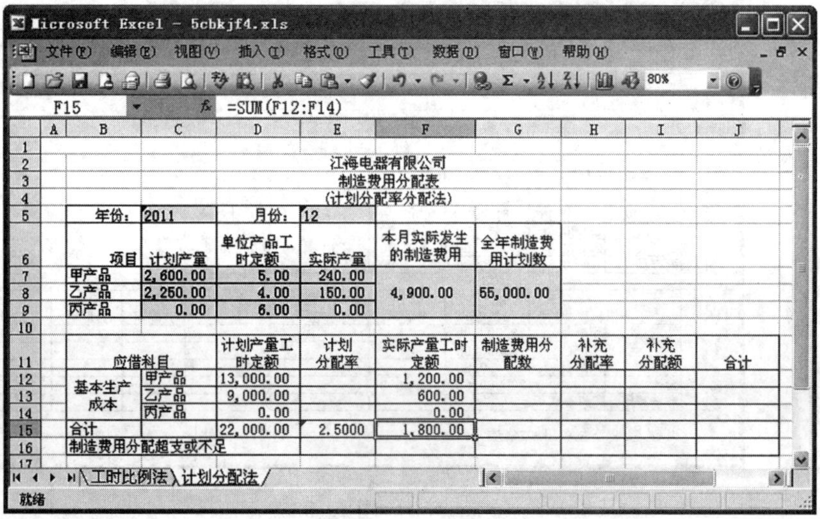

图 4—10

2. 按年度计划分配率分配制造费用

用鼠标单击单元格 G12，输入公式“＝F12＊$E$15”，再按下“回车”键，甲产品应负担的制造费用就计算出来了。本例中甲产品应负担的制造费用为 3 000 元。如图 4—11 所示。

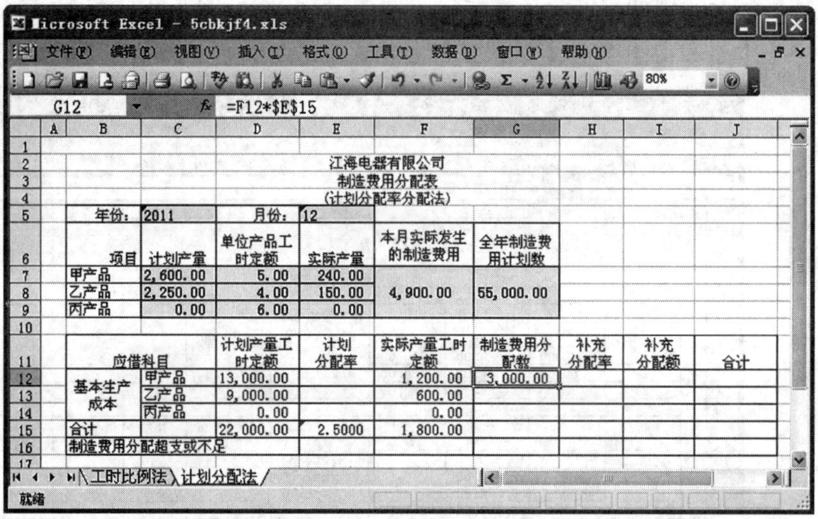

图 4—11

按下“回车”键，按年度计划分配率给甲产品分配的制造费用就计算出来了。然后，将鼠标指针指向单元格 G12 的右下角，待鼠标指针变为黑色实心十字时，按住鼠标左键拖向单元格区域 G13：G15，所有产品应分配的制造费用也就计算出来了。如图 4—12 所示。

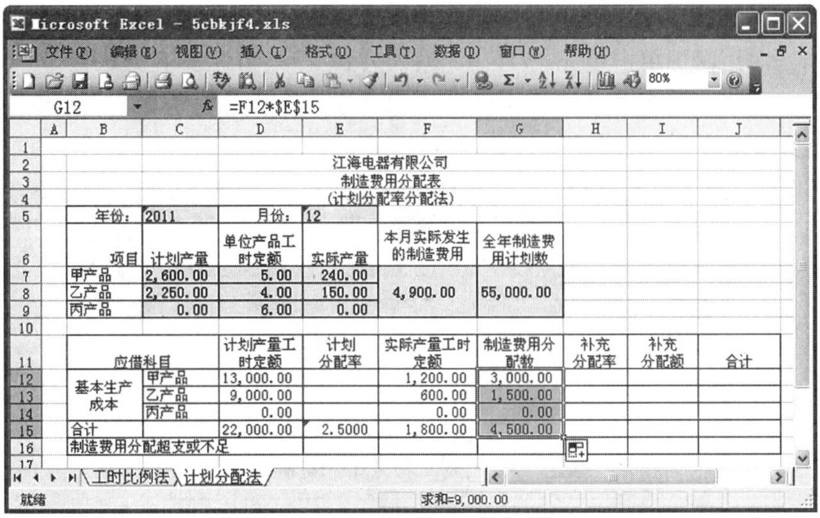

江海电器有限公司								
制造费用分配表								
(计划分配率分配法)								
年份：	2011	月份：	12					
项目	计划产量	单位产品工时定额	实际产量	本月实际发生的制造费用	全年制造费用计划数			
甲产品	2,600.00	5.00	240.00	4,900.00	55,000.00			
乙产品	2,250.00	4.00	150.00					
丙产品	0.00	6.00	0.00					
应借科目		计划产量工时定额	计划分配率	实际产量工时定额	制造费用分配数	补充分配率	补充分配额	合计
基本生产成本	甲产品	13,000.00		1,200.00	3,000.00			
	乙产品	9,000.00		600.00	1,500.00			
	丙产品	0.00		0.00	0.00			
合计		22,000.00	2.5000	1,800.00	4,500.00			
制造费用分配超支或不足								

图 4—12

第四步：计算制造费用分配的超支或不足额

如前所述，在制造费用分配的年度计划分配率法下，制造费用的分配是按照年度开始前确定的年度计划分配率进行分配的，与每月实际发生的制造费用并不一致，按年度计划分配率分配的制造费用可能比实际发生的制造费用多，也可能比实际发生的制造费用少。所以在年底要计算出年度内发生的全年的制造费用实际数和按产品的实际产量与年度计划分配率分配数之间的差额，以便将其分配超支或不足的差额在年末调整计入 12 月的产品成本，使计划分配数等于实际发生数。

用鼠标单击单元格 G16，输入公式"＝G15－F7"，按下"回车"键，制造费用分配的超支或不足额就计算出来了。本例中按年度计划分配率分配的制造费用为 4 500 元，实际发生的制造费用为 4 900 元。制造费用分配不足的数额为 400 元。如图 4—13 所示。

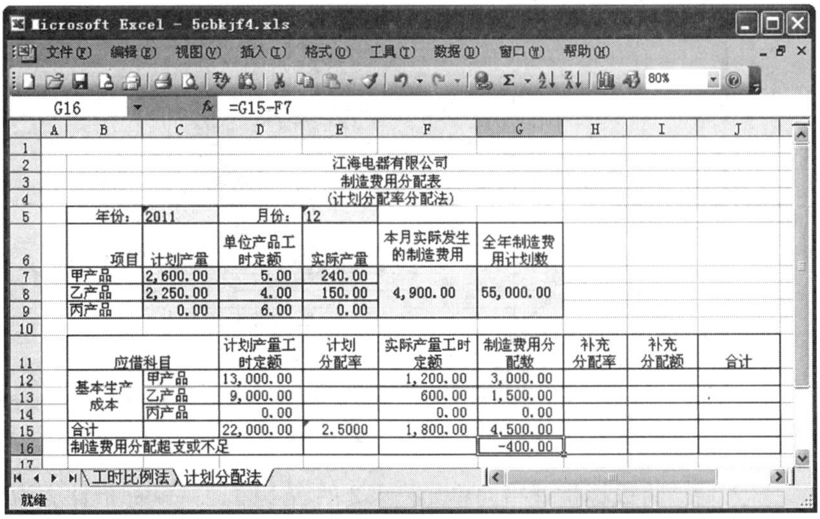

江海电器有限公司								
制造费用分配表								
(计划分配率分配法)								
年份：	2011	月份：	12					
项目	计划产量	单位产品工时定额	实际产量	本月实际发生的制造费用	全年制造费用计划数			
甲产品	2,600.00	5.00	240.00	4,900.00	55,000.00			
乙产品	2,250.00	4.00	150.00					
丙产品	0.00	6.00	0.00					
应借科目		计划产量工时定额	计划分配率	实际产量工时定额	制造费用分配数	补充分配率	补充分配额	合计
基本生产成本	甲产品	13,000.00		1,200.00	3,000.00			
	乙产品	9,000.00		600.00	1,500.00			
	丙产品	0.00		0.00	0.00			
合计		22,000.00	2.5000	1,800.00	4,500.00			
制造费用分配超支或不足					-400.00			

图 4—13

第五步：计算补充分配率

用鼠标单击单元格 H16，输入公式“＝－G16/G15”，按下“回车”键，制造费用分配的补充分配率就计算出来了。本例中计算的补充分配率为 0.09。如图 4—14 所示。

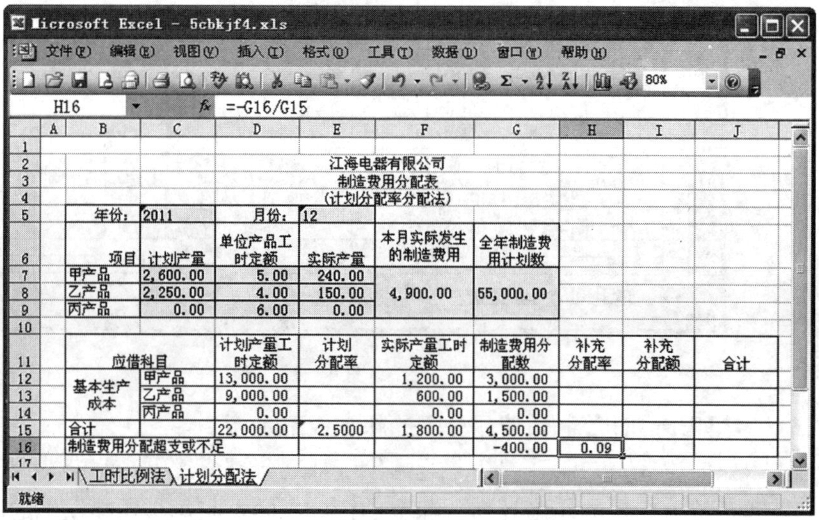

江海电器有限公司								
制造费用分配表								
(计划分配率分配法)								
年份:	2011	月份:	12					
项目	计划产量	单位产品工时定额	实际产量	本月实际发生的制造费用	全年制造费用计划数			
甲产品	2,600.00	5.00	240.00	4,900.00	55,000.00			
乙产品	2,250.00	4.00	150.00					
丙产品	0.00	6.00	0.00					
应借科目		计划产量工时定额	计划分配率	实际产量工时定额	制造费用分配数	补充分配率	补充分配额	合计
基本生产成本	甲产品	13,000.00		1,200.00	3,000.00			
	乙产品	9,000.00		600.00	1,500.00			
	丙产品	0.00		0.00	0.00			
合计		22,000.00	2.5000	1,800.00	4,500.00			
制造费用分配超支或不足					-400.00	0.09		

图 4—14

第六步：计算制造费用补充分配额

用鼠标单击单元格 I12，输入公式“＝G12 ＊ ＄H＄16”，再按下“回车”键，补充分配给甲产品的制造费用就计算出来了。本例中补充分配给甲产品的制造费用为 266.67。如图 4—15 所示。

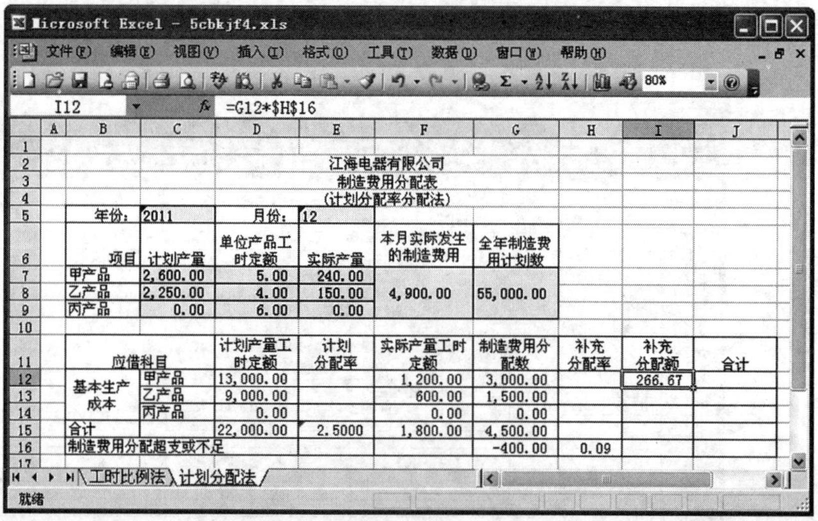

江海电器有限公司								
制造费用分配表								
(计划分配率分配法)								
年份:	2011	月份:	12					
项目	计划产量	单位产品工时定额	实际产量	本月实际发生的制造费用	全年制造费用计划数			
甲产品	2,600.00	5.00	240.00	4,900.00	55,000.00			
乙产品	2,250.00	4.00	150.00					
丙产品	0.00	6.00	0.00					
应借科目		计划产量工时定额	计划分配率	实际产量工时定额	制造费用分配数	补充分配率	补充分配额	合计
基本生产成本	甲产品	13,000.00		1,200.00	3,000.00		266.67	
	乙产品	9,000.00		600.00	1,500.00			
	丙产品	0.00		0.00	0.00			
合计		22,000.00	2.5000	1,800.00	4,500.00			
制造费用分配超支或不足					-400.00	0.09		

图 4—15

然后，将鼠标指针指向单元格 I12 的右下角，待鼠标指针变为黑色实心十字时，按住鼠标左键拖向单元格区域 I13：I14，所有产品的制造费用补充分配额就计算出来了。如图 4—16 所示。

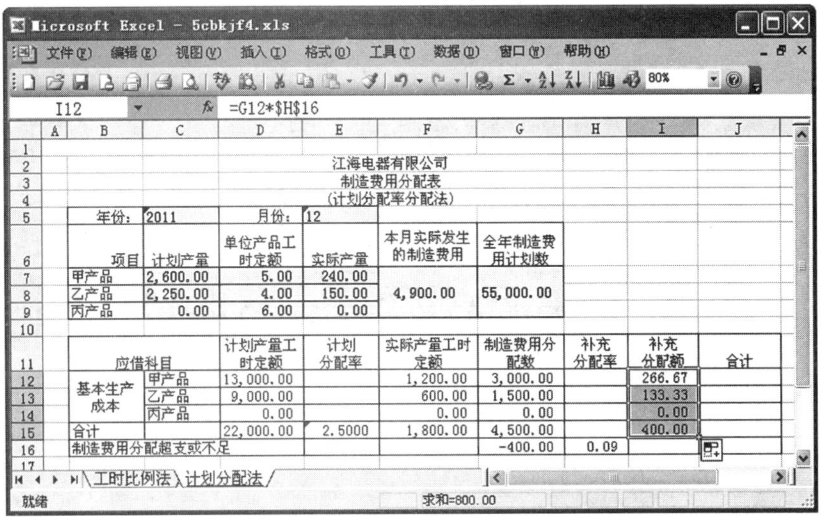

图 4—16

第七步：计算分配的制造费用合计数

最后，计算出各种产品应负担的制造费用合计数。用鼠标单击单元格 J12，输入公式“=G12+I12”，再按下“回车”键，分配给甲产品的全部制造费用就计算出来了。本例中分配给甲产品的全部制造费用为 3 266.67。如图 4—17 所示。

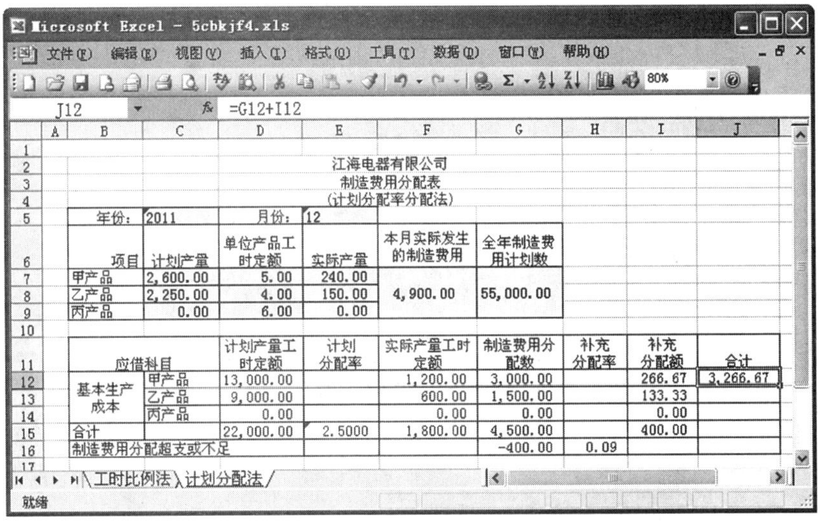

图 4—17

然后，将鼠标指针指向单元格 J12 的右下角，待鼠标指针变为黑色实心十字时，按住鼠标左键拖向单元格区域 J13：J14，各种产品应负担的全部制造费用分配额就计算出来了。如图 4—18 所示。

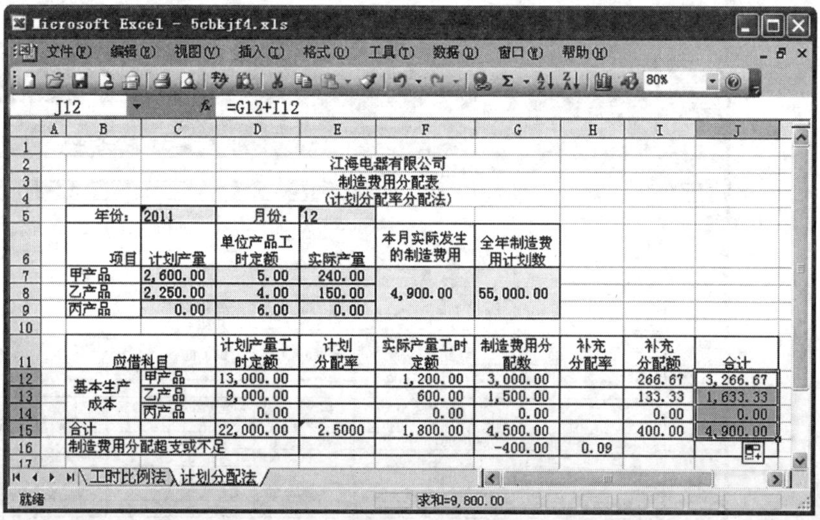

图 4—18

至此，我们已经利用任务 4—2 所提供的资料，在 Excel 工作表中创建完成了制造费用分配年度计划分配率法模型。根据制造费用分配年度计划分配率法模型计算出各产品应负担的辅助生产费用，编制会计分录如下：

借：生产成本——基本生产成本——甲产品	3 266.67	
生产成本——基本生产成本——乙产品	1 633.33	
贷：制造费用		4 900

根据以上分录登记“生产成本——基本生产成本”和“制造费用”明细账，计算产品成本。

主教材还介绍了其他分配制造费用的方法，如生产工人工作比例法、机器工时比例法等。由于这些方法在 Excel 工作表中创建制造费用分配模型的方法大致相同，步骤也比较简单，这里不再赘述。

4.4 制造费用分配模型的应用

制造费用分配模型建立以后，为我们进行日常制造费用分配提供了极大的便利。这种便利主要表现在以后各期制造费用分配以及制造费用分配错误的更正等方面。

4.4.1 日常制造费用分配

企业一般都是按月分配和归集制造费用和其他生产费用并计算产品成本，所以制造费用分配也按月进行。每月都进行相同且烦琐的制造费用分配，不仅计算量比较大，而且存在出错的可能性。利用已创建的制造费用分配模型解决问题就简单多了。只要将新的资料录入模型，模型将自动计算出制造费用分配的结果。

经过测试的制造费用分配模型，可以保证在制造费用分配过程中减少甚至不出差错。

例如，江海电器有限公司 2012 年 7 月第一生产车间为生产甲、乙两种产品而发生的制造费用为 48 725.56 元，甲、乙两种产品耗用的工时分别为 31 880 和 28 150。那么甲、乙两种产品各自应负担的制造费用为多少？

现在只要将 2012 年 7 月第一生产车间发生的制造费用及甲、乙两种产品各自耗用的人工工时输入制造费用分配工时比例法模型，按下“回车”键，模型就可以自动计算出甲、乙两种产品各自应负担的制造费用。

以后，只要我们把每个月发生的制造费用总额及制造费用分配标准输入制造费用分配模型，其他工作就可由模型自动完成，非常方便。如果将该模型计算出的结果链接到成本计算模型中，其简便迅速的优点将更加明显。

4.4.2　制造费用分配错误的更正

制造费用分配完成之后，如果发现相关资料中的一项或几项有误，其结果必然是错误的。在手工条件下需要重新分配一次制造费用，如果制造费用分配出来的结果已被用于成本计算，那么返工的工作量就更大了。利用制造费用分配模型来解决这类问题则十分轻松。

例如，江海电器有限公司 2012 年 7 月第一生产车间生产甲、乙两种产品而发生的制造费用不是 48 725.56 元，而应该是 47 825.56 元。那么甲、乙两种产品各自应负担的制造费用为多少？

只要将制造费用的正确数据输入制造费用分配模型，模型就可以迅速地计算出甲、乙两种产品各自应负担的制造费用。

4.4.3　制造费用分配模型的测试和维护

1. 制造费用分配模型的测试

制造费用分配模型创建完成之后，应当进行测试以确保模型内部程序正确无误。可以将过去若干期制造费用分配的资料代入制造费用分配模型，得出结果后再同原来的结果对比验证，也可以利用手工和模型这两种方式计算出结果进行比对，以保证制造费用分配模型正确无误。

2. 制造费用分配模型的保护

制造费用分配模型创建完成之后，为避免模型被意外修改或破坏，需要对其加以保护。然而我们并不需要对整个工作表或工作簿加以保护，因为制造费用分配模型中所需的产量和实际材料成本等要素每个月都不同。因此，有必要让模型的某些单元格处于解锁的状态，以便输入各月不同的产量和材料成本等资料。

3. 制造费用分配模型的维护

制造费用分配模型创建完成后，也可能会遇到制造费用分配标准发生变化的情况。这时就需要对所建的制造费用模型做出相应的修正，以满足相关资料变化后进行制造费用分配的需要。制造费用分配模型的维护工作量的大小视相关资料的变化程度而定，也许只做小的修改，也许要做大的修改，甚至重新创建新模型。注意：在对保护过的模型进行维护时，必须先取消保护。

模拟实验题

【实验 1】 江海电器有限公司 2012 年 8 月生产甲、乙、丙三种产品，当月发生制造费用 74 200.8 元。当月甲产品的实际工时为 420，乙产品的实际工时为 210，丙产品的实际工时为 170。

要求：用工时比例法分配甲、乙、丙三种产品各自应负担的制造费用。

【实验 2】 江海电器有限公司 2012 年 10 月生产 X，Y，Z 三种产品，当月发生制造费用 35 200 元。当月 X 产品的实际工资为 51 000 元，Y 产品的实际工资为 26 000 元，Z 产品的实际工资为 11 000 元。

要求：用工资比例法分配 X，Y，Z 三种产品各自应负担的制造费用。

第 5 章

Chapter 5 在产品成本分配模拟实验

实验导引

实验名称：在产品成本分配模拟实验。

实验目的：理解生产费用在完工产品与在产品之间分配的原理和方法，获得利用 Excel 工作表模型进行在产品成本分配的技能。

实验内容：根据主教材第 4 章“生产费用在完工产品与在产品之间的归集和分配”的主要内容，利用 Excel 工作表创建在产品成本分配模型，完成生产费用在完工产品与在产品之间的分配工作，以及生产费用在完工产品与在产品之间分配模型的维护和应用。

实验要求：创建在产品成本分配模型，分配完工产品和在产品应负担的生产费用。

实验参考：参考主教材第 4 章的相关内容。参考《实验系统》“在产品成本分配”模块“实验示范”中的各种在产品成本分配法模型创建的屏幕录像。

5.1 在产品成本分配概述

5.1.1 完工产品和在产品的概念

完工产品是指已经完成产品的全部加工过程，经检验合格可以对外销售的商品。

在产品是指处于生产过程中尚未完工的产品。在产品一般分为广义在产品和狭义在产品两类。广义在产品是指没有完成全部生产过程、不能作为商品进行销售的在产品，包括正在车间加工中的在产品以及已经完成一个或几个生产步骤仍需要继续加工的半成品。狭义在产品是指在某一车间或某一生产步骤上的在产品，即该生产车间或该生产步骤正在加工的在产品，不包括该生产车间或该生产步骤已加工完成的半成品。

5.1.2 生产费用在完工产品和在产品之间的分配

生产企业在产品生产过程中发生的各项费用称作生产费用。在月初、月末没有在产品的情况下，当月发生的生产费用就全部由完工产品负担，构成完工产品成本。在月初、月末有在产品的情况下，当期发生的生产费用还需要加上月初在产品成本，计算出生产费用合计数，再按照一定的标准将生产费用合计数在当月完工产品和当月在产品之间进行分配，分别计算出当月完工产品成本和当月在产品成本。

5.1.3 生产费用在完工产品和在产品之间分配的方法

在计算完工产品成本的实际工作中，通常先计算出月末在产品成本，然后用生产费用合计数减去月末在产品成本，进而计算出当月完工产品成本。因此，在产品成本计算对于完工产品成本计算具有重要的意义，这也是我们将本章的标题定为“在产品成本分配模拟实验”的原因所在。由于企业的生产组织形式和成本管理的要求不同，对月末在产品成本的计算方法也不尽相同。

1. 不计算月末在产品成本

如果生产企业在月末没有在产品或各月的月末在产品数量比较少而且比较均衡，对不同月份的产品成本不会产生多大的影响，为简化成本计算手续，对月末在产品成本可以忽略不计。即各月所发生的生产费用不必在当月完工产品与月末在产品之间进行分配，当月所发生的生产费用全部作为当月完工产品的生产成本。只要将当月所发生的生产费用除以当月完工产品数量，就可计算出各完工产品的单位产品成本。

2. 按年初数计算在产品成本

如果生产企业在各月末虽然有大量的在产品，但是各月的月末在产品数量比较均衡，为简化成本计算手续，各月的在产品可以按年初在产品成本计算。由于各月末在产品成本都是按年初在产品成本计算的，因而各月初的在产品成本金额都是一个相同的数，因此当月所发生的生产费用全部作为当月完工产品的生产成本。年末应当根据实际盘存的在产品数量计算年末在产品成本，并作为下年在产品的年初余额。

3. 按比例计算在产品成本

如果生产企业在各月末有较大数量的在产品，而且各月在产品数量变化也比较大，就应当根据在产品的实际结存数量，采用适当的方法计算月末在产品成本。计算月末在产品成本的方法主要有：按耗用的直接材料计算在产品成本，按约当产量计算在产品成本，按定额成本计算在产品成本及按定额比例计算在产品成本，等等。

由于按比例计算在产品成本的方法较多，为了节省篇幅，本章主要介绍约当产量比例法和定额比例法。主教材中介绍的其他在产品成本分配方法，请参考

《实验系统》"在产品成本分配"模块"实验示范"中的各种在产品成本分配法模型创建的屏幕录像。

企业无论采用什么方法将生产费用在完工产品和在产品之间进行分配，每个月末重复计算的工作量都很大，而且容易出错，在生产车间和生产的产品品种比较多的情况下更是如此。因此，借助 Excel 2003 工作表来创建生产费用在完工产品和在产品之间分配的模型就成为一件很有价值的事情。

5.2　在产品成本分配约当产量比例法模型

约当产量比例法也称约当产量法，是分配完工产品和在产品成本的常用方法之一。采用这种方法分配完工产品成本时，先将月末在产品数量按照完工程度折算为相当于完工产品的数量，然后按照完工产品产量和月末在产品约当产量的比例将生产费用在完工产品和在产品之间进行分配，从而计算出完工产品成本和在产品成本。

5.2.1　在产品成本分配任务

任务 5—1 ①

江海电器有限公司生产乙产品，本月完工 750 件，月末在产品 150 件，月初在产品和本月生产费用合计：直接材料费用为 45 000 元，直接人工费用为 8 400 元，制造费用为 12 600 元。直接材料是在生产开始时一次投入，分配各项加工费用、计算约当产量所依据的完工率均为 60%。

要求：直接材料费用按照完工产品和月末在产品数量比例分配，各项加工费用按照完工产品数量和月末在产品约当产量的比例分配。

显而易见，采用手工分配方式不难解决完工产品和月末在产品成本分配问题。但是，完工产品和在产品成本分配工作是例行工作，每进行一次成本计算就需要进行一次完工产品和在产品成本计算。随着生产产品的品种增多，分配工作量增大；生产产品的生产车间越多，分配工作量就越大。为了提高完工产品和在产品成本分配的工作效率，减轻成本会计人员的劳动强度，有必要创建完工产品和在产品成本分配模型。

5.2.2　在产品成本分配约当产量比例法模型的创建

如前所述，成本分配的过程就是生产费用在本期和下期、各种完工产品和在

① 参见于富生、黎来芳、张敏：《成本会计学》，6 版，88 页。

产品之间分配生产费用的过程。企业可能会根据不同的情况采用不同的完工产品和在产品成本分配方法。

为了便于说明如何在 Excel 2003 工作表中采用约当产量比例法完成在产品成本分配，我们利用任务 5—1 的资料并借助 Excel 工作表创建在产品成本分配约当产量比例法模型，然后根据这一模型计算出各种在产品应负担的费用，编制会计分录，结转完工产品成本。

在 Excel 2003 工作表中，创建在产品成本分配约当产量比例法模型的步骤如下。

第一步：录入相关资料

启动 Excel 2003 工作表，将任务 5—1 的资料以及需要分配的有关指标录入在产品成本分配约当产量比例法模型，并求出各成本项目的合计数。如图 5—1 所示。

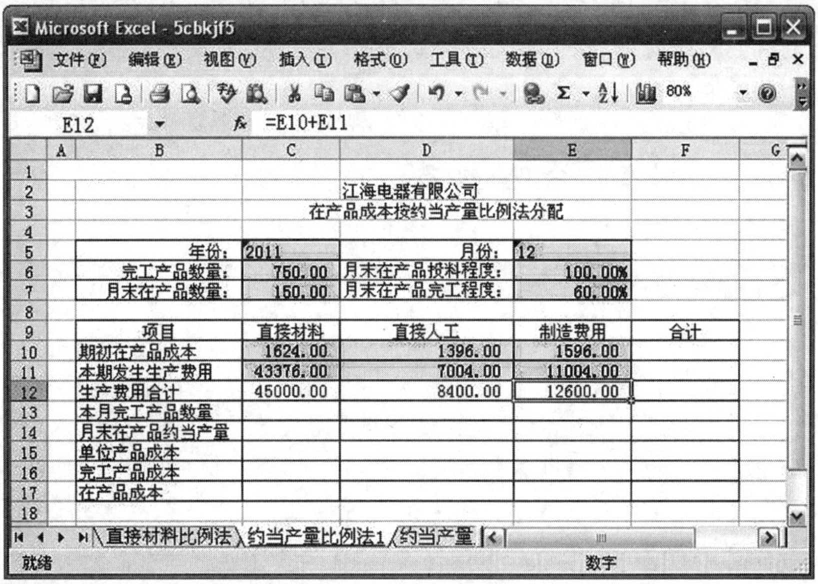

项目	直接材料	直接人工	制造费用	合计
期初在产品成本	1624.00	1396.00	1596.00	
本期发生生产费用	43376.00	7004.00	11004.00	
生产费用合计	45000.00	8400.00	12600.00	
本月完工产品数量				
月末在产品约当产量				
单位产品成本				
完工产品成本				
在产品成本				

图 5—1

第二步：引用完工产品数量

用鼠标单击单元格 C13，输入公式“$C$6”，再按“确定”按钮，就在单元格 C13 中得到了本月完工产品数量。将鼠标指针指向单元格 C13 的右下角，待鼠标指针变为黑色实心十字时，按住鼠标左键拖向单元格区域 D13∶E13，将本月完工产品数量复制到该单元格区域。如图 5—2 所示。

第三步：计算月末在产品约当产量

1. 计算分配原材料费用的约当产量

由于原材料在生产过程开始时一次投入，因此在分配原材料费用时一个在产品就相当于一个完工产品。用鼠标单击单元格 C14，引用月末在产品数量中的单元格 C7，按下“回车”键，分配原材料费用的期末在产品的约当产量就引用过来了，本例中分配原材料费用的在产品约当产量为 150 件。如图 5—3 所示。

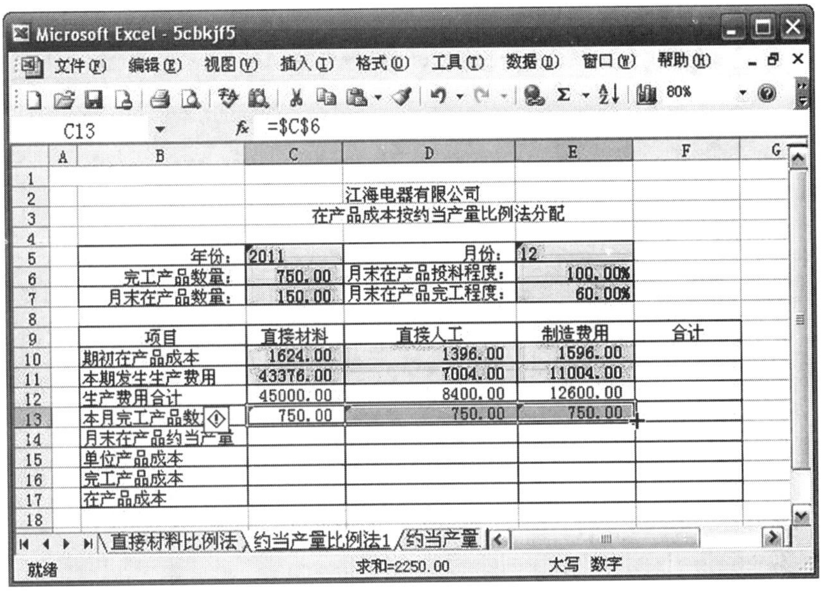

图 5—2

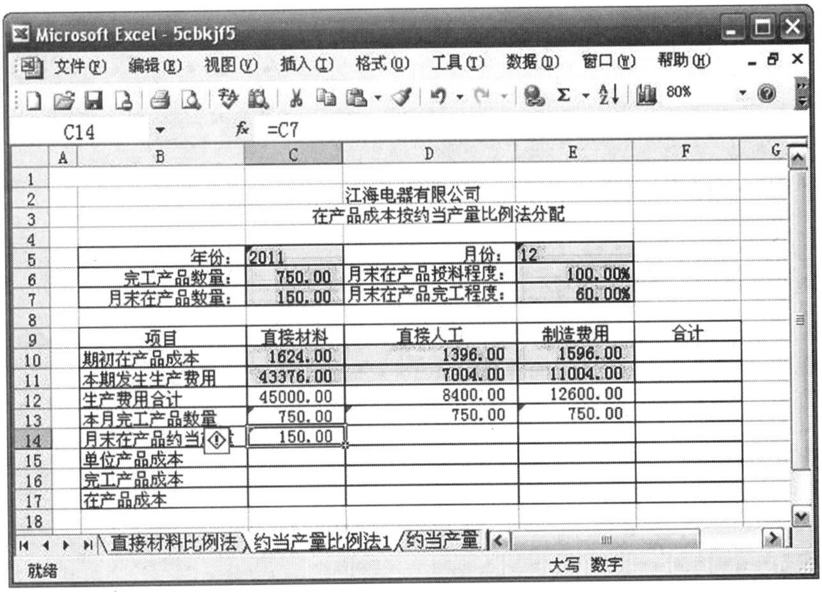

图 5—3

2. 计算分配加工费用的约当产量

用鼠标单击单元格 D14，输入公式“＝$C$7＊$E$7”，计算分配加工费用的约当产量。如图 5—4 所示。

按下“回车”键，分配燃料和动力费用的在产品约当产量就计算出来了，本例中分配燃料和动力费用的月末在产品约当产量为 90 件。然后，将鼠标指针指向单元格 D14 的右下角，待鼠标指针变为黑色实心十字时，按住鼠标左键拖向单元格 E14，分配其他成本项目的月末在产品约当产量也就计算出来了。如图 5—5 所示。

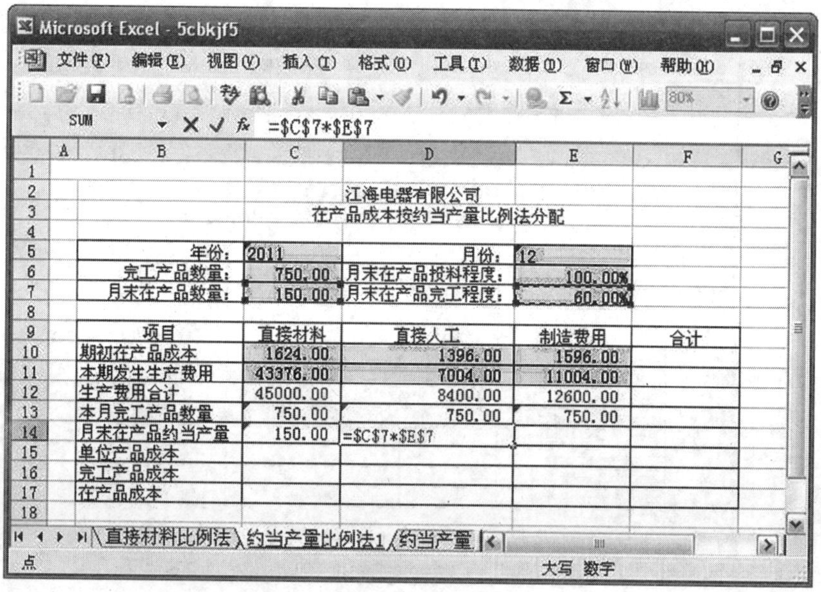

图 5—4

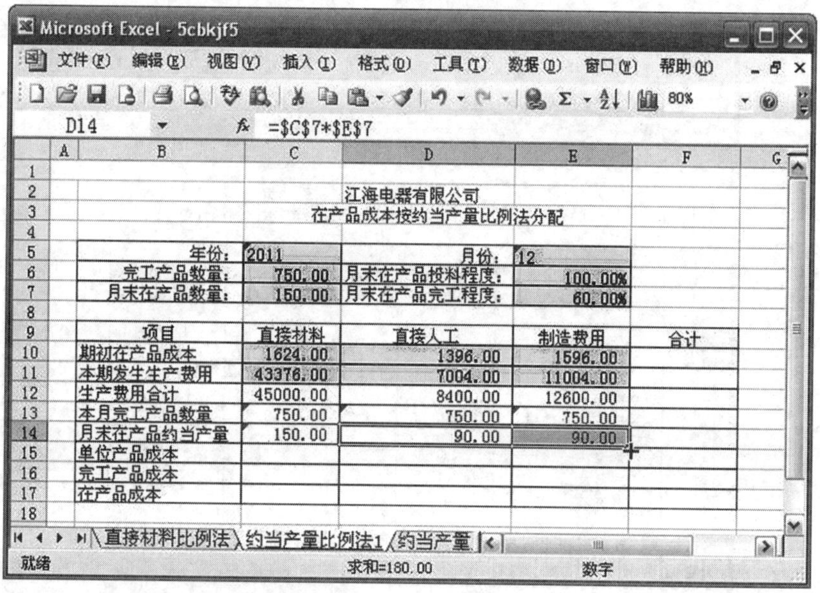

图 5—5

第四步：计算单位产品成本

用鼠标单击单元格 C15，输入公式"＝C12/(C13＋C14)"。如图 5—6 所示。

按下"回车"键，原材料费用项目的单位成本就计算出来了，本例中原材料费用项目的单位成本为 50 元。然后，将鼠标指针指向单元格 C15 的右下角，待鼠标指针变为黑色实心十字时，按住鼠标左键拖向单元格区域 D15：E15，其他加工费用各项目的单位成本也就计算出来了。直接人工项目的单位成本为 10 元，制造费用项目的单位成本为 15 元。如图 5—7 所示。

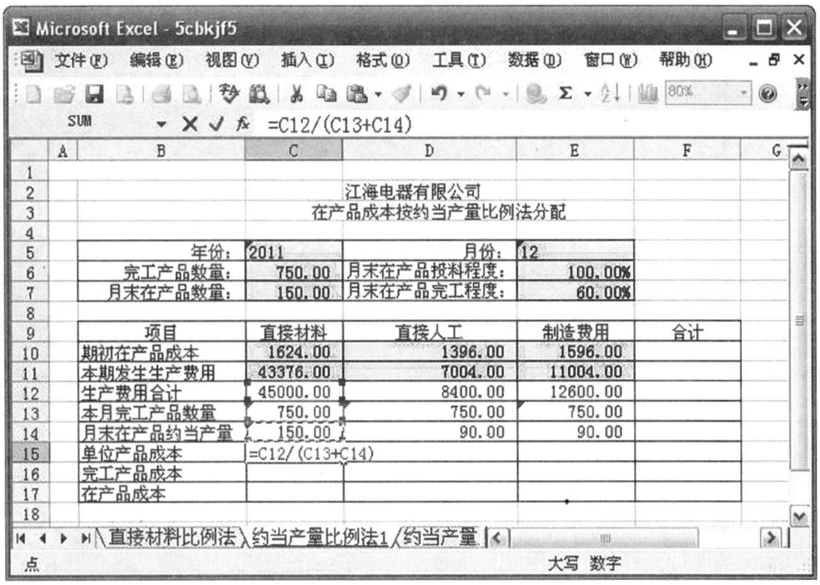

图 5—6

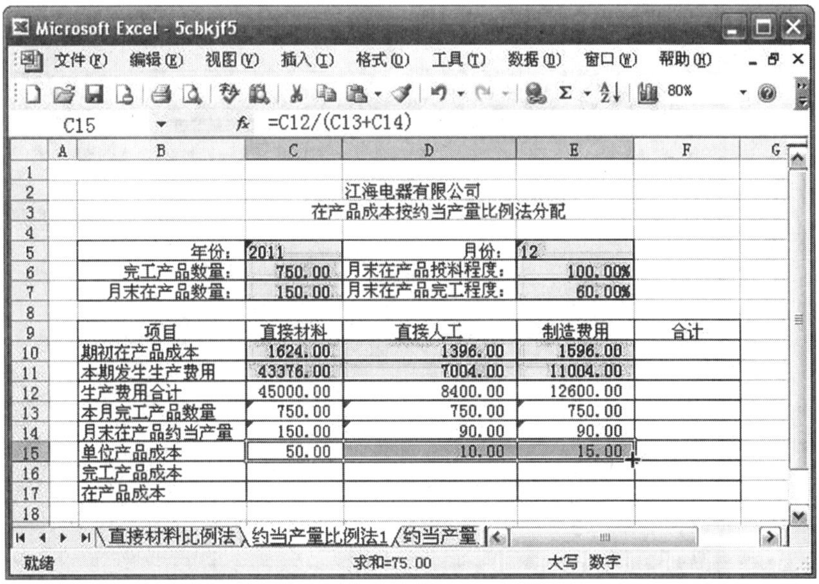

图 5—7

第五步：计算完工产品成本

用鼠标单击单元格 C16，输入公式“＝C13＊C15”，计算完工产品成本。如图 5—8 所示。

按下“回车”键，完工产品应负担的原材料费用就计算出来了，本例中完工产品应负担的原材料费用为 37 500 元。然后，将鼠标指针指向单元格 C16 的右下角，待鼠标指针变为黑色实心十字时，按住鼠标左键拖向单元格区域 D16：E16，完工产品应负担的其他成本项目的费用也就计算出来了。完工产品应负担

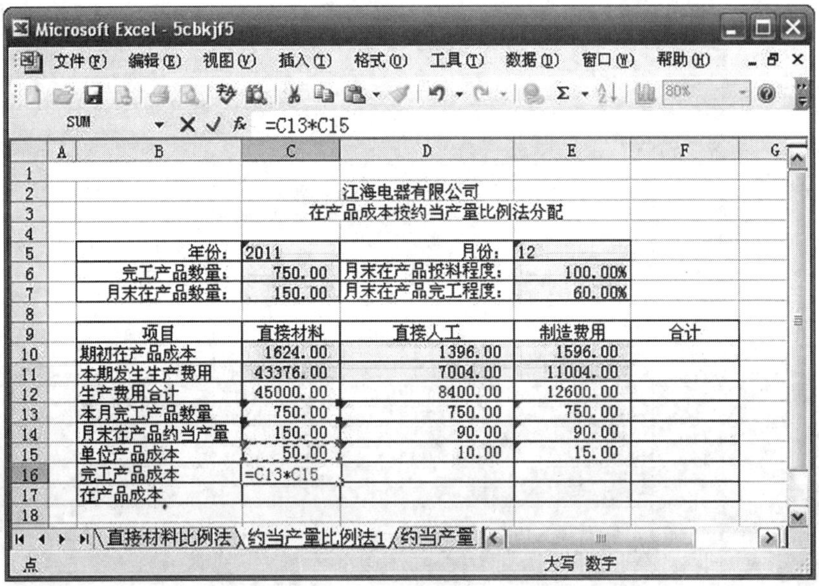

	B	C	D	E	F
2		江海电器有限公司			
3		在产品成本按约当产量比例法分配			
5	年份:	2011	月份:	12	
6	完工产品数量:	750.00	月末在产品投料程度:	100.00%	
7	月末在产品数量:	150.00	月末在产品完工程度:	60.00%	
9	项目	直接材料	直接人工	制造费用	合计
10	期初在产品成本	1624.00	1396.00	1596.00	
11	本期发生生产费用	43376.00	7004.00	11004.00	
12	生产费用合计	45000.00	8400.00	12600.00	
13	本月完工产品数量	750.00	750.00	750.00	
14	月末在产品约当产量	150.00	90.00	90.00	
15	单位产品成本	50.00	10.00	15.00	
16	完工产品成本	=C13*C15			
17	在产品成本				

图 5—8

的直接人工为 7 500 元，完工产品应负担的制造费用为 11 250 元。如图 5—9 所示。

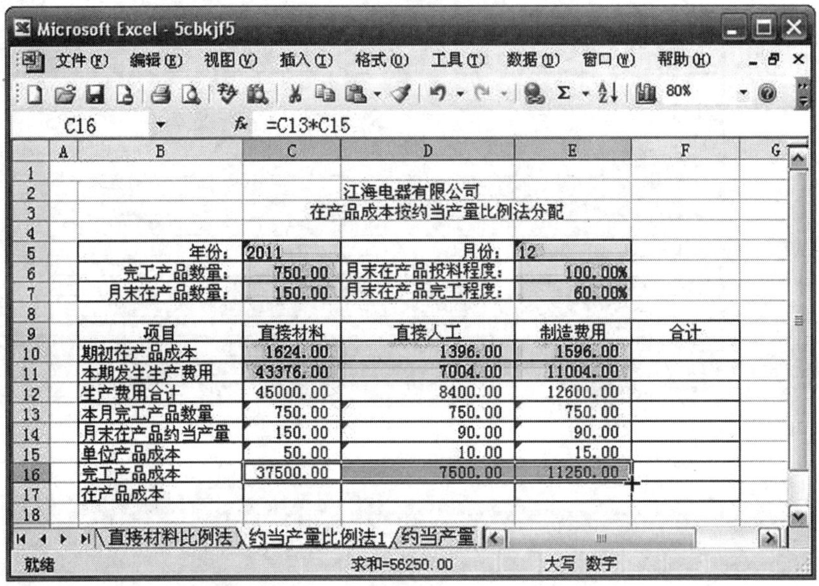

	B	C	D	E	F
2		江海电器有限公司			
3		在产品成本按约当产量比例法分配			
5	年份:	2011	月份:	12	
6	完工产品数量:	750.00	月末在产品投料程度:	100.00%	
7	月末在产品数量:	150.00	月末在产品完工程度:	60.00%	
9	项目	直接材料	直接人工	制造费用	合计
10	期初在产品成本	1624.00	1396.00	1596.00	
11	本期发生生产费用	43376.00	7004.00	11004.00	
12	生产费用合计	45000.00	8400.00	12600.00	
13	本月完工产品数量	750.00	750.00	750.00	
14	月末在产品约当产量	150.00	90.00	90.00	
15	单位产品成本	50.00	10.00	15.00	
16	完工产品成本	37500.00	7500.00	11250.00	
17	在产品成本				

图 5—9

第六步：计算在产品成本

用鼠标单击单元格 C17，输入公式“＝C14＊C15”，计算在产品成本。如图 5—10 所示。

按下“回车”键，月末在产品应负担的原材料费用就计算出来了，本例中月末在产品应负担的原材料费用为 7 500 元。然后，将鼠标指针指向单元格 C17 的右下角，待鼠标指针变为黑色实心十字时，按住鼠标左键拖向单元格区域

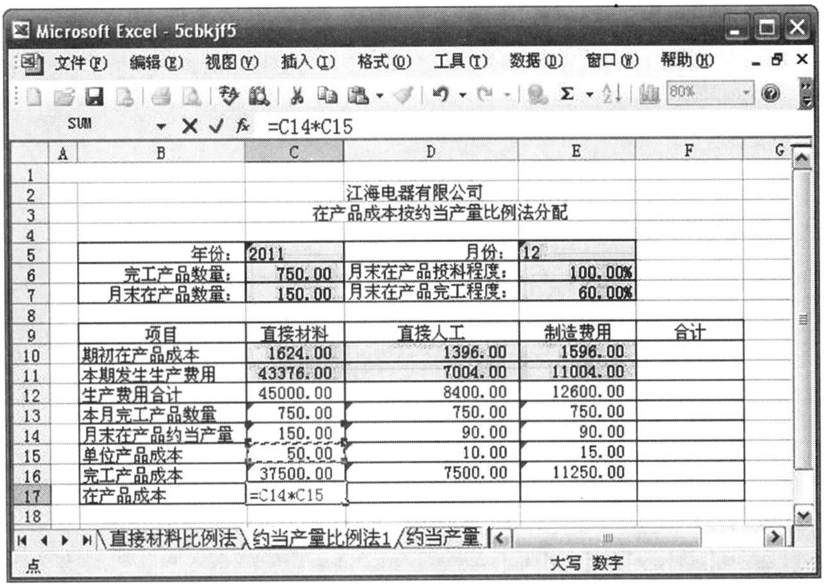

图 5—10

D17∶E17，月末在产品成本应负担的其他成本项目的费用也就计算出来了。在产品应负担的直接人工为 900 元，在产品应负担的制造费用为 1 350 元。如图 5—11 所示。

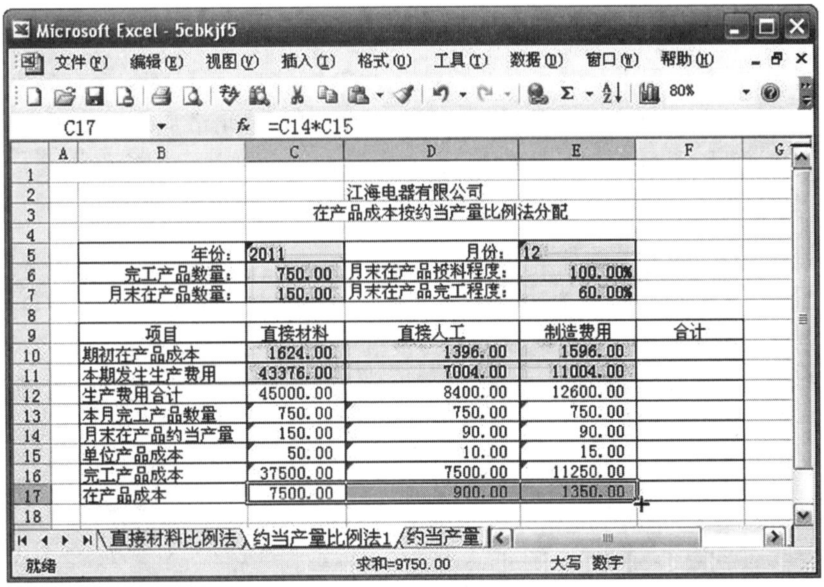

图 5—11

注意，在本例中分配率不是无限循环小数，所以我们可以直接计算出完工产品成本和在产品成本，而且二者之和正好等于生产费用合计，这里不存在尾差问题。如果分配率是无限循环小数，为了防止出现尾差，我们可以先计算出完工产品成本，再用生产费用合计减去完工产品成本得出在产品成本，或先计算出在产品成本，再用生产费用合计减去在产品成本得出完工产品成本。

第七步：计算完工产品和在产品成本合计

用鼠标单击单元格 F16，再单击常用工具栏内的自动求和按钮“∑”，在公式编辑栏内就显示出我们所输入的函数“＝SUM（C16：E16）”。如图 5—12 所示。

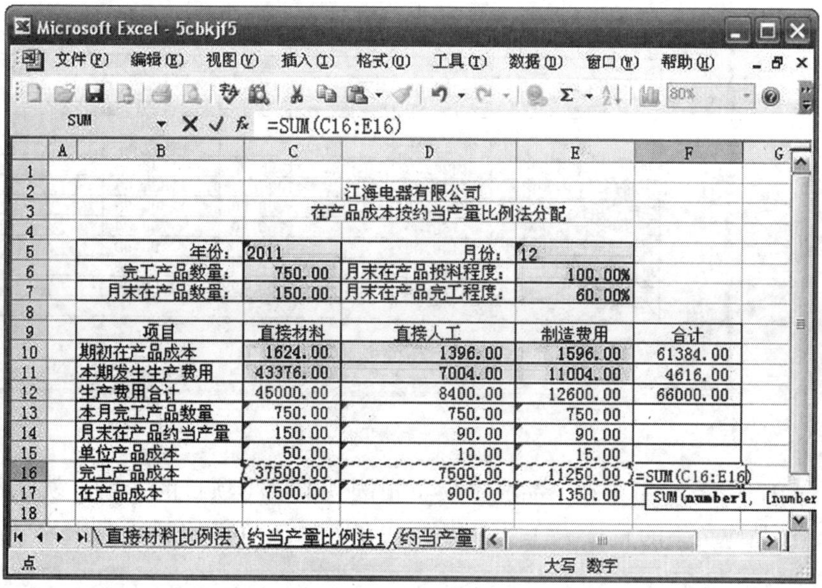

项目	直接材料	直接人工	制造费用	合计
期初在产品成本	1624.00	1396.00	1596.00	61384.00
本期发生生产费用	43376.00	7004.00	11004.00	4616.00
生产费用合计	45000.00	8400.00	12600.00	66000.00
本月完工产品数量	750.00	750.00	750.00	
月末在产品约当产量	150.00	90.00	90.00	
单位产品成本	50.00	10.00	15.00	
完工产品成本	37500.00	7500.00	11250.00	=SUM(C16:E16)
在产品成本	7500.00	900.00	1350.00	

图 5—12

按下“回车”键，完工产品成本的合计数就计算出来了，本例中完工产品成本合计为 56 250 元。然后，将鼠标指针指向单元格 F16 的右下角，待鼠标指针变为黑色实心十字时，按住鼠标左键拖向单元格 F17，在产品成本的合计数就计算出来了，本例中在产品成本合计为 9 750 元。如图 5—13 所示。

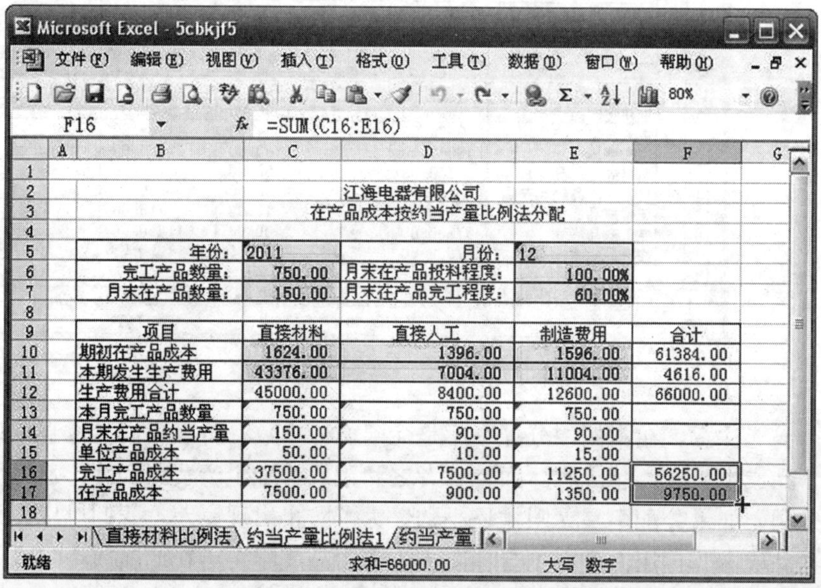

项目	直接材料	直接人工	制造费用	合计
期初在产品成本	1624.00	1396.00	1596.00	61384.00
本期发生生产费用	43376.00	7004.00	11004.00	4616.00
生产费用合计	45000.00	8400.00	12600.00	66000.00
本月完工产品数量	750.00	750.00	750.00	
月末在产品约当产量	150.00	90.00	90.00	
单位产品成本	50.00	10.00	15.00	
完工产品成本	37500.00	7500.00	11250.00	56250.00
在产品成本	7500.00	900.00	1350.00	9750.00

图 5—13

至此，我们已经利用任务 5—1 所提供的资料，在 Excel 工作表中创建完成了在产品成本分配约当产量比例法模型。根据在产品成本分配约当产量比例法模型计算出各产品的完工产品成本和在产品成本，结转完工产品成本，编制会计分录如下：

借：库存商品　　56 250

　贷：生产成本——基本生产成本　　56 250

根据以上分录登记“生产成本——基本生产成本”明细账。

5.3　在产品成本分配定额比例法模型

定额比例法也是分配完工产品和在产品成本的常用方法之一。采用这种方法分配产品成本时，首先根据产品的成本定额计算出完工产品和在产品的定额成本比例，然后分成本项目按照完工产品和月末在产品的定额成本比例将生产费用在完工产品和在产品之间进行分配，从而计算出完工产品和在产品成本。

5.3.1　在产品成本分配任务

任务 5—2①

江海电器有限公司生产某产品，月初在产品费用为：直接材料 1 400 元；直接人工 6 000 元；制造费用 40 000 元。本月生产费用：直接材料 8 200 元；直接人工 30 000 元；制造费用 20 000 元。完工产品 4 000 件，直接材料定额费用 2 元；定额工时 1.25 小时。月末在产品 1 000 件，直接材料定额费用 2 元；定额工时 1 小时。

要求：按照定额比例法完成生产费用在完工产品和在产品之间的分配。其中，直接材料费用按直接材料定额费用比例分配，其他费用按定额工时比例分配。

5.3.2　在产品成本分配定额比例法模型的创建

为了便于说明如何在 Excel 2003 工作表中采用定额比例法完成在产品成本分配，我们利用任务 5—2 的资料并借助 Excel 工作表创建在产品成本分配定额比例法模型，然后根据这一模型计算出各种在产品应负担的费用，编制会计分录，结转完工产品成本。

在 Excel 2003 工作表中，创建在产品成本分配定额比例法模型的步骤如下。

① 参见于富生、黎来芳、张敏：《成本会计学》，6 版，95 页。

第一步：录入相关资料

启动 Excel 2003 工作表，将任务 5—2 的资料以及需要分配的有关指标录入在产品成本分配定额比例法模型（根据创建模型的需要对主教材例题中的部分资料做了变通处理），并求出各成本项目的合计数。如图 5—14 所示。

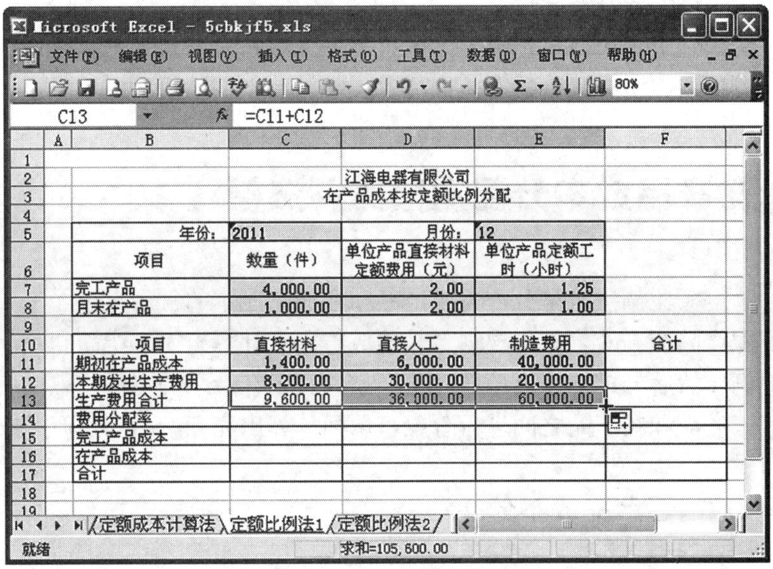

图 5—14

第二步：计算费用分配率

用鼠标单击单元格 C14，输入公式"＝C13/(C7 * D7＋C8 * D8)"。按下"回车"键，按定额比例法计算出直接材料费用分配率，本例中直接材料费用分配率为 0.96。如图 5—15 所示。

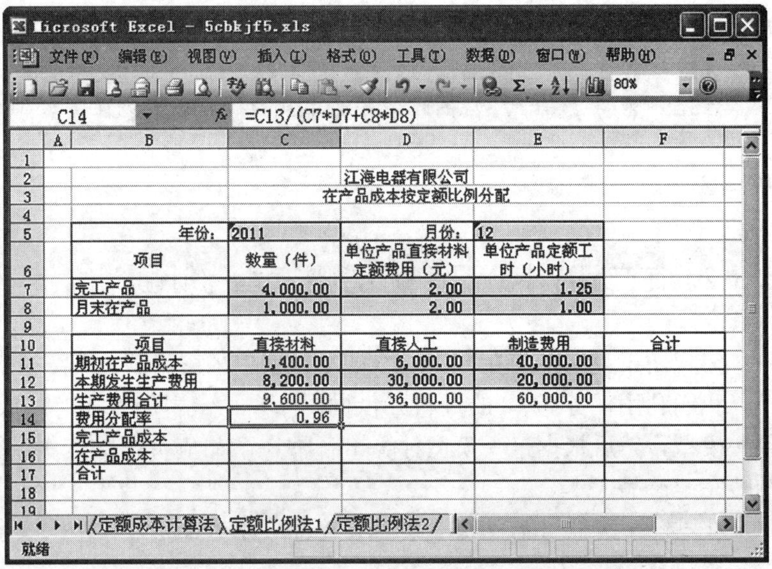

图 5—15

用鼠标单击单元格 D14，输入公式“=D13/($C$7*$E$7+$C$8*$E$8)”。按下“回车”键，按定额比例法计算出直接人工费用分配率，本例中直接人工费用分配率为 6。如图 5—16 所示。

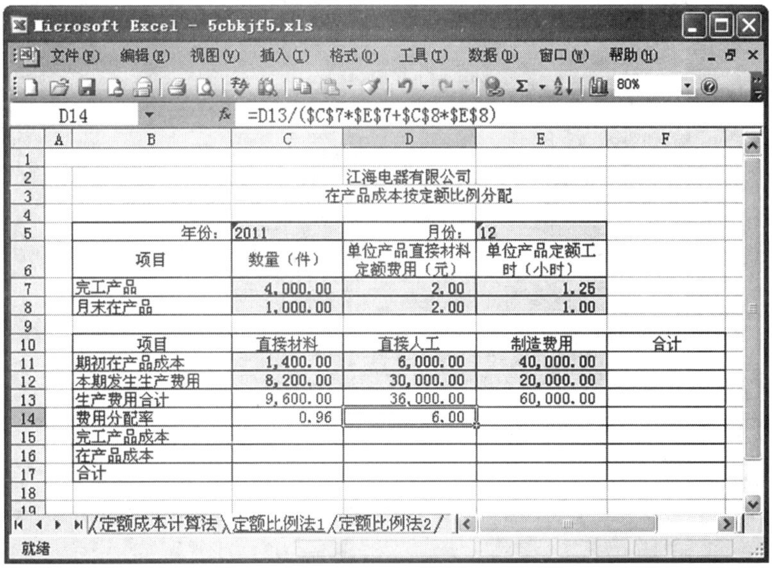

图 5—16

然后选中单元格 D14，将鼠标指向单元格 D14 的右下角，待鼠标指针变为黑色实心十字时，按住鼠标左键拖向单元格 E14，计算出制造费用分配率，本例中制造费用分配率为 10。如图 5—17 所示。

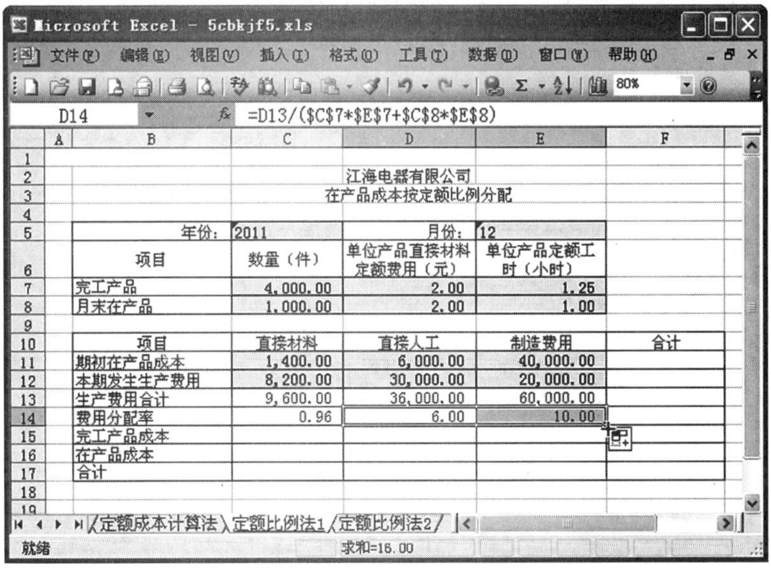

图 5—17

第三步：计算完工产品成本

计算完工产品应负担的直接材料费用。用鼠标单击单元格 C15，输入公式

“=C7＊D7＊C14”，按下“回车”键，按定额比例法计算出完工产品负担的直接材料费用，本例中直接材料费用为 7 680 元。如图 5—18 所示。

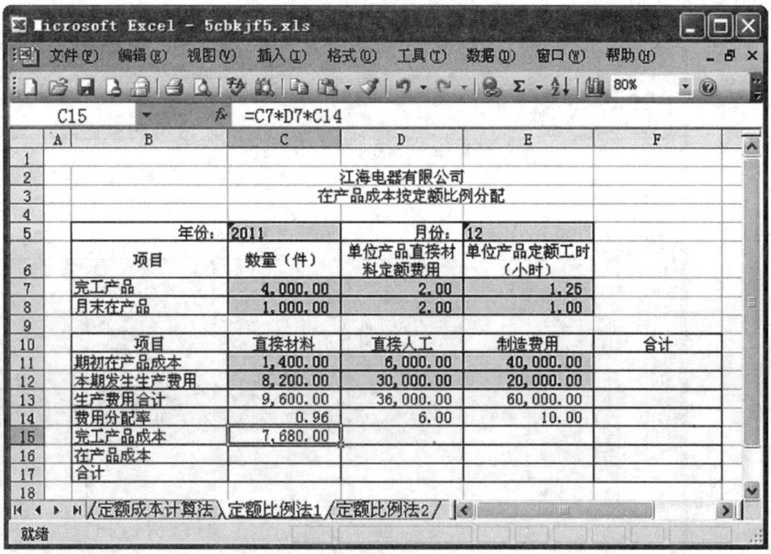

图 5—18

计算完工产品应负担的直接人工费用。用鼠标单击单元格 D15，输入公式“=＄C＄7＊＄E＄7＊D14”，按下“回车”键，完工产品应负担的加工费用中的直接人工费用就计算出来了，本例中直接人工费用为 30 000 元。如图 5—19 所示。

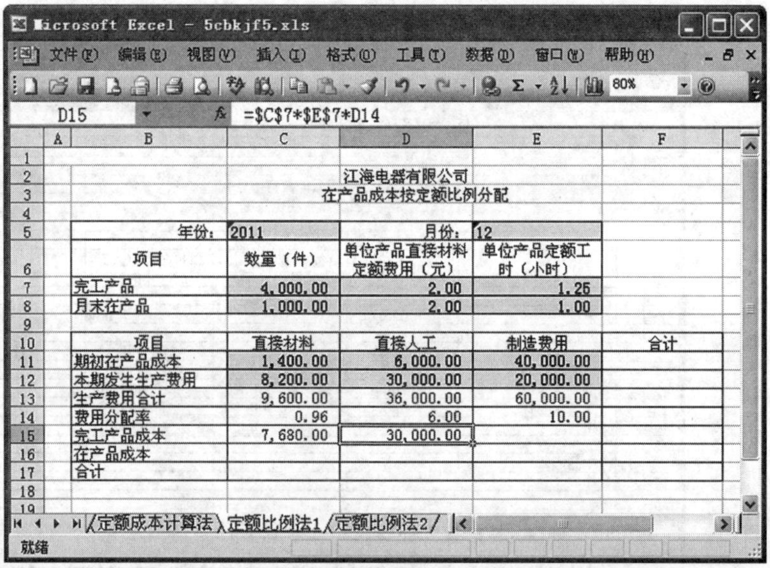

图 5—19

然后选中单元格 D15，将鼠标指向单元格 D15 的右下角，待鼠标指针变为黑色实心十字时，按住鼠标左键拖向单元格 E15，计算出完工产品应负担的制造费用。如图 5—20 所示。

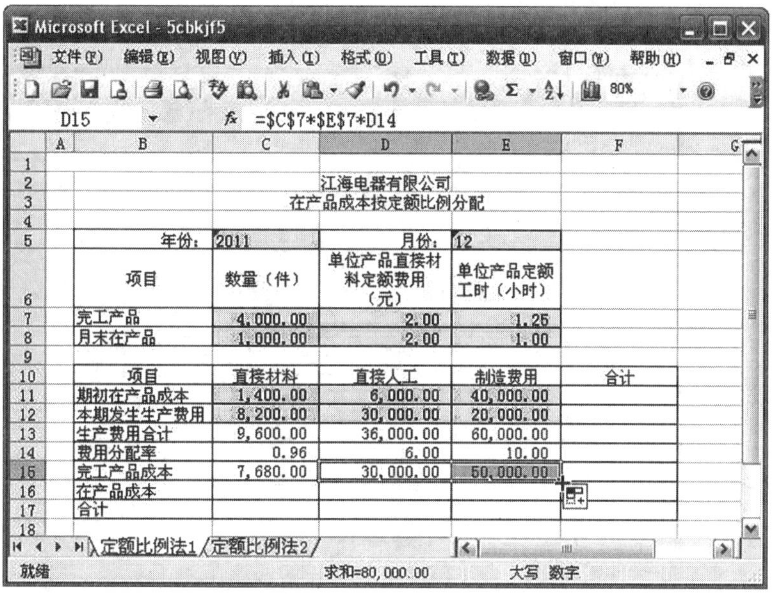

图 5—20

第四步：计算在产品成本

计算在产品应负担的原材料费用。用鼠标单击单元格 C16，输入公式“＝C13－C15”，计算在产品应负担的原材料费用。如图 5—21 所示。

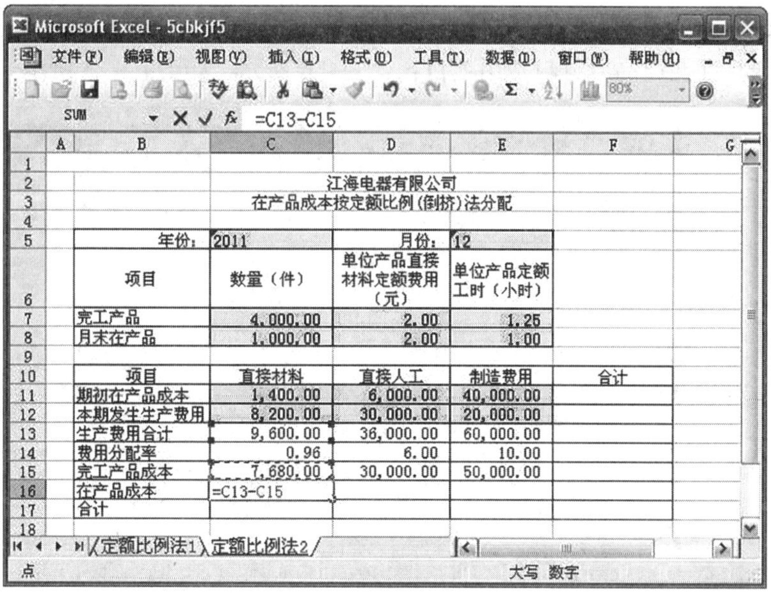

图 5—21

按下“回车”键，月末在产品应负担的原材料费用就计算出来了，本例中在产品应负担的原材料费用为 1 920 元。然后选中单元格 C16，将鼠标指向单元格

C16 的右下角，待鼠标指针变为黑色实心十字时，按住鼠标左键拖向单元格区域 D16：E16，计算出在产品应负担的直接人工和制造费用。如图 5—22 所示。

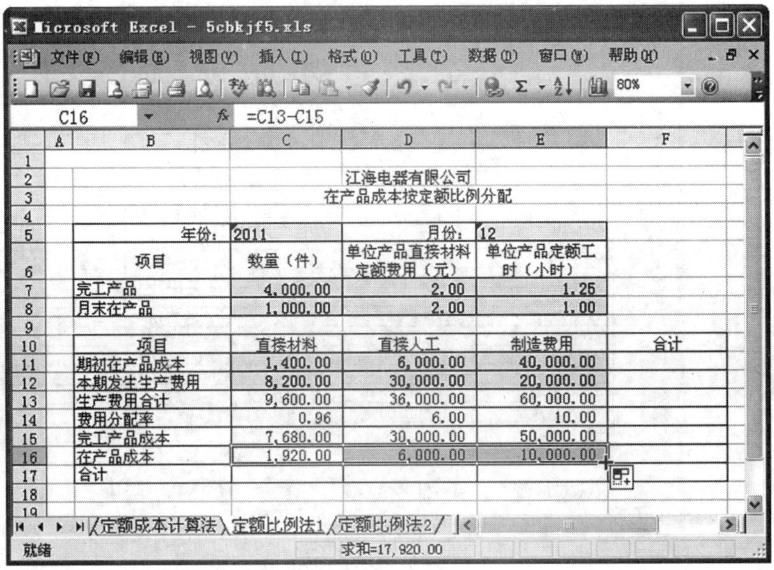

Microsoft Excel - 5cbkjf5.xls

C16 =C13-C15

江海电器有限公司

在产品成本按定额比例分配

项目	数量（件）	单位产品直接材料定额费用（元）	单位产品定额工时（小时）	
年份：	2011	月份：	12	
完工产品	4,000.00	2.00	1.25	
月末在产品	1,000.00	2.00	1.00	
项目	**直接材料**	**直接人工**	**制造费用**	**合计**
期初在产品成本	1,400.00	6,000.00	40,000.00	
本期发生生产费用	8,200.00	30,000.00	20,000.00	
生产费用合计	9,600.00	36,000.00	60,000.00	
费用分配率	0.96	6.00	10.00	
完工产品成本	7,680.00	30,000.00	50,000.00	
在产品成本	1,920.00	6,000.00	10,000.00	
合计				

定额成本计算法 定额比例法1 定额比例法2

就绪 求和=17,920.00

图 5—22

第五步：计算完工产品和在产品成本合计

用鼠标单击单元格 C17，再单击常用工具栏内的自动求和按钮“∑”，在公式编辑栏内就显示出我们所输入的函数“=SUM（C15：C16）”。按下“回车”键，原材料费用项目的完工产品和在产品成本合计数就计算出来了，本例中完工产品和在产品原材料费用项目合计为 9 600 元。如图 5—23 所示。

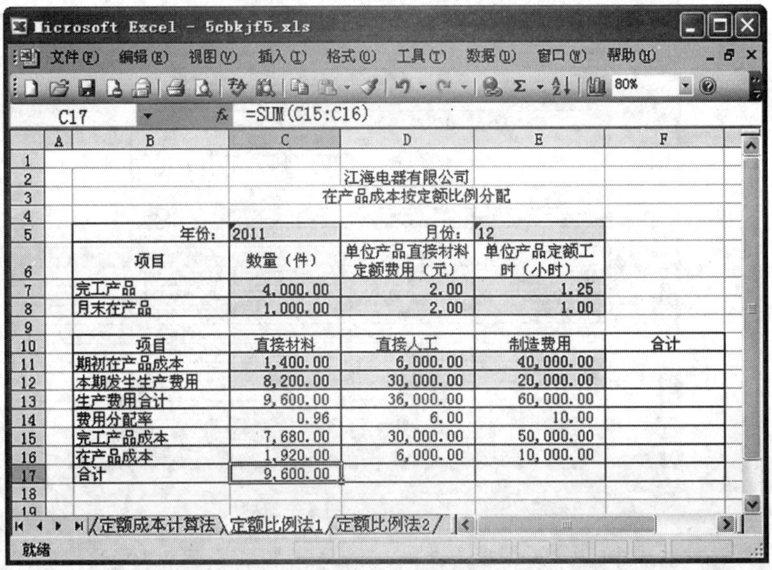

Microsoft Excel - 5cbkjf5.xls

C17 =SUM(C15:C16)

江海电器有限公司

在产品成本按定额比例分配

项目	数量（件）	单位产品直接材料定额费用（元）	单位产品定额工时（小时）	
年份：	2011	月份：	12	
完工产品	4,000.00	2.00	1.25	
月末在产品	1,000.00	2.00	1.00	
项目	**直接材料**	**直接人工**	**制造费用**	**合计**
期初在产品成本	1,400.00	6,000.00	40,000.00	
本期发生生产费用	8,200.00	30,000.00	20,000.00	
生产费用合计	9,600.00	36,000.00	60,000.00	
费用分配率	0.96	6.00	10.00	
完工产品成本	7,680.00	30,000.00	50,000.00	
在产品成本	1,920.00	6,000.00	10,000.00	
合计	9,600.00			

定额成本计算法 定额比例法1 定额比例法2

就绪

图 5—23

然后，将鼠标指针指向单元格 C17 的右下角，待鼠标指针变为黑色实心十字时，按住鼠标左键拖向单元格区域 D17：E17，完工产品和在产品成本应负担的直接人工和制造费用的合计数也就计算出来了。如图 5—24 所示。

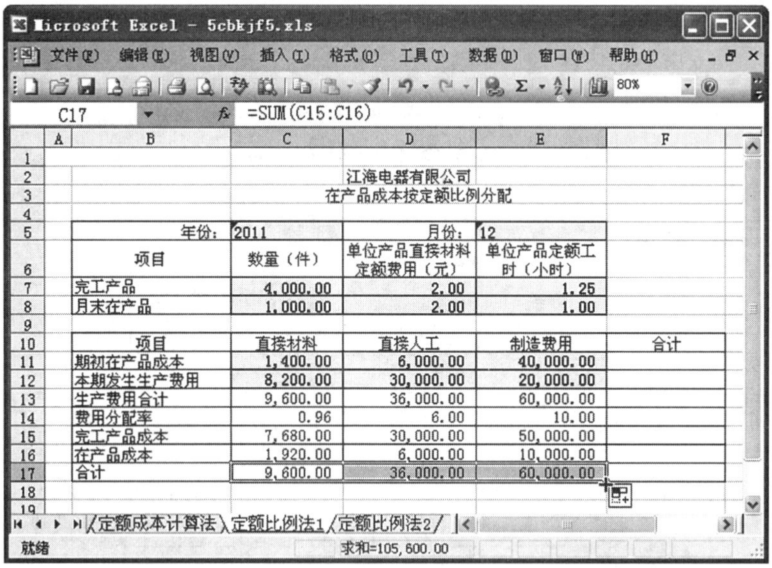

项目	年份：2011	月份：12	
项目	数量（件）	单位产品直接材料定额费用（元）	单位产品定额工时（小时）
完工产品	4,000.00	2.00	1.25
月末在产品	1,000.00	2.00	1.00

项目	直接材料	直接人工	制造费用	合计
期初在产品成本	1,400.00	6,000.00	40,000.00	
本期发生生产费用	8,200.00	30,000.00	20,000.00	
生产费用合计	9,600.00	36,000.00	60,000.00	
费用分配率	0.96	6.00	10.00	
完工产品成本	7,680.00	30,000.00	50,000.00	
在产品成本	1,920.00	6,000.00	10,000.00	
合计	9,600.00	36,000.00	60,000.00	

图 5—24

用鼠标单击单元格 F11，再单击常用工具栏内的自动求和按钮“Σ”，在公式编辑栏内就显示出求和函数和参数区域“＝SUM（C11：E11）”。如图 5—25 所示。

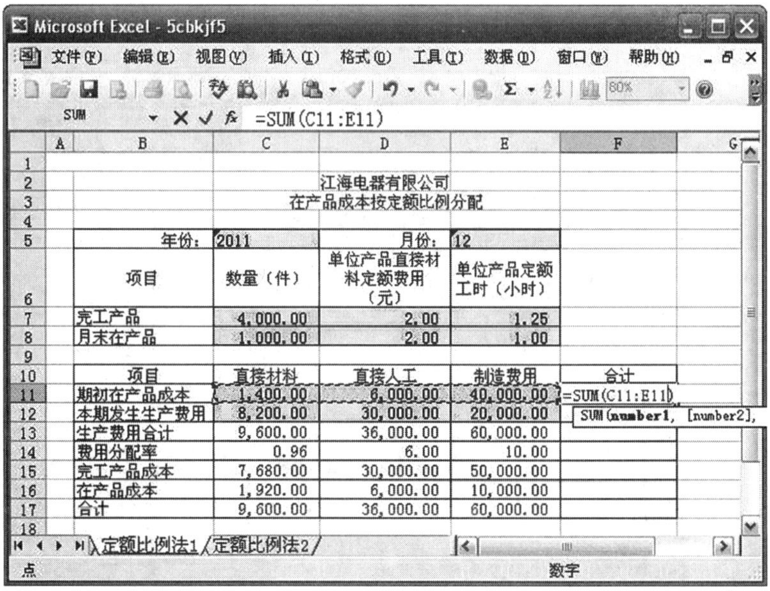

项目	年份：2011	月份：12	
项目	数量（件）	单位产品直接材料定额费用（元）	单位产品定额工时（小时）
完工产品	4,000.00	2.00	1.25
月末在产品	1,000.00	2.00	1.00

项目	直接材料	直接人工	制造费用	合计
期初在产品成本	1,400.00	6,000.00	40,000.00	=SUM(C11:E11)
本期发生生产费用	8,200.00	30,000.00	20,000.00	
生产费用合计	9,600.00	36,000.00	60,000.00	
费用分配率	0.96	6.00	10.00	
完工产品成本	7,680.00	30,000.00	50,000.00	
在产品成本	1,920.00	6,000.00	10,000.00	
合计	9,600.00	36,000.00	60,000.00	

图 5—25

按下“回车”键，完工产品的定额成本的合计数就计算出来了，本例中完工产品的定额成本合计为 47 400 元。然后，选中单元格 F11，将鼠标指针指向单元格 F11 的右下角，待鼠标指针变为黑色实心十字时，按住鼠标左键拖向单元格区域 F12∶F17，其他项目的合计数也就计算出来了。如图 5—26 所示。

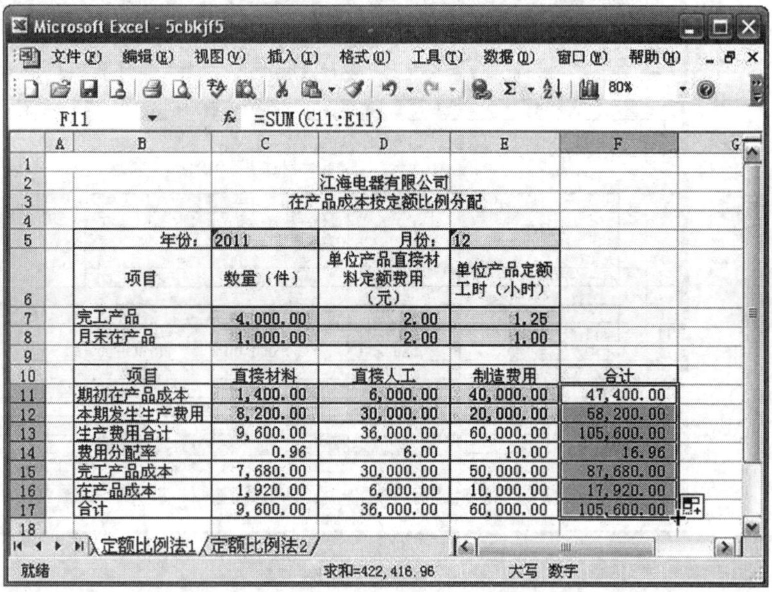

图 5—26

在计算分配率时，有时需要确定小数点以后的位数，如果我们想把分配率保留到小数点后 4 位，可以先选定该分配率的单元格，然后单击菜单栏“格式”命令，接着在下拉菜单中选择“单元格”，弹出“单元格格式对话框”。如图 5—27 所示。

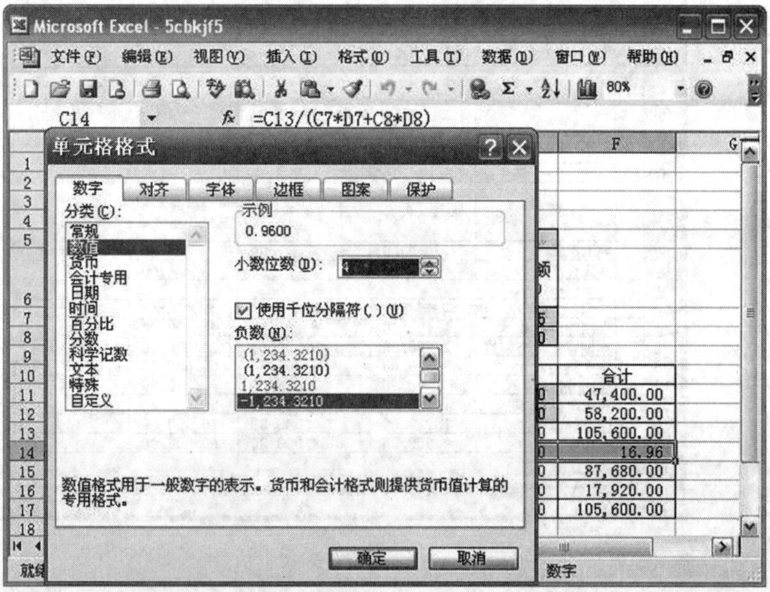

图 5—27

在“数字”标签的分类栏中选择“数值”项，并在“小数位数（D）:”内输入 4，按下“回车”键，各分配率就都保留到小数点后 4 位。如图 5—28 所示。

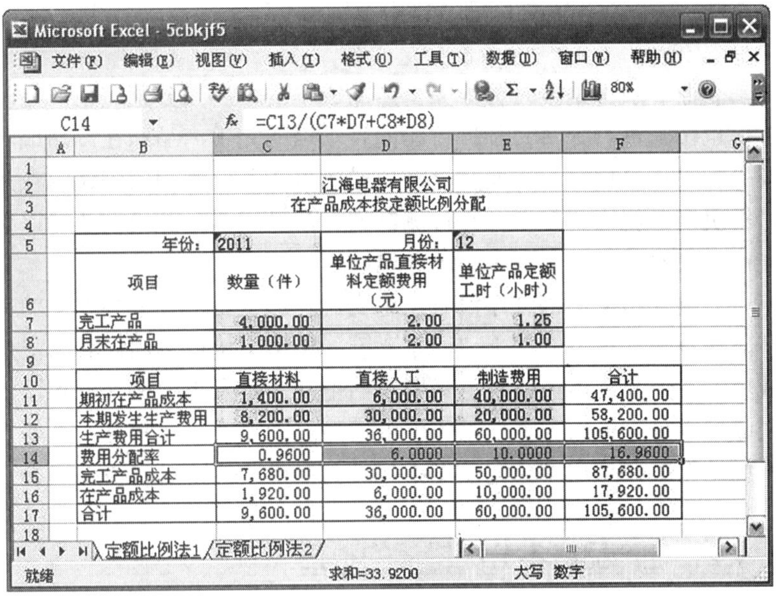

江海电器有限公司

在产品成本按定额比例分配

年份:	2011	月份:	12
项目	数量（件）	单位产品直接材料定额费用（元）	单位产品定额工时（小时）
完工产品	4,000.00	2.00	1.25
月末在产品	1,000.00	2.00	1.00

项目	直接材料	直接人工	制造费用	合计
期初在产品成本	1,400.00	6,000.00	40,000.00	47,400.00
本期发生生产费用	8,200.00	30,000.00	20,000.00	58,200.00
生产费用合计	9,600.00	36,000.00	60,000.00	105,600.00
费用分配率	0.9600	6.0000	10.0000	16.9600
完工产品成本	7,680.00	30,000.00	50,000.00	87,680.00
在产品成本	1,920.00	6,000.00	10,000.00	17,920.00
合计	9,600.00	36,000.00	60,000.00	105,600.00

图 5—28

如果对完工产品成本和在产品成本各项目只保留两位小数，按上述方法可以很容易地做到。

至此，我们已经利用任务 5—2 所提供的资料，在 Excel 工作表中创建完成了在产品成本分配定额比例法模型。根据在产品成本分配定额比例法模型计算出各产品的完工产品成本和在产品成本，结转完工产品成本，编制会计分录如下：

借：库存商品　　87 680

　　贷：生产成本——基本生产成本　　87 680

根据以上分录登记“生产成本——基本生产成本”明细账。

主教材还介绍了其他在完工产品和在产品之间分配生产费用的方法，如按所耗直接材料费用计价分配、按约当产量比例法分配（各工序陆续投料）、按约当产量比例法分配（各工序一次投料）、按约当产量比例法分配（加工费用）、按完工产品成本计算分配、按定额成本计价分配、按定额比例（倒挤）法分配、生产工人工作比例法、机器工时比例法等。由于这些方法在 Excel 工作表中创建生产费用在完工产品和在产品之间分配模型的方法大致相同，而且在《实验系统》中也有屏幕演示，这里不再赘述。

5.4 在产品成本分配模型的应用

在产品成本分配模型创建完成以后，为我们进行日常完工产品和在产品成本分配提供了极大的便利。这种便利主要表现在以后各期完工产品和在产品成本分配以及成本分配错误的更正等方面。

5.4.1 日常在产品成本分配

企业一般都是按月分配完工产品成本的，所以分配完工产品和在产品成本的工作也按月进行，每月都进行相同且烦琐的完工产品和在产品成本分配工作，不仅分配工作量比较大，而且存在出错的可能性。利用已创建的在产品成本分配模型解决问题就简单多了，经过测试的在产品成本分配模型还可以保证完工产品和在产品成本分配的过程中不出差错。

只要模型的内部程序没有发生变化，那么将下一个月发生的有关资料输入在产品成本分配模型，按下“回车”键，模型就可以自动计算出甲产品的完工产品成本和在产品成本。以后，只要我们把每个月发生的相关资料输入完工产品和在产品成本分配模型，其他工作就由模型自动完成，非常方便。如果将该模型分配出的结果链接到成本分配模型中，其简便迅速的优点将更加明显。

5.4.2 在产品成本分配错误的更正

计算出完工产品和在产品成本之后，如果发现相关资料中的一项或几项数据有误，在手工条件下需要重新分配一次完工产品成本和在产品成本，如果计算出的完工产品和在产品成本已被用于成本报表，那么返工的工作量就更大了。利用在产品成本分配模型来解决这类问题则轻而易举。只要将计算完工产品和在产品成本所需的正确数据输入在产品成本分配模型，模型就可以自动计算出完工产品和在产品成本。

5.4.3 在产品成本分配模型的测试与维护

1. 在产品成本分配模型的测试

在产品成本分配模型创建完成之后，为了保证该模型分配完工产品和在产品成本的正确性，应当对模型进行测试。我们可以通过将历史资料输入模型来验证模型是否准确无误。

2. 在产品成本分配模型的保护

为避免在产品成本分配模型被意外修改或破坏，需要对其加以保护。然而我们并不需要对整个工作表或工作簿加以保护，因为在产品成本分配模型中所需的产量以及月初在产品成本和当月发生的生产费用等资料在每个月都不相同。因此，有必要让模型的某些单元格处于解锁的状态，以便输入各月不同的产量和成本资料。

3. 在产品成本分配模型的维护

在产品成本分配模型创建完成后，也可能会遇到在产品成本分配标准发生变化的情况，甚至改用不同的在产品成本分配方法。这时就需要对所建的在产品成本分配模型做出相应的修正，以满足相关资料变化后分配完工产品和在产品成本的需要。在产品成本分配模型的维护工作量的大小视相关资料的变化程度而定，也许只做小的修改，也许要做大的修改，甚至重新创建新模型。注意：在对保护过的在产品成本分配模型进行维护时，必须先取消保护。

模拟实验题

【实验 1】　江海电器有限公司生产乙产品。2012 年 12 月乙产品的产量资料为：完工 1 400 件，月末在产品 600 件。在产品完工程度为 50%。原材料费用在生产过程开始时一次投入。月初在产品成本及当月发生的生产费用如下表所示。

单位：元

项目	原材料	燃料和动力	职工薪酬	制造费用
月初在产品成本	528	145	106	122
本期发生生产费用	1 472	977	1 390	762
合计	2 000	1 122	1 496	884

要求：根据以上资料用约当产量比例法分配完工产品成本和在产品成本。

【实验 2】　江海电器有限公司生产丁产品。2012 年 12 月丁产品的产量资料为：完工 8 500 件，月末在产品 2 000 件。在产品完工程度为 50%。原材料费用在生产过程开始时一次投入。月初在产品成本及当月发生的生产费用如下表所示。

单位：元

项目	原材料	职工薪酬	制造费用
月初在产品成本	28 000	12 000	4 000
本期发生生产费用	264 000	60 000	80 000
合计	292 000	72 000	84 000

单位丁产品原材料消耗量定额为 5 千克，每千克定额成本为 4 元，单位丁产品工时定额为 2.5 小时，每小时职工薪酬定额为 3 元，每小时制造费用定额为 1.1 元。

要求：根据以上资料用定额比例法分配完工产品成本和在产品成本。

【实验 3】　江海电器有限公司生产甲产品。该产品直接材料费用在产品成本中所占比重较大，完工产品与在产品之间的费用分配采用在产品按所耗直接材料费用计价法。2012 年 9 月甲产品月初在产品直接材料费用（即月初在产品费用）为 40 000 元；本月发生直接材料费用 210 000 元，直接人工费用 8 000 元，制造费用 2 000 元；完工产品 850 件，月末在产品 150 件。该种产品的直接材料费用在生产开始时一次投入，直接材料费用按完工产品和在产品的数量比例分配。

要求：根据以上资料采用在产品按所耗直接材料费用计价法在完工产品和在产品之间分配费用。

第 6 章

Chapter 6 产品成本计算的品种法模拟实验

实 验 导 引

实验名称：产品成本计算的品种法模拟实验。

实验目的：理解产品成本计算的品种法的原理和方法，获得按照品种法计算产品总成本和单位产品成本的技能。

实验内容：根据主教材第 6 章“产品成本计算的基本方法”的主要内容，利用 Excel 工作表创建产品成本计算的品种法模型，完成产品成本计算工作，以及产品成本计算的品种法模型的维护和应用。

实验要求：完成产品成本计算的品种法模型的创建，按品种法计算产品成本。

实验参考：参考主教材第 6 章的相关内容。参考《实验系统》“产品成本计算的品种法”模块“实验示范”中的产品成本计算的品种法模型创建的屏幕录像。

产品成本计算是在将企业在产品生产过程中发生的生产费用进行归集汇总的基础上，采用适当的分配标准和计算方法计算出所生产产品的总成本和单位产品成本的过程。由于制造企业的生产工艺、技术特点、生产组织形式和成本管理要求不同，产品成本计算的方法也不尽相同。按照成本计算对象的不同，产品成本计算的基本方法有三种：品种法、分批法和分步法。

6.1 产品成本计算的品种法概述

6.1.1 产品成本计算的品种法的概念

产品成本计算的品种法是以产品的品种作为成本计算对象，来归集和分配生产费用的一种产品成本计算方法，通常又称简单法。品种法适用于连续式简单生产的制造企业。由于品种法是以产品作为成本计算对象来归集生产费用、计算产品生产成本，因此，如果企业只生产一种产品，那么发生的所有与生产产品相关的生产费用都是直接费用，可直接计入该产品的生产成本明细账，并根据该产品完工产品和在产品的产量，计算完工产品成本和在产品成本以及单位产品成本。如果企业生产多种产品，则应根据产品品种设置产品成本计算单（即生产成本明细账），分别归集为生产各种产品所发生的直接费用。间接费用应另外设置有关账户（如制造费用明细账）归集，在成本计算期末采用适当的方法分配计入各种产品的生产成本明细账，以计算各种产品的生产成本。

6.1.2 产品成本计算的品种法的基本程序

首先，企业应按所生产的产品品种设置和登记生产成本明细账。如果一个企业只生产一种产品，则只需设置一个生产成本明细账；如果企业生产多种产品，则应为不同的产品分别设置生产成本明细账。

其次，对生产过程中发生的各种生产费用进行汇总，编制有关费用耗费汇总表。例如，可根据领料单、限额领料单等领料凭证以及领料用途编制材料费用汇总表；可根据考勤记录或产量记录编制生产工人的职工薪酬费用汇总表。其他间接费用也应根据具体的费用项目编制有关汇总表，如固定资产折旧计算表等。在成本计算期末，采用一定的分配标准，将所汇总的各种费用分配给各具体产品。

再次，根据有关生产费用汇总表、费用分配计算表等，分别登记按产品品种设置的生产成本明细账，并分别计入各生产成本明细账中的各成本项目专栏。产品成本项目可分为直接材料、燃料和动力、职工薪酬和制造费用等。其中，制造费用应先另外设置制造费用明细账进行归集汇总，到成本计算期末，再按一定分配标准分配并进行相应的会计处理，然后记入各种产品的生产成本明细账；如果企业只生产一种产品，期末可将制造费用直接结转，并登记到该产品的生产成本明细账中的制造费用项目专栏。

最后，在月末将各种产品生产成本明细账所归集的生产费用根据不同情况分别进行计算分配。如果企业月末没有在产品，或虽然有在产品，但在产品的数量较少或较均匀，则可将生产成本明细账所归集的生产费用全部计入本月完工产品的成本，并根据本月完工产品的产量计算出各种产品的单位成本。如果企业有月末在产品，而且月末在产品的数量比较大，则必须将生产成本明细账所归集的生产费用按照一定的方法在本期完工产品与在产品之间进行分配。对于计入本期完工产品的成本，应编制产品成本计算表，分别计算出本期完工产品的总成本和单位成本。产品成本计算的品种法账务处理的基本程序见主教材中的图 6—1。

6.2 产品成本计算的品种法模型

产品成本计算的品种法模型是利用 Excel 2003 工作表的相关功能，根据产品成本计算方法和成本管理要求，并以产品品种为成本计算对象创建的用于计算完工产品总成本、单位产品成本和在产品成本的模型。由于产品成本的计算就是费用的归集和分配的过程，因此，如果把前文所述的直接材料分配模型、职工薪酬分配模型、辅助生产费用分配模型和制造费用分配模型等看作产品成本计算模型的子模型，那么产品成本计算模型就是将上述各子模型按成本计算程序结合在一起的综合模型。当产品成本计算模型创建完成后，只要向模型中输入计算产品成本的有关数据，如完工产品的产量、在产品的数量和完工程度、费用分配标准、月初在产品成本、本月发生的料工费等资料，模型将自动计算出该月生产产品的总成本、单位产品成本和在产品成本，从而极大地减轻了成本会计人员的成本计算工作量。

6.2.1 产品成本计算任务

任务①

江海电器有限公司设有一个基本生产车间，大量生产甲、乙两种产品，其生产工艺过程属于单步骤生产。根据生产特点和管理要求，确定采用品种法计算产品成本。该企业还设有机修和运输两个辅助生产车间，辅助生产车间的制造费用通过“制造费用”科目核算。该企业不单独核算废品损失，产品成本包括“直接材料”、“直接燃料和动力”、“直接人工”和“制造费用”四个成本项目。月末在产品按定额成本资料计算。江海电器有限公司 2012 年 6 月涉及的其他资料如下：

（1）本月银行存款付款资料，如图 6—1 所示。

江海电器有限公司

产品成本计算的品种法

年份：2012　月份：6

（1）本月银行存款付款资料：　单位:元

项目	成本或费用项目					
	直接燃料和动力	办公费	劳动保护费	差旅费	其他	小计
基本生产车间		7,000.00	4,000.00		950.00	11,950.00
机修车间		1,500.00	2,000.00		400.00	3,900.00
运输车间	15,000.00	1,500.00	1,500.00		1,200.00	19,200.00
管理部门		8,000.00		5,000.00	3,000.00	16,000.00
合计						51,050.00

图 6—1

（2）本月的产量、投料及加工程度资料，如图 6—2 所示。

① 参见于富生、黎来芳、张敏：《成本会计学》，6 版，108 页。

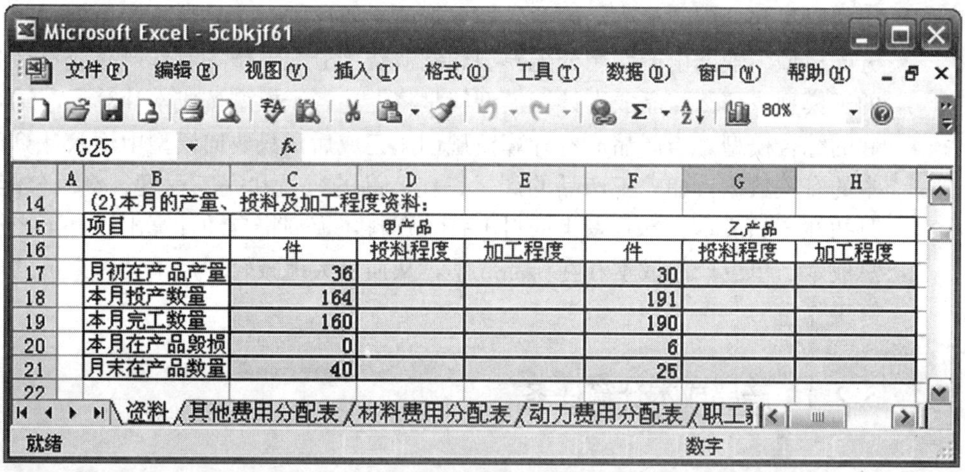

(2)本月的产量、投料及加工程度资料：

项目	甲产品			乙产品		
	件	投料程度	加工程度	件	投料程度	加工程度
月初在产品产量	36			30		
本月投产数量	164			191		
本月完工数量	160			190		
本月在产品毁损	0			6		
月末在产品数量	40			25		

图 6—2

(3) 本月发生的工时记录资料，如图 6—3 所示。

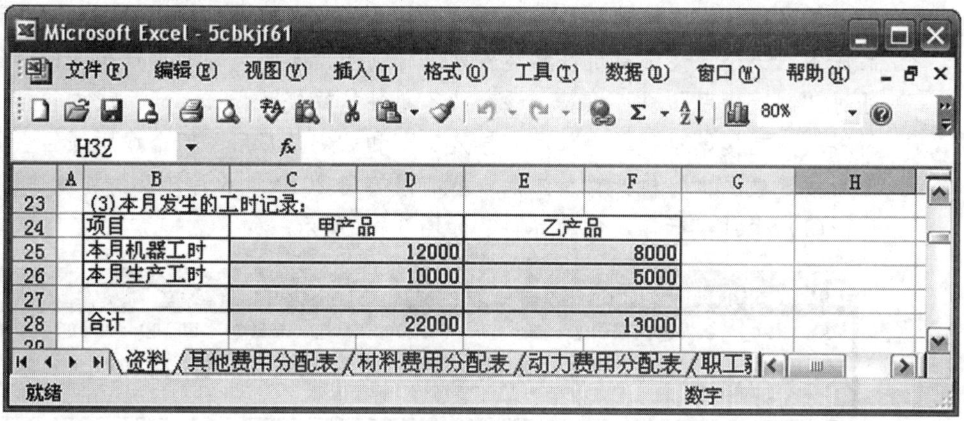

(3)本月发生的工时记录：

项目	甲产品	乙产品
本月机器工时	12000	8000
本月生产工时	10000	5000
合计	22000	13000

图 6—3

(4) 本月月末单位在产品定额成本资料，如图 6—4 所示。

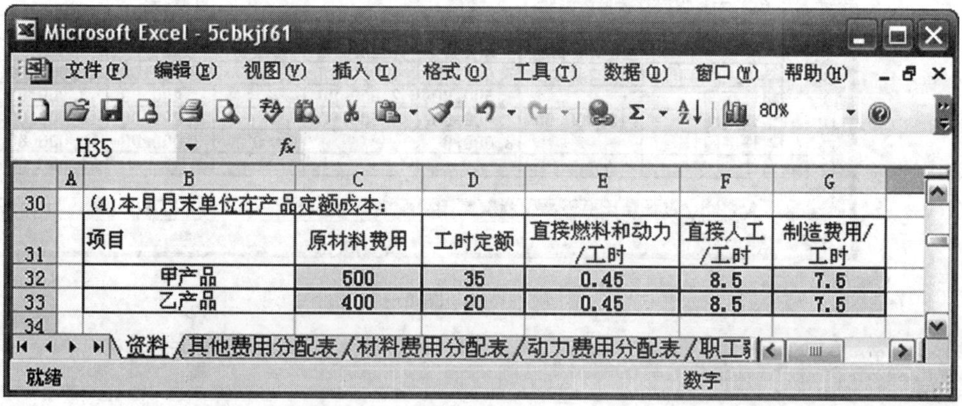

(4)本月月末单位在产品定额成本：

项目	原材料费用	工时定额	直接燃料和动力/工时	直接人工/工时	制造费用/工时
甲产品	500	35	0.45	8.5	7.5
乙产品	400	20	0.45	8.5	7.5

图 6—4

(5) 本月发出材料汇总资料，如图 6—5 所示。

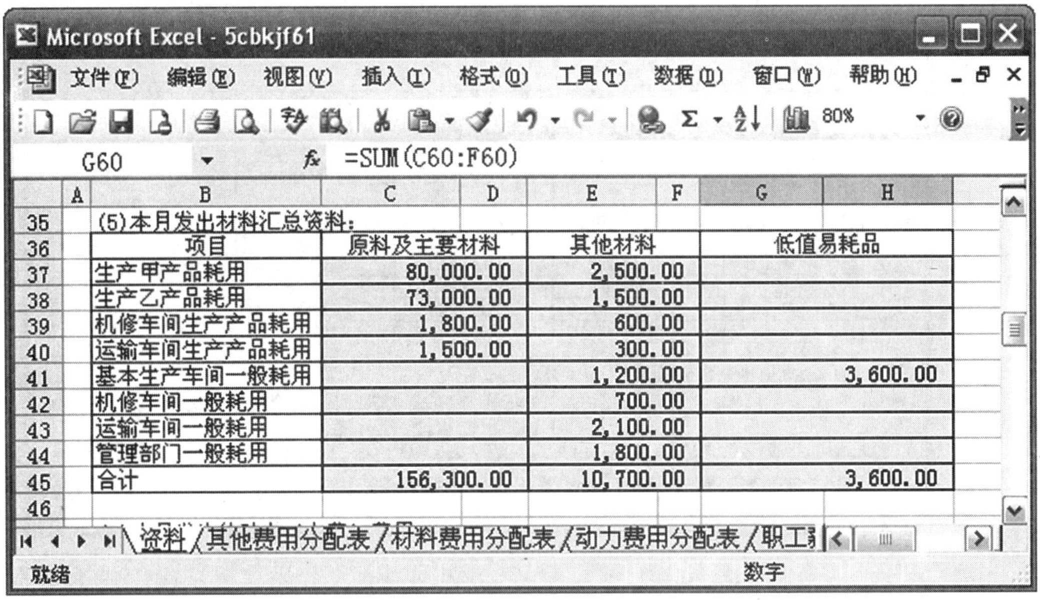

项目	原料及主要材料	其他材料	低值易耗品
生产甲产品耗用	80,000.00	2,500.00	
生产乙产品耗用	73,000.00	1,500.00	
机修车间生产产品耗用	1,800.00	600.00	
运输车间生产产品耗用	1,500.00	300.00	
基本生产车间一般耗用		1,200.00	3,600.00
机修车间一般耗用		700.00	
运输车间一般耗用		2,100.00	
管理部门一般耗用		1,800.00	
合计	156,300.00	10,700.00	3,600.00

图 6—5

(6) 本月发生的动力（电费）费用资料，如图 6—6 所示。

项目	数量(度)	电费支出(元)
生产甲乙两种产品共同耗用	25000.00	10000.00
机修车间生产产品耗用	5000.00	2000.00
运输车间生产产品耗用	4000.00	1600.00
基本生产车间一般耗用	1500.00	600.00
机修车间一般耗用	1000.00	400.00
运输车间一般耗用	1000.00	400.00
厂部管理部门一般耗用	500.00	200.00
合计	38000.00	15200.00

图 6—6

(7) 本月职工薪酬费用及其他职工薪酬提取比例资料，如图 6—7 所示。

(8) 本月固定资产折旧资料，如图 6—8 所示。

(9) 本月在产品毁损资料，如图 6—9 所示。

(7)本月职工薪酬费用及其他职工薪酬提取比例资料：

	生产工人	管理人员	小计
基本生产车间工资	120,000.00	10,000.00	130,000.00
其中：			
生产甲产品工资	80,000.00		80,000.00
生产乙产品工资	40,000.00		40,000.00
机修车间工资	15,000.00	4,000.00	19,000.00
运输车间工资	12,000.00	4,000.00	16,000.00
厂部管理部门工资	0.00	15,000.00	15,000.00
合计	147,000.00	33,000.00	180,000.00

*按照甲乙两种产品工时比例分配。

*其他职工薪酬费用的提取比例如下表所示：

项目	医疗保险费	养老保险费	失业保险费	住房公积金	职工福利费	工会经费	职工教育经费	合计
提取比例	10.00%	12.00%	2.00%	10.50%	2.00%	2.00%	1.50%	40.00%

图 6—7

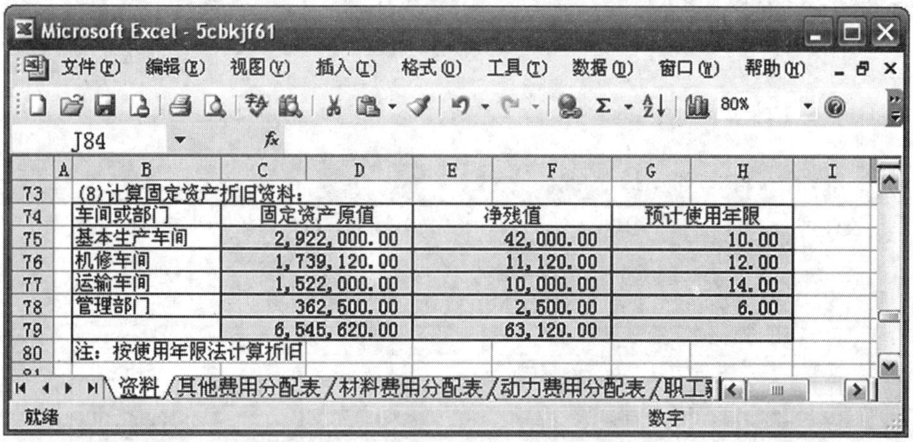

(8)计算固定资产折旧资料：

车间或部门	固定资产原值	净残值	预计使用年限
基本生产车间	2,922,000.00	42,000.00	10.00
机修车间	1,739,120.00	11,120.00	12.00
运输车间	1,522,000.00	10,000.00	14.00
管理部门	362,500.00	2,500.00	6.00
	6,545,620.00	63,120.00	

注：按使用年限法计算折旧

图 6—8

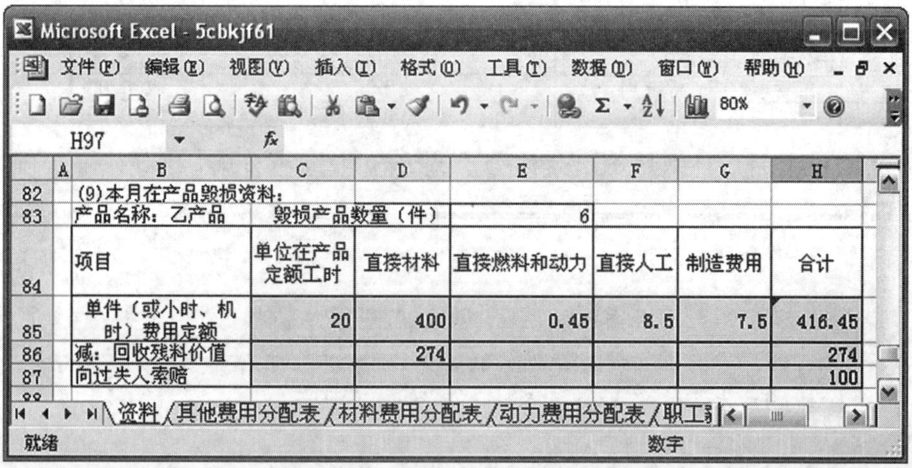

(9)本月在产品毁损资料：

产品名称：乙产品　毁损产品数量（件）　6

项目	单位在产品定额工时	直接材料	直接燃料和动力	直接人工	制造费用	合计
单件（或小时、机时）费用定额	20	400	0.45	8.5	7.5	416.45
减：回收残料价值		274				274
向过失人索赔						100

图 6—9

（10）本月低值易耗品费用资料，如图 6—10 所示。

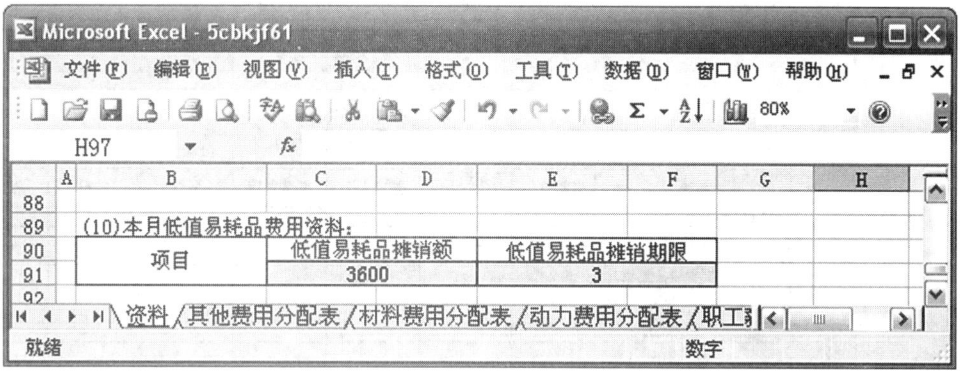

(10)本月低值易耗品费用资料：

项目	低值易耗品摊销额	低值易耗品摊销期限
	3600	3

图 6—10

（11）本月辅助生产提供产品和劳务资料，如图 6—11 所示。

(11)本月辅助生产提供产品和劳务资料：

项目	机修(工时)	运输车间(吨公里)
机修车间		1000
运输车间	200	
基本生产车间	3600	45000
厂部管理部门	400	5000
合计	4200	51000

图 6—11

要求：根据以上资料，用品种法计算江海电器有限公司 2012 年 6 月甲、乙两种产品完工产品的总成本和单位产品成本以及在产品成本。

说明：本例将主教材中的“供水车间”改为“机修车间”。

6.2.2　产品成本计算的品种法模型的创建

为了便于说明如何在 Excel 工作表中使用品种法计算成本，我们利用任务的资料并借助 Excel 工作表创建产品成本计算的品种法模型，按品种法计算产品成本。

在 Excel 2003 工作表中，创建产品成本计算的品种法模型的具体步骤如下。

第一步：按照品种法的要求开设生产成本明细账并过入期初余额

首先，按照使用品种法计算甲、乙两种产品成本的要求，开设“辅助生产明细账——机修车间”、“辅助生产明细账——运输车间”等两个明细账。如图 6—12 所示。

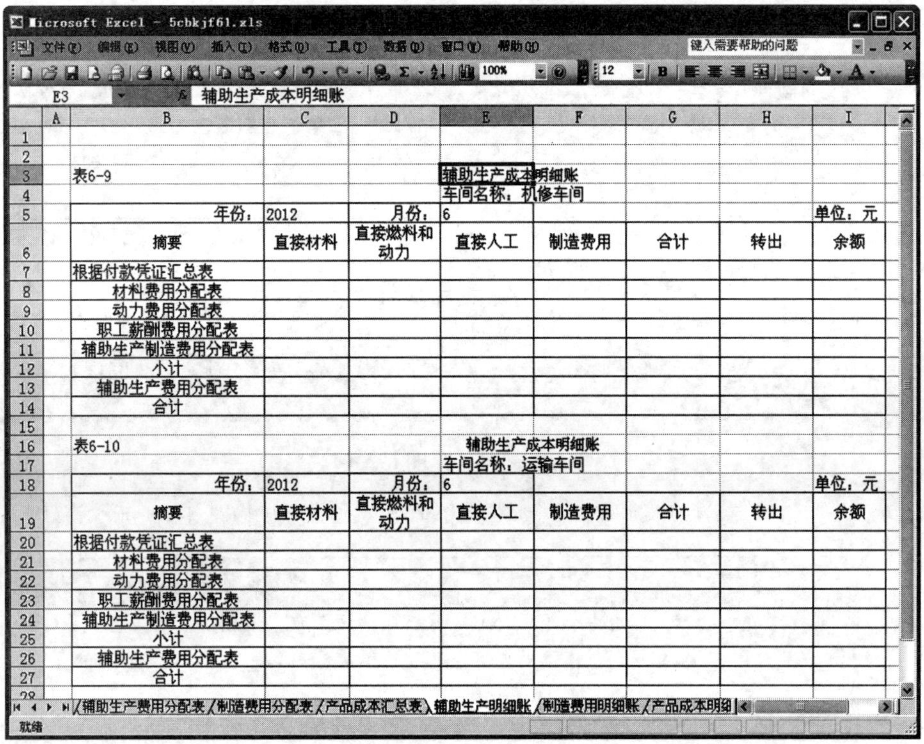

表6-9

辅助生产成本明细账

车间名称：机修车间

年份：2012　月份：6　单位：元

摘要	直接材料	直接燃料和动力	直接人工	制造费用	合计	转出	余额
根据付款凭证汇总表							
材料费用分配表							
动力费用分配表							
职工薪酬费用分配表							
辅助生产制造费用分配表							
小计							
辅助生产费用分配表							
合计							

表6-10

辅助生产成本明细账

车间名称：运输车间

年份：2012　月份：6　单位：元

摘要	直接材料	直接燃料和动力	直接人工	制造费用	合计	转出	余额
根据付款凭证汇总表							
材料费用分配表							
动力费用分配表							
职工薪酬费用分配表							
辅助生产制造费用分配表							
小计							
辅助生产费用分配表							
合计							

图 6—12

其次，在 Excel 工作表中开设"制造费用明细账"。为了方便起见，将辅助生产车间制造费用明细账和基本生产车间制造费用明细账开立在同一张工作表中。如图 6—13 所示。

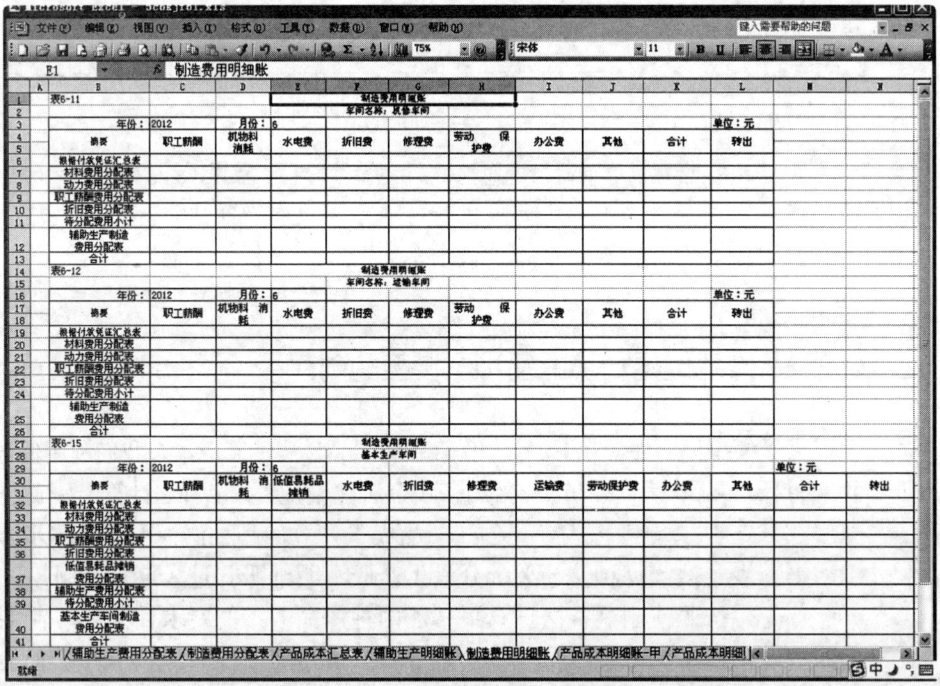

表6-11

制造费用明细账

车间名称：机修车间

年份：2012　月份：6　单位：元

摘要	职工薪酬	机物料消耗	水电费	折旧费	修理费	劳动保护费	办公费	其他	合计	转出
根据付款凭证汇总表										
材料费用分配表										
动力费用分配表										
职工薪酬费用分配表										
折旧费用分配表										
待分配费用小计										
辅助生产制造费用分配表										
合计										

表6-12

制造费用明细账

车间名称：运输车间

年份：2012　月份：6　单位：元

摘要	职工薪酬	机物料消耗	水电费	折旧费	修理费	劳动保护费	办公费	其他	合计	转出
根据付款凭证汇总表										
材料费用分配表										
动力费用分配表										
职工薪酬费用分配表										
折旧费用分配表										
待分配费用小计										
辅助生产制造费用分配表										
合计										

表6-15

制造费用明细账

基本生产车间

年份：2012　月份：6　单位：元

摘要	职工薪酬	机物料消耗	低值易耗品摊销	水电费	折旧费	修理费	运输费	劳动保护费	办公费	其他	合计	转出
根据付款凭证汇总表												
材料费用分配表												
动力费用分配表												
职工薪酬费用分配表												
折旧费用分配表												
低值易耗品摊销费用分配表												
辅助生产费用分配表												
待分配费用小计												
基本生产车间制造费用分配表												
合计												

图 6—13

再次，在 Excel 工作表中开设“生产成本——基本生产成本——甲产品”明细账，过入甲产品期初在产品成本的期初余额。本例中，由于甲产品月末在产品成本是按定额成本资料计算的，因此，我们可以根据上个月的月末在产品数量和定额成本资料将甲产品的期初在产品成本计算出来。在单元格 C8 中输入“=资料!C17＊资料!C32”，在单元格 D8 中输入“=资料!$C$17＊资料!$D$32＊资料!E32”，在单元格 E8 中输入“=资料!$C$17＊资料!$D$32＊资料!F32”，在单元格 F8 中输入“=资料!$C$17＊资料!$D$32＊资料!G32”，分别计算出甲产品的“原料及主要材料”、“燃料和动力”、“职工薪酬”和“制造费用”等成本项目的期初在产品成本，并用求和函数求出月初在产品成本的合计数。如图 6—14 所示。

江海电器有限公司
产品成本计算单

产品名称:甲产品	年份:	2012	月份:	6			
项目	原料及主要材料	燃料和动力	职工薪酬	制造费用	废品损失	其他	合计
期初在产品成本	18,000.00	567.00	10,710.00	9,450.00			38,727.00
材料费用分配表							
动力费用分配表							
职工薪酬费用分配表							
分配制造费用							
可修复废品转入							
不可修复废品转出							
生产费用合计							
完工产品数量							
在产品数量							
在产品单位定额成本							
完工产品成本							
完工产品单位产品成本							
合计							

图 6—14

同理，在 Excel 工作表中开设“生产成本——基本生产成本——乙产品”明细账，过入乙产品期初在产品成本的期初余额。本例中，由于乙产品的月末在产品成本也是按定额成本资料计算的，因此，我们可以根据上个月的月末在产品数量和定额成本资料将乙产品的期初在产品成本计算出来。在单元格 C7 中输入“=资料!F17＊资料!C33”，在单元格 D7 中输入“=资料!$F$17＊资料!$D$33＊资料!E32”，在单元格 E7 中输入“=资料!$F$17＊资料!$D$33＊资料!F32”，在单元格 F7 中输入“=资料!$F$17＊资料!$D$33＊资料!G32”，分别计算出乙产品的“原料及主要材料”、“燃料和动力”、“职工薪酬”和“制造费用”等成本项目的期初在产品成本，并用求和函数求出月初在产品成本的合计数。如图 6—15 所示。

最后，在 Excel 工作表中开设“产品成本汇总表”，如图 6—16 所示。

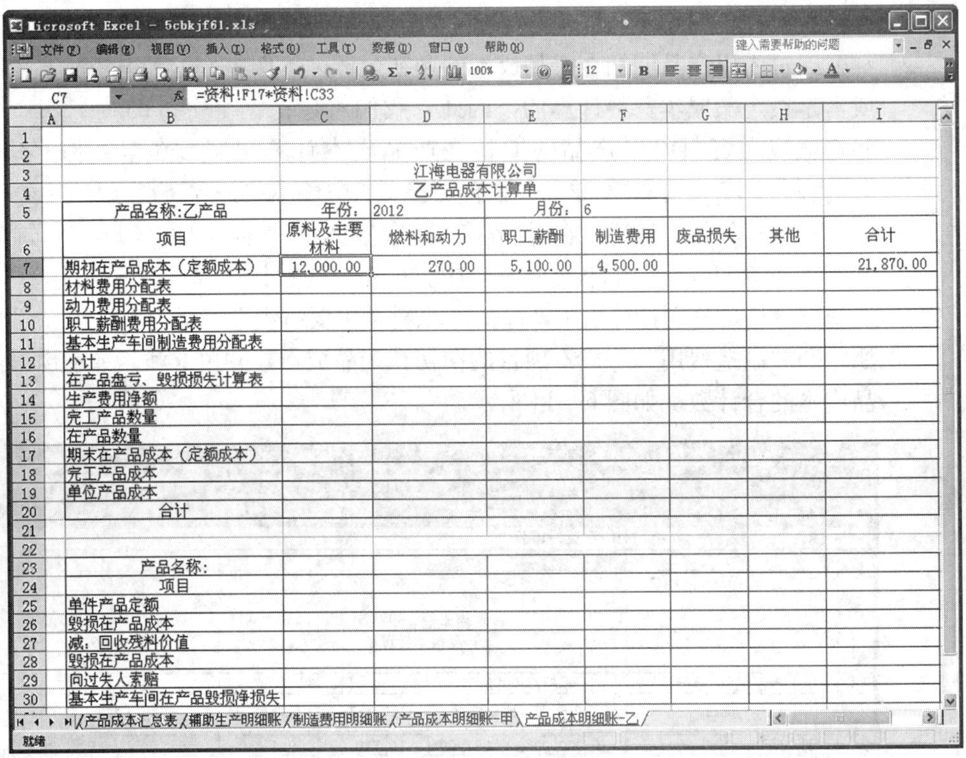

Microsoft Excel - 5cbkjf61.xls

C7 =资料!F17*资料!C33

江海电器有限公司

乙产品成本计算单

产品名称:乙产品	年份:	2012	月份:	6			
项目	原料及主要材料	燃料和动力	职工薪酬	制造费用	废品损失	其他	合计
期初在产品成本（定额成本）	12,000.00	270.00	5,100.00	4,500.00			21,870.00
材料费用分配表							
动力费用分配表							
职工薪酬费用分配表							
基本生产车间制造费用分配表							
小计							
在产品盘亏、毁损损失计算表							
生产费用净额							
完工产品数量							
在产品数量							
期末在产品成本（定额成本）							
完工产品成本							
单位产品成本							
合计							

产品名称:							
项目							
单件产品定额							
毁损在产品成本							
减：回收残料价值							
毁损在产品成本							
向过失人索赔							
基本生产车间在产品毁损净损失							

产品成本汇总表 / 辅助生产明细账 / 制造费用明细账 / 产品成本明细账-甲 / 产品成本明细账-乙

图 6—15

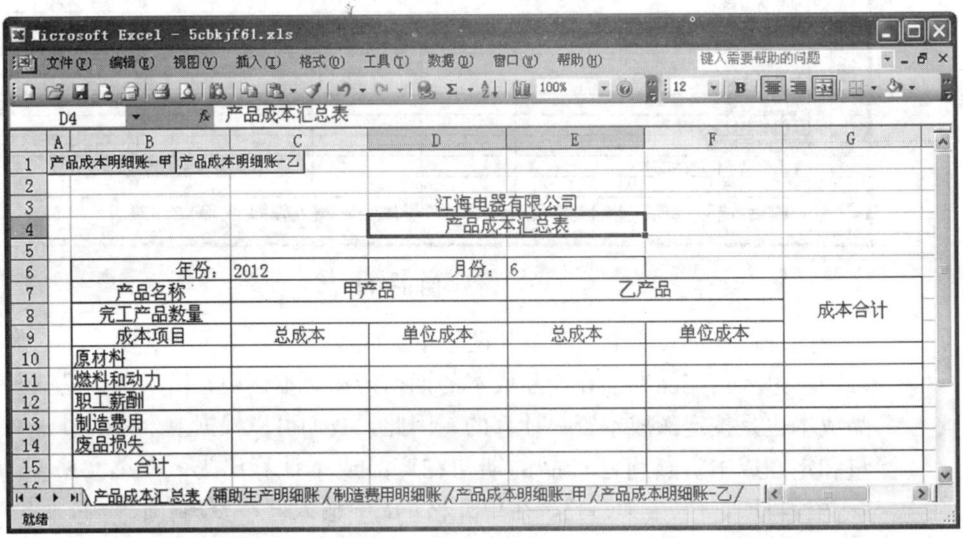

Microsoft Excel - 5cbkjf61.xls

D4 产品成本汇总表

产品成本明细账-甲 产品成本明细账-乙

江海电器有限公司

产品成本汇总表

年份:	2012	月份:	6		
产品名称	甲产品		乙产品		成本合计
完工产品数量					
成本项目	总成本	单位成本	总成本	单位成本	
原材料					
燃料和动力					
职工薪酬					
制造费用					
废品损失					
合计					

产品成本汇总表 / 辅助生产明细账 / 制造费用明细账 / 产品成本明细账-甲 / 产品成本明细账-乙

图 6—16

第二步：分配其他费用并登记明细账

制作“其他费用分配表”，分配其他费用。

1. 链接“资料”工作表获取辅助生产运输车间的成本和基本生产车间的制造费用资料

将“资料”工作表本月银行存款付款资料中单元格 C10，D8，E8 和 G8 的数据分别链接到“其他费用分配表”的单元格 G8，G9，G10 和 G11 中，列作辅助生产运输车间的成本和基本生产车间的制造费用。如图 6—17 所示。

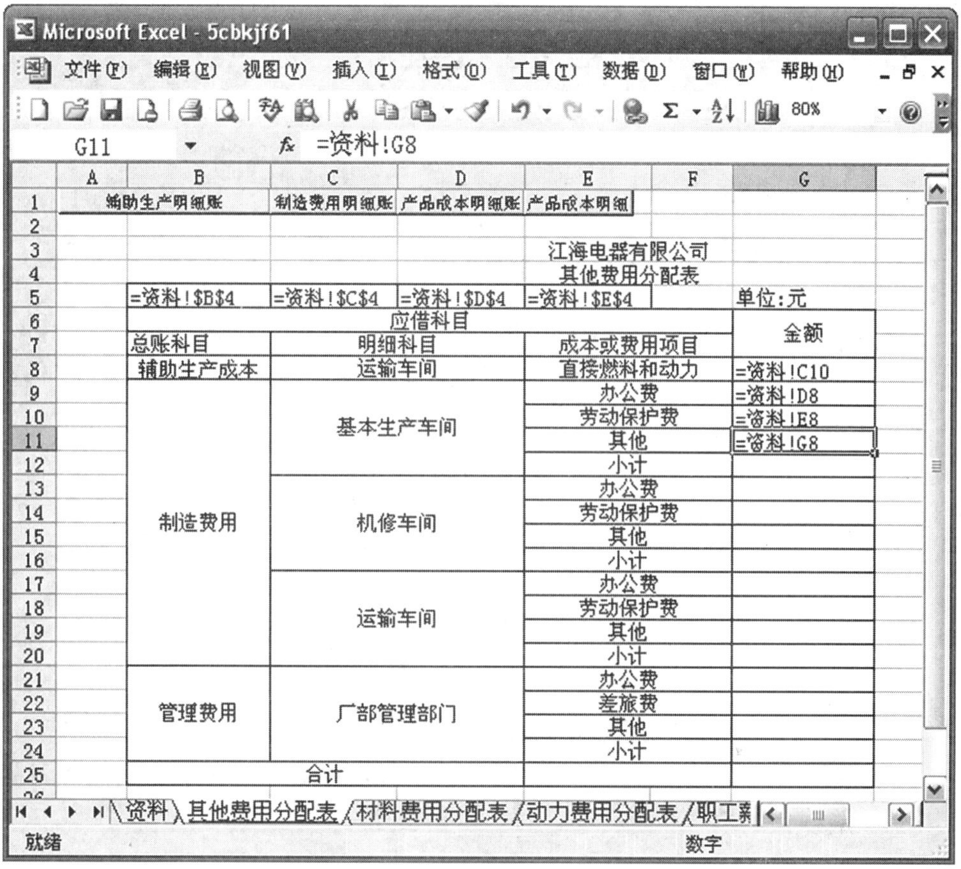

图 6—17

然后，用鼠标单击单元格 G12，再单击功能区右上方的自动求和按钮“Σ”，在公式编辑栏内就显示出我们所输入的函数“=SUM(G9：G11)”。按下“回车”键后，基本生产车间的制造费用小计就计算出来了。本例中计算出的应由基本生产车间负担的制造费用为 11 950 元。如图 6—18 所示。

2. 链接“资料”工作表获取机修车间、运输车间的制造费用资料

将“资料”工作表本月银行存款付款资料中单元格 D9，E9 和 G9 的数据分别链接到“其他费用分配表”的单元格 G13，G14 和 G15 中，列作机修车间的制造费用。用鼠标单击单元格 G16，再单击功能区右上方的“自动求和”按钮“Σ”，在公式编辑栏内就显示出我们所输入的函数“=SUM(G13：G15)”。按下“回车”键后，机修车间的制造费用小计就计算出来了。本例中计算的应由机修车间负担的制造费用为 3 900 元。将“资料”工作表本月银行存款付款资料中单元格 D10，E10 和 G10 的数据分别链接到“其他费用分配表”的单元格 G17，G18和 G19 中，列作运输车间的制造费用。用鼠标单击单元格 G20，再单击功能区右上方的自动求和按钮“Σ”，在公式编辑栏内就显示出我们所输入

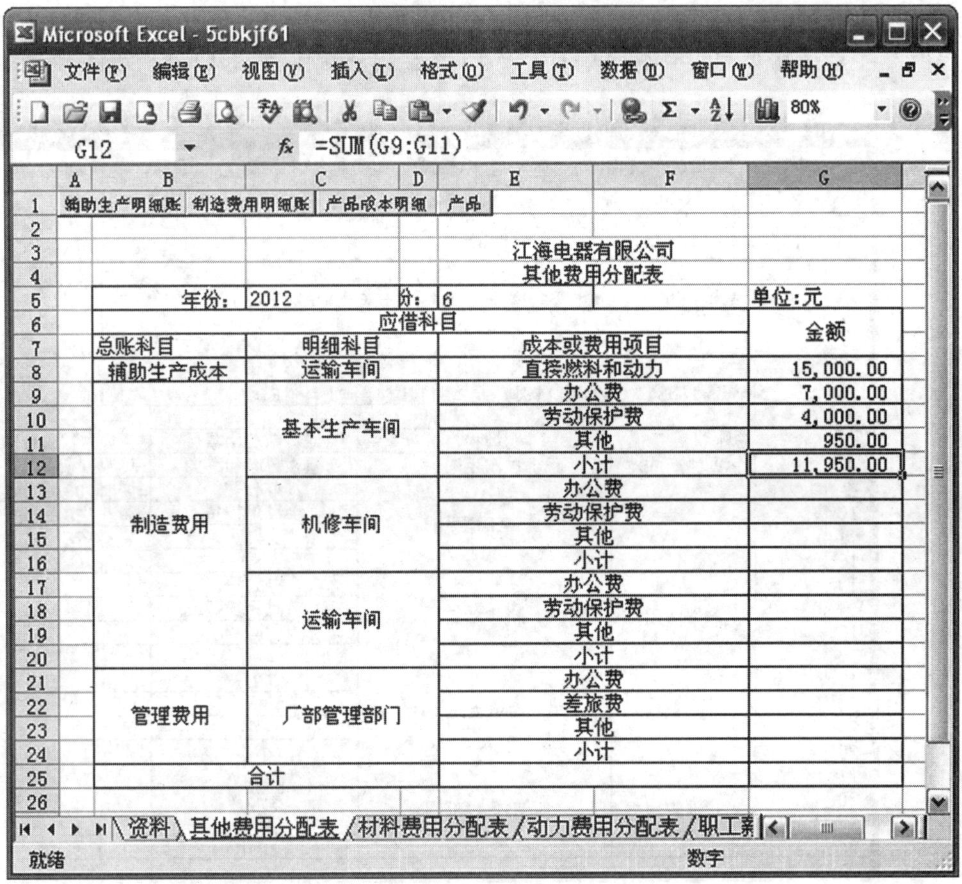

江海电器有限公司

其他费用分配表

年份：2012	月份：6		单位：元
应借科目			金额
总账科目	明细科目	成本或费用项目	
辅助生产成本	运输车间	直接燃料和动力	15,000.00
制造费用	基本生产车间	办公费	7,000.00
		劳动保护费	4,000.00
		其他	950.00
		小计	11,950.00
	机修车间	办公费	
		劳动保护费	
		其他	
		小计	
	运输车间	办公费	
		劳动保护费	
		其他	
		小计	
管理费用	厂部管理部门	办公费	
		差旅费	
		其他	
		小计	
合计			

图 6—18

的函数“＝SUM(G17：G19)”。按下“回车”键后，运输车间的制造费用小计就计算出来了。本例中计算的应由运输车间负担的制造费用为 4 200 元。

将“资料”工作表本月银行存款付款资料中单元格 D11，F11 和 G11 的数据分别链接到“其他费用分配表”的单元格 G21，G22 和 G23 中，列作厂部管理部门的管理费用。再用鼠标单击单元格 G24，并单击功能区右上方的自动求和按钮“∑”，在公式编辑栏内就显示出我们所输入的函数“＝SUM(G21：G23)”。按下“回车”键后，厂部管理部门的管理费用小计就计算出来了。本例中计算的厂部管理部门的管理费用为 16 000 元。

最后，计算出合计数。用鼠标单击单元格 G25，输入“＝”(等号)，然后单击单元格 G8，输入运算符“＋”(加号)，单击单元格 G12，输入运算符“＋”(加号)，单击单元格 G16，输入运算符“＋”(加号)，单击单元格 G20，输入运算符“＋”(加号)，再单击单元格 G24，在公式编辑栏内就显示出我们所输入的公式“＝G8＋G12＋G16＋G20＋G24”。按下“回车”键后，其他费用分配表的合计就计算出来了。本例中计算的其他费用分配表的合计为 51 050 元。如图 6—19 所示。

至此，我们已经利用任务所提供的资料，在 Excel 工作表中创建完成了其他

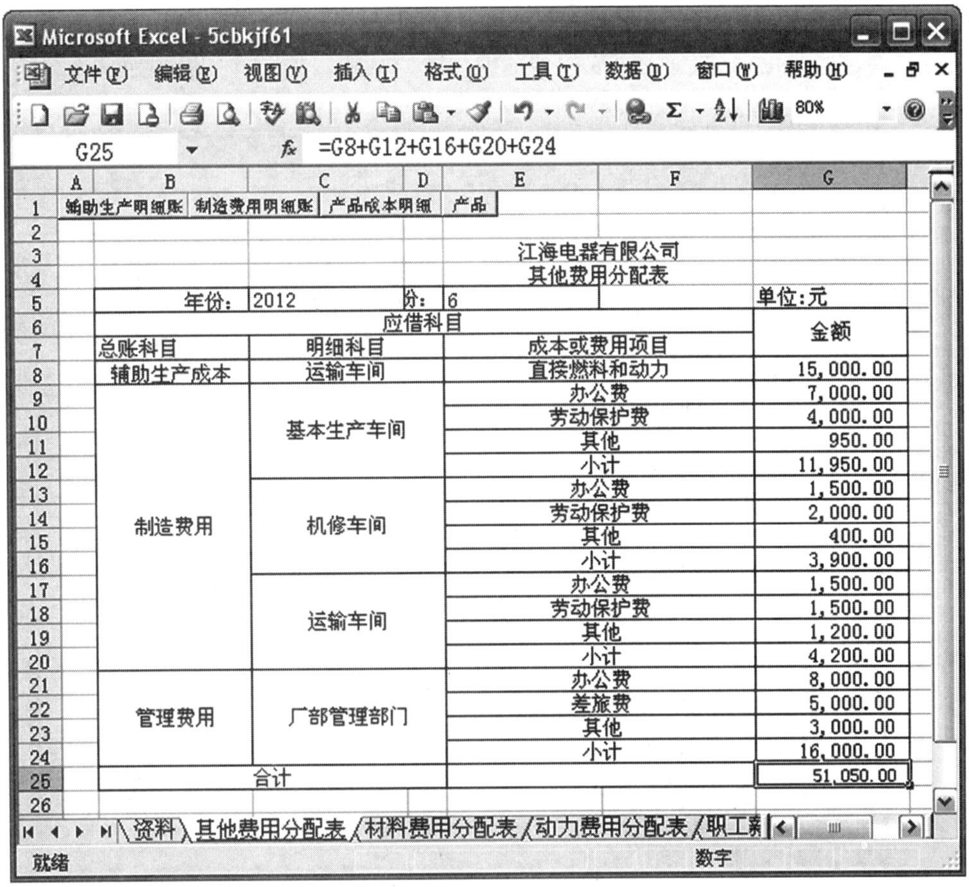

江海电器有限公司

其他费用分配表

年份：2012	月份：6		单位：元
应借科目			金额
总账科目	明细科目	成本或费用项目	
辅助生产成本	运输车间	直接燃料和动力	15,000.00
制造费用	基本生产车间	办公费	7,000.00
		劳动保护费	4,000.00
		其他	950.00
		小计	11,950.00
	机修车间	办公费	1,500.00
		劳动保护费	2,000.00
		其他	400.00
		小计	3,900.00
	运输车间	办公费	1,500.00
		劳动保护费	1,500.00
		其他	1,200.00
		小计	4,200.00
管理费用	厂部管理部门	办公费	8,000.00
		差旅费	5,000.00
		其他	3,000.00
		小计	16,000.00
合计			51,050.00

图 6—19

费用分配模型。根据其他费用分配模型计算出各部门应负担的其他费用，编制会计分录如下：

借：生产成本——辅助生产成本——运输车间	15 000	
制造费用——基本生产车间	11 950	
制造费用——机修车间	3 900	
制造费用——运输车间	4 200	
管理费用	16 000	
贷：银行存款		51 050

根据以上分录登记“生产成本——辅助生产成本”和“制造费用”明细账，计算产品成本。

用鼠标顺序点击左上方的“辅助生产明细账”和“制造费用明细账”按钮，分别登记“辅助生产明细账”和“制造费用明细账”。

根据“其他费用分配表”登记“辅助生产明细账”。用鼠标顺序点击左上方的“辅助生产明细账”按钮，进入并登记“辅助生产明细账”。选择单元格 D20，链接“其他费用分配表”的单元格 G8，将运输车间的直接燃料和动力费 15 000 元登记到“辅助生产成本明细账——运输车间”。通过把“其他费用分配表”中单元格 G8 的数据链接到“辅助生产明细账”的单元格 D20，完成“辅助生产明细账”的登记。登记完成的“辅助生产明细账”如图 6—20 所示。

辅助生产成本明细账

车间名称：机修车间

年份：2012		月份：6					单位：元
摘要	直接材料	直接燃料和动力	直接人工	制造费用	合计	转出	余额
根据付款凭证汇总表							
材料费用分配表							
动力费用分配表							
职工薪酬费用分配表							
辅助生产制造费用分配表							
小计							
辅助生产费用分配表							
合计							

表6-10

辅助生产成本明细账

车间名称：运输车间

年份：2012		月份：6					单位：元
摘要	直接材料	直接燃料和动力	直接人工	制造费用	合计	转出	余额
根据付款凭证汇总表		15,000.00					
材料费用分配表							
动力费用分配表							
职工薪酬费用分配表							
辅助生产制造费用分配表							
小计							
辅助生产费用分配表							
合计							

图 6—20

根据“其他费用分配表”，登记“制造费用明细账”。回到“其他费用分配表”，用鼠标点击左上方的“制造费用明细账”按钮，进入并登记“制造费用明细账”，通过链接的方式将应由各车间负担的其他费用登记到“制造费用明细账——机修车间”、“制造费用明细账——运输车间”和“制造费用明细账——基本生产车间”相应的栏目中。登记完成的“制造费用明细账——机修车间”、“制造费用明细账——运输车间”和“制造费用明细账——基本生产车间”如图 6—21 所示。

为节省篇幅，这里只登记与计算产品成本有关的明细账，其他与计算产品成本无关的“销售费用”和“管理费用”等明细账的登记省略，下同。

分配其他费用并登记明细账的详细过程请参考产品成本计算的“品种法实验示范”中的“分配其他费用”等资料。

第三步：分配材料费用并登记明细账

制作“材料费用分配表”，分配材料费用。

1. 链接“资料”工作表获取资料

将“资料”工作表“本月发出材料汇总表”中单元格 C37，E37，C38 和 E38 的数据分别链接到“材料费用分配表”的单元格 G7，H7，G8 和 H8 中，列作分配给基本生产甲、乙两种产品的材料费用。如图 6—22 所示。

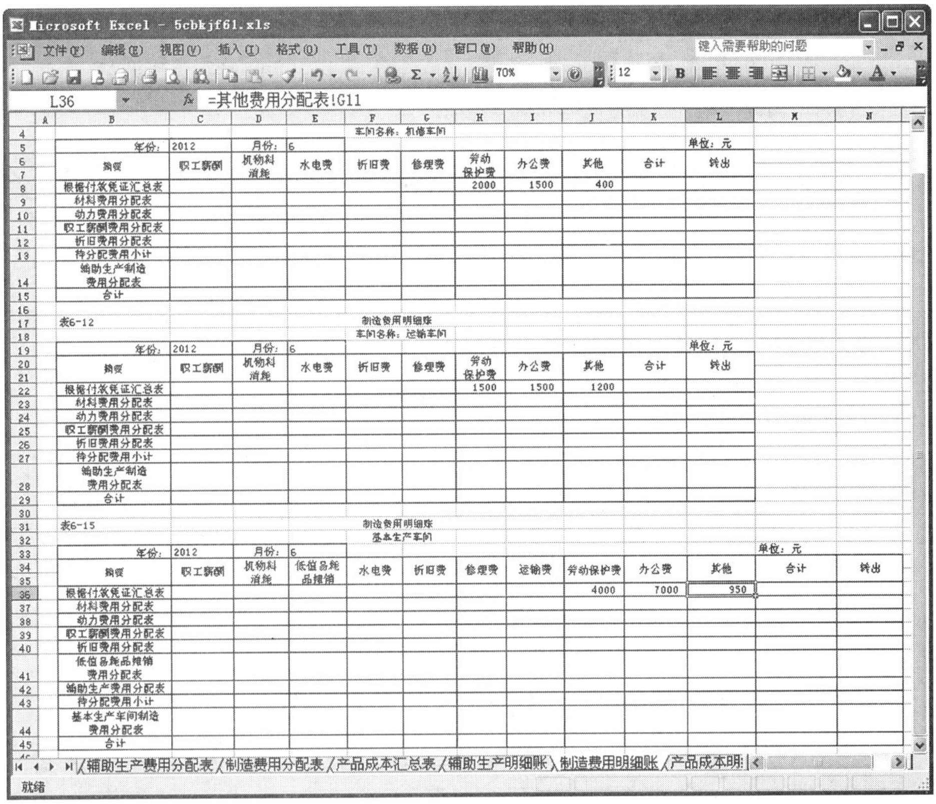

车间名称：机修车间

年份：2012		月份：6								单位：元
摘要	职工薪酬	机物料消耗	水电费	折旧费	修理费	劳动保护费	办公费	其他	合计	转出
根据付款凭证汇总表						2000	1500	400		
材料费用分配表										
动力费用分配表										
职工薪酬费用分配表										
折旧费用分配表										
待分配费用小计										
辅助生产制造费用分配表										
合计										

表6-12

制造费用明细账

车间名称：运输车间

年份：2012		月份：6								单位：元
摘要	职工薪酬	机物料消耗	水电费	折旧费	修理费	劳动保护费	办公费	其他	合计	转出
根据付款凭证汇总表						1500	1500	1200		
材料费用分配表										
动力费用分配表										
职工薪酬费用分配表										
折旧费用分配表										
待分配费用小计										
辅助生产制造费用分配表										
合计										

表6-15

制造费用明细账

基本生产车间

年份：2012		月份：6										单位：元
摘要	职工薪酬	机物料消耗	低值易耗品摊销	水电费	折旧费	修理费	运输费	劳动保护费	办公费	其他	合计	转出
根据付款凭证汇总表								4000	7000	950		
材料费用分配表												
动力费用分配表												
职工薪酬费用分配表												
折旧费用分配表												
低值易耗品摊销费用分配表												
辅助生产费用分配表												
待分配费用小计												
基本生产车间制造费用分配表												
合计												

图 6—21

江海电器有限公司

材料费用分配表

=资料!$B$4	=资料!$C$4	=资料!$D$4	=资料!$E$4				
应借科目		成本或费用项目	分配标准	分配率	原料及主要材料	其他材料	合计
基本生产成本	甲产品	直接材料			=资料!C37	=资料!E37	
	乙产品	直接材料			=资料!C38	=资料!E38	
	小计						
辅助生产成本	机修车间	直接材料					
	运输车间	直接材料					
	小计						
制造费用	基本生产车间	机物料消耗					
	机修车间	机物料消耗					
	运输车间	机物料消耗					
	小计						
管理费用		机物料消耗					
销售费用							
合计							

图 6—22

2. 计算基本生产耗用的材料费用小计

用鼠标单击单元格 G9，再单击常用工具栏内的自动求和按钮“∑”，求出基本生产原料及主要材料小计。如图 6—23 所示。

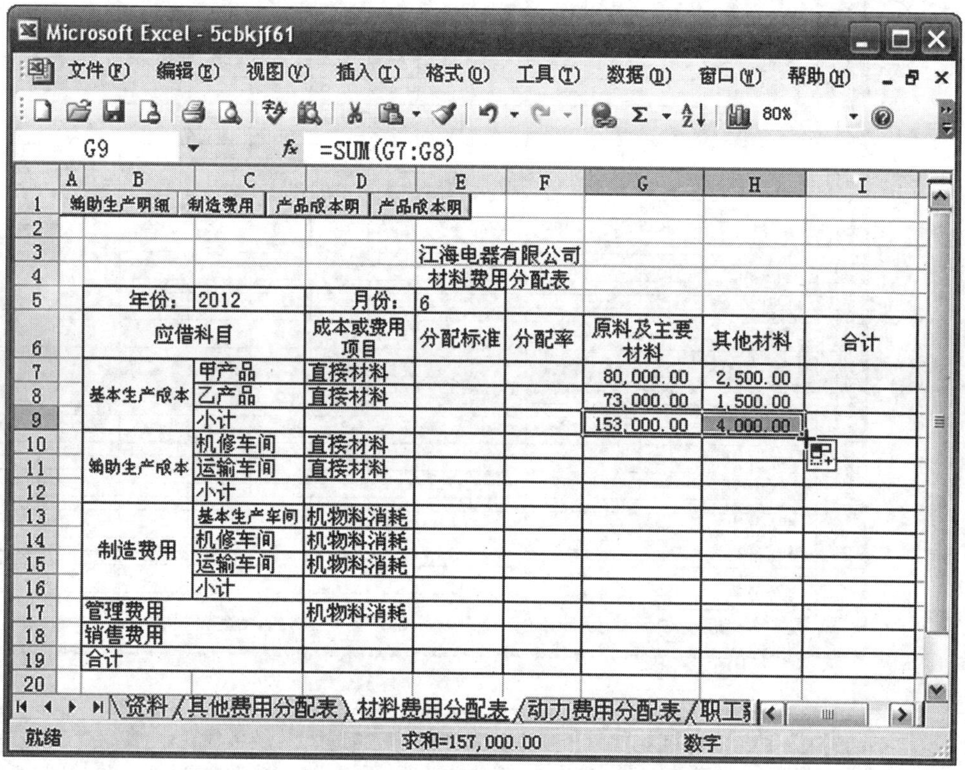

			江海电器有限公司 材料费用分配表				
年份:	2012	月份:	6				
应借科目		成本或费用项目	分配标准	分配率	原料及主要材料	其他材料	合计
基本生产成本	甲产品	直接材料			80,000.00	2,500.00	
	乙产品	直接材料			73,000.00	1,500.00	
	小计				153,000.00	4,000.00	
辅助生产成本	机修车间	直接材料					
	运输车间	直接材料					
	小计						
制造费用	基本生产车间	机物料消耗					
	机修车间	机物料消耗					
	运输车间	机物料消耗					
	小计						
管理费用		机物料消耗					
销售费用							
合计							

图 6—23

3. 计算耗用材料的其他部门的材料费用

采用与计算基本生产耗用的材料费用相同的方法，将应由“辅助生产成本”承担的机修车间、运输车间耗用的材料费用分别链接到“材料费用分配表”中，将应由“制造费用”承担的基本生产车间、机修车间、运输车间耗用的材料费用分别链接到“材料费用分配表”中，将应由管理费用和销售费用承担的材料费用分别链接到“材料费用分配表”中，并计算出合计数。如图 6—24 所示。

至此，我们已经利用任务所提供的资料，在 Excel 工作表中创建完成了材料费用分配模型。根据材料费用分配模型计算出各产品应负担的材料费用，编制会计分录如下：

借：基本生产成本——甲产品	82 500
基本生产成本——乙产品	74 500
辅助生产成本——机修车间	2 400
辅助生产成本——运输车间	1 800
制造费用——基本生产车间	1 200
制造费用——机修车间	700
制造费用——运输车间	2 100

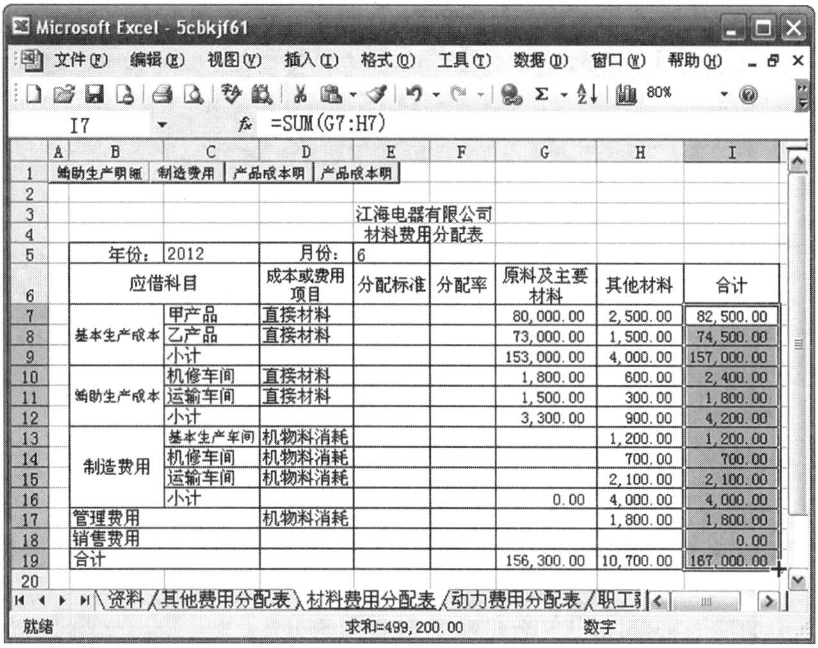

江海电器有限公司
材料费用分配表

年份：2012　月份：6

应借科目		成本或费用项目	分配标准	分配率	原料及主要材料	其他材料	合计
基本生产成本	甲产品	直接材料			80,000.00	2,500.00	82,500.00
	乙产品	直接材料			73,000.00	1,500.00	74,500.00
	小计				153,000.00	4,000.00	157,000.00
辅助生产成本	机修车间	直接材料			1,800.00	600.00	2,400.00
	运输车间	直接材料			1,500.00	300.00	1,800.00
	小计				3,300.00	900.00	4,200.00
制造费用	基本生产车间	机物料消耗				1,200.00	1,200.00
	机修车间	机物料消耗				700.00	700.00
	运输车间	机物料消耗				2,100.00	2,100.00
	小计				0.00	4,000.00	4,000.00
管理费用		机物料消耗				1,800.00	1,800.00
销售费用							0.00
合计					156,300.00	10,700.00	167,000.00

图 6—24

管理费用　　1 800

贷：原材料　　167 000

根据以上分录，用鼠标顺序点击左上方的“基本生产成本明细账——甲产品”、“基本生产成本明细账——乙产品”、“辅助生产明细账”和“制造费用明细账”按钮，分别登记“基本生产成本——甲产品”明细账、“基本生产成本——乙产品”明细账、“辅助生产成本——机修车间”明细账、“辅助生产成本——运输车间”明细账、“制造费用——基本生产”明细账、“制造费用——机修车间”明细账和“制造费用——运输车间”明细账。

分配材料费用并登记明细账的详细过程请参考产品成本计算的“品种法实验示范”中的“分配材料费用”等资料。

第四步：分配动力费用并登记明细账

制作“动力费用分配表”，分配动力费用。

1. 链接“资料”工作表获取资料

将“资料”工作表“工时记录”中的单元格 C25，E25 的工时数据分别链接到“动力费用分配表”的单元格 E8，E9 中，列作分配给基本生产甲、乙两种产品的动力费用的分配标准。如图 6—25 所示。

然后，将“资料”工作表“动力（电费）记录”中的单元格 C49，C50，C51，C52，C53，C54、C55 的用电（度）数据分别链接到“动力费用分配表”的单元格 F10，F11，F12，F14，F15，F16，F18 中，列作分配给基本生产甲、乙两种产品及其他部门的动力费用的耗用数。如图 6—26 所示。

用鼠标单击单元格 F20，输入公式“=E10+E13+E17+E18”。这样分配用电度数的合计数就计算出来了。本例中用电度数合计为 38 000 度。如图 6—27 所示。

=资料!$B$4	=资料!$C$4	=资料!$D$4	=资料!$E$4	单位电价(元		
应借科目		成本或费用项目	分配标准(机器工时)	度数	分配率	金额
基本生产成本	甲产品	直接燃料和动力	=资料!C25			
	乙产品	直接燃料和动力	=资料!E25			
	小计		=SUM(E8:E9)			
辅助生产成本	机修车间	直接燃料和动力				
	运输车间	直接燃料和动力				
	小计					
制造费用	基本生产车间一般耗用	水电费				
	机修车间一般耗用	水电费				
	运输车间一般耗用	水电费				
	小计					
厂部管理部门		水电费				
销售费用		水电费				
合计						

图 6—25

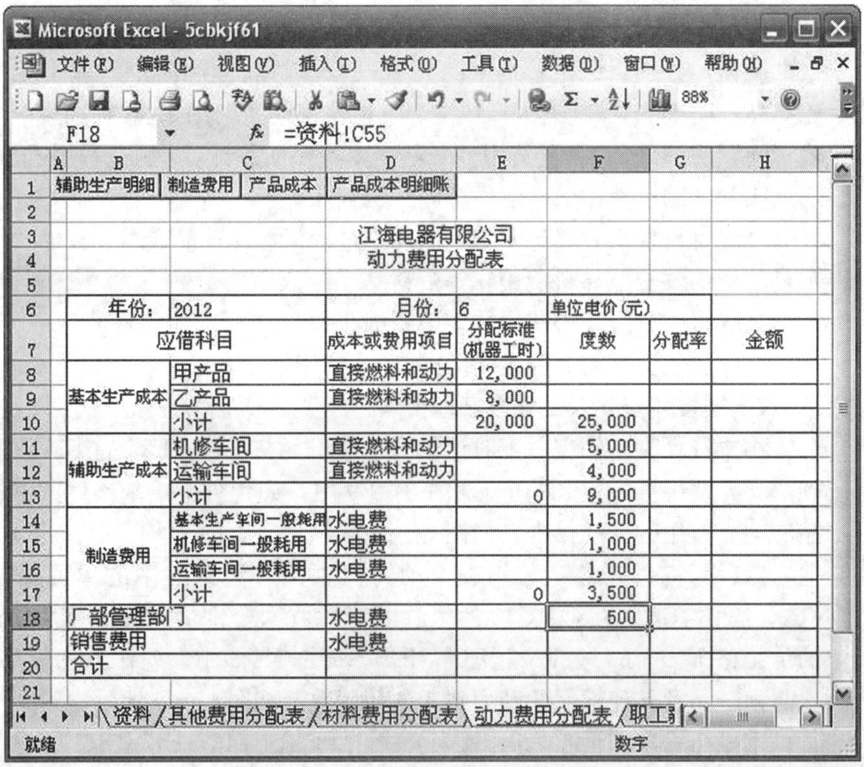

年份:	2012	月份:	6	单位电价(元)		
应借科目		成本或费用项目	分配标准(机器工时)	度数	分配率	金额
基本生产成本	甲产品	直接燃料和动力	12,000			
	乙产品	直接燃料和动力	8,000			
	小计		20,000	25,000		
辅助生产成本	机修车间	直接燃料和动力		5,000		
	运输车间	直接燃料和动力		4,000		
	小计		0	9,000		
制造费用	基本生产车间一般耗用	水电费		1,500		
	机修车间一般耗用	水电费		1,000		
	运输车间一般耗用	水电费		1,000		
	小计		0	3,500		
厂部管理部门		水电费		500		
销售费用		水电费				
合计						

图 6—26

年份：	2012	月份：	6	单位电价(元)		
应借科目		成本或费用项目	分配标准(机器工时)	度数	分配率	金额
基本生产成本	甲产品	直接燃料和动力	12,000			
	乙产品	直接燃料和动力	8,000			
	小计		20,000	25,000		
辅助生产成本	机修车间	直接燃料和动力		5,000		
	运输车间	直接燃料和动力		4,000		
	小计		0	9,000		
制造费用	基本生产车间一般耗用	水电费		1,500		
	机修车间一般耗用	水电费		1,000		
	运输车间一般耗用	水电费		1,000		
	小计		0	3,500		
厂部管理部门		水电费		500		
销售费用		水电费				
合计			20,000	38,000		

图 6—27

用鼠标单击单元格 H10，然后引用“资料”中的单元格 E49，即“本月发生的动力（电费）费用”中的生产甲、乙两种产品共同耗用的电费支出金额。按下“回车”键，单元格 E49 中的资料就被引用到“动力费用分配表”的单元格 H10 中。如图 6—28 所示。

年份：	2012	月份：	6	单位电价(元)		
应借科目		成本或费用项目	分配标准(机器工时)	度数	分配率	金额
基本生产成本	甲产品	直接燃料和动力	12,000			
	乙产品	直接燃料和动力	8,000			
	小计		20,000	25,000		10,000.00
辅助生产成本	机修车间	直接燃料和动力		5,000		
	运输车间	直接燃料和动力		4,000		
	小计		0	9,000		
制造费用	基本生产车间一般耗用	水电费		1,500		
	机修车间一般耗用	水电费		1,000		
	运输车间一般耗用	水电费		1,000		
	小计		0	3,500		
厂部管理部门		水电费		500		
销售费用		水电费				
合计			20,000	38,000		

图 6—28

2. 计算动力费用分配率

用鼠标选中单元格 G6，输入公式“＝H10/F10”。按下“回车”键，用公式“＝H10/F10”计算出单位电价，本例中单位电价为 0.4 元。用鼠标选中单元格

G10，输入公式"＝H10/E10"。按下"回车"键，用公式"＝H10/E10"计算出动力费用分配率，本例中动力费用分配率为 0.5。如图 6—29 所示。

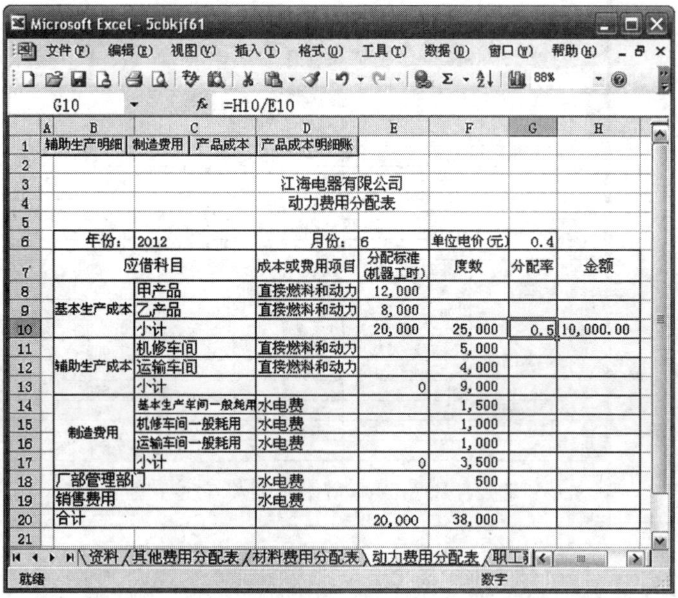

行	B	C	D	E	F	G	H
3			江海电器有限公司				
4			动力费用分配表				
6	年份：	2012	月份：	6	单位电价(元)	0.4	
7	应借科目		成本或费用项目	分配标准(机器工时)	度数	分配率	金额
8	基本生产成本	甲产品	直接燃料和动力	12,000			
9		乙产品	直接燃料和动力	8,000			
10		小计		20,000	25,000	0.5	10,000.00
11	辅助生产成本	机修车间	直接燃料和动力		5,000		
12		运输车间	直接燃料和动力		4,000		
13		小计		0	9,000		
14	制造费用	基本生产车间一般耗用	水电费		1,500		
15		机修车间一般耗用	水电费		1,000		
16		运输车间一般耗用	水电费		1,000		
17		小计		0	3,500		
18	厂部管理部门		水电费		500		
19	销售费用		水电费				
20	合计			20,000	38,000		

图 6—29

3. 输入公式计算各产品和各部门应负担的动力费用

用鼠标单击单元格 H8，输入公式"＝E8＊$G$10"。选中单元格 H8，用鼠标指向该单元格的右下角，等到鼠标指针变为黑色实心十字时，按住鼠标左键，拖向单元格 H9，这样甲、乙产品使用的动力费用就计算出来了，分别为 6 000元和 4 000 元。如图 6—30 所示。

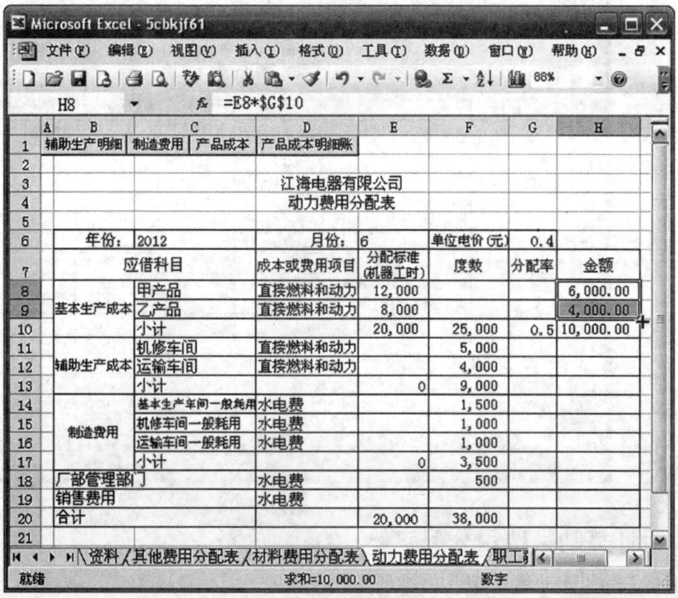

行	B	C	D	E	F	G	H
3			江海电器有限公司				
4			动力费用分配表				
6	年份：	2012	月份：	6	单位电价(元)	0.4	
7	应借科目		成本或费用项目	分配标准(机器工时)	度数	分配率	金额
8	基本生产成本	甲产品	直接燃料和动力	12,000			6,000.00
9		乙产品	直接燃料和动力	8,000			4,000.00
10		小计		20,000	25,000	0.5	10,000.00
11	辅助生产成本	机修车间	直接燃料和动力		5,000		
12		运输车间	直接燃料和动力		4,000		
13		小计		0	9,000		
14	制造费用	基本生产车间一般耗用	水电费		1,500		
15		机修车间一般耗用	水电费		1,000		
16		运输车间一般耗用	水电费		1,000		
17		小计		0	3,500		
18	厂部管理部门		水电费		500		
19	销售费用		水电费				
20	合计			20,000	38,000		

图 6—30

用鼠标单击单元格 H11，输入公式“=F11＊$G$6”。再选中单元格 H11，用鼠标指向该单元格的右下角，等到鼠标指针变为黑色实心十字时，按住鼠标左键，拖向单元格区域 H12：H20。如图 6—31 所示。

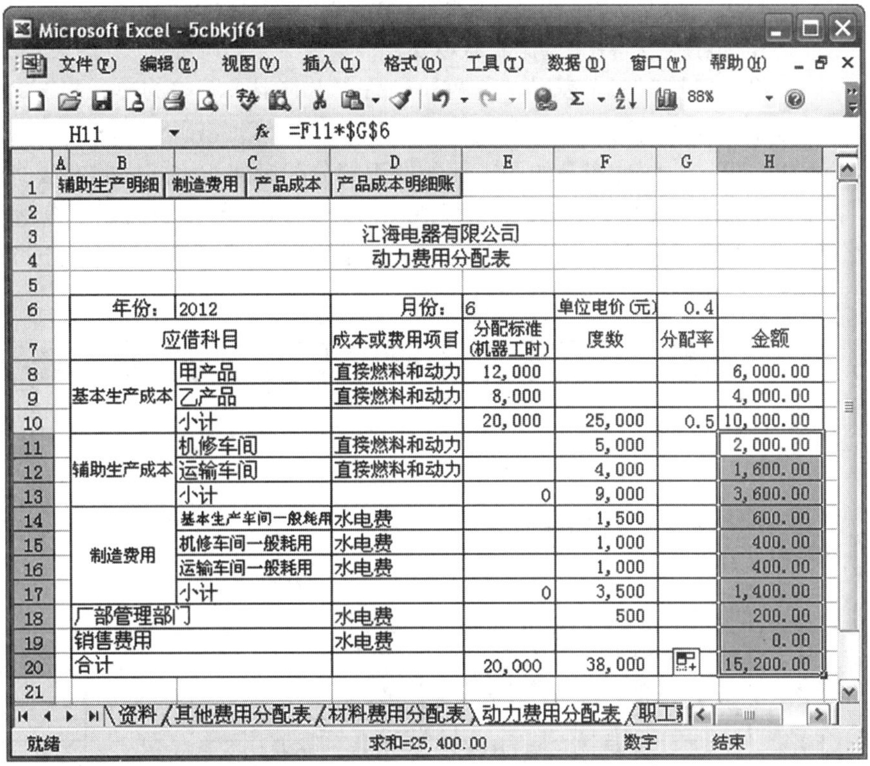

江海电器有限公司
动力费用分配表

应借科目		成本或费用项目	分配标准(机器工时)	度数	分配率	金额
年份：2012		月份：6		单位电价(元)	0.4	
基本生产成本	甲产品	直接燃料和动力	12,000			6,000.00
	乙产品	直接燃料和动力	8,000			4,000.00
	小计		20,000	25,000	0.5	10,000.00
辅助生产成本	机修车间	直接燃料和动力		5,000		2,000.00
	运输车间	直接燃料和动力		4,000		1,600.00
	小计		0	9,000		3,600.00
制造费用	基本生产车间一般耗用	水电费		1,500		600.00
	机修车间一般耗用	水电费		1,000		400.00
	运输车间一般耗用	水电费		1,000		400.00
	小计		0	3,500		1,400.00
厂部管理部门		水电费		500		200.00
销售费用		水电费				0.00
合计			20,000	38,000		15,200.00

图 6—31

至此，我们已经利用任务所提供的资料，在 Excel 工作表中创建完成了动力费用分配模型。根据动力费用分配模型计算出各产品应负担的动力费用，编制会计分录如下：

借：基本生产成本——甲产品	6 000
基本生产成本——乙产品	4 000
辅助生产成本——机修车间	2 000
辅助生产成本——运输车间	1 600
制造费用——基本生产车间	600
制造费用——机修车间	400
制造费用——运输车间	400
管理费用	200
贷：应付账款（或银行存款）	15 200

根据以上分录，用鼠标顺序点击左上方的“基本生产成本明细账”、“辅助生产明细账”和“制造费用明细账”按钮，分别登记“基本生产成本——甲产品”明细账、“基本生产成本——乙产品”明细账、“辅助生产成本——机修车间”明细账、“辅助生产成本——运输车间”明细账和“制造费用”明细账。

分配动力费用并登记明细账的详细过程请参考产品成本计算的“品种法实验示范”中的“分配动力费用”等资料。

第五步：分配职工薪酬费用并登记明细账

制作“职工薪酬费用分配表”，分配职工薪酬费用。

1. 链接“资料”工作表获取资料

将“资料”工作表甲、乙两种产品“工时记录”中的单元格 C25，E25 的工时数据分别链接到“职工薪酬费用分配表”的单元格 E8，E9 中，列作分配给基本生产甲、乙两种产品的职工薪酬费用的分配标准。用同样的方法将“资料”工作表中单元格 C60，C64，C65，E60，E64，E65 和 E66 的职工薪酬分别链接到“工资费用分配表”的单元格 F10，F11，F12，F14，F15，F16F17 和 F18 中。如图 6—32 所示。

图 6—32

2. 计算职工薪酬分配率

用鼠标单击单元格 G10，在公式编辑栏中输入“＝”(等号)，然后用鼠标单击单元格 F10，输入运算符“/”(除号)，再单击单元格 E10，在公式编辑栏内就显示出我们所输入的公式“＝F10/E10”。按下“回车”键，职工薪酬分配率就计算出来了。如图 6—33 所示。

3. 分配甲、乙两种产品和废品各应负担的职工薪酬

用鼠标单击单元格 H8，输入公式“＝E8＊$G$10”。按下“回车”键，甲产品职工薪酬费用就计算出来了。如图 6—34 所示。

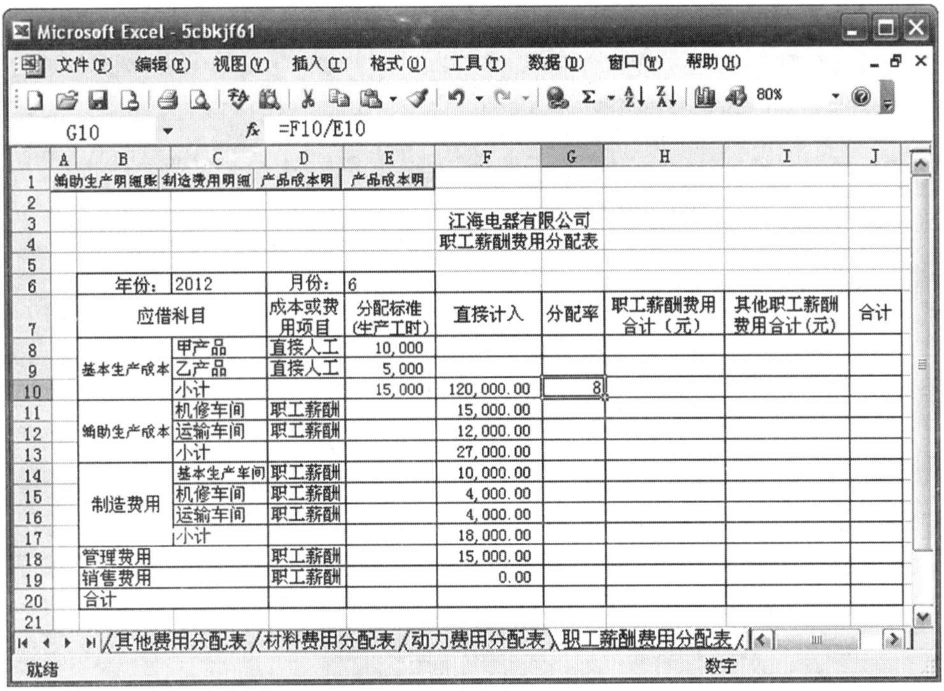

江海电器有限公司
职工薪酬费用分配表

年份：2012　月份：6

应借科目		成本或费用项目	分配标准(生产工时)	直接计入	分配率	职工薪酬费用合计（元）	其他职工薪酬费用合计(元)	合计
基本生产成本	甲产品	直接人工	10,000					
	乙产品	直接人工	5,000					
	小计		15,000	120,000.00	8			
辅助生产成本	机修车间	职工薪酬		15,000.00				
	运输车间	职工薪酬		12,000.00				
	小计			27,000.00				
制造费用	基本生产车间	职工薪酬		10,000.00				
	机修车间	职工薪酬		4,000.00				
	运输车间	职工薪酬		4,000.00				
	小计			18,000.00				
管理费用		职工薪酬		15,000.00				
销售费用		职工薪酬		0.00				
合计								

图 6—33

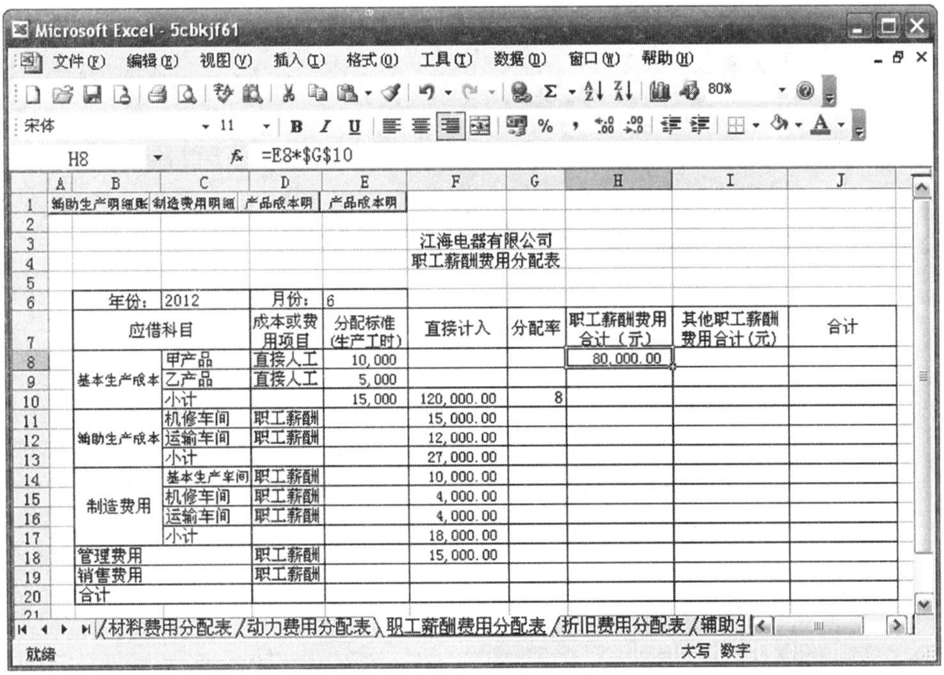

江海电器有限公司
职工薪酬费用分配表

年份：2012　月份：6

应借科目		成本或费用项目	分配标准(生产工时)	直接计入	分配率	职工薪酬费用合计（元）	其他职工薪酬费用合计(元)	合计
基本生产成本	甲产品	直接人工	10,000			80,000.00		
	乙产品	直接人工	5,000					
	小计		15,000	120,000.00	8			
辅助生产成本	机修车间	职工薪酬		15,000.00				
	运输车间	职工薪酬		12,000.00				
	小计			27,000.00				
制造费用	基本生产车间	职工薪酬		10,000.00				
	机修车间	职工薪酬		4,000.00				
	运输车间	职工薪酬		4,000.00				
	小计			18,000.00				
管理费用		职工薪酬		15,000.00				
销售费用		职工薪酬						
合计								

图 6—34

接着将鼠标指针指向单元格 H8 的右下角，待鼠标指针变为黑色实心十字时，按住鼠标左键拖向单元格 H9，计算出乙产品应负担的职工薪酬费用。如图 6—35 所示。

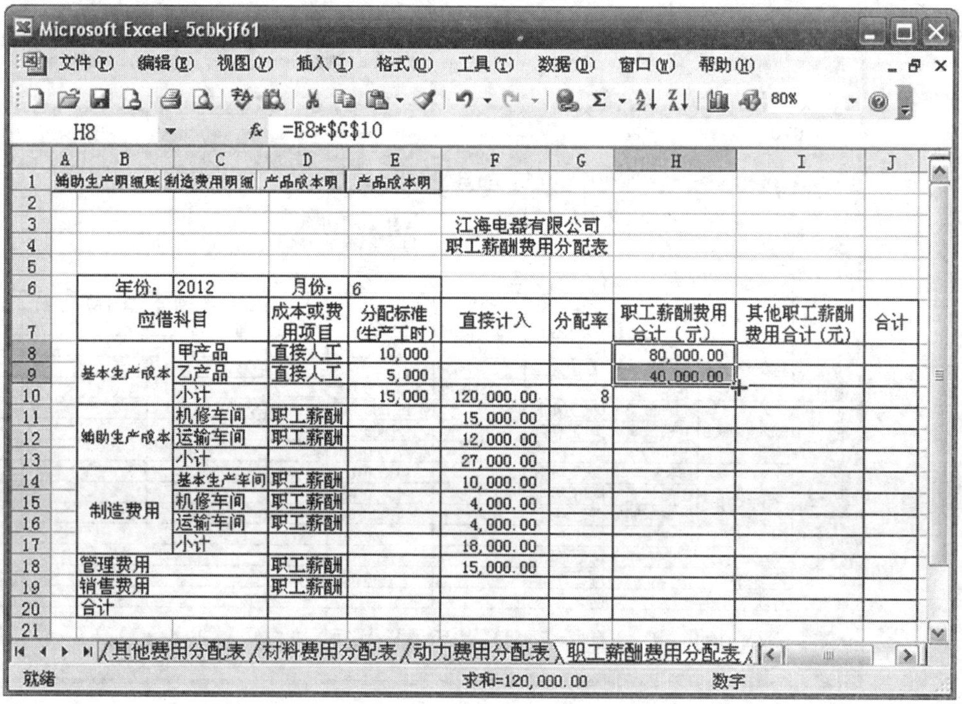
Microsoft Excel - 5cbkjf61

H8 =E8*$G$10

	A	B	C	D	E	F	G	H	I	J
1		辅助生产明细账	制造费用明细	产品成本明	产品成本明					
2										
3						江海电器有限公司				
4						职工薪酬费用分配表				
5										
6		年份：	2012	月份：	6					
7		应借科目		成本或费用项目	分配标准(生产工时)	直接计入	分配率	职工薪酬费用合计（元）	其他职工薪酬费用合计(元)	合计
8		基本生产成本	甲产品	直接人工	10,000			80,000.00		
9			乙产品	直接人工	5,000			40,000.00		
10			小计		15,000	120,000.00	8			
11		辅助生产成本	机修车间	职工薪酬		15,000.00				
12			运输车间	职工薪酬		12,000.00				
13			小计			27,000.00				
14		制造费用	基本生产车间	职工薪酬		10,000.00				
15			机修车间	职工薪酬		4,000.00				
16			运输车间	职工薪酬		4,000.00				
17			小计			18,000.00				
18		管理费用		职工薪酬		15,000.00				
19		销售费用		职工薪酬						
20		合计								
21										

其他费用分配表 / 材料费用分配表 / 动力费用分配表 / 职工薪酬费用分配表

就绪 求和=120,000.00 数字

图 6—35

用鼠标单击单元格 H10，再单击功能区右上方的自动求和按钮“∑”，在公式编辑栏内就显示出我们所输入的函数“＝SUM(H8：H9)”。如图 6—36 所示。

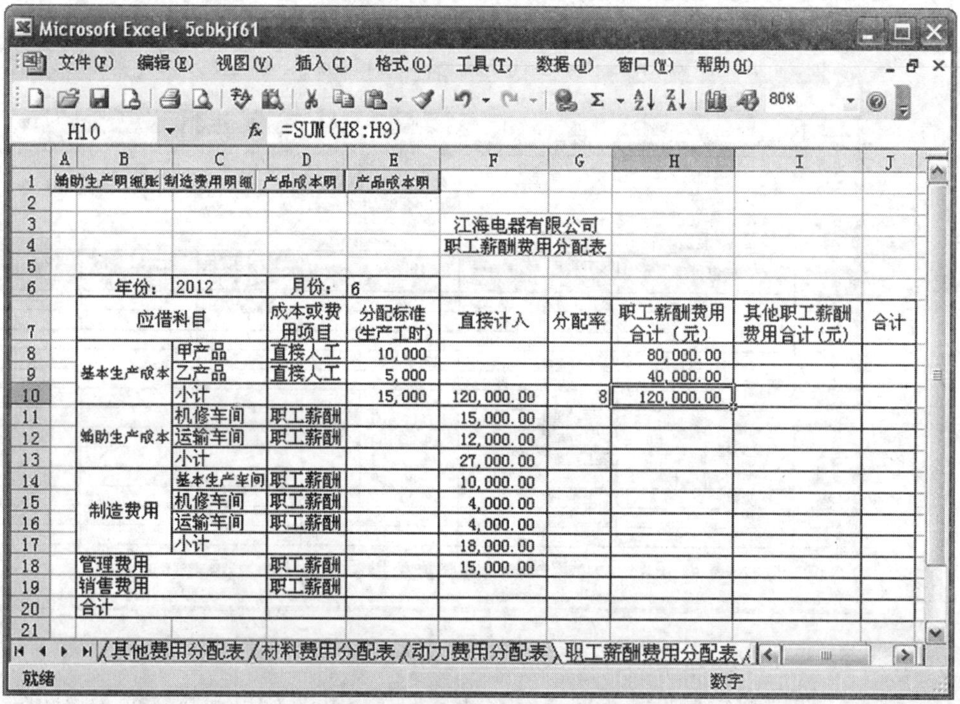
Microsoft Excel - 5cbkjf61

H10 =SUM(H8:H9)

	A	B	C	D	E	F	G	H	I	J
1		辅助生产明细账	制造费用明细	产品成本明	产品成本明					
2										
3						江海电器有限公司				
4						职工薪酬费用分配表				
5										
6		年份：	2012	月份：	6					
7		应借科目		成本或费用项目	分配标准(生产工时)	直接计入	分配率	职工薪酬费用合计（元）	其他职工薪酬费用合计(元)	合计
8		基本生产成本	甲产品	直接人工	10,000			80,000.00		
9			乙产品	直接人工	5,000			40,000.00		
10			小计		15,000	120,000.00	8	120,000.00		
11		辅助生产成本	机修车间	职工薪酬		15,000.00				
12			运输车间	职工薪酬		12,000.00				
13			小计			27,000.00				
14		制造费用	基本生产车间	职工薪酬		10,000.00				
15			机修车间	职工薪酬		4,000.00				
16			运输车间	职工薪酬		4,000.00				
17			小计			18,000.00				
18		管理费用		职工薪酬		15,000.00				
19		销售费用		职工薪酬						
20		合计								
21										

其他费用分配表 / 材料费用分配表 / 动力费用分配表 / 职工薪酬费用分配表

就绪 数字

图 6—36

用鼠标单击单元格 H11，输入公式“＝F11”。选中单元格 H11，用鼠标指向该单元格的右下角，等到鼠标指针变为黑色实心十字时，按住鼠标左键，拖向单元格区域 H12：H19。这样应由辅助生产、制造费用和管理费用负担的职工薪酬费用就计算出来了。如图 6—37 所示。

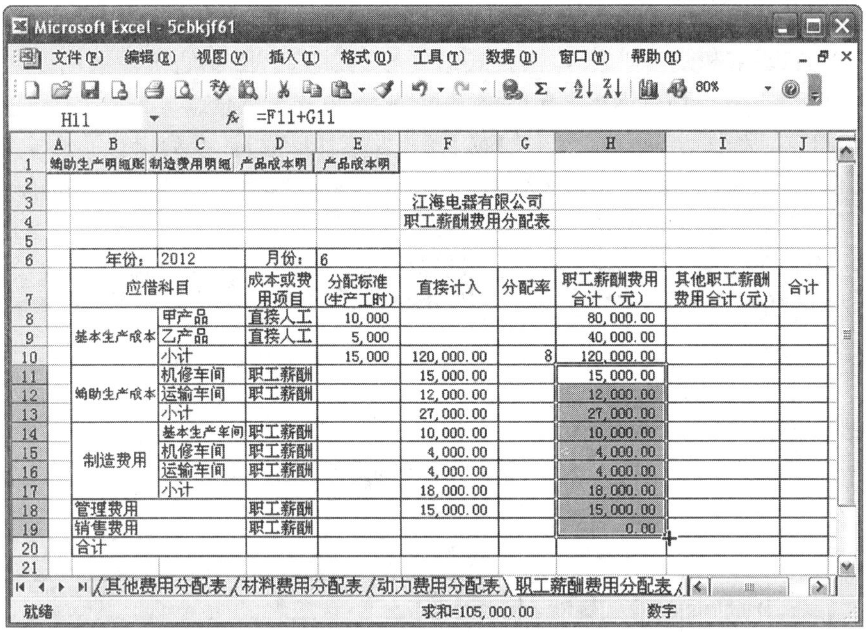

应借科目		成本或费用项目	分配标准（生产工时）	直接计入	分配率	职工薪酬费用合计（元）	其他职工薪酬费用合计（元）	合计
年份：2012		月份：6						
基本生产成本	甲产品	直接人工	10,000			80,000.00		
	乙产品	直接人工	5,000			40,000.00		
	小计		15,000	120,000.00	8	120,000.00		
辅助生产成本	机修车间	职工薪酬		15,000.00		15,000.00		
	运输车间	职工薪酬		12,000.00		12,000.00		
	小计			27,000.00		27,000.00		
制造费用	基本生产车间	职工薪酬		10,000.00		10,000.00		
	机修车间	职工薪酬		4,000.00		4,000.00		
	运输车间	职工薪酬		4,000.00		4,000.00		
	小计			18,000.00		18,000.00		
管理费用		职工薪酬		15,000.00		15,000.00		
销售费用		职工薪酬				0.00		
合计								

图 6—37

用鼠标单击单元格 F20，输入公式“＝F10＋F13＋F17＋F18＋F19”。选中单元格 F20，用鼠标指向该单元格的右下角，等到鼠标指针变为黑色实心十字时，按住鼠标左键，拖向单元格区域 G20：H20。这样合计数就计算出来了，分别为 180 000 元、8 和 180 000 元。如图 6—38 所示。

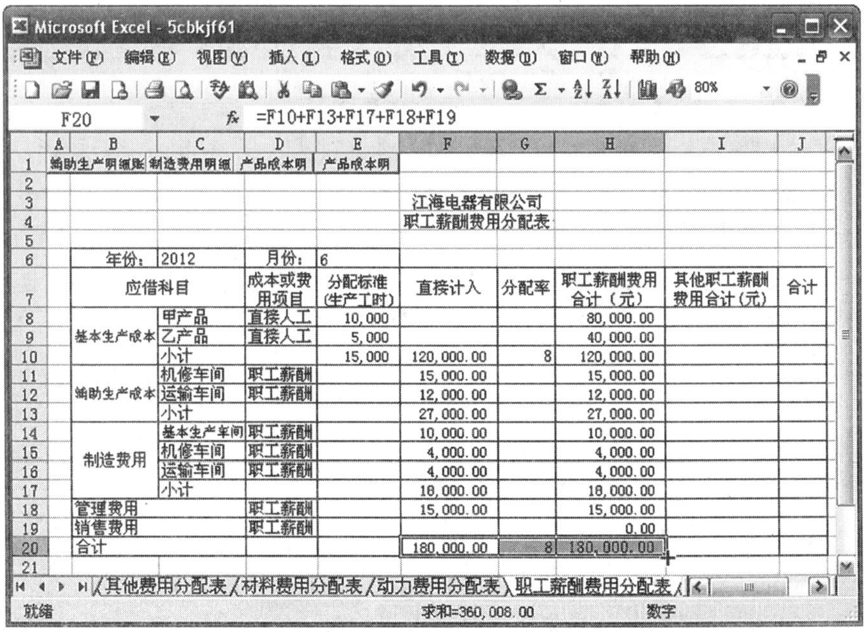

应借科目		成本或费用项目	分配标准（生产工时）	直接计入	分配率	职工薪酬费用合计（元）	其他职工薪酬费用合计（元）	合计
年份：2012		月份：6						
基本生产成本	甲产品	直接人工	10,000			80,000.00		
	乙产品	直接人工	5,000			40,000.00		
	小计		15,000	120,000.00	8	120,000.00		
辅助生产成本	机修车间	职工薪酬		15,000.00		15,000.00		
	运输车间	职工薪酬		12,000.00		12,000.00		
	小计			27,000.00		27,000.00		
制造费用	基本生产车间	职工薪酬		10,000.00		10,000.00		
	机修车间	职工薪酬		4,000.00		4,000.00		
	运输车间	职工薪酬		4,000.00		4,000.00		
	小计			18,000.00		18,000.00		
管理费用		职工薪酬		15,000.00		15,000.00		
销售费用		职工薪酬				0.00		
合计				180,000.00	8	180,000.00		

图 6—38

同理，用鼠标单击单元格 I8，输入公式“＝H8＊资料！$J$71”。选中单元格 I8，用鼠标指向该单元格的右下角，等到鼠标指针变为黑色实心十字时，按住鼠标左键，拖向单元格 I9，这样甲、乙产品的其他职工薪酬费用合计就计算出来了，分别为 32 000 元和 16 000 元。用鼠标单击单元格 I10，再单击功能区右上方的自动求和按钮“∑”，在公式编辑栏内就显示出我们所输入的函数“＝SUM(I8：I9)”。用鼠标单击单元格 I11，输入公式“＝H11＊ $J$71”。选中单元格 I11，用鼠标指向该单元格的右下角，等到鼠标指针变为黑色实心十字时，按住鼠标左键，拖向单元格区域 I12：I20。这样，其他职工薪酬费用的合计数就计算出来了。如图 6—39 所示。

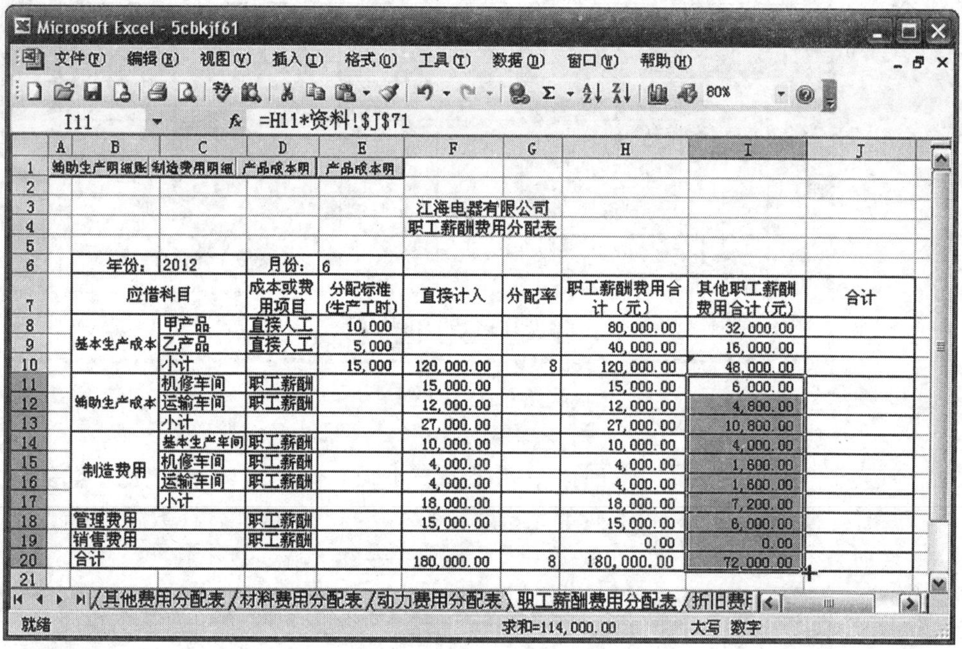

应借科目		成本或费用项目	分配标准(生产工时)	直接计入	分配率	职工薪酬费用合计（元）	其他职工薪酬费用合计(元)	合计
基本生产成本	甲产品	直接人工	10,000			80,000.00	32,000.00	
	乙产品	直接人工	5,000			40,000.00	16,000.00	
	小计		15,000	120,000.00	8	120,000.00	48,000.00	
辅助生产成本	机修车间	职工薪酬		15,000.00		15,000.00	6,000.00	
	运输车间	职工薪酬		12,000.00		12,000.00	4,800.00	
	小计			27,000.00		27,000.00	10,800.00	
制造费用	基本生产车间	职工薪酬		10,000.00		10,000.00	4,000.00	
	机修车间	职工薪酬		4,000.00		4,000.00	1,600.00	
	运输车间	职工薪酬		4,000.00		4,000.00	1,600.00	
	小计			18,000.00		18,000.00	7,200.00	
管理费用		职工薪酬		15,000.00		15,000.00	6,000.00	
销售费用		职工薪酬				0.00	0.00	
合计				180,000.00	8	180,000.00	72,000.00	

图 6—39

用鼠标单击单元格 J8，然后单击功能区右上方的自动求和按钮“∑”，在公式编辑栏内就显示出我们所输入的函数“＝SUM(H8：I8)”。然后选中单元格 J8，用鼠标指向该单元格的右下角，等到鼠标指针变为黑色实心十字时，按住鼠标左键，拖向单元格区域 J9：J20。这样职工薪酬的合计数就计算出来了，本例中的职工薪酬合计为 252 000 元。如图 6—40 所示。

至此，我们已经利用任务所提供的资料，在 Excel 工作表中创建完成了职工薪酬费用分配模型。根据职工薪酬费用分配模型计算出各产品应负担的工资费用和福利费，编制会计分录如下：

借：	基本生产成本——甲产品	112 000
	基本生产成本——乙产品	56 000
	辅助生产成本——机修车间	21 000
	辅助生产成本——运输车间	16 800

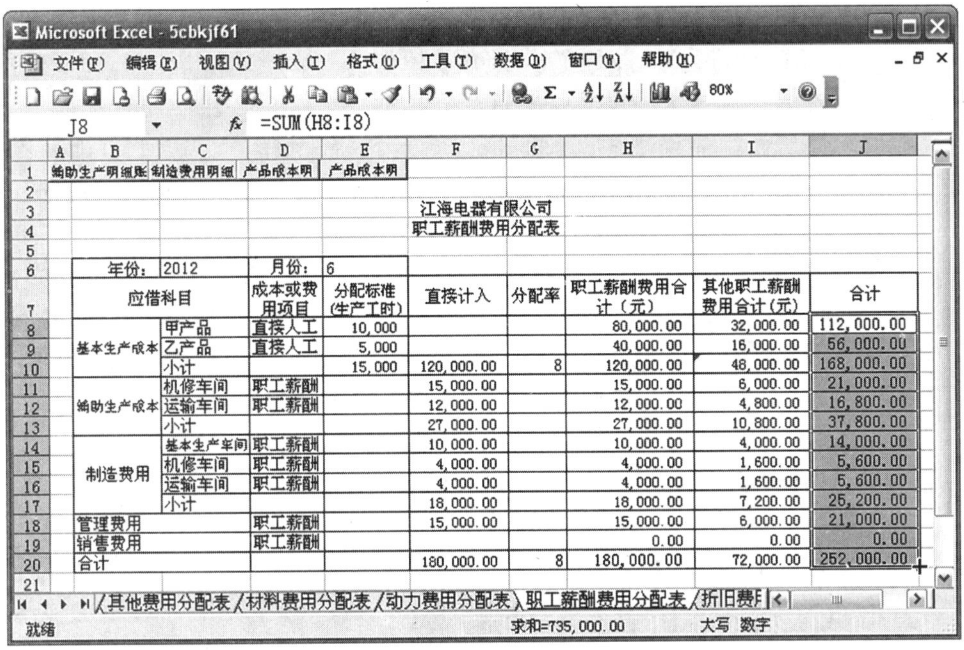

江海电器有限公司

职工薪酬费用分配表

年份：2012		月份：6						
应借科目		成本或费用项目	分配标准（生产工时）	直接计入	分配率	职工薪酬费用合计（元）	其他职工薪酬费用合计（元）	合计
基本生产成本	甲产品	直接人工	10,000			80,000.00	32,000.00	112,000.00
	乙产品	直接人工	5,000			40,000.00	16,000.00	56,000.00
	小计		15,000	120,000.00	8	120,000.00	48,000.00	168,000.00
辅助生产成本	机修车间	职工薪酬		15,000.00		15,000.00	6,000.00	21,000.00
	运输车间	职工薪酬		12,000.00		12,000.00	4,800.00	16,800.00
	小计			27,000.00		27,000.00	10,800.00	37,800.00
制造费用	基本生产车间	职工薪酬		10,000.00		10,000.00	4,000.00	14,000.00
	机修车间	职工薪酬		4,000.00		4,000.00	1,600.00	5,600.00
	运输车间	职工薪酬		4,000.00		4,000.00	1,600.00	5,600.00
	小计			18,000.00		18,000.00	7,200.00	25,200.00
管理费用		职工薪酬		15,000.00		15,000.00	6,000.00	21,000.00
销售费用		职工薪酬				0.00	0.00	0.00
合计				180,000.00	8	180,000.00	72,000.00	252,000.00

图 6—40

制造费用——基本生产车间	14 000
制造费用——机修车间	5 600
制造费用——运输车间	5 600
管理费用	21 000
贷：应付职工薪酬——应付工资	180 000
——应付福利费	72 000

根据以上分录，用鼠标顺序点击左上方的“基本生产成本明细账”、“辅助生产明细账”和“制造费用明细账”按钮，分别登记“基本生产成本”明细账、“辅助生产”明细账和“制造费用”明细账。

分配职工薪酬费用并登记明细账的详细过程请参考产品成本计算的“品种法实验示范”中的“分配职工薪酬费用”等资料。

第六步：计算和分配本月的固定资产折旧费用和低值易耗品摊销费用并登记明细账

制作“固定资产折旧费用分配表”分配折旧费用，制作“低值易耗品摊销费用分配表”分配低值易耗品摊销费用。

1. 链接“资料”工作表获取资料

从“资料”工作表链接计算折旧相关的固定资产原值、净残值和预计使用年限等资料。将“资料”工作表中的固定资产折旧资料的单元格 C75，C76，C77 和 C78 的固定资产原值分别链接到“固定资产折旧费用分配表”的单元格 D9，D10，D11 和 D13 中；将“资料”工作表中的单元格 E75，E76，E77 和 E78 的固定资产净残值分别链接到“固定资产折旧费用分配表”的单元格 E9，E10，E11，E13 中；将“资料”工作表中的单元格 G75，G76，G77 和 G78 的固定资产预计使用年限分别链接到“固定资产折旧费用分配表”的单元格 F9，F10，F11，F13 中，为计算固定资产折旧做好准备。

2. 调用函数计算本月固定资产折旧额

用鼠标单击单元格 G9，单击公式编辑栏左侧的“f_x”按钮（即插入函数按钮），弹出“插入函数”对话框，单击“函数分类（C）”栏选择“财务”类，在“选择函数（N）”栏选择“SLN”函数名，调出“SLN”函数对话框。单击参数“Cost”编辑对话框右边的红色箭头“折叠对话框按钮”，然后单击单元格 D9（即基本生产车间的固定资产原值），再次单击“折叠对话框按钮”右边的红色箭头，回到“SLN”函数对话框。单击“Salvage”编辑对话框右边的红色箭头“折叠对话框按钮”，单击单元格 E9，再次单击“折叠对话框按钮”右边的红色箭头，回到“SLN”函数计算年折旧额的“参数”编辑对话框。单击“Life”编辑对话框右边的红色箭头“折叠对话框按钮”，然后单击单元格 F9，按下“回车”键，基本生产车间固定资产预计使用年限资料就被输入“折旧费用计算”模型，再次单击“折叠对话框按钮”右边的红色箭头，回到“SLN”函数计算年折旧额的“参数”编辑对话框，按下“回车”键，在单元格 G9 中就会显示出计算固定资产年折旧额的函数“＝SLN(D9，E9，F9)”。接着将鼠标指针指向单元格 G9 的右下角，待鼠标指针变为黑色实心十字时，按住鼠标左键拖向单元格区域 G10：G13，计算出基本生产车间、机修车间、运输车间和管理部门的年折旧额。

注意：这里我们是按年计算的折旧额，所以将上述折旧函数计算出的结果再除以 12 即可得到月折旧额。用鼠标单击单元格 H9，输入公式“＝G9/12”，就可计算出基本生产车间的固定资产的月折旧额。如图 6—41 所示。

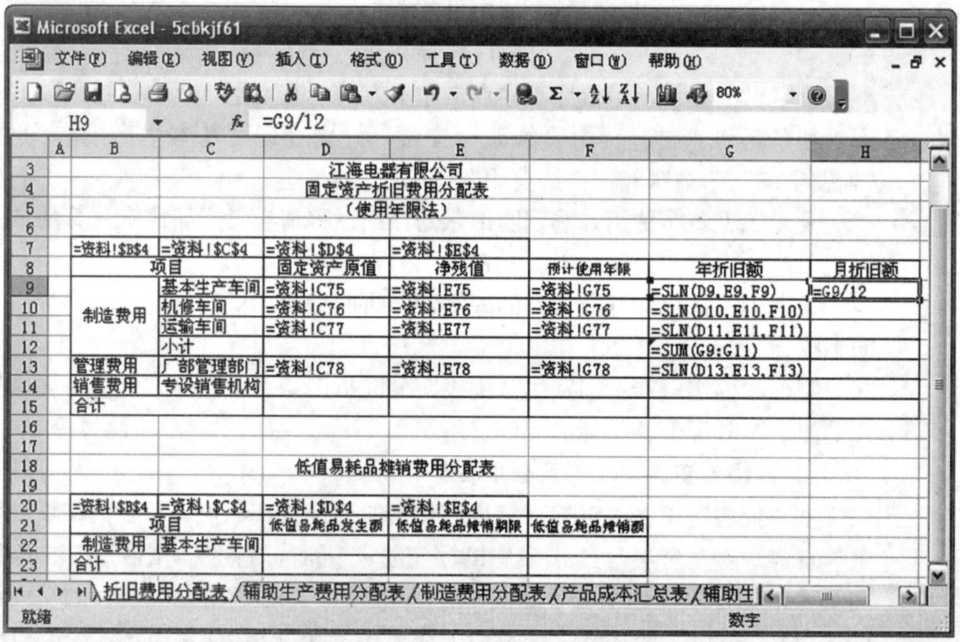

图 6—41

接着将鼠标指针指向单元格 H9 的右下角，待鼠标指针变为黑色实心十字时，按住鼠标左键拖向单元格区域 H10：H13，计算出基本生产车间、机修车间、运输车间和管理部门的月折旧额。使用自动求和工具计算出折旧费用的合计数。

3. 计算本月低值易耗品的摊销额

将“资料”工作表单元格 C91，E91 中的低值易耗品的相关数据，分别链接到“低值易耗品摊销费用分配表”的单元格 D22，E22 中，并在单元格 F22 中输入公式“=D22/E22”，计算出当月应摊销的低值易耗品的摊销额。注意，同时按下“Ctrl”键和“～”键，模型中所有公式都会显示出来。如图 6—42 所示。

图 6—42

再次同时按下“Ctrl”键和“～”键，模型中所有公式转换为计算的结果。如图 6—43 所示。

至此，我们已经利用任务所提供的资料，在 Excel 工作表中创建完成了“固定资产折旧费计算模型”和“低值易耗品摊销费用计算模型”。根据“固定资产折旧费计算模型”和“低值易耗品摊销费用计算模型”计算出产品或部门应负担的固定资产折旧费用和无形资产摊销费用，编制会计分录如下：

借：制造费用——基本生产车间	24 000
制造费用——机修车间	12 000
制造费用——运输车间	9 000
管理费用	5 000
贷：累计折旧	50 000

根据以上分录，用鼠标顺序点击左上方的“制造费用明细账”按钮，登记

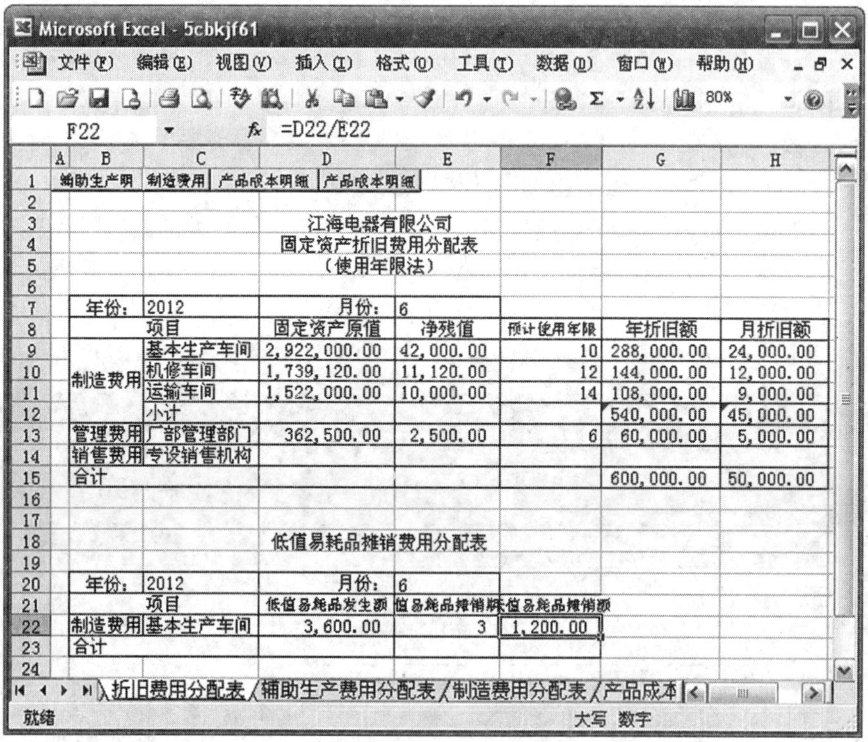

江海电器有限公司
固定资产折旧费用分配表
（使用年限法）

年份：	2012	月份：	6			
	项目	固定资产原值	净残值	预计使用年限	年折旧额	月折旧额
制造费用	基本生产车间	2,922,000.00	42,000.00	10	288,000.00	24,000.00
	机修车间	1,739,120.00	11,120.00	12	144,000.00	12,000.00
	运输车间	1,522,000.00	10,000.00	14	108,000.00	9,000.00
	小计				540,000.00	45,000.00
管理费用	厂部管理部门	362,500.00	2,500.00	6	60,000.00	5,000.00
销售费用	专设销售机构					
合计					600,000.00	50,000.00

低值易耗品摊销费用分配表

年份：	2012	月份：	6	
	项目	低值易耗品发生额	值易耗品摊销期	值易耗品摊销额
制造费用	基本生产车间	3,600.00	3	1,200.00
合计				

图 6—43

“制造费用”明细账。

根据“低值易耗品费用分配表”编制会计分录：

借：制造费用——基本生产车间　　12 000

　贷：待摊费用　　12 000

根据以上分录，用鼠标顺序点击左上方的“制造费用明细账”按钮，登记“制造费用”明细账。

第七步：分配辅助生产费用并登记明细账

制作辅助生产费用分配表，分配辅助生产费用。

从“资料”工作表链接与机修车间辅助生产费用分配相关的工时数量和吨/公里数量等资料，从“辅助生产明细账”工作表中将机修车间辅助生产费用链接到“辅助生产费用分配表”中，从“辅助生产明细账”工作表中将运输车间辅助生产费用链接到“辅助生产费用分配表”中，为分配辅助生产费用做好准备。

用鼠标单击单元格 D12，再单击功能区右上方的自动求和按钮“∑”，在公式编辑栏内就显示出我们所输入的函数“＝SUM(D9：D11)”。然后选中单元格 D12，用鼠标指向该单元格的右下角，等到鼠标指针变为黑色实心十字时，按住鼠标左键，拖向单元格区域 E12：G12。这样辅助生产机修车间对外分配的工时数量和费用合计数以及运输车间对外分配的吨/公里的合计数就计算出来了。

用鼠标单击单元格 E13，输入公式“＝E12/D12”，再单击单元格 F13，输入公式“＝G12/F12”。这样辅助生产机修车间对外分配的分配率就计算出来了。

用辅助生产机修车间的对外分配率乘以各单位耗用的机修车间提供的工时数量，用辅助生产运输车间的对外分配率乘以各单位耗用的运输车间提供的运输劳务数量即可。

最后，用鼠标单击单元格 D17，再单击功能区右上方的自动求和按钮“∑”，在公式编辑栏内就显示出我们所输入的函数“＝SUM(D14：D15)”。然后选中单元格 D17，用鼠标指向该单元格的右下角，等到鼠标指针变为黑色实心十字时，按住鼠标左键，拖向单元格区域 E17：G17。这样辅助生产机修车间对外分配的工时数量和费用合计数以及运输车间对外分配的吨/公里的合计数就计算出来了。注意，同时按下“Ctrl”键和“～”键，模型中所有公式都会显示出来。如图 6—44 所示。

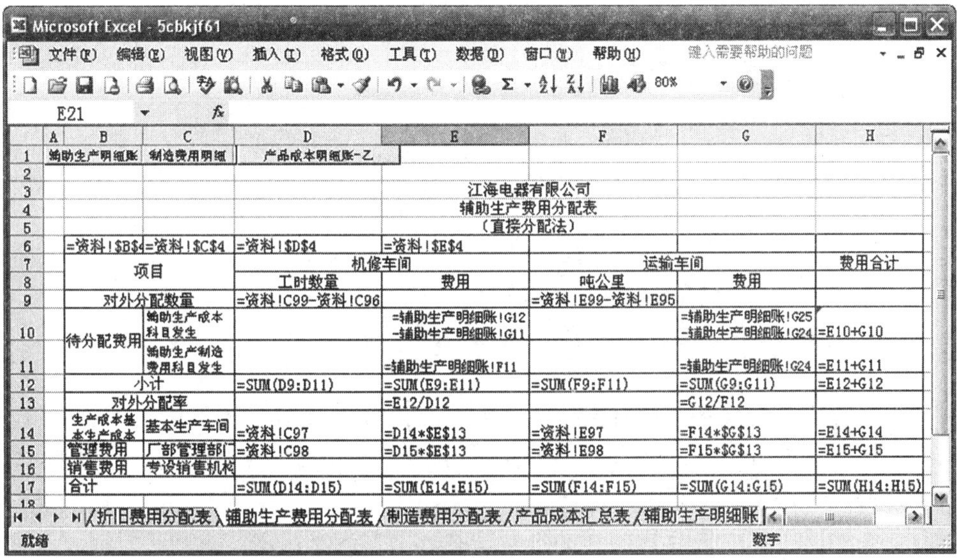

图 6—44

再次同时按下“Ctrl”键和“～”键，模型中所有公式转换为计算的结果。如图 6—45 所示。

至此，我们已经利用任务所提供的资料，在 Excel 工作表中创建完成了辅助生产费用直接分配法模型。根据辅助生产费用分配模型计算出各产品或部门应负担的辅助生产费用，编制会计分录如下：

借：制造费用——基本生产车间	94 050
管理费用	10 450
贷：辅助生产成本——机修车间	48 000
辅助生产成本——运输车间	56 500

根据以上分录，用鼠标顺序点击左上方的“辅助生产成本明细账”和“制造费用明细账”按钮，分别登记“辅助生产成本”明细账和“制造费用”明细账。

分配辅助生产费用并登记明细账的详细过程请参考产品成本计算的“品种法

项目		机修车间		运输车间		费用合计
年份: 2012		月份: 6				
		工时数量	费用	吨公里	费用	
对外分配数量		4000		50000		
待分配费用	辅助生产成本科目发生		25,400.00		35,200.00	60,600.00
	辅助生产制造费用科目发生		22,600.00		21,300.00	43,900.00
	小计	4000	48,000.00	50000	56,500.00	104,500.00
对外分配率			12.0000		1.1300	
生产成本——基本生产成本	基本生产车间	3600	43,200.00	45000	50,850.00	94,050.00
管理费用	厂部管理部门	400	4,800.00	5000	5,650.00	10,450.00
销售费用	专设销售机构					
合计		4000	48000	50000	56500	104500

图 6—45

实验示范”中的“分配辅助生产费用”等资料。

第八步：分配制造费用并登记明细账

制作“制造费用分配表”，分配制造费用。

1. 链接“资料”工作表获取资料

将“制造费用明细账”工作表中的待分配费用小计单元格 K13 和 K27，分别链接到单元格 D9 和 E10 中，作为机修车间和运输车间的制造费用。将“资料”工作表本月发生的工时记录资料中的甲、乙产品机器工时单元格 C25 和 E25 分别引用到单元格 D20 和 D21 中，作为分配标准生产工时。

2. 计算分配金额

用鼠标单击单元格 F22，然后引用制造费用明细账中单元格 M43 的待分配费用小计，再按下“回车”键，单元格 M43 中的资料就被引用到单元格 F22。

3. 计算分配率

用鼠标单击单元格 E22，输入“＝”（等号），然后单击单元格 F22，输入运算符“/”（除号），再单击单元格 D22，在公式编辑栏内就显示出我们所输入的公式“＝F22/D22”。用鼠标单击单元格 F20，输入公式“＝D20＊＄E＄22”。选中单元格 F20，用鼠标指向该单元格的右下角，等到鼠标指针变为黑色实心十字时，按住鼠标左键，拖向单元格 F21。这样甲、乙产品分配金额就计算出来了，分别为 88 200 元和 58 800 元。用鼠标单击单元格 F23，输入公式“＝－F22”。如图 6—46 所示。

同时按下“Ctrl”键和“～”键，模型中所有公式转换为计算的结果。如图 6—47 所示。

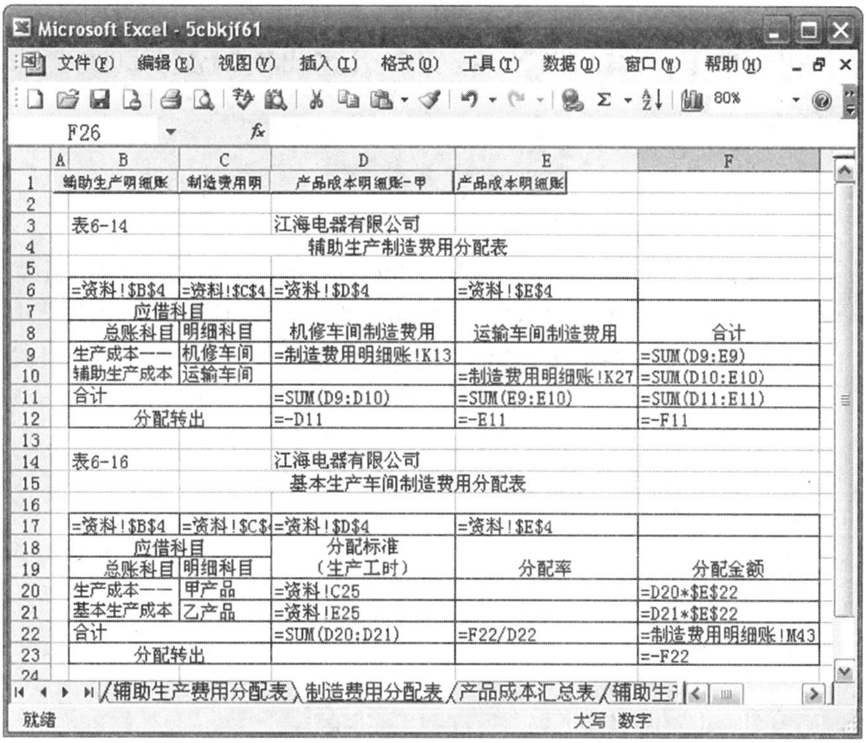

Microsoft Excel - 5cbkjf61

F26

	A	B	C	D	E	F
1		辅助生产明细账	制造费用明	产品成本明细账-甲	产品成本明细账	
2						
3		表6-14		江海电器有限公司		
4				辅助生产制造费用分配表		
5						
6		=资料!$B$4	=资料!$C$4	=资料!$D$4	=资料!$E$4	
7		应借科目		机修车间制造费用	运输车间制造费用	合计
8		总账科目	明细科目			
9		生产成本——	机修车间	=制造费用明细账!K13		=SUM(D9:E9)
10		辅助生产成本	运输车间		=制造费用明细账!K27	=SUM(D10:E10)
11		合计		=SUM(D9:D10)	=SUM(E9:E10)	=SUM(D11:E11)
12		分配转出		=-D11	=-E11	=-F11
13						
14		表6-16		江海电器有限公司		
15				基本生产车间制造费用分配表		
16						
17		=资料!$B$4	=资料!C	=资料!$D$4	=资料!$E$4	
18		应借科目		分配标准（生产工时）	分配率	分配金额
19		总账科目	明细科目			
20		生产成本——	甲产品	=资料!C25		=D20*$E$22
21		基本生产成本	乙产品	=资料!E25		=D21*$E$22
22		合计		=SUM(D20:D21)	=F22/D22	=制造费用明细账!M43
23		分配转出				=-F22
24						

辅助生产费用分配表 / 制造费用分配表 / 产品成本汇总表 / 辅助生

就绪　大写　数字

图 6—46

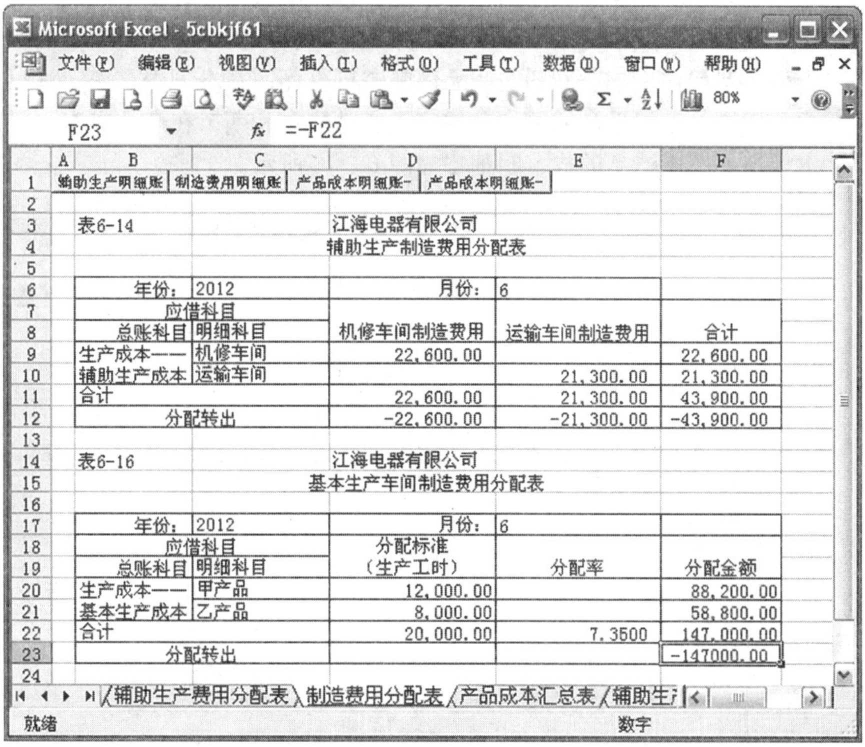

Microsoft Excel - 5cbkjf61

F23　=-F22

	A	B	C	D	E	F
1		辅助生产明细账	制造费用明细账	产品成本明细账-	产品成本明细账-	
2						
3		表6-14		江海电器有限公司		
4				辅助生产制造费用分配表		
5						
6		年份:	2012	月份:	6	
7		应借科目		机修车间制造费用	运输车间制造费用	合计
8		总账科目	明细科目			
9		生产成本——	机修车间	22,600.00		22,600.00
10		辅助生产成本	运输车间		21,300.00	21,300.00
11		合计		22,600.00	21,300.00	43,900.00
12		分配转出		-22,600.00	-21,300.00	-43,900.00
13						
14		表6-16		江海电器有限公司		
15				基本生产车间制造费用分配表		
16						
17		年份:	2012	月份:	6	
18		应借科目		分配标准（生产工时）	分配率	分配金额
19		总账科目	明细科目			
20		生产成本——	甲产品	12,000.00		88,200.00
21		基本生产成本	乙产品	8,000.00		58,800.00
22		合计		20,000.00	7.3500	147,000.00
23		分配转出				-147000.00
24						

辅助生产费用分配表 / 制造费用分配表 / 产品成本汇总表 / 辅助生

就绪　数字

图 6—47

至此，我们已经利用任务所提供的资料，在 Excel 工作表中创建完成了制造费用分配模型。根据制造费用分配模型计算出各产品应负担的制造费用，编制会计分录如下：

借：基本生产成本——甲产品	88 200	
基本生产成本——乙产品	58 800	
贷：制造费用		147 000

根据以上分录，用鼠标顺序点击左上方的“基本生产成本明细账”和“制造费用明细账”按钮，分别登记“基本生产成本”明细账和“制造费用”明细账。

分配辅助生产费用并登记明细账的详细过程请参考产品成本计算的基本方法实验的“品种法实验示范”中的“分配辅助生产费用”等资料。

另外，将本月发生的其他涉及产品成本的业务登记入账。

（1）根据“在产品盘存表”编制会计分录。

借：待处理财产损溢	4 374	
贷：基本生产成本——乙产品		4 374

（2）根据对盘亏在产品的处理意见编制会计分录

借：原材料	274	
其他应收款	100	
管理费用	4 000	
贷：待处理财产损溢		4 374

第九步：计算甲产品的完工产品和在产品成本

完成以上成本费用的分配和记账工作，就进入计算产品成本的最后阶段，即将生产费用在完工产品和在产品之间进行分配。在本例中首先计算出江海电器有限公司第一车间生产的甲产品的完工产品成本和期末在产品成本。登记完成的基本生产——甲产品的成本明细账如图 6—48 所示。

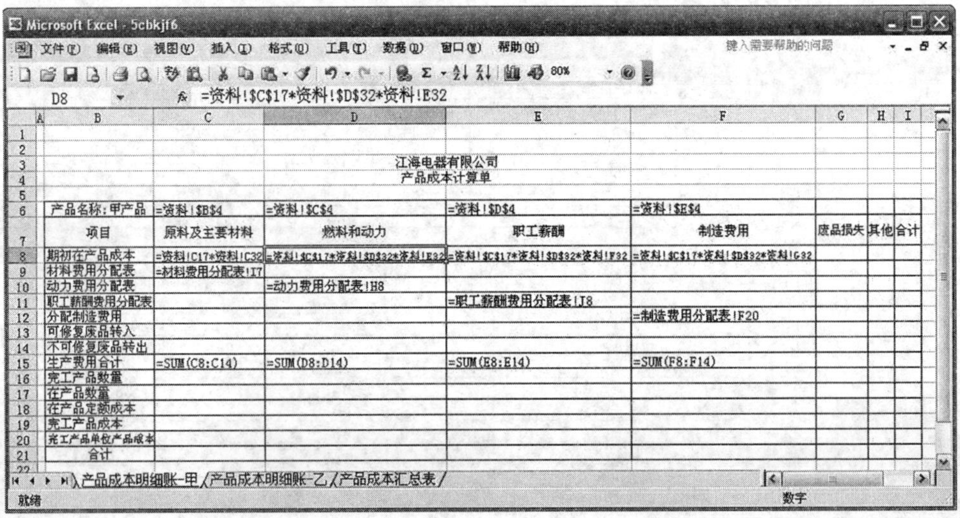

产品名称：甲产品	=资料!$B$4	=资料!$C$4	=资料!$D$4	=资料!$E$4			
项目	原料及主要材料	燃料和动力	职工薪酬	制造费用	废品损失	其他	合计
期初在产品成本	=资料!C17*资料!C32	=资料!$C$17*资料!$D$32*资料!E32	=资料!$C$17*资料!$D$32*资料!F32	=资料!$C$17*资料!$D$32*资料!G32			
材料费用分配表	=材料费用分配表!I7						
动力费用分配表		=动力费用分配表!H8					
职工薪酬费用分配表			=职工薪酬费用分配表!J8				
分配制造费用				=制造费用分配表!F20			
可修复废品转入							
不可修复废品转出							
生产费用合计	=SUM(C8:C14)	=SUM(D8:D14)	=SUM(E8:E14)	=SUM(F8:F14)			
完工产品数量							
在产品数量							
在产品定额成本							
完工产品成本							
完工产品单位产品成本							
合计							

图 6—48

同时按下“Ctrl”键和“～”键，模型中所有公式转换为计算的结果。如

图 6—49所示。

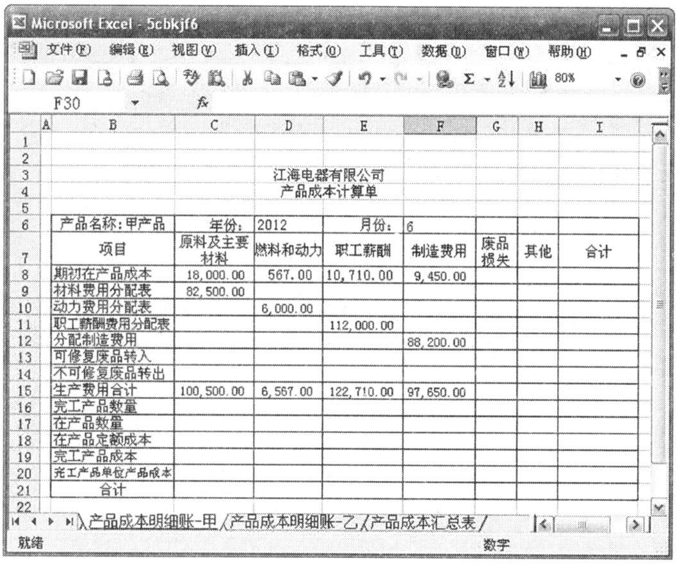

江海电器有限公司
产品成本计算单

产品名称：甲产品	年份：	2012	月份：	6			
项目	原料及主要材料	燃料和动力	职工薪酬	制造费用	废品损失	其他	合计
期初在产品成本	18,000.00	567.00	10,710.00	9,450.00			
材料费用分配表	82,500.00						
动力费用分配表		6,000.00					
职工薪酬费用分配表			112,000.00				
分配制造费用				88,200.00			
可修复废品转入							
不可修复废品转出							
生产费用合计	100,500.00	6,567.00	122,710.00	97,650.00			
完工产品数量							
在产品数量							
在产品定额成本							
完工产品成本							
完工产品单位产品成本							
合计							

图 6—49

1. 链接甲产品的完工产品数量和在产品数量

将“资料”工作表中甲产品完工产品数量和在产品数量链接到“产品成本计算单——甲产品”中，以便计算甲产品的完工产品成本。将“资料”工作表中本月完工的甲产品数量从“资料”工作表的单元格 C19 引用到“产品成本明细账——甲产品”工作表的单元格 C16，D16，E16 和 F16 中。同时将计算甲产品的在产品定额成本等相关资料链接到“产品成本计算单——甲产品”，以便计算甲产品的在产品成本。将“资料”工作表中本月甲产品在产品数量从“资料”工作表的单元格 C21 引用到“产品成本明细账——甲产品”工作表的单元格 C17，D17，E17 和 F17 中。如图 6—50 所示。

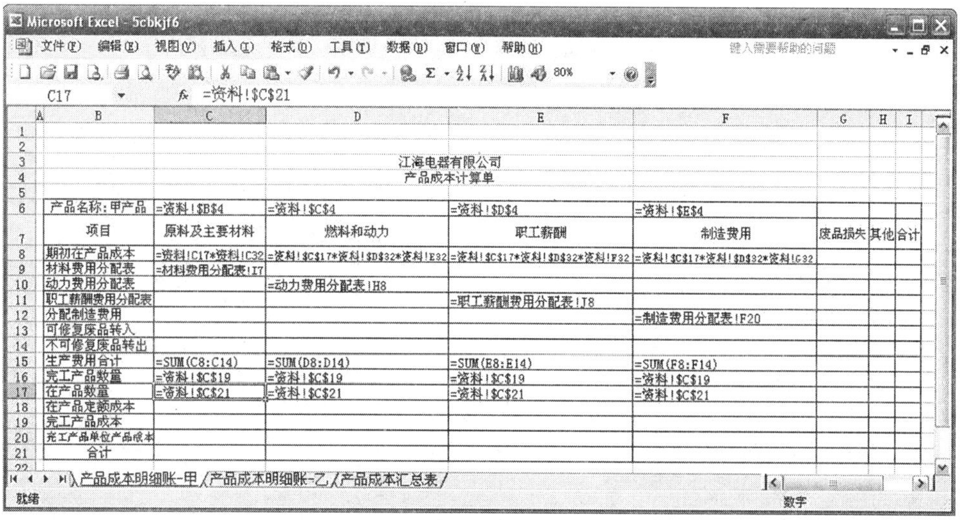

江海电器有限公司
产品成本计算单

产品名称：甲产品	=资料!$B$4	=资料!$C$4	=资料!$D$4	=资料!$E$4			
项目	原料及主要材料	燃料和动力	职工薪酬	制造费用	废品损失	其他	合计
期初在产品成本	=资料!C17*资料!C32	=资料!$C$17*资料!$D$32*资料!E32	=资料!$C$17*资料!$D$32*资料!F32	=资料!$C$17*资料!$D$32*资料!G32			
材料费用分配表	=材料费用分配表!I7						
动力费用分配表		=动力费用分配表!H8					
职工薪酬费用分配表			=职工薪酬费用分配表!J8				
分配制造费用				=制造费用分配表!F20			
可修复废品转入							
不可修复废品转出							
生产费用合计	=SUM(C8:C14)	=SUM(D8:D14)	=SUM(E8:E14)	=SUM(F8:F14)			
完工产品数量	=资料!$C$19	=资料!$C$19	=资料!$C$19	=资料!$C$19			
在产品数量	=资料!$C$21	=资料!$C$21	=资料!$C$21	=资料!$C$21			
在产品定额成本							
完工产品成本							
完工产品单位产品成本							
合计							

图 6—50

同时按下“Ctrl”键和“～”键，模型中所有公式转换为引用的结果。如图 6—51所示。

江海电器有限公司 产品成本计算单							
产品名称：甲产品	年份：	2012	月份：	6			
项目	原料及主要材料	燃料和动力	职工薪酬	制造费用	废品损失	其他	合计
期初在产品成本	18,000.00	567.00	10,710.00	9,450.00			
材料费用分配表	82,500.00						
动力费用分配表		6,000.00					
职工薪酬费用分配表			112,000.00				
分配制造费用				88,200.00			
可修复废品转入							
不可修复废品转出							
生产费用合计	100,500.00	6,567.00	122,710.00	97,650.00			
完工产品数量	160.00	160.00	160.00	160.00			
在产品数量	40.00	40.00	40.00	40.00			
在产品定额成本							
完工产品成本							
完工产品单位产品成本							
合计							

图 6—51

2. 计算甲产品的在产品定额成本

根据“资料”工作表中甲产品在产品数量和甲产品在产品的定额成本资料，计算甲产品的在产品成本。在“产品成本明细账——甲产品”工作表的单元格C18，D18，E18和F18中，分别输入公式“＝资料!C21＊资料!C32”，“＝资料!＄C＄21＊资料!＄D＄32＊资料!E32”，“＝资料!＄C＄21＊资料!＄D＄32＊资料!F32”和“＝资料!＄C＄21＊资料!＄D＄32＊资料!G32”。如图 6—52 所示。

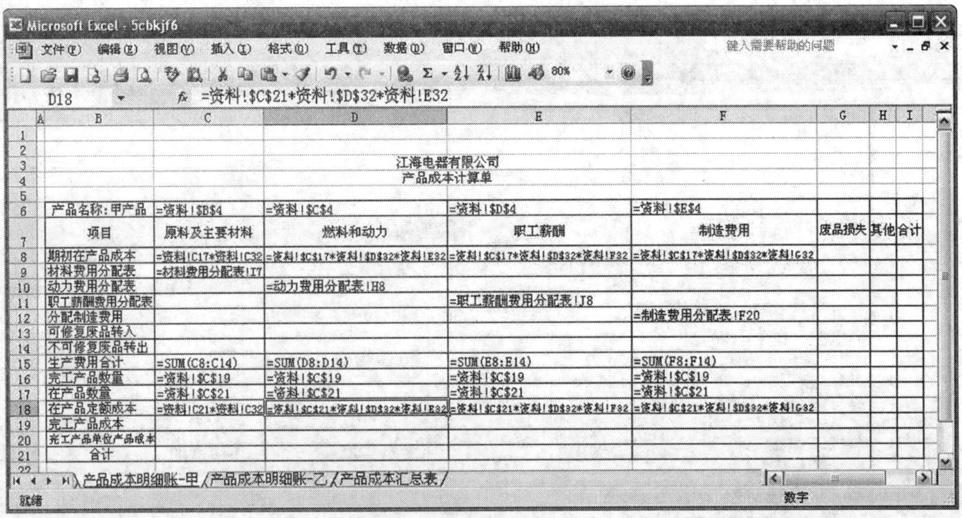

D18 =资料!$C$21*资料!$D$32*资料!E32

江海电器有限公司 产品成本计算单							
产品名称：甲产品	=资料!$B$4	=资料!$C$4	=资料!$D$4	=资料!$E$4			
项目	原料及主要材料	燃料和动力	职工薪酬	制造费用	废品损失	其他	合计
期初在产品成本	=资料!C17*资料!C32	=资料!$C$17*资料!$D$32*资料!E32	=资料!$C$17*资料!$D$32*资料!F32	=资料!$C$17*资料!$D$32*资料!G32			
材料费用分配表	=材料费用分配表!I7						
动力费用分配表		=动力费用分配表!H8					
职工薪酬费用分配表			=职工薪酬费用分配表!J8				
分配制造费用				=制造费用分配表!F20			
可修复废品转入							
不可修复废品转出							
生产费用合计	=SUM(C8:C14)	=SUM(D8:D14)	=SUM(E8:E14)	=SUM(F8:F14)			
完工产品数量	=资料!$C$19	=资料!$C$19	=资料!$C$19	=资料!$C$19			
在产品数量	=资料!$C$21	=资料!$C$21	=资料!$C$21	=资料!$C$21			
在产品定额成本	=资料!C21*资料!C32	=资料!$C$21*资料!$D$32*资料!E32	=资料!$C$21*资料!$D$32*资料!F32	=资料!$C$21*资料!$D$32*资料!G32			
完工产品成本							
完工产品单位产品成本							
合计							

图 6—52

同时按下“Ctrl”键和“～”键，模型中所有公式转换为计算的结果。如

图 6—53所示。

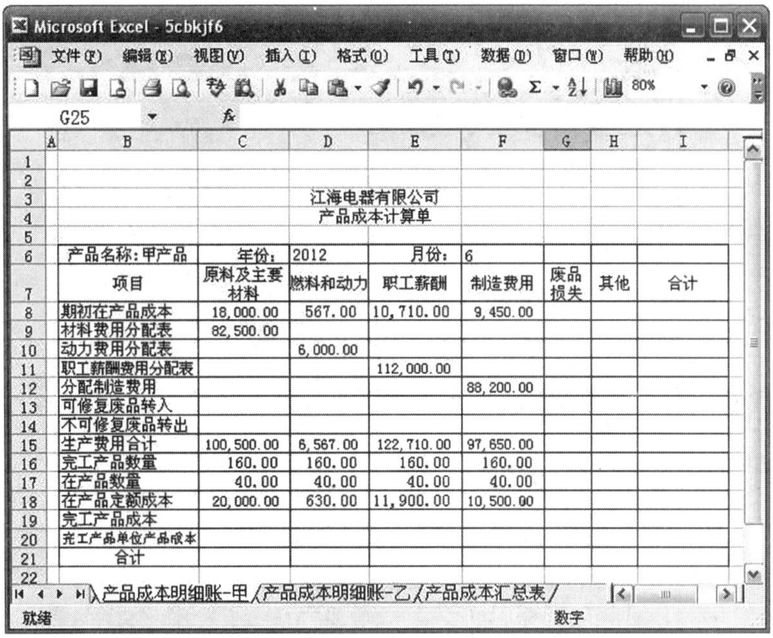

江海电器有限公司							
产品成本计算单							
产品名称:甲产品	年份:	2012	月份:	6			
项目	原料及主要材料	燃料和动力	职工薪酬	制造费用	废品损失	其他	合计
期初在产品成本	18,000.00	567.00	10,710.00	9,450.00			
材料费用分配表	82,500.00						
动力费用分配表		6,000.00					
职工薪酬费用分配表			112,000.00				
分配制造费用				88,200.00			
可修复废品转入							
不可修复废品转出							
生产费用合计	100,500.00	6,567.00	122,710.00	97,650.00			
完工产品数量	160.00	160.00	160.00	160.00			
在产品数量	40.00	40.00	40.00	40.00			
在产品定额成本	20,000.00	630.00	11,900.00	10,500.00			
完工产品成本							
完工产品单位产品成本							
合计							

图 6—53

3. 计算甲产品的完工产品成本

用甲产品的生产费用合计数减去甲产品的未完工产品的定额成本，即可计算出甲产品的完工产品成本。在“产品成本明细账——甲产品”工作表的单元格C19，D19，E19 和 F19 中，分别输入公式“=C15−C18”，“=D15−D18”，“=E15−E18”和“=F15−F18”，计算出甲产品的完工产品成本。如图 6—54所示。

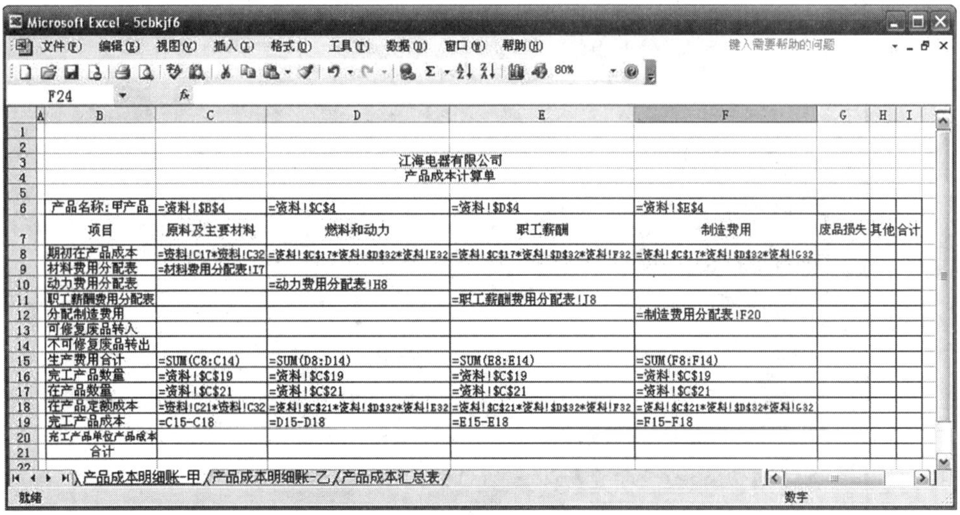

江海电器有限公司							
产品成本计算单							
产品名称:甲产品	=资料!$B$4	=资料!$C$4	=资料!$D$4	=资料!$E$4			
项目	原料及主要材料	燃料和动力	职工薪酬	制造费用	废品损失	其他	合计
期初在产品成本	=资料!C17*资料!C32	=资料!$C$17*资料!$D$32*资料!E32	=资料!$C$17*资料!$D$32*资料!F32	=资料!$C$17*资料!$D$32*资料!G32			
材料费用分配表	=材料费用分配表!I7						
动力费用分配表		=动力费用分配表!H8					
职工薪酬费用分配表			=职工薪酬费用分配表!J8				
分配制造费用				=制造费用分配表!F20			
可修复废品转入							
不可修复废品转出							
生产费用合计	=SUM(C8:C14)	=SUM(D8:D14)	=SUM(E8:E14)	=SUM(F8:F14)			
完工产品数量	=资料!$C$19	=资料!$C$19	=资料!$C$19	=资料!$C$19			
在产品数量	=资料!$C$21	=资料!$C$21	=资料!$C$21	=资料!$C$21			
在产品定额成本	=资料!C21*资料!C32	=资料!$C$21*资料!$D$32*资料!E32	=资料!$C$21*资料!$D$32*资料!F32	=资料!$C$21*资料!$D$32*资料!G32			
完工产品成本	=C15-C18	=D15-D18	=E15-E18	=F15-F18			
完工产品单位产品成本							
合计							

图 6—54

同时按下“Ctrl”键和“～”键，模型中所有公式转换为计算的结果。如图6—55所示。

江海电器有限公司

产品成本计算单

产品名称：甲产品	年份：2012		月份：6				
项目	原料及主要材料	燃料和动力	职工薪酬	制造费用	废品损失	其他	合计
期初在产品成本	18,000.00	567.00	10,710.00	9,450.00			
材料费用分配表	82,500.00						
动力费用分配表		6,000.00					
职工薪酬费用分配表			112,000.00				
分配制造费用				88,200.00			
可修复废品转入							
不可修复废品转出							
生产费用合计	100,500.00	6,567.00	122,710.00	97,650.00			
完工产品数量	160.00	160.00	160.00	160.00			
在产品数量	40.00	40.00	40.00	40.00			
在产品定额成本	20,000.00	630.00	11,900.00	10,500.00			
完工产品成本	80,500.00	5,937.00	110,810.00	87,150.00			
完工产品单位产品成本							
合计							

产品成本明细账-甲 / 产品成本明细账-乙 / 产品成本汇总表

图 6—55

4. 计算甲产品完工产品的单位产品成本

用甲产品的完工产品成本除以甲产品的完工产品数量，即可计算出甲产品的单位产品成本。在“产品成本明细账——甲产品”工作表的单元格C20中输入公式“=C19/资料!＄C＄19”，然后在单元格区域D20：F20内复制该公式。如图6—56所示。

江海电器有限公司

产品成本计算单

产品名称：甲产品	=资料!$B$4	=资料!$C$4	=资料!$D$4	=资料!$E$4			
项目	原料及主要材料	燃料和动力	职工薪酬	制造费用	废品损失	其他	合计
期初在产品成本	=资料!C17*资料!C32	=资料!$C$17*资料!$D$32*资料!E32	=资料!$C$17*资料!$D$32*资料!F32	=资料!$C$17*资料!$D$32*资料!G32			
材料费用分配表	=材料费用分配表!I7						
动力费用分配表		=动力费用分配表!H8					
职工薪酬费用分配表			=职工薪酬费用分配表!J8				
分配制造费用				=制造费用分配表!F20			
可修复废品转入							
不可修复废品转出							
生产费用合计	=SUM(C8:C14)	=SUM(D8:D14)	=SUM(E8:E14)	=SUM(F8:F14)			
完工产品数量	=资料!$C$19	=资料!$C$19	=资料!$C$19	=资料!$C$19			
在产品数量	=资料!$C$21	=资料!$C$21	=资料!$C$21	=资料!$C$21			
在产品定额成本	=资料!C21*资料!C32	=资料!$C$21*资料!$D$32*资料!E32	=资料!$C$21*资料!$D$32*资料!F32	=资料!$C$21*资料!$D$32*资料!G32			
完工产品成本	=C15-C18	=D15-D18	=E15-E18	=F15-F18			
完工产品单位产品成本	=C19/资料!$C$19	=D19/资料!$C$19	=E19/资料!$C$19	=F19/资料!$C$19			
合计							

产品成本明细账-甲 / 产品成本明细账-乙 / 产品成本汇总表

图 6—56

同时按下"Ctrl"键和"~"键，模型中所有公式转换为计算的结果。如图 6—57 所示。

	B	C	D	E	F	G	H	I
3			江海电器有限公司					
4			产品成本计算单					
6	产品名称：甲产品	年份：	2012	月份：	6			
7	项目	原料及主要材料	燃料和动力	职工薪酬	制造费用	废品损失	其他	合计
8	期初在产品成本	18,000.00	567.00	10,710.00	9,450.00			
9	材料费用分配表	82,500.00						
10	动力费用分配表		6,000.00					
11	职工薪酬费用分配表			112,000.00				
12	分配制造费用				88,200.00			
13	可修复废品转入							
14	不可修复废品转出							
15	生产费用合计	100,500.00	6,567.00	122,710.00	97,650.00			
16	完工产品数量	160.00	160.00	160.00	160.00			
17	在产品数量	40.00	40.00	40.00	40.00			
18	在产品定额成本	20,000.00	630.00	11,900.00	10,500.00			
19	完工产品成本	80,500.00	5,937.00	110,810.00	87,150.00			
20	完工产品单位产品成本	503.13	37.11	692.56	544.69			
21	合计							

图 6—57

5. 计算甲产品各成本项目的合计数

输入公式或函数，计算出甲产品成本计算单中各成本项目的合计数。如图 6—58 所示。

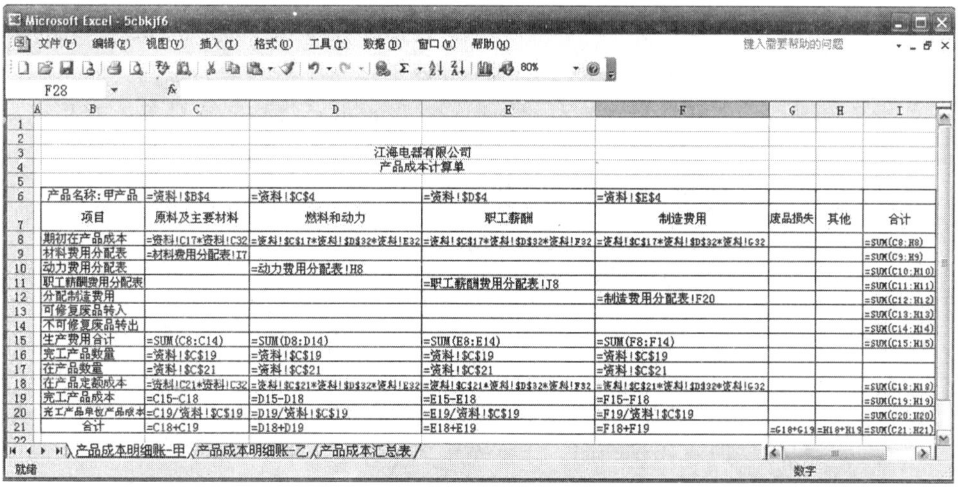

	B	C	D	E	F	G	H	I
3			江海电器有限公司					
4			产品成本计算单					
6	产品名称：甲产品	=资料!$B$4	=资料!$C$4	=资料!$D$4	=资料!$E$4			
7	项目	原料及主要材料	燃料和动力	职工薪酬	制造费用	废品损失	其他	合计
8	期初在产品成本	=资料!C17*资料!C32	=资料!$C$17*资料!$D$32*资料!E32	=资料!$C$17*资料!$D$32*资料!F32	=资料!$C$17*资料!$D$32*资料!G32			=SUM(C8:H8)
9	材料费用分配表	=材料费用分配表!I7						=SUM(C9:H9)
10	动力费用分配表		=动力费用分配表!H8					=SUM(C10:H10)
11	职工薪酬费用分配表			=职工薪酬费用分配表!J8				=SUM(C11:H11)
12	分配制造费用				=制造费用分配表!F20			=SUM(C12:H12)
13	可修复废品转入							=SUM(C13:H13)
14	不可修复废品转出							=SUM(C14:H14)
15	生产费用合计	=SUM(C8:C14)	=SUM(D8:D14)	=SUM(E8:E14)	=SUM(F8:F14)			=SUM(C15:H15)
16	完工产品数量	=资料!$C$19	=资料!$C$19	=资料!$C$19	=资料!$C$19			
17	在产品数量	=资料!$C$21	=资料!$C$21	=资料!$C$21	=资料!$C$21			
18	在产品定额成本	=资料!C21*资料!C32	=资料!$C$21*资料!$D$32*资料!E32	=资料!$C$21*资料!$D$32*资料!F32	=资料!$C$21*资料!$D$32*资料!G32			=SUM(C18:H18)
19	完工产品成本	=C15-C18	=D15-D18	=E15-E18	=F15-F18			=SUM(C19:H19)
20	完工产品单位产品成本	=C19/资料!$C$19	=D19/资料!$C$19	=E19/资料!$C$19	=F19/资料!$C$19			=SUM(C20:H20)
21	合计	=C18+C19	=D18+D19	=E18+E19	=F18+F19	=G18+G19	=H18+H19	=SUM(C21:H21)

图 6—58

同时按下“Ctrl”键和“～”键，模型中所有公式转换为计算的结果。如图6—59所示。

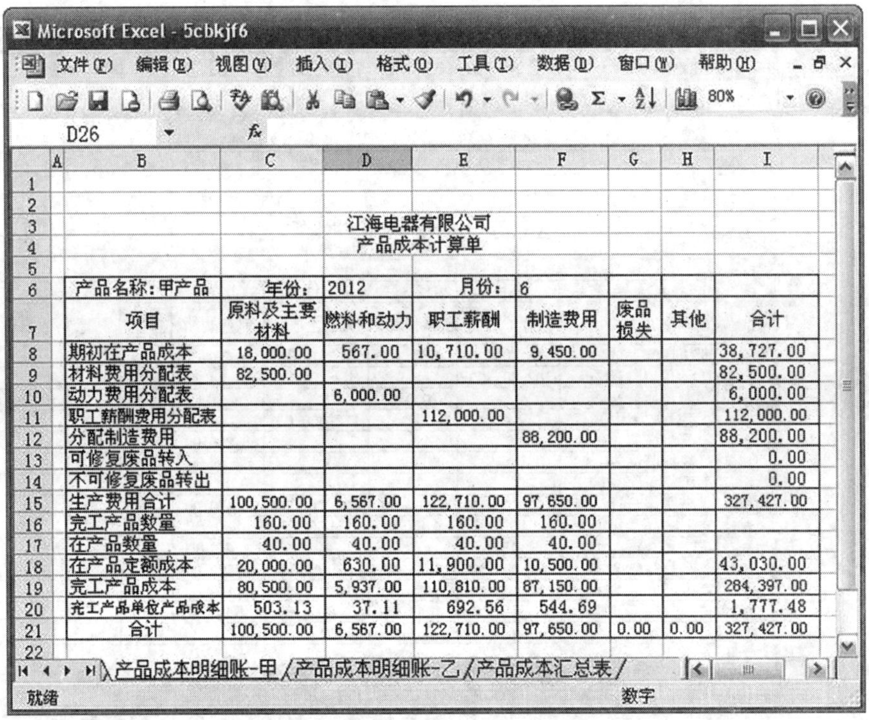

江海电器有限公司 产品成本计算单							
产品名称:甲产品	年份:	2012	月份:	6			
项目	原料及主要材料	燃料和动力	职工薪酬	制造费用	废品损失	其他	合计
期初在产品成本	18,000.00	567.00	10,710.00	9,450.00			38,727.00
材料费用分配表	82,500.00						82,500.00
动力费用分配表		6,000.00					6,000.00
职工薪酬费用分配表			112,000.00				112,000.00
分配制造费用				88,200.00			88,200.00
可修复废品转入							0.00
不可修复废品转出							0.00
生产费用合计	100,500.00	6,567.00	122,710.00	97,650.00			327,427.00
完工产品数量	160.00	160.00	160.00	160.00			
在产品数量	40.00	40.00	40.00	40.00			
在产品定额成本	20,000.00	630.00	11,900.00	10,500.00			43,030.00
完工产品成本	80,500.00	5,937.00	110,810.00	87,150.00			284,397.00
完工产品单位产品成本	503.13	37.11	692.56	544.69			1,777.48
合计	100,500.00	6,567.00	122,710.00	97,650.00	0.00	0.00	327,427.00

图6—59

至此，我们已经利用任务所提供的资料，在Excel工作表中创建完成了甲产品成本计算模型，计算出甲产品的完工产品成本为284 397元，在产品定额成本为43 030元，单位产品成本为1 777.48元。

第十步：计算乙产品的产品成本

下面计算乙产品完工产品成本、在产品成本和单位产品成本。经过以上成本费用的分配和记账工作，现在到了计算乙产品成本的最后阶段，即将生产费用在乙产品的完工产品和在产品之间进行分配，并计算出乙产品完工产品成本、在产品成本和单位产品成本。但是，由于乙产品的在产品中有6件毁损，因此首先编制“在产品盘亏、毁损损失计算表”，计算毁损产品的毁损损失。

1. 计算乙产品的在产品毁损损失

将计算乙产品的在产品毁损成本的有关资料，从“资料”工作表链接到“成本计算单——乙产品”工作表中，然后输入公式，计算出乙产品的毁损在产品成本。

首先，将“资料”工作表中的乙产品单件产品定额从“资料”工作表引用到“成本计算单——乙产品”工作表中，然后计算出毁损在产品的成本，再减去收回残料的价值，在扣除向过失人索赔的部分后，计算出基本生产车间乙产品的在产品毁损的净损失。如图6—60所示。

同时按下“Ctrl”键和“～”键，模型中所有公式转换为计算的结果。如图6—61所示。

江海电器有限公司

乙产品成本计算单

产品名称:乙产品	=资料!$B$4	=资料!$C$4	=资料!$D$4	=资料!$E$4			
项目	原料及主要材料	燃料和动力	职工薪酬	制造费用	废品损失	其他	合计
期初在产品成本(定额成本)	=资料!F17*资料!C33	=资料!$F$17*资料!$I	=资料!$F$17*资料!$D$33	=资料!$F$17*资料!$D			
材料费用分配表	=材料费用分配表!I8						
动力费用分配表		=动力费用分配表!H9					
职工薪酬费用分配表			=职工薪酬费用分配表!J9				
基本生产车间制造费用分配表				=制造费用分配表!F21			
小计	=SUM(C7:C11)	=SUM(D7:D11)	=SUM(E7:E11)	=SUM(F7:F11)			
在产品盘亏、毁损损失计算表							
生产费用净额							
完工产品数量							
在产品数量							
期末在产品成本(定额成本)							
完工产品成本							
单位产品成本							
合计							

在产品盘亏、毁损损失计算表

产品名称:	乙产品	毁损数量	6				
项目	定额工时	原料及主要材料	燃料和动力	职工薪酬	制造	其他	合计
单件产品定额	=资料!C85	=资料!D85	=资料!E85	=资料!F85	=资料!G85		=SUM(D25:G25)
毁损在产品成本		=D25*$E$23	=$C$25*$E$23*E25	=$C$25*$E$23*F25	=$C$25*$E$23*G25		=SUM(D26:G26)
减：回收残料价值		=资料!D86					=SUM(D27:G27)
毁损在产品成本		=D26-D27	=E26-E27	=F26-F27	=G26-G27		=SUM(D28:G28)
向过失人索赔							100
基本生产车间在产品毁损净损失							=I28-I29

图 6—60

江海电器有限公司

乙产品成本计算单

产品名称:乙产品	年份:	2012	月份:	6			
项目	原料及主要材料	燃料和动力	职工薪酬	制造费用	废品损失	其他	合计
期初在产品成本(定额成本)	12,000.00	270.00	5,100.00	4,500.00			
材料费用分配表	74,500.00						
动力费用分配表		4,000.00					
职工薪酬费用分配表			56,000.00				
基本生产车间制造费用分配表				58,800.00			
小计	86,500.00	4,270.00	61,100.00	63,300.00			
在产品盘亏、毁损损失计算表							
生产费用净额							
完工产品数量							
在产品数量							
期末在产品成本(定额成本)							
完工产品成本							
单位产品成本							
合计							

在产品盘亏、毁损损失计算表

产品名称:	乙产品	毁损数量	6				
项目	定额工时	原料及主	燃料和动力	职工薪酬	制造	其他	合计
单件产品定额	20	400.00	0.45	8.50	7.50		416.45
毁损在产品成本		2,400.00	54.00	1,020.00	900.00		4,374.00
减：回收残料价值		274.00					274.00
毁损在产品成本		2,126.00	54.00	1,020.00	900.00		4,100.00
向过失人索赔							100.00
基本生产车间在产品毁损净损失							4,000.00

图 6—61

2. 转出乙产品的生产费用净额

将乙产品在产品的毁损损失从乙产品生产费用合计中转出，在单元格 C14 中输入公式“＝C12－C13”，然后选中单元格 C14，用鼠标指向该单元格的右下角，待鼠标指针变为黑色实心十字时，按住鼠标左键，拖向单元格区域 D14：F14。这样乙产品的生产费用净额就计算出来了。如图 6—62 所示。

	B	C	D	E	F	G	H	I
3			江海电器有限公司					
4			乙产品成本计算单					
5	产品名称:乙产品	=资料!$B$4	=资料!$C$4	=资料!$D$4	=资料!$E$4			
6	项目	原料及主要材料	燃料和动力	职工薪酬	制造费用	废品损失	其他	合计
7	期初在产品成本(定额成本)	=资料!F17*资料!C33	=资料!$F$17*资料!$I	=资料!$F$17*资料!$D$33	=资料!$F$17*资料!D			
8	材料费用分配表	=材料费用分配表!I8						
9	动力费用分配表		=动力费用分配表!H9					
10	职工薪酬费用分配表			=职工薪酬费用分配表!J9				
11	基本生产车间制造费用分配表				=制造费用分配表!F21			
12	小计	=SUM(C7:C11)	=SUM(D7:D11)	=SUM(E7:E11)	=SUM(F7:F11)			
13	在产品盘亏、毁损损失计算表	=D26	=E26	=F26	=G26			
14	生产费用净额	=C12-C13	=D12-D13	=E12-E13	=F12-F13			
15	完工产品数量							
16	在产品数量							
17	期末在产品成本(定额成本)							
18	完工产品成本							
19	单位产品成本							
20	合计							

图 6—62

同时按下“Ctrl”键和“～”键，模型中所有公式转换为计算的结果。如图 6—63 所示。

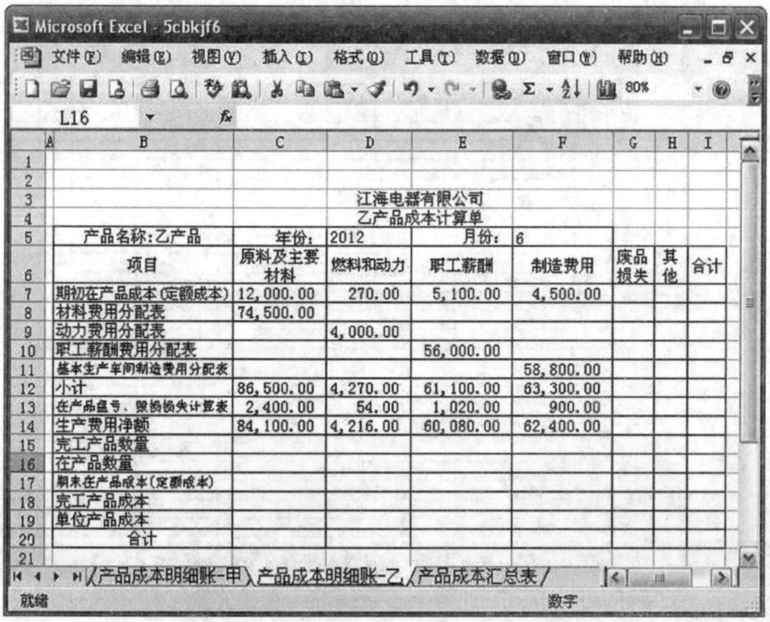

	B	C	D	E	F	G	H	I
3			江海电器有限公司					
4			乙产品成本计算单					
5	产品名称:乙产品	年份:	2012	月份:	6			
6	项目	原料及主要材料	燃料和动力	职工薪酬	制造费用	废品损失	其他	合计
7	期初在产品成本(定额成本)	12,000.00	270.00	5,100.00	4,500.00			
8	材料费用分配表	74,500.00						
9	动力费用分配表		4,000.00					
10	职工薪酬费用分配表			56,000.00				
11	基本生产车间制造费用分配表				58,800.00			
12	小计	86,500.00	4,270.00	61,100.00	63,300.00			
13	在产品盘亏、毁损损失计算表	2,400.00	54.00	1,020.00	900.00			
14	生产费用净额	84,100.00	4,216.00	60,080.00	62,400.00			
15	完工产品数量							
16	在产品数量							
17	期末在产品成本(定额成本)							
18	完工产品成本							
19	单位产品成本							
20	合计							

图 6—63

3. 链接甲产品的完工产品数量和在产品数量

将“资料”工作表中乙产品完工产品数量和在产品数量链接到“成本计算单——乙产品”工作表中，以便计算乙产品的完工产品成本。将“资料”工作表中本月完工的乙产品数量从单元格 E19 引用到“产品成本明细账——甲产品”工作表的 C15，D15，E15 和 F15 单元格中。同时将计算乙产品的在产品定额成本等相关资料链接到“成本计算单——甲产品”工作表中，以便计算乙产品的在产品成本。将“资料”工作表中本月乙产品在产品数量从单元格 E21 引用到“产品成本明细账——乙产品”工作表的 C16，D16，E16 和 F16 单元格中。如图 6—64 所示。

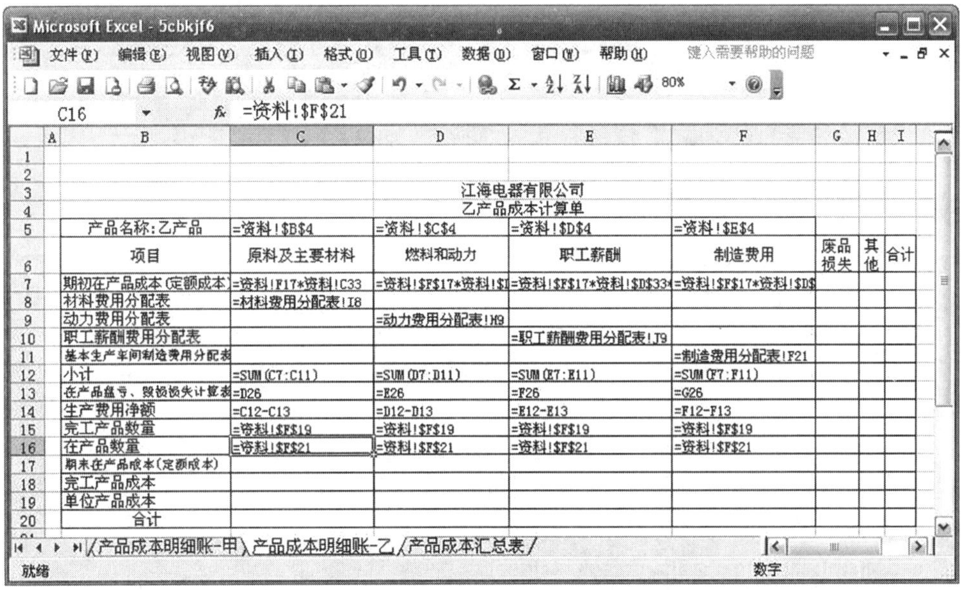

江海电器有限公司
乙产品成本计算单

产品名称:乙产品	=资料!$B$4	=资料!$C$4	=资料!$D$4	=资料!$E$4			
项目	原料及主要材料	燃料和动力	职工薪酬	制造费用	废品损失	其他	合计
期初在产品成本(定额成本)	=资料!F17*资料!C33	=资料!$F$17*资料!$I	=资料!$F$17*资料!$D$33*	=资料!$F$17*资料!D			
材料费用分配表	=材料费用分配表!I8						
动力费用分配表		=动力费用分配表!H9					
职工薪酬费用分配表			=职工薪酬费用分配表!J9				
基本生产车间制造费用分配表				=制造费用分配表!F21			
小计	=SUM(C7:C11)	=SUM(D7:D11)	=SUM(E7:E11)	=SUM(F7:F11)			
在产品盘亏、毁损损失计算表	=D26	=E26	=F26	=G26			
生产费用净额	=C12-C13	=D12-D13	=E12-E13	=F12-F13			
完工产品数量	=资料!$F$19	=资料!$F$19	=资料!$F$19	=资料!$F$19			
在产品数量	=资料!$F$21	=资料!$F$21	=资料!$F$21	=资料!$F$21			
期末在产品成本(定额成本)							
完工产品成本							
单位产品成本							
合计							

图 6—64

同时按下“Ctrl”键和“～”键，模型中所有公式转换为计算的结果。如图 6—65 所示。

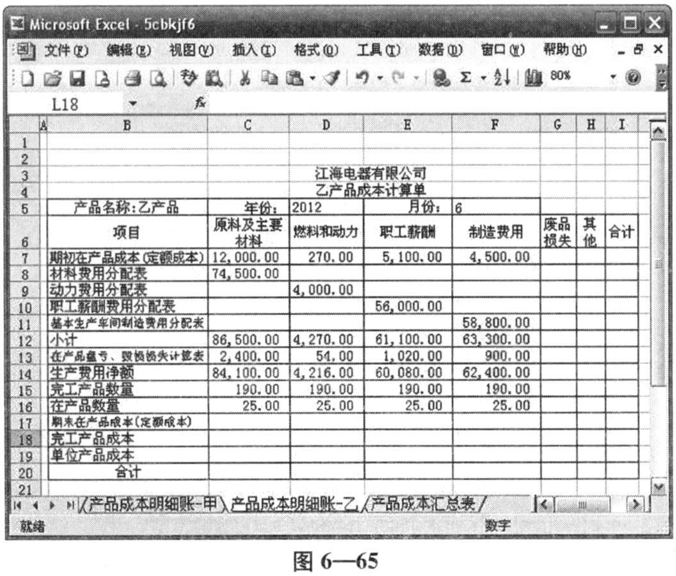

江海电器有限公司
乙产品成本计算单

产品名称:乙产品	年份:	2012	月份:	6			
项目	原料及主要材料	燃料和动力	职工薪酬	制造费用	废品损失	其他	合计
期初在产品成本(定额成本)	12,000.00	270.00	5,100.00	4,500.00			
材料费用分配表	74,500.00						
动力费用分配表		4,000.00					
职工薪酬费用分配表			56,000.00				
基本生产车间制造费用分配表				58,800.00			
小计	86,500.00	4,270.00	61,100.00	63,300.00			
在产品盘亏、毁损损失计算表	2,400.00	54.00	1,020.00	900.00			
生产费用净额	84,100.00	4,216.00	60,080.00	62,400.00			
完工产品数量	190.00	190.00	190.00	190.00			
在产品数量	25.00	25.00	25.00	25.00			
期末在产品成本(定额成本)							
完工产品成本							
单位产品成本							
合计							

图 6—65

4. 计算乙产品在产品的定额成本

根据"资料"工作表中乙产品在产品的数量和定额成本资料，计算乙产品的在产品成本。在"产品成本明细账——乙产品"工作表的单元格 C17，D17，E17 和 F17 中，分别输入公式"=资料!F21 * 资料!C33"，"=资料! $F$21 * 资料! $D$33 * 资料!E32"，"=资料! $F$21 * 资料! $D$33 * 资料!F32"，"=资料! $F$21 * 资料! $D$33 * 资料!G32"。如图 6—66 所示。

	A	B	C	D	E	F	G	H	I
1									
2									
3				江海电器有限公司					
4				乙产品成本计算单					
5		产品名称:乙产品	=资料!$B$4	=资料!$C$4	=资料!$D$4	=资料!$E$4			
6		项目	原料及主要材料	燃料和动力	职工薪酬	制造费用	废品损失	其他	合计
7		期初在产品成本(定额成本)	=资料!F17*资料!C33	=资料!$F$17*资料!$I	=资料!$F$17*资料!$D$33*	=资料!$F$17*资料!D			
8		材料费用分配表	=材料费用分配表!I8						
9		动力费用分配表		=动力费用分配表!H9					
10		职工薪酬费用分配表			=职工薪酬费用分配表!J9				
11		基本生产车间制造费用分配表				=制造费用分配表!F21			
12		小计	=SUM(C7:C11)	=SUM(D7:D11)	=SUM(E7:E11)	=SUM(F7:F11)			
13		在产品盘亏、毁损损失计算表	=D26	=E26	=F26	=G26			
14		生产费用净额	=C12-C13	=D12-D13	=E12-E13	=F12-F13			
15		完工产品数量	=资料!$F$19	=资料!$F$19	=资料!$F$19	=资料!$F$19			
16		在产品数量	=资料!$F$21	=资料!$F$21	=资料!$F$21	=资料!$F$21			
17		期末在产品成本(定额成本)	=资料!F21*资料!C33	=资料!$F$21*资料!$I	=资料!$F$21*资料!$D$33*	=资料!$F$21*资料!D			
18		完工产品成本							
19		单位产品成本							
20		合计							

图 6—66

同时按下"Ctrl"键和"~"键，模型中所有公式转换为计算的结果。如图 6—67 所示。

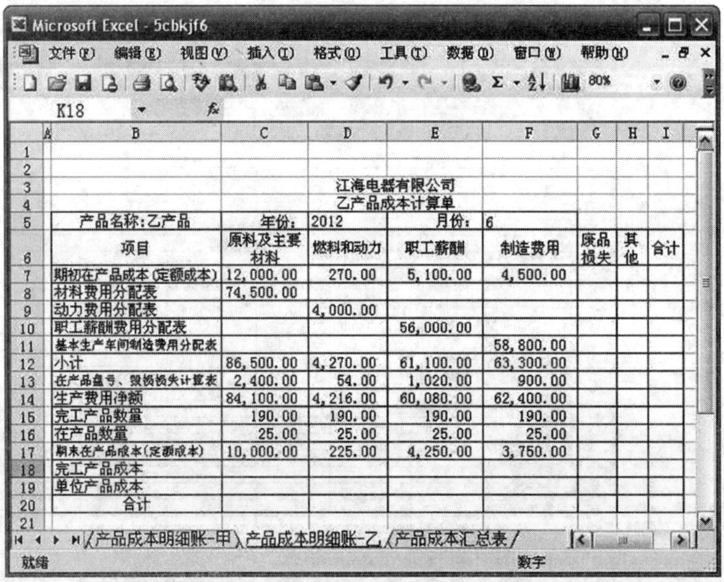

	A	B	C	D	E	F	G	H	I
1									
2									
3				江海电器有限公司					
4				乙产品成本计算单					
5		产品名称:乙产品	年份:	2012	月份:	6			
6		项目	原料及主要材料	燃料和动力	职工薪酬	制造费用	废品损失	其他	合计
7		期初在产品成本(定额成本)	12,000.00	270.00	5,100.00	4,500.00			
8		材料费用分配表	74,500.00						
9		动力费用分配表		4,000.00					
10		职工薪酬费用分配表			56,000.00				
11		基本生产车间制造费用分配表				58,800.00			
12		小计	86,500.00	4,270.00	61,100.00	63,300.00			
13		在产品盘亏、毁损损失计算表	2,400.00	54.00	1,020.00	900.00			
14		生产费用净额	84,100.00	4,216.00	60,080.00	62,400.00			
15		完工产品数量	190.00	190.00	190.00	190.00			
16		在产品数量	25.00	25.00	25.00	25.00			
17		期末在产品成本(定额成本)	10,000.00	225.00	4,250.00	3,750.00			
18		完工产品成本							
19		单位产品成本							
20		合计							
21									

图 6—67

5. 计算乙产品的完工产品成本

用乙产品的生产费用净额减去乙产品在产品的定额成本，即可计算出乙产品的完工产品成本。在“产品成本明细账——乙产品”工作表的单元格 C18，D18，E18 和 F18 中，分别输入公式“=C14−C17”，“=D14−D17”，“=E14−E17”和“=F14−F17”，计算出乙产品的完工产品成本。如图 6—68 所示。

			江海电器有限公司				
			乙产品成本计算单				
产品名称:乙产品	=资料!$B$4	=资料!$C$4	=资料!$D$4	=资料!$E$4			
项目	原料及主要材料	燃料和动力	职工薪酬	制造费用	废品损失	其他	合计
期初在产品成本(定额成本)	=资料!F17*资料!C33	=资料!$F$17*资料!$I	=资料!$F$17*资料!$D$33*	=资料!$F$17*资料!D			
材料费用分配表	=材料费用分配表!I8						
动力费用分配表		=动力费用分配表!H9					
职工薪酬费用分配表			=职工薪酬费用分配表!J9				
基本生产车间制造费用分配表				=制造费用分配表!F21			
小计	=SUM(C7:C11)	=SUM(D7:D11)	=SUM(E7:E11)	=SUM(F7:F11)			
在产品盘亏、毁损损失计算表	=D26	=E26	=F26	=G26			
生产费用净额	=C12-C13	=D12-D13	=E12-E13	=F12-F13			
完工产品数量	=资料!$F$19	=资料!$F$19	=资料!$F$19	=资料!$F$19			
在产品数量	=资料!$F$21	=资料!$F$21	=资料!$F$21	=资料!$F$21			
期末在产品成本(定额成本)	=资料!F21*资料!C33	=资料!$F$21*资料!$I	=资料!$F$21*资料!$D$33*	=资料!$F$21*资料!D			
完工产品成本	=C14-C17	=D14-D17	=E14-E17	=F14-F17			
单位产品成本							
合计							

图 6—68

同时按下“Ctrl”键和“~”键，模型中所有公式转换为计算的结果。如图 6—69 所示。

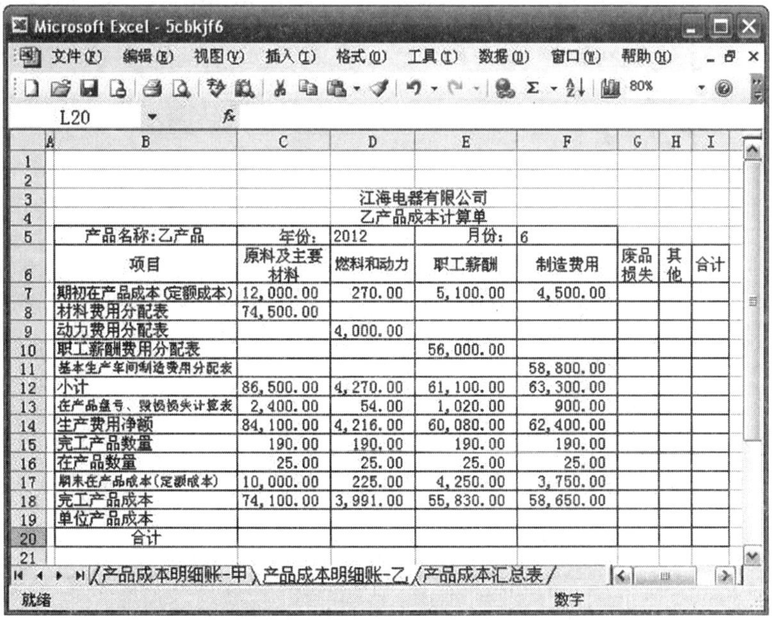

			江海电器有限公司				
			乙产品成本计算单				
产品名称:乙产品	年份:	2012	月份:	6			
项目	原料及主要材料	燃料和动力	职工薪酬	制造费用	废品损失	其他	合计
期初在产品成本(定额成本)	12,000.00	270.00	5,100.00	4,500.00			
材料费用分配表	74,500.00						
动力费用分配表		4,000.00					
职工薪酬费用分配表			56,000.00				
基本生产车间制造费用分配表				58,800.00			
小计	86,500.00	4,270.00	61,100.00	63,300.00			
在产品盘亏、毁损损失计算表	2,400.00	54.00	1,020.00	900.00			
生产费用净额	84,100.00	4,216.00	60,080.00	62,400.00			
完工产品数量	190.00	190.00	190.00	190.00			
在产品数量	25.00	25.00	25.00	25.00			
期末在产品成本(定额成本)	10,000.00	225.00	4,250.00	3,750.00			
完工产品成本	74,100.00	3,991.00	55,830.00	58,650.00			
单位产品成本							
合计							

图 6—69

6. 计算乙产品完工产品的单位产品成本

用乙产品的完工产品成本除以乙产品的完工产品数量，即可计算出乙产品的单位产品成本。在“产品成本明细账——乙产品”工作表的单元格 C19 中输入公式“=C18/C15”，然后向单元格区域 D19：F19 内复制该公式。如图 6—70 所示。

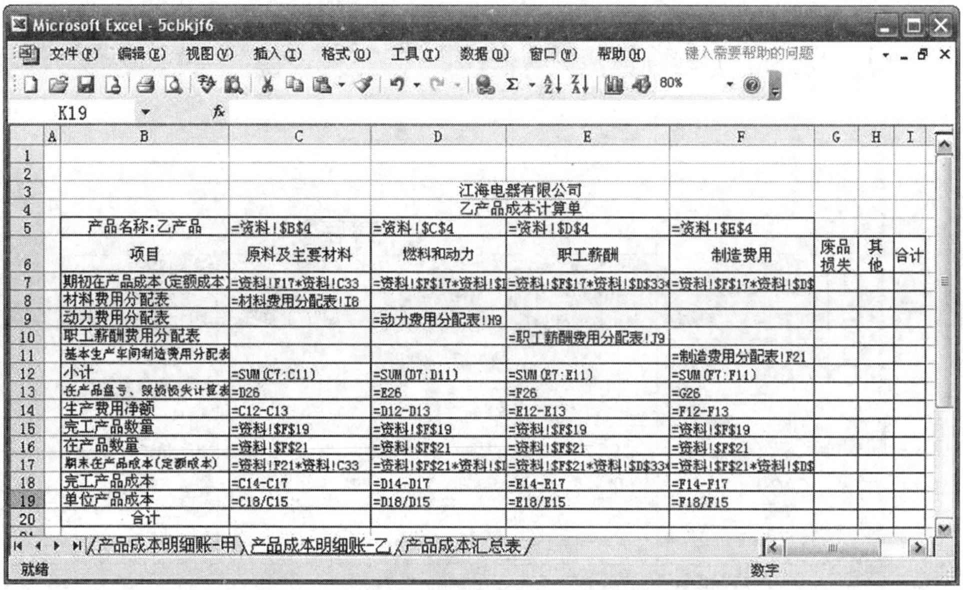

	A	B	C	D	E	F	G	H	I
1									
2									
3				江海电器有限公司					
4				乙产品成本计算单					
5		产品名称:乙产品	=资料!$B$4	=资料!$C$4	=资料!$D$4	=资料!$E$4			
6		项目	原料及主要材料	燃料和动力	职工薪酬	制造费用	废品损失	其他	合计
7		期初在产品成本(定额成本)	=资料!F17*资料!C33	=资料!$F$17*资料!$I	=资料!$F$17*资料!$D$33	=资料!$F$17*资料!D			
8		材料费用分配表	=材料费用分配表!I8						
9		动力费用分配表		=动力费用分配表!H9					
10		职工薪酬费用分配表			=职工薪酬费用分配表!J9				
11		基本生产车间制造费用分配表				=制造费用分配表!F21			
12		小计	=SUM(C7:C11)	=SUM(D7:D11)	=SUM(E7:E11)	=SUM(F7:F11)			
13		在产品盘亏、毁损损失计算表	=D26	=E26	=F26	=G26			
14		生产费用净额	=C12-C13	=D12-D13	=E12-E13	=F12-F13			
15		完工产品数量	=资料!$F$19	=资料!$F$19	=资料!$F$19	=资料!$F$19			
16		在产品数量	=资料!$F$21	=资料!$F$21	=资料!$F$21	=资料!$F$21			
17		期末在产品成本(定额成本)	=资料!F21*资料!C33	=资料!$F$21*资料!$I	=资料!$F$21*资料!$D$33	=资料!$F$21*资料!D			
18		完工产品成本	=C14-C17	=D14-D17	=E14-E17	=F14-F17			
19		单位产品成本	=C18/C15	=D18/D15	=E18/E15	=F18/F15			
20		合计							

图 6—70

同时按下“Ctrl”键和“～”键，模型中所有公式转换为计算的结果。如图 6—71 所示。

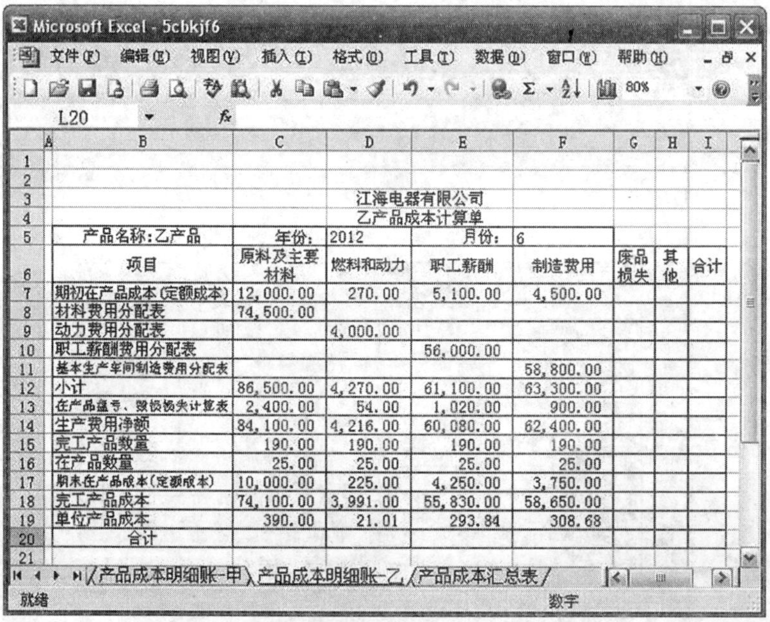

	A	B	C	D	E	F	G	H	I
1									
2									
3				江海电器有限公司					
4				乙产品成本计算单					
5		产品名称:乙产品	年份:	2012	月份:	6			
6		项目	原料及主要材料	燃料和动力	职工薪酬	制造费用	废品损失	其他	合计
7		期初在产品成本(定额成本)	12,000.00	270.00	5,100.00	4,500.00			
8		材料费用分配表	74,500.00						
9		动力费用分配表		4,000.00					
10		职工薪酬费用分配表			56,000.00				
11		基本生产车间制造费用分配表				58,800.00			
12		小计	86,500.00	4,270.00	61,100.00	63,300.00			
13		在产品盘亏、毁损损失计算表	2,400.00	54.00	1,020.00	900.00			
14		生产费用净额	84,100.00	4,216.00	60,080.00	62,400.00			
15		完工产品数量	190.00	190.00	190.00	190.00			
16		在产品数量	25.00	25.00	25.00	25.00			
17		期末在产品成本(定额成本)	10,000.00	225.00	4,250.00	3,750.00			
18		完工产品成本	74,100.00	3,991.00	55,830.00	58,650.00			
19		单位产品成本	390.00	21.01	293.84	308.68			
20		合计							
21									

图 6—71

7. 计算乙产品各成本项目的合计数

最后，输入公式或函数，计算乙产品成本计算单中各成本项目。如图6—72所示。

	B	C	D	E	F	G	H	I
3			江海电器有限公司					
4			乙产品成本计算单					
5	产品名称:乙产品	=资料!$B$4	=资料!$C$4	=资料!$D$4	=资料!$E$4			
6	项目	原料及主要材料	燃料和动力	职工薪酬	制造费用	废品损失	其他	合计
7	期初在产品成本(定额成本)	=资料!F17*资料!C33	=资料!$F$17*资料!$I	=资料!$F$17*资料!$D$33	=资料!$F$17*资料!D			
8	材料费用分配表	=材料费用分配表!I8						
9	动力费用分配表		=动力费用分配表!H9					
10	职工薪酬费用分配表			=职工薪酬费用分配表!J9				
11	基本生产车间制造费用分配表				=制造费用分配表!F21			
12	小计	=SUM(C7:C11)	=SUM(D7:D11)	=SUM(E7:E11)	=SUM(F7:F11)			
13	在产品盘亏、毁损损失计算表	=D26	=E26	=F26	=G26			
14	生产费用净额	=C12-C13	=D12-D13	=E12-E13	=F12-F13			
15	完工产品数量	=资料!$F$19	=资料!$F$19	=资料!$F$19	=资料!$F$19			
16	在产品数量	=资料!$F$21	=资料!$F$21	=资料!$F$21	=资料!$F$21			
17	期末在产品成本(定额成本)	=资料!F21*资料!C33	=资料!$F$21*资料!$I	=资料!$F$21*资料!$D$33	=资料!$F$21*资料!D			
18	完工产品成本	=C14-C17	=D14-D17	=E14-E17	=F14-F17			
19	单位产品成本	=C18/C15	=D18/D15	=E18/E15	=F18/F15			
20	合计	=C17+C18	=D17+D18	=E17+E18	=F17+F18			

图6—72

同时按下"Ctrl"键和"～"键，模型中所有公式转换为计算的结果。如图6—73所示。

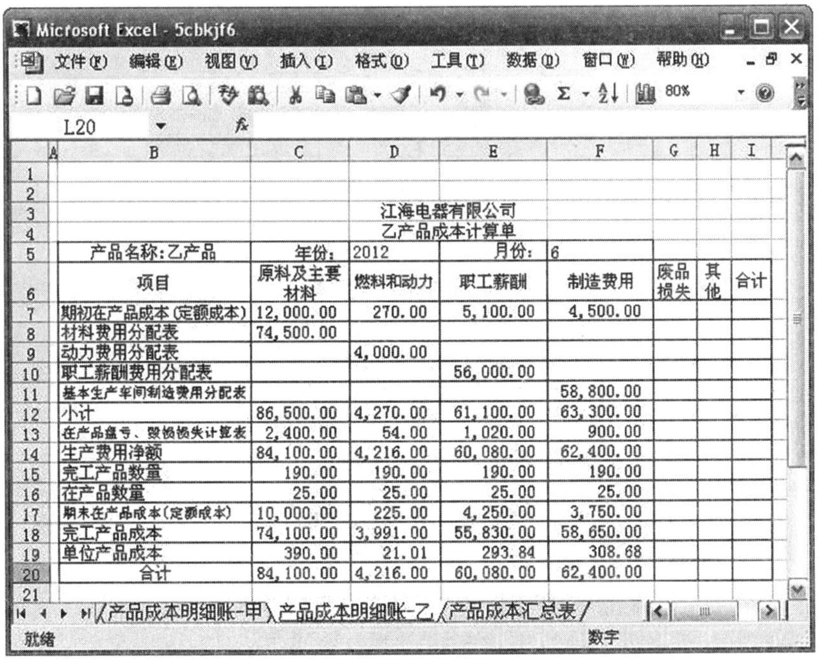

	B	C	D	E	F	G	H	I
3			江海电器有限公司					
4			乙产品成本计算单					
5	产品名称:乙产品	年份:	2012	月份:	6			
6	项目	原料及主要材料	燃料和动力	职工薪酬	制造费用	废品损失	其他	合计
7	期初在产品成本(定额成本)	12,000.00	270.00	5,100.00	4,500.00			
8	材料费用分配表	74,500.00						
9	动力费用分配表		4,000.00					
10	职工薪酬费用分配表			56,000.00				
11	基本生产车间制造费用分配表				58,800.00			
12	小计	86,500.00	4,270.00	61,100.00	63,300.00			
13	在产品盘亏、毁损损失计算表	2,400.00	54.00	1,020.00	900.00			
14	生产费用净额	84,100.00	4,216.00	60,080.00	62,400.00			
15	完工产品数量	190.00	190.00	190.00	190.00			
16	在产品数量	25.00	25.00	25.00	25.00			
17	期末在产品成本(定额成本)	10,000.00	225.00	4,250.00	3,750.00			
18	完工产品成本	74,100.00	3,991.00	55,830.00	58,650.00			
19	单位产品成本	390.00	21.01	293.84	308.68			
20	合计	84,100.00	4,216.00	60,080.00	62,400.00			

图6—73

输入求和公式计算合计数，如图 6—74 所示。

	A	B	C	D	E	F	G	H	I
1									
2									
3					江海电器有限公司				
4					乙产品成本计算单				
5		产品名称:乙产品	=资料!$B$4	=资料!$C$4	=资料!$D$4	=资料!$E$4			
6		项目	原料及主要材料	燃料和动力	职工薪酬	制造费用	废品损失	其他	合计
7		期初在产品成本(定额成本)	=资料!F17*资料!C33	=资料!$F$17*资料!$I	=资料!$F$17*资料!$D$33*	=资料!$F$17*资料!D			=SUM(C7:H7)
8		材料费用分配表	=材料费用分配表!I8						=SUM(C8:H8)
9		动力费用分配表		=动力费用分配表!H9					=SUM(C9:H9)
10		职工薪酬费用分配表			=职工薪酬费用分配表!J9				=SUM(C10:H10)
11		基本生产车间制造费用分配表				=制造费用分配表!F21			=SUM(C11:H11)
12		小计	=SUM(C7:C11)	=SUM(D7:D11)	=SUM(E7:E11)	=SUM(F7:F11)			=SUM(C12:H12)
13		在产品盘亏、毁损损失计算表	=D26	=E26	=F26	=G26			=SUM(C13:H13)
14		生产费用净额	=C12-C13	=D12-D13	=E12-E13	=F12-F13			=SUM(C14:H14)
15		完工产品数量	=资料!$F$19	=资料!$F$19	=资料!$F$19	=资料!$F$19			=SUM(C15:H15)
16		在产品数量	=资料!$F$21	=资料!$F$21	=资料!$F$21	=资料!$F$21			=SUM(C16:H16)
17		期末在产品成本(定额成本)	=资料!F21*资料!C33	=资料!$F$21*资料!$I	=资料!$F$21*资料!$D$33*	=资料!$F$21*资料!D			=SUM(C17:H17)
18		完工产品成本	=C14-C17	=D14-D17	=E14-E17	=F14-F17			=SUM(C18:H18)
19		单位产品成本	=C18/C15	=D18/D15	=E18/E15	=F18/F15			=SUM(C19:H19)
20		合计	=C17+C18	=D17+D18	=E17+E18	=F17+F18			=SUM(C20:H20)

图 6—74

计算结果如图 6—75 所示。

	A	B	C	D	E	F	G	H	I
1									
2									
3				江海电器有限公司					
4				乙产品成本计算单					
5		产品名称:乙产品	年份:	2012	月份:	6			
6		项目	原料及主要材料	燃料和动力	职工薪酬	制造费用	废品损失	其他	合计
7		期初在产品成本(定额成本)	12,000.00	270.00	5,100.00	4,500.00			21,870.00
8		材料费用分配表	74,500.00						74,500.00
9		动力费用分配表		4,000.00					4,000.00
10		职工薪酬费用分配表			56,000.00				56,000.00
11		基本生产车间制造费用分配表				58,800.00			58,800.00
12		小计	86,500.00	4,270.00	61,100.00	63,300.00			215,170.00
13		在产品盘亏、毁损损失计算表	2,400.00	54.00	1,020.00	900.00			4,374.00
14		生产费用净额	84,100.00	4,216.00	60,080.00	62,400.00			210,796.00
15		完工产品数量	190.00	190.00	190.00	190.00			760.00
16		在产品数量	25.00	25.00	25.00	25.00			100.00
17		期末在产品成本(定额成本)	10,000.00	225.00	4,250.00	3,750.00			18,225.00
18		完工产品成本	74,100.00	3,991.00	55,830.00	58,650.00			192,571.00
19		单位产品成本	390.00	21.01	293.84	308.68			1,013.53
20		合计	84,100.00	4,216.00	60,080.00	62,400.00			210,796.00
21									

图 6—75

至此，我们已经利用任务所提供的资料，在 Excel 工作表中创建完成了乙产品成本计算模型，计算出乙产品完工产品成本为 192 571 元，在产品定额成本为 18 225 元，单位产品成本为 1 013.53 元。

第十一步：编制产品成本汇总表

链接甲、乙产品成本明细账的相关资料。

将“产品成本明细账——甲产品”、“产品成本明细账——乙产品”的“原料及主要材料”、“燃料和动力”、“职工薪酬”、“制造费用”和“废品损失”等项目链接到“产品成本汇总表”中，并计算出合计数。如图 6—76 所示。

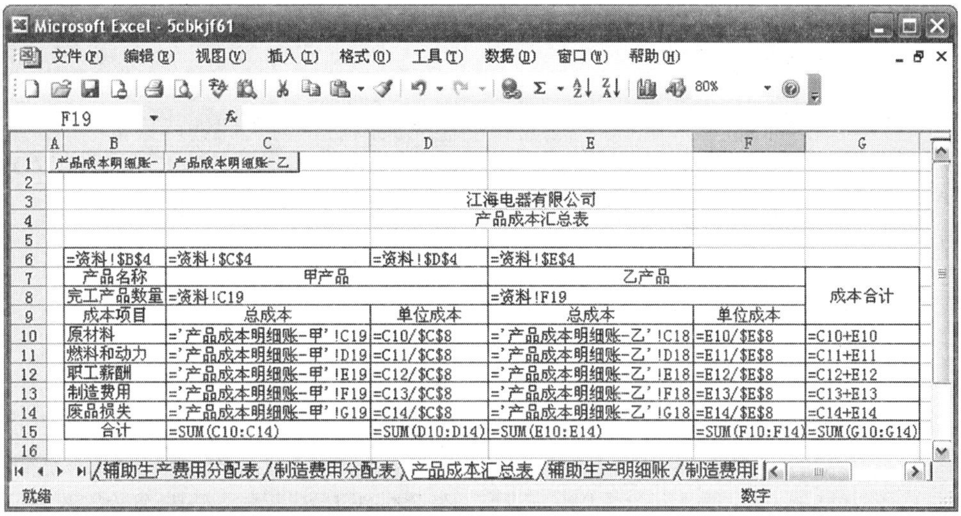

江海电器有限公司
产品成本汇总表

=资料!$B$4	=资料!$C$4	=资料!$D$4	=资料!$E$4		
产品名称	甲产品		乙产品		成本合计
完工产品数量	=资料!C19		=资料!F19		
成本项目	总成本	单位成本	总成本	单位成本	
原材料	='产品成本明细账-甲'!C19	=C10/$C$8	='产品成本明细账-乙'!C18	=E10/$E$8	=C10+E10
燃料和动力	='产品成本明细账-甲'!D19	=C11/$C$8	='产品成本明细账-乙'!D18	=E11/$E$8	=C11+E11
职工薪酬	='产品成本明细账-甲'!E19	=C12/$C$8	='产品成本明细账-乙'!E18	=E12/$E$8	=C12+E12
制造费用	='产品成本明细账-甲'!F19	=C13/$C$8	='产品成本明细账-乙'!F18	=E13/$E$8	=C13+E13
废品损失	='产品成本明细账-甲'!G19	=C14/$C$8	='产品成本明细账-乙'!G18	=E14/$E$8	=C14+E14
合计	=SUM(C10:C14)	=SUM(D10:D14)	=SUM(E10:E14)	=SUM(F10:F14)	=SUM(G10:G14)

图 6—76

同时按下“Ctrl”键和“～”键，完工产品成本汇总表中所有公式转换为计算结果。如图 6—77 所示。

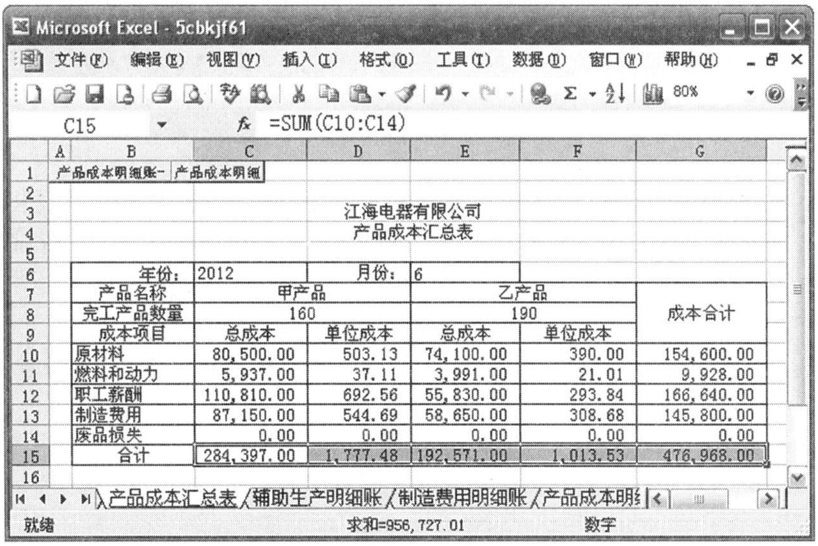

江海电器有限公司
产品成本汇总表

年份：	2012	月份：	6		
产品名称	甲产品		乙产品		成本合计
完工产品数量	160		190		
成本项目	总成本	单位成本	总成本	单位成本	
原材料	80,500.00	503.13	74,100.00	390.00	154,600.00
燃料和动力	5,937.00	37.11	3,991.00	21.01	9,928.00
职工薪酬	110,810.00	692.56	55,830.00	293.84	166,640.00
制造费用	87,150.00	544.69	58,650.00	308.68	145,800.00
废品损失	0.00	0.00	0.00	0.00	0.00
合计	284,397.00	1,777.48	192,571.00	1,013.53	476,968.00

图 6—77

根据产品成本汇总表编制如下会计分录：

借：库存商品——甲产品　　　　284 397

——乙产品　　19 2571

贷：生产成本——基本生产成本——甲产品　　284 397

——乙产品　　192 571

至此，产品成本计算的品种法模型的创建和成本计算任务就全部完成了。

6.3 产品成本计算的品种法模型的应用

产品成本计算的品种法模型创建完成以后，为我们进行日常产品成本计算提供了极大的便利。这种便利主要表现在以后各期产品成本的计算以及产品成本计算错误的更正等方面。

6.3.1 日常产品成本的计算

企业一般都是按月计算产品成本的，所以计算产品成本的工作也按月进行，每月都进行相同且烦琐的产品成本计算工作，不仅计算量比较大，而且存在经常出错的可能性。利用已创建的产品成本计算的品种法模型解决问题就简单多了。经过测试的模型不仅可以大大减轻成本会计人员计算产品成本的工作量，而且可以减少产品成本计算过程中的差错。

如果模型的内部程序没有发生变化，那么我们只要将下一个月发生的有关资料输入产品成本计算的品种法模型的“资料”工作表，按下“回车”键，模型就可以自动进行各种生产费用的分配，直至计算出各种完工产品的总成本和单位产品成本。

6.3.2 产品成本计算错误的更正

当计算出完工产品的总成本和单位产品成本之后，如果发现相关资料中的一项或几项数据有误，在手工条件下就需要重新计算一次完工产品成本和单位产品成本，显而易见，返工的工作量相当大。利用品种法产品成本计算模型来解决这类问题则十分轻松。只要将计算产品成本所需的正确数据输入产品成本计算模型，模型就可以自动计算出正确的完工产品成本和单位产品成本。

6.3.3 产品成本计算的品种法模型的测试与维护

1. 产品成本计算的品种法模型的测试

产品成本计算的品种法模型创建完成之后，为了保证该模型计算产品成本的正确性，应当对模型进行反复测试。我们可以通过将历史资料输入模型来验证模型是否准确无误。

2. 产品成本计算的品种法模型的保护

为了避免产品成本计算模型被意外修改或破坏，我们应该对经过测试的模型加以保护。创建模型时需要在相关的模型中输入各种分配表的表头、边框、指标和链接数据的公式，以后各成本计算期末，除了需要在“资料”工作表中输入和计算与当期产品成本有关的资料之外，不需要在其他工作表中输入任何资料，因为所有资料都是通过链接取得的。因此，除了“资料”工作表中需要输入资料的单元格外，对其他单元格和工作表都要加以保护。

3. 产品成本计算的品种法模型的维护

产品成本计算的品种法模型的创建工作完成后，也可能会遇到产品成本计算方法、费用的分配标准发生变化的情况。这时就需要对所建的产品成本计算的品种法模型做出相应的修正，以满足相关资料变化后计算产品成本的需要。产品成本计算的品种法模型维护工作量的大小视相关资料的变化程度而定，也许只做小的修改，也许要做大的修改，甚至重新创建新模型。注意：在对做过保护的产品成本计算模型进行维护时，必须先取消保护。

模拟实验题

【实验】 江海电器有限公司 2012 年 5 月生产了甲、乙两种产品，产品的生产成本按照品种法计算。甲产品的期末在产品成本只负担材料费用，不负担加工费用。乙产品的期末在产品成本按约当产量计算。原材料在生产过程开始时一次投入。两种产品共同耗用的原材料费用按照单位材料消耗定额计算，其他费用按照生产工时比例分配。加工费用随加工程度陆续发生，月末在产品加工程度平均为 50%。固定资产采用直线法计提折旧，辅助生产费用采用一次交互分配法分配。公司不单独核算废品损失。公司设有机修车间和供水车间两个辅助生产车间。其他相关资料如下：

(1) 产量记录资料：甲产品月初在产品 300 件，本月投产 550 件，本月完工产品 480 件，月末在产品 370 件。乙产品月初在产品 250 件，本月投产 410 件，本月完工 320 件，月末在产品 340 件。

(2) 工时记录资料：甲产品月初在产品工时为 435 小时，本月投产工时为 5 254小时。乙产品月初在产品工时为 890 小时，本月投产工时为 8 600 小时。

(3) 月初在产品成本资料：甲产品月初在产品成本中直接材料为 12 600 元；乙产品月初在产品成本中直接材料为 13 400 元，燃料和动力为 120 元，直接工资为 540 元，制造费用为 620 元。

(4) 本月发生的材料费用资料：两种产品共同耗用材料 146 800 元，甲产品单位消耗定额为 25 元，乙产品单位消耗定额为 60 元。机修车间耗用材料 920 元，供水车间消耗材料 1 050 元，管理部门耗用材料 1 100 元。

(5) 本月发生的外购动力费用资料：生产车间耗用 43 000 度，其中生产用电 40 000 度，车间照明用电 3 000 度；机修车间用电 1 200 度；供水车间用电

1 250度；管理部门用电 2 400 度。电费共计 7 600 元。

(6) 本月工资、福利费资料：生产工人工资 23 000 元，机修车间工资 600 元，供水车间工资 740 元，管理部门工资 1 400 元。

(7) 本月固定资产折旧资料：生产车间的固定资产原值 800 000 元，预计净残值 54 000 元，预计使用年限 12 年；机修车间的固定资产原值 60 000 元，预计净残值 4 600 元，预计使用年限 15 年；供水车间的固定资产原值 80 000 元，预计净残值 5 000 元，预计使用年限 10 年；管理部门的固定资产原值 50 000 元，预计净残值 5 500 元，预计使用年限 12 年。

(8) 本月机修工时和供水量资料：本月机修车间共提供机修工时 2 300 小时，其中向生产车间提供机修工时 1 900 小时，向管理部门提供机修工时 200 小时，向供水部门提供机修工时 200 小时。本月供水车间共供水 3 200 立方米，其中向生产车间供水 2 500 立方米，向管理部门供水 400 立方米，向机修部门供水 300 立方米。

(9) 本月应摊销的待摊费用资料：生产车间应摊销低值易耗品 860 元，保险费 400 元；机修车间应摊销低值易耗品 200 元，保险费 60 元；供水车间应摊销低值易耗品 200 元，保险费 80 元；管理部门应摊销低值易耗品 700 元，保险费 30 元。

(10) 本月应计提的预提费用资料：生产车间应计提大修理费 4 660 元，租赁费 600 元；机修车间应计提大修理费 210 元；供水车间应计提大修理费 330 元；管理部门应计提租赁费 455 元。

(11) 本月用银行存款支付的其他费用资料：生产车间支付办公费 328 元，差旅费 680 元；机修车间支付办公费 260 元，差旅费 120 元；供水车间支付办公费 310 元，差旅费 150 元；管理部门支付办公费 3 200 元，差旅费 2 100 元。

要求：根据以上资料，用产品成本计算的品种法计算江海电器有限公司 2012 年 5 月甲、乙两种产品的完工产品总成本、单位产品成本和在产品成本。(说明：辅助生产费用计入产品成本的制造费用项目。)

第 7 章 Chapter 7 产品成本计算的分批法模拟实验

实验导引

实验名称： 产品成本计算的分批法模拟实验。

实验目的： 理解产品成本计算的分批法的原理和方法，获得按照分批法计算产品总成本和单位产品成本的技能。

实验内容： 根据主教材第 6 章“产品成本计算的基本方法”的主要内容，利用 Excel 工作表创建产品成本计算的分批法模型，完成产品成本计算工作，以及产品成本计算的分批法模型的维护和应用。

实验要求： 完成产品成本计算的分批法模型的创建，按分批法计算产品成本。

实验参考： 参考主教材第 6 章的相关内容。参考《实验系统》中“产品成本计算的分批法”模块“实验示范”中的产品成本计算的分批法模型创建的屏幕录像。

7.1 产品成本计算的分批法概述

7.1.1 产品成本计算的分批法的概念

产品成本计算的分批法是以产品的批别作为成本计算对象，来归集和分配生产费用的一种产品成本计算方法，通常又称订单法。它主要适用于小批、单件，管理上不要求分步骤计算成本的生产企业。在这类企业中，企业的生产活动基本上是根据订货单位的订单签发工作号来组织生产的，按产品批别开设成本明细账，计算产品成本。

7.1.2 产品成本计算的分批法的基本程序

首先，按产品批别设置产品基本生产成本明细账、辅助生产成本明细账，账内按成本项目设置专栏。按车间设置制造费用明细账。同时，设置待摊费用、预提费用等明细账。

其次，根据各生产费用的原始凭证或原始凭证汇总表和其他有关资料，编制各种要素费用分配表，分配各要素费用并登账。对于直接计入费用，应按产品批别列示并直接计入各个批别的产品成本明细账；对于间接计入费用，应按生产地点归集，并按适当的方法分配计入各个批别的产品成本明细账。

最后，月末根据完工批别产品的完工通知单，将计入该批已完工产品的成本明细账所归集的生产费用，按成本项目加以汇总，计算出该批完工产品的总成本和单位成本，并转账。如果出现批内产品跨月陆续完工并已销售或提货的情况，这时应采用适当的方法将生产费用在完工产品和月末在产品之间分配，计算出该批已完工产品的总成本和单位成本。

7.2 产品成本计算的分批法模型

7.2.1 产品成本计算任务

任务①

江海电器有限公司根据购买单位订单小批生产甲、乙两种产品，采用分批法计算产品成本。2012 年 7 月生产情况和生产费用支出情况的资料如下：

（1）本月的产量、投料及加工程度资料，如图 7—1 所示。

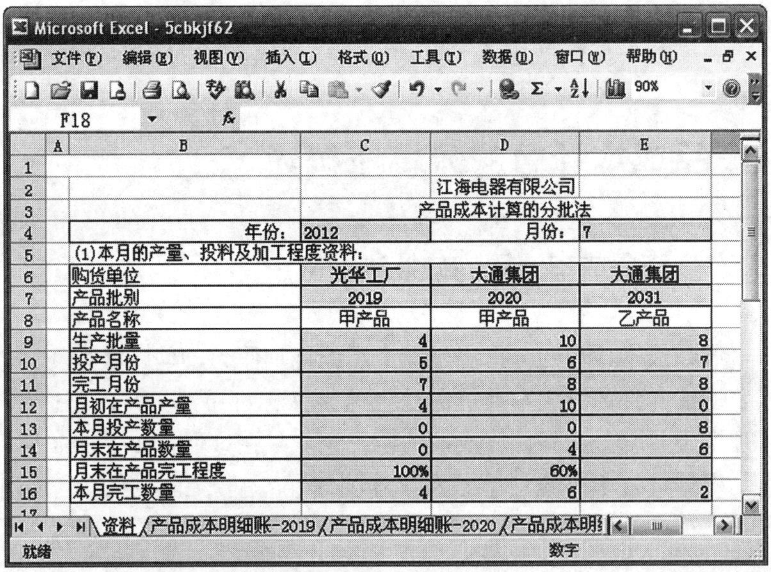

		江海电器有限公司	
		产品成本计算的分批法	
年份：	2012	月份：	7
(1)本月的产量、投料及加工程度资料：			
购货单位	光华工厂	大通集团	大通集团
产品批别	2019	2020	2031
产品名称	甲产品	甲产品	乙产品
生产批量	4	10	8
投产月份	5	6	7
完工月份	7	8	8
月初在产品产量	4	10	0
本月投产数量	0	0	8
月末在产品数量	0	4	6
月末在产品完工程度	100%	60%	
本月完工数量	4	6	2

图 7—1

（2）甲产品完工产品计划成本资料，如图 7—2 所示。

① 参见于富生、黎来芳、张敏：《成本会计学》，6 版，121 页。

（2）完工产品计划成本：　　单位：元

产品	成本或费用项目				
	直接材料	直接燃料和动力	直接人工	制造费用	合计
2031	1,160.00	920.00	612.00	328.00	3,020.00
合计	1,160.00	920.00	612.00	328.00	3,020.00

图 7—2

（3）期初在产品成本资料，如图7—3所示。

（3）期初在产品成本资料：　　单位：元

产品批别	成本或费用项目				
	直接材料	直接燃料和动力	直接人工	制造费用	合计
2019	6,560.00	7,200.00	3,640.00	1,780.00	19,180.00
2020	12,860.00	10,280.00	5,870.00	3,890.00	32,900.00
2031	0.00	0.00	0.00	0.00	0.00
合计	19,420.00	17,480.00	9,510.00	5,670.00	52,080.00

图 7—3

（4）本月发生的生产费用资料，如图7—4所示。

（4）本月发生的生产费用资料：　　单位：元

项目	成本或费用项目				
	直接材料	直接燃料和动力	直接人工	制造费用	合计
2019		3,150.00	2,980.00	970.00	7,100.00
2020		3,820.00	6,120.00	2,730.00	12,670.00
2031	9,360.00	8,180.00	5,740.00	3,010.00	26,290.00
合计	9,360.00	15,150.00	14,840.00	6,710.00	46,060.00

图 7—4

要求：根据以上资料，用分批法计算产品成本。

7.2.2 产品成本计算的分批法模型的创建

为了便于说明如何在 Excel 工作表中使用分批法计算成本，我们利用任务的资料并借助 Excel 工作表创建成本计算的分批法模型，按产品的批别计算各批产品的生产成本。

在 Excel 工作表中，创建成本计算的分批法模型的步骤如下。

第一步：按产品批别开设生产成本明细账并过入期初余额

1. 根据月初在产品成本资料开设计算 2019 批号产品成本的生产成本明细账

将计算 2019 批号产品成本的有关资料从“资料”工作表链接到 2019 批号产品成本明细账中，按公式显示的链接资料如图 7—5 所示。

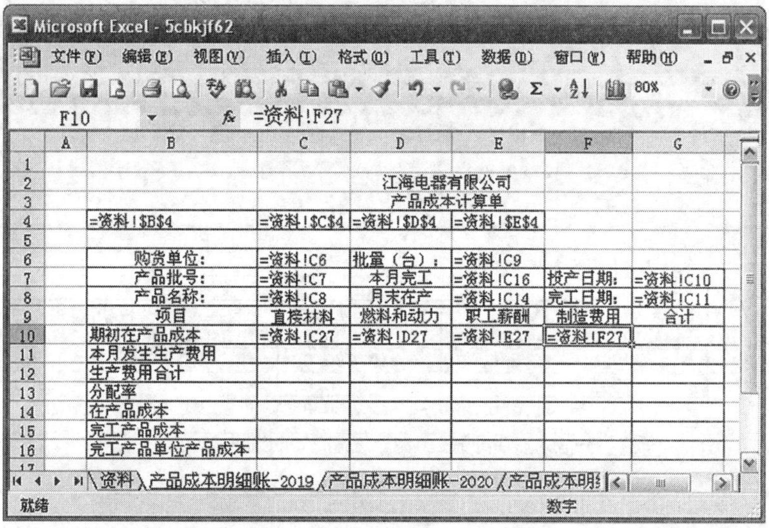
Microsoft Excel - 5cbkjf62

F10 =资料!F27

	A	B	C	D	E	F	G
1							
2				江海电器有限公司			
3				产品成本计算单			
4		=资料!$B$4	=资料!$C$4	=资料!$D$4	=资料!$E$4		
5							
6		购货单位:	=资料!C6	批量（台）:	=资料!C9		
7		产品批号:	=资料!C7	本月完工	=资料!C16	投产日期:	=资料!C10
8		产品名称:	=资料!C8	月末在产	=资料!C14	完工日期:	=资料!C11
9		项目	直接材料	燃料和动力	职工薪酬	制造费用	合计
10		期初在产品成本	=资料!C27	=资料!D27	=资料!E27	=资料!F27	
11		本月发生生产费用					
12		生产费用合计					
13		分配率					
14		在产品成本					
15		完工产品成本					
16		完工产品单位产品成本					

资料 / 产品成本明细账-2019 / 产品成本明细账-2020 / 产品成本明细

图 7—5

链接到 2019 批号产品成本明细账中的期初在产品成本资料如图 7—6 所示。

Microsoft Excel - 5cbkjf62

F10 =资料!F27

	A	B	C	D	E	F	G
1							
2				江海电器有限公司			
3				产品成本计算单			
4		年份:	2012	月份:	7		
5							
6		购货单位:	光华工厂	批量（台）:	4		
7		产品批号:	2019	本月完工	4	投产日期:	5
8		产品名称:	甲产品	月末在产	0	完工日期:	7
9		项目	直接材料	燃料和动力	职工薪酬	制造费用	合计
10		期初在产品成本	6,560.00	7,200.00	3,640.00	1,780.00	
11		本月发生生产费用					
12		生产费用合计					
13		分配率					
14		在产品成本					
15		完工产品成本					
16		完工产品单位产品成本					

资料 / 产品成本明细账-2019 / 产品成本明细账-2020 / 产品成本明细

图 7—6

2. 根据月初在产品成本资料开设计算 2020 批号产品成本的生产成本明细账

将计算 2020 批号产品成本的有关资料从“资料”工作表链接到 2020 批号产品成本明细账中，按公式显示的链接资料如图 7—7 所示。

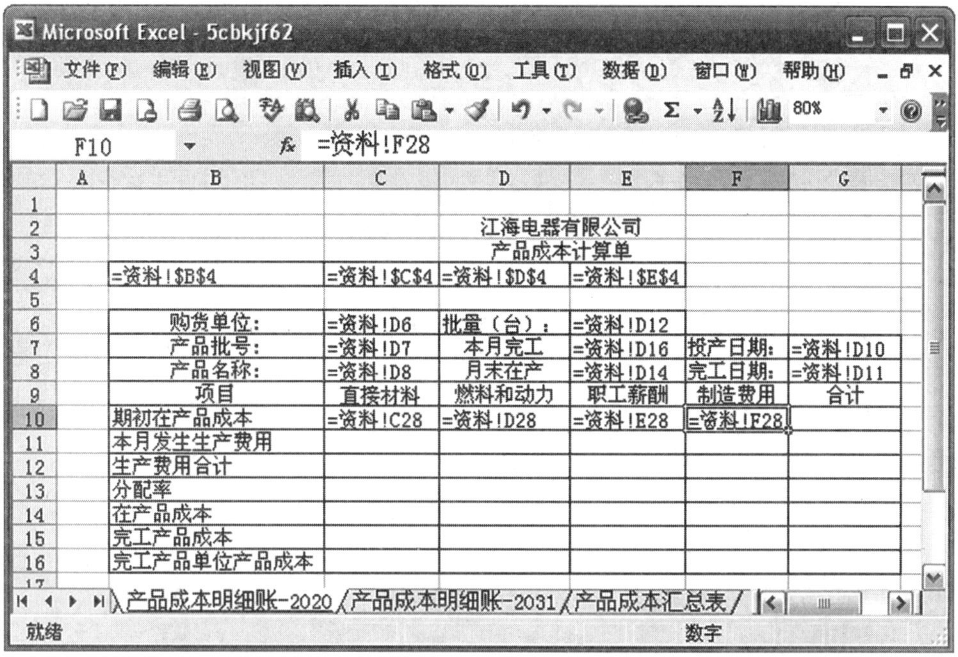

		江海电器有限公司			
		产品成本计算单			
=资料!$B$4	=资料!$C$4	=资料!$D$4	=资料!$E$4		
购货单位:	=资料!D6	批量（台）:	=资料!D12		
产品批号:	=资料!D7	本月完工	=资料!D16	投产日期:	=资料!D10
产品名称:	=资料!D8	月末在产	=资料!D14	完工日期:	=资料!D11
项目	直接材料	燃料和动力	职工薪酬	制造费用	合计
期初在产品成本	=资料!C28	=资料!D28	=资料!E28	=资料!F28	
本月发生生产费用					
生产费用合计					
分配率					
在产品成本					
完工产品成本					
完工产品单位产品成本					

图 7—7

链接到 2020 批号产品成本明细账中的期初在产品成本资料如图 7—8 所示。

		江海电器有限公司			
		产品成本计算单			
年份:	2012	月份:	7		
购货单位:	大通集团	批量（台）:	10		
产品批号:	2020	本月完工	6	投产日期:	6
产品名称:	甲产品	月末在产	4	完工日期:	8
项目	直接材料	燃料和动力	职工薪酬	制造费用	合计
期初在产品成本	12,860.00	10,280.00	5,870.00	3,890.00	
本月发生生产费用					
生产费用合计					
分配率					
在产品成本					
完工产品成本					
完工产品单位产品成本					

图 7—8

3. 开设计算 2031 批号产品成本的生产成本明细账

将计算 2031 批号产品成本的有关资料从“资料”工作表链接到 2031 批号产品成本明细账中，按公式显示的链接资料如图 7—9 所示。

	A	B	C	D	E	F	G
1							
2				江海电器有限公司			
3				产品成本计算单			
4		=资料!$B$4	=资料!$C$4	=资料!$D$4	=资料!$E$4		
5							
6		购货单位:	=资料!E6	批量（台）:	=资料!D12		
7		产品批号:	=资料!E7	本月完工	=资料!E16	投产日期:	=资料!E10
8		产品名称:	=资料!E8	月末在产	=资料!E14	完工日期:	=资料!E11
9		项目	直接材料	燃料和动力	职工薪酬	制造费用	合计
10		期初在产品成本	=资料!C29	=资料!D29	=资料!E29	=资料!F29	
11		本月发生生产费用					
12		生产费用合计					
13		单位完工产品计划成本					
14		在产品成本					
15		完工产品成本					
16		完工产品单位产品成本					

图 7—9

链接到 2031 批号产品成本明细账中的期初在产品成本资料如图 7—10 所示。

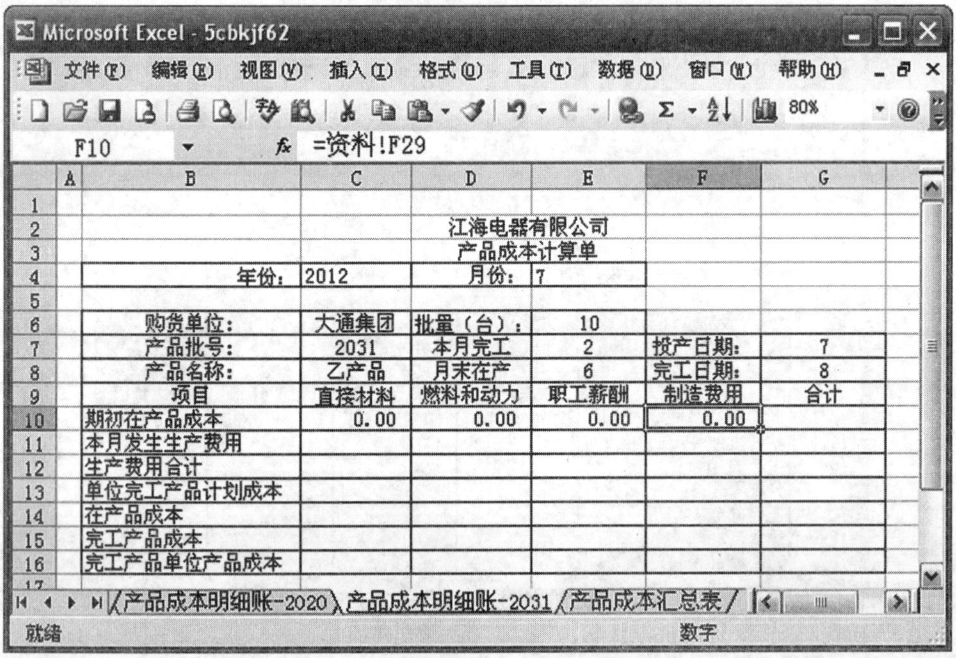

	A	B	C	D	E	F	G
1							
2				江海电器有限公司			
3				产品成本计算单			
4		年份:	2012	月份:	7		
5							
6		购货单位:	大通集团	批量（台）:	10		
7		产品批号:	2031	本月完工	2	投产日期:	7
8		产品名称:	乙产品	月末在产	6	完工日期:	8
9		项目	直接材料	燃料和动力	职工薪酬	制造费用	合计
10		期初在产品成本	0.00	0.00	0.00	0.00	
11		本月发生生产费用					
12		生产费用合计					
13		单位完工产品计划成本					
14		在产品成本					
15		完工产品成本					
16		完工产品单位产品成本					

图 7—10

第二步：计算 2019 批号产品成本

1. 根据费用分配表登记 2019 批号产品成本明细账，汇总 2019 批号产品的生产费用

根据费用分配表登记 2019 批号产品成本明细账的“本月发生生产费用”项目（本月 2019 批号产品发生的各种费用参见图 7—4）。如图 7—11 所示。

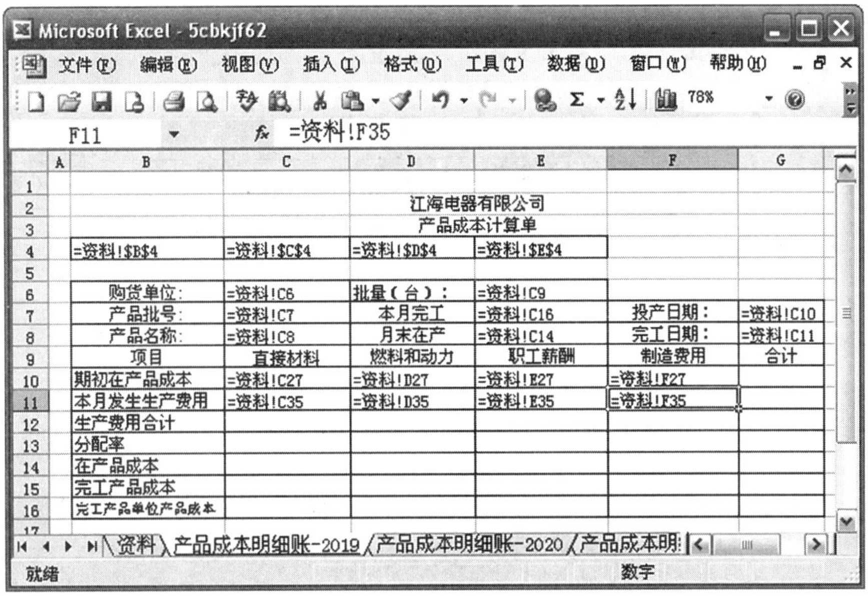

	A	B	C	D	E	F	G
2				江海电器有限公司			
3				产品成本计算单			
4		=资料!$B$4	=资料!$C$4	=资料!$D$4	=资料!$E$4		
6		购货单位:	=资料!C6	批量（台）:	=资料!C9		
7		产品批号:	=资料!C7	本月完工	=资料!C16	投产日期:	=资料!C10
8		产品名称:	=资料!C8	月末在产	=资料!C14	完工日期:	=资料!C11
9		项目	直接材料	燃料和动力	职工薪酬	制造费用	合计
10		期初在产品成本	=资料!C27	=资料!D27	=资料!E27	=资料!F27	
11		本月发生生产费用	=资料!C35	=资料!D35	=资料!E35	=资料!F35	
12		生产费用合计					
13		分配率					
14		在产品成本					
15		完工产品成本					
16		完工产品单位产品成本					

图 7—11

登记各项费用后的 2019 批号产品成本明细账如图 7—12 所示。

	A	B	C	D	E	F	G
2				江海电器有限公司			
3				产品成本计算单			
4		年份:	2012	月份:	7		
6		购货单位:	光华工厂	批量（台）:	4		
7		产品批号:	2019	本月完工	4	投产日期:	5
8		产品名称:	甲产品	月末在产	0	完工日期:	7
9		项目	直接材料	燃料和动力	职工薪酬	制造费用	合计
10		期初在产品成本	6,560.00	7,200.00	3,640.00	1,780.00	
11		本月发生生产费用	0.00	3,150.00	2,980.00	970.00	
12		生产费用合计					
13		分配率					
14		在产品成本					
15		完工产品成本					
16		完工产品单位产品成本					

图 7—12

然后用求和函数汇总出 2019 批产品的生产费用合计数，按公式显示的生产费用合计数如图 7—13 所示。

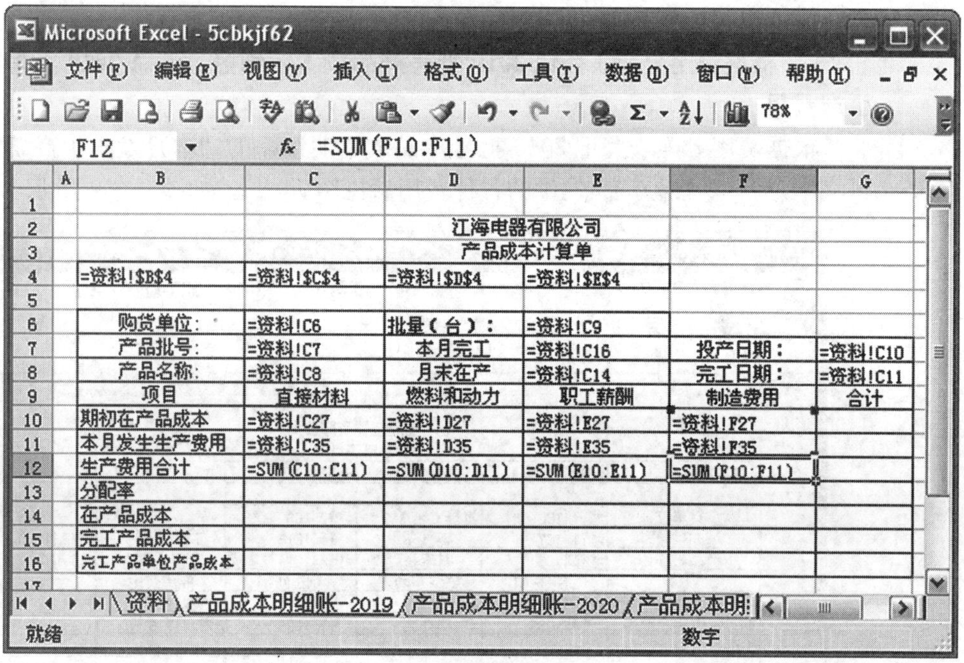

	A	B	C	D	E	F	G
1							
2				江海电器有限公司			
3				产品成本计算单			
4		=资料!$B$4	=资料!$C$4	=资料!$D$4	=资料!$E$4		
5							
6		购货单位:	=资料!C6	批量（台）:	=资料!C9		
7		产品批号:	=资料!C7	本月完工	=资料!C16	投产日期:	=资料!C10
8		产品名称:	=资料!C8	月末在产	=资料!C14	完工日期:	=资料!C11
9		项目	直接材料	燃料和动力	职工薪酬	制造费用	合计
10		期初在产品成本	=资料!C27	=资料!D27	=资料!E27	=资料!F27	
11		本月发生生产费用	=资料!C35	=资料!D35	=资料!E35	=资料!F35	
12		生产费用合计	=SUM(C10:C11)	=SUM(D10:D11)	=SUM(E10:E11)	=SUM(F10:F11)	
13		分配率					
14		在产品成本					
15		完工产品成本					
16		完工产品单位产品成本					

图 7—13

对 2019 批号产品各项费用求和后的成本明细账如图 7—14 所示。

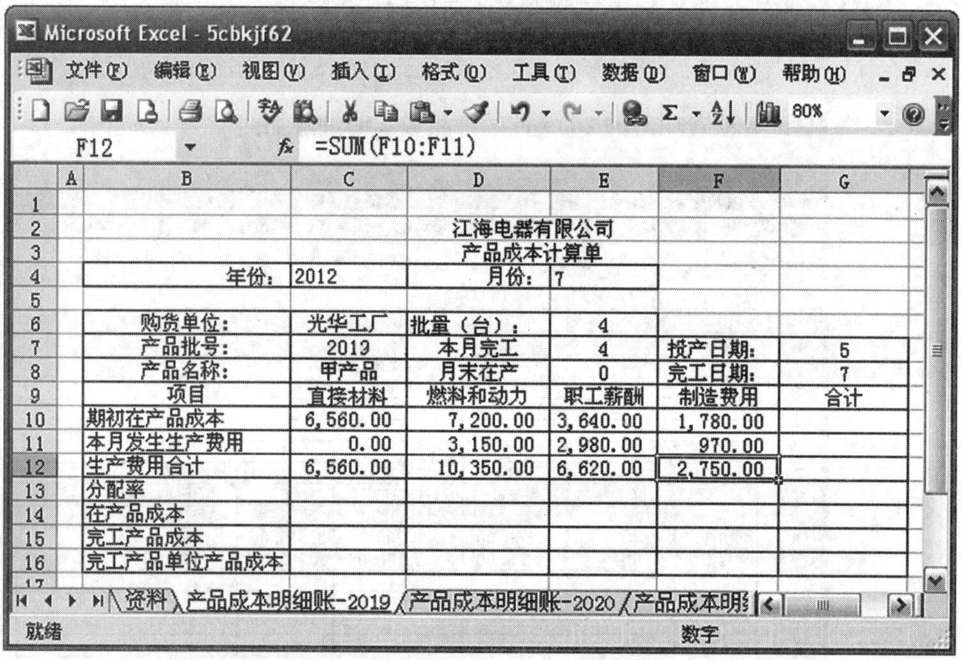

	A	B	C	D	E	F	G
1							
2				江海电器有限公司			
3				产品成本计算单			
4		年份:	2012	月份:	7		
5							
6		购货单位:	光华工厂	批量（台）:	4		
7		产品批号:	2019	本月完工	4	投产日期:	5
8		产品名称:	甲产品	月末在产	0	完工日期:	7
9		项目	直接材料	燃料和动力	职工薪酬	制造费用	合计
10		期初在产品成本	6,560.00	7,200.00	3,640.00	1,780.00	
11		本月发生生产费用	0.00	3,150.00	2,980.00	970.00	
12		生产费用合计	6,560.00	10,350.00	6,620.00	2,750.00	
13		分配率					
14		在产品成本					
15		完工产品成本					
16		完工产品单位产品成本					

图 7—14

2. 计算分配率

根据 2019 批号产品的完工产品和在产品的数量计算分配率。由于 2019 批号产品在本月全部完工，生产费用全部由完工产品承担，在产品不需要负担生产费用。直接材料分配率为“＝C12/(E7＋E8)”，燃料和动力分配率为“＝D12/

(＄E＄7+＄E＄8＊资料!＄C＄15)”，职工薪酬分配率为“=E12/(＄E＄7+＄E＄8＊资料!＄C＄15)”，制造费用分配率为“=F12/(＄E＄7+＄E＄8＊资料!＄C＄15)”，按公式显示的分配率如图 7—15 所示。

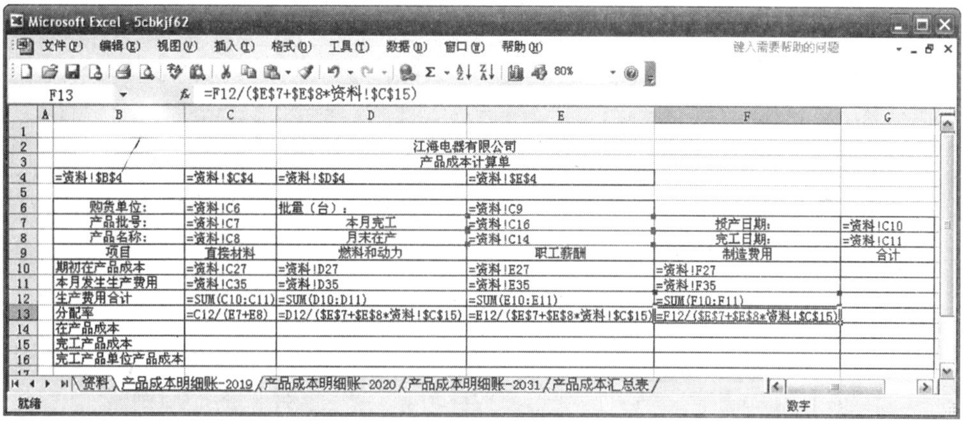

Microsoft Excel - 5cbkjf62

F13　=F12/($E$7+$E$8*资料!$C$15)

	A	B	C	D	E	F	G
1							
2				江海电器有限公司			
3				产品成本计算单			
4		=资料!$B$4	=资料!$C$4	=资料!$D$4	=资料!$E$4		
5							
6		购货单位:	=资料!C6	批量（台）:	=资料!C9		
7		产品批号:	=资料!C7	本月完工	=资料!C16	投产日期:	=资料!C10
8		产品名称:	=资料!C8	月末在产	=资料!C14	完工日期:	=资料!C11
9		项目	直接材料	燃料和动力	职工薪酬	制造费用	合计
10		期初在产品成本	=资料!C27	=资料!D27	=资料!E27	=资料!F27	
11		本月发生生产费用	=资料!C35	=资料!D35	=资料!E35	=资料!F35	
12		生产费用合计	=SUM(C10:C11)	=SUM(D10:D11)	=SUM(E10:E11)	=SUM(F10:F11)	
13		分配率	=C12/(E7+E8)	=D12/($E$7+$E$8*资料!$C$15)	=E12/($E$7+$E$8*资料!$C$15)	=F12/($E$7+$E$8*资料!$C$15)	
14		在产品成本					
15		完工产品成本					
16		完工产品单位产品成本					

资料 / 产品成本明细账-2019 / 产品成本明细账-2020 / 产品成本明细账-2031 / 产品成本汇总表

图 7—15

本例中计算出的 2019 批号产品各项费用的分配率如图 7—16 所示。

Microsoft Excel - 5cbkjf62

F13　=F12/($E$7+$E$8*资料!$C$15)

	A	B	C	D	E	F	G
1							
2				江海电器有限公司			
3				产品成本计算单			
4		年份:	2012	月份:	7		
5							
6		购货单位:	光华工厂	批量（台）:	4		
7		产品批号:	2019	本月完工	4	投产日期:	5
8		产品名称:	甲产品	月末在产	0	完工日期:	7
9		项目	直接材料	燃料和动力	职工薪酬	制造费用	合计
10		期初在产品成本	6,560.00	7,200.00	3,640.00	1,780.00	
11		本月发生生产费用	0.00	3,150.00	2,980.00	970.00	
12		生产费用合计	6,560.00	10,350.00	6,620.00	2,750.00	
13		分配率	1,640.00	2,587.50	1,655.00	687.50	
14		在产品成本					
15		完工产品成本					
16		完工产品单位产品成本					

资料 / 产品成本明细账-2019 / 产品成本明细账-2020 / 产品成本明

图 7—16

3. 计算 2019 批号产品的完工产品成本与在产品成本

根据计算出的分配率，首先计算 2019 批号产品的在产品成本，然后用生产费用合计减去在产品成本得出完工产品成本。按公式显示的完工产品成本与在产品成本如图 7—17 所示。

由于 2019 批号产品的月末在产品的数量为 0，因此月末在产品的成本也为 0。完工产品成本和在产品成本如图 7—18 所示。

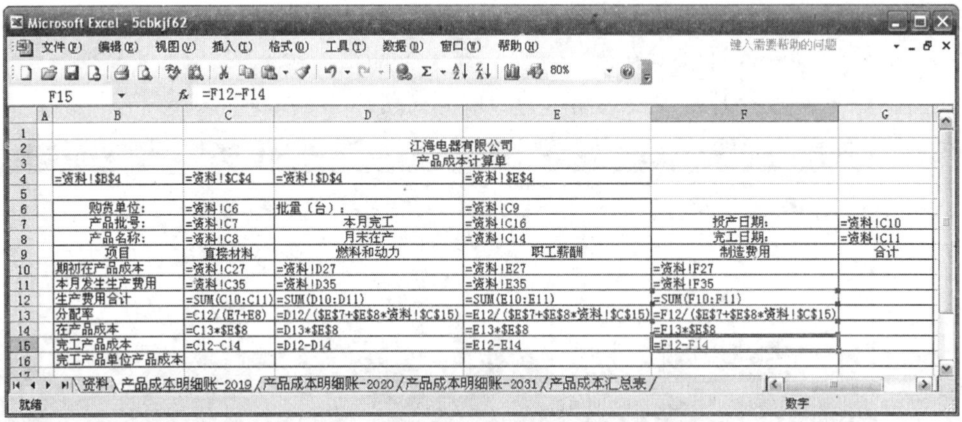

	B	C	D	E	F	G
2			江海电器有限公司			
3			产品成本计算单			
4	=资料!$B$4	=资料!$C$4	=资料!$D$4	=资料!$E$4		
6	购货单位:	=资料!C6	批量（台）:	=资料!C9		
7	产品批号:	=资料!C7	本月完工	=资料!C16	投产日期:	=资料!C10
8	产品名称:	=资料!C8	月末在产	=资料!C14	完工日期:	=资料!C11
9	项目	直接材料	燃料和动力	职工薪酬	制造费用	合计
10	期初在产品成本	=资料!C27	=资料!D27	=资料!E27	=资料!F27	
11	本月发生生产费用	=资料!C35	=资料!D35	=资料!E35	=资料!F35	
12	生产费用合计	=SUM(C10:C11)	=SUM(D10:D11)	=SUM(E10:E11)	=SUM(F10:F11)	
13	分配率	=C12/(E7+E8)	=D12/($E$7+$E$8*资料!$C$15)	=E12/($E$7+$E$8*资料!$C$15)	=F12/($E$7+$E$8*资料!$C$15)	
14	在产品成本	=C13*$E$8	=D13*$E$8	=E13*$E$8	=F13*$E$8	
15	完工产品成本	=C12-C14	=D12-D14	=E12-E14	=F12-F14	
16	完工产品单位产品成本					

图 7—17

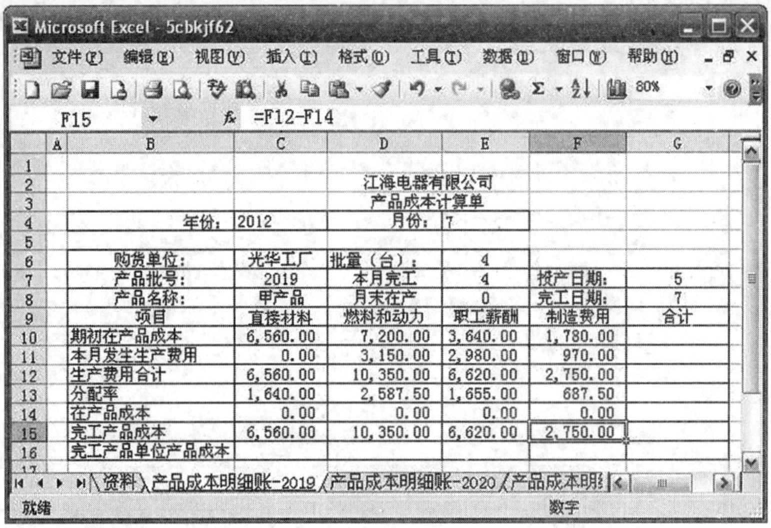

	B	C	D	E	F	G
2			江海电器有限公司			
3			产品成本计算单			
4	年份:	2012	月份:	7		
6	购货单位:	光华工厂	批量（台）:	4		
7	产品批号:	2019	本月完工	4	投产日期:	5
8	产品名称:	甲产品	月末在产	0	完工日期:	7
9	项目	直接材料	燃料和动力	职工薪酬	制造费用	合计
10	期初在产品成本	6,560.00	7,200.00	3,640.00	1,780.00	
11	本月发生生产费用	0.00	3,150.00	2,980.00	970.00	
12	生产费用合计	6,560.00	10,350.00	6,620.00	2,750.00	
13	分配率	1,640.00	2,587.50	1,655.00	687.50	
14	在产品成本	0.00	0.00	0.00	0.00	
15	完工产品成本	6,560.00	10,350.00	6,620.00	2,750.00	
16	完工产品单位产品成本					

图 7—18

4. 计算 2019 批号产品的单位产品成本

最后，用 2019 批号产品的完工产品成本除以完工产品数量，得出 2019 批号产品的单位产品成本。按公式显示的单位产品成本如图 7—19 所示。

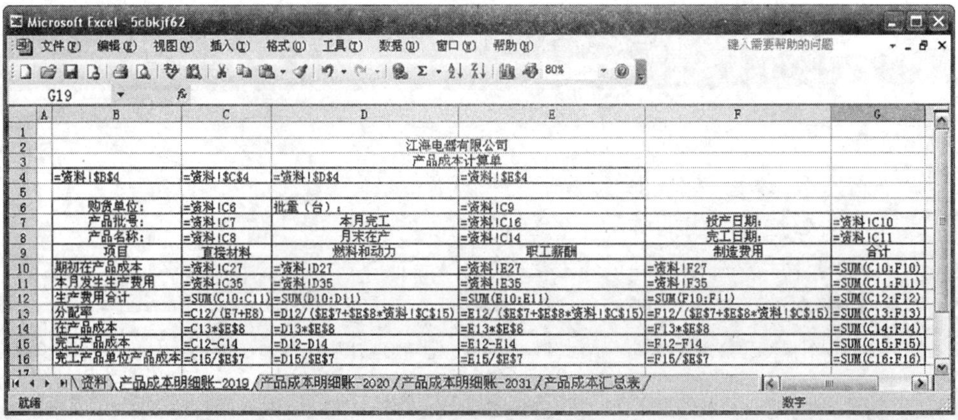

	B	C	D	E	F	G
2			江海电器有限公司			
3			产品成本计算单			
4	=资料!$B$4	=资料!$C$4	=资料!$D$4	=资料!$E$4		
6	购货单位:	=资料!C6	批量（台）:	=资料!C9		
7	产品批号:	=资料!C7	本月完工	=资料!C16	投产日期:	=资料!C10
8	产品名称:	=资料!C8	月末在产	=资料!C14	完工日期:	=资料!C11
9	项目	直接材料	燃料和动力	职工薪酬	制造费用	合计
10	期初在产品成本	=资料!C27	=资料!D27	=资料!E27	=资料!F27	=SUM(C10:F10)
11	本月发生生产费用	=资料!C35	=资料!D35	=资料!E35	=资料!F35	=SUM(C11:F11)
12	生产费用合计	=SUM(C10:C11)	=SUM(D10:D11)	=SUM(E10:E11)	=SUM(F10:F11)	=SUM(C12:F12)
13	分配率	=C12/(E7+E8)	=D12/($E$7+$E$8*资料!$C$15)	=E12/($E$7+$E$8*资料!$C$15)	=F12/($E$7+$E$8*资料!$C$15)	=SUM(C13:F13)
14	在产品成本	=C13*$E$8	=D13*$E$8	=E13*$E$8	=F13*$E$8	=SUM(C14:F14)
15	完工产品成本	=C12-C14	=D12-D14	=E12-E14	=F12-F14	=SUM(C15:F15)
16	完工产品单位产品成本	=C15/$E$7	=D15/$E$7	=E15/$E$7	=F15/$E$7	=SUM(C16:F16)

图 7—19

本例中计算出的 2019 批号产品的单位产品成本如图 7—20 所示。

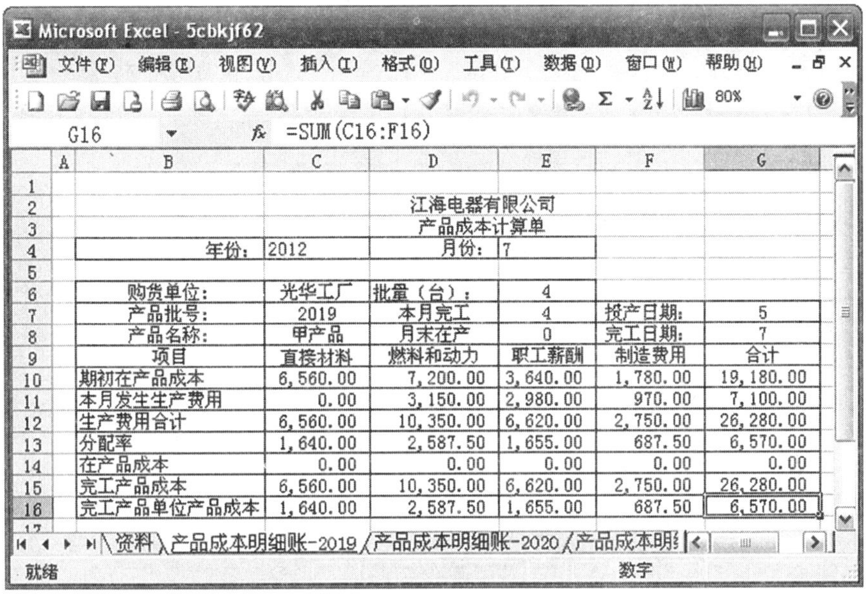

	B	C	D	E	F	G
1						
2			江海电器有限公司			
3			产品成本计算单			
4	年份:	2012	月份:	7		
5						
6	购货单位:	光华工厂	批量（台）:	4		
7	产品批号:	2019	本月完工	4	投产日期:	5
8	产品名称:	甲产品	月末在产	0	完工日期:	7
9	项目	直接材料	燃料和动力	职工薪酬	制造费用	合计
10	期初在产品成本	6,560.00	7,200.00	3,640.00	1,780.00	19,180.00
11	本月发生生产费用	0.00	3,150.00	2,980.00	970.00	7,100.00
12	生产费用合计	6,560.00	10,350.00	6,620.00	2,750.00	26,280.00
13	分配率	1,640.00	2,587.50	1,655.00	687.50	6,570.00
14	在产品成本	0.00	0.00	0.00	0.00	0.00
15	完工产品成本	6,560.00	10,350.00	6,620.00	2,750.00	26,280.00
16	完工产品单位产品成本	1,640.00	2,587.50	1,655.00	687.50	6,570.00

图 7—20

至此，按照分批法计算的 2019 批号产品的产品成本就计算出来了。

第三步：计算 2020 批号产品成本

1. 根据费用分配表登记 2020 批号产品成本明细账，汇总 2020 批号产品的生产费用

根据费用分配表登记 2020 批号产品成本明细账的“本月发生生产费用”项目（本月 2020 批号产品发生的各种费用参见图 7—4）。如图 7—21 所示。

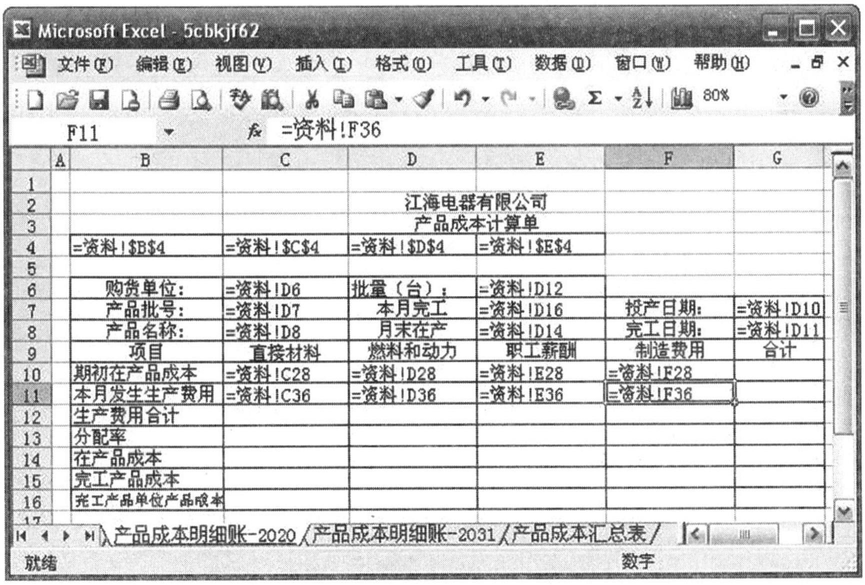

	B	C	D	E	F	G
1						
2			江海电器有限公司			
3			产品成本计算单			
4	=资料!$B$4	=资料!$C$4	=资料!$D$4	=资料!$E$4		
5						
6	购货单位:	=资料!D6	批量（台）:	=资料!D12		
7	产品批号:	=资料!D7	本月完工	=资料!D16	投产日期:	=资料!D10
8	产品名称:	=资料!D8	月末在产	=资料!D14	完工日期:	=资料!D11
9	项目	直接材料	燃料和动力	职工薪酬	制造费用	合计
10	期初在产品成本	=资料!C28	=资料!D28	=资料!E28	=资料!F28	
11	本月发生生产费用	=资料!C36	=资料!D36	=资料!E36	=资料!F36	
12	生产费用合计					
13	分配率					
14	在产品成本					
15	完工产品成本					
16	完工产品单位产品成本					

图 7—21

登记本月发生的各项费用后的 2020 批号产品成本明细账如图 7—22 所示。

	A	B	C	D	E	F	G
1							
2				江海电器有限公司			
3				产品成本计算单			
4		年份：	2012	月份：	7		
5							
6		购货单位:	大通集团	批量（台）：	10		
7		产品批号:	2020	本月完工	6	投产日期:	6
8		产品名称:	甲产品	月末在产	4	完工日期:	8
9		项目	直接材料	燃料和动力	职工薪酬	制造费用	合计
10		期初在产品成本	12,860.00	10,280.00	5,870.00	3,890.00	
11		本月发生生产费用	0.00	3,820.00	6,120.00	2,730.00	
12		生产费用合计					
13		分配率					
14		在产品成本					
15		完工产品成本					
16		完工产品单位产品成本					

图 7—22

然后用求和工具汇总出 2020 批号产品的生产费用合计数，按公式显示的生产费用合计数如图 7—23 所示。

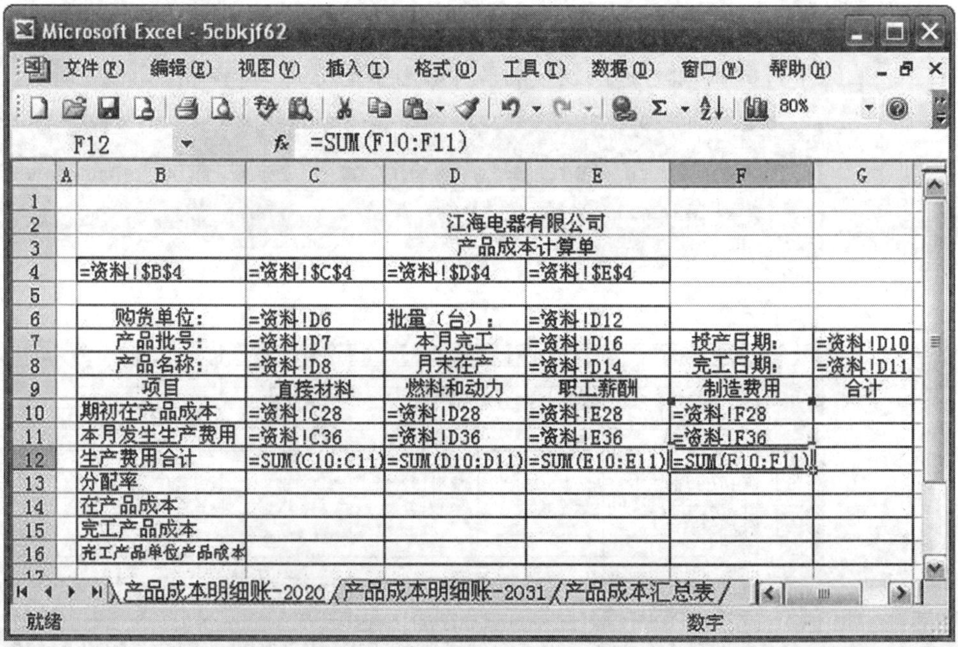

	A	B	C	D	E	F	G
1							
2				江海电器有限公司			
3				产品成本计算单			
4		=资料!$B$4	=资料!$C$4	=资料!$D$4	=资料!$E$4		
5							
6		购货单位:	=资料!D6	批量（台）：	=资料!D12		
7		产品批号:	=资料!D7	本月完工	=资料!D16	投产日期:	=资料!D10
8		产品名称:	=资料!D8	月末在产	=资料!D14	完工日期:	=资料!D11
9		项目	直接材料	燃料和动力	职工薪酬	制造费用	合计
10		期初在产品成本	=资料!C28	=资料!D28	=资料!E28	=资料!F28	
11		本月发生生产费用	=资料!C36	=资料!D36	=资料!E36	=资料!F36	
12		生产费用合计	=SUM(C10:C11)	=SUM(D10:D11)	=SUM(E10:E11)	=SUM(F10:F11)	
13		分配率					
14		在产品成本					
15		完工产品成本					
16		完工产品单位产品成本					

图 7—23

对 2020 批号产品各项费用进行求和后的成本明细账如图 7—24 所示。

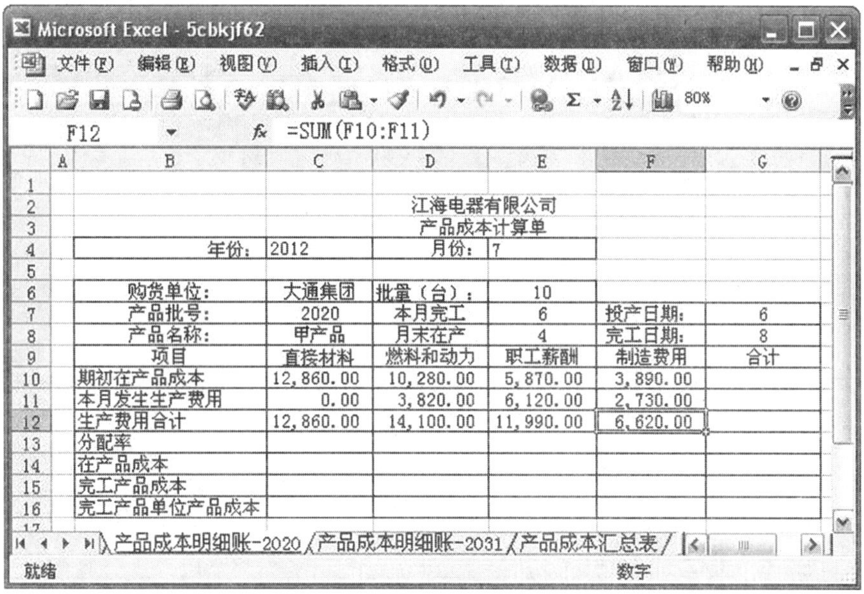

Microsoft Excel - 5cbkjf62

F12　=SUM(F10:F11)

	B	C	D	E	F	G
2			江海电器有限公司			
3			产品成本计算单			
4	年份：	2012	月份：	7		
6	购货单位：	大通集团	批量（台）：	10		
7	产品批号：	2020	本月完工	6	投产日期：	6
8	产品名称：	甲产品	月末在产	4	完工日期：	8
9	项目	直接材料	燃料和动力	职工薪酬	制造费用	合计
10	期初在产品成本	12,860.00	10,280.00	5,870.00	3,890.00	
11	本月发生生产费用	0.00	3,820.00	6,120.00	2,730.00	
12	生产费用合计	12,860.00	14,100.00	11,990.00	6,620.00	
13	分配率					
14	在产品成本					
15	完工产品成本					
16	完工产品单位产品成本					

产品成本明细账-2020 / 产品成本明细账-2031 / 产品成本汇总表

图 7—24

2. 计算分配率

根据 2020 批号产品的完工产品和在产品的数量计算分配率。本月生产 2020 批号产品未完工的产品数量较大，所以生产费用应当在完工产品和在产品之间进行分配。由于原材料是在生产开始时一次投入，材料费用按照完工产品和在产品的实际数量按比例分配；其他费用采用约当产量比例法在完工产品与月末在产品之间进行分配。月末在产品的完工程度为 60%。直接材料分配率为“＝C12/(E7＋E8)”，燃料和动力分配率为“＝D12/($E$7＋$E$8＊资料!$D$15)”，职工薪酬分配率为“＝E12/($E$7＋$E$8＊资料!$D$15)”，制造费用分配率为“＝F12/($E$7＋$E$8＊资料!$D$15)”，按公式显示的分配率如图 7—25 所示。

Microsoft Excel - 5cbkjf62

F13　=F12/($E$7+$E$8*资料!$D$15)

	B	C	D	E	F	G
2			江海电器有限公司			
3			产品成本计算单			
4	=资料!$B$4	=资料!$C$4	=资料!$D$4	=资料!$E$4		
6	购货单位：	=资料!D6	批量（台）：	=资料!D12		
7	产品批号：	=资料!D7	本月完工	=资料!D16	投产日期：	=资料!D10
8	产品名称：	=资料!D8	月末在产	=资料!D14	完工日期：	=资料!D11
9	项目	直接材料	燃料和动力	职工薪酬	制造费用	合计
10	期初在产品成本	=资料!C28	=资料!D28	=资料!E28	=资料!F28	
11	本月发生生产费用	=资料!C36	=资料!D36	=资料!E36	=资料!F36	
12	生产费用合计	=SUM(C10:C11)	=SUM(D10:D11)	=SUM(E10:E11)	=SUM(F10:F11)	
13	分配率	=C12/(E7+E8)	=D12/($E$7+$E$8*资料!$D$15)	=E12/($E$7+$E$8*资料!$D$15)	=F12/($E$7+$E$8*资料!$D$15)	
14	在产品成本					
15	完工产品成本					
16	完工产品单位产品成本					

产品成本明细账-2020 / 产品成本明细账-2031 / 产品成本汇总表

图 7—25

本例中计算出的 2020 批号产品各项费用的分配率如图 7—26 所示。

F13 =F12/($E$7+$E$8*资料!$D$15)

	A	B	C	D	E	F	G
1							
2				江海电器有限公司			
3				产品成本计算单			
4		年份：	2012	月份：	7		
5							
6		购货单位：	大通集团	批量（台）：	10		
7		产品批号：	2020	本月完工	6	投产日期：	6
8		产品名称：	甲产品	月末在产	4	完工日期：	8
9		项目	直接材料	燃料和动力	职工薪酬	制造费用	合计
10		期初在产品成本	12,860.00	10,280.00	5,870.00	3,890.00	
11		本月发生生产费用	0.00	3,820.00	6,120.00	2,730.00	
12		生产费用合计	12,860.00	14,100.00	11,990.00	6,620.00	
13		分配率	1,286.00	1,678.57	1,427.38	788.10	
14		在产品成本					
15		完工产品成本					
16		完工产品单位产品成本					

图 7—26

3. 计算 2020 批号产品的完工产品成本与在产品成本

根据计算出的分配率，首先计算 2020 批号产品的在产品成本，然后用生产费用合计减去在产品成本得出完工产品成本。按公式显示的完工产品成本与在产品成本如图 7—27 所示。

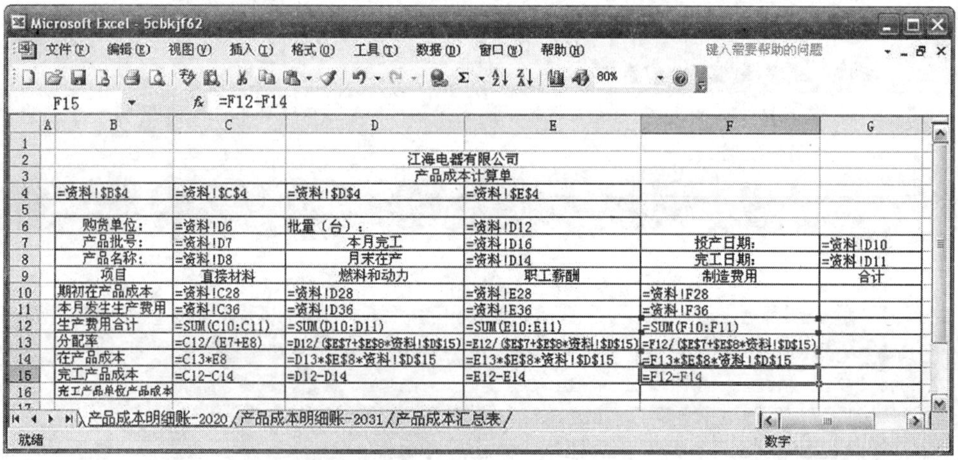

F15 =F12-F14

	A	B	C	D	E	F	G
1							
2				江海电器有限公司			
3				产品成本计算单			
4		=资料!$B$4	=资料!$C$4	=资料!$D$4	=资料!$E$4		
5							
6		购货单位：	=资料!D6	批量（台）：	=资料!D12		
7		产品批号：	=资料!D7	本月完工	=资料!D16	投产日期：	=资料!D10
8		产品名称：	=资料!D8	月末在产	=资料!D14	完工日期：	=资料!D11
9		项目	直接材料	燃料和动力	职工薪酬	制造费用	合计
10		期初在产品成本	=资料!C28	=资料!D28	=资料!E28	=资料!F28	
11		本月发生生产费用	=资料!C36	=资料!D36	=资料!E36	=资料!F36	
12		生产费用合计	=SUM(C10:C11)	=SUM(D10:D11)	=SUM(E10:E11)	=SUM(F10:F11)	
13		分配率	=C12/(E7+E8)	=D12/($E$7+$E$8*资料!$D$15)	=E12/($E$7+$E$8*资料!$D$15)	=F12/($E$7+$E$8*资料!$D$15)	
14		在产品成本	=C13*E8	=D13*$E$8*资料!$D$15	=E13*$E$8*资料!$D$15	=F13*$E$8*资料!$D$15	
15		完工产品成本	=C12-C14	=D12-D14	=E12-E14	=F12-F14	
16		完工产品单位产品成本					

图 7—27

计算完成的 2020 批号产品的完工产品成本和在产品成本如图 7—28 所示。

4. 计算 2020 批号产品的单位产品成本

最后，用 2020 批号产品的完工产品成本除以完工产品数量，得出 2020 批号产品的单位产品成本。按公式显示的单位产品成本如图 7—29 所示。

本例中计算出的 2020 批号产品的单位产品成本如图 7—30 所示。

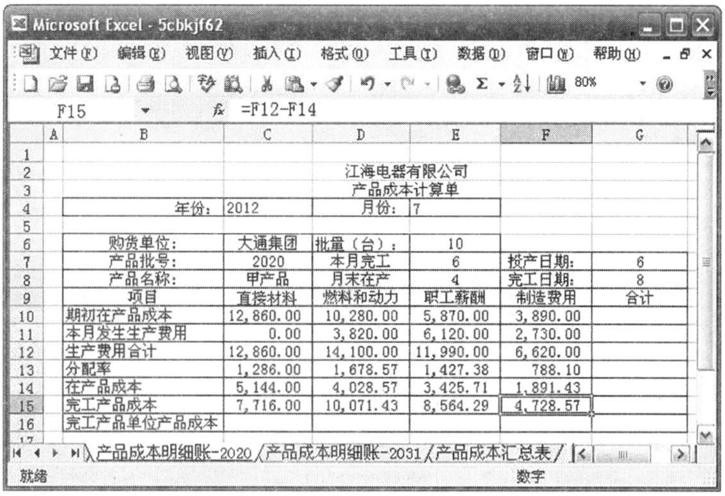

F15　=F12-F14

	B	C	D	E	F	G
1						
2			江海电器有限公司			
3			产品成本计算单			
4	年份:	2012	月份:	7		
5						
6	购货单位:	大通集团	批量（台）:	10		
7	产品批号:	2020	本月完工	6	投产日期:	6
8	产品名称:	甲产品	月末在产	4	完工日期:	8
9	项目	直接材料	燃料和动力	职工薪酬	制造费用	合计
10	期初在产品成本	12,860.00	10,280.00	5,870.00	3,890.00	
11	本月发生生产费用	0.00	3,820.00	6,120.00	2,730.00	
12	生产费用合计	12,860.00	14,100.00	11,990.00	6,620.00	
13	分配率	1,286.00	1,678.57	1,427.38	788.10	
14	在产品成本	5,144.00	4,028.57	3,425.71	1,891.43	
15	完工产品成本	7,716.00	10,071.43	8,564.29	4,728.57	
16	完工产品单位产品成本					

产品成本明细账-2020 / 产品成本明细账-2031 / 产品成本汇总表

图 7—28

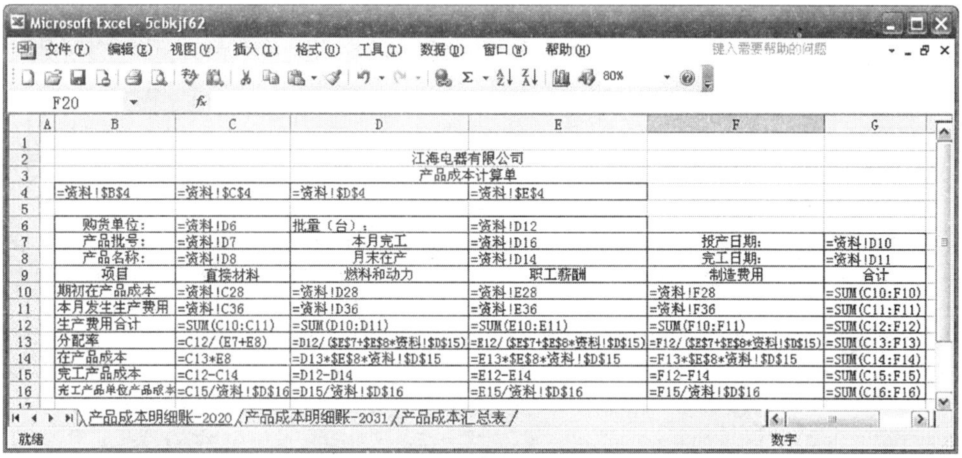

F20

	B	C	D	E	F	G
1						
2			江海电器有限公司			
3			产品成本计算单			
4	=资料!$B$4	=资料!$C$4	=资料!$D$4	=资料!$E$4		
5						
6	购货单位:	=资料!D6	批量（台）:	=资料!D12		
7	产品批号:	=资料!D7	本月完工	=资料!D16	投产日期:	=资料!D10
8	产品名称:	=资料!D8	月末在产	=资料!D14	完工日期:	=资料!D11
9	项目	直接材料	燃料和动力	职工薪酬	制造费用	合计
10	期初在产品成本	=资料!C28	=资料!D28	=资料!E28	=资料!F28	=SUM(C10:F10)
11	本月发生生产费用	=资料!C36	=资料!D36	=资料!E36	=资料!F36	=SUM(C11:F11)
12	生产费用合计	=SUM(C10:C11)	=SUM(D10:D11)	=SUM(E10:E11)	=SUM(F10:F11)	=SUM(C12:F12)
13	分配率	=C12/(E7+E8)	=D12/($E$7+$E$8*资料!$D$15)	=E12/($E$7+$E$8*资料!$D$15)	=F12/($E$7+$E$8*资料!$D$15)	=SUM(C13:F13)
14	在产品成本	=C13*E8	=D13*$E$8*资料!$D$15	=E13*$E$8*资料!$D$15	=F13*$E$8*资料!$D$15	=SUM(C14:F14)
15	完工产品成本	=C12-C14	=D12-D14	=E12-E14	=F12-F14	=SUM(C15:F15)
16	完工产品单位产品成本	=C15/资料!$D$16	=D15/资料!$D$16	=E15/资料!$D$16	=F15/资料!$D$16	=SUM(C16:F16)

产品成本明细账-2020 / 产品成本明细账-2031 / 产品成本汇总表

图 7—29

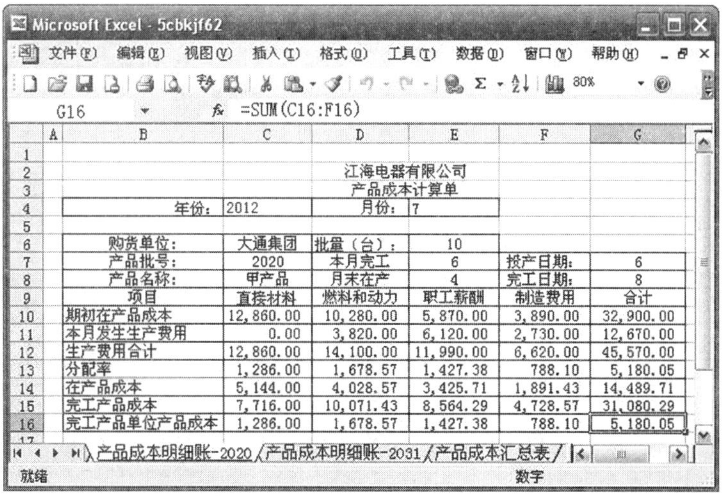

G16　=SUM(C16:F16)

	B	C	D	E	F	G
1						
2			江海电器有限公司			
3			产品成本计算单			
4	年份:	2012	月份:	7		
5						
6	购货单位:	大通集团	批量（台）:	10		
7	产品批号:	2020	本月完工	6	投产日期:	6
8	产品名称:	甲产品	月末在产	4	完工日期:	8
9	项目	直接材料	燃料和动力	职工薪酬	制造费用	合计
10	期初在产品成本	12,860.00	10,280.00	5,870.00	3,890.00	32,900.00
11	本月发生生产费用	0.00	3,820.00	6,120.00	2,730.00	12,670.00
12	生产费用合计	12,860.00	14,100.00	11,990.00	6,620.00	45,570.00
13	分配率	1,286.00	1,678.57	1,427.38	788.10	5,180.05
14	在产品成本	5,144.00	4,028.57	3,425.71	1,891.43	14,489.71
15	完工产品成本	7,716.00	10,071.43	8,564.29	4,728.57	31,080.29
16	完工产品单位产品成本	1,286.00	1,678.57	1,427.38	788.10	5,180.05

产品成本明细账-2020 / 产品成本明细账-2031 / 产品成本汇总表

图 7—30

至此，按照分批法计算的 2020 批号产品的成本就计算出来了。

第四步：计算 2031 批号产品成本

1. 根据费用分配表登记 2031 批号产品成本明细账，汇总 2031 批号产品的生产费用

根据费用分配表登记 2031 批号产品成本明细账的“本月发生生产费用”项目（本月 2031 批号产品发生的各种费用参见图 7—4）。如图 7—31 所示。

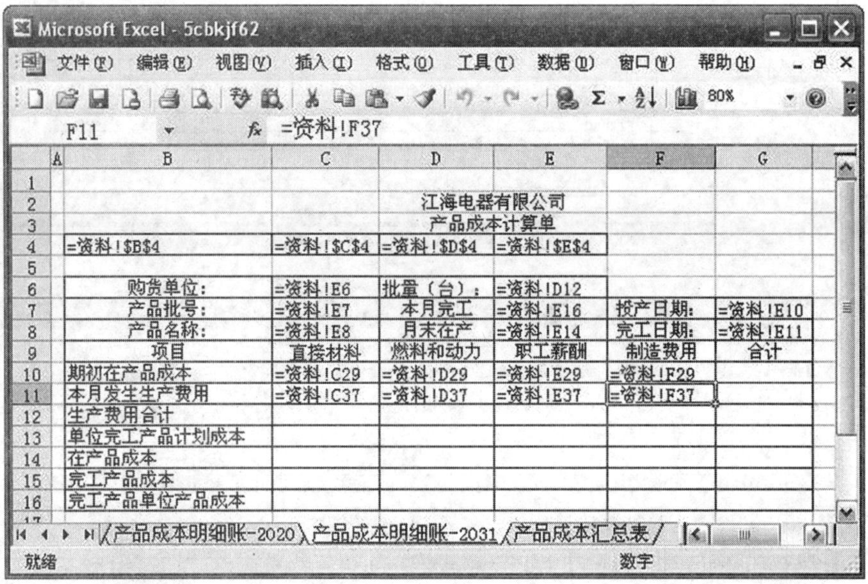
Microsoft Excel - 5cbkjf62

F11 =资料!F37

	B	C	D	E	F	G
2			江海电器有限公司			
3			产品成本计算单			
4	=资料!$B$4	=资料!$C$4	=资料!$D$4	=资料!$E$4		
6	购货单位:	=资料!E6	批量（台）:	=资料!D12		
7	产品批号:	=资料!E7	本月完工	=资料!E16	投产日期:	=资料!E10
8	产品名称:	=资料!E8	月末在产	=资料!E14	完工日期:	=资料!E11
9	项目	直接材料	燃料和动力	职工薪酬	制造费用	合计
10	期初在产品成本	=资料!C29	=资料!D29	=资料!E29	=资料!F29	
11	本月发生生产费用	=资料!C37	=资料!D37	=资料!E37	=资料!F37	
12	生产费用合计					
13	单位完工产品计划成本					
14	在产品成本					
15	完工产品成本					
16	完工产品单位产品成本					

产品成本明细账-2020 / 产品成本明细账-2031 / 产品成本汇总表

图 7—31

登记本月发生的各项费用后的 2031 批号产品成本明细账如图 7—32 所示。

Microsoft Excel - 5cbkjf62

F11 =资料!F37

	B	C	D	E	F	G
2			江海电器有限公司			
3			产品成本计算单			
4	年份:	2012	月份:	7		
6	购货单位:	大通集团	批量（台）:	10		
7	产品批号:	2031	本月完工	2	投产日期:	7
8	产品名称:	乙产品	月末在产	6	完工日期:	8
9	项目	直接材料	燃料和动力	职工薪酬	制造费用	合计
10	期初在产品成本	0.00	0.00	0.00	0.00	
11	本月发生生产费用	9,360.00	8,180.00	5,740.00	3,010.00	
12	生产费用合计					
13	单位完工产品计划成本					
14	在产品成本					
15	完工产品成本					
16	完工产品单位产品成本					

产品成本明细账-2020 / 产品成本明细账-2031 / 产品成本汇总表

图 7—32

然后用求和汇总出 2031 批号产品的生产费用合计数，按公式显示的生产费用合计数如图 7—33 所示。

图 7—33

对 2031 批号产品各项费用进行求和后的成本明细账如图 7—34 所示。

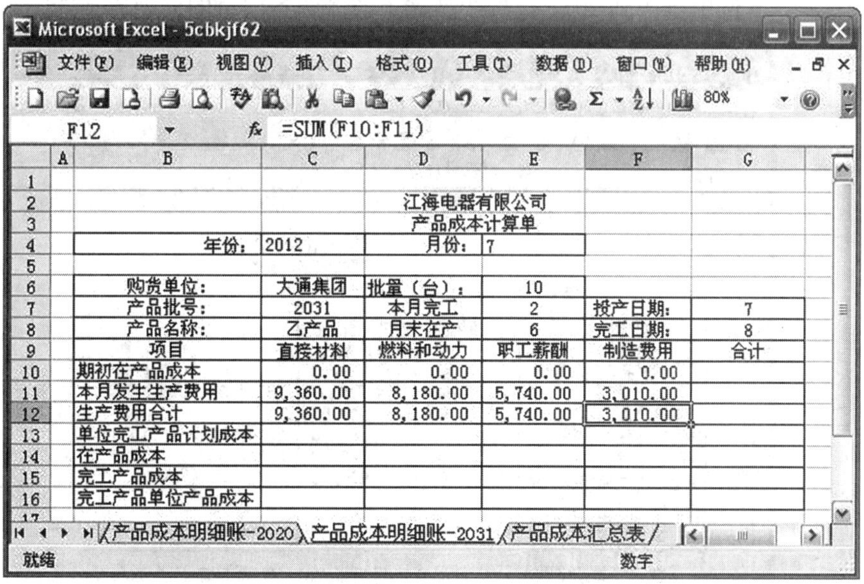

图 7—34

2. 计算分配率

为简化成本核算，2031 批号产品的完工产品成本按计划成本计算，不需要计算分配率。只要将 2031 批号产品完工产品的计划成本资料链接到 2031 批号产品的成本明细账即可。本月完工 2031 批号产品的数量为 2 台。每台 2031 批号产品的计划成本为：直接材料 1 160 元，直接燃料和动力 920 元，直接人工 612 元，制造费用 328 元，合计 3 020 元。将 2031 批号产品的计划成本链接到成本计算单，按公式显示的乙产品的计划成本如图 7—35 所示。

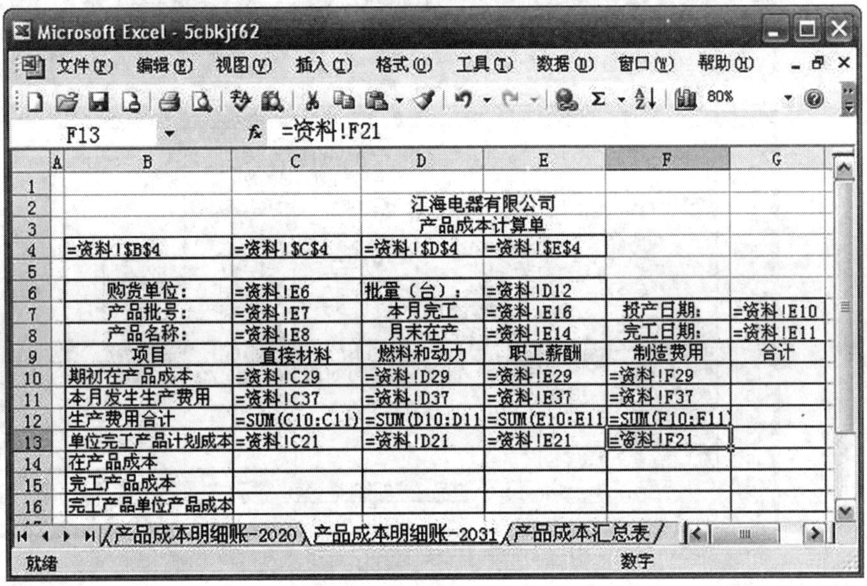

	A	B	C	D	E	F	G
1							
2				江海电器有限公司			
3				产品成本计算单			
4		=资料!$B$4	=资料!$C$4	=资料!$D$4	=资料!$E$4		
5							
6		购货单位:	=资料!E6	批量（台）:	=资料!D12		
7		产品批号:	=资料!E7	本月完工	=资料!E16	投产日期:	=资料!E10
8		产品名称:	=资料!E8	月末在产	=资料!E14	完工日期:	=资料!E11
9		项目	直接材料	燃料和动力	职工薪酬	制造费用	合计
10		期初在产品成本	=资料!C29	=资料!D29	=资料!E29	=资料!F29	
11		本月发生生产费用	=资料!C37	=资料!D37	=资料!E37	=资料!F37	
12		生产费用合计	=SUM(C10:C11)	=SUM(D10:D11)	=SUM(E10:E11)	=SUM(F10:F11)	
13		单位完工产品计划成本	=资料!C21	=资料!D21	=资料!E21	=资料!F21	
14		在产品成本					
15		完工产品成本					
16		完工产品单位产品成本					

图 7—35

本例中链接到 2031 批号产品完工产品的各项目的计划成本如图 7—36 所示。

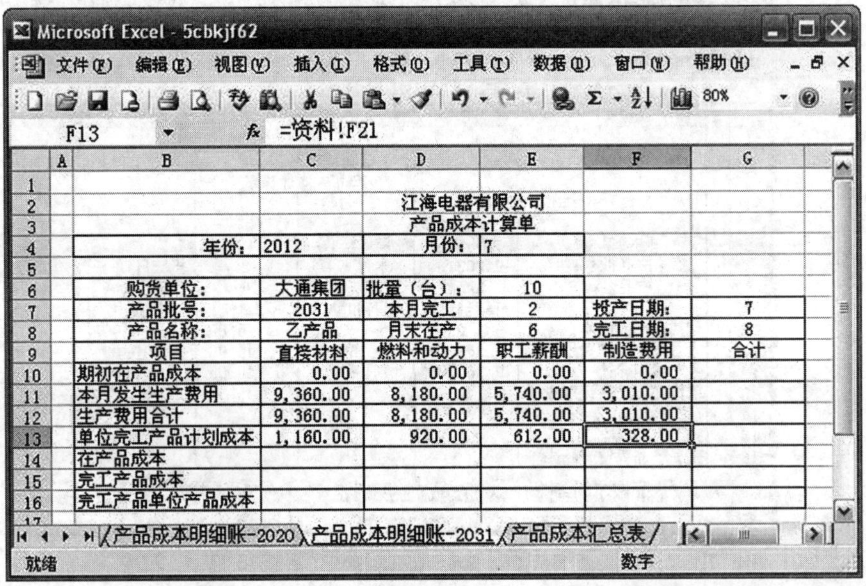

	A	B	C	D	E	F	G
1							
2				江海电器有限公司			
3				产品成本计算单			
4		年份:	2012	月份:	7		
5							
6		购货单位:	大通集团	批量（台）:	10		
7		产品批号:	2031	本月完工	2	投产日期:	7
8		产品名称:	乙产品	月末在产	6	完工日期:	8
9		项目	直接材料	燃料和动力	职工薪酬	制造费用	合计
10		期初在产品成本	0.00	0.00	0.00	0.00	
11		本月发生生产费用	9,360.00	8,180.00	5,740.00	3,010.00	
12		生产费用合计	9,360.00	8,180.00	5,740.00	3,010.00	
13		单位完工产品计划成本	1,160.00	920.00	612.00	328.00	
14		在产品成本					
15		完工产品成本					
16		完工产品单位产品成本					

图 7—36

3. 计算 2031 批号产品的完工产品成本与在产品成本

根据 2031 批号产品完工产品的各项目的计划成本，首先计算 2031 批号产品的完工产品成本，然后用生产费用合计减去完工产品成本得出在产品成本。按公式显示的完工产品成本与在产品成本如图 7—37 所示。

Microsoft Excel - 5cbkjf62

F15　=F13*$E$7

	B	C	D	E	F	G
1						
2			江海电器有限公司			
3			产品成本计算单			
4	=资料!$B$4	=资料!$C$4	=资料!$D$4	=资料!$E$4		
5						
6	购货单位:	=资料!E6	批量（台）:	=资料!D12		
7	产品批号:	=资料!E7	本月完工	=资料!E16	投产日期:	=资料!E10
8	产品名称:	=资料!E8	月末在产	=资料!E14	完工日期:	=资料!E11
9	项目	直接材料	燃料和动力	职工薪酬	制造费用	合计
10	期初在产品成本	=资料!C29	=资料!D29	=资料!E29	=资料!F29	
11	本月发生生产费用	=资料!C37	=资料!D37	=资料!E37	=资料!F37	
12	生产费用合计	=SUM(C10:C11)	=SUM(D10:D11	=SUM(E10:E11	=SUM(F10:F11)	
13	单位完工产品计划成本	=资料!C21	=资料!D21	=资料!E21	=资料!F21	
14	在产品成本	=C12-C15	=D12-D15	=E12-E15	=F12-F15	
15	完工产品成本	=C13*$E$7	=D13*$E$7	=E13*$E$7	=F13*$E$7	
16	完工产品单位产品成本					

产品成本明细账-2020 / 产品成本明细账-2031 / 产品成本汇总表

图 7—37

计算完成的 2031 批号产品的完工产品成本和在产品成本如图 7—38 所示。

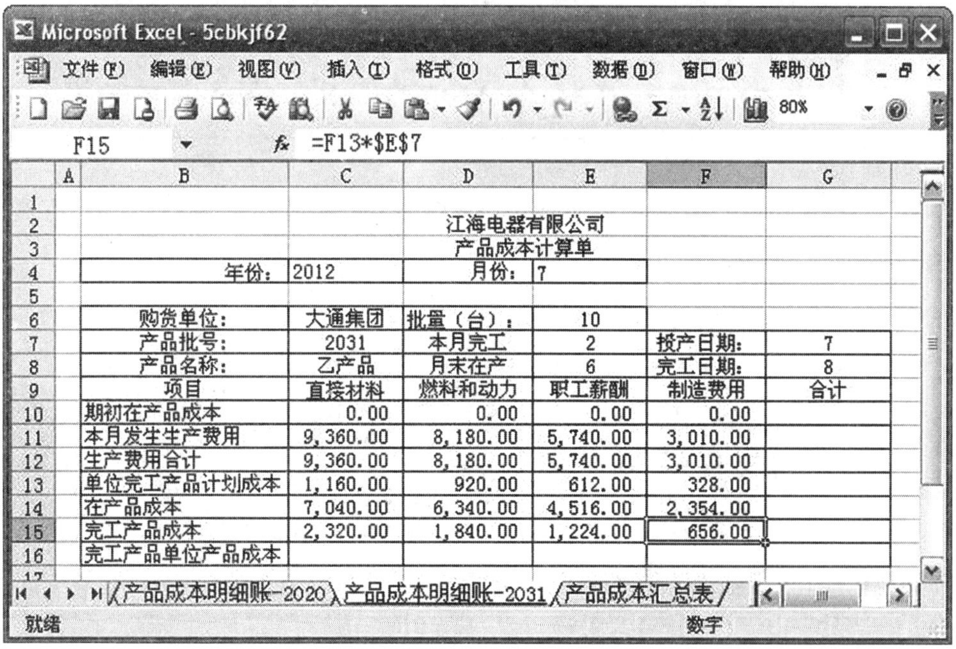

Microsoft Excel - 5cbkjf62

F15　=F13*$E$7

	B	C	D	E	F	G
1						
2			江海电器有限公司			
3			产品成本计算单			
4	年份:	2012	月份:	7		
5						
6	购货单位:	大通集团	批量（台）:	10		
7	产品批号:	2031	本月完工	2	投产日期:	7
8	产品名称:	乙产品	月末在产	6	完工日期:	8
9	项目	直接材料	燃料和动力	职工薪酬	制造费用	合计
10	期初在产品成本	0.00	0.00	0.00	0.00	
11	本月发生生产费用	9,360.00	8,180.00	5,740.00	3,010.00	
12	生产费用合计	9,360.00	8,180.00	5,740.00	3,010.00	
13	单位完工产品计划成本	1,160.00	920.00	612.00	328.00	
14	在产品成本	7,040.00	6,340.00	4,516.00	2,354.00	
15	完工产品成本	2,320.00	1,840.00	1,224.00	656.00	
16	完工产品单位产品成本					

产品成本明细账-2020 / 产品成本明细账-2031 / 产品成本汇总表

图 7—38

4. 计算 2031 批号产品的单位产品成本

最后，用 2031 批号产品的完工产品成本除以完工产品数量，得出 2031 批号产品的单位产品成本。按公式显示的单位产品成本如图 7—39 所示。

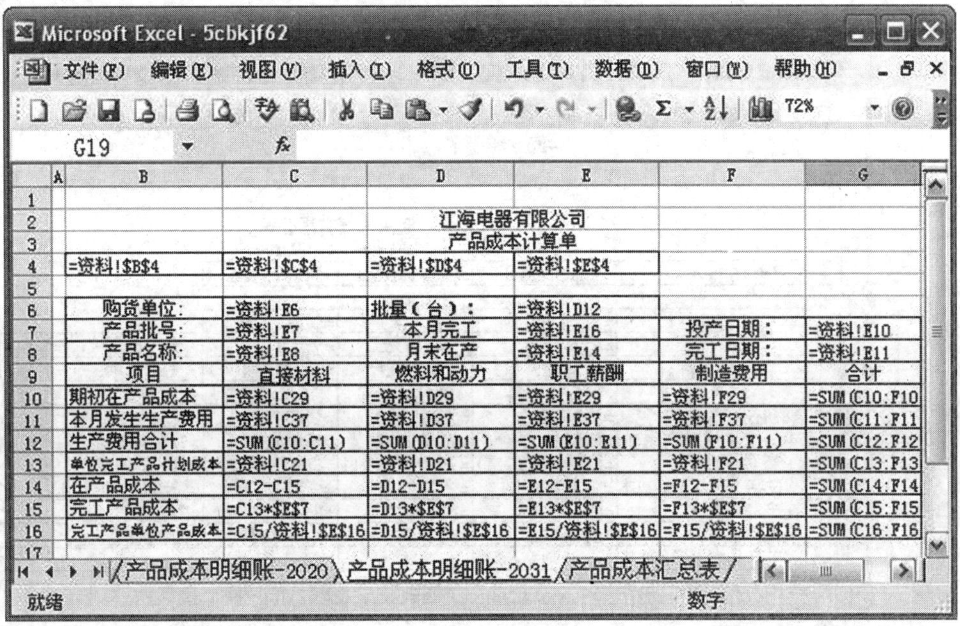

	B	C	D	E	F	G
2			江海电器有限公司			
3			产品成本计算单			
4	=资料!$B$4	=资料!$C$4	=资料!$D$4	=资料!$E$4		
6	购货单位:	=资料!E6	批量（台）:	=资料!D12		
7	产品批号:	=资料!E7	本月完工	=资料!E16	投产日期:	=资料!E10
8	产品名称:	=资料!E8	月末在产	=资料!E14	完工日期:	=资料!E11
9	项目	直接材料	燃料和动力	职工薪酬	制造费用	合计
10	期初在产品成本	=资料!C29	=资料!D29	=资料!E29	=资料!F29	=SUM(C10:F10
11	本月发生生产费用	=资料!C37	=资料!D37	=资料!E37	=资料!F37	=SUM(C11:F11
12	生产费用合计	=SUM(C10:C11)	=SUM(D10:D11)	=SUM(E10:E11)	=SUM(F10:F11)	=SUM(C12:F12
13	单位完工产品计划成本	=资料!C21	=资料!D21	=资料!E21	=资料!F21	=SUM(C13:F13
14	在产品成本	=C12-C15	=D12-D15	=E12-E15	=F12-F15	=SUM(C14:F14
15	完工产品成本	=C13*$E$7	=D13*$E$7	=E13*$E$7	=F13*$E$7	=SUM(C15:F15
16	完工产品单位产品成本	=C15/资料!$E$16	=D15/资料!$E$16	=E15/资料!$E$16	=F15/资料!$E$16	=SUM(C16:F16

图 7—39

本例中计算出的 2031 批号产品的单位产品成本如图 7—40 所示。

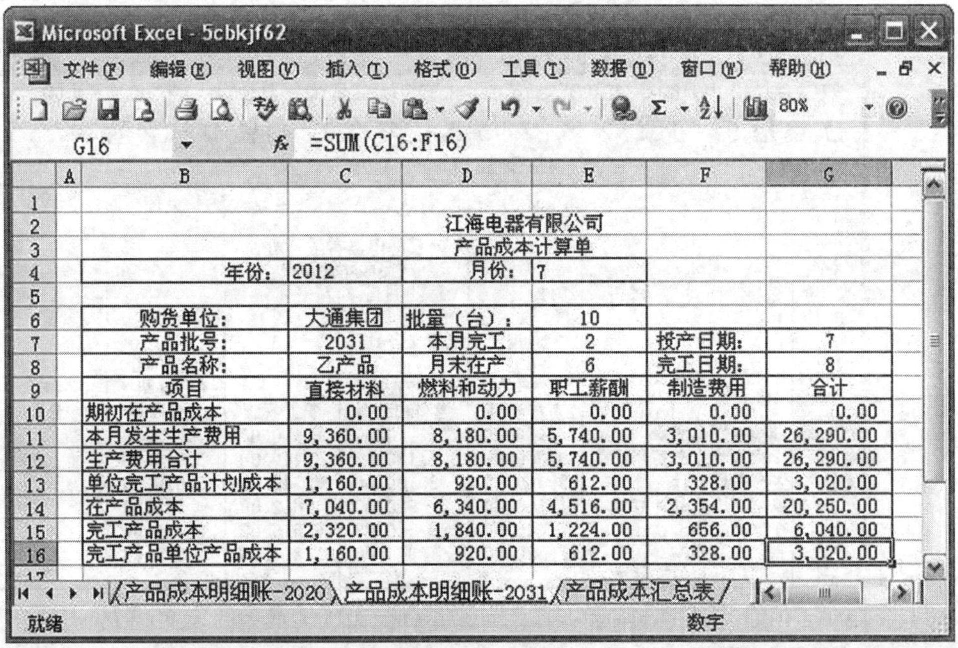

	B	C	D	E	F	G
2			江海电器有限公司			
3			产品成本计算单			
4	年份:	2012	月份:	7		
6	购货单位:	大通集团	批量（台）:	10		
7	产品批号:	2031	本月完工	2	投产日期:	7
8	产品名称:	乙产品	月末在产	6	完工日期:	8
9	项目	直接材料	燃料和动力	职工薪酬	制造费用	合计
10	期初在产品成本	0.00	0.00	0.00	0.00	0.00
11	本月发生生产费用	9,360.00	8,180.00	5,740.00	3,010.00	26,290.00
12	生产费用合计	9,360.00	8,180.00	5,740.00	3,010.00	26,290.00
13	单位完工产品计划成本	1,160.00	920.00	612.00	328.00	3,020.00
14	在产品成本	7,040.00	6,340.00	4,516.00	2,354.00	20,250.00
15	完工产品成本	2,320.00	1,840.00	1,224.00	656.00	6,040.00
16	完工产品单位产品成本	1,160.00	920.00	612.00	328.00	3,020.00

图 7—40

至此，按照分批法计算的 2031 批号产品的产品成本就计算出来了。

第五步：编制各批次完工产品成本汇总表

在按照分批法分别计算 2019、2020 和 2031 批号产品成本的基础上，编制当期完工产品成本汇总表。将 2019、2020 和 2031 批号产品成本明细账中的完工产品的总成本和单位成本资料链接到产品成本汇总表中。按照分批法汇总完成的 2019、2020 和 2031 批号各产品的产品成本汇总表如图 7—41 所示。

江海电器有限公司
产品成本汇总表

年份：	2012	月份：	7				
产品批别和名称	完工产品数量	成本项目	原材料	燃料和动力	职工薪酬	制造费用	合计
2019甲产品	4	总成本	6,560.00	10,350.00	6,620.00	2,750.00	26,280.00
		单位成本	1,640.00	2,587.50	1,655.00	687.50	6,570.00
2020甲产品	6	总成本	12,860.00	14,100.00	11,990.00	6,620.00	45,570.00
		单位成本	1,286.00	1,678.57	1,427.38	788.10	5,180.05
2031乙产品	2	总成本	2,320.00	1,840.00	1,224.00	656.00	6,040.00
		单位成本	1,160.00	920.00	612.00	328.00	3,020.00

图 7—41

按照分批法编制的 2019、2020 和 2031 批号各产品的产品成本汇总表就完成了。至此，江海电器有限公司产品成本计算的分批法模型创建完成。

7.3　产品成本计算的分批法模型的应用

产品成本计算的分批法模型创建完成以后，为我们进行日常产品成本计算提供了极大的便利。这种便利主要表现在以后各期产品成本的计算以及产品成本计算错误的更正等方面。

7.3.1　日常产品成本的计算

企业一般都是按月计算产品成本的，所以计算产品成本的工作也按月进行，每月都进行相同且烦琐的产品成本计算工作，不仅计算量比较大，而且存在经常出错的可能性。利用已创建的产品成本计算的分批法模型解决问题就简单多了。经过测试的模型不仅可以大大减轻成本会计人员计算产品成本的工作量，而且可以减少产品成本计算过程中的差错。

如果模型的内部程序没有发生变化，那么我们只要将下一个月发生的有关资料输入产品成本计算的分批法模型的“资料”工作表，按下“回车”键，模型就可以自动进行各种生产费用的分配，直至计算出各种完工产品的总成本和单位产品成本。

7.3.2 产品成本计算错误的更正

当计算出完工产品的总成本和单位产品成本之后，如果发现相关资料中的一项或几项数据有误，在手工条件下就需要重新计算一次完工产品成本和单位产品成本，显而易见，返工的工作量相当大。利用产品成本计算的分批法模型来解决这类问题则十分轻松。只要将计算产品成本所需的正确数据输入产品成本计算模型，模型就可以自动计算出正确的完工产品成本和单位产品成本。

7.3.3 产品成本计算的分批法模型的测试与维护

1. 产品成本计算的分批法模型的测试

产品成本计算模型创建完成之后，为了保证该模型计算产品成本的正确性，应当对模型进行反复测试。我们可以通过将历史资料输入模型来验证模型是否准确无误。

2. 产品成本计算的分批法模型的保护

为了避免产品成本计算模型被意外修改或破坏，我们应该对经过测试的模型加以保护。创建模型时需要在相关的模型中输入各种分配表的表头、边框、指标和链接数据的公式，以后各成本计算期末，除了需要在“资料”工作表中输入和计算与当期产品成本有关的资料之外，不需要在其他工作表中输入任何资料，因为所有资料都是通过链接取得的。因此，除了“资料”工作表中需要输入资料的单元格外，对其他单元格和工作表都要加以保护。

3. 产品成本计算的分批法模型的维护

产品成本计算的分批法模型的创建工作完成后，也可能会遇到产品成本计算方法、费用的分配标准发生变化的情况。这时就需要对所建的产品成本计算的分批法模型做出相应的修正，以满足相关资料变化后计算产品成本的需要。产品成本计算的分批法模型维护工作量的大小视相关资料的变化程度而定，也许只做小的修改，也许要做大的修改，甚至重新创建新模型。注意：在对做过保护的产品成本计算模型进行维护时，必须先取消保护。

模拟实验题

【实验】 某公司按批量组织生产，其中402批号A产品20台，2月投产，计划3月完工，2月提前完工2台。2月发生下列费用：直接材料费用18 400元，直接人工费用16 200元，制造费用10 400元。2月完工产品数量少，按计划成本结转，每台产品计划成本为：直接材料费用910元，直接人工费用830元，制造费用 780 元，合计 2 520 元。3 月发生下列费用：直接人工费用 600 元，制造费用 520 元。3 月末 A 产品全部完工。其他有关资料如下：

项目	直接材料	职工薪酬	制造费用	合计
2 月发生生产费用	18 400	16 200	10 400	45 000
3 月发生生产费用	0	600	520	1 120
完工产品单位产品成本（计划成本）	910	830	780	2 520

要求：根据以上资料，用产品成本计算的分批法登记 2012 年 2 月和 3 月 402 批号 A 产品成本明细账，并计算 402 批号全部 A 产品的实际成本。

第 8 章

Chapter 8

产品成本计算的分步法模拟实验

实 验 导 引

实验名称：产品成本计算的分步法模拟实验。

实验目的：理解产品成本计算的分步法的原理和方法，获得按照分步法计算产品总成本和单位产品成本的技能。

实验内容：根据主教材第 6 章“产品成本计算的基本方法”的主要内容，利用 Excel 工作表创建产品成本计算的分步法模型，完成产品成本计算工作，以及产品成本计算的分步法模型的维护和应用。

实验要求：完成产品成本计算的分步法模型的创建，按分步法计算产品成本。

实验参考：参考主教材第 6 章的相关内容。参考《实验系统》“产品成本计算的分步法”模块“实验示范”中的产品成本计算的分步法模型创建的屏幕录像。

8.1 产品成本计算的分步法概述

8.1.1 产品成本计算的分步法的概念

产品成本计算的分步法，是以产品生产步骤和产品品种为成本计算对象，来归集和分配生产费用，计算产品成本的一种方法。主要适用于大量、大批的多步骤生产，因为在这些企业中，产品生产可以划分为若干生产步骤。例如，纺织企业生产可分为纺纱、织布等步骤；冶金企业生产可分为炼铁、炼钢、轧钢等步骤；机器制造企业生产可分为铸造、加工、装配等步骤。这些企业从原材料投入到产品完工，要经过若干连续的生产步骤，除最后一个步骤生产的是产成品外，其他步骤生产的都是完工程度不同的半成品。这些半成品除少数可能出售外，大多数是下一个生产步骤加工的对象。因此，产品成本计算的分步法是按步骤、按产品品种设置产品成本明细账，分成本项目归集生产费用计算产品成本的一种方法。

8.1.2 产品成本计算的分步法的基本程序

产品成本计算的分步法包括逐步结转分步法和平行结转分步法两种。逐步结转分步法是一种按产品的生产步骤先计算半成品成本，再随实物依次逐步结转，最终计算出产成品成本的成本计算方法。即从第一步骤开始，先计算该步骤完工半成品成本，并转入第二步骤，加上第二步骤的加工费用，算出第二步骤半成品成本，再转入第三步骤，依此类推，各步骤半成品成本随半成品实物转移而结转，直到最后步骤算出完工产品成本。根据耗用自制半成品的成本在各步骤成本计算单中的反映方式，逐步结转分步法又可分为综合结转分步法和分项结转分步法两种。

平行结转分步法是指半成品成本并不随半成品实物的转移而结转，而是在哪一步骤发生就留在该步骤的成本明细账内，直到最后加工成产成品，才将其成本从各步骤的成本明细账中转出的方法。在平行结转分步法下，将生产费用在最终完工产品与广义在产品之间分配是最关键的问题。根据生产费用在最终完工产品与广义在产品之间的分配方法的不同，平行结转分步法又可分为平行结转（定额比例）分步法和平行结转（约当产量）分步法两种。

8.1.3　产品成本计算的分步法模型

产品成本计算的分步法模型是利用 Excel 2003 工作表的相关功能，根据产品成本计算方法和成本管理要求，并以产品品种和生产步骤为成本计算对象创建的用于计算完工产品总成本、单位产品成本和在产品成本的模型。由于产品成本的计算就是费用的归集和分配的过程，前文已经分别介绍直接材料分配模型、职工薪酬分配模型、辅助生产费用分配模型和制造费用分配模型的创建，以及产品成本计算的品种法模型和分批法模型的创建，为了节省篇幅，下面重点介绍成本计算的分步法模型以及其与品种法模型及分批法模型的不同之处。当产品成本计算的分步法模型创建完成后，只要向模型中输入计算产品成本的有关数据，如完工产品的产量、在产品的数量和完工程度、费用分配标准、月初在产品成本、本月发生的料工费等资料，模型将自动计算出该产品品种的生产步骤上各产品的总成本、单位产品成本和在产品成本，从而极大地减轻成本会计人员的成本计算工作量。

8.2　逐步结转（综合结转）分步法模型

8.2.1　产品成本计算任务

任务 8—1[1]

假定甲产品生产分三个步骤，由第一、第二、第三车间分别进行。三个车间

---

① 参见于富生、黎来芳、张敏：《成本会计学》，6 版，130 页。

产品所耗的原材料或半成品均是在生产开始时一次投入的。半成品通过半成品库收发。第二、第三车间所耗半成品费用按全月一次加权平均单位成本计算。三个车间的完工产品与月末在产品之间的费用分配采用约当产量比例法。各步骤之间的成本结转采用逐步结转（综合结转）分步法计算产品成本。

（1）本月的产量、投料及加工程度资料，如图 8—1 所示。

江海电器有限公司
综合结转分步法

年份：2012　月份：7

(1)本月的产量、投料及加工程度资料：

项目	第一步骤	第二步骤	第三步骤
月初在产品产量	400	300	300
本月投产数量	1800	1700	1700
月末在产品数量	200	200	200
月末在产品完工程度	50%	50%	50%
本月完工产品数量	2000	1800	1800

图 8—1

（2）期初在产品成本和本月发生生产费用资料，如图 8—2 所示。

（2）期初在产品成本和本月发生生产费用资料：

项目		成本或费用项目			
		直接材料（半产品）	直接人工	制造费用	合计
第一步骤	月初在产品成本	48,000.00	10,200.00	15,000.00	73,200.00
	本月发生的生产费用	227,000.00	78,000.00	96,300.00	401,300.00
	合计	275,000.00	88,200.00	111,300.00	474,500.00
第二步骤	月初在产品成本	70,300.00	7,940.00	8,420.00	86,660.00
	本月发生的生产费用	375,700.00	64,260.00	82,780.00	522,740.00
	合计	446,000.00	72,200.00	91,200.00	609,400.00
第三步骤	月初在产品成本	95,000.00	7,200.00	8,640.00	110,840.00
	本月发生的生产费用	527,000.00	63,100.00	78,760.00	668,860.00
	合计	622,000.00	70,300.00	87,400.00	779,700.00

图 8—2

（3）甲半成品收发结存资料，如图 8—3 所示。

（3）甲半成品收发结存资料：

	甲半成品1（件）	成本	甲半成品2（件）	成本
月初数	200	46200	300	94800
本月增加数	2000		1800	
合计	2200		2100	
本月减少数	1700		1700	
月末数	500		400	

图 8—3

要求： 根据以上资料，用分步法计算产品成本。

8.2.2 逐步结转（综合结转）分步法模型的创建

为了便于说明如何在 Excel 工作表中创建逐步结转（综合结转）分步法模型，我们以任务 8—1 提出的问题为例来介绍这一模型的创建过程，并按产品的生产步骤计算产品的生产成本。

在 Excel 工作表中，创建逐步结转（综合结转）分步法模型的步骤如下。

第一步：按生产产品的步骤开设第一步骤的产品成本明细账并过入期初余额

1. 根据月初在产品和本月发生的生产费用资料登记第一步骤产品成本明细账

将计算第一步骤产品成本的有关资料从“资料”工作表链接到第一步骤产品成本明细账中，登记本月发生的生产费用后，按公式显示的链接资料如图 8—4 所示。

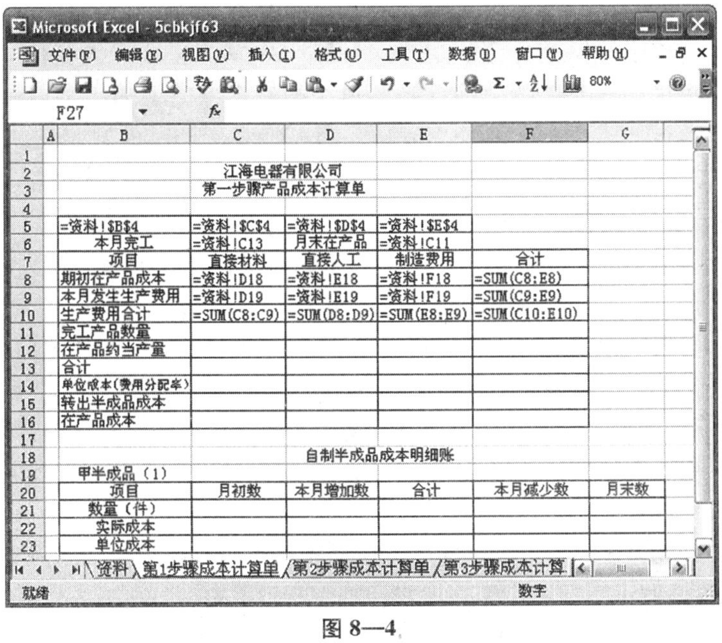

江海电器有限公司

第一步骤产品成本计算单

=资料!$B$4	=资料!$C$4	=资料!$D$4	=资料!$E$4	
本月完工	=资料!C13	月末在产品	=资料!C11	
项目	直接材料	直接人工	制造费用	合计
期初在产品成本	=资料!D18	=资料!E18	=资料!F18	=SUM(C8:E8)
本月发生生产费用	=资料!D19	=资料!E19	=资料!F19	=SUM(C9:E9)
生产费用合计	=SUM(C8:C9)	=SUM(D8:D9)	=SUM(E8:E9)	=SUM(C10:E10)
完工产品数量				
在产品约当产量				
合计				
单位成本(费用分配率)				
转出半成品成本				
在产品成本				

自制半成品成本明细账

甲半成品（1）

项目	月初数	本月增加数	合计	本月减少数	月末数
数量（件）					
实际成本					
单位成本					

图 8—4

链接到第一步骤产品成本明细账中的期初在产品成本、本月发生生产费用及其合计数如图 8—5 所示。

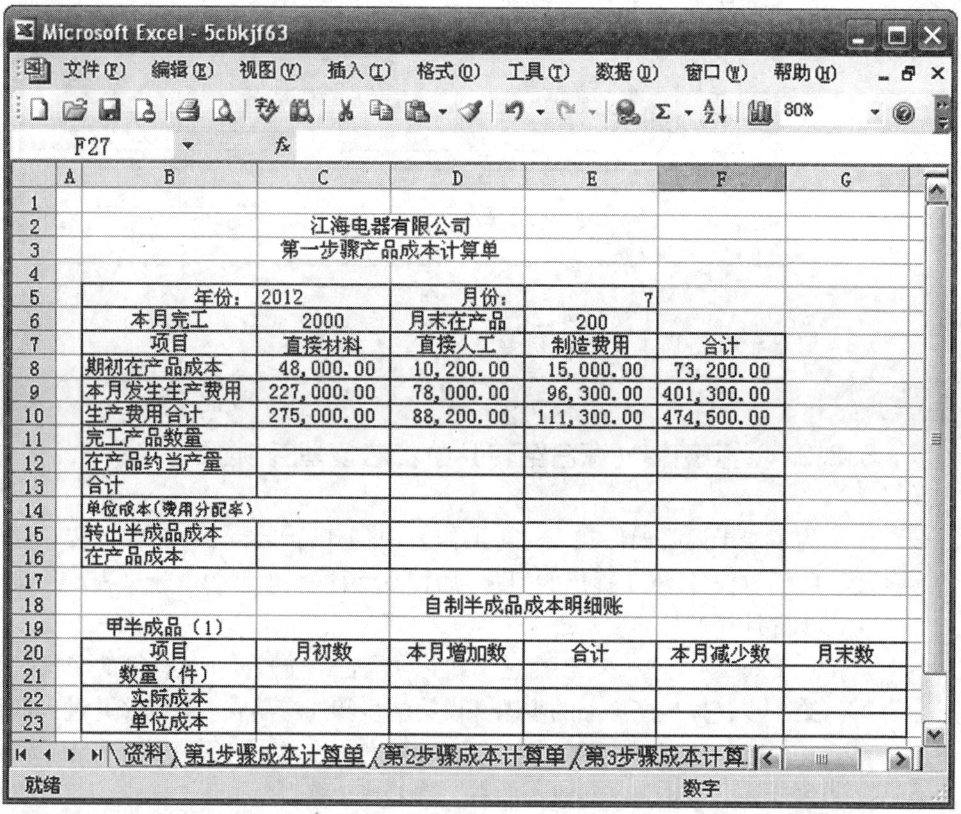

江海电器有限公司
第一步骤产品成本计算单

年份：	2012	月份：	7	
本月完工	2000	月末在产品	200	
项目	直接材料	直接人工	制造费用	合计
期初在产品成本	48,000.00	10,200.00	15,000.00	73,200.00
本月发生生产费用	227,000.00	78,000.00	96,300.00	401,300.00
生产费用合计	275,000.00	88,200.00	111,300.00	474,500.00
完工产品数量				
在产品约当产量				
合计				
单位成本(费用分配率)				
转出半成品成本				
在产品成本				

自制半成品成本明细账

甲半成品（1）

项目	月初数	本月增加数	合计	本月减少数	月末数
数量（件）					
实际成本					
单位成本					

图 8—5

2. 计算第一步骤甲半成品完工产品数量和月末在产品约当产量

根据第一步骤生产产品的本月产量、投料及加工程度资料计算第一步骤完工产品数量和月末在产品的约当产量。第一步骤完工的甲半成品为 2 000 件，因此，通过公式“=资料! $C$13”即可将完工产品的数量从“资料”工作表链接到第一步骤产品成本明细账中。对于第一步骤的在产品而言，由于原材料是在生产过程开始时一次投入的，在分配直接材料时一个在产品等同于一个完工产品。而对于加工费用而言，由于月末在产品的加工程度只有 50%，因此需要在单元格 D12 和 E12 中输入公式“=资料! $C$11 * 资料! $C$12”，以计算分配加工费用的约当产量。按公式显示的链接资料如图 8—6 所示。

计算完成的第一步骤的甲半成品完工产品数量和在产品数量如图 8—7 所示。

3. 计算甲半成品完工产品数量和月末在产品约当产量的合计数

用求和工具计算出第一步骤的甲半成品完工产品数量和月末在产品约当产量的合计数。按公式显示的计算过程如图 8—8 所示。

计算完成的第一步骤的甲半成品完工产品数量和在产品约当产量的合计数如图 8—9 所示。

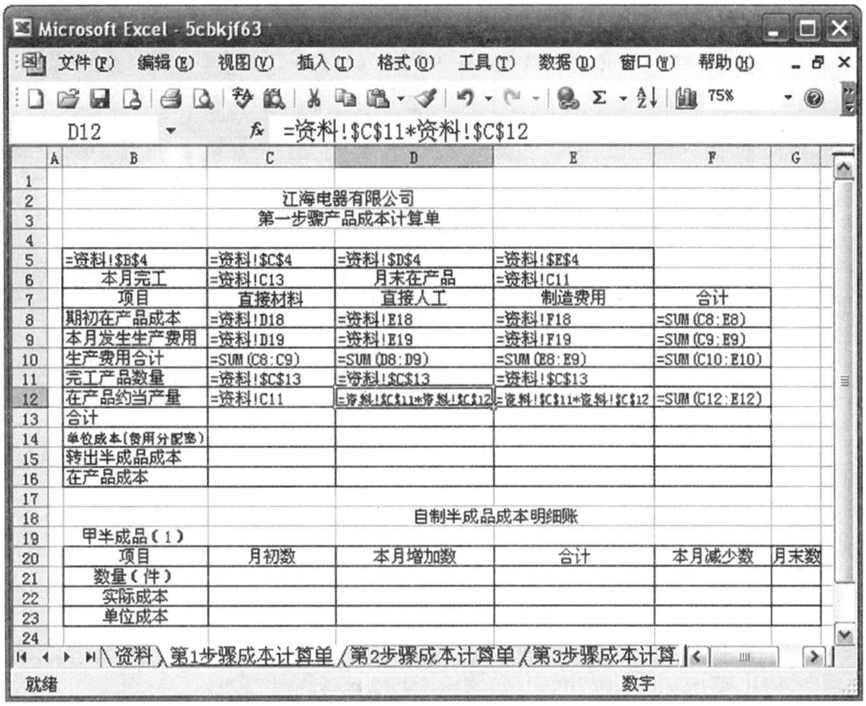
Microsoft Excel - 5cbkjf63
文件(F) 编辑(E) 视图(V) 插入(I) 格式(O) 工具(T) 数据(D) 窗口(W) 帮助(H)
75%
D12
=资料!$C$11*资料!$C$12
江海电器有限公司
第一步骤产品成本计算单
=资料!$B$4 =资料!$C$4 =资料!$D$4 =资料!$E$4
本月完工 =资料!C13 月末在产品 =资料!C11
项目 直接材料 直接人工 制造费用 合计
期初在产品成本 =资料!D18 =资料!E18 =资料!F18 =SUM(C8:E8)
本月发生生产费用 =资料!D19 =资料!E19 =资料!F19 =SUM(C9:E9)
生产费用合计 =SUM(C8:C9) =SUM(D8:D9) =SUM(E8:E9) =SUM(C10:E10)
完工产品数量 =资料!$C$13 =资料!$C$13 =资料!$C$13
在产品约当产量 =资料!C11 =资料!$C$11*资料!$C$12 =资料!$C$11*资料!$C$12 =SUM(C12:E12)
合计
单位成本(费用分配率)
转出半成品成本
在产品成本
自制半成品成本明细账
甲半成品(1)
项目 月初数 本月增加数 合计 本月减少数 月末数
数量(件)
实际成本
单位成本
资料 第1步骤成本计算单 第2步骤成本计算单 第3步骤成本计算
就绪 数字

图 8—6

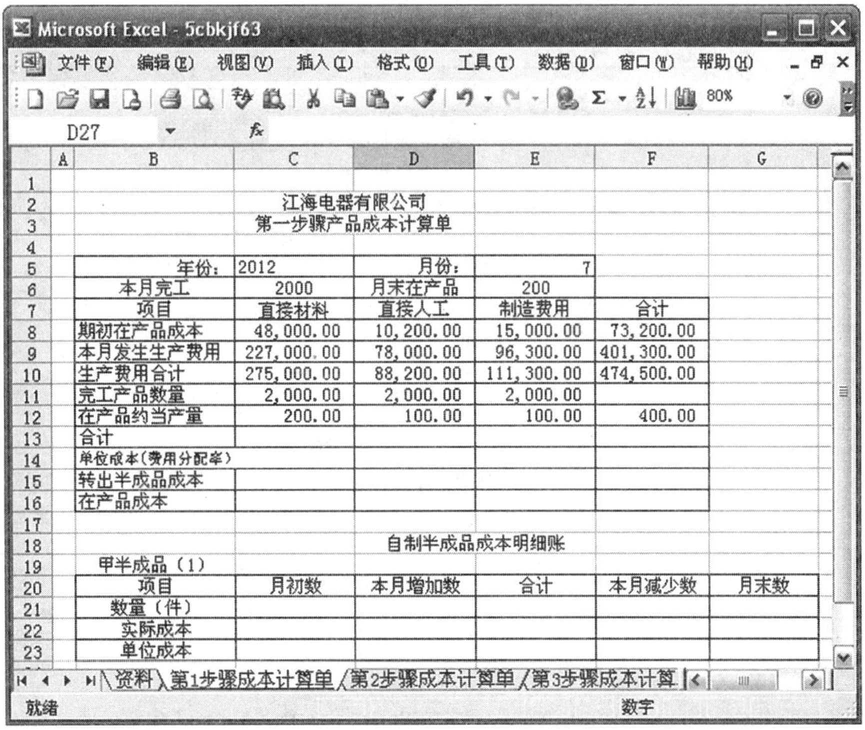
Microsoft Excel - 5cbkjf63
文件(F) 编辑(E) 视图(V) 插入(I) 格式(O) 工具(T) 数据(D) 窗口(W) 帮助(H)
80%
D27
江海电器有限公司
第一步骤产品成本计算单
年份: 2012 月份: 7
本月完工 2000 月末在产品 200
项目 直接材料 直接人工 制造费用 合计
期初在产品成本 48,000.00 10,200.00 15,000.00 73,200.00
本月发生生产费用 227,000.00 78,000.00 96,300.00 401,300.00
生产费用合计 275,000.00 88,200.00 111,300.00 474,500.00
完工产品数量 2,000.00 2,000.00 2,000.00
在产品约当产量 200.00 100.00 100.00 400.00
合计
单位成本(费用分配率)
转出半成品成本
在产品成本
自制半成品成本明细账
甲半成品(1)
项目 月初数 本月增加数 合计 本月减少数 月末数
数量(件)
实际成本
单位成本
资料 第1步骤成本计算单 第2步骤成本计算单 第3步骤成本计算
就绪 数字

图 8—7

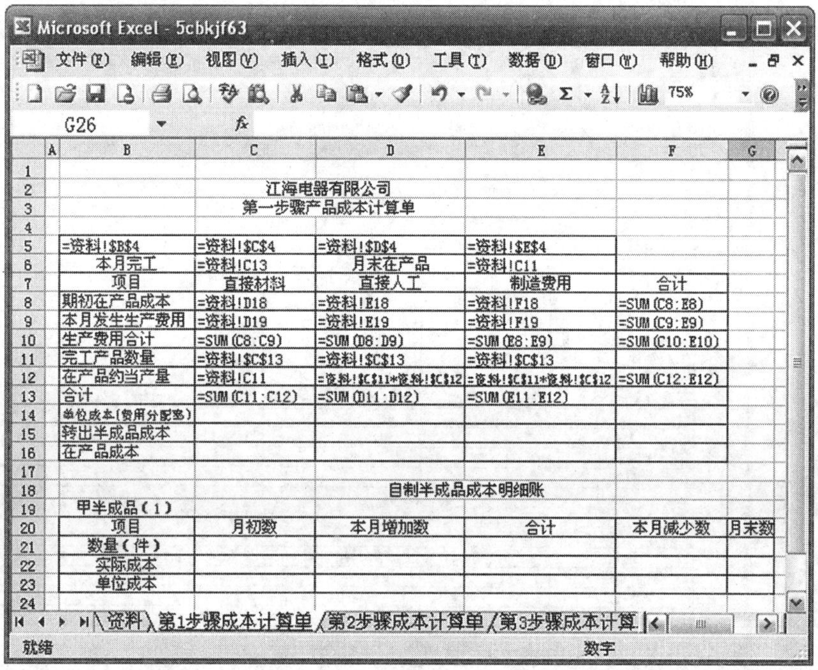

江海电器有限公司

第一步骤产品成本计算单

=资料!$B$4	=资料!$C$4	=资料!$D$4	=资料!$E$4	
本月完工	=资料!C13	月末在产品	=资料!C11	
项目	直接材料	直接人工	制造费用	合计
期初在产品成本	=资料!D18	=资料!E18	=资料!F18	=SUM(C8:E8)
本月发生生产费用	=资料!D19	=资料!E19	=资料!F19	=SUM(C9:E9)
生产费用合计	=SUM(C8:C9)	=SUM(D8:D9)	=SUM(E8:E9)	=SUM(C10:E10)
完工产品数量	=资料!$C$13	=资料!$C$13	=资料!$C$13	
在产品约当产量	=资料!C11	=资料!$C$11*资料!$C$12	=资料!$C$11*资料!$C$12	=SUM(C12:E12)
合计	=SUM(C11:C12)	=SUM(D11:D12)	=SUM(E11:E12)	
单位成本(费用分配率)				
转出半成品成本				
在产品成本				

自制半成品成本明细账

甲半成品(1)

项目	月初数	本月增加数	合计	本月减少数	月末数
数量(件)					
实际成本					
单位成本					

图 8—8

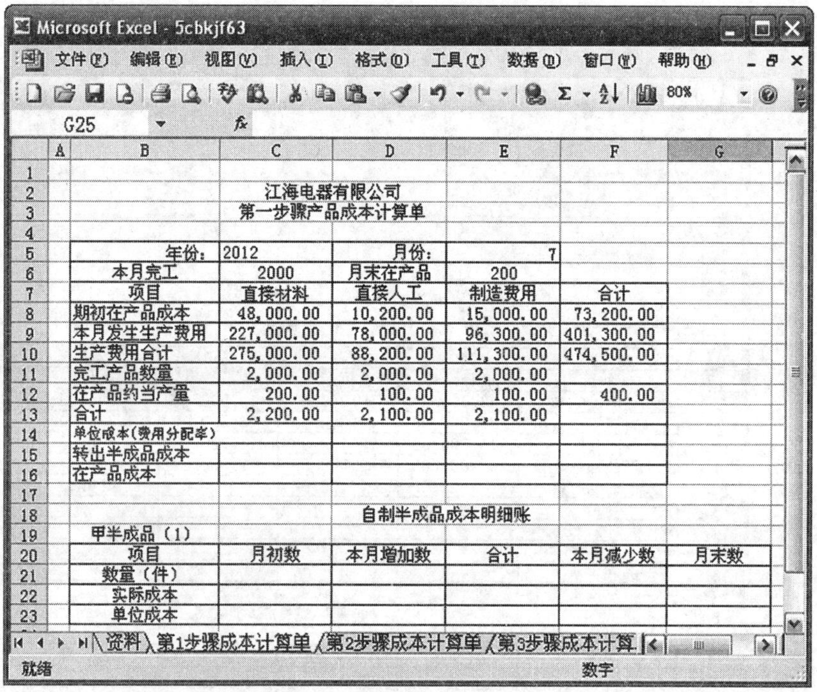

江海电器有限公司

第一步骤产品成本计算单

年份:	2012	月份:	7	
本月完工	2000	月末在产品	200	
项目	直接材料	直接人工	制造费用	合计
期初在产品成本	48,000.00	10,200.00	15,000.00	73,200.00
本月发生生产费用	227,000.00	78,000.00	96,300.00	401,300.00
生产费用合计	275,000.00	88,200.00	111,300.00	474,500.00
完工产品数量	2,000.00	2,000.00	2,000.00	
在产品约当产量	200.00	100.00	100.00	400.00
合计	2,200.00	2,100.00	2,100.00	
单位成本(费用分配率)				
转出半成品成本				
在产品成本				

自制半成品成本明细账

甲半成品(1)

项目	月初数	本月增加数	合计	本月减少数	月末数
数量(件)					
实际成本					
单位成本					

图 8—9

4. 计算分配率

用求和工具计算出第一步骤甲半成品完工产品数量和月末在产品约当产量的合计数之后，我们就可以用各个生产费用项目的合计数除以甲半成品完工产品数量和月末在产品约当产量的合计数，从而得到分配率。按公式显示的计算过程如

图 8—10 所示。

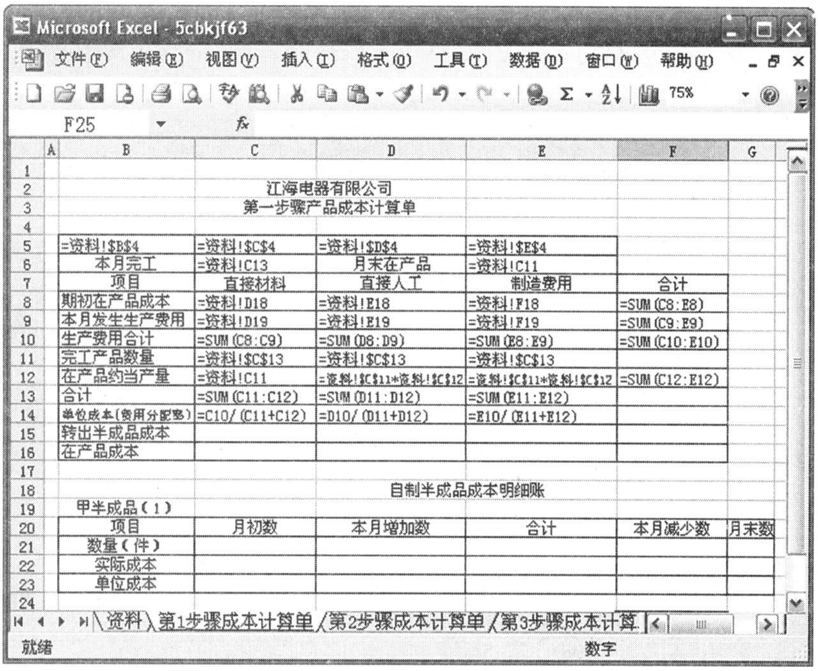

	江海电器有限公司 第一步骤产品成本计算单			
=资料!$B$4	=资料!$C$4	=资料!$D$4	=资料!$E$4	
本月完工	=资料!C13	月末在产品	=资料!C11	
项目	直接材料	直接人工	制造费用	合计
期初在产品成本	=资料!D18	=资料!E18	=资料!F18	=SUM(C8:E8)
本月发生生产费用	=资料!D19	=资料!E19	=资料!F19	=SUM(C9:E9)
生产费用合计	=SUM(C8:C9)	=SUM(D8:D9)	=SUM(E8:E9)	=SUM(C10:E10)
完工产品数量	=资料!$C$13	=资料!$C$13	=资料!$C$13	
在产品约当产量	=资料!C11	=资料!$C$11*资料!$C$12	=资料!$C$11*资料!$C$12	=SUM(C12:E12)
合计	=SUM(C11:C12)	=SUM(D11:D12)	=SUM(E11:E12)	
单位成本(费用分配率)	=C10/(C11+C12)	=D10/(D11+D12)	=E10/(E11+E12)	
转出半成品成本				
在产品成本				

自制半成品成本明细账

甲半成品（1）

项目	月初数	本月增加数	合计	本月减少数	月末数
数量（件）					
实际成本					
单位成本					

图 8—10

计算完成的第一步骤甲半成品完工产品和在产品的分配率分别是：直接材料为 125，直接人工为 42，制造费用为 53。如图 8—11 所示。

	江海电器有限公司 第一步骤产品成本计算单			
年份:	2012	月份:	7	
本月完工	2000	月末在产品	200	
项目	直接材料	直接人工	制造费用	合计
期初在产品成本	48,000.00	10,200.00	15,000.00	73,200.00
本月发生生产费用	227,000.00	78,000.00	96,300.00	401,300.00
生产费用合计	275,000.00	88,200.00	111,300.00	474,500.00
完工产品数量	2,000.00	2,000.00	2,000.00	
在产品约当产量	200.00	100.00	100.00	400.00
合计	2,200.00	2,100.00	2,100.00	
单位成本(费用分配率)	125.00	42.00	53.00	
转出半成品成本				
在产品成本				

自制半成品成本明细账

甲半成品（1）

项目	月初数	本月增加数	合计	本月减少数	月末数
数量（件）					
实际成本					
单位成本					

图 8—11

5. 计算第一步骤甲半成品的完工产品成本和在产品成本

用计算出的分配率分别乘以第一步骤的完工产品数量和月末在产品约当产量，我们就可以计算出第一步骤甲半成品的完工产品成本和在产品成本。按公式显示的计算过程如图 8—12 所示。

	B	C	D	E	F
2		江海电器有限公司			
3		第一步骤产品成本计算单			
5	=资料!$B$4	=资料!$C$4	=资料!$D$4	=资料!$E$4	
6	本月完工	=资料!C13	月末在产品	=资料!C11	
7	项目	直接材料	直接人工	制造费用	合计
8	期初在产品成本	=资料!D18	=资料!E18	=资料!F18	=SUM(C8:E8)
9	本月发生生产费用	=资料!D19	=资料!E19	=资料!F19	=SUM(C9:E9)
10	生产费用合计	=SUM(C8:C9)	=SUM(D8:D9)	=SUM(E8:E9)	=SUM(C10:E10)
11	完工产品数量	=资料!$C$13	=资料!$C$13	=资料!$C$13	
12	在产品约当产量	=资料!C11	=资料!$C$11*资料!$C$12	=资料!$C$11*资料!$C$12	=SUM(C12:E12)
13	合计	=SUM(C11:C12)	=SUM(D11:D12)	=SUM(E11:E12)	
14	单位成本(费用分配率)	=C10/(C11+C12)	=D10/(D11+D12)	=E10/(E11+E12)	
15	转出半成品成本	=C11*C14	=D11*D14	=E11*E14	=SUM(C15:E15)
16	在产品成本	=C12*C14	=D12*D14	=E12*E14	=SUM(C16:E16)
18			自制半成品成本明细账		
19	甲半成品(1)				
20	项目	月初数	本月增加数	合计	本月减少数	月末数
21	数量(件)					
22	实际成本					
23	单位成本					

图 8—12

计算完成的第一步骤 2 000 件甲半成品的成本是：直接材料为 250 000 元，直接人工为 84 000 元，制造费用为 106 000 元；第一步骤甲半成品在产品的成本是：直接材料为 25 000 元，直接人工为 4 200 元，制造费用为 5 300 元。如图 8—13 所示。

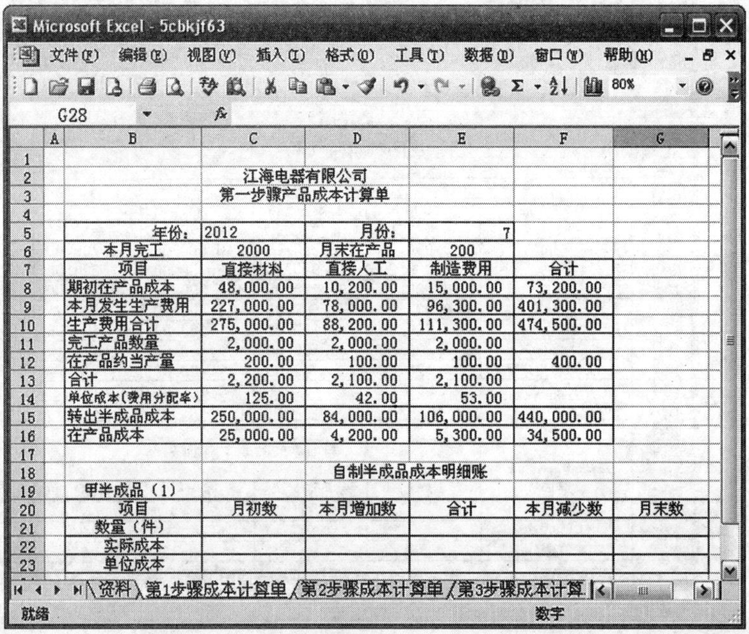

	B	C	D	E	F	G
2		江海电器有限公司				
3		第一步骤产品成本计算单				
5	年份：	2012	月份：	7		
6	本月完工	2000	月末在产品	200		
7	项目	直接材料	直接人工	制造费用	合计	
8	期初在产品成本	48,000.00	10,200.00	15,000.00	73,200.00	
9	本月发生生产费用	227,000.00	78,000.00	96,300.00	401,300.00	
10	生产费用合计	275,000.00	88,200.00	111,300.00	474,500.00	
11	完工产品数量	2,000.00	2,000.00	2,000.00		
12	在产品约当产量	200.00	100.00	100.00	400.00	
13	合计	2,200.00	2,100.00	2,100.00		
14	单位成本(费用分配率)	125.00	42.00	53.00		
15	转出半成品成本	250,000.00	84,000.00	106,000.00	440,000.00	
16	在产品成本	25,000.00	4,200.00	5,300.00	34,500.00	
18			自制半成品成本明细账			
19	甲半成品(1)					
20	项目	月初数	本月增加数	合计	本月减少数	月末数
21	数量(件)					
22	实际成本					
23	单位成本					

图 8—13

6. 登记自制甲半成品（1）成本明细账

根据资料登记自制半成品成本明细账的期初成本和数量，根据第一步骤的成本明细账登记自制半成品明细账的本月交库的完工产品的成本和数量，并计算出甲半成品（1）的平均单位成本。按公式显示的计算过程如图 8—14 所示。

	B	C	D	E	F	G
2		江海电器有限公司				
3		第一步骤产品成本计算单				
5	=资料!$B$4	=资料!$C$4	=资料!$D$4	=资料!$E$4		
6	本月完工	=资料!C13	月末在产品	=资料!C11		
7	项目	直接材料	直接人工	制造费用	合计	
8	期初在产品成本	=资料!D18	=资料!E18	=资料!F18	=SUM(C8:E8)	
9	本月发生生产费用	=资料!D19	=资料!E19	=资料!F19	=SUM(C9:E9)	
10	生产费用合计	=SUM(C8:C9)	=SUM(D8:D9)	=SUM(E8:E9)	=SUM(C10:E10)	
11	完工产品数量	=资料!$C$13	=资料!$C$13	=资料!$C$13		
12	在产品约当产量	=资料!C11	=资料!$C$11*资料!$C$12	=资料!$C$11*资料!$C$12	=SUM(C12:E12)	
13	合计	=SUM(C11:C12)	=SUM(D11:D12)	=SUM(E11:E12)		
14	单位成本(费用分配率)	=C10/(C11+C12)	=D10/(D11+D12)	=E10/(E11+E12)		
15	转出半成品成本	=C11*C14	=D11*D14	=E11*E14	=SUM(C15:E15)	
16	在产品成本	=C12*C14	=D12*D14	=E12*E14	=SUM(C16:E16)	
18			自制半成品成本明细账			
19	甲半成品（1）					
20	项目	月初数	本月增加数	合计	本月减少数	月末数
21	数量（件）	=资料!C30	=资料!C31	2200	=资料!C33	=E21-F21
22	实际成本	=资料!D30	=F15	=SUM(C22:D22)	=F21*E23	=E22-F22
23	单位成本			=E22/(C21+D21)		

图 8—14

计算结果如图 8—15 所示。

	B	C	D	E	F	G
2		江海电器有限公司				
3		第一步骤产品成本计算单				
5	年份:	2012	月份:	7		
6	本月完工	2000	月末在产品	200		
7	项目	直接材料	直接人工	制造费用	合计	
8	期初在产品成本	48,000.00	10,200.00	15,000.00	73,200.00	
9	本月发生生产费用	227,000.00	78,000.00	96,300.00	401,300.00	
10	生产费用合计	275,000.00	88,200.00	111,300.00	474,500.00	
11	完工产品数量	2,000.00	2,000.00	2,000.00		
12	在产品约当产量	200.00	100.00	100.00	400.00	
13	合计	2,200.00	2,100.00	2,100.00		
14	单位成本(费用分配率)	125.00	42.00	53.00		
15	转出半成品成本	250,000.00	84,000.00	106,000.00	440,000.00	
16	在产品成本	25,000.00	4,200.00	5,300.00	34,500.00	
18			自制半成品成本明细账			
19	甲半成品（1）					
20	项目	月初数	本月增加数	合计	本月减少数	月末数
21	数量（件）	200.00	2000.00	2200.00	1700.00	500.00
22	实际成本	46,200.00	440,000.00	486,200.00	375,700.00	110,500.00
23	单位成本			221.00		

图 8—15

至此，第一步骤的甲半产品（1）的成本计算就完成了。

第二步：按生产产品的步骤开设第二步骤的产品成本明细账并过入期初余额

1. 根据月初在产品和本月发生的生产费用资料登记第二步骤产品成本明细账

将计算第二步骤产品成本的有关资料从“资料”工作表链接到第二步骤产品成本明细账中，登记本月发生的生产费用后，按公式显示的链接资料如图 8—16 所示。

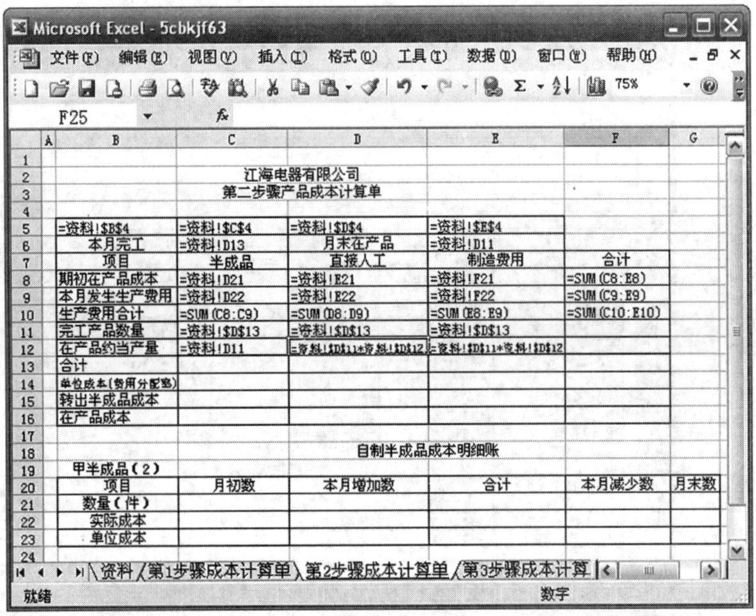

江海电器有限公司				
第二步骤产品成本计算单				
=资料!$B$4	=资料!$C$4	=资料!$D$4	=资料!$E$4	
本月完工	=资料!D13	月末在产品	=资料!D11	
项目	半成品	直接人工	制造费用	合计
期初在产品成本	=资料!D21	=资料!E21	=资料!F21	=SUM(C8:E8)
本月发生生产费用	=资料!D22	=资料!E22	=资料!F22	=SUM(C9:E9)
生产费用合计	=SUM(C8:C9)	=SUM(D8:D9)	=SUM(E8:E9)	=SUM(C10:E10)
完工产品数量	=资料!$D$13	=资料!$D$13	=资料!$D$13	
在产品约当产量	=资料!D11	=资料!$D$11*资料!$D$12	=资料!$D$11*资料!$D$12	
合计				
单位成本(费用分配率)				
转出半成品成本				
在产品成本				

自制半成品成本明细账

甲半成品（2）

项目	月初数	本月增加数	合计	本月减少数	月末数
数量（件）					
实际成本					
单位成本					

图 8—16

链接到第二步骤产品成本明细账中的期初在产品成本、本月发生生产费用及其合计数如图 8—17 所示。

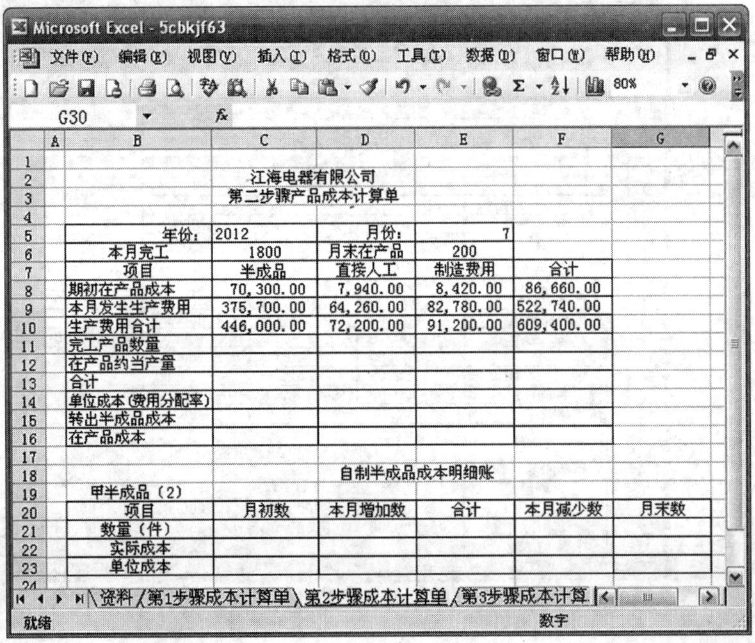

江海电器有限公司				
第二步骤产品成本计算单				
年份:	2012	月份:	7	
本月完工	1800	月末在产品	200	
项目	半成品	直接人工	制造费用	合计
期初在产品成本	70,300.00	7,940.00	8,420.00	86,660.00
本月发生生产费用	375,700.00	64,260.00	82,780.00	522,740.00
生产费用合计	446,000.00	72,200.00	91,200.00	609,400.00
完工产品数量				
在产品约当产量				
合计				
单位成本(费用分配率)				
转出半成品成本				
在产品成本				

自制半成品成本明细账

甲半成品（2）

项目	月初数	本月增加数	合计	本月减少数	月末数
数量（件）					
实际成本					
单位成本					

图 8—17

2. 计算第二步骤甲半成品的完工产品数量和月末在产品约当产量

根据第二步骤生产产品的本月产量、投料及加工程度资料计算第二步骤完工产品数量和月末在产品的约当产量。第二步骤完工的甲半成品为 1 800 件，通过公式“＝资料！$D$13”即可将完工产品的数量从“资料”工作表链接到第二步骤产品成本明细账中。由于原材料是在生产过程开始时一次投入的，在分配直接材料时一个在产品等同于一个完工产品。第二步骤的在产品数量为 200 件，对于分配加工费用而言，由于月末在产品的加工程度只有 50%，因此需要在单元格 D12 和 E12 中输入公式“＝资料！$D$11＊资料！$D$12”计算分配加工费用的在产品的约当产量。按公式显示的链接资料如图 8—18 所示。

	B	C	D	E	F	G
1						
2		江海电器有限公司				
3		第二步骤产品成本计算单				
4						
5	=资料!$B$4	=资料!$C$4	=资料!$D$4	=资料!$E$4		
6	本月完工	=资料!D13	月末在产品	=资料!D11		
7	项目	半成品	直接人工	制造费用	合计	
8	期初在产品成本	=资料!D21	=资料!E21	=资料!F21	=SUM(C8:E8)	
9	本月发生生产费用	=资料!D22	=资料!E22	=资料!F22	=SUM(C9:E9)	
10	生产费用合计	=SUM(C8:C9)	=SUM(D8:D9)	=SUM(E8:E9)	=SUM(C10:E10)	
11	完工产品数量	=资料!$D$13	=资料!$D$13	=资料!$D$13		
12	在产品约当产量	=资料!D11	=资料!$D$11*资料!$D$12	=资料!$D$11*资料!$D$12		
13	合计					
14	单位成本(费用分配率)					
15	转出半成品成本					
16	在产品成本					
17						
18			自制半成品成本明细账			
19	甲半成品(2)					
20	项目	月初数	本月增加数	合计	本月减少数	月末数
21	数量(件)					
22	实际成本					
23	单位成本					
24						

图 8—18

计算完成的第二步骤甲半成品的完工产品数量和在产品约当产量如图 8—19 所示。

3. 计算甲半成品完工产品数量和月末在产品约当产量的合计数

用求和工具计算出第二步骤甲半成品的完工产品数量和月末在产品约当产量的合计数。按公式显示的计算过程如图 8—20 所示。

计算完成的第二步骤甲半成品的完工产品数量和在产品约当产量的合计数如图 8—21 所示。

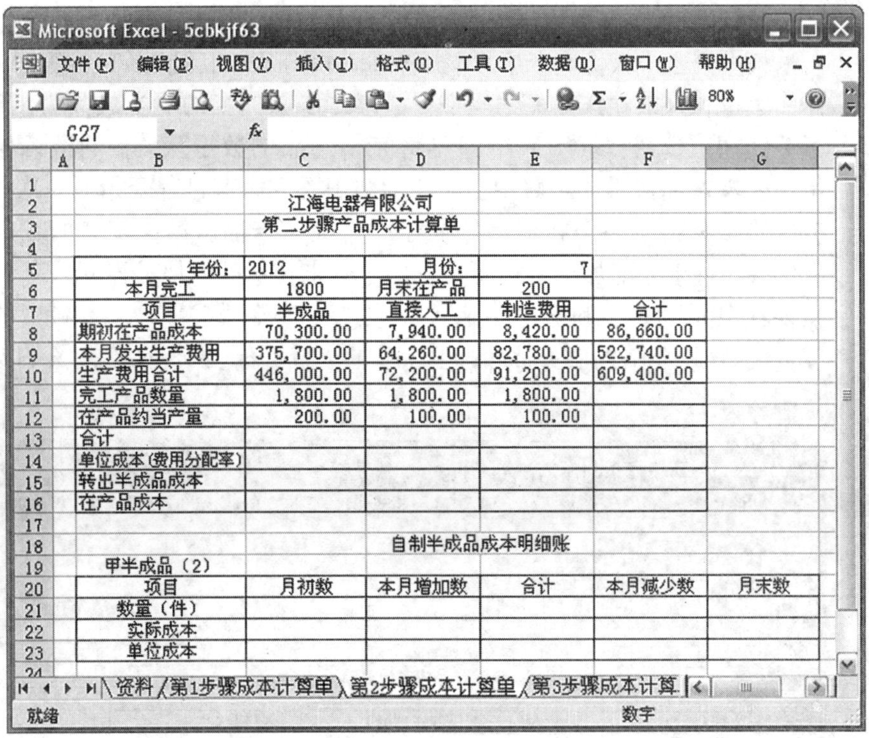

江海电器有限公司

第二步骤产品成本计算单

项目	C	D	E	F	G
年份:	2012	月份:	7		
本月完工	1800	月末在产品	200		
项目	半成品	直接人工	制造费用	合计	
期初在产品成本	70,300.00	7,940.00	8,420.00	86,660.00	
本月发生生产费用	375,700.00	64,260.00	82,780.00	522,740.00	
生产费用合计	446,000.00	72,200.00	91,200.00	609,400.00	
完工产品数量	1,800.00	1,800.00	1,800.00		
在产品约当产量	200.00	100.00	100.00		
合计					
单位成本(费用分配率)					
转出半成品成本					
在产品成本					

自制半成品成本明细账

甲半成品(2)

项目	月初数	本月增加数	合计	本月减少数	月末数
数量(件)					
实际成本					
单位成本					

图 8—19

D12 =资料!$D$11*资料!$D$12

江海电器有限公司

第二步骤产品成本计算单

项目	C	D	E	F
=资料!$B$4	=资料!$C$4	=资料!$D$4	=资料!$E$4	
本月完工	=资料!D13	月末在产品	=资料!D11	
项目	半成品	直接人工	制造费用	合计
期初在产品成本	=资料!D21	=资料!E21	=资料!F21	=SUM(C8:E8)
本月发生生产费用	=资料!D22	=资料!E22	=资料!F22	=SUM(C9:E9)
生产费用合计	=SUM(C8:C9)	=SUM(D8:D9)	=SUM(E8:E9)	=SUM(C10:E10)
完工产品数量	=资料!$D$13	=资料!$D$13	=资料!$D$13	
在产品约当产量	=资料!D11	=资料!$D$11*资料!$D$12	=资料!$D$11*资料!$D$12	
合计	=SUM(C11:C12)	=SUM(D11:D12)	=SUM(E11:E12)	
单位成本(费用分配率)				
转出半成品成本				
在产品成本				

自制半成品成本明细账

甲半成品(2)

项目	月初数	本月增加数	合计	本月减少数	月末数
数量(件)					
实际成本					
单位成本					

图 8—20

	A	B	C	D	E	F	G
1							
2			江海电器有限公司				
3			第二步骤产品成本计算单				
4							
5		年份:	2012	月份:	7		
6		本月完工	1800	月末在产品	200		
7		项目	半成品	直接人工	制造费用	合计	
8		期初在产品成本	70,300.00	7,940.00	8,420.00	86,660.00	
9		本月发生生产费用	375,700.00	64,260.00	82,780.00	522,740.00	
10		生产费用合计	446,000.00	72,200.00	91,200.00	609,400.00	
11		完工产品数量	1,800.00	1,800.00	1,800.00		
12		在产品约当产量	200.00	100.00	100.00		
13		合计	2,000.00	1,900.00	1,900.00		
14		单位成本(费用分配率)					
15		转出半成品成本					
16		在产品成本					
17							
18				自制半成品成本明细账			
19		甲半成品（2）					
20		项目	月初数	本月增加数	合计	本月减少数	月末数
21		数量（件）					
22		实际成本					
23		单位成本					

图 8—21

4. 计算分配率

用求和工具计算出第二步骤甲半成品的完工产品数量和月末在产品约当产量的合计数之后，我们就可以用第二步骤各生产费用项目的合计数除以甲半成品的完工产品数量和月末在产品约当产量的合计数，从而得到分配率。按公式显示的计算过程如图 8—22 所示。

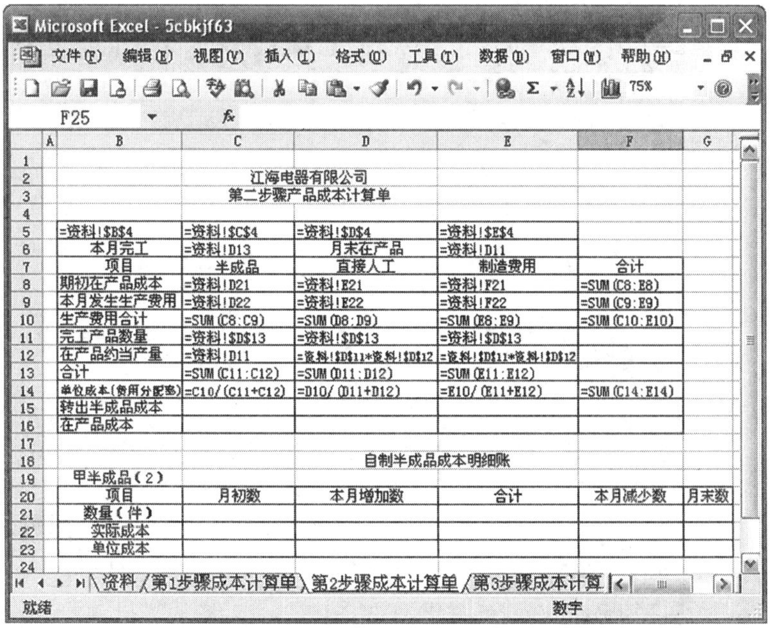

	A	B	C	D	E	F	G
1							
2			江海电器有限公司				
3			第二步骤产品成本计算单				
4							
5		=资料!$B$4	=资料!$C$4	=资料!$D$4	=资料!$E$4		
6		本月完工	=资料!D13	月末在产品	=资料!D11		
7		项目	半成品	直接人工	制造费用	合计	
8		期初在产品成本	=资料!D21	=资料!E21	=资料!F21	=SUM(C8:E8)	
9		本月发生生产费用	=资料!D22	=资料!E22	=资料!F22	=SUM(C9:E9)	
10		生产费用合计	=SUM(C8:C9)	=SUM(D8:D9)	=SUM(E8:E9)	=SUM(C10:E10)	
11		完工产品数量	=资料!$D$13	=资料!$D$13	=资料!$D$13		
12		在产品约当产量	=资料!D11	=资料!$D$11*资料!$D$12	=资料!$D$11*资料!$D$12		
13		合计	=SUM(C11:C12)	=SUM(D11:D12)	=SUM(E11:E12)		
14		单位成本(费用分配率)	=C10/(C11+C12)	=D10/(D11+D12)	=E10/(E11+E12)	=SUM(C14:E14)	
15		转出半成品成本					
16		在产品成本					
17							
18					自制半成品成本明细账		
19		甲半成品（2）					
20		项目	月初数	本月增加数	合计	本月减少数	月末数
21		数量（件）					
22		实际成本					
23		单位成本					

图 8—22

计算完成的第二步骤甲半成品的完工产品和在产品的分配率分别是：直接材料为 223，直接人工为 38，制造费用为 48。如图 8—23 所示。

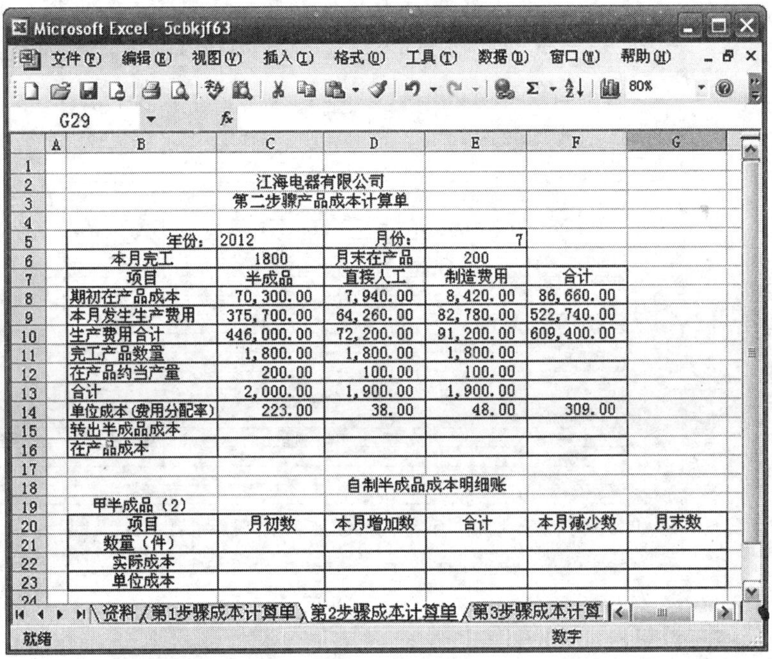

江海电器有限公司

第二步骤产品成本计算单

年份：	2012	月份：	7	
本月完工	1800	月末在产品	200	
项目	半成品	直接人工	制造费用	合计
期初在产品成本	70, 300. 00	7, 940. 00	8, 420. 00	86, 660. 00
本月发生生产费用	375, 700. 00	64, 260. 00	82, 780. 00	522, 740. 00
生产费用合计	446, 000. 00	72, 200. 00	91, 200. 00	609, 400. 00
完工产品数量	1, 800. 00	1, 800. 00	1, 800. 00	
在产品约当产量	200. 00	100. 00	100. 00	
合计	2, 000. 00	1, 900. 00	1, 900. 00	
单位成本(费用分配率)	223. 00	38. 00	48. 00	309. 00
转出半成品成本				
在产品成本				

自制半成品成本明细账

甲半成品（2）

项目	月初数	本月增加数	合计	本月减少数	月末数
数量（件）					
实际成本					
单位成本					

图 8—23

5. 计算第二步骤甲半成品的完工产品成本和在产品成本

用计算出的分配率分别乘以第二步骤的完工产品数量和月末在产品约当产量，我们就可以计算出第二步骤甲半成品的完工产品成本和在产品成本。按公式显示的计算过程如图 8—24 所示。

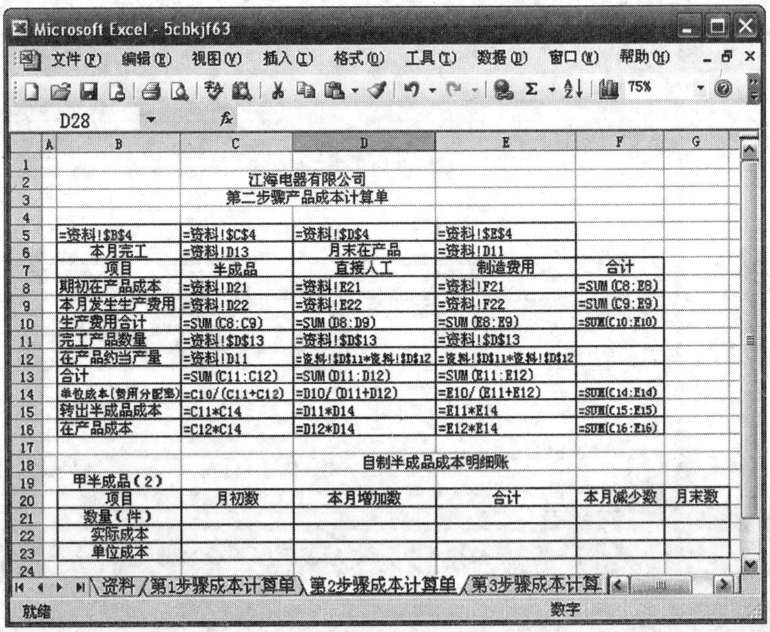

江海电器有限公司

第二步骤产品成本计算单

=资料!$B$4	=资料!$C$4	=资料!$D$4	=资料!$E$4	
本月完工	=资料!D13	月末在产品	=资料!D11	
项目	半成品	直接人工	制造费用	合计
期初在产品成本	=资料!D21	=资料!E21	=资料!F21	=SUM(C8:E8)
本月发生生产费用	=资料!D22	=资料!E22	=资料!F22	=SUM(C9:E9)
生产费用合计	=SUM(C8:C9)	=SUM(D8:D9)	=SUM(E8:E9)	=SUM(C10:E10)
完工产品数量	=资料!$D$13	=资料!$D$13	=资料!$D$13	
在产品约当产量	=资料!D11	=资料!$D$11*资料!$D$12	=资料!$D$11*资料!$D$12	
合计	=SUM(C11:C12)	=SUM(D11:D12)	=SUM(E11:E12)	
单位成本(费用分配率)	=C10/(C11+C12)	=D10/(D11+D12)	=E10/(E11+E12)	=SUM(C14:E14)
转出半成品成本	=C11*C14	=D11*D14	=E11*E14	=SUM(C15:E15)
在产品成本	=C12*C14	=D12*D14	=E12*E14	=SUM(C16:E16)

自制半成品成本明细账

甲半成品（2）

项目	月初数	本月增加数	合计	本月减少数	月末数
数量（件）					
实际成本					
单位成本					

图 8—24

计算完成的第二步骤 1 800 件甲半成品的成本是：直接材料为 401 400 元，直接人工为 68 400 元，制造费用为 86 400 元；第二步骤甲半成品在产品的成本是：直接材料为 44 600 元，直接人工为 3 800 元，制造费用为 4 800 元。如图 8—25 所示。

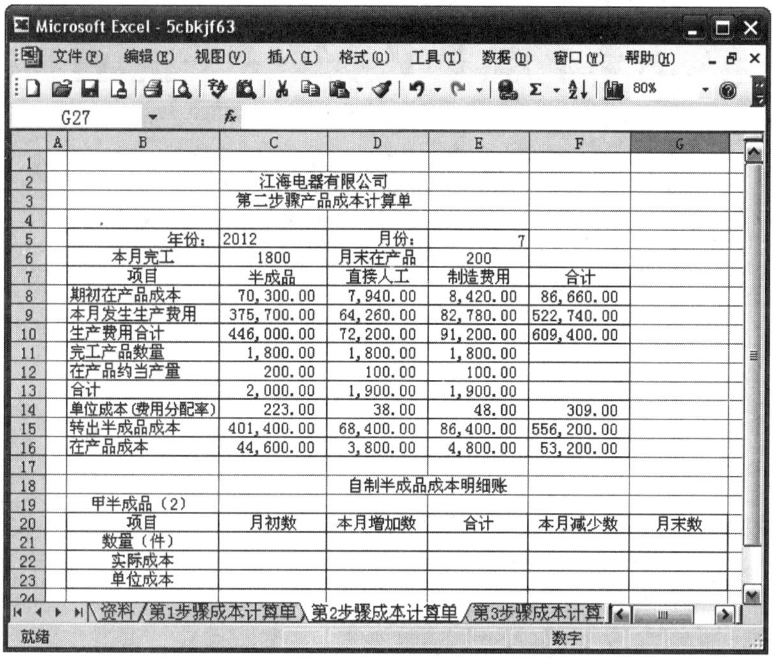

	B	C	D	E	F	G
2		江海电器有限公司				
3		第二步骤产品成本计算单				
5	年份：	2012	月份：	7		
6	本月完工	1800	月末在产品	200		
7	项目	半成品	直接人工	制造费用	合计	
8	期初在产品成本	70,300.00	7,940.00	8,420.00	86,660.00	
9	本月发生生产费用	375,700.00	64,260.00	82,780.00	522,740.00	
10	生产费用合计	446,000.00	72,200.00	91,200.00	609,400.00	
11	完工产品数量	1,800.00	1,800.00	1,800.00		
12	在产品约当产量	200.00	100.00	100.00		
13	合计	2,000.00	1,900.00	1,900.00		
14	单位成本(费用分配率)	223.00	38.00	48.00	309.00	
15	转出半成品成本	401,400.00	68,400.00	86,400.00	556,200.00	
16	在产品成本	44,600.00	3,800.00	4,800.00	53,200.00	
18			自制半成品成本明细账			
19	甲半成品（2）					
20	项目	月初数	本月增加数	合计	本月减少数	月末数
21	数量（件）					
22	实际成本					
23	单位成本					

图 8—25

6. 登记自制甲半成品（2）成本明细账

根据资料登记自制半成品成本明细账的期初成本和数量，根据第二步骤的成本明细账登记自制半成品明细账的本月交库的完工产品的成本和数量，并计算出甲半成品（2）的平均单位成本。按公式显示的计算过程如图 8—26 所示。

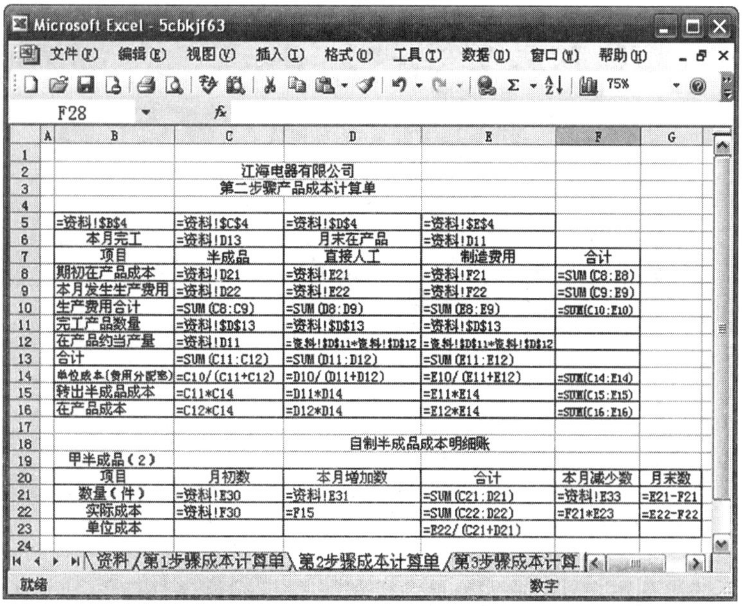

	B	C	D	E	F	G
2		江海电器有限公司				
3		第二步骤产品成本计算单				
5	=资料!$B$4	=资料!$C$4	=资料!$D$4	=资料!$E$4		
6	本月完工	=资料!D13	月末在产品	=资料!D11		
7	项目	半成品	直接人工	制造费用	合计	
8	期初在产品成本	=资料!D21	=资料!E21	=资料!F21	=SUM(C8:E8)	
9	本月发生生产费用	=资料!D22	=资料!E22	=资料!F22	=SUM(C9:E9)	
10	生产费用合计	=SUM(C8:C9)	=SUM(D8:D9)	=SUM(E8:E9)	=SUM(C10:E10)	
11	完工产品数量	=资料!$D$13	=资料!$D$13	=资料!$D$13		
12	在产品约当产量	=资料!D11	=资料!$D$11*资料!$D$12	=资料!$D$11*资料!$D$12		
13	合计	=SUM(C11:C12)	=SUM(D11:D12)	=SUM(E11:E12)		
14	单位成本(费用分配率)	=C10/(C11+C12)	=D10/(D11+D12)	=E10/(E11+E12)	=SUM(C14:E14)	
15	转出半成品成本	=C11*C14	=D11*D14	=E11*E14	=SUM(C15:E15)	
16	在产品成本	=C12*C14	=D12*D14	=E12*E14	=SUM(C16:E16)	
18			自制半成品成本明细账			
19	甲半成品（2）					
20	项目	月初数	本月增加数	合计	本月减少数	月末数
21	数量（件）	=资料!E30	=资料!E31	=SUM(C21:D21)	=资料!E33	=E21-F21
22	实际成本	=资料!F30	=F15	=SUM(C22:D22)	=F21*E23	=E22-F22
23	单位成本			=E22/(C21+D21)		

图 8—26

计算结果如图 8—27 所示。

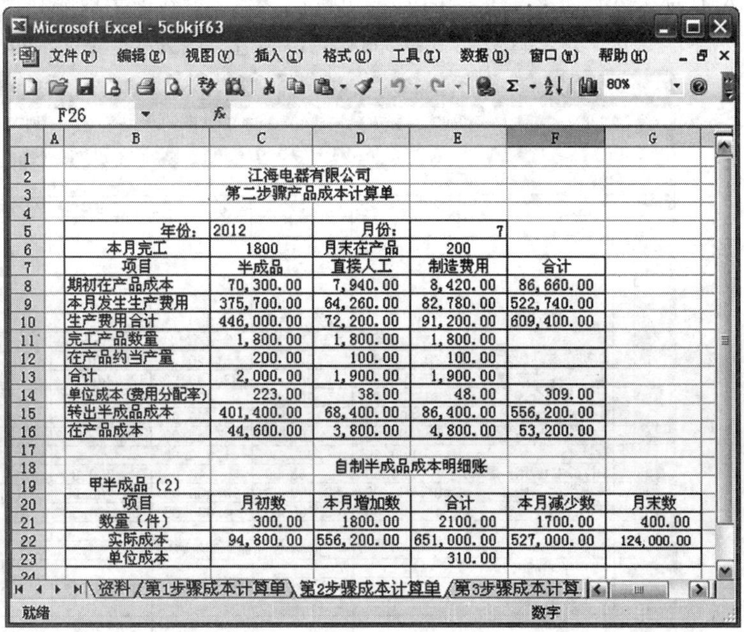

	A	B	C	D	E	F	G
1							
2			江海电器有限公司				
3			第二步骤产品成本计算单				
4							
5		年份:	2012	月份:	7		
6		本月完工	1800	月末在产品	200		
7		项目	半成品	直接人工	制造费用	合计	
8		期初在产品成本	70,300.00	7,940.00	8,420.00	86,660.00	
9		本月发生生产费用	375,700.00	64,260.00	82,780.00	522,740.00	
10		生产费用合计	446,000.00	72,200.00	91,200.00	609,400.00	
11		完工产品数量	1,800.00	1,800.00	1,800.00		
12		在产品约当产量	200.00	100.00	100.00		
13		合计	2,000.00	1,900.00	1,900.00		
14		单位成本(费用分配率)	223.00	38.00	48.00	309.00	
15		转出半成品成本	401,400.00	68,400.00	86,400.00	556,200.00	
16		在产品成本	44,600.00	3,800.00	4,800.00	53,200.00	
17							
18				自制半成品成本明细账			
19		甲半成品(2)					
20		项目	月初数	本月增加数	合计	本月减少数	月末数
21		数量(件)	300.00	1800.00	2100.00	1700.00	400.00
22		实际成本	94,800.00	556,200.00	651,000.00	527,000.00	124,000.00
23		单位成本			310.00		

图 8—27

至此，第二步骤的甲半成品（2）的成本计算就完成了。

第三步：按生产产品的步骤开设第三步骤的产品成本明细账并过入期初余额

1. 根据月初在产品和本月发生的生产费用资料登记第三步骤产品成本明细账

将计算第三步骤产品成本的有关资料从“资料”工作表链接到第三步骤产品成本明细账中，登记本月发生的生产费用后，按公式显示的链接资料如图 8—28 所示。

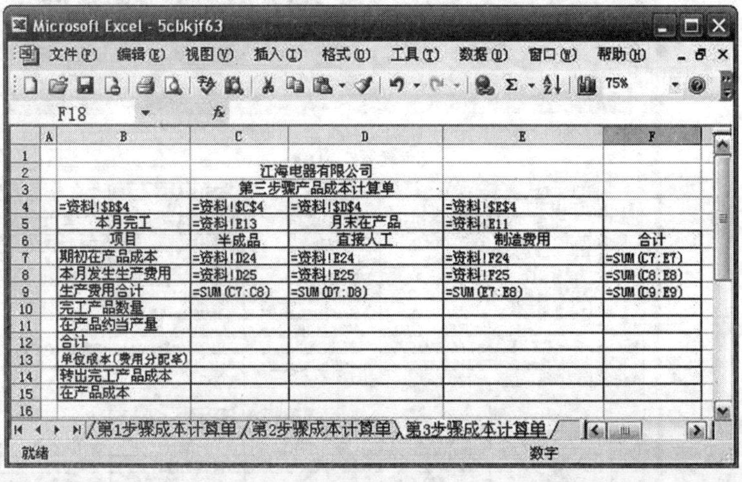

	A	B	C	D	E	F
1						
2				江海电器有限公司		
3				第三步骤产品成本计算单		
4		=资料!$B$4	=资料!$C$4	=资料!$D$4	=资料!$E$4	
5		本月完工	=资料!E13	月末在产品	=资料!E11	
6		项目	半成品	直接人工	制造费用	合计
7		期初在产品成本	=资料!D24	=资料!E24	=资料!F24	=SUM(C7:E7)
8		本月发生生产费用	=资料!D25	=资料!E25	=资料!F25	=SUM(C8:E8)
9		生产费用合计	=SUM(C7:C8)	=SUM(D7:D8)	=SUM(E7:E8)	=SUM(C9:E9)
10		完工产品数量				
11		在产品约当产量				
12		合计				
13		单位成本(费用分配率)				
14		转出完工产品成本				
15		在产品成本				
16						

图 8—28

链接到第三步骤产品成本明细账中的期初在产品成本、本月发生的生产费用及其合计数如图 8—29 所示。

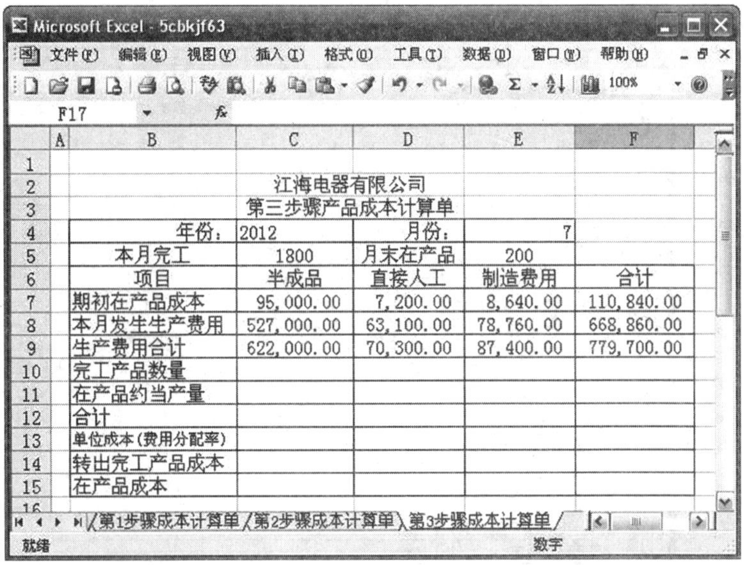

F17

江海电器有限公司				
第三步骤产品成本计算单				
年份：	2012	月份：	7	
本月完工	1800	月末在产品	200	
项目	半成品	直接人工	制造费用	合计
期初在产品成本	95,000.00	7,200.00	8,640.00	110,840.00
本月发生生产费用	527,000.00	63,100.00	78,760.00	668,860.00
生产费用合计	622,000.00	70,300.00	87,400.00	779,700.00
完工产品数量				
在产品约当产量				
合计				
单位成本(费用分配率)				
转出完工产品成本				
在产品成本				

图 8—29

2. 计算第三步骤甲半成品的完工产品数量和月末在产品约当产量及其合计数

根据第三步骤生产产品的本月产量、投料及加工程度资料计算第三步骤完工产品数量和月末在产品的约当产量。第三步骤完工的甲完工产品为 1 800 件，通过公式“＝资料！$E$13”即可将完工产品的数量从“资料”工作表链接到第三步骤产品成本明细账中。由于原材料是在生产过程开始时一次投入的，在分配直接材料时一个在产品等同于一个完工产品。第三步骤的在产品数量为 200 件，对于分配加工费用而言，由于月末在产品的加工程度只有 50%，因此需要在单元格 D11 和 E11 中输入公式“＝资料！$E$11 * 资料！$E$12”计算分配加工费用的在产品的约当产量。然后，用求和工具计算出第三步骤甲半成品的完工产品数量和月末在产品约当产量的合计数。按公式显示的链接资料如图 8—30 所示。

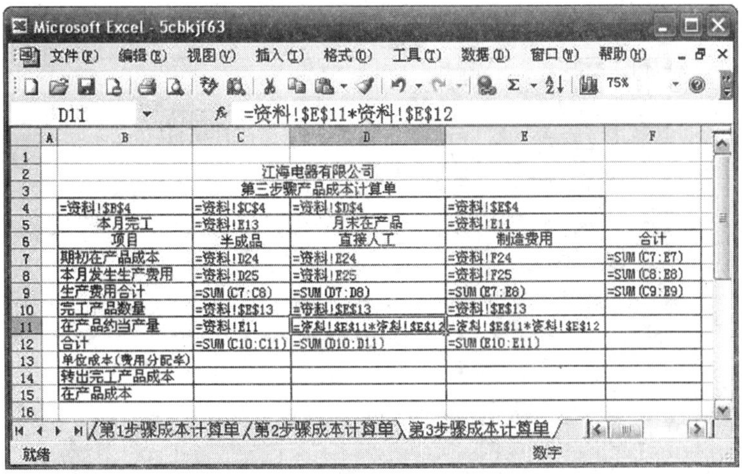

D11　=资料!$E$11*资料!$E$12

江海电器有限公司				
第三步骤产品成本计算单				
=资料!$B$4	=资料!$C$4	=资料!$D$4	=资料!$E$4	
本月完工	=资料!E13	月末在产品	=资料!E11	
项目	半成品	直接人工	制造费用	合计
期初在产品成本	=资料!D24	=资料!E24	=资料!F24	=SUM(C7:E7)
本月发生生产费用	=资料!D25	=资料!E25	=资料!F25	=SUM(C8:E8)
生产费用合计	=SUM(C7:C8)	=SUM(D7:D8)	=SUM(E7:E8)	=SUM(C9:E9)
完工产品数量	=资料!$E$13	=资料!$E$13	=资料!$E$13	
在产品约当产量	=资料!E11	=资料!$E$11*资料!$E$12	=资料!$E$11*资料!$E$12	
合计	=SUM(C10:C11)	=SUM(D10:D11)	=SUM(E10:E11)	
单位成本(费用分配率)				
转出完工产品成本				
在产品成本				

图 8—30

计算完成的第三步骤甲半成品的完工产品数量和在产品约当产量及其合计数如图 8—31 所示。

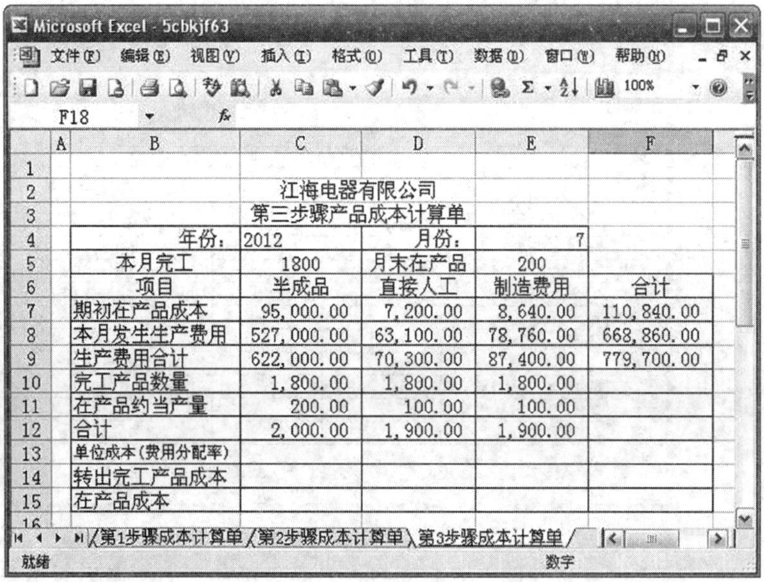

	B	C	D	E	F
2		江海电器有限公司			
3		第三步骤产品成本计算单			
4	年份:	2012	月份:	7	
5	本月完工	1800	月末在产品	200	
6	项目	半成品	直接人工	制造费用	合计
7	期初在产品成本	95,000.00	7,200.00	8,640.00	110,840.00
8	本月发生生产费用	527,000.00	63,100.00	78,760.00	668,860.00
9	生产费用合计	622,000.00	70,300.00	87,400.00	779,700.00
10	完工产品数量	1,800.00	1,800.00	1,800.00	
11	在产品约当产量	200.00	100.00	100.00	
12	合计	2,000.00	1,900.00	1,900.00	
13	单位成本(费用分配率)				
14	转出完工产品成本				
15	在产品成本				

图 8—31

3. 计算分配率

用求和工具计算出第三步骤甲半成品的完工产品数量和月末在产品约当产量的合计数之后，我们就可以用各生产费用项目的合计数除以甲半成品完工产品数量和月末在产品约当产量的合计数，从而得到分配率。按公式显示的计算过程如图 8—32 所示。

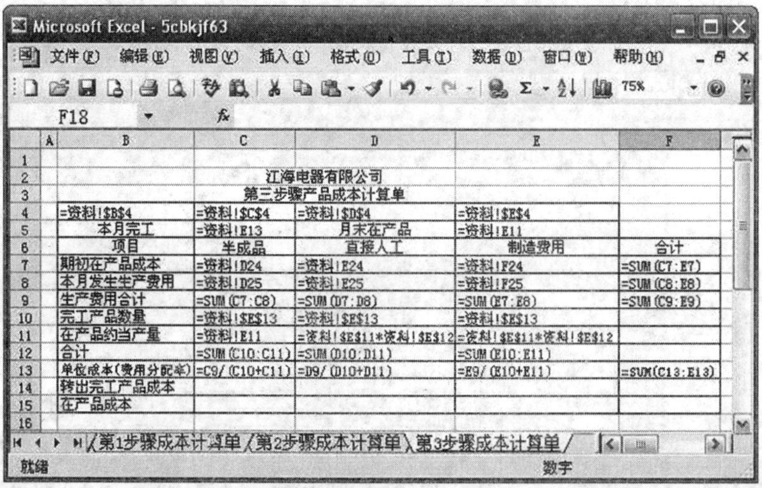

	B	C	D	E	F
2		江海电器有限公司			
3		第三步骤产品成本计算单			
4	=资料!$B$4	=资料!$C$4	=资料!$D$4	=资料!$E$4	
5	本月完工	=资料!E13	月末在产品	=资料!E11	
6	项目	半成品	直接人工	制造费用	合计
7	期初在产品成本	=资料!D24	=资料!E24	=资料!F24	=SUM(C7:E7)
8	本月发生生产费用	=资料!D25	=资料!E25	=资料!F25	=SUM(C8:E8)
9	生产费用合计	=SUM(C7:C8)	=SUM(D7:D8)	=SUM(E7:E8)	=SUM(C9:E9)
10	完工产品数量	=资料!$E$13	=资料!$E$13	=资料!$E$13	
11	在产品约当产量	=资料!E11	=资料!$E$11*资料!$E$12	=资料!$E$11*资料!$E$12	
12	合计	=SUM(C10:C11)	=SUM(D10:D11)	=SUM(E10:E11)	
13	单位成本(费用分配率)	=C9/(C10+C11)	=D9/(D10+D11)	=E9/(E10+E11)	=SUM(C13:E13)
14	转出完工产品成本				
15	在产品成本				

图 8—32

计算完成的第三步骤甲半成品的完工产品和在产品的分配率分别是：直接材料为 311，直接人工为 37，制造费用为 46。如图 8—33 所示。

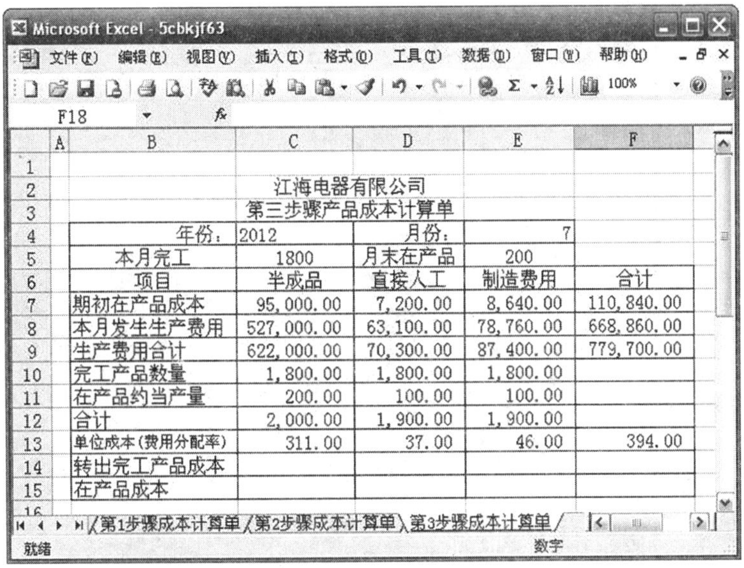

行	B	C	D	E	F
2		江海电器有限公司			
3		第三步骤产品成本计算单			
4	年份：	2012	月份：	7	
5	本月完工	1800	月末在产品	200	
6	项目	半成品	直接人工	制造费用	合计
7	期初在产品成本	95,000.00	7,200.00	8,640.00	110,840.00
8	本月发生生产费用	527,000.00	63,100.00	78,760.00	668,860.00
9	生产费用合计	622,000.00	70,300.00	87,400.00	779,700.00
10	完工产品数量	1,800.00	1,800.00	1,800.00	
11	在产品约当产量	200.00	100.00	100.00	
12	合计	2,000.00	1,900.00	1,900.00	
13	单位成本(费用分配率)	311.00	37.00	46.00	394.00
14	转出完工产品成本				
15	在产品成本				

图 8—33

4. 计算第三步骤甲产品的完工产品成本和在产品成本

用计算出的分配率分别乘以第三步骤的完工产品数量和月末在产品约当产量，我们就可以计算出第三步骤甲半成品的完工产品成本和在产品成本。按公式显示的计算过程如图 8—34 所示。

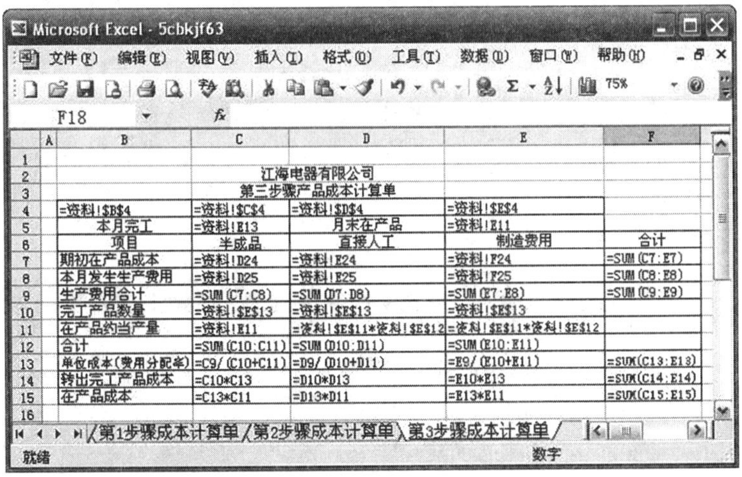

行	B	C	D	E	F
2		江海电器有限公司			
3		第三步骤产品成本计算单			
4	=资料!$B$4	=资料!$C$4	=资料!$D$4	=资料!$E$4	
5	本月完工	=资料!E13	月末在产品	=资料!E11	
6	项目	半成品	直接人工	制造费用	合计
7	期初在产品成本	=资料!D24	=资料!E24	=资料!F24	=SUM(C7:E7)
8	本月发生生产费用	=资料!D25	=资料!E25	=资料!F25	=SUM(C8:E8)
9	生产费用合计	=SUM(C7:C8)	=SUM(D7:D8)	=SUM(E7:E8)	=SUM(C9:E9)
10	完工产品数量	=资料!$E$13	=资料!$E$13	=资料!$E$13	
11	在产品约当产量	=资料!E11	=资料!$E$11*资料!$E$12	=资料!$E$11*资料!$E$12	
12	合计	=SUM(C10:C11)	=SUM(D10:D11)	=SUM(E10:E11)	
13	单位成本(费用分配率)	=C9/(C10+C11)	=D9/(D10+D11)	=E9/(E10+E11)	=SUM(C13:E13)
14	转出完工产品成本	=C10*C13	=D10*D13	=E10*E13	=SUM(C14:E14)
15	在产品成本	=C13*C11	=D13*D11	=E13*E11	=SUM(C15:E15)

图 8—34

计算完成的第三步骤甲产品的完工产品成本是：直接材料为 559 800 元，直接人工为 66 600 元，制造费用为 82 800 元；第三步骤甲产品在产品的成本是：直接材料为 62 200 元，直接人工为 3 700 元，制造费用为 4 600 元。如图 8—35 所示。

至此，第三步骤的甲产品的成本计算就完成了。

第四步：产品成本还原

产品成本还原就是将产成品耗用各步骤半成品的综合成本，逐步分解还原为

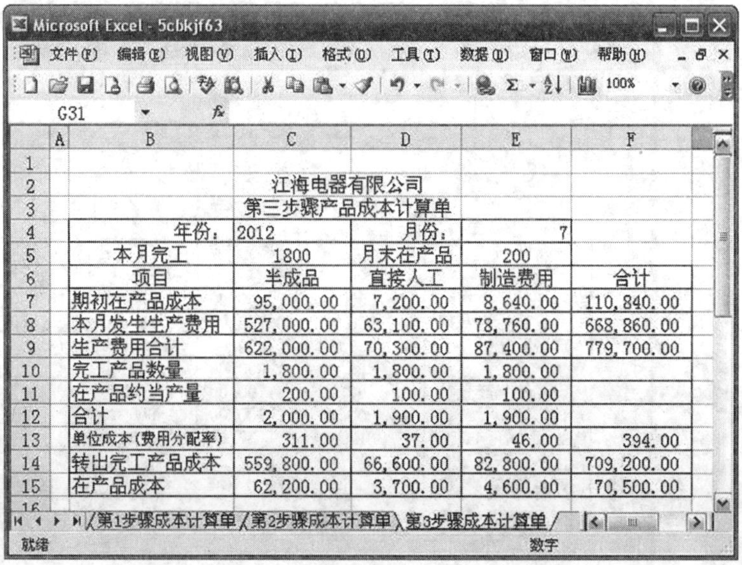

项目	半成品	直接人工	制造费用	合计
江海电器有限公司				
第三步骤产品成本计算单				
年份：2012		月份：7		
本月完工	1800	月末在产品	200	
期初在产品成本	95,000.00	7,200.00	8,640.00	110,840.00
本月发生生产费用	527,000.00	63,100.00	78,760.00	668,860.00
生产费用合计	622,000.00	70,300.00	87,400.00	779,700.00
完工产品数量	1,800.00	1,800.00	1,800.00	
在产品约当产量	200.00	100.00	100.00	
合计	2,000.00	1,900.00	1,900.00	
单位成本(费用分配率)	311.00	37.00	46.00	394.00
转出完工产品成本	559,800.00	66,600.00	82,800.00	709,200.00
在产品成本	62,200.00	3,700.00	4,600.00	70,500.00

图 8—35

原来的成本项目。成本还原的方法是从最后步骤开始，将其耗用上步骤半成品的综合成本逐步分解，还原为上一步骤的成本项目，依此类推，一直还原到第一步骤的成本构成，以便求得按原始成本项目反映的产品成本构成的资料。成本还原主要是通过计算成本还原分配率来实现的。这里的成本还原分配率是指各步骤完工产品成本构成，即各成本项目占全部成本的比重。其计算公式如下：

$$还原分配率=\frac{上一步骤完工半成品各成本项目的金额}{上一步骤完工半成品的成本合计}\times 100\%$$

下面将第三步骤的完工产品的成本按第二步骤半成品成本构成进行还原。

首先将第三步骤即还原前的成本链接到“产品成本还原计算表”，按公式显示的链接过程如图 8—36 所示。

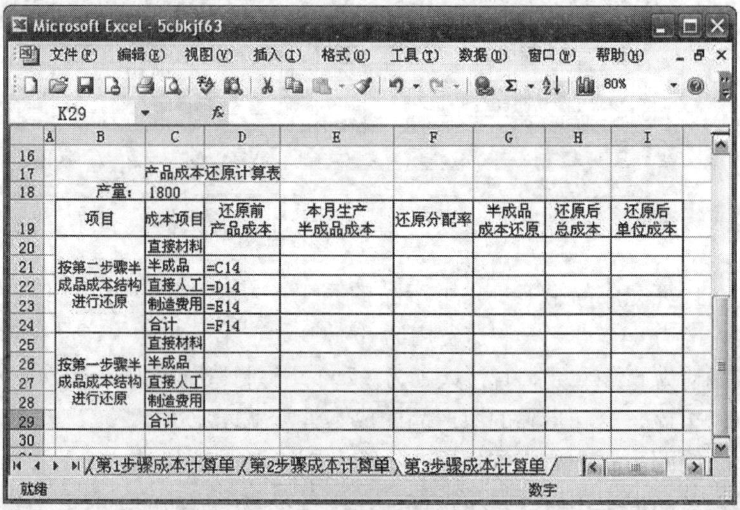

产品成本还原计算表

产量：1800

项目	成本项目	还原前产品成本	本月生产半成品成本	还原分配率	半成品成本还原	还原后总成本	还原后单位成本
按第二步骤半成品成本结构进行还原	直接材料						
	半成品	=C14					
	直接人工	=D14					
	制造费用	=E14					
	合计	=F14					
按第一步骤半成品成本结构进行还原	直接材料						
	半成品						
	直接人工						
	制造费用						
	合计						

图 8—36

链接到“产品成本还原计算表”的还原前的第三步骤的产品成本如图 8—37 所示。

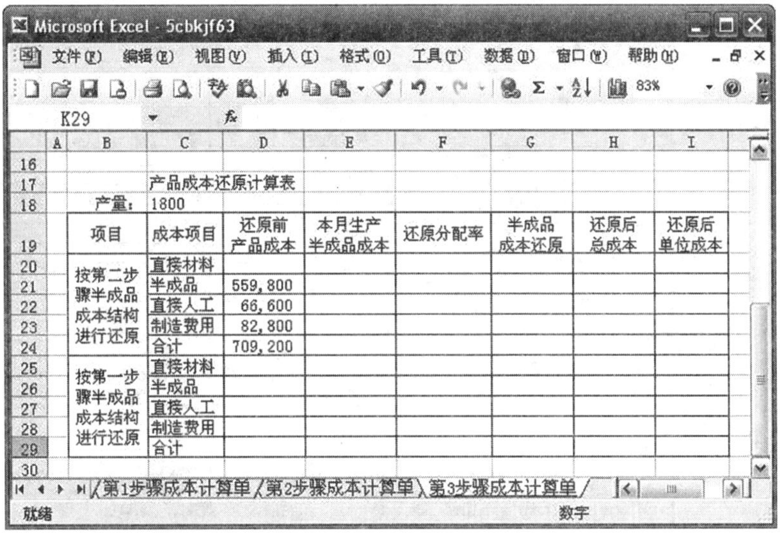

图 8—37

然后，将上一步骤即第二步骤完工转出的半成品成本的各成本项目链接到“产品成本还原计算表”，按公式显示的链接过程如图 8—38 所示。

图 8—38

链接到“产品成本还原计算表”的第二步骤完工转出的半成品成本的各成本项目如图 8—39 所示。

按照上步骤即第二步骤完工甲半产品的成本构成（即甲半成品各成本项目占全部成本的比重）计算还原分配率，按公式显示的计算过程如图 8—40 所示。

计算完成的成本还原分配率如图 8—41 所示。

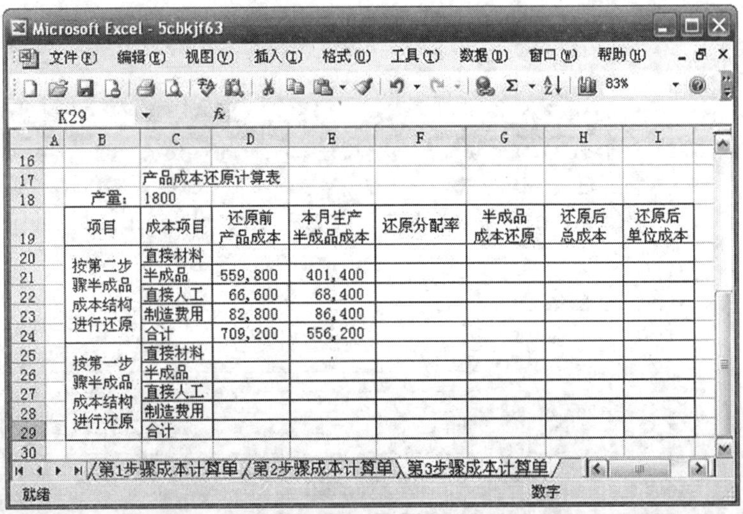
Microsoft Excel - 5cbkjf63

K29

产品成本还原计算表

产量：1800

项目	成本项目	还原前产品成本	本月生产半成品成本	还原分配率	半成品成本还原	还原后总成本	还原后单位成本
按第二步骤半成品成本结构进行还原	直接材料						
	半成品	559,800	401,400				
	直接人工	66,600	68,400				
	制造费用	82,800	86,400				
	合计	709,200	556,200				
按第一步骤半成品成本结构进行还原	直接材料						
	半成品						
	直接人工						
	制造费用						
	合计						

第1步骤成本计算单 / 第2步骤成本计算单 / 第3步骤成本计算单

图 8—39

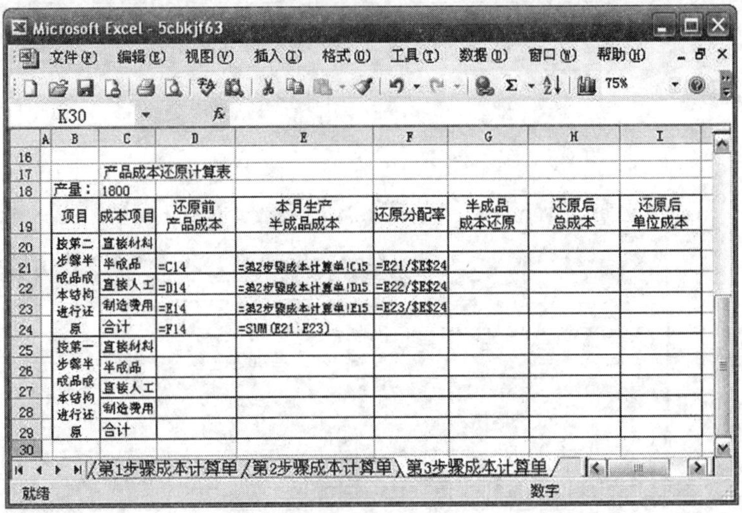
Microsoft Excel - 5cbkjf63

K30

产品成本还原计算表

产量：1800

项目	成本项目	还原前产品成本	本月生产半成品成本	还原分配率	半成品成本还原	还原后总成本	还原后单位成本
按第二步骤半成品成本结构进行还原	直接材料						
	半成品	=C14	=第2步骤成本计算单!C15	=E21/$E$24			
	直接人工	=D14	=第2步骤成本计算单!D15	=E22/$E$24			
	制造费用	=E14	=第2步骤成本计算单!E15	=E23/$E$24			
	合计	=F14	=SUM(E21:E23)				
按第一步骤半成品成本结构进行还原	直接材料						
	半成品						
	直接人工						
	制造费用						
	合计						

第1步骤成本计算单 / 第2步骤成本计算单 / 第3步骤成本计算单

图 8—40

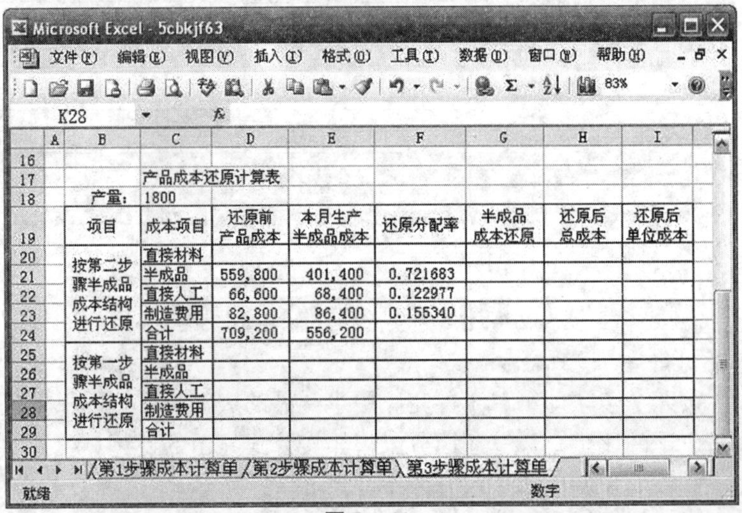
Microsoft Excel - 5cbkjf63

K28

产品成本还原计算表

产量：1800

项目	成本项目	还原前产品成本	本月生产半成品成本	还原分配率	半成品成本还原	还原后总成本	还原后单位成本
按第二步骤半成品成本结构进行还原	直接材料						
	半成品	559,800	401,400	0.721683			
	直接人工	66,600	68,400	0.122977			
	制造费用	82,800	86,400	0.155340			
	合计	709,200	556,200				
按第一步骤半成品成本结构进行还原	直接材料						
	半成品						
	直接人工						
	制造费用						
	合计						

第1步骤成本计算单 / 第2步骤成本计算单 / 第3步骤成本计算单

图 8—41

然后对第三步骤的产成品按第二步骤的成本构成进行产品还原，将还原前的半成品成本项目乘以成本还原分配率即可。即在单元格 G21，G22 和 G23 中分别输入公式“＝D21＊F21”，“＝D21＊F22”和“＝D21＊F23”，分别还原出半产品各项目的成本，其中半成品为 403 998 元，直接人工为 68 843 元，制造费用为 86 959 元。按公式显示的计算过程如图 8—42 所示。

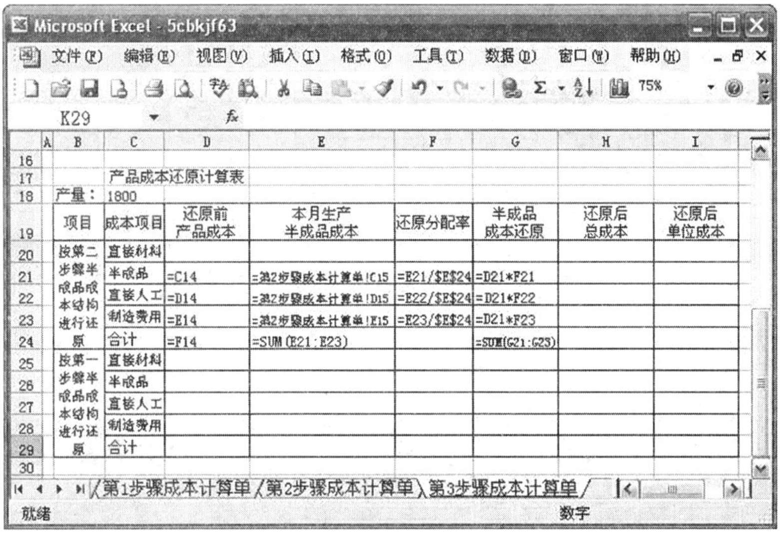

产品成本还原计算表

产量：1800

项目	成本项目	还原前产品成本	本月生产半成品成本	还原分配率	半成品成本还原	还原后总成本	还原后单位成本
按第二步骤半成品成本结构进行还原	直接材料						
	半成品	=C14	=第2步骤成本计算单!C15	=E21/$E$24	=D21*F21		
	直接人工	=D14	=第2步骤成本计算单!D15	=E22/$E$24	=D21*F22		
	制造费用	=E14	=第2步骤成本计算单!E15	=E23/$E$24	=D21*F23		
	合计	=F14	=SUM(E21:E23)		=SUM(G21:G23)		
按第一步骤半成品成本结构进行还原	直接材料						
	半成品						
	直接人工						
	制造费用						
	合计						

图 8—42

对第三步骤耗用的第二步骤生产的半成品成本构成进行还原，结果如图 8—43 所示。

产品成本还原计算表

产量：1800

项目	成本项目	还原前产品成本	本月生产半成品成本	还原分配率	半成品成本还原	还原后总成本	还原后单位成本
按第二步骤半成品成本结构进行还原	直接材料						
	半成品	559,800	401,400	0.721683	403,998		
	直接人工	66,600	68,400	0.122977	68,843		
	制造费用	82,800	86,400	0.155340	86,959		
	合计	709,200	556,200		559,800		
按第一步骤半成品成本结构进行还原	直接材料						
	半成品						
	直接人工						
	制造费用						
	合计						

图 8—43

计算还原后总成本。在单元格 H21 中输入公式“＝G21”，在单元格 H22 中输入公式“＝D22＋G22”，在单元格 H23 中输入公式“＝D23＋G23”，计算还原后的总成本如图 8—44 所示。

项目	成本项目	还原前产品成	本月生产半成品成本	还原分配率	半成品成本还原	还原后总成本	还原后单位成本
按第二步骤半成品成本结构进行还原	直接材料						
	半成品	=C14	=第2步骤成本计算单!C15	=E21/$E$24	=$D$21*F21	=G21	
	直接人工	=D14	=第2步骤成本计算单!D15	=E22/$E$24	=$D$21*F22	=D22+G22	
	制造费用	=E14	=第2步骤成本计算单!E15	=E23/$E$24	=$D$21*F23	=D23+G23	
	合计	=F14	=SUM(E21:E23)		=SUM(G21:G23)	=SUM(H21:H23)	
按第一步骤半成品成本结构进行还原	直接材料						
	半成品						
	直接人工						
	制造费用						
	合计						

图 8—44

产品成本还原后的总成本如图 8—45 所示。

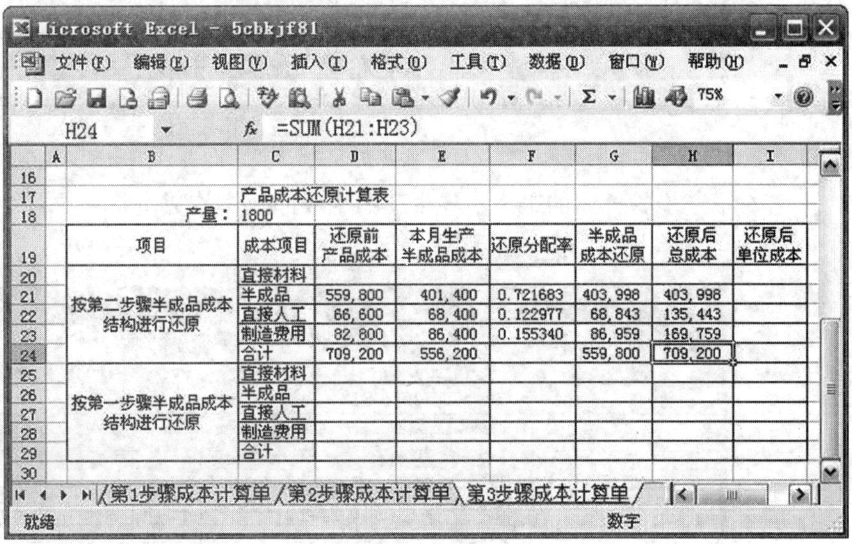

项目	成本项目	还原前产品成本	本月生产半成品成本	还原分配率	半成品成本还原	还原后总成本	还原后单位成本
按第二步骤半成品成本结构进行还原	直接材料						
	半成品	559,800	401,400	0.721683	403,998	403,998	
	直接人工	66,600	68,400	0.122977	68,843	135,443	
	制造费用	82,800	86,400	0.155340	86,959	169,759	
	合计	709,200	556,200		559,800	709,200	
按第一步骤半成品成本结构进行还原	直接材料						
	半成品						
	直接人工						
	制造费用						
	合计						

图 8—45

计算还原后单位成本。在单元格 I21 中输入公式"＝H21/＄C＄18"，然后用鼠标指向该单元格的右下角，待鼠标指针变为黑色实心十字时，按下鼠标左键拖向单元格区域 I22：I23，松开鼠标就可以计算出还原后的单位成本。按公式显示的计算过程如图 8—46 所示。

计算完成的还原后的单位成本如图 8—47 所示。

将第二步骤的完工产品的成本按第一步骤的半成品成本构成进行还原，按公式显示的计算过程如图 8—48 所示。

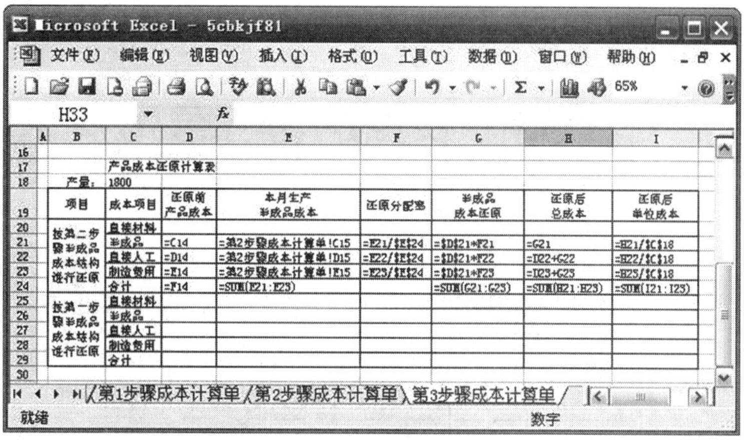

产品成本还原计算表

产量：1800

项目	成本项目	还原前产品成本	本月生产半成品成本	还原分配率	半成品成本还原	还原后总成本	还原后单位成本
按第二步骤半成品成本结构进行还原	直接材料						
	半成品	=C14	=第2步骤成本计算单!C15	=E21/$E$24	=$D$21*F21	=G21	=H21/$C$18
	直接人工	=D14	=第2步骤成本计算单!D15	=E22/$E$24	=$D$21*F22	=D22+G22	=H22/$C$18
	制造费用	=E14	=第2步骤成本计算单!E15	=E23/$E$24	=$D$21*F23	=D23+G23	=H23/$C$18
	合计	=F14	=SUM(E21:E23)		=SUM(G21:G23)	=SUM(H21:H23)	=SUM(I21:I23)
按第一步骤半成品成本结构进行还原	直接材料						
	半成品						
	直接人工						
	制造费用						
	合计						

图 8—46

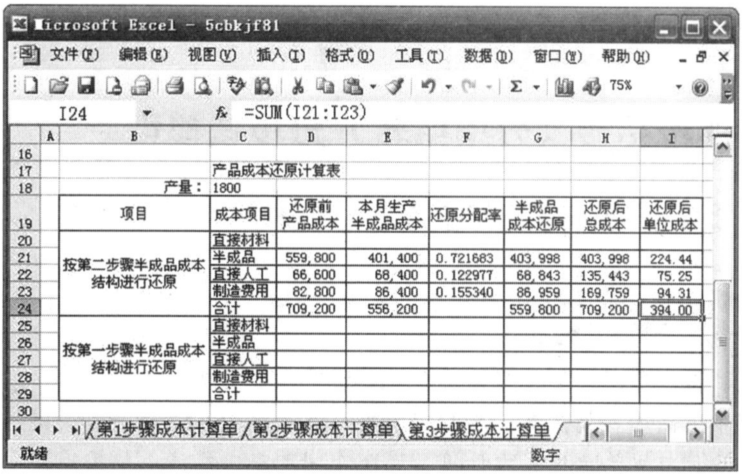

产品成本还原计算表

产量：1800

项目	成本项目	还原前产品成本	本月生产半成品成本	还原分配率	半成品成本还原	还原后总成本	还原后单位成本
按第二步骤半成品成本结构进行还原	直接材料						
	半成品	559, 800	401, 400	0. 721683	403, 998	403, 998	224. 44
	直接人工	66, 600	68, 400	0. 122977	68, 843	135, 443	75. 25
	制造费用	82, 800	86, 400	0. 155340	86, 959	169, 759	94. 31
	合计	709, 200	556, 200		559, 800	709, 200	394. 00
按第一步骤半成品成本结构进行还原	直接材料						
	半成品						
	直接人工						
	制造费用						
	合计						

图 8—47

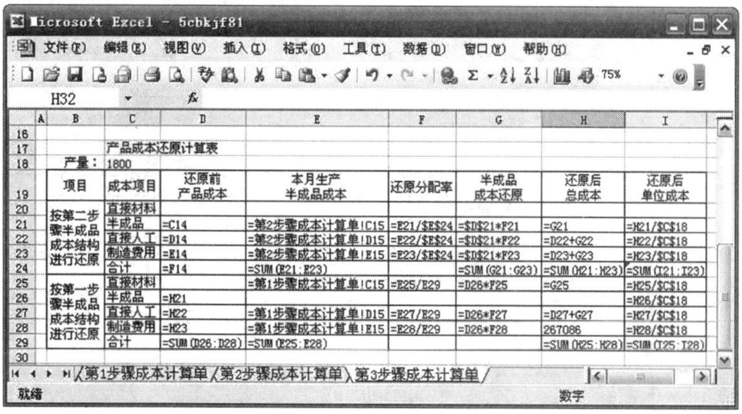

产品成本还原计算表

产量：1800

项目	成本项目	还原前产品成本	本月生产半成品成本	还原分配率	半成品成本还原	还原后总成本	还原后单位成本
按第二步骤半成品成本结构进行还原	直接材料						
	半成品	=C14	=第2步骤成本计算单!C15	=E21/$E$24	=$D$21*F21	=G21	=H21/$C$18
	直接人工	=D14	=第2步骤成本计算单!D15	=E22/$E$24	=$D$21*F22	=D22+G22	=H22/$C$18
	制造费用	=E14	=第2步骤成本计算单!E15	=E23/$E$24	=$D$21*F23	=D23+G23	=H23/$C$18
	合计	=F14	=SUM(E21:E23)		=SUM(G21:G23)	=SUM(H21:H23)	=SUM(I21:I23)
按第一步骤半成品成本结构进行还原	直接材料		=第1步骤成本计算单!C15	=E25/E29	=D26*F25	=G25	=H25/$C$18
	半成品	=H21					=H26/$C$18
	直接人工	=H22	=第1步骤成本计算单!D15	=E27/E29	=D26*F27	=D27+G27	=H27/$C$18
	制造费用	=H23	=第1步骤成本计算单!E15	=E28/E29	=D26*F28	267086	=H28/$C$18
	合计	=SUM(D26:D28)	=SUM(E25:E28)			=SUM(H25:H28)	=SUM(I25:I28)

图 8—48

将第二步骤的完工产品的成本按第一步骤半成品成本构成进行还原，结果如图 8—49 所示。

Microsoft Excel - 5cbkjf81

I29 =SUM(I25:I28)

表6-40 产品成本还原计算表

产量：1800

项目	成本项目	还原前产品成本	本月生产半成品成本	还原分配率	半成品成本还原	还原后总成本	还原后单位成本
按第二步骤半成品成本结构进行还原	直接材料						
	半成品	559,800	401,400	0.721683	403,998	403,998	224.44
	直接人工	66,600	68,400	0.122977	68,843	135,443	75.25
	制造费用	82,800	86,400	0.155340	86,959	169,759	94.31
	合计	709,200	556,200		559,800	709,200	394.00
按第一步骤半成品成本结构进行还原	直接材料		250,000	0.568182	229,544	229,544	127.52
	半成品	403,998					0.00
	直接人工	135,443	84,000	0.190909	77,127	212,570	118.09
	制造费用	169,759	106,000	0.240909	97,327	267,086	148.38
	合计	709,200	440,000			709,200	394.00

第1步骤成本计算单 / 第2步骤成本计算单 / 第3步骤成本计算单

图 8—49

8.3 逐步结转（分项结转）分步法模型

8.3.1 产品成本计算任务

任务 8—2[①]

假定甲产品生产分两个步骤，分别由两个车间进行。第一车间生产半成品，交半成品库验收；第二车间按所需数量从半成品库领用，所耗半成品费用按全月一次加权平均单位成本计算。两个车间的月末在产品均按定额成本计价。

(1) 各车间及自制甲半成品收发结存资料，如图 8—50 所示。

Microsoft Excel - 5cbkjf82

江海电器有限公司

分项结转分步法

年份：2012 月份：7

(1)车间及自制甲半成品收发结存资料：

项目	第一车间	自制甲半成品	第二车间
月初在产品产量	14	20	18
本月投产数量	98	100	110
月末在产品数量	12	15	28
本月转出数量	100	105	100

资料 / 基本生产明细账

图 8—50

① 参见于富生、黎来芳、张敏：《成本会计学》，6 版，140 页。

（2）各车间在产品定额成本资料，如图 8—51 所示。

（2）在产品定额成本资料：

	单位产品原材料定额成本（元）	单位产品定额人工工时	定额人工工时单价	单位产品定额机器工时	定额机器工时单价
第一车间	20.4	4.5	4	8	3.6
第二车间	30	18	4	16	5

图 8—51

（3）各车间及甲半成品库期初在产品成本和本月发生生产费用资料，如图 8—52 所示。

（3）车间及甲半成品库期初在产品成本和本月发生生产费用资料：

项目		成本或费用项目			
		直接材料	直接人工	制造费用	合计
第一车间	期初在产品成本	285.60	252.00	403.20	940.80
	本月发生的生产	5,080.00	3,010.00	6,600.00	14,690.00
甲半成品	月初余额	1,062.00	650.00	1,298.00	3,010.00
第二车间	期初在产品成本	540.00	1,296.00	1,440.00	3,276.00
	本步骤本月发生的生产费用	0.00	2,800.00	5,925.00	8,725.00

图 8—52

要求：根据以上资料，用分步法计算产品成本。

8.3.2　逐步结转（分项结转）分步法模型的创建

为了便于说明如何在 Excel 工作表中创建逐步结转（分项结转）分步法模型，我们以任务 8—2 提出的问题为例来介绍这一模型的创建过程，并按产品的生产步骤计算产品的生产成本。

在 Excel 工作表中，创建逐步结转（分项结转）分步法模型的步骤如下。

第一步：按生产产品的步骤开设第一步骤的甲半成品成本明细账并过入期初余额

1. 根据月初在产品和本月发生的生产费用资料登记第一步骤产品成本明细账

为第一车间开设甲半成品的生产成本明细账，将“资料”工作表中的第一生产车间的相关资料链接到“第一车间甲半成品成本计算单”。按公式显示的链接过程如图 8—53 所示。

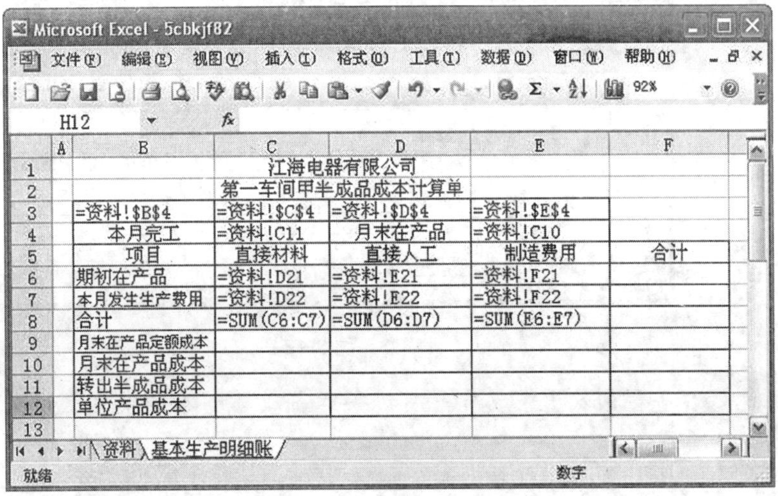

	B	C	D	E	F
1		江海电器有限公司			
2		第一车间甲半成品成本计算单			
3	=资料!$B$4	=资料!$C$4	=资料!$D$4	=资料!$E$4	
4	本月完工	=资料!C11	月末在产品	=资料!C10	
5	项目	直接材料	直接人工	制造费用	合计
6	期初在产品	=资料!D21	=资料!E21	=资料!F21	
7	本月发生生产费用	=资料!D22	=资料!E22	=资料!F22	
8	合计	=SUM(C6:C7)	=SUM(D6:D7)	=SUM(E6:E7)	
9	月末在产品定额成本				
10	月末在产品成本				
11	转出半成品成本				
12	单位产品成本				

图 8—53

登记完成的第一生产车间甲半成品生产成本明细账的结果如图 8—54 所示。

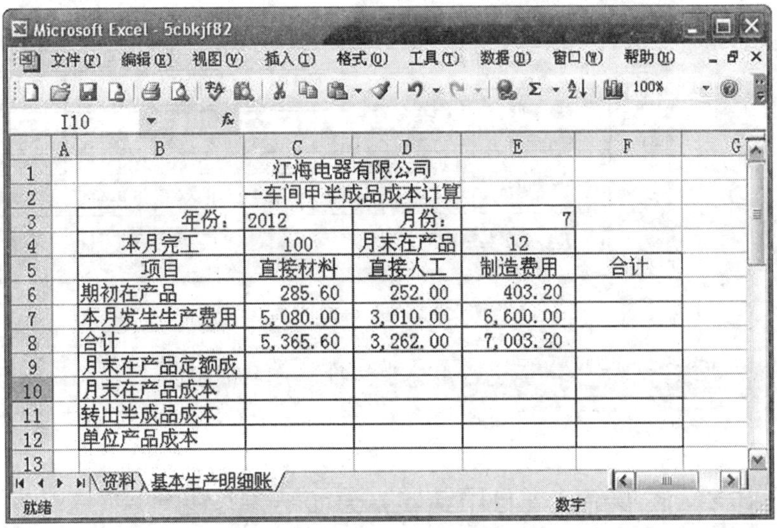

	B	C	D	E	F
1		江海电器有限公司			
2		一车间甲半成品成本计算			
3	年份：	2012	月份：	7	
4	本月完工	100	月末在产品	12	
5	项目	直接材料	直接人工	制造费用	合计
6	期初在产品	285.60	252.00	403.20	
7	本月发生生产费用	5,080.00	3,010.00	6,600.00	
8	合计	5,365.60	3,262.00	7,003.20	
9	月末在产品定额成				
10	月末在产品成本				
11	转出半成品成本				
12	单位产品成本				

图 8—54

2. 根据在产品的定额资料计算月末在产品的单位定额成本

在单元格 C9 中输入公式“＝资料!C15”，将第一车间的单位产品原材料定额成本链接到“第一车间甲半成品成本计算单”中；同理，在单元格 D9 中输入公式“＝资料!D15＊资料!E15”，将直接人工定额成本链接到“第一车间甲半成品成本计算单”中；在单元格 E9 中输入公式“＝资料!F15＊资料!G15”，将制造费用定额成本链接到“第一车间甲半成品成本计算单”中。按公式显示的链接过程如图 8—55 所示。

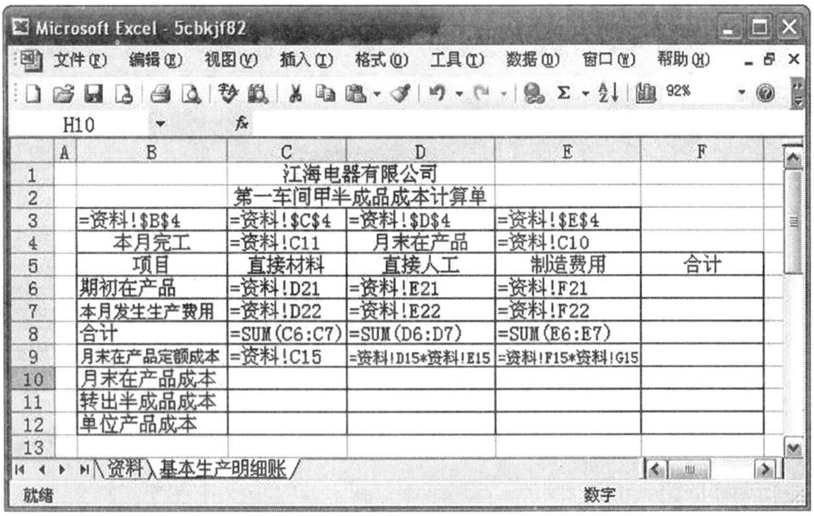

	A	B	C	D	E	F
1			江海电器有限公司			
2			第一车间甲半成品成本计算单			
3		=资料!$B$4	=资料!$C$4	=资料!$D$4	=资料!$E$4	
4		本月完工	=资料!C11	月末在产品	=资料!C10	
5		项目	直接材料	直接人工	制造费用	合计
6		期初在产品	=资料!D21	=资料!E21	=资料!F21	
7		本月发生生产费用	=资料!D22	=资料!E22	=资料!F22	
8		合计	=SUM(C6:C7)	=SUM(D6:D7)	=SUM(E6:E7)	
9		月末在产品定额成本	=资料!C15	=资料!D15*资料!E15	=资料!F15*资料!G15	
10		月末在产品成本				
11		转出半成品成本				
12		单位产品成本				

图 8—55

计算完成的第一车间在产品的单位定额成本如图 8—56 所示。

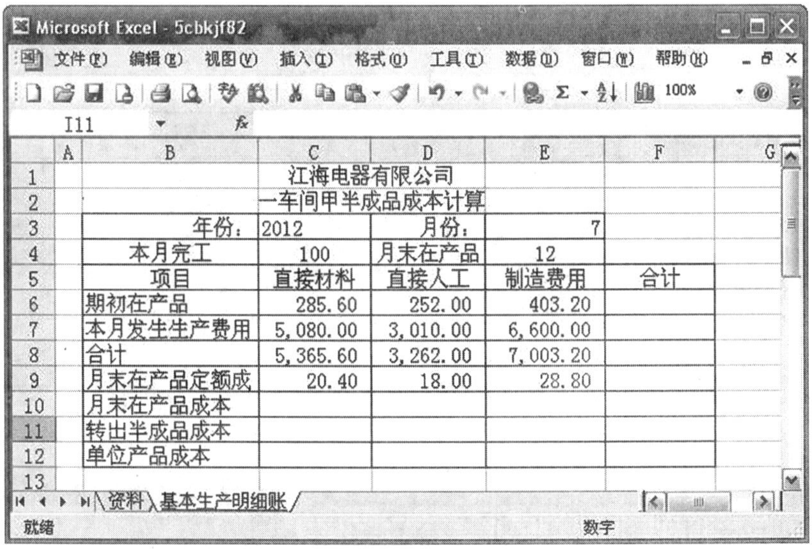

	A	B	C	D	E	F
1			江海电器有限公司			
2			一车间甲半成品成本计算			
3		年份:	2012	月份:	7	
4		本月完工	100	月末在产品	12	
5		项目	直接材料	直接人工	制造费用	合计
6		期初在产品	285.60	252.00	403.20	
7		本月发生生产费用	5,080.00	3,010.00	6,600.00	
8		合计	5,365.60	3,262.00	7,003.20	
9		月末在产品定额成	20.40	18.00	28.80	
10		月末在产品成本				
11		转出半成品成本				
12		单位产品成本				

图 8—56

3. 计算月末在产品和转出半产品的成本

根据第一车间月末在产品单位定额和月末在产品数量计算月末在产品定额成本，并计算出转出半成品的成本。按公式显示的计算过程如图 8—57 所示。

计算完成的第一车间月末在产品和转出半产品的成本如图 8—58 所示。

4. 计算甲半成品的单位成本

用转出半成品的成本除以完工半成品的数量，即在单元格 C12 中输入公式“=C11/$C$4”，计算甲半成品的单位成本。按公式显示的计算过程如图 8—59 所示。

	A	B	C	D	E	F
1			江海电器有限公司			
2			第一车间甲半成品成本计算单			
3		=资料!$B$4	=资料!$C$4	=资料!$D$4	=资料!$E$4	
4		本月完工	=资料!C11	月末在产品	=资料!C10	
5		项目	直接材料	直接人工	制造费用	合计
6		期初在产品	=资料!D21	=资料!E21	=资料!F21	
7		本月发生生产费用	=资料!D22	=资料!E22	=资料!F22	
8		合计	=SUM(C6:C7)	=SUM(D6:D7)	=SUM(E6:E7)	
9		月末在产品定额成本	=资料!C15	=资料!D15*资料!E15	=资料!F15*资料!G15	
10		月末在产品成本	=$E$4*C9	=$E$4*D9	=$E$4*E9	
11		转出半成品成本	=C8-C10	=D8-D10	=E8-E10	
12		单位产品成本				

图 8—57

	A	B	C	D	E	F
1			江海电器有限公司			
2			一车间甲半成品成本计算			
3		年份:	2012	月份:	7	
4		本月完工	100	月末在产品	12	
5		项目	直接材料	直接人工	制造费用	合计
6		期初在产品	285.60	252.00	403.20	
7		本月发生生产费用	5,080.00	3,010.00	6,600.00	
8		合计	5,365.60	3,262.00	7,003.20	
9		月末在产品定额成	20.40	18.00	28.80	
10		月末在产品成本	244.80	216.00	345.60	
11		转出半成品成本	5,120.80	3,046.00	6,657.60	
12		单位产品成本				

图 8—58

	A	B	C	D	E	F
1			江海电器有限公司			
2			第一车间甲半成品成本计算单			
3		=资料!$B$4	=资料!$C$4	=资料!$D$4	=资料!$E$4	
4		本月完工	=资料!C11	月末在产品	=资料!C10	
5		项目	直接材料	直接人工	制造费用	合计
6		期初在产品	=资料!D21	=资料!E21	=资料!F21	=SUM(C6:E6)
7		本月发生生产费用	=资料!D22	=资料!E22	=资料!F22	=SUM(C7:E7)
8		合计	=SUM(C6:C7)	=SUM(D6:D7)	=SUM(E6:E7)	=SUM(C8:E8)
9		月末在产品定额成本	=资料!C15	=资料!D15*资料!E15	=资料!F15*资料!G15	=SUM(C9:E9)
10		月末在产品成本	=$E$4*C9	=$E$4*D9	=$E$4*E9	=SUM(C10:E10)
11		转出半成品成本	=C8-C10	=D8-D10	=E8-E10	=SUM(C11:E11)
12		单位产品成本	=C11/$C$4	=D11/$C$4	=E11/$C$4	=SUM(C12:E12)

图 8—59

计算完成的甲半成品的单位成本如图 8—60 所示。

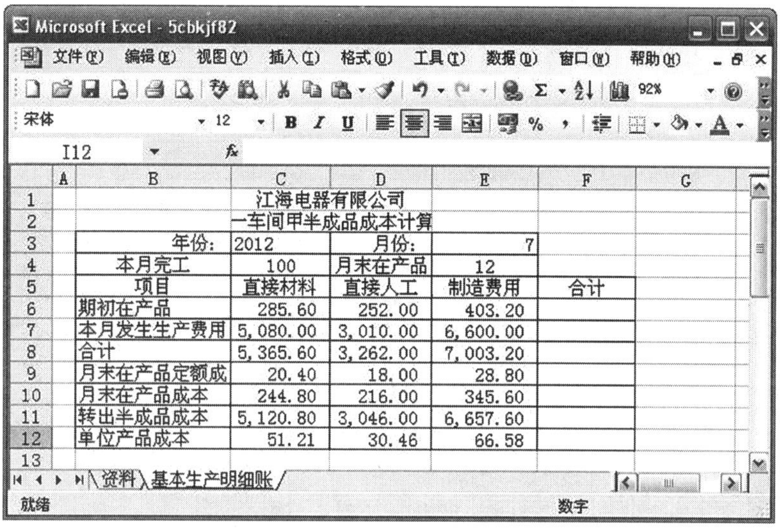

	A	B	C	D	E	F	G
1			江海电器有限公司				
2			一车间甲半成品成本计算				
3		年份:	2012	月份:	7		
4		本月完工	100	月末在产品	12		
5		项目	直接材料	直接人工	制造费用	合计	
6		期初在产品	285.60	252.00	403.20		
7		本月发生生产费用	5,080.00	3,010.00	6,600.00		
8		合计	5,365.60	3,262.00	7,003.20		
9		月末在产品定额成	20.40	18.00	28.80		
10		月末在产品成本	244.80	216.00	345.60		
11		转出半成品成本	5,120.80	3,046.00	6,657.60		
12		单位产品成本	51.21	30.46	66.58		

图 8—60

5. 计算各项目的合计数

用求和工具“∑”计算各项目的合计数。按公式显示的计算过程如图 8—61 所示。

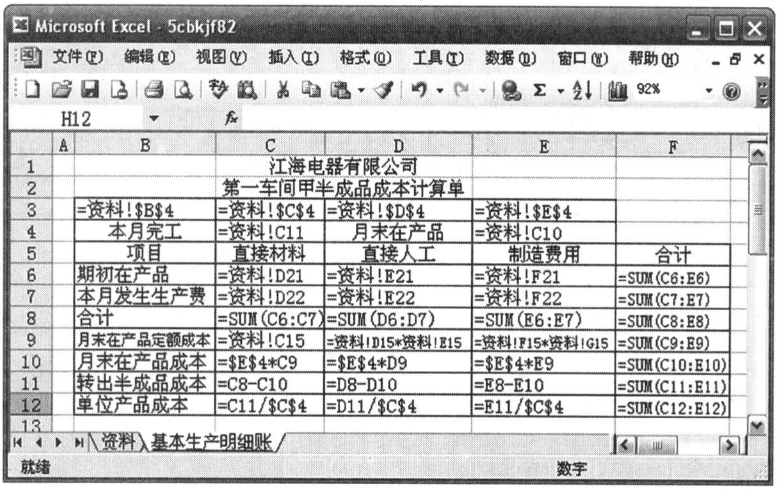

	A	B	C	D	E	F
1			江海电器有限公司			
2			第一车间甲半成品成本计算单			
3		=资料!$B$4	=资料!$C$4	=资料!$D$4	=资料!$E$4	
4		本月完工	=资料!C11	月末在产品	=资料!C10	
5		项目	直接材料	直接人工	制造费用	合计
6		期初在产品	=资料!D21	=资料!E21	=资料!F21	=SUM(C6:E6)
7		本月发生生产费	=资料!D22	=资料!E22	=资料!F22	=SUM(C7:E7)
8		合计	=SUM(C6:C7)	=SUM(D6:D7)	=SUM(E6:E7)	=SUM(C8:E8)
9		月末在产品定额成本	=资料!C15	=资料!D15*资料!E15	=资料!F15*资料!G15	=SUM(C9:E9)
10		月末在产品成本	=$E$4*C9	=$E$4*D9	=$E$4*E9	=SUM(C10:E10)
11		转出半成品成本	=C8-C10	=D8-D10	=E8-E10	=SUM(C11:E11)
12		单位产品成本	=C11/$C$4	=D11/$C$4	=E11/$C$4	=SUM(C12:E12)

图 8—61

对各项目求和后的结果如图 8—62 所示。

第二步：开设并登记甲自制半成品成本明细账，计算甲半成品加权平均单位成本

1. 开设并登记甲自制半成品成本明细账

开设甲自制半成品的生产成本明细账，将“资料”工作表中的自制半成品的有关资料通过“链接”登记到“自制半成品成本明细账”，并计算出合计数。按公式显示的链接过程如图 8—63 所示。

	B	C	D	E	F
1		江海电器有限公司			
2		一车间甲半成品成本计算			
3	年份：	2012	月份：	7	
4	本月完工	100	月末在产品	12	
5	项目	直接材料	直接人工	制造费用	合计
6	期初在产品	285.60	252.00	403.20	940.80
7	本月发生生产费用	5,080.00	3,010.00	6,600.00	14,690.00
8	合计	5,365.60	3,262.00	7,003.20	15,630.80
9	月末在产品定额成	20.40	18.00	28.80	67.20
10	月末在产品成本	244.80	216.00	345.60	806.40
11	转出半成品成本	5,120.80	3,046.00	6,657.60	14,824.40
12	单位产品成本	51.21	30.46	66.58	148.24

图 8—62

	B	C	D	E	F	G
14	甲半成品	自制半成品成本明细账				
15	项目	数量（件）	直接材料	直接人工	制造费用	合计
16	期初数	=资料!D8	=资料!D23	=资料!E23	=资料!F23	
17	本月增加数	=资料!D9	=C11	=D11	=E11	
18	合计	=SUM(C16:C17)	=SUM(D16:D17)	=SUM(E16:E17)	=SUM(F16:F17)	
19	加权平均单位成本					
20	本月减少数					
21	期末数					

图 8—63

登记完成的甲半成品的生产成本明细账的结果如图 8—64 所示。

	B	C	D	E	F	G
14	甲半成品	自制半成品成本明细账				
15	项目	数量（件）	直接材料	直接人工	制造费用	合计
16	期初数	20.00	1,062.00	650.00	1,298.00	
17	本月增加数	100.00	5,120.80	3,046.00	6,657.60	
18	合计	120.00	6,182.80	3,696.00	7,955.60	
19	加权平均单位成本					
20	本月减少数					
21	期末数					

图 8—64

2. 根据在产品的入库数量和成本项目的合计数计算甲半成品的加权平均单位成本

在单元格 D19 中输入公式"＝D18/＄C＄18"，然后用鼠标指向该单元格的右下角，待鼠标指针变为黑色实心十字时，按下鼠标左键拖向单元格区域 E19：F19，松开鼠标就可以计算出甲半成品的加权平均单位成本。按公式显示的链接过程如图 8—65 所示。

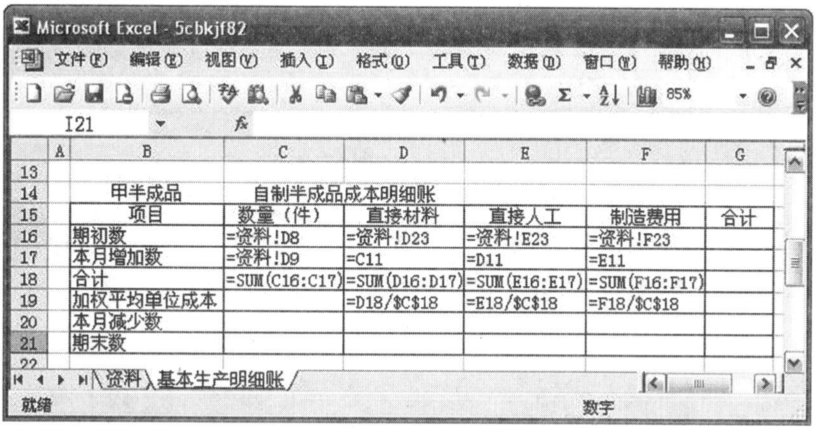

	A	B	C	D	E	F	G
13							
14		甲半成品	自制半成品成本明细账				
15		项目	数量（件）	直接材料	直接人工	制造费用	合计
16		期初数	=资料!D8	=资料!D23	=资料!E23	=资料!F23	
17		本月增加数	=资料!D9	=C11	=D11	=E11	
18		合计	=SUM(C16:C17)	=SUM(D16:D17)	=SUM(E16:E17)	=SUM(F16:F17)	
19		加权平均单位成本		=D18/$C$18	=E18/$C$18	=F18/$C$18	
20		本月减少数					
21		期末数					

图 8—65

计算完成的甲半成品加权的平均单位成本如图 8—66 所示。

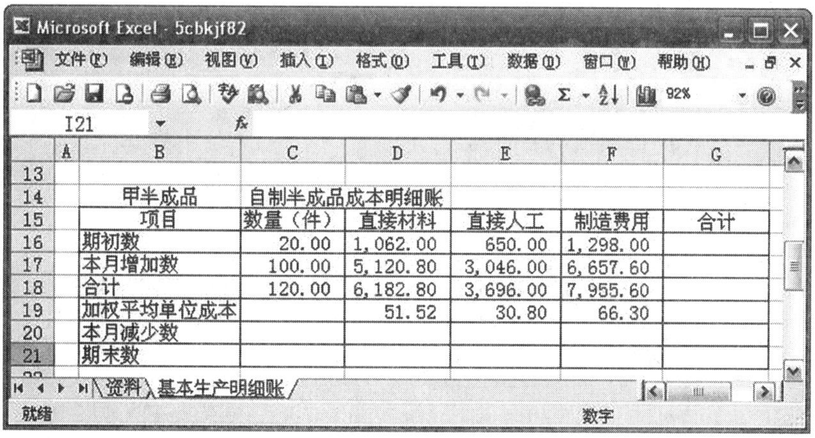

	A	B	C	D	E	F	G
13							
14		甲半成品	自制半成品成本明细账				
15		项目	数量（件）	直接材料	直接人工	制造费用	合计
16		期初数	20.00	1,062.00	650.00	1,298.00	
17		本月增加数	100.00	5,120.80	3,046.00	6,657.60	
18		合计	120.00	6,182.80	3,696.00	7,955.60	
19		加权平均单位成本		51.52	30.80	66.30	
20		本月减少数					
21		期末数					

图 8—66

3. 计算转出半成品成本和月末在产品成本

根据自制半成品的发出数量和甲半成品各成本项目的加权平均单位成本资料，计算本月转出甲半成品的成本和甲半成品的月末在产品成本。按公式显示的计算过程如图 8—67 所示。

计算完成的本月转出甲半成品的成本和甲半成品的月末在产品成本如图 8—68 所示。

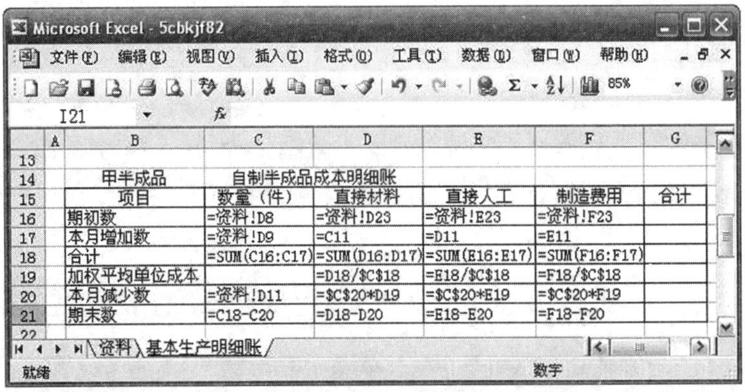

	B	C	D	E	F	G
13						
14	甲半成品	自制半成品成本明细账				
15	项目	数量（件）	直接材料	直接人工	制造费用	合计
16	期初数	=资料!D8	=资料!D23	=资料!E23	=资料!F23	
17	本月增加数	=资料!D9	=C11	=D11	=E11	
18	合计	=SUM(C16:C17)	=SUM(D16:D17)	=SUM(E16:E17)	=SUM(F16:F17)	
19	加权平均单位成本		=D18/$C$18	=E18/$C$18	=F18/$C$18	
20	本月减少数	=资料!D11	=$C$20*D19	=$C$20*E19	=$C$20*F19	
21	期末数	=C18-C20	=D18-D20	=E18-E20	=F18-F20	

图 8—67

	B	C	D	E	F	G
13						
14	甲半成品	自制半成品成本明细账				
15	项目	数量（件）	直接材料	直接人工	制造费用	合计
16	期初数	20.00	1,062.00	650.00	1,298.00	
17	本月增加数	100.00	5,120.80	3,046.00	6,657.60	
18	合计	120.00	6,182.80	3,696.00	7,955.60	
19	加权平均单位成本		51.52	30.80	66.30	
20	本月减少数	105.00	5,409.95	3,234.00	6,961.15	
21	期末数	15.00	772.85	462.00	994.45	

图 8—68

4. 计算各项目的合计数

用求和工具"Σ"计算第一车间各成本项目的合计数。按公式显示的计算过程如图 8—69 所示。

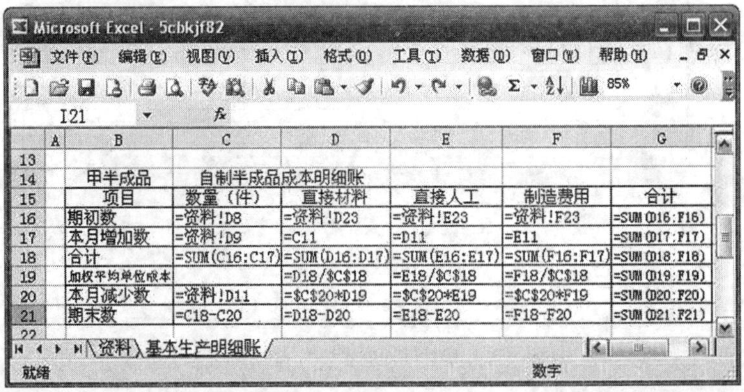

	B	C	D	E	F	G
13						
14	甲半成品	自制半成品成本明细账				
15	项目	数量（件）	直接材料	直接人工	制造费用	合计
16	期初数	=资料!D8	=资料!D23	=资料!E23	=资料!F23	=SUM(D16:F16)
17	本月增加数	=资料!D9	=C11	=D11	=E11	=SUM(D17:F17)
18	合计	=SUM(C16:C17)	=SUM(D16:D17)	=SUM(E16:E17)	=SUM(F16:F17)	=SUM(D18:F18)
19	加权平均单位成本		=D18/$C$18	=E18/$C$18	=F18/$C$18	=SUM(D19:F19)
20	本月减少数	=资料!D11	=$C$20*D19	=$C$20*E19	=$C$20*F19	=SUM(D20:F20)
21	期末数	=C18-C20	=D18-D20	=E18-E20	=F18-F20	=SUM(D21:F21)

图 8—69

对各项目求和后的结果如图 8—70 所示。

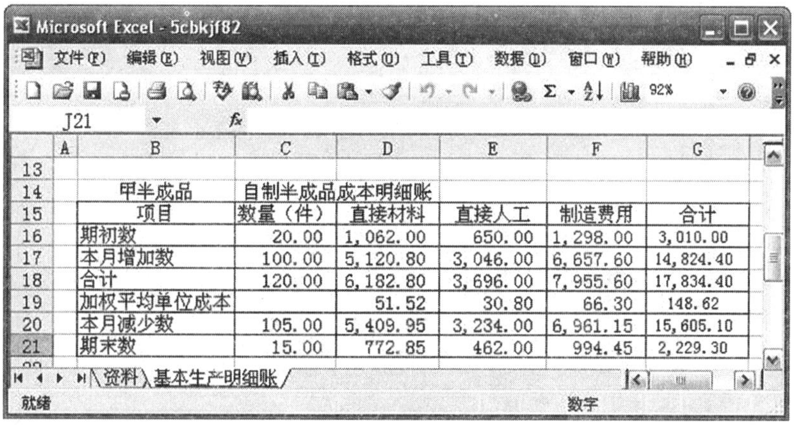

甲半成品	自制半成品成本明细账				
项目	数量（件）	直接材料	直接人工	制造费用	合计
期初数	20.00	1,062.00	650.00	1,298.00	3,010.00
本月增加数	100.00	5,120.80	3,046.00	6,657.60	14,824.40
合计	120.00	6,182.80	3,696.00	7,955.60	17,834.40
加权平均单位成本		51.52	30.80	66.30	148.62
本月减少数	105.00	5,409.95	3,234.00	6,961.15	15,605.10
期末数	15.00	772.85	462.00	994.45	2,229.30

图 8—70

第三步：按生产产品的步骤开设第二步骤的生产成本明细账并过入期初余额

1. 根据月初在产品和本月发生的生产费用资料登记第二步骤产品成本明细账

为第二车间开设甲成品的生产成本明细账，将“资料”工作表中的第二生产车间的相关资料链接到“第二车间甲成品成本计算单”。按公式显示的链接过程如图 8—71 所示。

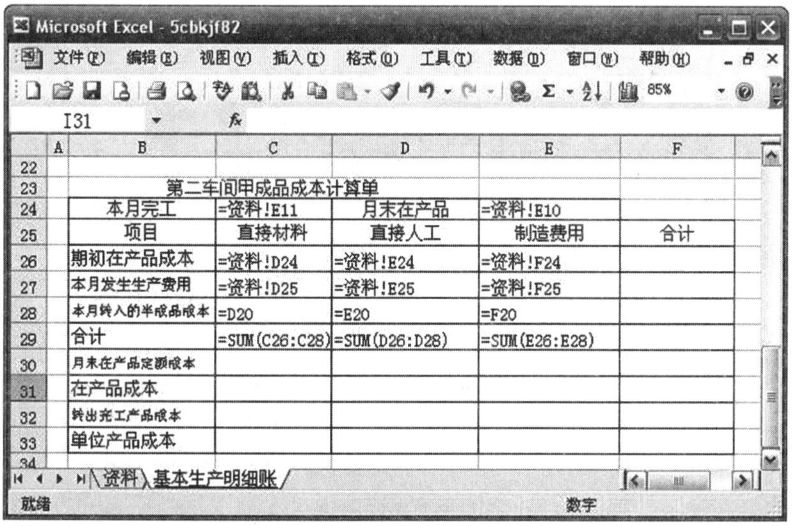

第二车间甲成品成本计算单				
本月完工	=资料!E11	月末在产品	=资料!E10	
项目	直接材料	直接人工	制造费用	合计
期初在产品成本	=资料!D24	=资料!E24	=资料!F24	
本月发生生产费用	=资料!D25	=资料!E25	=资料!F25	
本月转入的半成品成本	=D20	=E20	=F20	
合计	=SUM(C26:C28)	=SUM(D26:D28)	=SUM(E26:E28)	
月末在产品定额成本				
在产品成本				
转出完工产品成本				
单位产品成本				

图 8—71

登记完成的第二生产车间甲成品的生产成本明细账的结果如图 8—72 所示。

2. 根据在产品的定额资料计算月末在产品的单位定额成本

在单元格 C30 中输入公式“＝资料!C16”，将第二车间的单位产品原材料定额成本链接到“第二车间甲成品成本计算单”中；同理，在单元格 D30 中输入公式“＝资料!D16 * 资料!E16”，将直接人工定额成本链接到“第二车间甲成品成本计算单”中；在单元格 E30 中输入公式“＝资料!F16 * 资料!G16”，将制造费用定额成本链接到“第二车间甲成品成本计算单”中。按公式显示的链接过程

	B	C	D	E	F
23	第二车间甲成品成本计算单				
24	本月完工	100	月末在产品	28	
25	项目	直接材料	直接人工	制造费用	合计
26	期初在产品成本	540.00	1,296.00	1,440.00	
27	本月发生生产费用	0.00	2,800.00	5,925.00	
28	本月转入的半成品成本	5,409.95	3,234.00	6,961.15	
29	合计	5,949.95	7,330.00	14,326.15	
30	月末在产品定额成本				
31	在产品成本				
32	转出完工产品成本				
33	单位产品成本				

图 8—72

如图 8—73 所示。

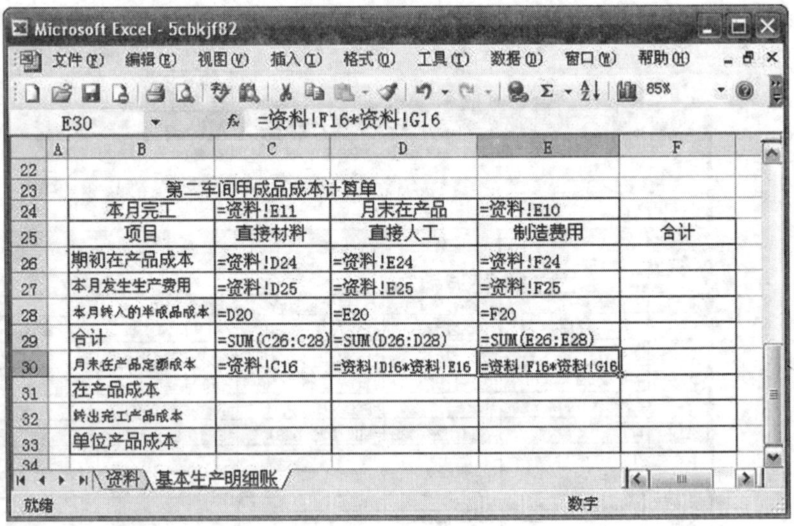

E30 =资料!F16*资料!G16

	B	C	D	E	F
23	第二车间甲成品成本计算单				
24	本月完工	=资料!E11	月末在产品	=资料!E10	
25	项目	直接材料	直接人工	制造费用	合计
26	期初在产品成本	=资料!D24	=资料!E24	=资料!F24	
27	本月发生生产费用	=资料!D25	=资料!E25	=资料!F25	
28	本月转入的半成品成本	=D20	=E20	=F20	
29	合计	=SUM(C26:C28)	=SUM(D26:D28)	=SUM(E26:E28)	
30	月末在产品定额成本	=资料!C16	=资料!D16*资料!E16	=资料!F16*资料!G16	
31	在产品成本				
32	转出完工产品成本				
33	单位产品成本				

图 8—73

计算完成的第二车间在产品的单位定额成本如图 8—74 所示。

3. 计算月末在产品、转出半产品的成本和完工产品的单位成本

根据第二车间月末在产品单位定额和月末在产品数量计算月末在产品定额成本，并计算出转出半成品的总成本和单位产品成本。按公式显示的计算过程如图 8—75 所示。

计算完成的第二车间月末在产品、转出完工产品的总成本和单位产品成本如图 8—76 所示。

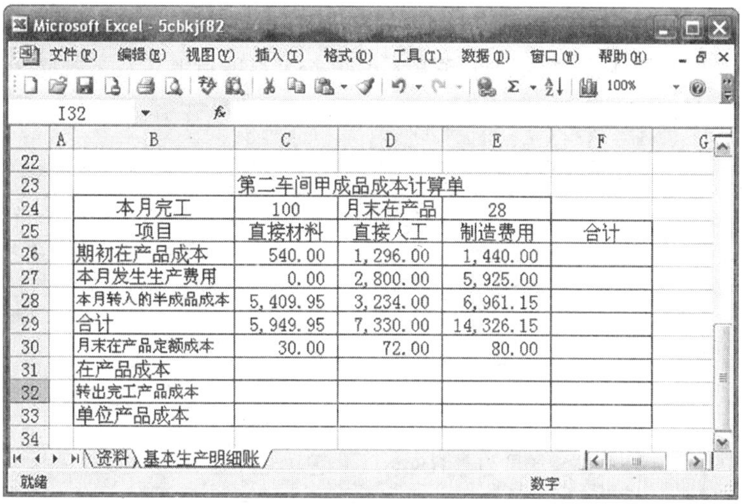

第二车间甲成品成本计算单				
本月完工	100	月末在产品	28	
项目	直接材料	直接人工	制造费用	合计
期初在产品成本	540.00	1,296.00	1,440.00	
本月发生生产费用	0.00	2,800.00	5,925.00	
本月转入的半成品成本	5,409.95	3,234.00	6,961.15	
合计	5,949.95	7,330.00	14,326.15	
月末在产品定额成本	30.00	72.00	80.00	
在产品成本				
转出完工产品成本				
单位产品成本				

图 8—74

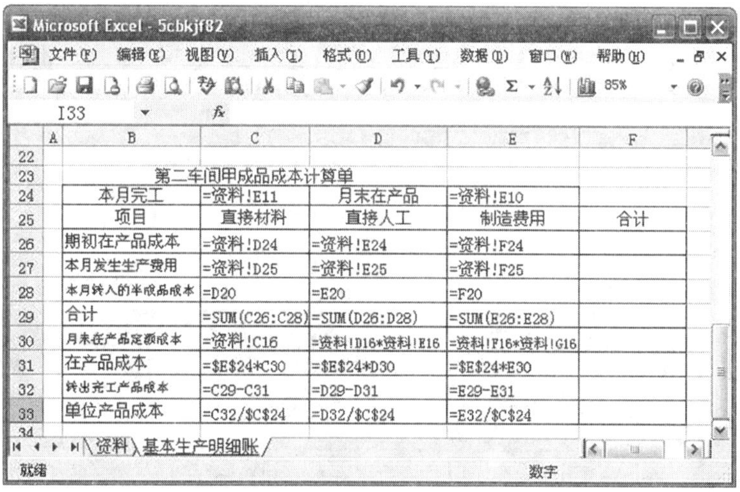

第二车间甲成品成本计算单				
本月完工	=资料!E11	月末在产品	=资料!E10	
项目	直接材料	直接人工	制造费用	合计
期初在产品成本	=资料!D24	=资料!E24	=资料!F24	
本月发生生产费用	=资料!D25	=资料!E25	=资料!F25	
本月转入的半成品成本	=D20	=E20	=F20	
合计	=SUM(C26:C28)	=SUM(D26:D28)	=SUM(E26:E28)	
月末在产品定额成本	=资料!C16	=资料!D16*资料!E16	=资料!F16*资料!G16	
在产品成本	=$E$24*C30	=$E$24*D30	=$E$24*E30	
转出完工产品成本	=C29-C31	=D29-D31	=E29-E31	
单位产品成本	=C32/$C$24	=D32/$C$24	=E32/$C$24	

图 8—75

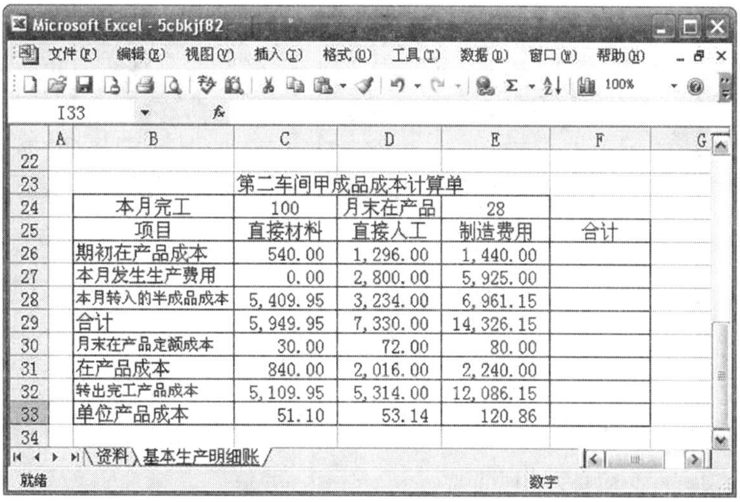

第二车间甲成品成本计算单				
本月完工	100	月末在产品	28	
项目	直接材料	直接人工	制造费用	合计
期初在产品成本	540.00	1,296.00	1,440.00	
本月发生生产费用	0.00	2,800.00	5,925.00	
本月转入的半成品成本	5,409.95	3,234.00	6,961.15	
合计	5,949.95	7,330.00	14,326.15	
月末在产品定额成本	30.00	72.00	80.00	
在产品成本	840.00	2,016.00	2,240.00	
转出完工产品成本	5,109.95	5,314.00	12,086.15	
单位产品成本	51.10	53.14	120.86	

图 8—76

4. 计算各项目的合计数

用求和工具"∑"计算第二车间各成本项目的合计数。按公式显示的计算过程如图 8—77 所示。

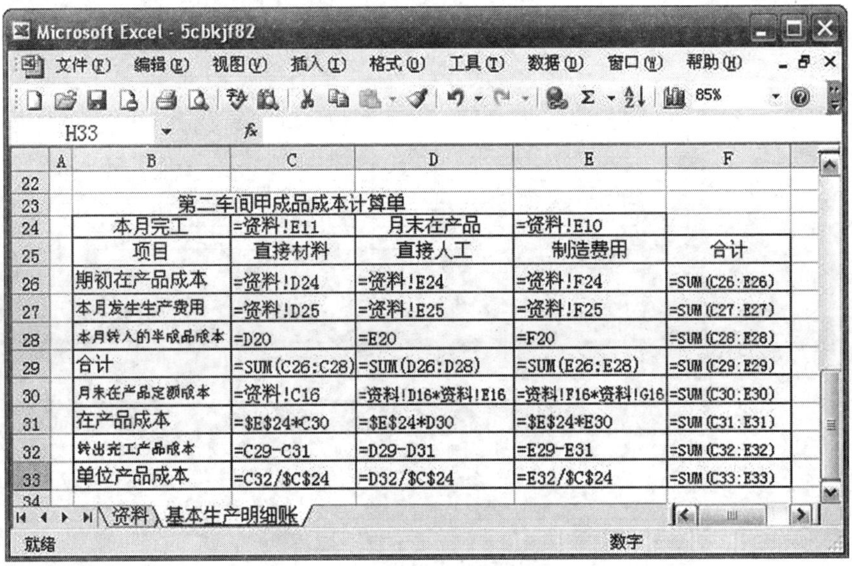

	A	B	C	D	E	F
22						
23		第二车间甲成品成本计算单				
24		本月完工	=资料!E11	月末在产品	=资料!E10	
25		项目	直接材料	直接人工	制造费用	合计
26		期初在产品成本	=资料!D24	=资料!E24	=资料!F24	=SUM(C26:E26)
27		本月发生生产费用	=资料!D25	=资料!E25	=资料!F25	=SUM(C27:E27)
28		本月转入的半成品成本	=D20	=E20	=F20	=SUM(C28:E28)
29		合计	=SUM(C26:C28)	=SUM(D26:D28)	=SUM(E26:E28)	=SUM(C29:E29)
30		月末在产品定额成本	=资料!C16	=资料!D16*资料!E16	=资料!F16*资料!G16	=SUM(C30:E30)
31		在产品成本	=$E$24*C30	=$E$24*D30	=$E$24*E30	=SUM(C31:E31)
32		转出完工产品成本	=C29-C31	=D29-D31	=E29-E31	=SUM(C32:E32)
33		单位产品成本	=C32/$C$24	=D32/$C$24	=E32/$C$24	=SUM(C33:E33)
34						

图 8—77

对各项目求和后的结果如图 8—78 所示。

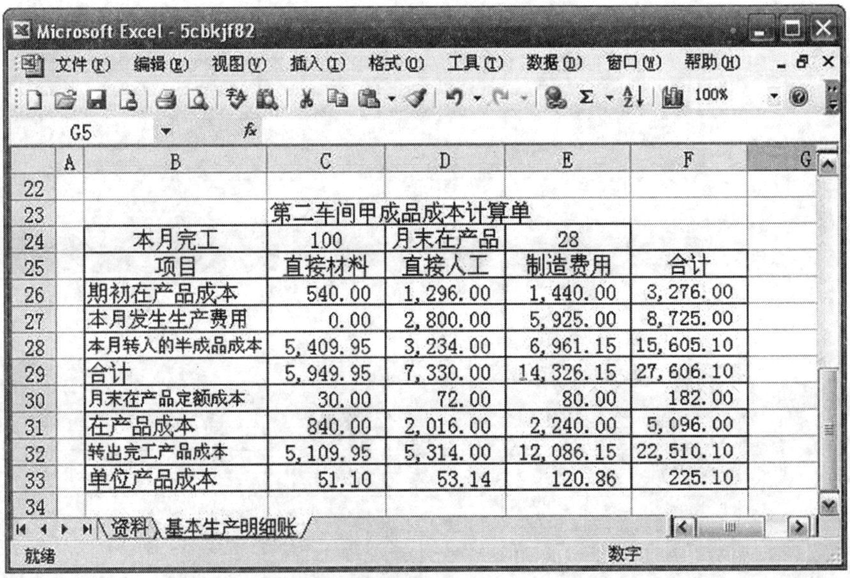

	A	B	C	D	E	F	G
22							
23		第二车间甲成品成本计算单					
24		本月完工	100	月末在产品	28		
25		项目	直接材料	直接人工	制造费用	合计	
26		期初在产品成本	540.00	1,296.00	1,440.00	3,276.00	
27		本月发生生产费用	0.00	2,800.00	5,925.00	8,725.00	
28		本月转入的半成品成本	5,409.95	3,234.00	6,961.15	15,605.10	
29		合计	5,949.95	7,330.00	14,326.15	27,606.10	
30		月末在产品定额成本	30.00	72.00	80.00	182.00	
31		在产品成本	840.00	2,016.00	2,240.00	5,096.00	
32		转出完工产品成本	5,109.95	5,314.00	12,086.15	22,510.10	
33		单位产品成本	51.10	53.14	120.86	225.10	
34							

图 8—78

至此，逐步结转（分项结转）分步法模型创建完成，同时按逐步结转（分项结转）分步法计算出产品成本。

8.4　平行结转（定额比例）分步法模型

8.4.1　产品成本计算任务

任务 8—3 [①]

某企业生产乙产品，生产费用在完工产品与在产品之间的分配采用定额比例法，其中直接材料费用按定额直接材料费用比例分配；其他各项费用均按定额工时比例分配。

（1）乙产品的定额资料，如图 8—79 所示。

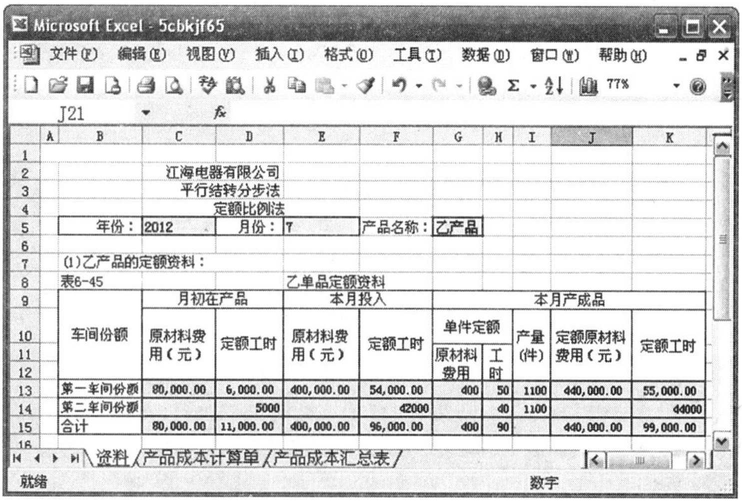
江海电器有限公司

平行结转分步法

定额比例法

年份：2012　月份：7　产品名称：乙产品

(1)乙产品的定额资料：

表6-45　乙单品定额资料

车间份额	月初在产品		本月投入		本月产成品				
	原材料费用（元）	定额工时	原材料费用（元）	定额工时	单件定额 原材料费用	单件定额 工时	产量(件)	定额原材料费用（元）	定额工时
第一车间份额	80,000.00	6,000.00	400,000.00	54,000.00	400	50	1100	440,000.00	55,000.00
第二车间份额		5000		42000		40	1100		44000
合计	80,000.00	11,000.00	400,000.00	96,000.00	400	90		440,000.00	99,000.00

图 8—79

（2）乙产品期初及本期发生的费用资料，如图 8—80 所示。

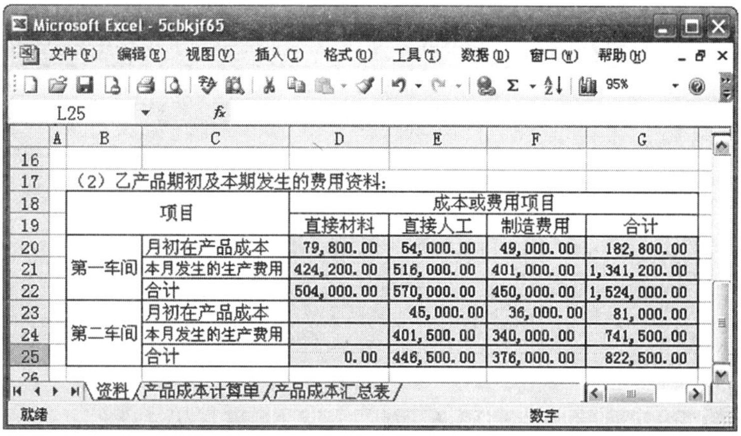
（2）乙产品期初及本期发生的费用资料:

项目		直接材料	直接人工	制造费用	合计
第一车间	月初在产品成本	79,800.00	54,000.00	49,000.00	182,800.00
	本月发生的生产费用	424,200.00	516,000.00	401,000.00	1,341,200.00
	合计	504,000.00	570,000.00	450,000.00	1,524,000.00
第二车间	月初在产品成本		45,000.00	36,000.00	81,000.00
	本月发生的生产费用		401,500.00	340,000.00	741,500.00
	合计	0.00	446,500.00	376,000.00	822,500.00

图 8—80

① 参见于富生、黎来芳、张敏：《成本会计学》，6 版，143 页。

要求：根据以上资料，用分步法计算产品成本。

8.4.2 平行结转（定额比例）分步法模型的创建

为了便于说明如何在 Excel 工作表中创建平行结转（定额比例）分步法模型，我们以任务 8—3 提出的问题为例来介绍这一模型的创建过程，并按产品的生产步骤计算产品的生产成本。

在 Excel 工作表中，创建平行结转（定额比例）分步法模型的步骤如下。

第一步：按生产产品的步骤开设第一车间乙产品成本明细账并过入期初余额

1. 开设第一车间乙产品成本明细账并过入期初余额

根据月初在产品和本月发生的生产费用资料登记第一车间产品成本明细账，将计算第一车间产品成本的有关资料从“资料”工作表链接到“第一车间乙产品成本计算单”，登记本月发生的生产费用。按公式显示的链接资料如图 8—81 所示。

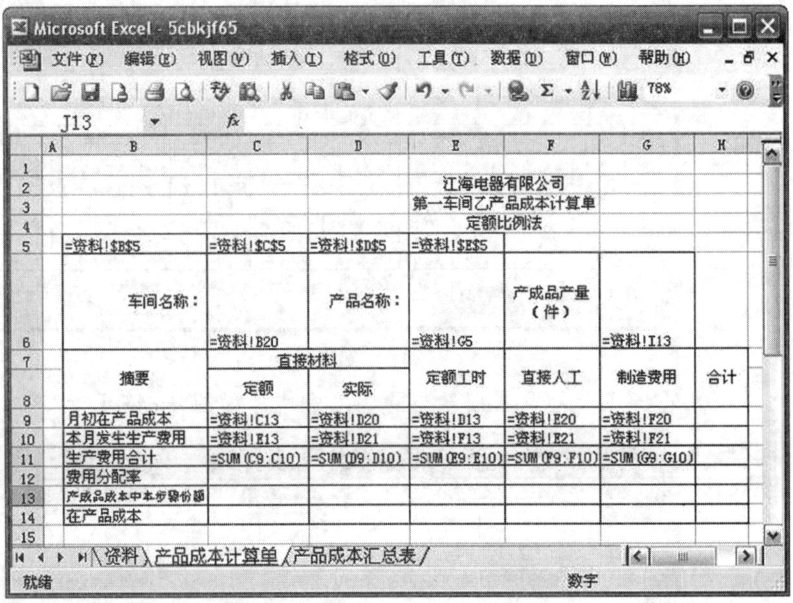

			江海电器有限公司			
			第一车间乙产品成本计算单			
			定额比例法			
=资料!$B$5	=资料!$C$5	=资料!$D$5	=资料!$E$5			
车间名称：	=资料!B20	产品名称：	=资料!G5	产成品产量（件）	=资料!I13	
摘要	直接材料		定额工时	直接人工	制造费用	合计
	定额	实际				
月初在产品成本	=资料!C13	=资料!D20	=资料!D13	=资料!E20	=资料!F20	
本月发生生产费用	=资料!E13	=资料!D21	=资料!F13	=资料!E21	=资料!F21	
生产费用合计	=SUM(C9:C10)	=SUM(D9:D10)	=SUM(E9:E10)	=SUM(F9:F10)	=SUM(G9:G10)	
费用分配率						
产成品成本中本步骤份额						
在产品成本						

图 8—81

登记完成的第一车间乙产品成本计算单各项目的资料如图 8—82 所示。

2. 计算费用分配率

用实际的直接材料费用项目合计数除以第一车间乙产品直接材料定额成本的合计数，即在单元格 D12 中输入公式“＝D11/C11”，计算出直接材料的分配率；同理，用实际的直接人工费用项目的合计数除以第一车间乙产品定额工时的合计数，即在单元格 F12 中输入公式“＝F11/E11”，计算出直接人工的分配率；用实际的制造费用项目的合计数除以第一车间乙产品定额工时的合计数，即在单元

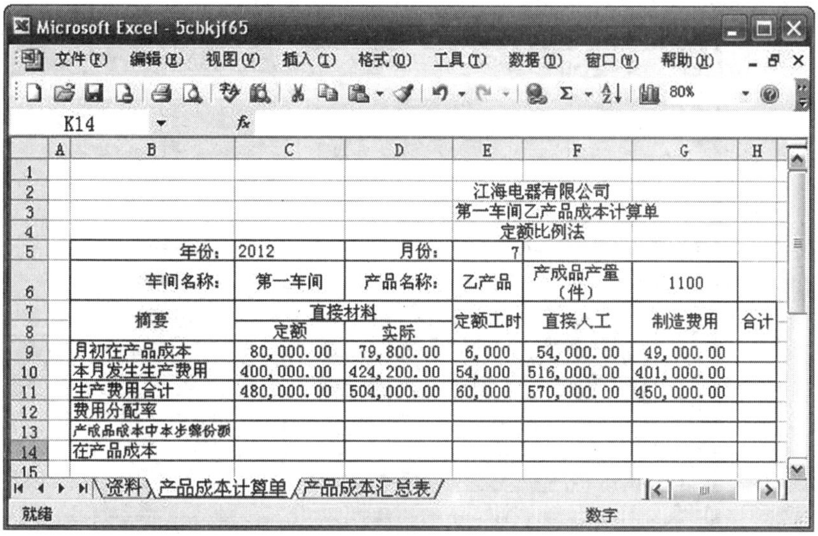

			江海电器有限公司			
			第一车间乙产品成本计算单			
			定额比例法			
年份:	2012	月份:	7			
车间名称:	第一车间	产品名称:	乙产品	产成品产量（件）	1100	
摘要	直接材料		定额工时	直接人工	制造费用	合计
	定额	实际				
月初在产品成本	80,000.00	79,800.00	6,000	54,000.00	49,000.00	
本月发生生产费用	400,000.00	424,200.00	54,000	516,000.00	401,000.00	
生产费用合计	480,000.00	504,000.00	60,000	570,000.00	450,000.00	
费用分配率						
产成品成本中本步骤份额						
在产品成本						

图 8—82

格 G12 中输入公式"＝G11/E11"，计算出制造费用的分配率。按公式显示的计算过程如图 8—83 所示。

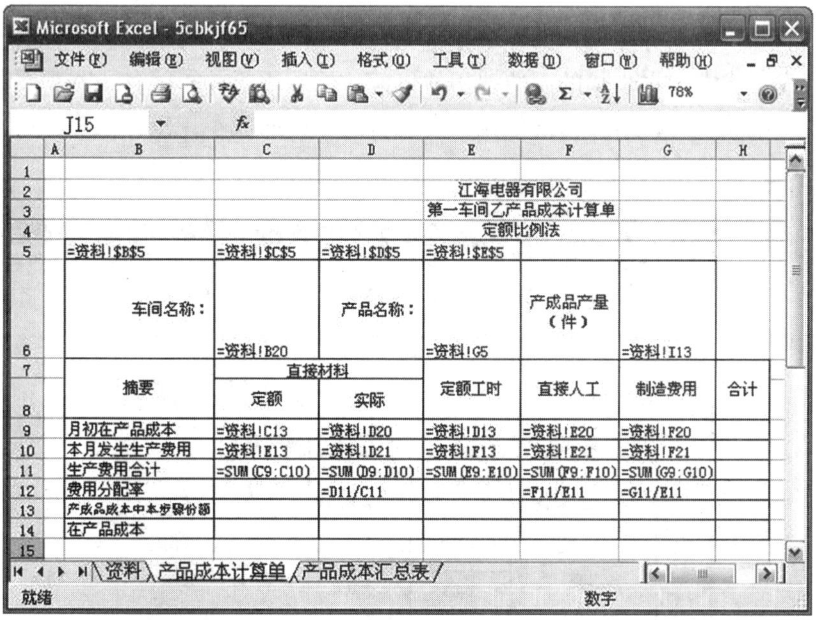

			江海电器有限公司			
			第一车间乙产品成本计算单			
			定额比例法			
=资料!$B$5	=资料!$C$5	=资料!$D$5	=资料!$E$5			
车间名称：	=资料!B20	产品名称：	=资料!G5	产成品产量（件）	=资料!I13	
摘要	直接材料		定额工时	直接人工	制造费用	合计
	定额	实际				
月初在产品成本	=资料!C13	=资料!D20	=资料!D13	=资料!E20	=资料!F20	
本月发生生产费用	=资料!E13	=资料!D21	=资料!F13	=资料!E21	=资料!F21	
生产费用合计	=SUM(C9:C10)	=SUM(D9:D10)	=SUM(E9:E10)	=SUM(F9:F10)	=SUM(G9:G10)	
费用分配率		=D11/C11		=F11/E11	=G11/E11	
产成品成本中本步骤份额						
在产品成本						

图 8—83

计算完成的第一车间乙产品各成本项目的分配率如图 8—84 所示。

3. 计算产成品成本中本步骤份额

选中单元格 C13，将第一车间直接材料的定额成本从"资料"工作表引入第一车间的成本计算单，然后根据第一车间的定额原材料费用乘以第一车间的直接材料分配率，即在单元格 D13 中输入公式"＝C13＊D12"，计算出产成品成本中本步骤的直接材料的份额。再选中单元格 E13，将第一车间定额工时从"资料"

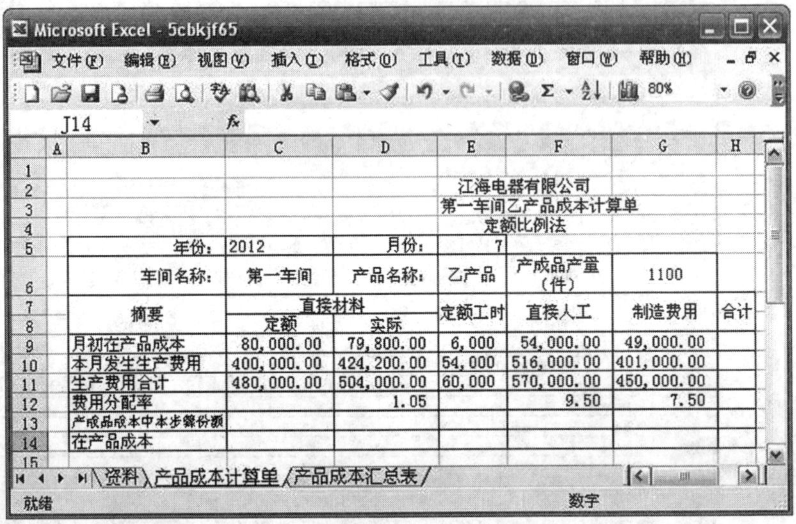

	江海电器有限公司 第一车间乙产品成本计算单 定额比例法					
年份：	2012	月份：	7			
车间名称：	第一车间	产品名称：	乙产品	产成品产量（件）	1100	
摘要	直接材料 定额	直接材料 实际	定额工时	直接人工	制造费用	合计
月初在产品成本	80,000.00	79,800.00	6,000	54,000.00	49,000.00	
本月发生生产费用	400,000.00	424,200.00	54,000	516,000.00	401,000.00	
生产费用合计	480,000.00	504,000.00	60,000	570,000.00	450,000.00	
费用分配率		1.05		9.50	7.50	
产成品成本中本步骤份额						
在产品成本						

图 8—84

工作表引入第一车间的成本计算单，根据第一车间的定额工时乘以第一车间的直接人工分配率，即在单元格 F13 中输入公式“=$E$13＊F12”，计算出产成品成本中本步骤的直接人工的份额。同理，根据第一车间的定额工时乘以第一车间的制造费用分配率，即在单元格 G13 中输入公式“=$E$13＊G12”，计算出产成品成本中本步骤的制造费用的份额。然后用第一车间各成本项目的合计数减去产成品成本中本步骤的份额，即可得到在产品成本。按公式显示的计算过程如图 8—85 所示。

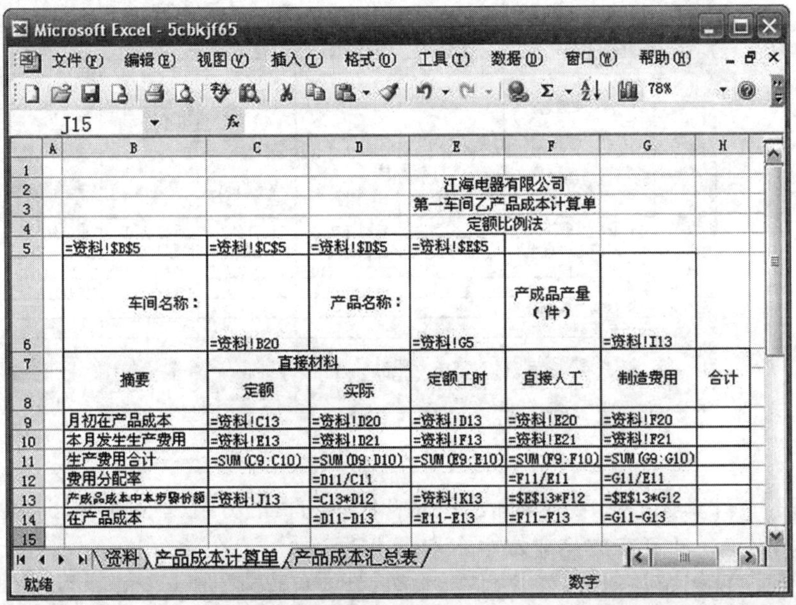

	江海电器有限公司 第一车间乙产品成本计算单 定额比例法					
=资料!$B$5	=资料!$C$5	=资料!$D$5	=资料!$E$5			
车间名称：	=资料!B20	产品名称：	=资料!G5	产成品产量（件）	=资料!I13	
摘要	直接材料 定额	直接材料 实际	定额工时	直接人工	制造费用	合计
月初在产品成本	=资料!C13	=资料!D20	=资料!D13	=资料!E20	=资料!F20	
本月发生生产费用	=资料!E13	=资料!D21	=资料!F13	=资料!E21	=资料!F21	
生产费用合计	=SUM(C9:C10)	=SUM(D9:D10)	=SUM(E9:E10)	=SUM(F9:F10)	=SUM(G9:G10)	
费用分配率		=D11/C11		=F11/E11	=G11/E11	
产成品成本中本步骤份额	=资料!J13	=C13*D12	=资料!K13	=$E$13*F12	=$E$13*G12	
在产品成本		=D11-D13	=E11-E13	=F11-F13	=G11-G13	

图 8—85

计算完成的第一车间乙产成品中本步骤份额以及在产品成本如图 8—86 所示。

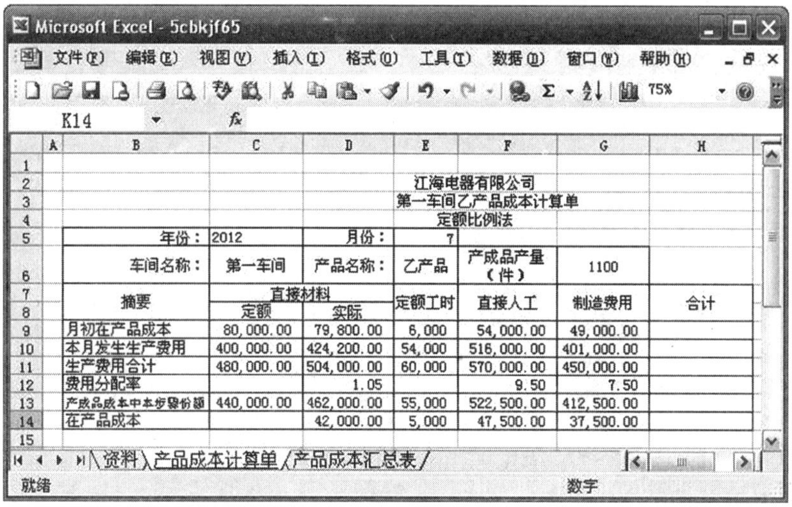

	A	B	C	D	E	F	G	H
1								
2					江海电器有限公司			
3					第一车间乙产品成本计算单			
4					定额比例法			
5		年份：	2012	月份：	7			
6		车间名称：	第一车间	产品名称：	乙产品	产成品产量（件）	1100	
7		摘要	直接材料		定额工时	直接人工	制造费用	合计
8			定额	实际				
9		月初在产品成本	80,000.00	79,800.00	6,000	54,000.00	49,000.00	
10		本月发生生产费用	400,000.00	424,200.00	54,000	516,000.00	401,000.00	
11		生产费用合计	480,000.00	504,000.00	60,000	570,000.00	450,000.00	
12		费用分配率		1.05		9.50	7.50	
13		产成品成本中本步骤份额	440,000.00	462,000.00	55,000	522,500.00	412,500.00	
14		在产品成本		42,000.00	5,000	47,500.00	37,500.00	
15								

图 8—86

4. 计算第一车间乙产品各成本项目的合计数

选中单元格 H9，输入公式“＝D9＋F9＋G9”，计算出第一车间月初在产品成本，然后用鼠标指向该单元格的右下角，待鼠标指针变为黑色实心十字时，按下鼠标左键拖向单元格区域 H10：H14，松开鼠标就可以计算出第一车间乙产品各成本项目的合计数。按公式显示的计算过程如图 8—87 所示。

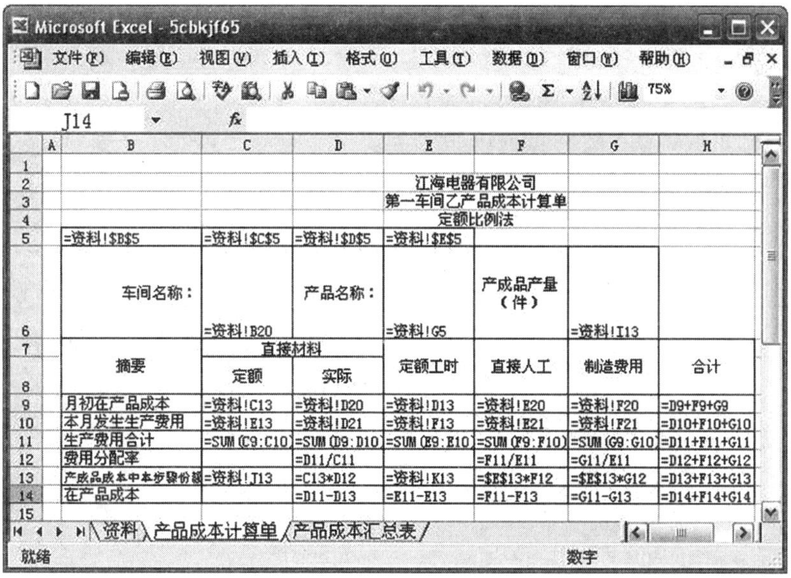

	A	B	C	D	E	F	G	H
1								
2					江海电器有限公司			
3					第一车间乙产品成本计算单			
4					定额比例法			
5		=资料!$B$5	=资料!$C$5	=资料!$D$5	=资料!$E$5			
6		车间名称：	=资料!B20	产品名称：	=资料!G5	产成品产量（件）	=资料!I13	
7		摘要	直接材料		定额工时	直接人工	制造费用	合计
8			定额	实际				
9		月初在产品成本	=资料!C13	=资料!D20	=资料!D13	=资料!E20	=资料!F20	=D9+F9+G9
10		本月发生生产费用	=资料!E13	=资料!D21	=资料!F13	=资料!E21	=资料!F21	=D10+F10+G10
11		生产费用合计	=SUM(C9:C10)	=SUM(D9:D10)	=SUM(E9:E10)	=SUM(F9:F10)	=SUM(G9:G10)	=D11+F11+G11
12		费用分配率		=D11/C11		=F11/E11	=G11/E11	=D12+F12+G12
13		产成品成本中本步骤份额	=资料!J13	=C13*D12	=资料!K13	=$E$13*F12	=$E$13*G12	=D13+F13+G13
14		在产品成本		=D11-D13	=E11-E13	=F11-F13	=G11-G13	=D14+F14+G14
15								

图 8—87

计算完成的第一车间乙产品各成本项目的合计数如图 8—88 所示。

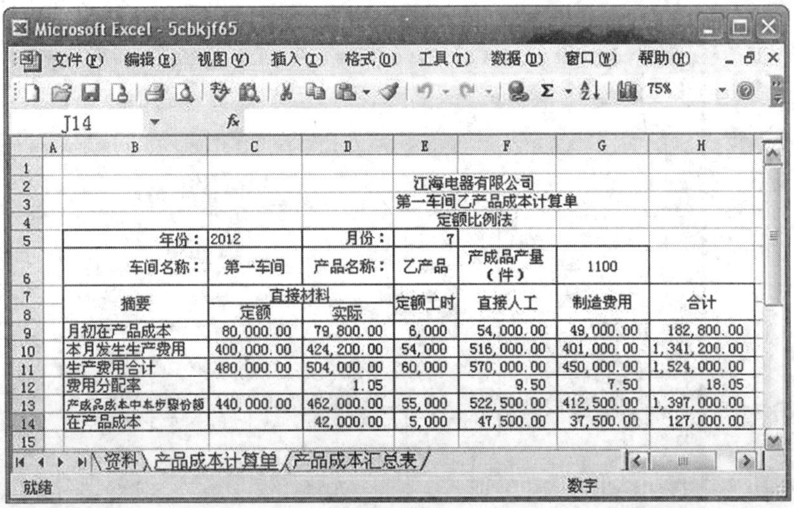

	A	B	C	D	E	F	G	H
1								
2					江海电器有限公司			
3					第一车间乙产品成本计算单			
4					定额比例法			
5		年份：	2012	月份：	7			
6		车间名称：	第一车间	产品名称：	乙产品	产成品产量（件）	1100	
7		摘要	直接材料		定额工时	直接人工	制造费用	合计
8			定额	实际				
9		月初在产品成本	80,000.00	79,800.00	6,000	54,000.00	49,000.00	182,800.00
10		本月发生生产费用	400,000.00	424,200.00	54,000	516,000.00	401,000.00	1,341,200.00
11		生产费用合计	480,000.00	504,000.00	60,000	570,000.00	450,000.00	1,524,000.00
12		费用分配率		1.05		9.50	7.50	18.05
13		产成品成本中本步骤份额	440,000.00	462,000.00	55,000	522,500.00	412,500.00	1,397,000.00
14		在产品成本		42,000.00	5,000	47,500.00	37,500.00	127,000.00

图 8—88

第二步：按生产产品的步骤开设第二车间乙产品成本明细账并过入期初余额

1. 开设第二车间乙产品成本明细账并过入期初余额

根据月初在产品和本月发生的生产费用资料登记第二车间产品成本明细账，将计算第二车间产品成本的有关资料从“资料”工作表链接到“第二车间乙产品成本计算单”，登记本月发生的生产费用。按公式显示的链接资料如图 8—89 所示。

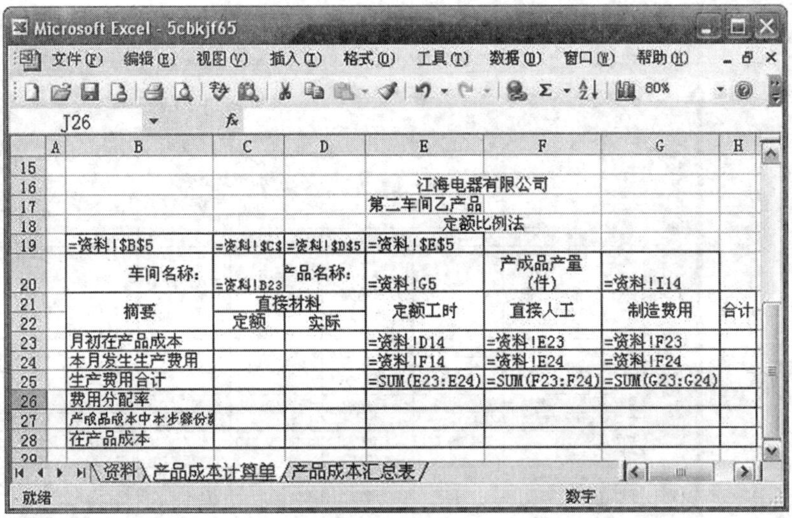

	A	B	C	D	E	F	G	H
15								
16					江海电器有限公司			
17					第二车间乙产品			
18					定额比例法			
19		=资料!$B$5	=资料!C	=资料!$D$5	=资料!$E$5			
20		车间名称:	=资料!B23	产品名称:	=资料!G5	产成品产量（件）	=资料!I14	
21		摘要	直接材料		定额工时	直接人工	制造费用	合计
22			定额	实际				
23		月初在产品成本			=资料!D14	=资料!E23	=资料!F23	
24		本月发生生产费用			=资料!F14	=资料!E24	=资料!F24	
25		生产费用合计			=SUM(E23:E24)	=SUM(F23:F24)	=SUM(G23:G24)	
26		费用分配率						
27		产成品成本中本步骤份额						
28		在产品成本						

图 8—89

登记完成的第二车间乙产品成本计算单各项目的资料如图 8—90 所示。

2. 计算费用分配率

由于第二车间继续加工乙产品且在本步骤没有发生直接材料，不需要在完工产品和在产品之间分配直接材料费用，因此也就不需要计算直接材料的分配率。用第二车间实际发生的直接人工费用项目的合计数除以第二车间乙产品定额工时

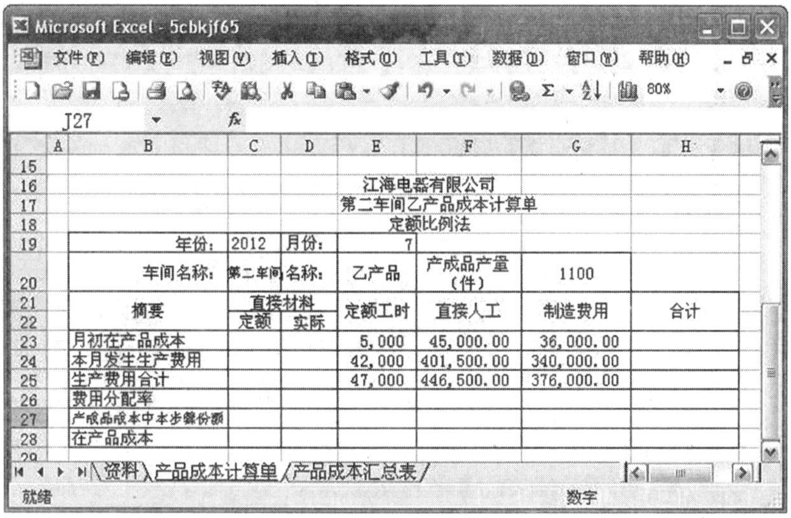

江海电器有限公司						
第二车间乙产品成本计算单						
定额比例法						
年份：	2012	月份：	7			
车间名称：	第二车间	名称：	乙产品	产成品产量（件）	1100	
摘要	直接材料		定额工时	直接人工	制造费用	合计
	定额	实际				
月初在产品成本			5,000	45,000.00	36,000.00	
本月发生生产费用			42,000	401,500.00	340,000.00	
生产费用合计			47,000	446,500.00	376,000.00	
费用分配率						
产成品成本中本步骤份额						
在产品成本						

图 8—90

的合计数，即在单元格 F26 中输入公式“＝F25/E25”，计算出直接人工的分配率；用实际的制造费用项目的合计数除以第二车间乙产品定额工时的合计数，即在单元格 G26 中输入公式“＝G25/E25”，计算出制造费用的分配率。按公式显示的计算过程如图 8—91 所示。

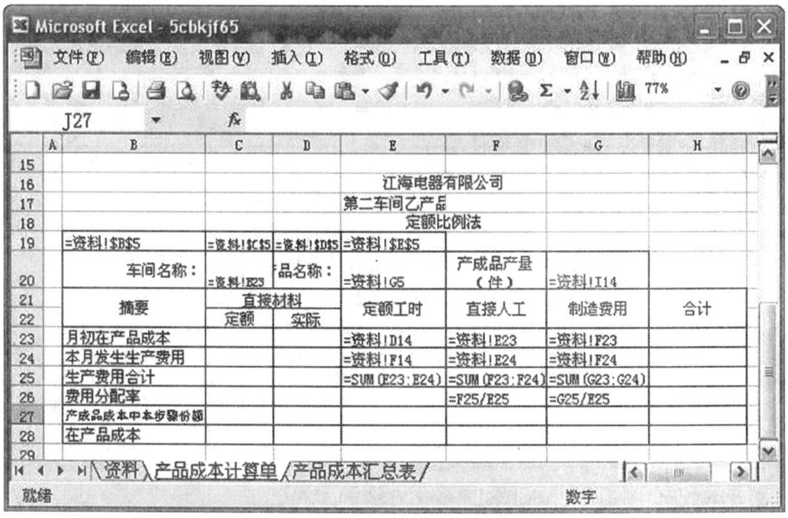

江海电器有限公司						
第二车间乙产品						
定额比例法						
=资料!$B$5	=资料!$C$5	=资料!$D$5	=资料!$E$5			
车间名称：	=资料!E23	品名称：	=资料!G5	产成品产量（件）	=资料!I14	
摘要	直接材料		定额工时	直接人工	制造费用	合计
	定额	实际				
月初在产品成本			=资料!D14	=资料!E23	=资料!F23	
本月发生生产费用			=资料!F14	=资料!E24	=资料!F24	
生产费用合计			=SUM(E23:E24)	=SUM(F23:F24)	=SUM(G23:G24)	
费用分配率				=F25/E25	=G25/E25	
产成品成本中本步骤份额						
在产品成本						

图 8—91

计算完成的第二车间乙产品的直接人工和制造费用的分配率如图 8—92 所示。

3. 计算产成品成本中本步骤份额

选中单元格 E27，将第二车间定额工时从“资料”工作表引入第二车间的成本计算单，根据第二车间的定额工时乘以第二车间的直接人工分配率，即在单元格 F27 中输入公式“＝$E$27＊F26”，计算出产成品成本中本步骤的直接人工

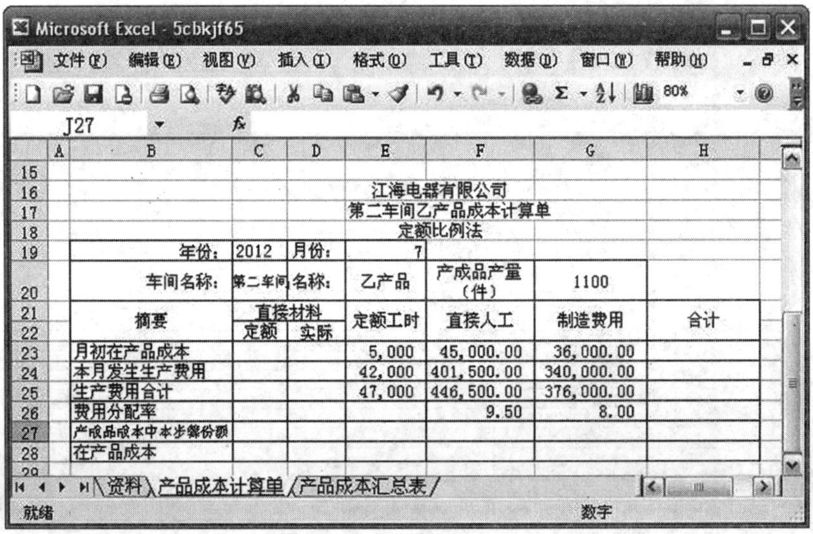

			江海电器有限公司			
			第二车间乙产品成本计算单			
			定额比例法			
年份：	2012	月份：	7			
车间名称：	第二车间	名称：	乙产品	产成品产量（件）	1100	
摘要	直接材料 定额	直接材料 实际	定额工时	直接人工	制造费用	合计
月初在产品成本			5,000	45,000.00	36,000.00	
本月发生生产费用			42,000	401,500.00	340,000.00	
生产费用合计			47,000	446,500.00	376,000.00	
费用分配率				9.50	8.00	
产成品成本中本步骤份额						
在产品成本						

图 8—92

份额。同理，根据第二车间的定额工时乘以第二车间的制造费用分配率，即在单元格 G27 中输入公式"＝$E$27＊G26"，计算出产成品成本中本步骤的制造费用的份额。然后用第二车间各成本项目的合计数减去产成品成本中本步骤的份额，即可得到在产品成本。按公式显示的计算过程如图 8—93 所示。

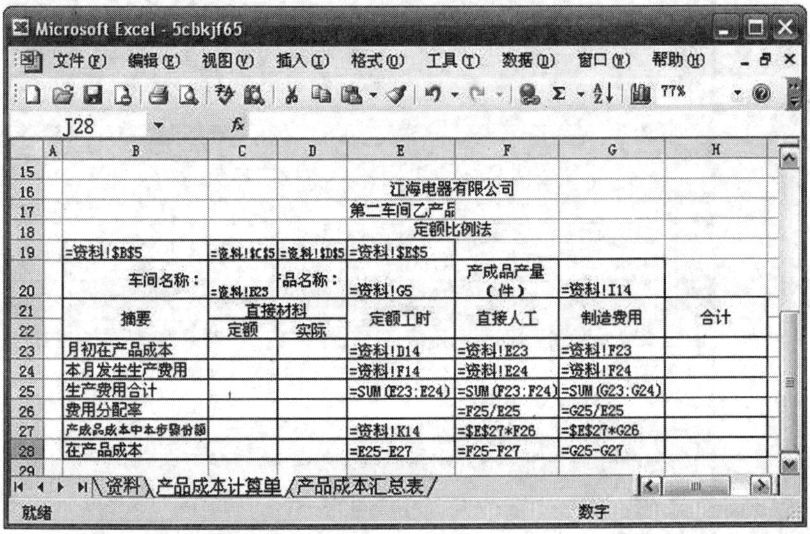

			江海电器有限公司			
			第二车间乙产品			
			定额比例法			
=资料!$B$5	=资料!$C$5	=资料!$D$5	=资料!$E$5			
车间名称：	=资料!E23	品名称：	=资料!G5	产成品产量（件）	=资料!I14	
摘要	直接材料 定额	直接材料 实际	定额工时	直接人工	制造费用	合计
月初在产品成本			=资料!D14	=资料!E23	=资料!F23	
本月发生生产费用			=资料!F14	=资料!E24	=资料!F24	
生产费用合计			=SUM(E23:E24)	=SUM(F23:F24)	=SUM(G23:G24)	
费用分配率				=F25/E25	=G25/E25	
产成品成本中本步骤份额			=资料!K14	=$E$27*F26	=$E$27*G26	
在产品成本			=E25-E27	=F25-F27	=G25-G27	

图 8—93

计算完成的第二车间乙产成品中本步骤份额以及在产品成本如图 8—94 所示。

4. 计算第二车间乙产品各成本项目的合计数

选中单元格 H23，输入公式"＝D23＋F23＋G23"，计算出第二车间月初在产品成本，然后用鼠标指向该单元格的右下角，待鼠标指针变为黑色实心十字时，按下鼠标左键拖向单元格区域 H24：H28，松开鼠标就可以计算出第二车间乙产品各成本项目的合计数。按公式显示的计算过程如图 8—95 所示。

行	B	C	D	E	F	G	H
16				江海电器有限公司			
17				第二车间乙产品成本计算单			
18				定额比例法			
19	年份:	2012	月份:	7			
20	车间名称:	第二车间	名称:	乙产品	产成品产量（件）	1100	
21	摘要	直接材料		定额工时	直接人工	制造费用	合计
22		定额	实际				
23	月初在产品成本			5,000	45,000.00	36,000.00	
24	本月发生生产费用			42,000	401,500.00	340,000.00	
25	生产费用合计			47,000	446,500.00	376,000.00	
26	费用分配率				9.50	8.00	
27	产成品成本中本步骤份额			44,000	418,000.00	352,000.00	
28	在产品成本			3,000	28,500.00	24,000.00	

图 8—94

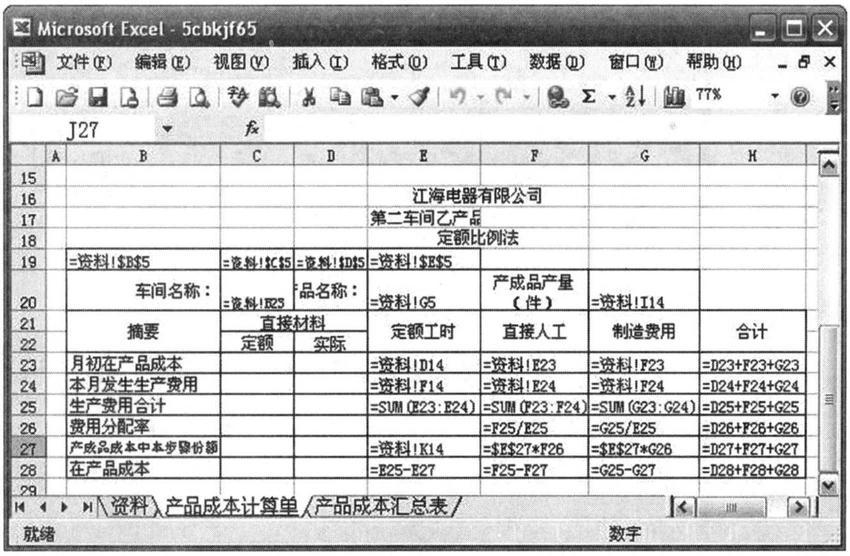

行	B	C	D	E	F	G	H
16				江海电器有限公司			
17				第二车间乙产品			
18				定额比例法			
19	=资料!$B$5	=资料!$C$5	=资料!$D$5	=资料!$E$5			
20	车间名称：	=资料!B23	品名称：	=资料!G5	产成品产量（件）	=资料!I14	
21	摘要	直接材料		定额工时	直接人工	制造费用	合计
22		定额	实际				
23	月初在产品成本			=资料!D14	=资料!E23	=资料!F23	=D23+F23+G23
24	本月发生生产费用			=资料!F14	=资料!E24	=资料!F24	=D24+F24+G24
25	生产费用合计			=SUM(E23:E24)	=SUM(F23:F24)	=SUM(G23:G24)	=D25+F25+G25
26	费用分配率				=F25/E25	=G25/E25	=D26+F26+G26
27	产成品成本中本步骤份额			=资料!K14	=$E$27*F26	=$E$27*G26	=D27+F27+G27
28	在产品成本			=E25-E27	=F25-F27	=G25-G27	=D28+F28+G28

图 8—95

计算完成的第二车间乙产品各成本项目的合计数如图 8—96 所示。

第三步：编制乙产品成本汇总表

将第一车间和第二车间生产乙产品的生产费用中属于完工产品的份额链接到“产品成本汇总表”。按公式显示的链接过程如图 8—97 所示。

按平行结转（定额比例）分步法编制完成的“产品成本汇总表”如图 8—98 所示。

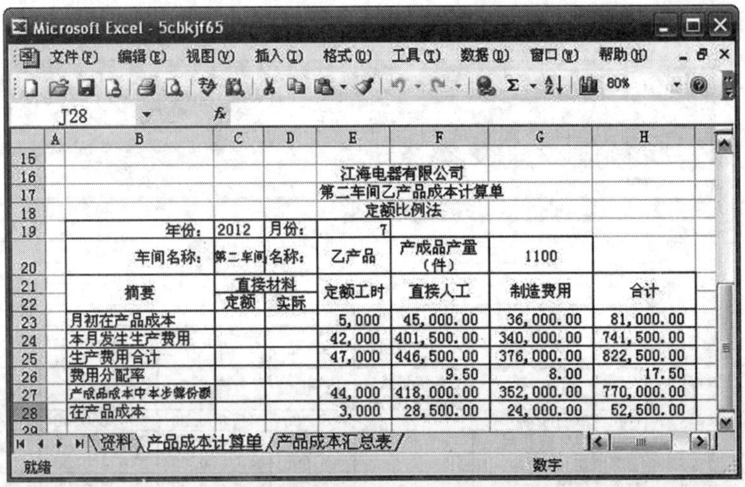

	江海电器有限公司					
	第二车间乙产品成本计算单					
	定额比例法					
年份：	2012	月份：	7			
车间名称：	第二车间	名称：	乙产品	产成品产量（件）	1100	
摘要	直接材料		定额工时	直接人工	制造费用	合计
	定额	实际				
月初在产品成本			5,000	45,000.00	36,000.00	81,000.00
本月发生生产费用			42,000	401,500.00	340,000.00	741,500.00
生产费用合计			47,000	446,500.00	376,000.00	822,500.00
费用分配率				9.50	8.00	17.50
产成品成本中本步骤份额			44,000	418,000.00	352,000.00	770,000.00
在产品成本			3,000	28,500.00	24,000.00	52,500.00

图 8—96

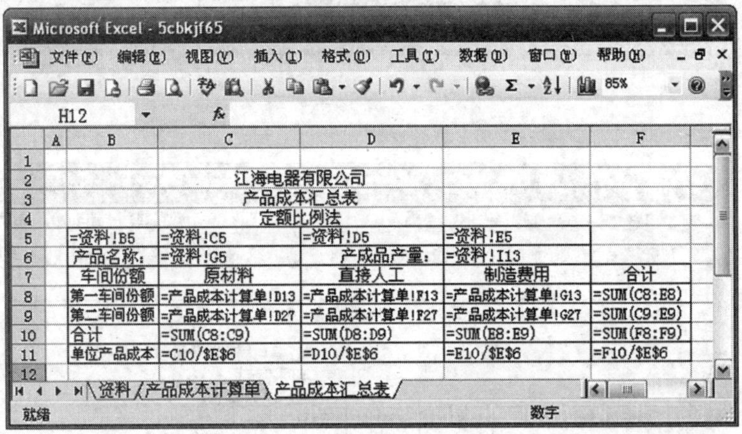

	江海电器有限公司			
	产品成本汇总表			
	定额比例法			
=资料!B5	=资料!C5	=资料!D5	=资料!E5	
产品名称：	=资料!G5	产成品产量：	=资料!I13	
车间份额	原材料	直接人工	制造费用	合计
第一车间份额	=产品成本计算单!D13	=产品成本计算单!F13	=产品成本计算单!G13	=SUM(C8:E8)
第二车间份额	=产品成本计算单!D27	=产品成本计算单!F27	=产品成本计算单!G27	=SUM(C9:E9)
合计	=SUM(C8:C9)	=SUM(D8:D9)	=SUM(E8:E9)	=SUM(F8:F9)
单位产品成本	=C10/$E$6	=D10/$E$6	=E10/$E$6	=F10/$E$6

图 8—97

	江海电器有限公司			
	产品成本汇总表			
	定额比例法			
年份：	2012	月份：	7	
产品名称：	乙产品	产成品产量：	1100	
车间份额	原材料	直接人工	制造费用	合计
第一车间份额	462,000.00	522,500.00	412,500.00	1,397,000.00
第二车间份额	0.00	418,000.00	352,000.00	770,000.00
合计	462,000.00	940,500.00	764,500.00	2,167,000.00
单位产品成本	420.00	855.00	695.00	1,970.00

图 8—98

至此，平行结转（定额比例）分步法模型创建完成，同时按平行结转（定额比例）分步法计算出产品成本。

8.5　平行结转（约当产量）分步法模型

8.5.1　产品成本计算任务

任务 8—4 ①

A 产品的生产分两个步骤进行，第一生产步骤将原材料加工成半成品，第二生产步骤将第一生产步骤生产的半成品加工成产成品。其成本计算采用平行结转（约当产量）分步法。7 月有关 A 产品的资料如下：

（1）本月的产量、投料及加工程度资料，如图 8—99 所示。

江海电器有限公司
平行结转分步法
约当产量比例法

年份：	2012	月份：	7

(1)本月的产量、投料及加工程度资料：

产品名称：	A产品	
项目	第一步骤	第二步骤
月初在产品产量	150	250
本月投产数量	1000	1050
月末在产品数量	100	300
月末在产品完工程度	40%	50%
本月转出数量	1050	1000

图 8—99

（2）期初在产品成本和本月发生生产费用资料，如图 8—100 所示。

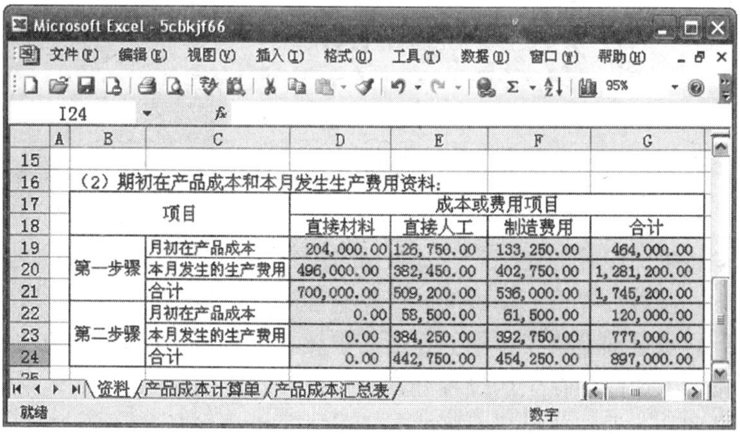

（2）期初在产品成本和本月发生生产费用资料：

项目		成本或费用项目			
		直接材料	直接人工	制造费用	合计
第一步骤	月初在产品成本	204,000.00	126,750.00	133,250.00	464,000.00
	本月发生的生产费用	496,000.00	382,450.00	402,750.00	1,281,200.00
	合计	700,000.00	509,200.00	536,000.00	1,745,200.00
第二步骤	月初在产品成本	0.00	58,500.00	61,500.00	120,000.00
	本月发生的生产费用	0.00	384,250.00	392,750.00	777,000.00
	合计	0.00	442,750.00	454,250.00	897,000.00

图 8—100

① 参见于富生、黎来芳、张敏：《成本会计学》，6 版，145 页。

要求：根据以上资料，用分步法计算产品成本。

8.5.2 平行结转（约当产量）分步法模型的创建

为了便于说明如何在 Excel 工作表中创建平行结转（约当产量）分步法模型，我们以任务 8—4 提出的问题为例来介绍这一模型的创建过程，并按产品的生产步骤计算产品的生产成本。

在 Excel 工作表中，创建平行结转（约当产量）分步法模型的步骤如下。

第一步：按生产产品的步骤开设第一步骤的产品成本明细账并过入期初余额

1. 根据月初在产品和本月发生的生产费用资料登记第一步骤产品成本明细账

将计算第一步骤产品成本的有关资料从“资料”工作表链接到“第一步骤产品成本计算单”，登记本月发生的生产费用。按公式显示的链接资料如图 8—101 所示。

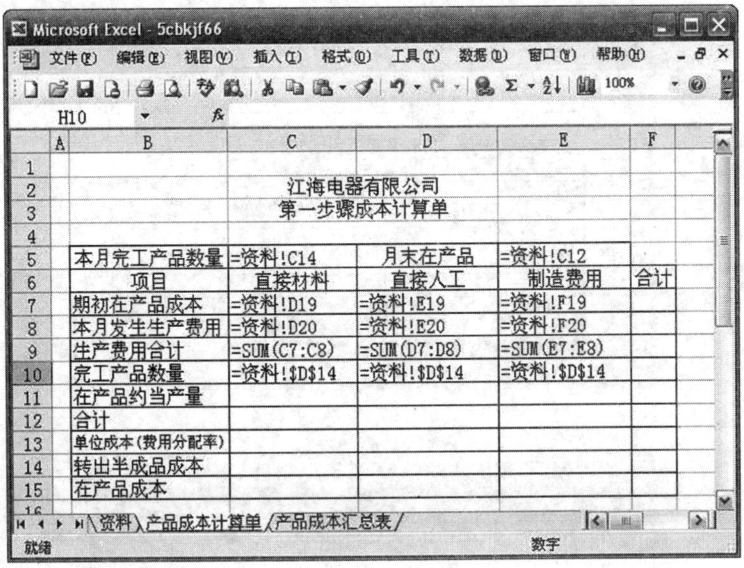

	江海电器有限公司			
	第一步骤成本计算单			
本月完工产品数量	=资料!C14	月末在产品	=资料!C12	
项目	直接材料	直接人工	制造费用	合计
期初在产品成本	=资料!D19	=资料!E19	=资料!F19	
本月发生生产费用	=资料!D20	=资料!E20	=资料!F20	
生产费用合计	=SUM(C7:C8)	=SUM(D7:D8)	=SUM(E7:E8)	
完工产品数量	=资料!$D$14	=资料!$D$14	=资料!$D$14	
在产品约当产量				
合计				
单位成本(费用分配率)				
转出半成品成本				
在产品成本				

图 8—101

登记完成的第一步骤产品成本计算单各项目的资料如图 8—102 所示。

2. 计算在产品约当产量

将第一步骤的完工产品资料从“资料”工作表链接到第一步骤产品成本明细账中，接着计算第一步骤的在产品约当产量。第一步骤的广义在产品等于本步骤在产品数量加上第二步骤的在产品数量。由于第一步骤耗用的原材料和第二步骤耗用的半成品均在生产过程开始时一次投入，因此只要将第一和第二步骤上的在产品相加，即在单元格 C11 中输入公式“＝资料!C12＋资料!D12”，即可计算出分配直接材料的在产品约当产量。由于两个生产步骤的直接人工和制造费用随加工进度陆续发生，需要将第一步骤的在产品按完工程度折算后再加上第二步骤的

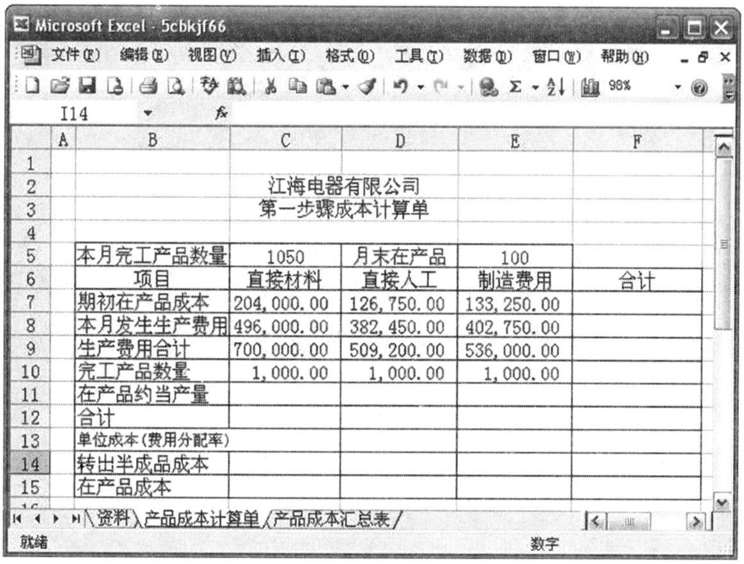

图 8—102

在产品数量，即在单元格 D11 中输入公式“＝资料!C12＊资料!C13＋资料!D12”，计算出第一步骤分配直接人工费用的在产品约当产量。同理，可以计算出第一步骤分配制造费用的在产品约当产量。按公式显示的计算过程如图 8—103 所示。

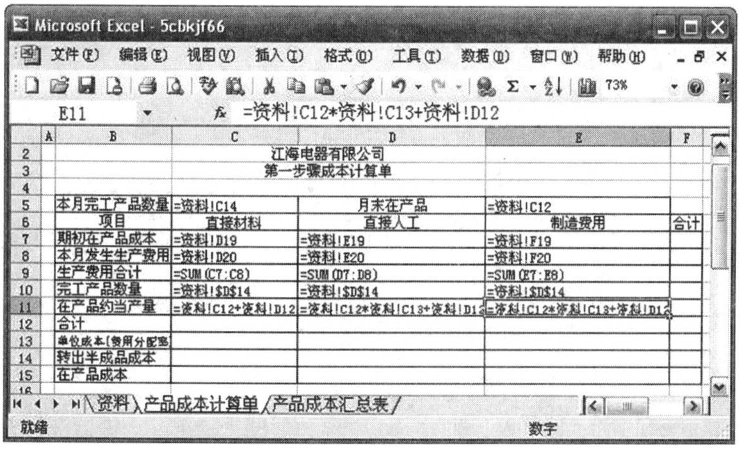

图 8—103

计算完成的第一步骤分配直接材料和直接人工及制造费用的约当产量如图 8—104 所示。

3. 计算成本分配率

首先计算出第一步骤的完工产品数量和在产品约当产量的合计数，然后用生产费用合计数除以第一步骤的完工产品和在产品约当产量的合计数。即选中单元格 C13，输入公式“＝C9/(C10＋C11)”，计算出分配直接材料费用的分配率，然后用鼠标指向该单元格的右下角，待鼠标指针变为黑色实心十字时，按下鼠标

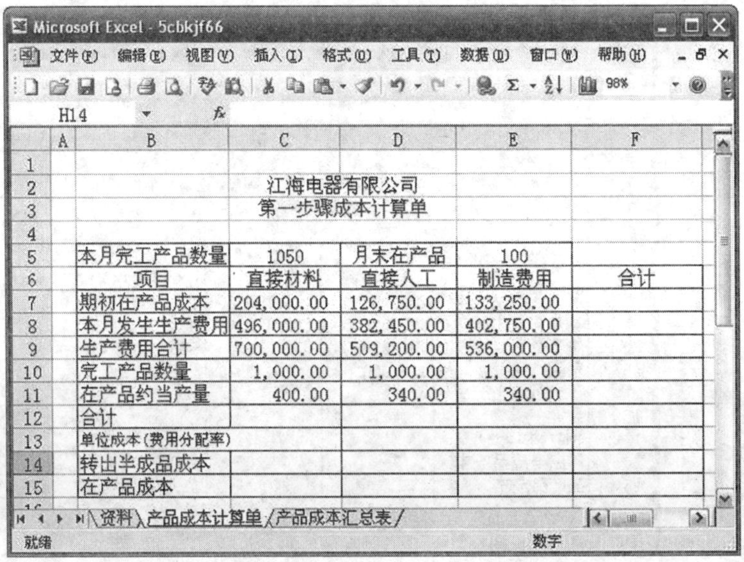

	B	C	D	E	F
2		江海电器有限公司			
3		第一步骤成本计算单			
5	本月完工产品数量	1050	月末在产品	100	
6	项目	直接材料	直接人工	制造费用	合计
7	期初在产品成本	204,000.00	126,750.00	133,250.00	
8	本月发生生产费用	496,000.00	382,450.00	402,750.00	
9	生产费用合计	700,000.00	509,200.00	536,000.00	
10	完工产品数量	1,000.00	1,000.00	1,000.00	
11	在产品约当产量	400.00	340.00	340.00	
12	合计				
13	单位成本(费用分配率)				
14	转出半成品成本				
15	在产品成本				

图 8—104

左键拖向单元格区域 D13：E13，松开鼠标就可以计算出直接人工和制造费用的分配率。按公式显示的链接过程如图 8—105 所示。

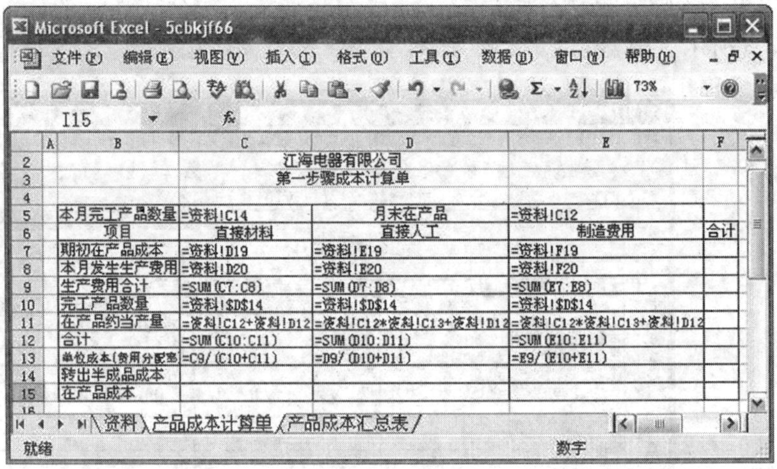

	B	C	D	E	F
2		江海电器有限公司			
3		第一步骤成本计算单			
5	本月完工产品数量	=资料!C14	月末在产品	=资料!C12	
6	项目	直接材料	直接人工	制造费用	合计
7	期初在产品成本	=资料!D19	=资料!E19	=资料!F19	
8	本月发生生产费用	=资料!D20	=资料!E20	=资料!F20	
9	生产费用合计	=SUM(C7:C8)	=SUM(D7:D8)	=SUM(E7:E8)	
10	完工产品数量	=资料!$D$14	=资料!$D$14	=资料!$D$14	
11	在产品约当产量	=资料!C12+资料!D12	=资料!C12*资料!C13+资料!D12	=资料!C12*资料!C13+资料!D12	
12	合计	=SUM(C10:C11)	=SUM(D10:D11)	=SUM(E10:E11)	
13	单位成本(费用分配率)	=C9/(C10+C11)	=D9/(D10+D11)	=E9/(E10+E11)	
14	转出半成品成本				
15	在产品成本				

图 8—105

计算完成的第一步骤的分配率如图 8—106 所示。

4. 计算完工产品成本和在产品成本

用上述计算出的分配率乘以第一步骤的完工产品数量，计算出完工产品成本，即选中单元格 C14，输入公式"＝C10＊C13"，计算出完工产品应负担的直接材料费用；然后用鼠标指向该单元格的右下角，待鼠标指针变为黑色实心十字时，按下鼠标左键拖向单元格区域 D14：E14，松开鼠标就可以计算出完工产品应负担的直接人工和制造费用；同理，用该分配率乘以在产品的约当产量，计算出在产品应负担的各项费用。按公式显示的计算过程如图 8—107 所示。

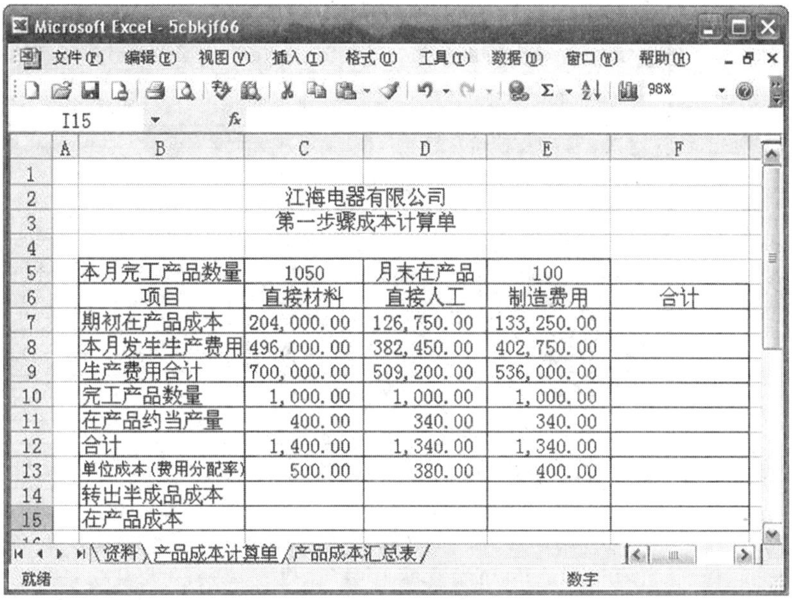

江海电器有限公司 第一步骤成本计算单				
本月完工产品数量	1050	月末在产品	100	
项目	直接材料	直接人工	制造费用	合计
期初在产品成本	204,000.00	126,750.00	133,250.00	
本月发生生产费用	496,000.00	382,450.00	402,750.00	
生产费用合计	700,000.00	509,200.00	536,000.00	
完工产品数量	1,000.00	1,000.00	1,000.00	
在产品约当产量	400.00	340.00	340.00	
合计	1,400.00	1,340.00	1,340.00	
单位成本（费用分配率）	500.00	380.00	400.00	
转出半成品成本				
在产品成本				

图 8—106

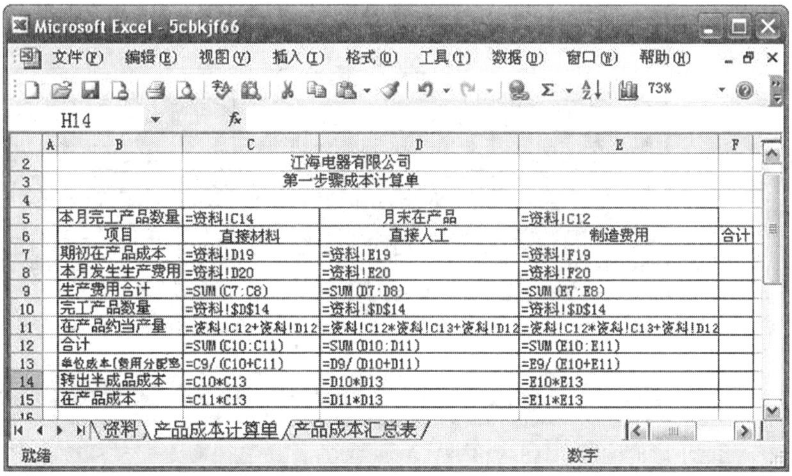

江海电器有限公司 第一步骤成本计算单				
本月完工产品数量	=资料!C14	月末在产品	=资料!C12	
项目	直接材料	直接人工	制造费用	合计
期初在产品成本	=资料!D19	=资料!E19	=资料!F19	
本月发生生产费用	=资料!D20	=资料!E20	=资料!F20	
生产费用合计	=SUM(C7:C8)	=SUM(D7:D8)	=SUM(E7:E8)	
完工产品数量	=资料!$D$14	=资料!$D$14	=资料!$D$14	
在产品约当产量	=资料!C12+资料!D12	=资料!C12*资料!C13+资料!D12	=资料!C12*资料!C13+资料!D12	
合计	=SUM(C10:C11)	=SUM(D10:D11)	=SUM(E10:E11)	
单位成本(费用分配率	=C9/(C10+C11)	=D9/(D10+D11)	=E9/(E10+E11)	
转出半成品成本	=C10*C13	=D10*D13	=E10*E13	
在产品成本	=C11*C13	=D11*D13	=E11*E13	

图 8—107

计算完成的第一步骤的完工产品和在产品成本如图 8—108 所示。

用求和工具“∑”计算各项目的合计数。按公式显示的计算过程如图 8—109 所示。

对第一步骤各项目求合后的结果如图 8—110 所示。

第二步：按生产产品的步骤开设第二步骤的产品成本明细账并过入期初余额

1. 根据月初在产品和本月发生的生产费用资料登记第二步骤产品成本明细账

将计算第二步骤 A 产品的产品成本的有关资料从“资料”工作表链接到“第二步骤产品成本计算单”，登记本月发生的生产费用。按公式显示的链接资料如图 8—111 所示。

江海电器有限公司

第一步骤成本计算单

本月完工产品数量	1050	月末在产品	100	
项目	直接材料	直接人工	制造费用	合计
期初在产品成本	204,000.00	126,750.00	133,250.00	
本月发生生产费用	496,000.00	382,450.00	402,750.00	
生产费用合计	700,000.00	509,200.00	536,000.00	
完工产品数量	1,000.00	1,000.00	1,000.00	
在产品约当产量	400.00	340.00	340.00	
合计	1,400.00	1,340.00	1,340.00	
单位成本(费用分配率)	500.00	380.00	400.00	
转出半成品成本	500,000.00	380,000.00	400,000.00	
在产品成本	200,000.00	129,200.00	136,000.00	

图 8—108

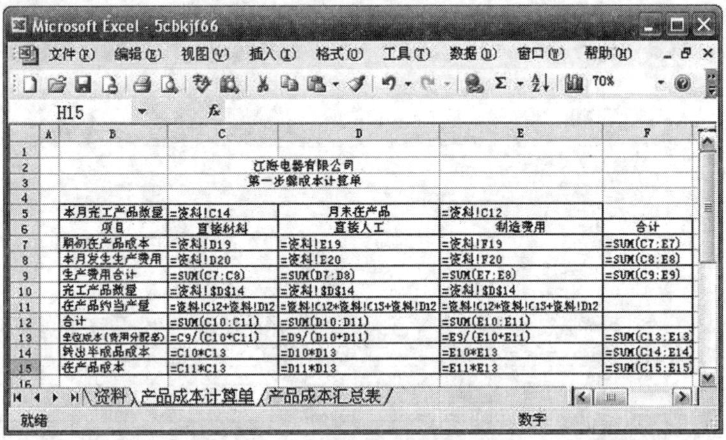

江海电器有限公司

第一步骤成本计算单

本月完工产品数量	=资料!C14	月末在产品	=资料!C12	
项目	直接材料	直接人工	制造费用	合计
期初在产品成本	=资料!D19	=资料!E19	=资料!F19	=SUM(C7:E7)
本月发生生产费用	=资料!D20	=资料!E20	=资料!F20	=SUM(C8:E8)
生产费用合计	=SUM(C7:C8)	=SUM(D7:D8)	=SUM(E7:E8)	=SUM(C9:E9)
完工产品数量	=资料!$D$14	=资料!$D$14	=资料!$D$14	
在产品约当产量	=资料!C12+资料!D12	=资料!C12*资料!C13+资料!D12	=资料!C12*资料!C13+资料!D12	
合计	=SUM(C10:C11)	=SUM(D10:D11)	=SUM(E10:E11)	
单位成本(费用分配率)	=C9/(C10+C11)	=D9/(D10+D11)	=E9/(E10+E11)	=SUM(C13:E13)
转出半成品成本	=C10*C13	=D10*D13	=E10*E13	=SUM(C14:E14)
在产品成本	=C11*C13	=D11*D13	=E11*E13	=SUM(C15:E15)

图 8—109

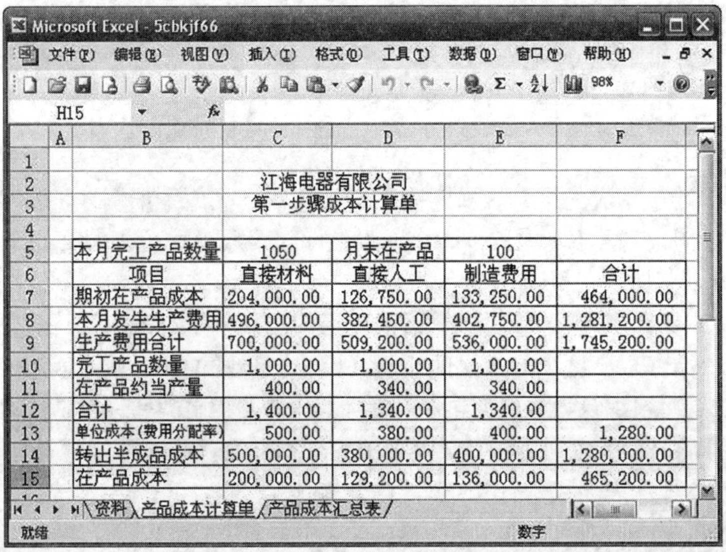

江海电器有限公司

第一步骤成本计算单

本月完工产品数量	1050	月末在产品	100	
项目	直接材料	直接人工	制造费用	合计
期初在产品成本	204,000.00	126,750.00	133,250.00	464,000.00
本月发生生产费用	496,000.00	382,450.00	402,750.00	1,281,200.00
生产费用合计	700,000.00	509,200.00	536,000.00	1,745,200.00
完工产品数量	1,000.00	1,000.00	1,000.00	
在产品约当产量	400.00	340.00	340.00	
合计	1,400.00	1,340.00	1,340.00	
单位成本(费用分配率)	500.00	380.00	400.00	1,280.00
转出半成品成本	500,000.00	380,000.00	400,000.00	1,280,000.00
在产品成本	200,000.00	129,200.00	136,000.00	465,200.00

图 8—110

	A	B	C	D	E	F
16						
17			第二步骤成本计算单			
18						
19		本月完工产品数量	=资料!D14	月末在产品	=资料!D12	
20		项目	直接材料	直接人工	制造费用	合计
21		期初在产品成本	=资料!D22	=资料!E22	=资料!F22	
22		本月发生生产费用	=资料!D23	=资料!E23	=资料!F23	
23		生产费用合计	=SUM(C21:C22)	=SUM(D21:D22)	=SUM(E21:E22)	
24		完工产品数量				
25		在产品约当产量				
26		合计				
27		单位成本(费用分配率)				
28		转出半成品成本				
29		在产品成本				

图 8—111

登记完成的第二步骤 A 产品的产品成本计算单各项目的资料如图 8—112 所示。

	A	B	C	D	E	F
16						
17			第二步骤成本计算单			
18						
19		本月完工产品数量	1000	月末在产品	300	
20		项目	直接材料	直接人工	制造费用	合计
21		期初在产品成本	0.00	58,500.00	61,500.00	
22		本月发生生产费用	0.00	384,250.00	392,750.00	
23		生产费用合计	0.00	442,750.00	454,250.00	
24		完工产品数量				
25		在产品约当产量				
26		合计				
27		单位成本(费用分配率)				
28		转出半成品成本				
29		在产品成本				

图 8—112

2. 计算 A 产品的完工产品数量和在产品约当产量

将第二步骤的完工产品资料从“资料”工作表链接到第二步骤产品成本明细账中，接着计算第二步骤在产品的约当产量。第二步骤是最后一个生产步骤，其广义在产品数量就等于本步骤在产品数量。由于第二步骤没有发生直接材料费用，因此只需要计算第二生产步骤的直接人工和制造费用。这两项费用随加工进度陆续发生，需要将第二步骤的在产品按完工程度折算后算出第二步骤的在产品数量，即在单元格 D25 中输入公式“=资料!$D$12*资料!$D$13”，计算出第二步骤分配直接人工和制造费用的在产品约当产量。按公式显示的计算过程如图 8—113 所示。

Microsoft Excel - 5cbkjf66

E25 =资料!$D$12*资料!$D$13

	B	C	D	E	F
17		第二步骤成本计算单			
19	本月完工产品数量	=资料!D14	月末在产品	=资料!D12	
20	项目	直接材料	直接人工	制造费用	合计
21	期初在产品成本	=资料!D22	=资料!E22	=资料!F22	
22	本月发生生产费用	=资料!D23	=资料!E23	=资料!F23	
23	生产费用合计	=SUM(C21:C22)	=SUM(D21:D22)	=SUM(E21:E22)	
24	完工产品数量	=资料!$D$14	=资料!$D$14	=资料!$D$14	
25	在产品约当产量		=资料!$D$12*资料!$D$13	=资料!$D$12*资料!$D$13	
26	合计	=SUM(C24:C25)	=SUM(D24:D25)	=SUM(E24:E25)	
27	单位成本(费用分配率)				
28	转出半成品成本				
29	在产品成本				

图 8—113

计算完成的第二步骤 A 产品的在产品约当产量如图 8—114 所示。

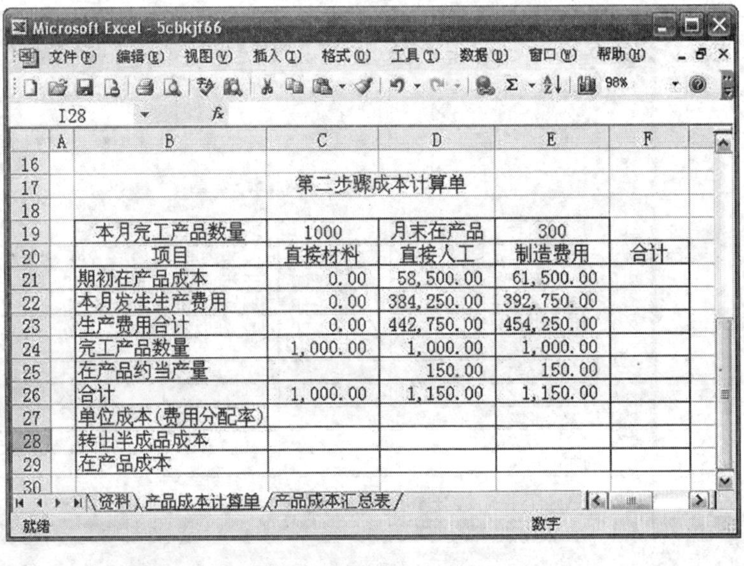

Microsoft Excel - 5cbkjf66

	B	C	D	E	F
17		第二步骤成本计算单			
19	本月完工产品数量	1000	月末在产品	300	
20	项目	直接材料	直接人工	制造费用	合计
21	期初在产品成本	0.00	58,500.00	61,500.00	
22	本月发生生产费用	0.00	384,250.00	392,750.00	
23	生产费用合计	0.00	442,750.00	454,250.00	
24	完工产品数量	1,000.00	1,000.00	1,000.00	
25	在产品约当产量		150.00	150.00	
26	合计	1,000.00	1,150.00	1,150.00	
27	单位成本(费用分配率)				
28	转出半成品成本				
29	在产品成本				

图 8—114

3. 计算 A 产品的成本分配率

首先计算出第二步骤 A 产品完工产品数量和在产品约当产量的合计数，然后用生产费用合计数除以第二步骤的完工产品数量和在产品约当产量的合计数。即选中单元格 C27，输入公式"＝C23/(C24＋C25)"，计算出分配直接材料费用的分配率，然后用鼠标指向该单元格的右下角，待鼠标指针变为黑色实心十字时，按下鼠标左键拖向单元格区域 D27：E27，松开鼠标就可以计算出直接人工和制造费用的分配率。按公式显示的链接过程如图 8—115 所示。

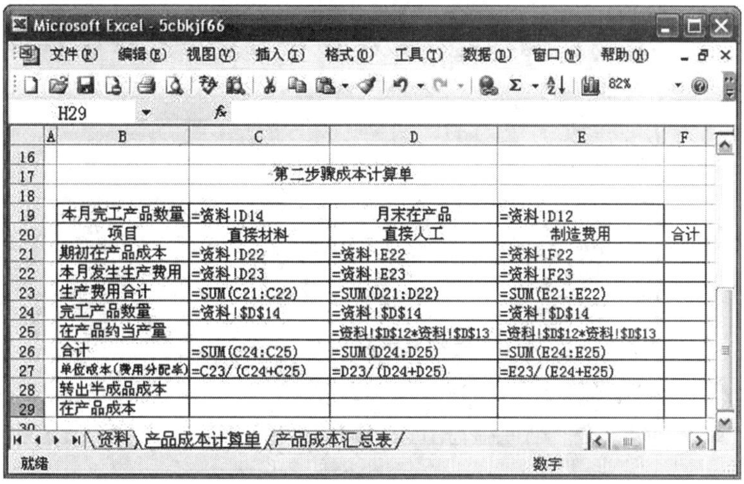

行	B	C	D	E	F
17		第二步骤成本计算单			
19	本月完工产品数量	=资料!D14	月末在产品	=资料!D12	
20	项目	直接材料	直接人工	制造费用	合计
21	期初在产品成本	=资料!D22	=资料!E22	=资料!F22	
22	本月发生生产费用	=资料!D23	=资料!E23	=资料!F23	
23	生产费用合计	=SUM(C21:C22)	=SUM(D21:D22)	=SUM(E21:E22)	
24	完工产品数量	=资料!$D$14	=资料!$D$14	=资料!$D$14	
25	在产品约当产量		=资料!$D$12*资料!$D$13	=资料!$D$12*资料!$D$13	
26	合计	=SUM(C24:C25)	=SUM(D24:D25)	=SUM(E24:E25)	
27	单位成本(费用分配率)	=C23/(C24+C25)	=D23/(D24+D25)	=E23/(E24+E25)	
28	转出半成品成本				
29	在产品成本				

图 8—115

计算完成的第二步骤 A 产品的分配率如图 8—116 所示。

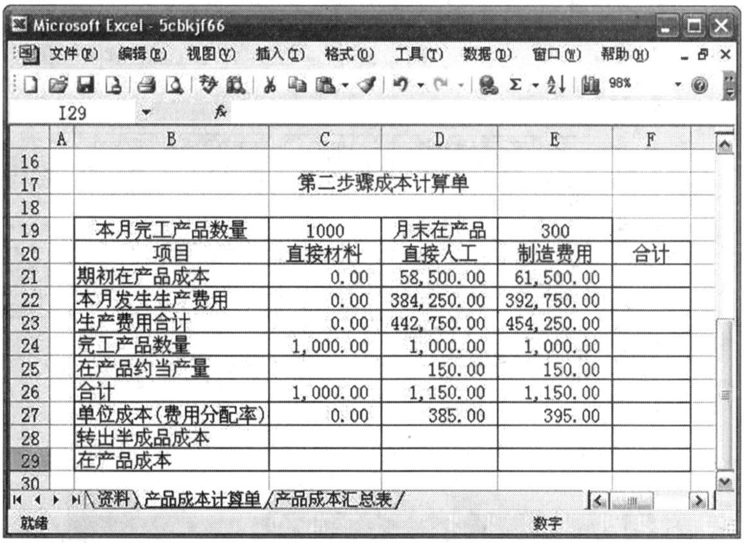

行	B	C	D	E	F
17		第二步骤成本计算单			
19	本月完工产品数量	1000	月末在产品	300	
20	项目	直接材料	直接人工	制造费用	合计
21	期初在产品成本	0.00	58,500.00	61,500.00	
22	本月发生生产费用	0.00	384,250.00	392,750.00	
23	生产费用合计	0.00	442,750.00	454,250.00	
24	完工产品数量	1,000.00	1,000.00	1,000.00	
25	在产品约当产量		150.00	150.00	
26	合计	1,000.00	1,150.00	1,150.00	
27	单位成本(费用分配率)	0.00	385.00	395.00	
28	转出半成品成本				
29	在产品成本				

图 8—116

4. 计算 A 产品的完工产品成本和在产品成本

用上述计算出的分配率乘以第二步骤的完工产品的数量，计算出完工产品成本，即选中单元格 C28，输入公式“＝C24＊C27”，计算出完工产品应负担的直接材料费用；然后用鼠标指向该单元格的右下角，待鼠标指针变为黑色实心十字时，按下鼠标左键拖向单元格区域 D28：E28，松开鼠标就可以计算出完工产品应负担的直接人工和制造费用；同理，用该分配率乘以在产品的约当产量，计算出在产品应负担的各项费用。按公式显示的计算过程如图 8—117 所示。

计算完成的第二步骤 A 产品完工产品和在产品成本如图 8—118 所示。

用求和工具“Σ”计算第二步骤各项目的合计数。按公式显示的计算过程如图 8—119 所示。

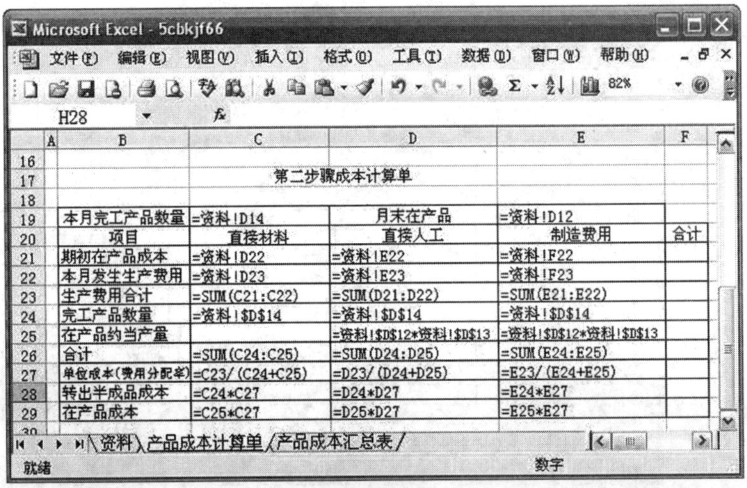

	A	B	C	D	E	F
16						
17				第二步骤成本计算单		
18						
19		本月完工产品数量	=资料!D14	月末在产品	=资料!D12	
20		项目	直接材料	直接人工	制造费用	合计
21		期初在产品成本	=资料!D22	=资料!E22	=资料!F22	
22		本月发生生产费用	=资料!D23	=资料!E23	=资料!F23	
23		生产费用合计	=SUM(C21:C22)	=SUM(D21:D22)	=SUM(E21:E22)	
24		完工产品数量	=资料!$D$14	=资料!$D$14	=资料!$D$14	
25		在产品约当产量		=资料!$D$12*资料!$D$13	=资料!$D$12*资料!$D$13	
26		合计	=SUM(C24:C25)	=SUM(D24:D25)	=SUM(E24:E25)	
27		单位成本(费用分配率)	=C23/(C24+C25)	=D23/(D24+D25)	=E23/(E24+E25)	
28		转出半成品成本	=C24*C27	=D24*D27	=E24*E27	
29		在产品成本	=C25*C27	=D25*D27	=E25*E27	

图 8—117

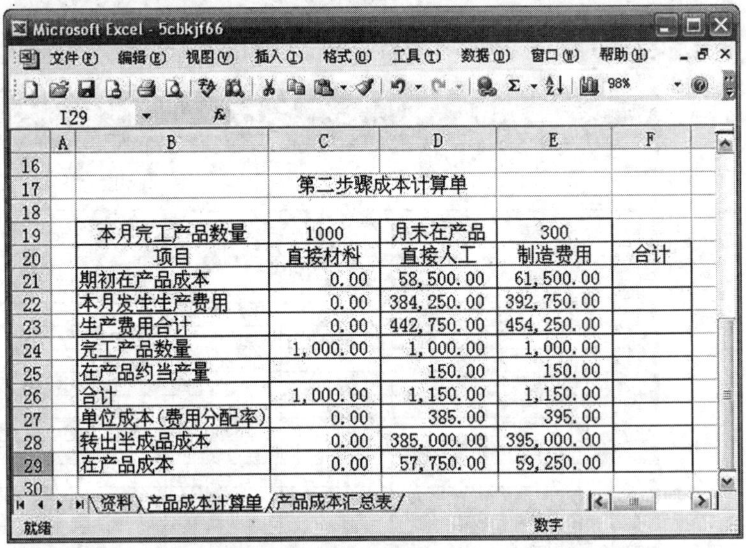

	A	B	C	D	E	F
16						
17				第二步骤成本计算单		
18						
19		本月完工产品数量	1000	月末在产品	300	
20		项目	直接材料	直接人工	制造费用	合计
21		期初在产品成本	0.00	58,500.00	61,500.00	
22		本月发生生产费用	0.00	384,250.00	392,750.00	
23		生产费用合计	0.00	442,750.00	454,250.00	
24		完工产品数量	1,000.00	1,000.00	1,000.00	
25		在产品约当产量		150.00	150.00	
26		合计	1,000.00	1,150.00	1,150.00	
27		单位成本(费用分配率)	0.00	385.00	395.00	
28		转出半成品成本	0.00	385,000.00	395,000.00	
29		在产品成本	0.00	57,750.00	59,250.00	

图 8—118

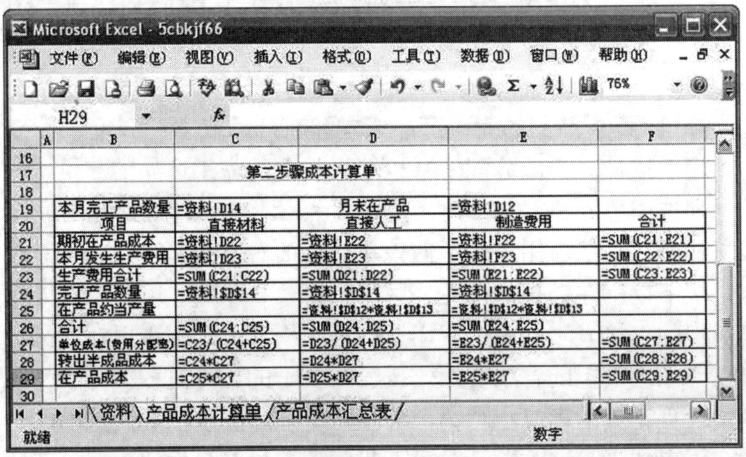

	A	B	C	D	E	F
16						
17				第二步骤成本计算单		
18						
19		本月完工产品数量	=资料!D14	月末在产品	=资料!D12	
20		项目	直接材料	直接人工	制造费用	合计
21		期初在产品成本	=资料!D22	=资料!E22	=资料!F22	=SUM(C21:E21)
22		本月发生生产费用	=资料!D23	=资料!E23	=资料!F23	=SUM(C22:E22)
23		生产费用合计	=SUM(C21:C22)	=SUM(D21:D22)	=SUM(E21:E22)	=SUM(C23:E23)
24		完工产品数量	=资料!$D$14	=资料!$D$14	=资料!$D$14	
25		在产品约当产量		=资料!$D$12*资料!$D$13	=资料!$D$12*资料!$D$13	
26		合计	=SUM(C24:C25)	=SUM(D24:D25)	=SUM(E24:E25)	
27		单位成本(费用分配率)	=C23/(C24+C25)	=D23/(D24+D25)	=E23/(E24+E25)	=SUM(C27:E27)
28		转出半成品成本	=C24*C27	=D24*D27	=E24*E27	=SUM(C28:E28)
29		在产品成本	=C25*C27	=D25*D27	=E25*E27	=SUM(C29:E29)

图 8—119

对第二步骤各项目求合后的结果如图 8—120 所示。

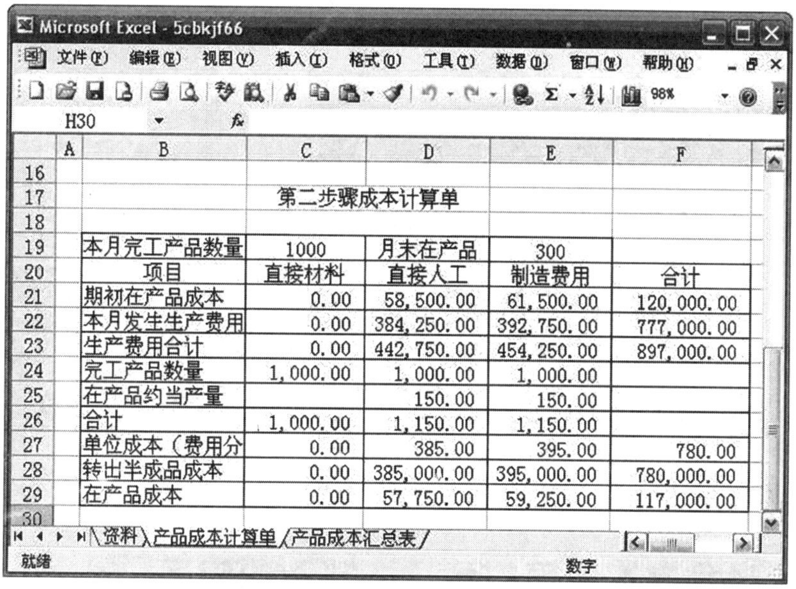

第二步骤成本计算单				
本月完工产品数量	1000	月末在产品	300	
项目	直接材料	直接人工	制造费用	合计
期初在产品成本	0.00	58,500.00	61,500.00	120,000.00
本月发生生产费用	0.00	384,250.00	392,750.00	777,000.00
生产费用合计	0.00	442,750.00	454,250.00	897,000.00
完工产品数量	1,000.00	1,000.00	1,000.00	
在产品约当产量		150.00	150.00	
合计	1,000.00	1,150.00	1,150.00	
单位成本（费用分	0.00	385.00	395.00	780.00
转出半成品成本	0.00	385,000.00	395,000.00	780,000.00
在产品成本	0.00	57,750.00	59,250.00	117,000.00

图 8—120

第三步：编制 A 产品的产品成本汇总表

将第一步骤和第二步骤生产甲产品的生产费用中属于 A 产品的完工产品的份额链接到“产品成本汇总表”。按公式显示的链接过程如图 8—121 所示。

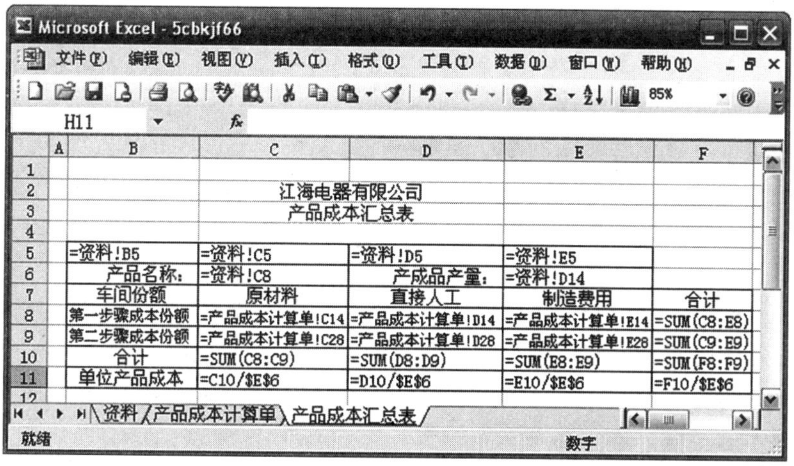

江海电器有限公司				
产品成本汇总表				
=资料!B5	=资料!C5	=资料!D5	=资料!E5	
产品名称:	=资料!C8	产成品产量:	=资料!D14	
车间份额	原材料	直接人工	制造费用	合计
第一步骤成本份额	=产品成本计算单!C14	=产品成本计算单!D14	=产品成本计算单!E14	=SUM(C8:E8)
第二步骤成本份额	=产品成本计算单!C28	=产品成本计算单!D28	=产品成本计算单!E28	=SUM(C9:E9)
合计	=SUM(C8:C9)	=SUM(D8:D9)	=SUM(E8:E9)	=SUM(F8:F9)
单位产品成本	=C10/$E$6	=D10/$E$6	=E10/$E$6	=F10/$E$6

图 8—121

按平行结转（约当产量）分步法编制完成的“产品成本汇总表”如图 8—122 所示。

至此，平行结转（约当产量）分步法模型创建完成，同时按平行结转（约当产量）分步法计算出 A 产品的产品成本。

江海电器有限公司

产品成本汇总表

年份：	2012	月份：	7	
产品名称：	A产品	产成品产量：	1000	
车间份额	原材料	直接人工	制造费用	合计
第一步骤成本份额	500,000.00	380,000.00	400,000.00	1,280,000.00
第二步骤成本份额	0.00	385,000.00	395,000.00	780,000.00
合计	500,000.00	765,000.00	795,000.00	2,060,000.00
单位产品成本	500.00	765.00	795.00	2,060.00

图 8—122

8.6 产品成本计算的分步法模型的应用

产品成本计算的分步法模型创建完成以后，为我们进行日常产品成本计算提供了极大的便利。这种便利主要表现在以后各期产品成本的计算以及产品成本计算错误的更正等方面。

8.6.1 日常产品成本的计算

企业一般都是按月计算产品成本的，所以计算产品成本的工作也按月进行，每月都进行相同且烦琐的产品成本计算工作，不仅计算量比较大，而且存在经常出错的可能性。利用已创建完成的产品成本计算的分步法模型解决问题就简单多了。经过测试的模型不仅可以大大减轻成本会计人员计算产品成本的工作量，而且可以减少分步法计算产品成本过程中的差错。

只要模型的内部程序没有发生变化，那么将下一个月发生的有关资料输入产品成本计算的分步法模型的“资料”工作表中，按下“回车”键，模型就可以自动进行各种生产费用的分配，直至计算出各种完工产品的总成本和单位产品成本。

8.6.2 产品成本计算错误的更正

计算出完工产品的总成本和单位产品成本之后，如果发现相关资料中的一项或几项数据有误，在手工条件下需要重新计算一次完工产品成本和单位产品成本，显而易见，返工的工作量相当大。利用产品成本计算的分步法模型来解决这类问题则十分轻松。只要将计算产品成本所需的正确数据输入产品成本计算的分步法模型，模型就可以自动计算出正确的完工产品成本和单位产品成本。

8.6.3　产品成本计算的分步法模型的测试与维护

1. 产品成本计算的分步法模型的测试

产品成本计算模型创建完成之后，为了保证产品该模型计算产品成本的正确性，应当对模型进行反复测试。我们可以通过将历史资料输入模型来验证模型是否准确无误。

2. 产品成本计算的分步法模型的保护

为避免产品成本计算模型被意外修改或破坏，我们应该对经过测试的模型加以保护。创建模型时需要我们在相关的模型中输入各种分配表的表头、边框、指标和链接数据的公式，以后各成本计算期末，除了需要在“资料”工作表中输入和当期产品成本有关的资料之外，不需要在其他工作表中输入任何资料，因为所有资料都是通过链接取得的。因此，除了“资料”工作表需要输入资料的单元格外，对其他单元格和工作表都要加以保护。

3. 产品成本计算的分步法模型的维护

产品成本计算的分步法模型创建完成后，也可能会遇到产品成本计算方法、费用的分配标准发生变化的情况。这时就需要对所建的产品成本计算的分步法模型做出相应的修正，以满足相关资料变化后计算产品成本的需要。产品成本计算的分步法模型维护工作量的大小视相关资料的变化程度而定，也许只做小的修改，也许要做大的修改，甚至需要重新创建新模型。注意：在对保护过的产品成本计算模型进行修改时，必须先取消保护。

模拟实验题

【实验】　某企业采用平行结转分步法计算 B 产品成本。6 月有关资料如下：

(1) B 产品相关资料（见下表）。

产品资料表　　单位：件

项目	第一步骤	第二步骤
月初在产品结存	20	15
本月投入或转入	350	340
本月完工并转出	340	335
月末在产品结存	30	20
完工程度	40%	50%

(2) 月初在产品成本和本月生产费用见产品成本明细账。原材料均在每个步骤生产开始时一次投入，直接人工和制造费用随加工进度发生。上述费用在完工产品（应计入产成品份额）和月末在产品（广义在产品）之间的分配均采用约当

产量比例法。

要求：

(1) 采用约当产量比例法在完工产品和在产品之间分配费用。

(2) 登记各步骤产品成本明细账。

1) 第一生产步骤（见下表）。

产品成本明细账

单位：元

项目	直接材料	直接人工	制造费用	合计
月初在产品成本	3 800	1 450	1 850	
本月生产费用	34 700	13 230	16 500	
合计				
应计入产成品成本份额				
月末在产品成本				

2) 第二生产步骤（见下表）。

产品成本明细账

单位：元

项目	直接材料	直接人工	制造费用	合计
月初在产品成本	1 400	2 000	2 750	
本月生产费用	12 800	18 700	24 850	
合计				
应计入产成品成本份额				
月末在产品成本				

(3) 登记完工产品成本计算表，计算完工产品总成本和单位成本（见下表）。

完工产品成本计算表

产品名称：B　　产量：335 件

项目	直接材料	直接人工	制造费用	合计
第一生产步骤成本份额				
第二生产步骤成本份额				
产成品总成本				
单位成本				

第 9 章 Chapter 9 产品成本计算的辅助方法模拟实验

实验导引

实验名称：产品成本计算的辅助方法模拟实验。

实验目的：理解产品成本计算的辅助方法的原理和方法，获得利用 Excel 工作表模型进行产品成本计算的辅助方法的技能。

实验内容：根据主教材第 7 章“产品成本计算的辅助方法”的主要内容，利用 Excel 工作表创建产品成本计算的辅助方法模型，完成 Excel 工作表产品成本计算的辅助方法模型的维护和应用。

实验要求：创建产品成本计算的辅助方法模型，按产品成本计算的分类法、定额法和标准成本法等辅助方法计算产品成本。

实验参考：参考主教材第 7 章的相关内容。参考《实验系统》中“产品成本计算的辅助方法”模型创建的屏幕录像。

9.1 产品成本计算的辅助方法概述

某些产品制造企业由于制造的产品品种、规格繁多，并有不同的成本管理要求，仅仅用产品成本计算的基本方法很难满足要求，而且不符合成本效益原则。因此，产品成本计算的基本方法只是一种理论上的抽象，在实际工作中根据生产的特点和管理要求的不同，采用的产品成本计算方法也不同，通常是将多种产品成本计算方法相结合。由多种产品成本计算方法结合起来构成的成本计算方法就是产品成本计算的辅助方法。一般来说，作为产品成本计算的辅助方法不能单独应用，必须与确定产品成本计算对象的各种基本方法结合起来应用。

9.1.1 产品成本计算的辅助方法的概念

一般来讲，产品成本计算的基本方法以外的成本计算方法都称为产品成本计算的辅助方法。产品成本计算的辅助方法包括分类法、定额法、标准成本法等。分类法是按产品类别归集费用、计算成本，然后按一定分配标准计算类别内各种产品成本的一种方法。定额法是以产品的定额成本为基础，加、减脱离定额差异和定额变动差异计算产品实际成本的一种方法。标准成本法是以预先制定的标准成本为基础，将标准成本与实际成本进行比较，核算和分析成本差异的一种产品成本计算方法。

9.1.2 产品成本计算的辅助方法的程序

本章介绍的产品成本计算的辅助方法包括分类法、定额法、标准成本法，每种方法都有其特定的成本计算程序。

分类法的成本计算程序：首先，根据产品的结构、所用原材料和工艺过程的不同，将产品划分为若干类，并按照产品的类别设立产品成本明细账，归集产品的生产费用，然后选择合理的分配标准（常用的分配标准有：定额消耗量、定额费用、产品销售价格以及产品的体积、长度和重量等），在类别产品内的各种产品之间分配费用，计算每类产品内各种产品的成本。在确定类别产品内各种产品之间分配费用的标准时，主要应考虑费用分配标准和产品生产耗费之间的联系，将上述某一种分配标准折算成相对固定的系数。确定系数时，一般在同类产品中选择一种产量较大、生产比较稳定的产品作为标准产品，把这种产品的系数定为“1”；再将其他各种产品的分配标准额与标准产品的分配标准额进行比较，求出其他产品的分配标准与标准产品的分配标准的比率，即系数。然后，按照产品类别各产品的产量与系数的乘积（总系数）的比例，计算类别内各产品的成本。

定额法的成本计算程序：首先，制定产品的消耗定额、费用定额和定额成本，当发生生产费用时，将发生的符合定额的费用和脱离定额的差异分别核算，月末在定额成本的基础上加减各种成本差异，计算产品的实际成本。

标准成本法的成本计算程序：由于产品成本由直接材料、直接人工和制造费用三个成本项目构成，因此，标准成本法首先要制定这三个成本项目的标准成本，然后分别计算生产产品的标准成本和实际成本，再计算和分析两者之间的成本差异。

9.1.3 产品成本计算的辅助方法的模型

产品成本计算辅助方法模型是利用 Excel 2003 工作表的相关功能，根据产品成本计算的辅助方法和成本管理要求，并以某种标志为成本计算对象创建的用于计算完工产品总成本、单位产品成本和在产品成本的模型。本章主要讨论如何创建产品成本计算辅助方法模型，包括分类法、定额法和标准成本法成本计算模型。当产品成本计算辅助方法的模型创建完成后，只要向模型中输入计算产品成本的有关数据，如完工产品的产量、定额资料、标准成本、在产品的数量和完工程度、费用分配标准、月初在产品成本、本月发生的料工费等资料，模型将自动计算出该产品的总成本、单位产品成本和在产品成本，从而极大地减轻成本会计人员的成本计算工作量。

9.2　产品成本计算的分类法模型

9.2.1　产品成本计算任务

任务 9—1 [①]

某企业生产的甲、乙、丙三种产品的结构、所用原材料和工艺过程基本相同，合并为一类（A 类），采用分类法计算成本。类内各种产品之间分配费用的标准为：直接材料费用按各种产品的直接材料费用系数分配，直接材料费用系数按直接材料费用定额确定；其他费用按定额工时比例分配。计算 A 类产品的产品成本以及 A 类产品内的甲、乙、丙三种产品的产品成本。

（1）直接材料消耗定额资料，如图 9—1 所示。

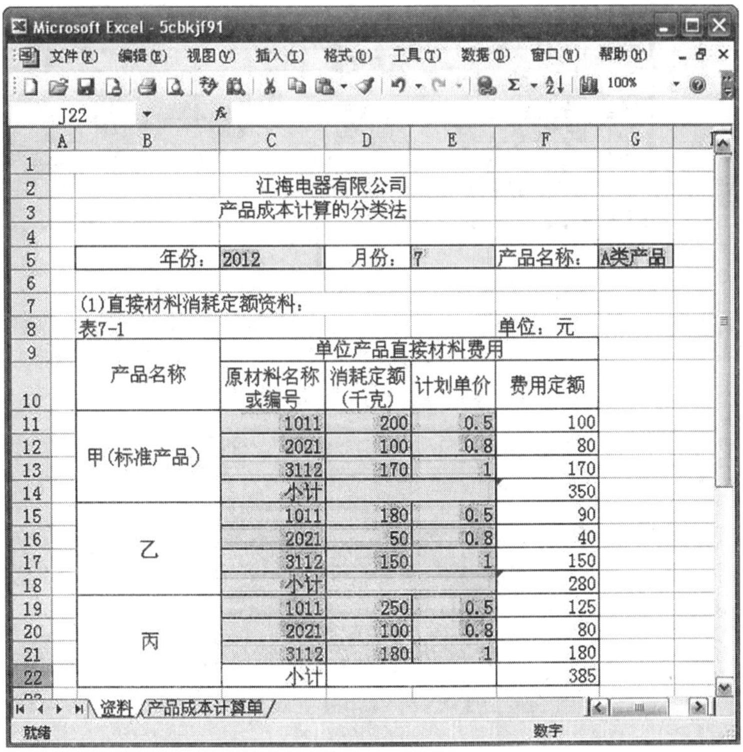

江海电器有限公司

产品成本计算的分类法

年份：2012　月份：7　产品名称：A类产品

(1)直接材料消耗定额资料：

表7-1　单位：元

产品名称	单位产品直接材料费用			
	原材料名称或编号	消耗定额（千克）	计划单价	费用定额
甲(标准产品)	1011	200	0.5	100
	2021	100	0.8	80
	3112	170	1	170
	小计			350
乙	1011	180	0.5	90
	2021	50	0.8	40
	3112	150	1	150
	小计			280
丙	1011	250	0.5	125
	2021	100	0.8	80
	3112	180	1	180
	小计			385

图 9—1

① 参见于富生、黎来芳、张敏：《成本会计学》，6 版，156 页。

(2) 产量、直接材料费用系数及工时消耗定额资料，如图 9—2 所示。

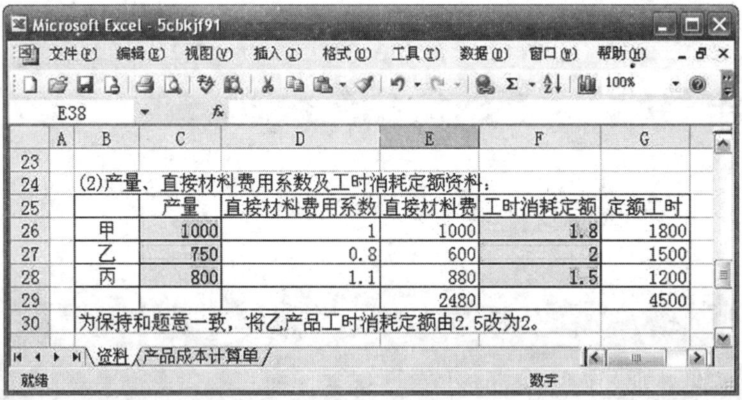

(2)产量、直接材料费用系数及工时消耗定额资料：

	产量	直接材料费用系数	直接材料费	工时消耗定额	定额工时
甲	1000	1	1000	1.8	1800
乙	750	0.8	600	2	1500
丙	800	1.1	880	1.5	1200
			2480		4500

为保持和题意一致，将乙产品工时消耗定额由2.5改为2。

图 9—2

(3) 月初及本月发生的生产费用资料，如图 9—3 所示。

(3)月初及本月发生的生产费用资料：

摘要	直接材料	直接人工	制造费用	成本合计
月初在产品成本	19950	8000	12000	39950
本月费用	896300	52930	72645	1021875
生产费用合计	916250	60930	84645	1061825
月末在产品定额成本	23450	11430	17145	52025

图 9—3

要求：根据以上资料，用分类法计算产品成本。

9.2.2 产品成本计算的分类法模型的创建

为了便于说明如何在 Excel 工作表中创建产品成本计算的分类法模型，我们以任务 9—1 提出的问题为例来介绍这一模型的创建过程，并按产品类别计算产品的生产成本。

在 Excel 工作表中，创建产品成本计算的分类法模型的步骤如下。

第一步：按产品类别开设产品的生产成本明细账并过入期初余额和本期发生额

根据月初在产品和本月发生的生产费用资料登记 A 类产品的成本明细账。将计算 A 类产品成本的有关资料从“资料”工作表链接到“产品成本明细账”，登记本月发生的生产费用。按公式显示的链接资料如图 9—4 所示。

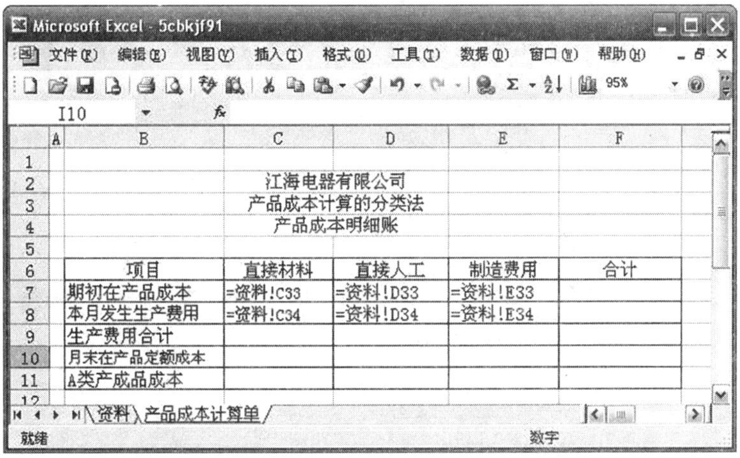

	江海电器有限公司
	产品成本计算的分类法
	产品成本明细账

项目	直接材料	直接人工	制造费用	合计
期初在产品成本	=资料!C33	=资料!D33	=资料!E33	
本月发生生产费用	=资料!C34	=资料!D34	=资料!E34	
生产费用合计				
月末在产品定额成本				
A类产成品成本				

图 9—4

根据月初在产品和本月发生的生产费用资料登记完成的 A 类产品的成本明细账如图 9—5 所示。

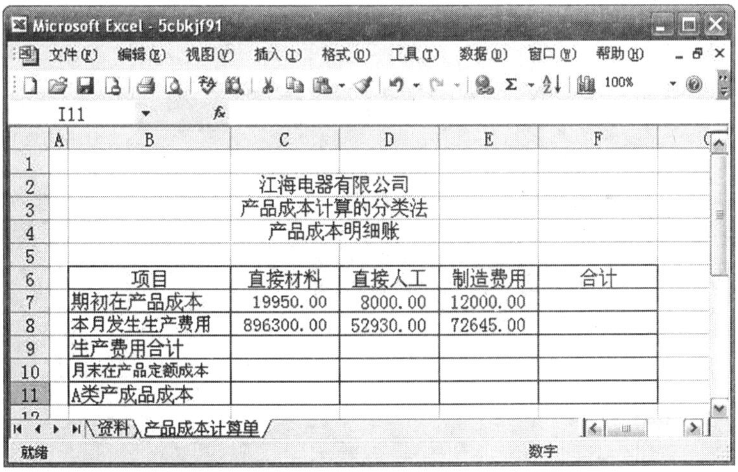

	江海电器有限公司
	产品成本计算的分类法
	产品成本明细账

项目	直接材料	直接人工	制造费用	合计
期初在产品成本	19950.00	8000.00	12000.00	
本月发生生产费用	896300.00	52930.00	72645.00	
生产费用合计				
月末在产品定额成本				
A类产成品成本				

图 9—5

第二步：登记月末在产品定额成本

将计算 A 类产品月末在产品定额成本的有关资料从“资料”工作表链接到 A 类产品的成本明细账中。按公式显示的链接资料如图 9—6 所示。

根据月初在产品定额成本资料登记完成的 A 类产品的成本明细账如图 9—7 所示。

第三步：计算 A 类产品的完工产品成本

选中单元格 C11，输入公式“＝C9－C10”计算出 A 类产品的完工产品成本的直接材料费用。然后用鼠标指向该单元格的右下角，待鼠标指针变为黑色实心十字时，按下鼠标左键拖向单元格区域 D11：E11，松开鼠标就可以计算出 A 类产品的完工产品成本中的直接人工和制造费用。按公式显示的计算过程如图9—8 所示。

江海电器有限公司
产品成本计算的分类法
产品成本明细账

项目	直接材料	直接人工	制造费用	合计
期初在产品成本	=资料!C33	=资料!D33	=资料!E33	
本月发生生产费用	=资料!C34	=资料!D34	=资料!E34	
生产费用合计	=SUM(C7:C8)	=SUM(D7:D8)	=SUM(E7:E8)	
月末在产品定额成本	=资料!C36	=资料!D36	=资料!E36	
A类产成品成本				

图 9—6

江海电器有限公司
产品成本计算的分类法
产品成本明细账

项目	直接材料	直接人工	制造费用	合计
期初在产品成本	19950.00	8000.00	12000.00	
本月发生生产费用	896300.00	52930.00	72645.00	
生产费用合计	916250.00	60930.00	84645.00	
月末在产品定额成本	23450.00	11430.00	17145.00	
A类产成品成本				

图 9—7

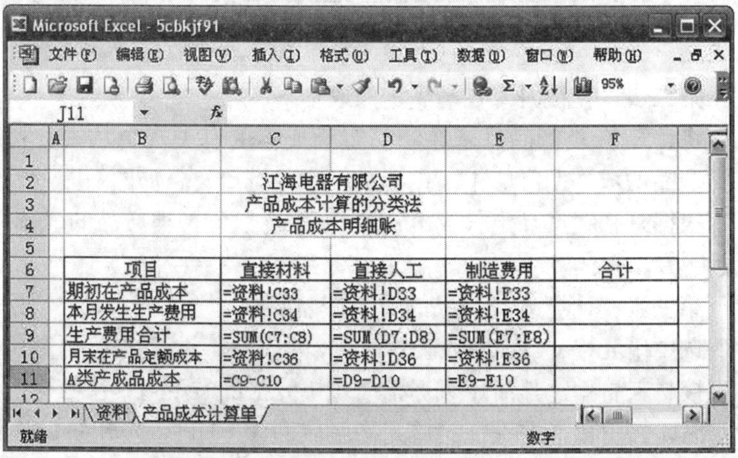

江海电器有限公司
产品成本计算的分类法
产品成本明细账

项目	直接材料	直接人工	制造费用	合计
期初在产品成本	=资料!C33	=资料!D33	=资料!E33	
本月发生生产费用	=资料!C34	=资料!D34	=资料!E34	
生产费用合计	=SUM(C7:C8)	=SUM(D7:D8)	=SUM(E7:E8)	
月末在产品定额成本	=资料!C36	=资料!D36	=资料!E36	
A类产成品成本	=C9-C10	=D9-D10	=E9-E10	

图 9—8

计算完成的 A 类产品的完工产品成本如图 9—9 所示。

江海电器有限公司
产品成本计算的分类法
产品成本明细账

项目	直接材料	直接人工	制造费用	合计
期初在产品成本	19950.00	8000.00	12000.00	
本月发生生产费用	896300.00	52930.00	72645.00	
生产费用合计	916250.00	60930.00	84645.00	
月末在产品定额成本	23450.00	11430.00	17145.00	
A类产成品成本	892800.00	49500.00	67500.00	

图 9—9

第四步：计算 A 类产品各项目的合计数

用求和工具“∑”计算 A 类产品各项目的合计数。按公式显示的计算过程如图 9—10 所示。

江海电器有限公司
产品成本计算的分类法
产品成本明细账

项目	直接材料	直接人工	制造费用	合计
期初在产品成本	=资料!C33	=资料!D33	=资料!E33	=SUM(C7:E7)
本月发生生产费用	=资料!C34	=资料!D34	=资料!E34	=SUM(C8:E8)
生产费用合计	=SUM(C7:C8)	=SUM(D7:D8)	=SUM(E7:E8)	=SUM(C9:E9)
月末在产品定额成本	=资料!C36	=资料!D36	=资料!E36	=SUM(C10:E10)
A类产成品成本	=C9-C10	=D9-D10	=E9-E10	=SUM(C11:E11)

图 9—10

计算完成的 A 类产品各项目的合计数如图 9—11 所示。

第五步：计算分配系数

开设 A 类产品成本计算单，链接相关资料。将 A 类产品成本明细账链接过来，同时将 A 类产品中的甲、乙和丙产品的相关资料从“资料”中链接过来。按公式显示的链接路径如图 9—12 所示。

链接完成的与计算 A 类产品中的甲、乙和丙产品相关的资料如图 9—13 所示。

项目	直接材料	直接人工	制造费用	合计
期初在产品成本	19950.00	8000.00	12000.00	39950.00
本月发生生产费用	896300.00	52930.00	72645.00	1021875.00
生产费用合计	916250.00	60930.00	84645.00	1061825.00
月末在产品定额成本	23450.00	11430.00	17145.00	52025.00
A类产品成本	892800.00	49500.00	67500.00	1009800.00

图 9—11

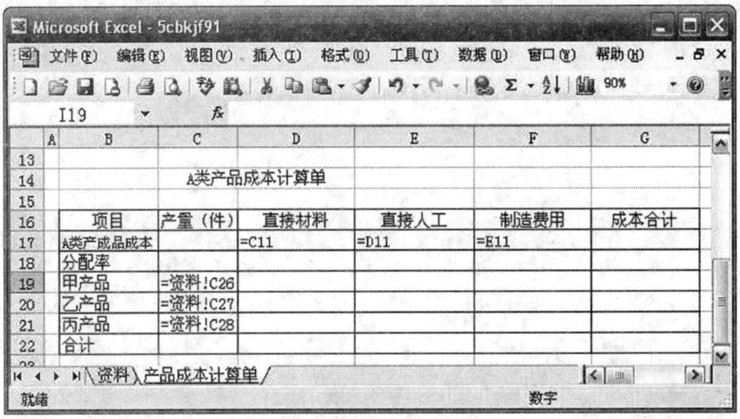

项目	产量（件）	直接材料	直接人工	制造费用	成本合计
A类产品成本		=C11	=D11	=E11	
分配率					
甲产品	=资料!C26				
乙产品	=资料!C27				
丙产品	=资料!C28				
合计					

图 9—12

项目	产量（件）	直接材料	直接人工	制造费用	成本合计
A类产品成本		892800.00	49500.00	67500.00	
分配率					
甲产品	1000.00				
乙产品	750.00				
丙产品	800.00				
合计					

图 9—13

选择单元格 D18，输入公式“＝D17/资料!E29”；选择单元格 E18，输入公式“＝E17/资料!G29”；选择单元格 F18，输入公式“＝F17/资料!G29”，计算分配率。按公式显示的计算过程如图 9—14 所示。

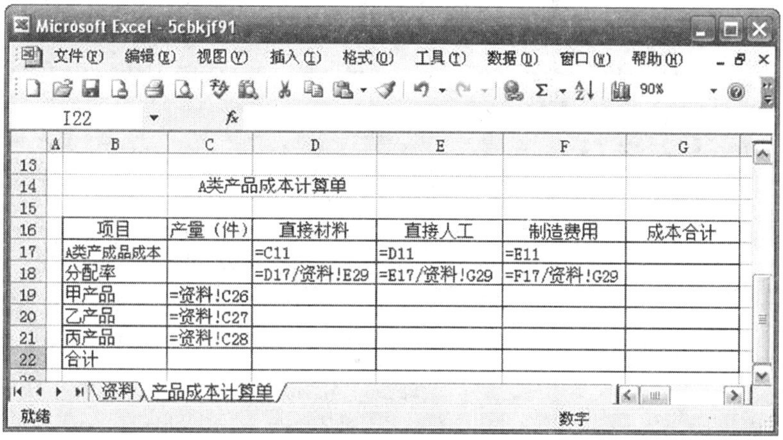

	B	C	D	E	F	G
14		A类产品成本计算单				
16	项目	产量（件）	直接材料	直接人工	制造费用	成本合计
17	A类产成品成本		=C11	=D11	=E11	
18	分配率		=D17/资料!E29	=E17/资料!G29	=F17/资料!G29	
19	甲产品	=资料!C26				
20	乙产品	=资料!C27				
21	丙产品	=资料!C28				
22	合计					

图 9—14

计算完成的 A 类产品直接材料、直接人工和制造费用的分配率如图 9—15 所示。

	B	C	D	E	F	G
14		A类产品成本计算单				
16	项目	产量（件）	直接材料	直接人工	制造费用	成本合计
17	A类产成品成本		892800.00	49500.00	67500.00	
18	分配率		360.00	11.00	15.00	
19	甲产品	1000.00				
20	乙产品	750.00				
21	丙产品	800.00				
22	合计					

图 9—15

第六步：计算 A 类产品中的甲、乙和丙产品的产品成本

选择单元格 D19，输入公式"＝D18＊资料!E26"；选择单元格 E19，输入公式"＝E18＊资料!G26"；选择单元格 F19，输入公式"＝F18＊资料!G26"，计算出 A 类产品中的甲产品的直接材料、直接人工和制造费用。同理，我们可以分别计算出乙产品和丙产品的产品成本。按公式显示的计算过程如图 9—16 所示。

计算完成的 A 类产品中的甲、乙和丙产品的产品成本如图 9—17 所示。

第七步：计算甲、乙和丙三种产品的成本合计数

用公式或求和工具"Σ"计算甲、乙和丙三种产品成本的合计数。按公式显示的计算过程如图 9—18 所示。

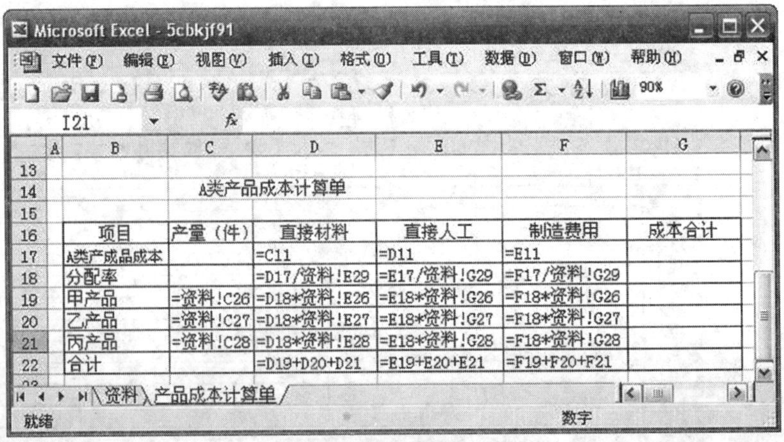

项目	产量（件）	直接材料	直接人工	制造费用	成本合计
A类产成品成本		=C11	=D11	=E11	
分配率		=D17/资料!E29	=E17/资料!G29	=F17/资料!G29	
甲产品	=资料!C26	=D18*资料!E26	=E18*资料!G26	=F18*资料!G26	
乙产品	=资料!C27	=D18*资料!E27	=E18*资料!G27	=F18*资料!G27	
丙产品	=资料!C28	=D18*资料!E28	=E18*资料!G28	=F18*资料!G28	
合计		=D19+D20+D21	=E19+E20+E21	=F19+F20+F21	

图 9—16

项目	产量（件）	直接材料	直接人工	制造费用	成本合计
A类产成品成本		892800.00	49500.00	67500.00	
分配率		360.00	11.00	15.00	
甲产品	1000.00	360000.00	19800.00	27000.00	
乙产品	750.00	216000.00	16500.00	22500.00	
丙产品	800.00	316800.00	13200.00	18000.00	
合计		892800.00	49500.00	67500.00	

图 9—17

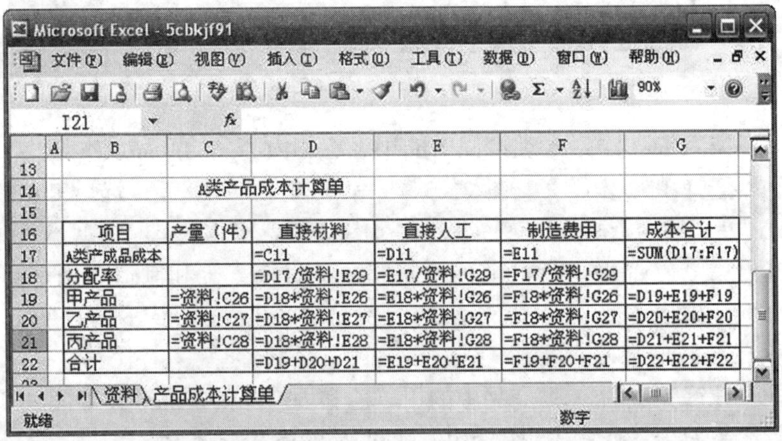

项目	产量（件）	直接材料	直接人工	制造费用	成本合计
A类产成品成本		=C11	=D11	=E11	=SUM(D17:F17)
分配率		=D17/资料!E29	=E17/资料!G29	=F17/资料!G29	
甲产品	=资料!C26	=D18*资料!E26	=E18*资料!G26	=F18*资料!G26	=D19+E19+F19
乙产品	=资料!C27	=D18*资料!E27	=E18*资料!G27	=F18*资料!G27	=D20+E20+F20
丙产品	=资料!C28	=D18*资料!E28	=E18*资料!G28	=F18*资料!G28	=D21+E21+F21
合计		=D19+D20+D21	=E19+E20+E21	=F19+F20+F21	=D22+E22+F22

图 9—18

计算完成的甲、乙和丙三种产品成本的合计数的结果如图 9—19 所示。

	B	C	D	E	F	G
14	A类产品成本计算单					
15						
16	项目	产量（件）	直接材料	直接人工	制造费用	成本合计
17	A类产成品成本		892800.00	49500.00	67500.00	1009800.00
18	分配率		360.00	11.00	15.00	
19	甲产品	1000.00	360000.00	19800.00	27000.00	406800.00
20	乙产品	750.00	216000.00	16500.00	22500.00	255000.00
21	丙产品	800.00	316800.00	13200.00	18000.00	348000.00
22	合计		892800.00	49500.00	67500.00	1009800.00

图 9—19

第八步：计算甲、乙和丙三种产品的单位产品成本

分别用甲、乙和丙三种产品成本的合计数除以甲、乙和丙三种完工产品的数量，就可以计算出甲、乙和丙三种产品的单位产品成本。

至此，分类法模型创建完成，同时按分类法计算出甲、乙和丙三种产品的产品成本。

9.3　产品成本计算的定额法模型

9.3.1　产品成本计算任务

任务 9—2 ①

江海电器有限公司 A 车间（该车间生产甲产品和其他产品）7 月计划产量的定额直接人工费用为 14 800 元，计划产量的定额生产工时为 2 960 小时；本月实际直接人工费用为 16 120 元，实际生产工时总数为 3 100 小时；本月甲产品定额工时为 1 836 小时，实际生产工时为 1 807 小时。甲产品定额直接人工费用和直接人工费用脱离定额的差异计算如下：

$$计划每小时直接人工费用=\frac{14\,800}{2\,960}=5\text{（元）}$$

$$实际每小时直接人工费用=\frac{16\,120}{3\,100}=5.2\text{（元）}$$

甲产品的定额直接人工费用＝1 836×5＝9 180（元）

甲产品的实际直接人工费用＝1 807×5.2＝9 396.4（元）

甲产品直接人工费用脱离定额的差异＝9 396.4－9 180＝＋216.4（元）

① 参见于富生、黎来芳、张敏：《成本会计学》，6 版，172～176 页。

江海电器有限公司A车间7月计划制造费用总额为20 720元，计划产量的定额生产工时总数为2 960小时；实际生产工时总数为3 100小时，实际发生制造费用为21 545元；本月甲产品的定额生产工时为1 836小时，实际生产工时为1 807小时。甲产品定额制造费用和制造费用脱离定额的差异计算如下：

$$计划每小时制造费用=\frac{20\,720}{2\,960}=7\ (元)$$

$$实际每小时制造费用=\frac{21\,545}{3\,100}=6.95\ (元)$$

甲产品实际制造费用＝1 807×6.95＝12 558.65（元）

甲产品定额制造费用＝1 836×7＝12 852（元）

甲产品制造费用脱离定额差异＝12 558.65－12 852＝－293.35（元）

江海电器有限公司甲产品7月所耗直接材料定额费用为57 000元，脱离定额差异为节约800元，原材料的成本差异率为节约1%。该产品应分配的材料成本差异为：

(57 000－800)×(－1%)＝－562（元）

甲产品的一些零件从本月1日起实行新的直接材料消耗定额，单位产品旧的直接材料费用定额为12元，新的直接材料费用定额为11.4元。该产品月初在产品按旧定额计算的直接材料定额费用为12 000元。月初在产品定额变动差异的计算结果如下：

$$系数=\frac{11.4}{12}=0.95$$

月初在产品定额变动差异＝12 000×(1－0.95)＝600（元）

假设江海电器有限公司大批量生产甲产品。该产品各项消耗定额比较准确、稳定，为了加强定额管理和成本控制，采用定额法计算产品成本。该产品由一个封闭式车间（A车间）生产，不分步计算成本。该企业规定，该产品的定额变动差异和直接材料成本差异由完工产品负担；脱离定额差异按定额成本比例，在完工产品与月末在产品之间进行分配。

(1) 甲产品月初在产品、本月投产和本月完工资料，如图9—20所示。

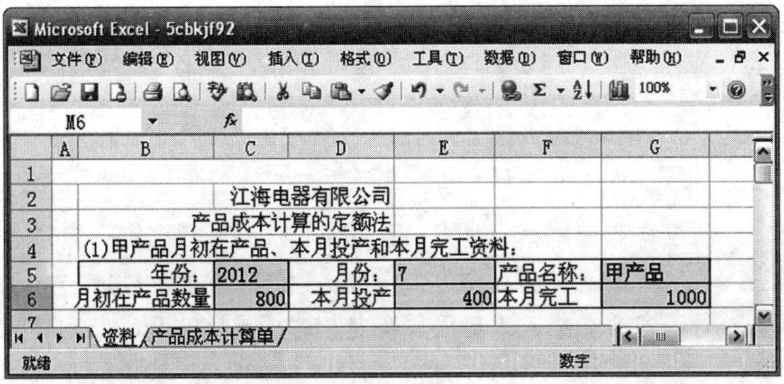

图9—20

(2) 单位完工甲产品定额成本资料，如图 9—21 所示。

(2)单位完工甲产品定额成本资料：

	直接材料		直接人工		制造费用		合计
	消耗量	单价	工时	单价	工时	单价	
原料	10	5	2	4.68	0.5	26.208	
主要材料	1.32	4					
辅助材料	1	4					
合计		59.28		9.36		13.104	81.744

图 9—21

(3) 甲产品原材料定额费用和脱离定额差异汇总资料，如图 9—22 所示。

(3)甲产品原材料定额费用和脱离定额差异汇总资料：

原材料类别	材料编号	单位	计划单位成本	定额费用		计划价格费用		脱离定额差异	
				数量	金额	数量	金额	数量	金额
原料	1201	千克	5	6000	30000	6200	31000	200	1000
主要材料	2304	千克	4	5000	20000	4500	18000	-500	-2000
辅助材料	3202	千克	4	1750	7000	1800	7200	50	200
合计					57000		56200		-800

图 9—22

(4) 定额直接人工费用和直接人工脱离定额差异资料，如图 9—23 所示。

(4)定额直接人工费用和直接人工脱离定额差异资料：

项目	月计划产量		本月实际产量		本月甲产品						
	定额生产工时	定额直接人工费用	定额生产工时	定额直接人工费用	定额工时	实际生产工时	计划每小时直接人工费用	实际每小时直接人工费用	定额直接人工费用	实际直接人工费用	直接人工费用脱离定额的差异
直接人工	2960	14800	3100	16120	1836	1807	5	5.2	9180	9396	216.4
合计											

图 9—23

(5) 定额制造费用和制造费用脱离定额差异资料，如图 9—24 所示。

(6) 月初在产品定额成本及脱离定额差异资料，如图 9—25 所示。

(7) 原材料的成本差异，如图 9—26 所示。

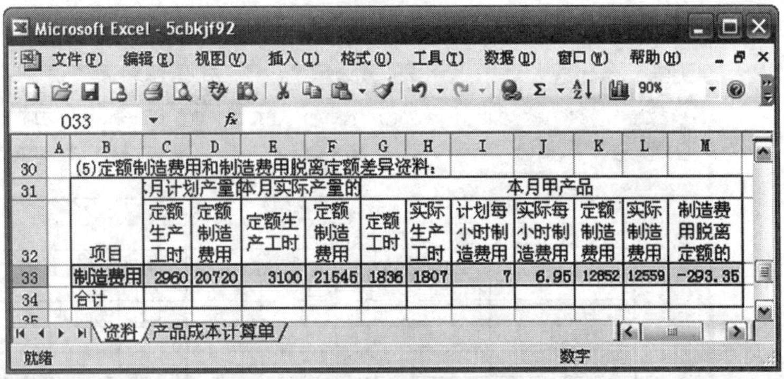

(5)定额制造费用和制造费用脱离定额差异资料：

项目	月计划产量的		本月实际产量的		本月甲产品						
	定额生产工时	定额制造费用	定额生产工时	定额制造费用	定额工时	实际生产工时	计划每小时制造费用	实际每小时制造费用	定额制造费用	实际制造费用	制造费用脱离定额的
制造费用	2960	20720	3100	21545	1836	1807	7	6.95	12852	12559	-293.35
合计											

图 9—24

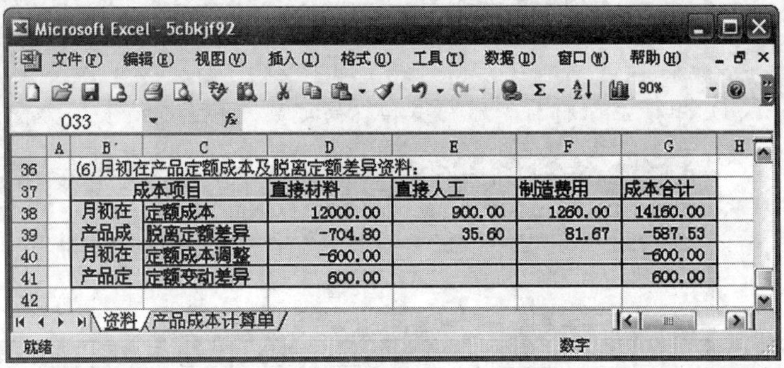

(6)月初在产品定额成本及脱离定额差异资料：

成本项目		直接材料	直接人工	制造费用	成本合计
月初在产品成	定额成本	12000.00	900.00	1260.00	14160.00
	脱离定额差异	-704.80	35.60	81.67	-587.53
月初在产品定	定额成本调整	-600.00			-600.00
	定额变动差异	600.00			600.00

图 9—25

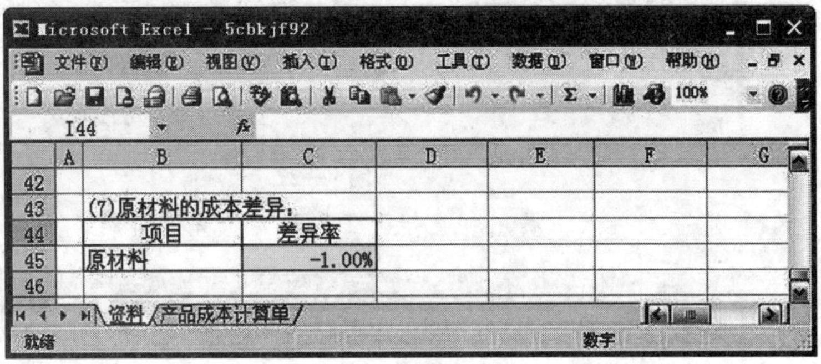

(7)原材料的成本差异：

项目	差异率
原材料	-1.00%

图 9—26

要求：根据以上资料，用定额法计算产品成本。

9.3.2 产品成本计算的定额法模型的创建

为了便于说明如何在 Excel 工作表中创建产品成本计算的定额法模型，我们以任务 9—2 提出的问题为例来介绍这一模型的创建过程，并计算产品的生产成本。

在 Excel 工作表中，创建产品成本计算的定额法模型的步骤如下。

第一步：按生产产品的步骤开设产品的生产成本明细账并过入期初余额

根据月初在产品和月初在产品定额变动资料登记月初在产品成本明细账。将月初在产品成本的定额成本和脱离定额差异资料，以及月初在产品定额变动的定额成本调整和定额变动差异链接到产品成本明细账。按公式显示的链接资料如图 9—27 所示。

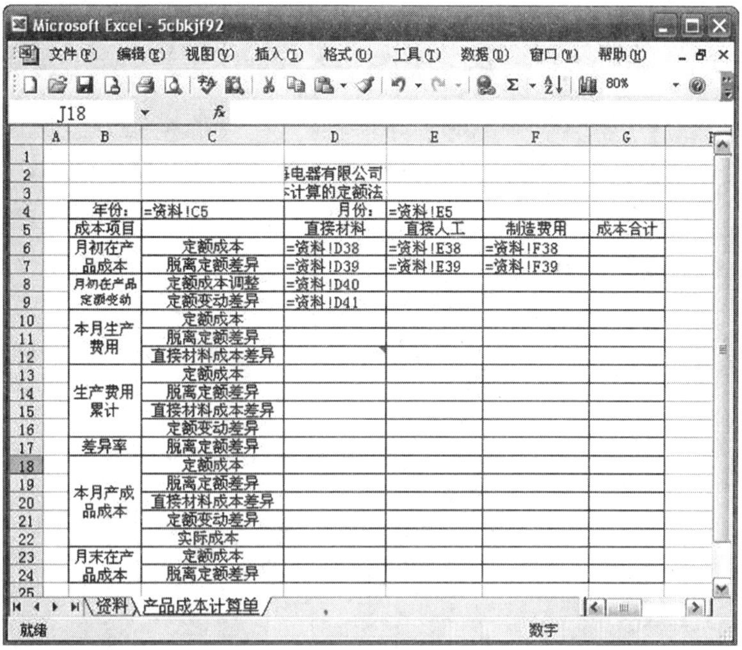

成本项目		直接材料	直接人工	制造费用	成本合计
年份:	=资料!C5	月份:	=资料!E5		
月初在产品成本	定额成本	=资料!D38	=资料!E38	=资料!F38	
	脱离定额差异	=资料!D39	=资料!E39	=资料!F39	
月初在产品定额变动	定额成本调整	=资料!D40			
	定额变动差异	=资料!D41			
本月生产费用	定额成本				
	脱离定额差异				
	直接材料成本差异				
生产费用累计	定额成本				
	脱离定额差异				
	直接材料成本差异				
	定额变动差异				
差异率	脱离定额差异				
本月产成品成本	定额成本				
	脱离定额差异				
	直接材料成本差异				
	定额变动差异				
	实际成本				
月末在产品成本	定额成本				
	脱离定额差异				

图 9—27

根据月初在产品和月初在产品定额变动资料登记完成的月初在产品成本明细账如图 9—28 所示。

江海电器有限公司

产品成本计算的定额法

成本项目		直接材料	直接人工	制造费用	成本合计
年份:	2012	月份:	7		
月初在产品成本	定额成本	12000.00	900.00	1260.00	
	脱离定额差异	-704.80	35.60	81.67	
月初在产品定额变动	定额成本调整	-600.00			
	定额变动差异	600.00			
本月生产费用	定额成本				
	脱离定额差异				
	直接材料成本差异				
生产费用累计	定额成本				
	脱离定额差异				
	直接材料成本差异				
	定额变动差异				
差异率	脱离定额差异				
本月产成品成本	定额成本				
	脱离定额差异				
	直接材料成本差异				
	定额变动差异				
	实际成本				
月末在产品成本	定额成本				
	脱离定额差异				

图 9—28

第二步：登记本月发生的生产费用

将本月发生的生产费用从“资料”工作表链接到产品成本明细账中。按公式显示的链接资料如图 9—29 所示。

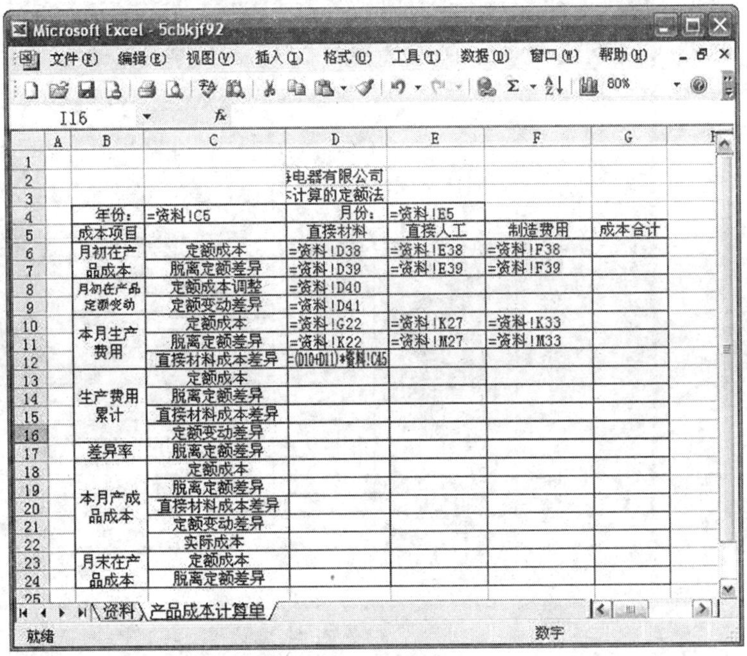

	B	C	D	E	F	G
2			电器有限公司			
3			计算的定额法			
4	年份：	=资料!C5	月份：	=资料!E5		
5	成本项目		直接材料	直接人工	制造费用	成本合计
6	月初在产品成本	定额成本	=资料!D38	=资料!E38	=资料!F38	
7		脱离定额差异	=资料!D39	=资料!E39	=资料!F39	
8	月初在产品定额变动	定额成本调整	=资料!D40			
9		定额变动差异	=资料!D41			
10	本月生产费用	定额成本	=资料!G22	=资料!K27	=资料!K33	
11		脱离定额差异	=资料!K22	=资料!M27	=资料!M33	
12		直接材料成本差异	=(D10+D11)*资料!C45			
13	生产费用累计	定额成本				
14		脱离定额差异				
15		直接材料成本差异				
16		定额变动差异				
17	差异率	脱离定额差异				
18	本月产成品成本	定额成本				
19		脱离定额差异				
20		直接材料成本差异				
21		定额变动差异				
22		实际成本				
23	月末在产品成本	定额成本				
24		脱离定额差异				

图 9—29

登记完成的本月生产费用的产品成本明细账如图 9—30 所示。

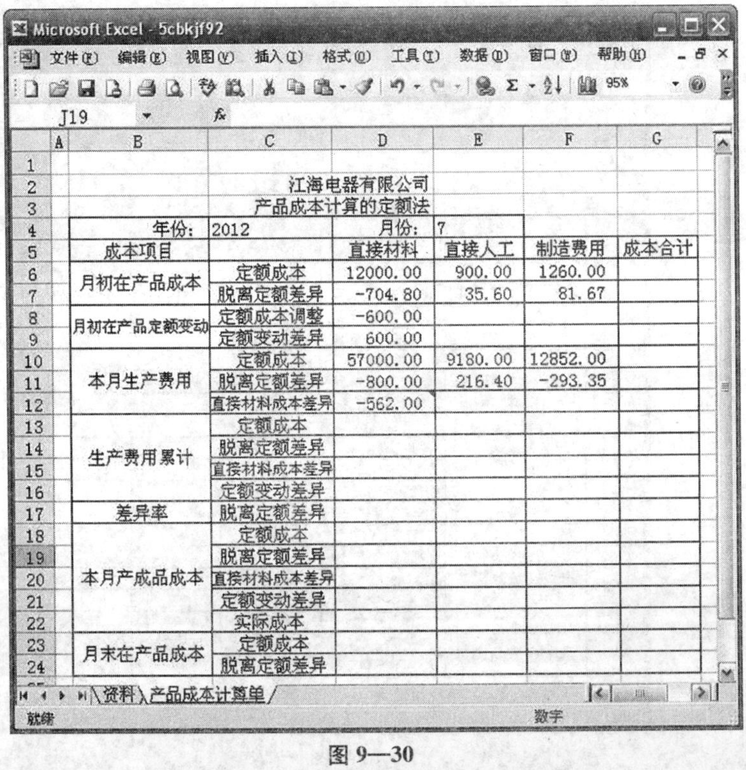

	B	C	D	E	F	G
2			江海电器有限公司			
3			产品成本计算的定额法			
4	年份：	2012	月份：	7		
5	成本项目		直接材料	直接人工	制造费用	成本合计
6	月初在产品成本	定额成本	12000.00	900.00	1260.00	
7		脱离定额差异	-704.80	35.60	81.67	
8	月初在产品定额变动	定额成本调整	-600.00			
9		定额变动差异	600.00			
10	本月生产费用	定额成本	57000.00	9180.00	12852.00	
11		脱离定额差异	-800.00	216.40	-293.35	
12		直接材料成本差异	-562.00			
13	生产费用累计	定额成本				
14		脱离定额差异				
15		直接材料成本差异				
16		定额变动差异				
17	差异率	脱离定额差异				
18	本月产成品成本	定额成本				
19		脱离定额差异				
20		直接材料成本差异				
21		定额变动差异				
22		实际成本				
23	月末在产品成本	定额成本				
24		脱离定额差异				

图 9—30

第三步：登记本月生产费用累计

根据本月月初在产品成本、月初在产品定额变动和本月生产费用资料，计算本月生产费用累计。按公式显示的计算过程如图 9—31 所示。

B	C	D	E	F	G
		江海电器有限公司			
		品成本计算的定额法			
年份：	=资料!C5	月份：	=资料!E5		
成本项目		直接材料	直接人工	制造费用	成本合计
月初在产品成本	定额成本	=资料!D38	=资料!E38	=资料!F38	
	脱离定额差异	=资料!D39	=资料!E39	=资料!F39	
月初在产品定额变动	定额成本调整	=资料!D40			
	定额变动差异	=资料!D41			
本月生产费用	定额成本	=资料!G22	=资料!K27	=资料!K33	
	脱离定额差异	=资料!K22	=资料!M27	=资料!M33	
	直接材料成本差异	=(D10+D11)*资料!C45			
生产费用累计	定额成本	=D6+D8+D10	=E6+E8+E10	=F6+F8+F10	
	脱离定额差异	=D7+D11	=E7+E11	=F7+F11	
	直接材料成本差异	=D12			
	定额变动差异	=D9			
差异率	脱离定额差异				
本月产成品成本	定额成本				
	脱离定额差异				
	直接材料成本差异				
	定额变动差异				
	实际成本				
月末在产品成本	定额成本				
	脱离定额差异				

图 9—31

计算完成的本月生产费用累计如图 9—32 所示。

B	C	D	E	F	G
		江海电器有限公司			
		产品成本计算的定额法			
年份：	2012	月份：	7		
成本项目		直接材料	直接人工	制造费用	成本合计
月初在产品成本	定额成本	12000.00	900.00	1260.00	
	脱离定额差异	-704.80	35.60	81.67	
月初在产品定额变动	定额成本调整	-600.00			
	定额变动差异	600.00			
本月生产费用	定额成本	57000.00	9180.00	12852.00	
	脱离定额差异	-800.00	216.40	-293.35	
	直接材料成本差异	-562.00			
生产费用累计	定额成本	68400.00	10080.00	14112.00	
	脱离定额差异	-1504.80	252.00	-211.68	
	直接材料成本差异	-562.00			
	定额变动差异	600.00			
差异率	脱离定额差异				
本月产成品成本	定额成本				
	脱离定额差异				
	直接材料成本差异				
	定额变动差异				
	实际成本				
月末在产品成本	定额成本				
	脱离定额差异				

图 9—32

第四步：计算差异率

根据本月生产费用累计数中的脱离定额的差异和定额成本，计算脱离定额的差异率。按公式显示的计算过程如图 9—33 所示。

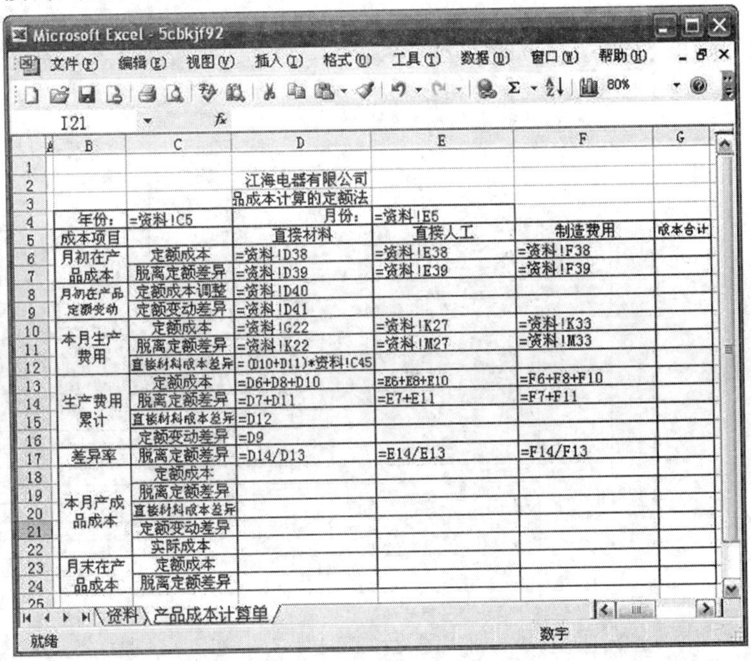

	B	C	D	E	F	G
1						
2			江海电器有限公司			
3			品成本计算的定额法			
4	年份：	=资料!C5	月份：	=资料!E5		
5	成本项目		直接材料	直接人工	制造费用	成本合计
6	月初在产品成本	定额成本	=资料!D38	=资料!E38	=资料!F38	
7		脱离定额差异	=资料!D39	=资料!E39	=资料!F39	
8	月初在产品定额变动	定额成本调整	=资料!D40			
9		定额变动差异	=资料!D41			
10	本月生产费用	定额成本	=资料!G22	=资料!K27	=资料!K33	
11		脱离定额差异	=资料!K22	=资料!M27	=资料!M33	
12		直接材料成本差异	=(D10+D11)*资料!C45			
13	生产费用累计	定额成本	=D6+D8+D10	=E6+E8+E10	=F6+F8+F10	
14		脱离定额差异	=D7+D11	=E7+E11	=F7+F11	
15		直接材料成本差异	=D12			
16		定额变动差异	=D9			
17	差异率	脱离定额差异	=D14/D13	=E14/E13	=F14/F13	
18	本月产成品成本	定额成本				
19		脱离定额差异				
20		直接材料成本差异				
21		定额变动差异				
22		实际成本				
23	月末在产品成本	定额成本				
24		脱离定额差异				

图 9—33

计算完成的差异率如图 9—34 所示。

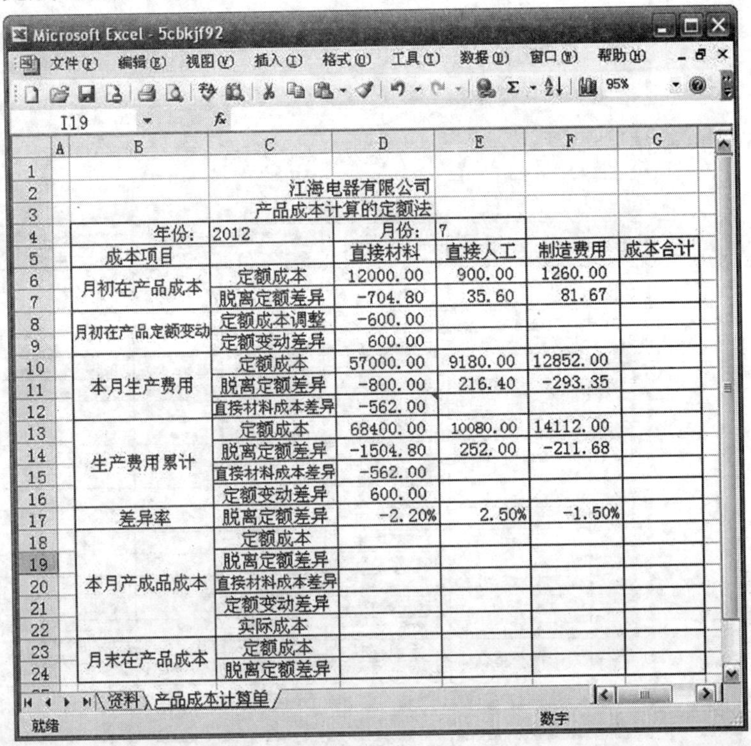

	B	C	D	E	F	G
1						
2			江海电器有限公司			
3			产品成本计算的定额法			
4	年份：	2012	月份：	7		
5	成本项目		直接材料	直接人工	制造费用	成本合计
6	月初在产品成本	定额成本	12000.00	900.00	1260.00	
7		脱离定额差异	-704.80	35.60	81.67	
8	月初在产品定额变动	定额成本调整	-600.00			
9		定额变动差异	600.00			
10	本月生产费用	定额成本	57000.00	9180.00	12852.00	
11		脱离定额差异	-800.00	216.40	-293.35	
12		直接材料成本差异	-562.00			
13	生产费用累计	定额成本	68400.00	10080.00	14112.00	
14		脱离定额差异	-1504.80	252.00	-211.68	
15		直接材料成本差异	-562.00			
16		定额变动差异	600.00			
17	差异率	脱离定额差异	-2.20%	2.50%	-1.50%	
18	本月产成品成本	定额成本				
19		脱离定额差异				
20		直接材料成本差异				
21		定额变动差异				
22		实际成本				
23	月末在产品成本	定额成本				
24		脱离定额差异				

图 9—34

第五步：计算本月产成品成本

根据完工产品的产量和单位完工甲产品的定额资料计算本月产成品的定额成本；根据定额成本和差异率计算脱离定额差异；根据以上资料以及直接材料成本差异、定额变动差异等资料计算出本月产成品成本。按公式显示的计算过程如图 9—35 所示。

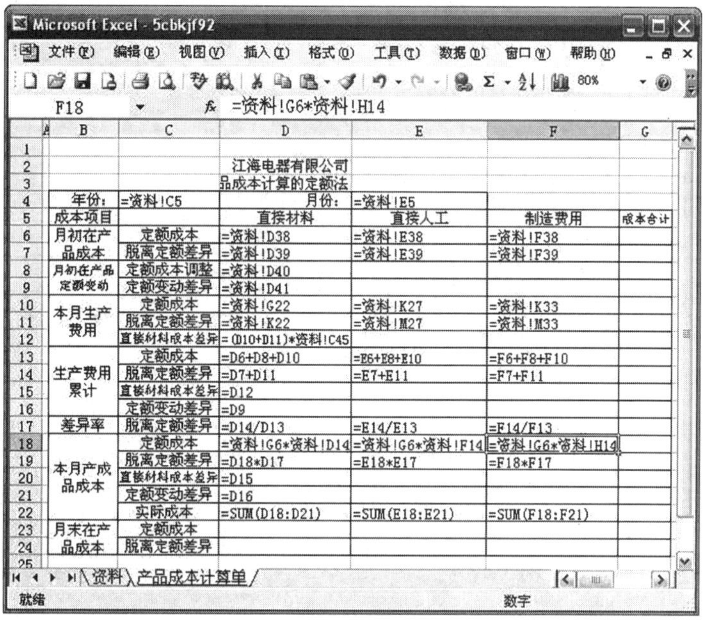
Microsoft Excel - 5cbkjf92

F18　=资料!G6*资料!H14

	B	C	D	E	F	G
1						
2			江海电器有限公司			
3			品成本计算的定额法			
4	年份：	=资料!C5	月份：	=资料!E5		
5	成本项目		直接材料	直接人工	制造费用	成本合计
6	月初在产品成本	定额成本	=资料!D38	=资料!E38	=资料!F38	
7		脱离定额差异	=资料!D39	=资料!E39	=资料!F39	
8	月初在产品定额变动	定额成本调整	=资料!D40			
9		定额变动差异	=资料!D41			
10	本月生产费用	定额成本	=资料!G22	=资料!K27	=资料!K33	
11		脱离定额差异	=资料!K22	=资料!M27	=资料!M33	
12		直接材料成本差异	=(D10+D11)*资料!C45			
13	生产费用累计	定额成本	=D6+D8+D10	=E6+E8+E10	=F6+F8+F10	
14		脱离定额差异	=D7+D11	=E7+E11	=F7+F11	
15		直接材料成本差异	=D12			
16		定额变动差异	=D9			
17	差异率	脱离定额差异	=D14/D13	=E14/E13	=F14/F13	
18	本月产成品成本	定额成本	=资料!G6*资料!D14	=资料!G6*资料!F14	=资料!G6*资料!H14	
19		脱离定额差异	=D18*D17	=E18*E17	=F18*F17	
20		直接材料成本差异	=D15			
21		定额变动差异	=D16			
22		实际成本	=SUM(D18:D21)	=SUM(E18:E21)	=SUM(F18:F21)	
23	月末在产品成本	定额成本				
24		脱离定额差异				

资料　产品成本计算单

图 9—35

计算完成的本月产成品成本如图 9—36 所示。

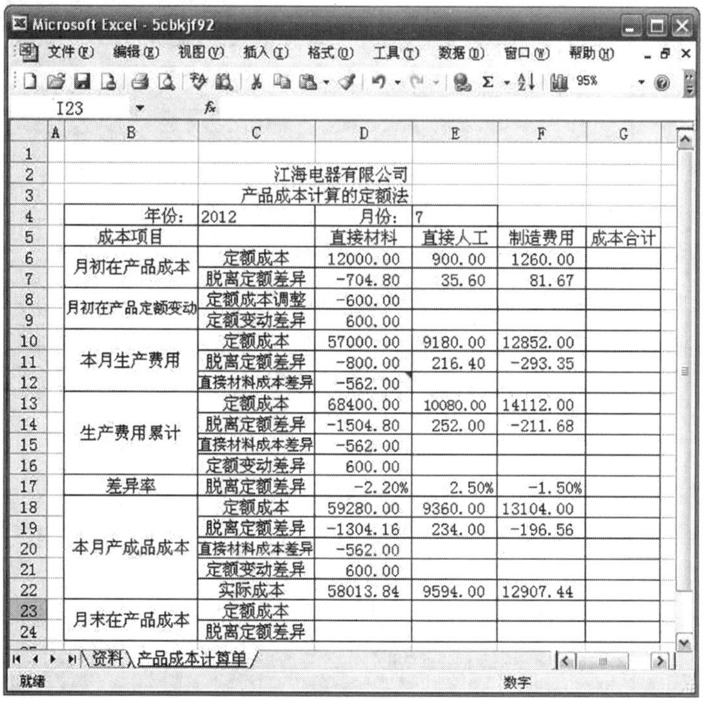
Microsoft Excel - 5cbkjf92

I23

	B	C	D	E	F	G
1						
2			江海电器有限公司			
3			产品成本计算的定额法			
4	年份：	2012	月份：	7		
5	成本项目		直接材料	直接人工	制造费用	成本合计
6	月初在产品成本	定额成本	12000.00	900.00	1260.00	
7		脱离定额差异	-704.80	35.60	81.67	
8	月初在产品定额变动	定额成本调整	-600.00			
9		定额变动差异	600.00			
10	本月生产费用	定额成本	57000.00	9180.00	12852.00	
11		脱离定额差异	-800.00	216.40	-293.35	
12		直接材料成本差异	-562.00			
13	生产费用累计	定额成本	68400.00	10080.00	14112.00	
14		脱离定额差异	-1504.80	252.00	-211.68	
15		直接材料成本差异	-562.00			
16		定额变动差异	600.00			
17	差异率	脱离定额差异	-2.20%	2.50%	-1.50%	
18	本月产成品成本	定额成本	59280.00	9360.00	13104.00	
19		脱离定额差异	-1304.16	234.00	-196.56	
20		直接材料成本差异	-562.00			
21		定额变动差异	600.00			
22		实际成本	58013.84	9594.00	12907.44	
23	月末在产品成本	定额成本				
24		脱离定额差异				

资料　产品成本计算单

图 9—36

第六步：计算月末在产品成本

根据累计的生产费用减去完工产品的定额成本计算出月末在产品定额成本；根据月末在产品定额成本乘以差异率计算出月末在产品的脱离定额差异。按公式显示的计算过程如图 9—37 所示。

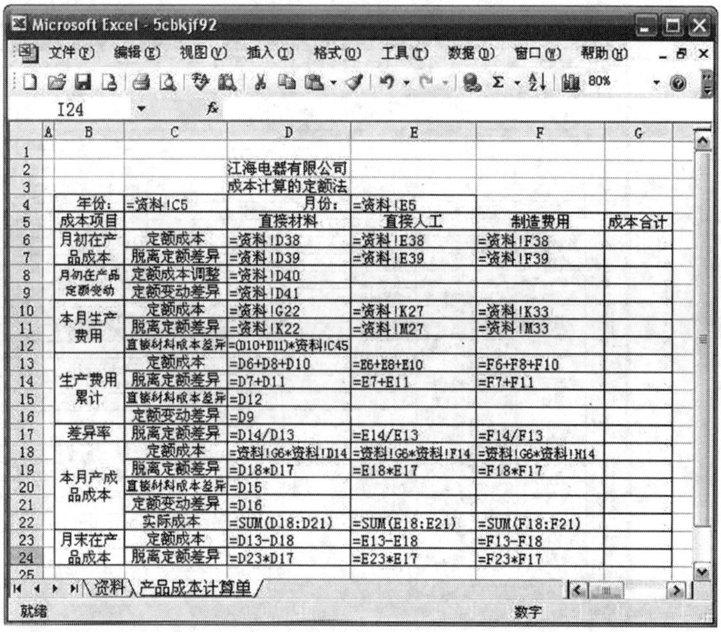

	A	B	C	D	E	F	G
1							
2				江海电器有限公司			
3				成本计算的定额法			
4		年份:	=资料!C5	月份:	=资料!E5		
5		成本项目		直接材料	直接人工	制造费用	成本合计
6		月初在产品成本	定额成本	=资料!D38	=资料!E38	=资料!F38	
7			脱离定额差异	=资料!D39	=资料!E39	=资料!F39	
8		月初在产品定额变动	定额成本调整	=资料!D40			
9			定额变动差异	=资料!D41			
10		本月生产费用	定额成本	=资料!G22	=资料!K27	=资料!K33	
11			脱离定额差异	=资料!K22	=资料!M27	=资料!M33	
12			直接材料成本差异	=(D10+D11)*资料!C45			
13		生产费用累计	定额成本	=D6+D8+D10	=E6+E8+E10	=F6+F8+F10	
14			脱离定额差异	=D7+D11	=E7+E11	=F7+F11	
15			直接材料成本差异	=D12			
16			定额变动差异	=D9			
17		差异率	脱离定额差异	=D14/D13	=E14/E13	=F14/F13	
18		本月产成品成本	定额成本	=资料!G6*资料!D14	=资料!G6*资料!F14	=资料!G6*资料!H14	
19			脱离定额差异	=D18*D17	=E18*E17	=F18*F17	
20			直接材料成本差异	=D15			
21			定额变动差异	=D16			
22			实际成本	=SUM(D18:D21)	=SUM(E18:E21)	=SUM(F18:F21)	
23		月末在产品成本	定额成本	=D13-D18	=E13-E18	=F13-F18	
24			脱离定额差异	=D23*D17	=E23*E17	=F23*F17	

图 9—37

计算完成的月末在产品成本如图 9—38 所示。

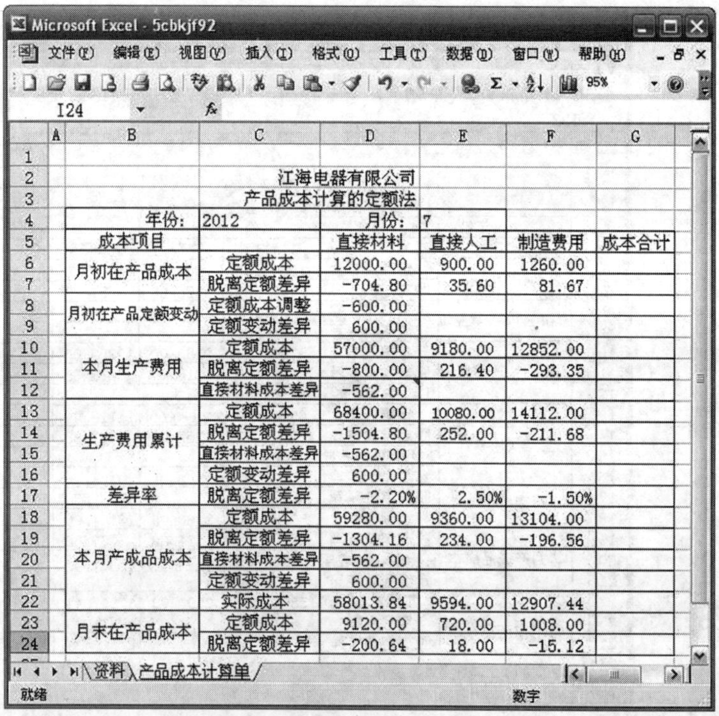

	A	B	C	D	E	F	G
1							
2				江海电器有限公司			
3				产品成本计算的定额法			
4		年份:	2012	月份:	7		
5		成本项目		直接材料	直接人工	制造费用	成本合计
6		月初在产品成本	定额成本	12000.00	900.00	1260.00	
7			脱离定额差异	-704.80	35.60	81.67	
8		月初在产品定额变动	定额成本调整	-600.00			
9			定额变动差异	600.00			
10		本月生产费用	定额成本	57000.00	9180.00	12852.00	
11			脱离定额差异	-800.00	216.40	-293.35	
12			直接材料成本差异	-562.00			
13		生产费用累计	定额成本	68400.00	10080.00	14112.00	
14			脱离定额差异	-1504.80	252.00	-211.68	
15			直接材料成本差异	-562.00			
16			定额变动差异	600.00			
17		差异率	脱离定额差异	-2.20%	2.50%	-1.50%	
18		本月产成品成本	定额成本	59280.00	9360.00	13104.00	
19			脱离定额差异	-1304.16	234.00	-196.56	
20			直接材料成本差异	-562.00			
21			定额变动差异	600.00			
22			实际成本	58013.84	9594.00	12907.44	
23		月末在产品成本	定额成本	9120.00	720.00	1008.00	
24			脱离定额差异	-200.64	18.00	-15.12	

图 9—38

第七步：计算成本合计数

用求和工具“∑”计算产品成本的合计数。按公式显示的计算过程如图 9—39 所示。

Microsoft Excel - 5cbkjf92

I24

	B	C	D	E	F	G
1						
2			江海电器有限公司			
3			成本计算的定额法			
4	年份：	=资料!C5	月份：	=资料!E5		
5	成本项目		直接材料	直接人工	制造费用	成本合计
6	月初在产品成本	定额成本	=资料!D38	=资料!E38	=资料!F38	=SUM(D6:F6)
7		脱离定额差异	=资料!D39	=资料!E39	=资料!F39	=SUM(D7:F7)
8	月初在产品定额变动	定额成本调整	=资料!D40			=SUM(D8:F8)
9		定额变动差异	=资料!D41			=SUM(D9:F9)
10	本月生产费用	定额成本	=资料!G22	=资料!K27	=资料!K33	=SUM(D10:F10)
11		脱离定额差异	=资料!K22	=资料!M27	=资料!M33	=SUM(D11:F11)
12		直接材料成本差异	=(D10+D11)*资料!C45			=SUM(D12:F12)
13	生产费用累计	定额成本	=D6+D8+D10	=E6+E8+E10	=F6+F8+F10	=SUM(D13:F13)
14		脱离定额差异	=D7+D11	=E7+E11	=F7+F11	=SUM(D14:F14)
15		直接材料成本差异	=D12			=SUM(D15:F15)
16		定额变动差异	=D9			=SUM(D16:F16)
17	差异率	脱离定额差异	=D14/D13	=E14/E13	=F14/F13	
18	本月产成品成本	定额成本	=资料!G6*资料!D14	=资料!G6*资料!F14	=资料!G6*资料!H14	=SUM(D18:F18)
19		脱离定额差异	=D18*D17	=E18*E17	=F18*F17	=SUM(D19:F19)
20		直接材料成本差异	=D15			=SUM(D20:F20)
21		定额变动差异	=D16			=SUM(D21:F21)
22		实际成本	=SUM(D18:D21)	=SUM(E18:E21)	=SUM(F18:F21)	=SUM(D22:F22)
23	月末在产品成本	定额成本	=D13-D18	=E13-E18	=F13-F18	=SUM(D23:F23)
24		脱离定额差异	=D23*D17	=E23*E17	=F23*F17	=SUM(D24:F24)

资料　产品成本计算单　就绪　数字

图 9—39

产品成本的合计数的计算结果如图 9—40 所示。

Microsoft Excel - 5cbkjf92

I16

	B	C	D	E	F	G
1						
2			江海电器有限公司			
3			产品成本计算的定额法			
4	年份：	2012	月份：	7		
5	成本项目		直接材料	直接人工	制造费用	成本合计
6	月初在产品成本	定额成本	12000.00	900.00	1260.00	14160
7		脱离定额差异	-704.80	35.60	81.67	-587.53
8	月初在产品定额变动	定额成本调整	-600.00			-600
9		定额变动差异	600.00			600
10	本月生产费用	定额成本	57000.00	9180.00	12852.00	79032
11		脱离定额差异	-800.00	216.40	-293.35	-876.95
12		直接材料成本差异	-562.00			-562
13	生产费用累计	定额成本	68400.00	10080.00	14112.00	92592
14		脱离定额差异	-1504.80	252.00	-211.68	-1464.5
15		直接材料成本差异	-562.00			-562
16		定额变动差异	600.00			600
17	差异率	脱离定额差异	-2.20%	2.50%	-1.50%	
18	本月产成品成本	定额成本	59280.00	9360.00	13104.00	81744
19		脱离定额差异	-1304.16	234.00	-196.56	-1266.7
20		直接材料成本差异	-562.00			-562
21		定额变动差异	600.00			600
22		实际成本	58013.84	9594.00	12907.44	80515.3
23	月末在产品成本	定额成本	9120.00	720.00	1008.00	10848
24		脱离定额差异	-200.64	18.00	-15.12	-197.76

资料　产品成本计算单　就绪　数字

图 9—40

用甲产品成本的合计数除以甲完工产品的数量，就可以计算出甲产品的单位产品成本。至此，定额法模型创建完成，同时按定额法计算出甲产品的产品成本。

9.4 标准成本法模型

9.4.1 产品成本计算任务

任务 9—3 [①]

江海电器有限公司生产销售甲产品并按照标准成本法计算产品成本。2012 年生产销售甲产品的相关标准成本资料和实际资料如图 9—41 所示。

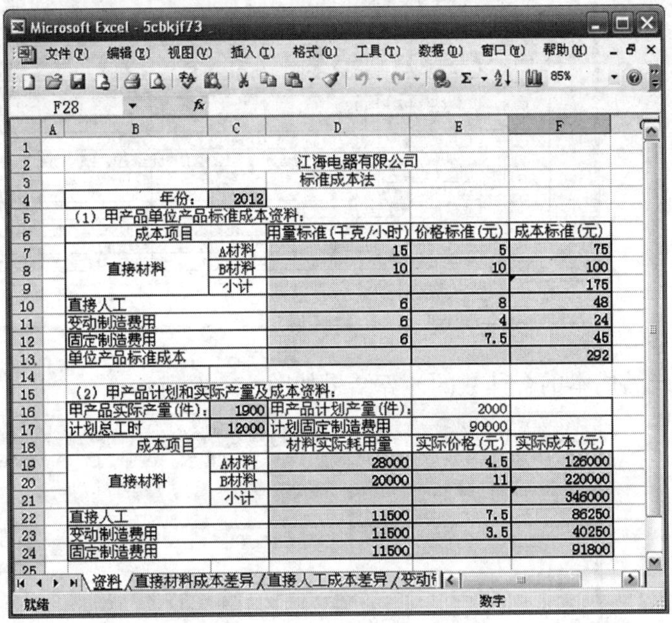

江海电器有限公司				
标准成本法				
年份：	2012			
（1）甲产品单位产品标准成本资料：				
成本项目		用量标准(千克/小时)	价格标准(元)	成本标准(元)
直接材料	A材料	15	5	75
	B材料	10	10	100
	小计			175
直接人工		6	8	48
变动制造费用		6	4	24
固定制造费用		6	7.5	45
单位产品标准成本				292
（2）甲产品计划和实际产量及成本资料：				
甲产品实际产量(件)：	1900	甲产品计划产量(件)：	2000	
计划总工时	12000	计划固定制造费用	90000	
成本项目		材料实际耗用量	实际价格(元)	实际成本(元)
直接材料	A材料	28000	4.5	126000
	B材料	20000	11	220000
	小计			346000
直接人工		11500	7.5	86250
变动制造费用		11500	3.5	40250
固定制造费用		11500		91800

图 9—41

要求： 根据以上资料，按照标准成本法计算产品成本及其成本差异。

9.4.2 标准成本法模型的创建

为了便于说明如何在 Excel 工作表中创建标准成本法模型，我们以任务 9—3 提出的问题为例来介绍这一模型的创建过程。

在 Excel 工作表中，创建标准成本法模型的步骤如下。

第一步：计算材料标准成本及差异

1. 链接有关计算材料标准成本及差异的资料

在 Excel 工作表中，输入计算标准成本及其差异分析所需的相关资料。按公

① 参见于富生、黎来芳、张敏：《成本会计学》，6 版，187～193 页。

式显示的链接资料如图 9—42 所示。

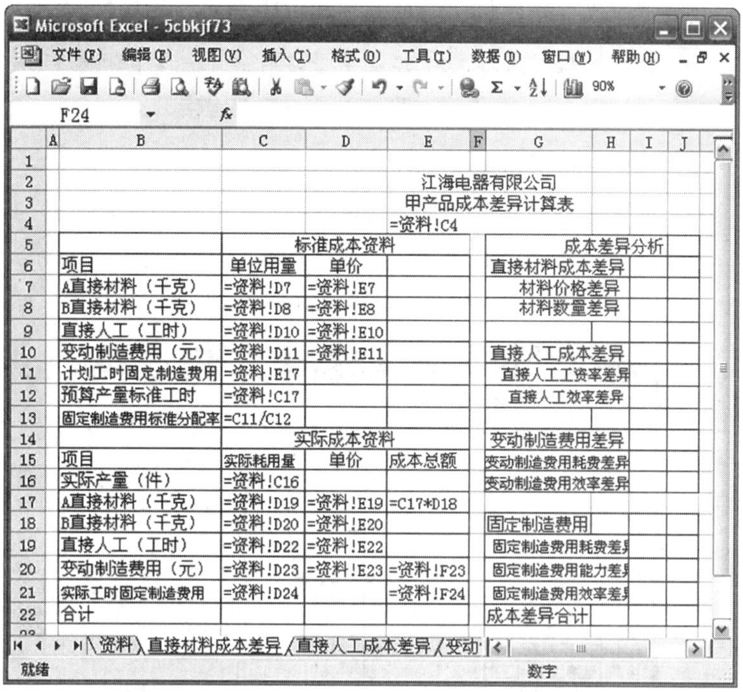

B	C	D	E	G
		江海电器有限公司		
		甲产品成本差异计算表		
		=资料!C4		
	标准成本资料			成本差异分析
项目	单位用量	单价		直接材料成本差异
A直接材料（千克）	=资料!D7	=资料!E7		材料价格差异
B直接材料（千克）	=资料!D8	=资料!E8		材料数量差异
直接人工（工时）	=资料!D10	=资料!E10		
变动制造费用（元）	=资料!D11	=资料!E11		直接人工成本差异
计划工时固定制造费用	=资料!E17			直接人工工资率差异
预算产量标准工时	=资料!C17			直接人工效率差异
固定制造费用标准分配率	=C11/C12			
	实际成本资料			变动制造费用差异
项目	实际耗用量	单价	成本总额	变动制造费用耗费差异
实际产量（件）	=资料!C16			变动制造费用效率差异
A直接材料（千克）	=资料!D19	=资料!E19	=C17*D18	
B直接材料（千克）	=资料!D20	=资料!E20		固定制造费用
直接人工（工时）	=资料!D22	=资料!E22		固定制造费用耗费差异
变动制造费用（元）	=资料!D23	=资料!E23	=资料!F23	固定制造费用能力差异
实际工时固定制造费用	=资料!D24		=资料!F24	固定制造费用效率差异
合计				成本差异合计

图 9—42

通过资料链接，登记完成的标准成本计算表如图 9—43 所示。

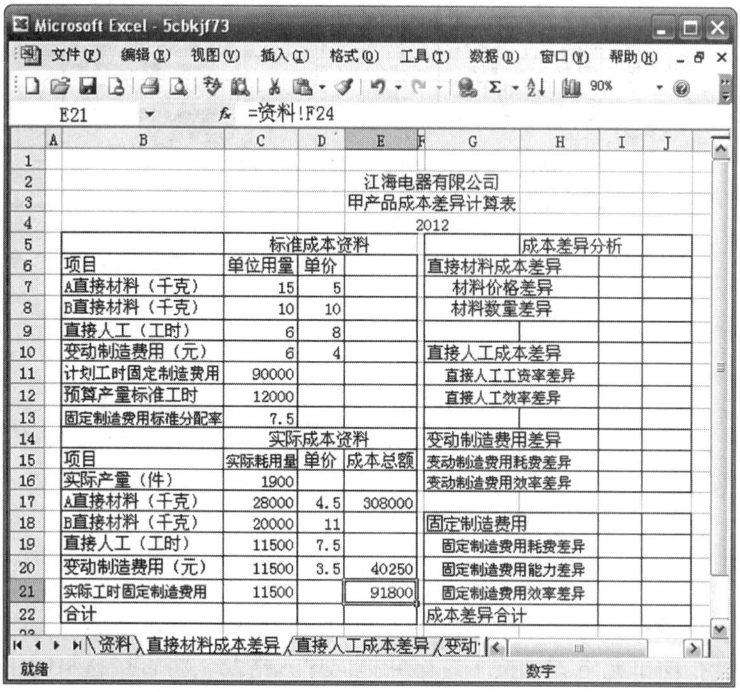

B	C	D	E	G
		江海电器有限公司		
		甲产品成本差异计算表		
		2012		
	标准成本资料			成本差异分析
项目	单位用量	单价		直接材料成本差异
A直接材料（千克）	15	5		材料价格差异
B直接材料（千克）	10	10		材料数量差异
直接人工（工时）	6	8		
变动制造费用（元）	6	4		直接人工成本差异
计划工时固定制造费用	90000			直接人工工资率差异
预算产量标准工时	12000			直接人工效率差异
固定制造费用标准分配率	7.5			
	实际成本资料			变动制造费用差异
项目	实际耗用量	单价	成本总额	变动制造费用耗费差异
实际产量（件）	1900			变动制造费用效率差异
A直接材料（千克）	28000	4.5	308000	
B直接材料（千克）	20000	11		固定制造费用
直接人工（工时）	11500	7.5		固定制造费用耗费差异
变动制造费用（元）	11500	3.5	40250	固定制造费用能力差异
实际工时固定制造费用	11500		91800	固定制造费用效率差异
合计				成本差异合计

图 9—43

2. 计算直接材料成本差异

直接材料成本差异包括用量差异和价格差异。计算公式为：

直接材料成本差异＝实际用量实际成本－实际用量标准成本
＝用量差异＋价格差异

（1）直接材料价格差异。计算公式为：

价格差异＝实际用量×实际价格－实际用量×标准价格

在单元格 I7 中输入公式“＝(D17－D7)＊C17＋(D18－D8)＊C18”，就可以计算出直接材料价格差异。本例中直接材料价格差异为 6 000 元。如图 9—44 所示。

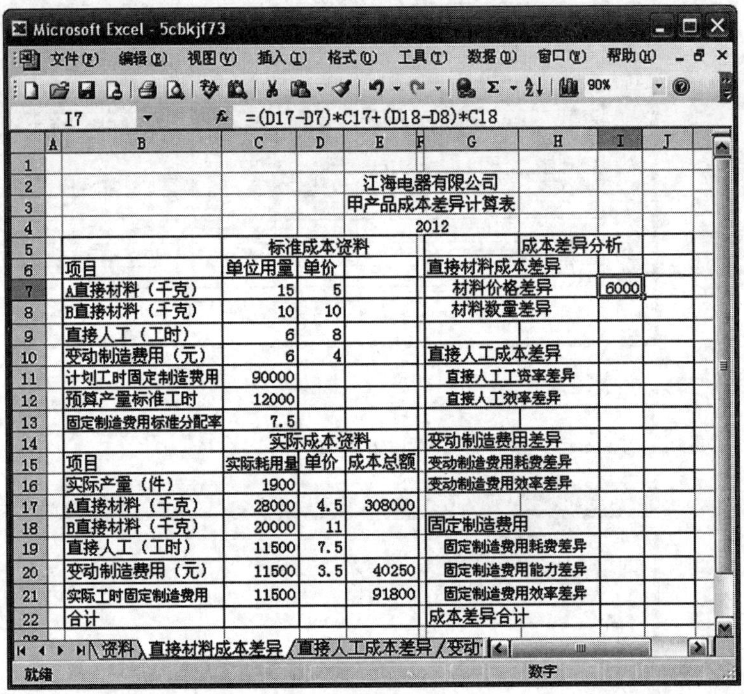

	A	B	C	D	E	F	G	H	I	J
1										
2					江海电器有限公司					
3					甲产品成本差异计算表					
4					2012					
5			标准成本资料				成本差异分析			
6		项目	单位用量	单价			直接材料成本差异			
7		A直接材料（千克）	15	5			材料价格差异		6000	
8		B直接材料（千克）	10	10			材料数量差异			
9		直接人工（工时）	6	8						
10		变动制造费用（元）	6	4			直接人工成本差异			
11		计划工时固定制造费用	90000				直接人工工资率差异			
12		预算产量标准工时	12000				直接人工效率差异			
13		固定制造费用标准分配率	7.5							
14			实际成本资料				变动制造费用差异			
15		项目	实际耗用量	单价	成本总额		变动制造费用耗费差异			
16		实际产量（件）	1900				变动制造费用效率差异			
17		A直接材料（千克）	28000	4.5	308000					
18		B直接材料（千克）	20000	11			固定制造费用			
19		直接人工（工时）	11500	7.5			固定制造费用耗费差异			
20		变动制造费用（元）	11500	3.5	40250		固定制造费用能力差异			
21		实际工时固定制造费用	11500		91800		固定制造费用效率差异			
22		合计					成本差异合计			

图 9—44

（2）直接材料用量差异。计算公式为：

用量差异＝实际用量×标准价格－标准用量×标准价格

在单元格 I8 中输入公式“＝(C17－(C16＊C7))＊D7＋(C18－C16＊D8)＊D8”，就可以计算出直接材料用量差异。本例中直接材料用量差异为 7 500 元。如图 9—45 所示。

（3）计算直接材料成本差异。计算公式为：

直接材料成本差异＝用量差异＋价格差异

单击单元格 J6，用鼠标单击常用公式栏的自动求和即“∑”按钮，然后，将鼠标指向单元格 I7，按下左键并拖向单元格 I8，将直接材料的用量差异和价格差异相加，计算出直接材料成本差异。本例中直接材料成本差异为 13 500 元。如图 9—46 所示。

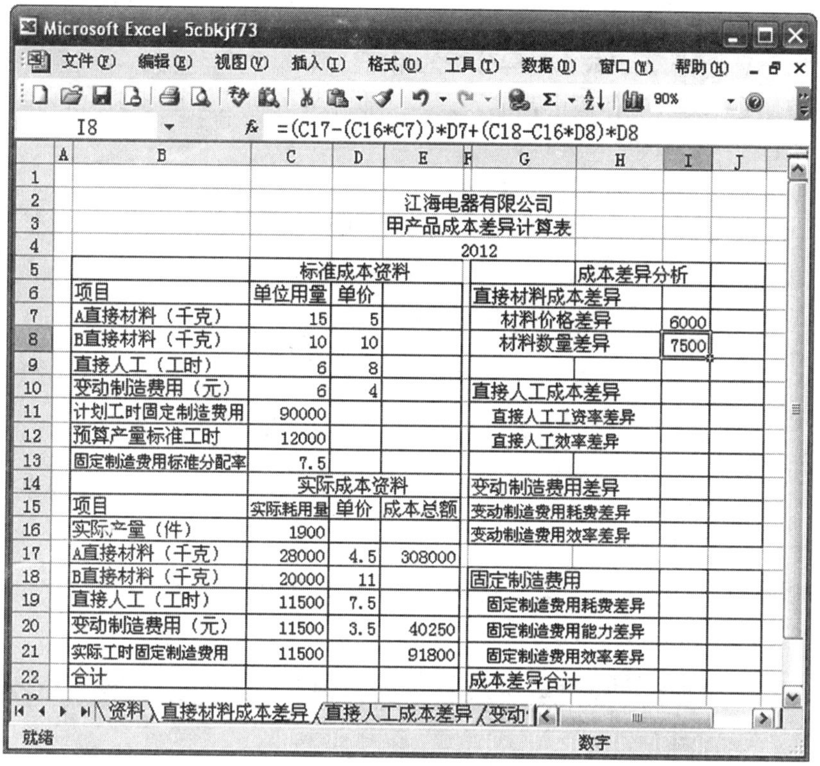
Microsoft Excel - 5cbkjf73
I8
=(C17-(C16*C7))*D7+(C18-C16*D8)*D8
江海电器有限公司
甲产品成本差异计算表
2012
标准成本资料
项目 单位用量 单价
A直接材料（千克） 15 5
B直接材料（千克） 10 10
直接人工（工时） 6 8
变动制造费用（元） 6 4
计划工时固定制造费用 90000
预算产量标准工时 12000
固定制造费用标准分配率 7.5
实际成本资料
项目 实际耗用量 单价 成本总额
实际产量（件） 1900
A直接材料（千克） 28000 4.5 308000
B直接材料（千克） 20000 11
直接人工（工时） 11500 7.5
变动制造费用（元） 11500 3.5 40250
实际工时固定制造费用 11500 91800
合计
成本差异分析
直接材料成本差异
材料价格差异 6000
材料数量差异 7500
直接人工成本差异
直接人工工资率差异
直接人工效率差异
变动制造费用差异
变动制造费用耗费差异
变动制造费用效率差异
固定制造费用
固定制造费用耗费差异
固定制造费用能力差异
固定制造费用效率差异
成本差异合计
资料 直接材料成本差异 直接人工成本差异 变动
就绪 数字

图 9—45

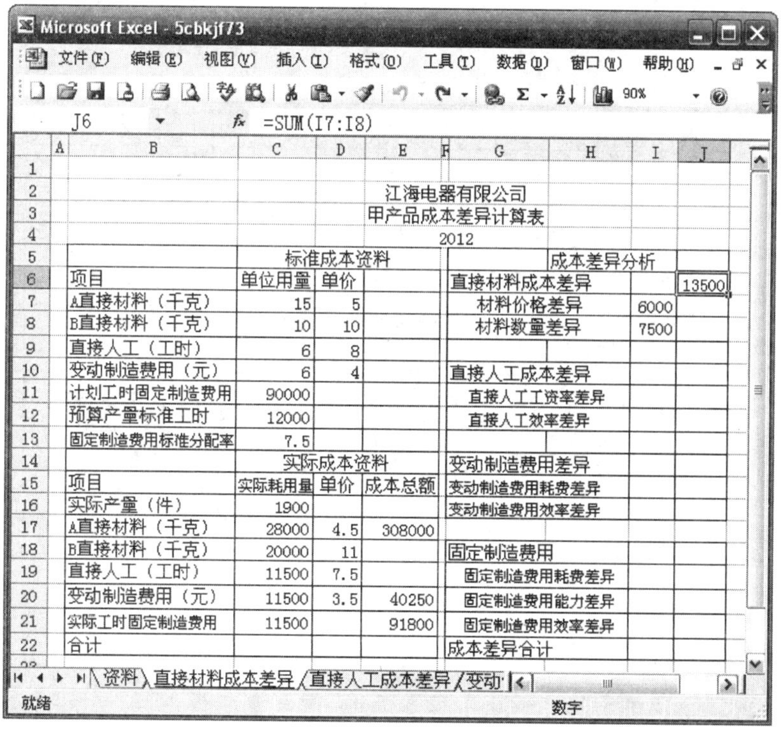
Microsoft Excel - 5cbkjf73
J6
=SUM(I7:I8)
江海电器有限公司
甲产品成本差异计算表
2012
标准成本资料
项目 单位用量 单价
A直接材料（千克） 15 5
B直接材料（千克） 10 10
直接人工（工时） 6 8
变动制造费用（元） 6 4
计划工时固定制造费用 90000
预算产量标准工时 12000
固定制造费用标准分配率 7.5
实际成本资料
项目 实际耗用量 单价 成本总额
实际产量（件） 1900
A直接材料（千克） 28000 4.5 308000
B直接材料（千克） 20000 11
直接人工（工时） 11500 7.5
变动制造费用（元） 11500 3.5 40250
实际工时固定制造费用 11500 91800
合计
成本差异分析
直接材料成本差异 13500
材料价格差异 6000
材料数量差异 7500
直接人工成本差异
直接人工工资率差异
直接人工效率差异
变动制造费用差异
变动制造费用耗费差异
变动制造费用效率差异
固定制造费用
固定制造费用耗费差异
固定制造费用能力差异
固定制造费用效率差异
成本差异合计
资料 直接材料成本差异 直接人工成本差异 变动
就绪 数字

图 9—46

第二步：计算人工成本标准成本及差异

1. 输入人工成本差异分析的相关资料

在 Excel 工作表中，输入人工成本差异分析所需的相关资料和差异指标。参见图 9—41 和图 9—43。

2. 计算直接人工成本差异

直接人工成本差异包括直接人工工资率差异和直接人工效率差异。计算公式为：

直接人工成本差异＝实际产量实际成本－实际产量标准成本

＝直接人工工资率差异＋直接人工效率差异

(1) 计算直接人工工资率差异。计算公式为：

工资率差异＝实际工时×实际工资率－实际工时×标准工资率

在单元格 I11 中输入公式“＝(D19－D9)＊直接人工成本差异!C19”，就可以计算出直接人工工资率差异。本例中直接人工工资率差异为－5 750 元。如图 9—47 所示。

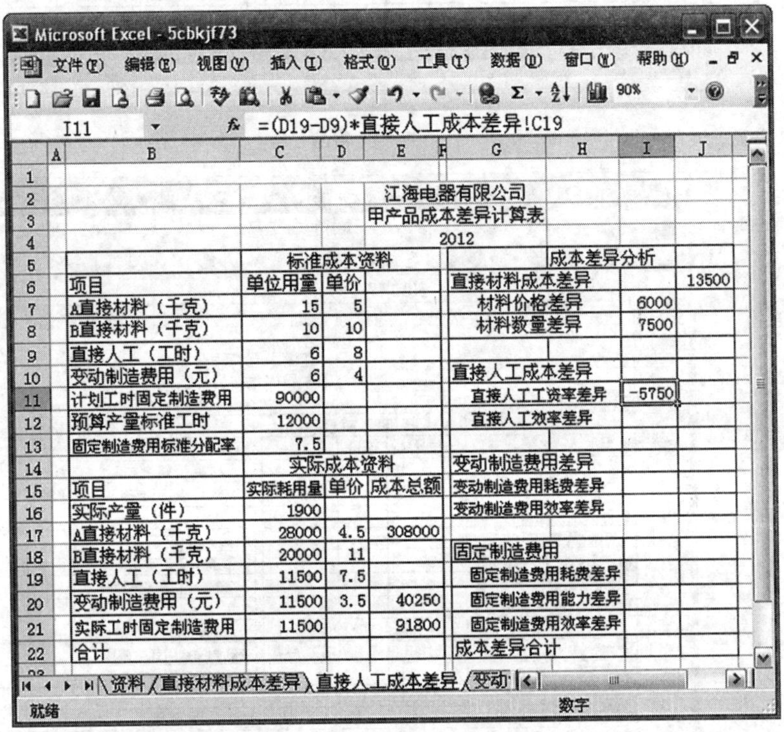

	B	C	D	E	G	H	I	J
1								
2				江海电器有限公司				
3				甲产品成本差异计算表				
4				2012				
5		标准成本资料			成本差异分析			
6	项目	单位用量	单价		直接材料成本差异			13500
7	A直接材料（千克）	15	5		材料价格差异		6000	
8	B直接材料（千克）	10	10		材料数量差异		7500	
9	直接人工（工时）	6	8					
10	变动制造费用（元）	6	4		直接人工成本差异			
11	计划工时固定制造费用	90000			直接人工工资率差异		-5750	
12	预算产量标准工时	12000			直接人工效率差异			
13	固定制造费用标准分配率	7.5						
14		实际成本资料			变动制造费用差异			
15	项目	实际耗用量	单价	成本总额	变动制造费用耗费差异			
16	实际产量（件）	1900			变动制造费用效率差异			
17	A直接材料（千克）	28000	4.5	308000				
18	B直接材料（千克）	20000	11		固定制造费用			
19	直接人工（工时）	11500	7.5		固定制造费用耗费差异			
20	变动制造费用（元）	11500	3.5	40250	固定制造费用能力差异			
21	实际工时固定制造费用	11500		91800	固定制造费用效率差异			
22	合计				成本差异合计			

图 9—47

(2) 计算直接人工效率差异。计算公式为：

效率差异＝实际工时×标准工资率－标准工时×标准工资率

在单元格 I12 中输入公式“＝(C19－C16＊C9)＊D9”，就可以计算出直接人工效率差异。本例中直接人工效率差异为 800 元。如图 9—48 所示。

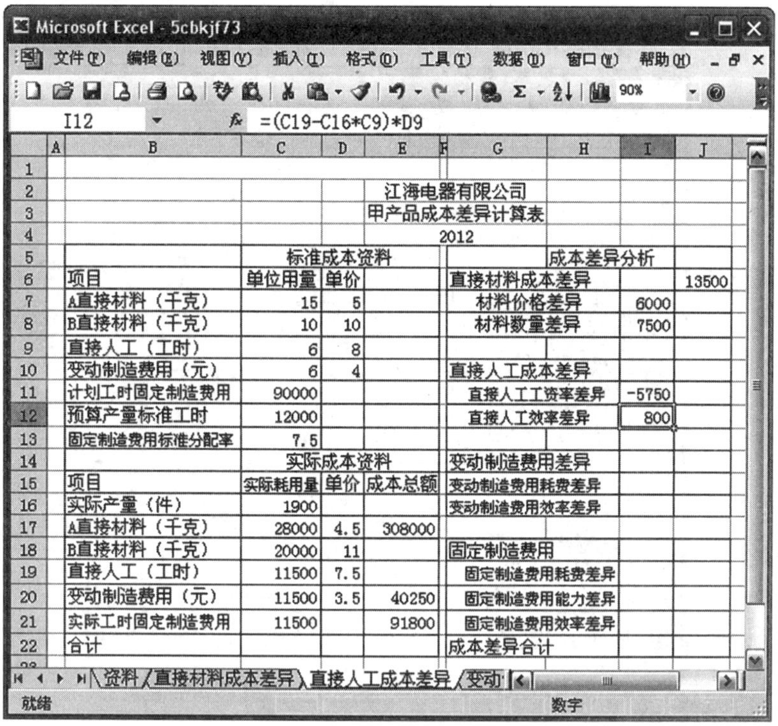
Microsoft Excel - 5cbkjf73

I12　=(C19-C16*C9)*D9

行	B	C	D	E	G	H	I	J
2				江海电器有限公司				
3				甲产品成本差异计算表				
4				2012				
5		标准成本资料				成本差异分析		
6	项目	单位用量	单价		直接材料成本差异			13500
7	A直接材料（千克）	15	5		材料价格差异		6000	
8	B直接材料（千克）	10	10		材料数量差异		7500	
9	直接人工（工时）	6	8					
10	变动制造费用（元）	6	4		直接人工成本差异			
11	计划工时固定制造费用	90000			直接人工工资率差异		-5750	
12	预算产量标准工时	12000			直接人工效率差异		800	
13	固定制造费用标准分配率	7.5						
14		实际成本资料			变动制造费用差异			
15	项目	实际耗用量	单价	成本总额	变动制造费用耗费差异			
16	实际产量（件）	1900			变动制造费用效率差异			
17	A直接材料（千克）	28000	4.5	308000				
18	B直接材料（千克）	20000	11		固定制造费用			
19	直接人工（工时）	11500	7.5		固定制造费用耗费差异			
20	变动制造费用（元）	11500	3.5	40250	固定制造费用能力差异			
21	实际工时固定制造费用	11500		91800	固定制造费用效率差异			
22	合计				成本差异合计			

资料 / 直接材料成本差异 / 直接人工成本差异 / 变动

就绪　数字

图 9—48

（3）计算直接人工成本差异。计算公式为：

直接人工成本差异＝工时用量差异＋工资率差异

单击单元格 J10，用鼠标点击常用公式栏的自动求和按钮，将鼠标指向单元格 I11，按下左键并拖向单元格 I12，将直接人工的工时用量差异和工资率差异相加，计算出直接人工成本差异。本例中直接人工成本差异为－4 950 元。如图 9—49 所示。

第三步：计算变动制造费用标准成本及差异

1. 输入变动制造费用差异分析的相关资料

在 Excel 工作表中，输入变动制造费用成本差异分析所需的相关资料和差异指标。参见图 9—41 和图 9—43。

2. 计算变动制造费用差异

变动制造费用差异包括耗费差异和效率差异。计算公式为：

$$\text{变动制造费用差异}=\text{实际产量实际变动制造费用}-\text{实际产量标准变动制造费用}=\text{耗费差异}+\text{效率差异}$$

（1）计算变动制造费用耗费差异。计算公式为：

耗费差异＝实际工时×实际分配率－实际工时×标准分配率

在单元格 I15 中输入公式"＝(D20－D10) * C20"，就可以计算出变动制造费用耗费差异。本例中变动制造费用耗费差异为－5 750 元。如图 9—50 所示。

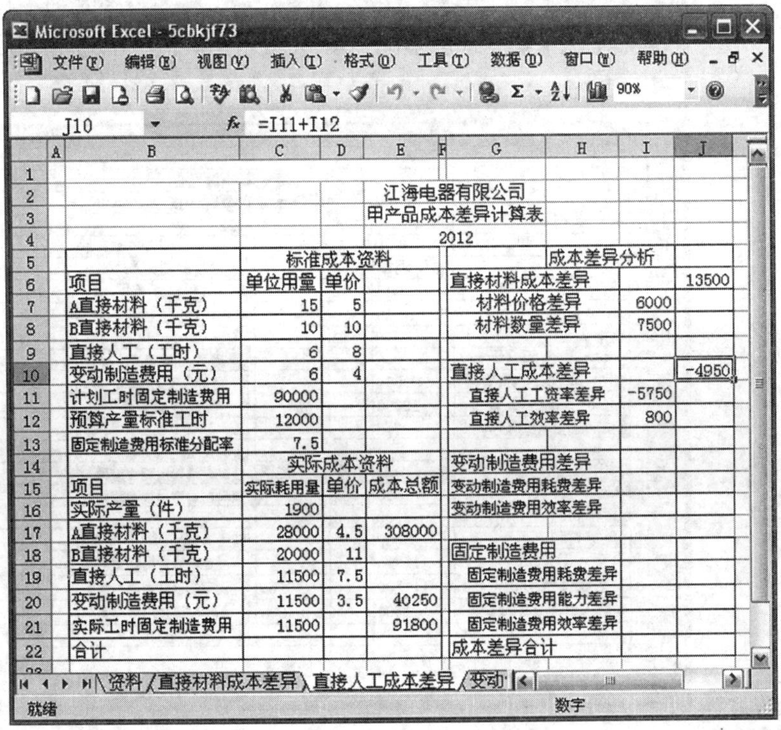

行	B	C	D	E	G	I	J
2				江海电器有限公司			
3				甲产品成本差异计算表			
4				2012			
5		标准成本资料			成本差异分析		
6	项目	单位用量	单价		直接材料成本差异		13500
7	A直接材料（千克）	15	5		材料价格差异	6000	
8	B直接材料（千克）	10	10		材料数量差异	7500	
9	直接人工（工时）	6	8				
10	变动制造费用（元）	6	4		直接人工成本差异		-4950
11	计划工时固定制造费用	90000			直接人工工资率差异	-5750	
12	预算产量标准工时	12000			直接人工效率差异	800	
13	固定制造费用标准分配率	7.5					
14		实际成本资料			变动制造费用差异		
15	项目	实际耗用量	单价	成本总额	变动制造费用耗费差异		
16	实际产量（件）	1900			变动制造费用效率差异		
17	A直接材料（千克）	28000	4.5	308000			
18	B直接材料（千克）	20000	11		固定制造费用		
19	直接人工（工时）	11500	7.5		固定制造费用耗费差异		
20	变动制造费用（元）	11500	3.5	40250	固定制造费用能力差异		
21	实际工时固定制造费用	11500		91800	固定制造费用效率差异		
22	合计				成本差异合计		

图 9—49

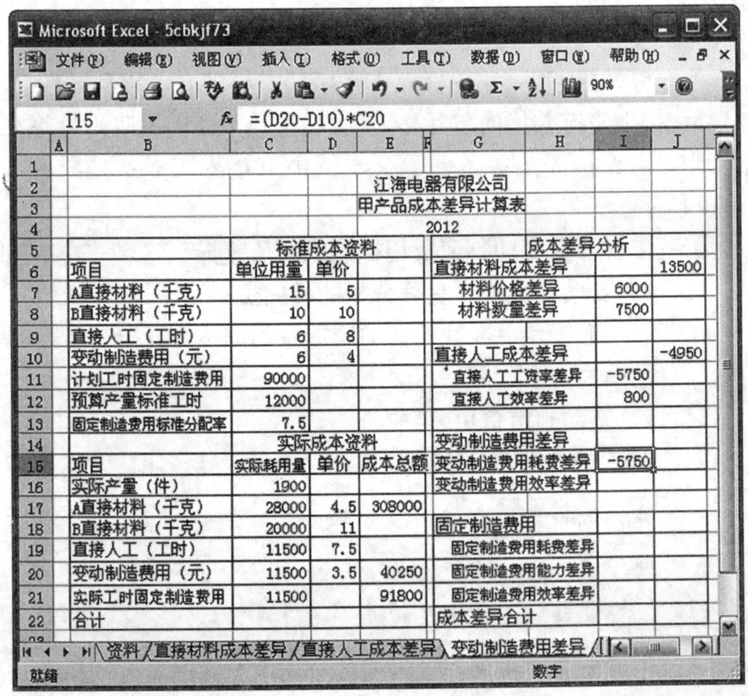

行	B	C	D	E	G	I	J
2				江海电器有限公司			
3				甲产品成本差异计算表			
4				2012			
5		标准成本资料			成本差异分析		
6	项目	单位用量	单价		直接材料成本差异		13500
7	A直接材料（千克）	15	5		材料价格差异	6000	
8	B直接材料（千克）	10	10		材料数量差异	7500	
9	直接人工（工时）	6	8				
10	变动制造费用（元）	6	4		直接人工成本差异		-4950
11	计划工时固定制造费用	90000			直接人工工资率差异	-5750	
12	预算产量标准工时	12000			直接人工效率差异	800	
13	固定制造费用标准分配率	7.5					
14		实际成本资料			变动制造费用差异		
15	项目	实际耗用量	单价	成本总额	变动制造费用耗费差异	-5750	
16	实际产量（件）	1900			变动制造费用效率差异		
17	A直接材料（千克）	28000	4.5	308000			
18	B直接材料（千克）	20000	11		固定制造费用		
19	直接人工（工时）	11500	7.5		固定制造费用耗费差异		
20	变动制造费用（元）	11500	3.5	40250	固定制造费用能力差异		
21	实际工时固定制造费用	11500		91800	固定制造费用效率差异		
22	合计				成本差异合计		

图 9—50

（2）计算变动制造费用效率差异。计算公式为：

效率差异＝实际工时×标准分配率－标准工时×标准分配率

在单元格 I16 中输入公式“＝(C20－C16 * C10) * D10”，就可以计算出变动制造费用效率差异。本例中变动制造费用效率差异为 400 元。如图 9—51 所示。

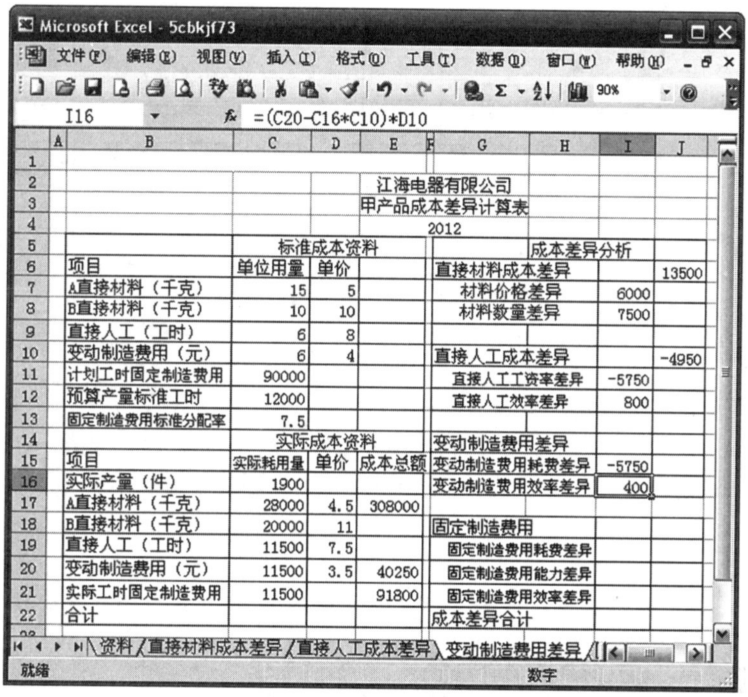

	B	C	D	E	G	H	I	J
2				江海电器有限公司				
3				甲产品成本差异计算表				
4				2012				
5		标准成本资料				成本差异分析		
6	项目	单位用量	单价		直接材料成本差异			13500
7	A直接材料（千克）	15	5		材料价格差异		6000	
8	B直接材料（千克）	10	10		材料数量差异		7500	
9	直接人工（工时）	6	8					
10	变动制造费用（元）	6	4		直接人工成本差异			-4950
11	计划工时固定制造费用	90000			直接人工工资率差异		-5750	
12	预算产量标准工时	12000			直接人工效率差异		800	
13	固定制造费用标准分配率	7.5						
14		实际成本资料			变动制造费用差异			
15	项目	实际耗用量	单价	成本总额	变动制造费用耗费差异		-5750	
16	实际产量（件）	1900			变动制造费用效率差异		400	
17	A直接材料（千克）	28000	4.5	308000				
18	B直接材料（千克）	20000	11		固定制造费用			
19	直接人工（工时）	11500	7.5		固定制造费用耗费差异			
20	变动制造费用（元）	11500	3.5	40250	固定制造费用能力差异			
21	实际工时固定制造费用	11500		91800	固定制造费用效率差异			
22	合计				成本差异合计			

图 9—51

（3）计算变动制造费用成本差异。计算公式为：

变动制造费用差异＝耗费差异＋效率差异

单击单元格 J14，用鼠标点击常用公式栏的自动求和按钮，将鼠标指向单元格 I15，按下左键并拖向单元格 I16，将变动制造费用的耗费差异和效率差异相加，计算出变动制造费用差异。本例中变动制造费用差异为－5 350 元。如图 9—52 所示。

第四步：计算固定制造费用标准成本及差异

1. 输入固定制造费用差异分析的相关资料

在 Excel 工作表中，输入固定制造费用成本差异分析所需的相关资料和差异指标。参见图 9—41 和图 9—43。

2. 计算固定制造费用差异

固定制造费用差异包括固定制造费用耗费差异、能力差异和效率差异。计算公式为：

固定制造费用差异＝耗费差异＋能力差异＋效率差异

（1）计算固定制造费用耗费差异。计算公式为：

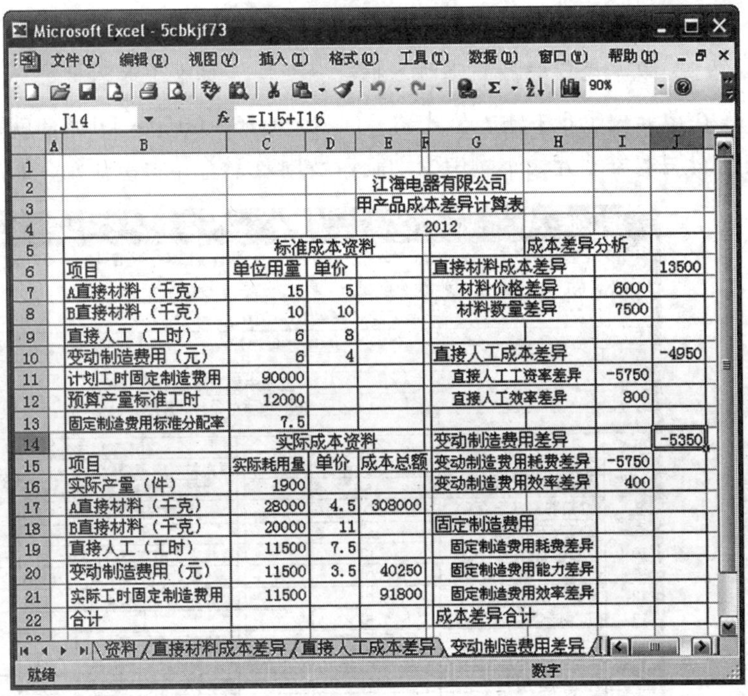

行	B	C	D	E	G	I	J
2			江海电器有限公司				
3			甲产品成本差异计算表				
4			2012				
5		标准成本资料			成本差异分析		
6	项目	单位用量	单价		直接材料成本差异		13500
7	A直接材料（千克）	15	5		材料价格差异	6000	
8	B直接材料（千克）	10	10		材料数量差异	7500	
9	直接人工（工时）	6	8				
10	变动制造费用（元）	6	4		直接人工成本差异		-4950
11	计划工时固定制造费用	90000			直接人工工资率差异	-5750	
12	预算产量标准工时	12000			直接人工效率差异	800	
13	固定制造费用标准分配率	7.5					
14		实际成本资料			变动制造费用差异		-5350
15	项目	实际耗用量	单价	成本总额	变动制造费用耗费差异	-5750	
16	实际产量（件）	1900			变动制造费用效率差异	400	
17	A直接材料（千克）	28000	4.5	308000			
18	B直接材料（千克）	20000	11		固定制造费用		
19	直接人工（工时）	11500	7.5		固定制造费用耗费差异		
20	变动制造费用（元）	11500	3.5	40250	固定制造费用能力差异		
21	实际工时固定制造费用	11500		91800	固定制造费用效率差异		
22	合计				成本差异合计		

图 9—52

耗费差异＝实际分配率×实际工时－标准分配率×预算工时

耗费差异＝实际固定制造费用－预算产量标准固定制造费用

在单元格 I19 中输入公式“＝E21－C11”，就可以计算出固定制造费用耗费差异。本例中固定制造费用耗费差异为 1 800 元。如图 9—53 所示。

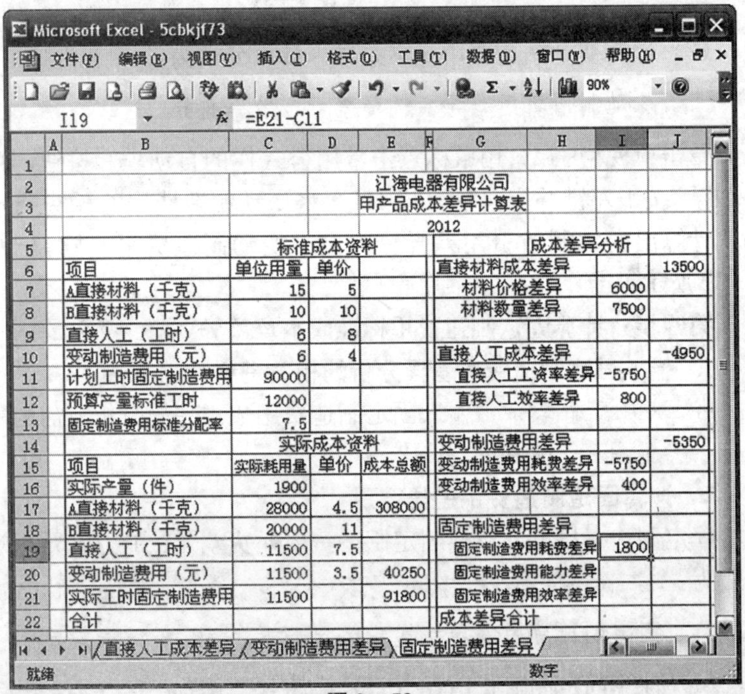

行	B	C	D	E	G	I	J
2			江海电器有限公司				
3			甲产品成本差异计算表				
4			2012				
5		标准成本资料			成本差异分析		
6	项目	单位用量	单价		直接材料成本差异		13500
7	A直接材料（千克）	15	5		材料价格差异	6000	
8	B直接材料（千克）	10	10		材料数量差异	7500	
9	直接人工（工时）	6	8				
10	变动制造费用（元）	6	4		直接人工成本差异		-4950
11	计划工时固定制造费用	90000			直接人工工资率差异	-5750	
12	预算产量标准工时	12000			直接人工效率差异	800	
13	固定制造费用标准分配率	7.5					
14		实际成本资料			变动制造费用差异		-5350
15	项目	实际耗用量	单价	成本总额	变动制造费用耗费差异	-5750	
16	实际产量（件）	1900			变动制造费用效率差异	400	
17	A直接材料（千克）	28000	4.5	308000			
18	B直接材料（千克）	20000	11		固定制造费用差异		
19	直接人工（工时）	11500	7.5		固定制造费用耗费差异	1800	
20	变动制造费用（元）	11500	3.5	40250	固定制造费用能力差异		
21	实际工时固定制造费用	11500		91800	固定制造费用效率差异		
22	合计				成本差异合计		

图 9—53

（2）计算固定制造费用能力差异。计算公式为：

能力差异＝标准分配率×预算工时－标准分配率×实际工时

在单元格 I20 中输入公式“＝(C12－C21) ∗ C13”，就可以计算出固定制造费用能力差异。本例中固定制造费用能力差异为 3750 元。如图 9—54 所示。

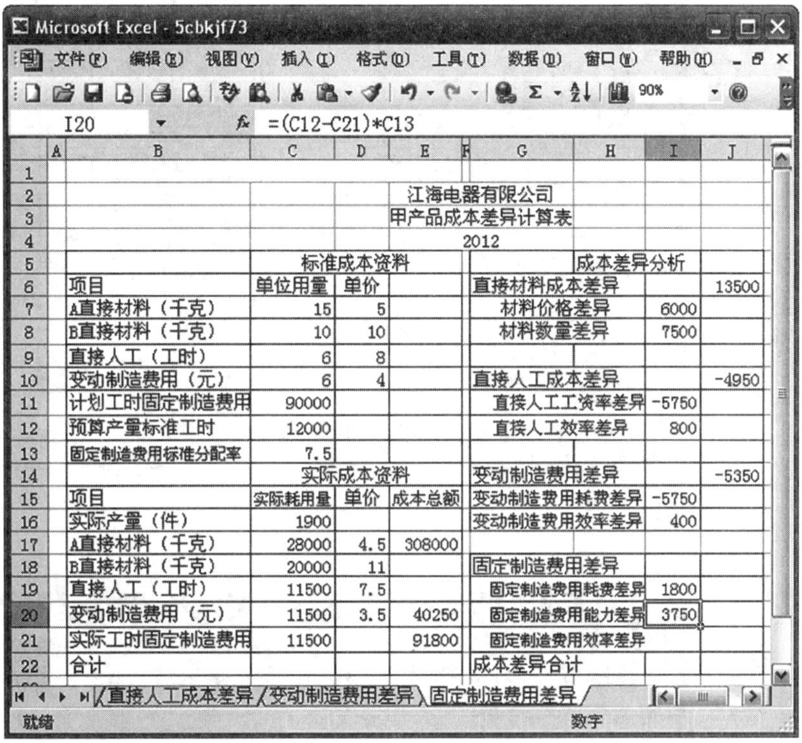

	B	C	D	E	G	I	J
1							
2				江海电器有限公司			
3				甲产品成本差异计算表			
4				2012			
5		标准成本资料			成本差异分析		
6	项目	单位用量	单价		直接材料成本差异		13500
7	A直接材料（千克）	15	5		材料价格差异	6000	
8	B直接材料（千克）	10	10		材料数量差异	7500	
9	直接人工（工时）	6	8				
10	变动制造费用（元）	6	4		直接人工成本差异		-4950
11	计划工时固定制造费用	90000			直接人工工资率差异	-5750	
12	预算产量标准工时	12000			直接人工效率差异	800	
13	固定制造费用标准分配率	7.5					
14		实际成本资料			变动制造费用差异		-5350
15	项目	实际耗用量	单价	成本总额	变动制造费用耗费差异	-5750	
16	实际产量（件）	1900			变动制造费用效率差异	400	
17	A直接材料（千克）	28000	4.5	308000			
18	B直接材料（千克）	20000	11		固定制造费用差异		
19	直接人工（工时）	11500	7.5		固定制造费用耗费差异	1800	
20	变动制造费用（元）	11500	3.5	40250	固定制造费用能力差异	3750	
21	实际工时固定制造费用	11500		91800	固定制造费用效率差异		
22	合计				成本差异合计		

图 9—54

（3）计算固定制造费用效率差异。计算公式为：

效率差异＝标准分配率×实际工时－标准分配率×标准工时

在单元格 I21 中输入公式“＝(C21－C16 ∗ C10) ∗ C13”，就可以计算出固定制造费用效率差异。本例中固定制造费用效率差异为 750 元。如图 9—55 所示。

（4）计算固定制造费用差异。计算公式为：

固定制造费用差异＝耗费差异＋能力差异＋效率差异

在单元格 J18 中输入公式“＝I19＋I20＋I21”，将固定制造费用的耗费差异、能力差异、效率差异相加，计算出固定制造费用差异。本例中固定制造费用差异为 6 300 元。如图 9—56 所示。

最后，在单元格 J23 中输入公式“＝J6＋J10＋J14＋J18”，将各成本项目的成本差异相加，计算出成本差异合计。成本差异分析模型中的全部公式如图 9—57所示。

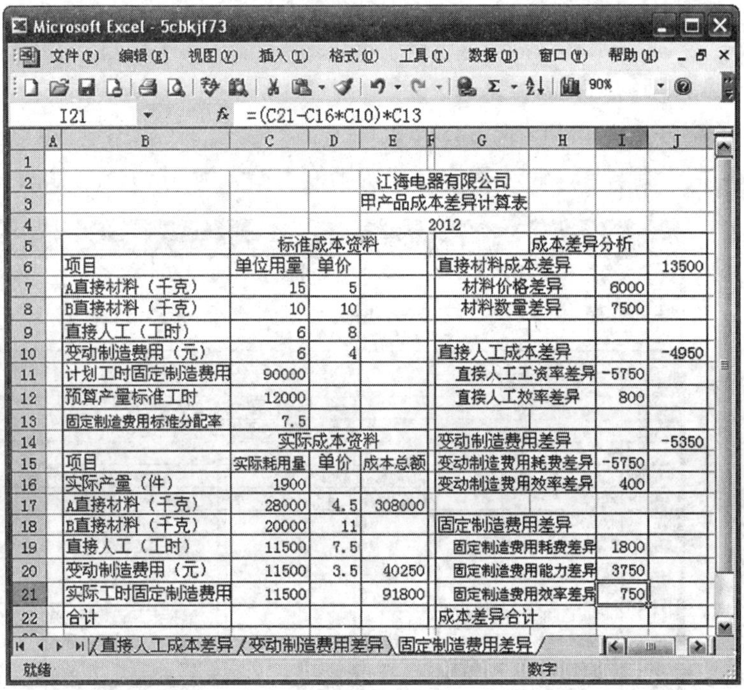

	A	B	C	D	E	G	I	J
1								
2					江海电器有限公司			
3					甲产品成本差异计算表			
4					2012			
5			标准成本资料			成本差异分析		
6		项目	单位用量	单价		直接材料成本差异		13500
7		A直接材料（千克）	15	5		材料价格差异	6000	
8		B直接材料（千克）	10	10		材料数量差异	7500	
9		直接人工（工时）	6	8				
10		变动制造费用（元）	6	4		直接人工成本差异		-4950
11		计划工时固定制造费用	90000			直接人工工资率差异	-5750	
12		预算产量标准工时	12000			直接人工效率差异	800	
13		固定制造费用标准分配率	7.5					
14			实际成本资料			变动制造费用差异		-5350
15		项目	实际耗用量	单价	成本总额	变动制造费用耗费差异	-5750	
16		实际产量（件）	1900			变动制造费用效率差异	400	
17		A直接材料（千克）	28000	4.5	308000			
18		B直接材料（千克）	20000	11		固定制造费用差异		
19		直接人工（工时）	11500	7.5		固定制造费用耗费差异	1800	
20		变动制造费用（元）	11500	3.5	40250	固定制造费用能力差异	3750	
21		实际工时固定制造费用	11500		91800	固定制造费用效率差异	750	
22		合计				成本差异合计		

图 9—55

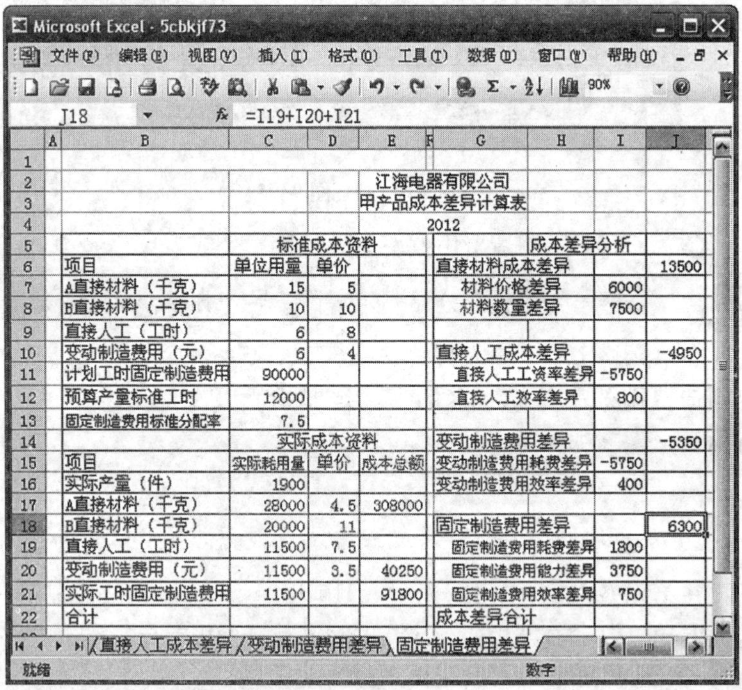

	A	B	C	D	E	G	I	J
1								
2					江海电器有限公司			
3					甲产品成本差异计算表			
4					2012			
5			标准成本资料			成本差异分析		
6		项目	单位用量	单价		直接材料成本差异		13500
7		A直接材料（千克）	15	5		材料价格差异	6000	
8		B直接材料（千克）	10	10		材料数量差异	7500	
9		直接人工（工时）	6	8				
10		变动制造费用（元）	6	4		直接人工成本差异		-4950
11		计划工时固定制造费用	90000			直接人工工资率差异	-5750	
12		预算产量标准工时	12000			直接人工效率差异	800	
13		固定制造费用标准分配率	7.5					
14			实际成本资料			变动制造费用差异		-5350
15		项目	实际耗用量	单价	成本总额	变动制造费用耗费差异	-5750	
16		实际产量（件）	1900			变动制造费用效率差异	400	
17		A直接材料（千克）	28000	4.5	308000			
18		B直接材料（千克）	20000	11		固定制造费用差异		6300
19		直接人工（工时）	11500	7.5		固定制造费用耗费差异	1800	
20		变动制造费用（元）	11500	3.5	40250	固定制造费用能力差异	3750	
21		实际工时固定制造费用	11500		91800	固定制造费用效率差异	750	
22		合计				成本差异合计		

图 9—56

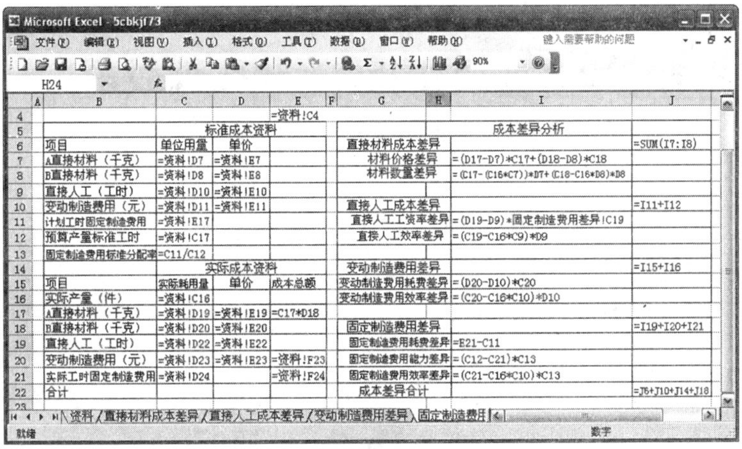

	B	C	D	E	G	I	J
4				=资料!C4			
5		标准成本资料				成本差异分析	
6	项目	单位用量	单价		直接材料成本差异		=SUM(I7:I8)
7	A直接材料（千克）	=资料!D7	=资料!E7		材料价格差异	=(D17-D7)*C17+(D18-D8)*C18	
8	B直接材料（千克）	=资料!D8	=资料!E8		材料数量差异	=(C17-(C16*C7))*D7+(C18-C16*D8)*D8	
9	直接人工（工时）	=资料!D10	=资料!E10				
10	变动制造费用（元）	=资料!D11	=资料!E11		直接人工成本差异		=I11+I12
11	计划工时固定制造费用	=资料!E17			直接人工工资率差异	=(D19-D9)*固定制造费用差异!C19	
12	预算产量标准工时	=资料!C17			直接人工效率差异	=(C19-C16*C9)*D9	
13	固定制造费用标准分配率	=C11/C12					
14		实际成本资料			变动制造费用差异		=I15+I16
15	项目	实际耗用量	单价	成本总额	变动制造费用耗费差异	=(D20-D10)*C20	
16	实际产量（件）	=资料!C16			变动制造费用效率差异	=(C20-C16*C10)*D10	
17	A直接材料（千克）	=资料!D19	=资料!E19	=C17*D18			
18	B直接材料（千克）	=资料!D20	=资料!E20		固定制造费用差异		=I19+I20+I21
19	直接人工（工时）	=资料!D22	=资料!E22		固定制造费用耗费差异	=E21-C11	
20	变动制造费用（元）	=资料!D23	=资料!E23	=资料!F23	固定制造费用能力差异	=(C12-C21)*C13	
21	实际工时固定制造费用	=资料!D24		=资料!F24	固定制造费用效率差异	=(C21-C16*C10)*C13	
22	合计				成本差异合计		=J6+J10+J14+J18

图 9—57

成本差异分析模型创建完成后，各成本项目的成本差异也就计算出来了。本例中各成本项目的成本差异为 9 500 元。如图 9—58 所示。

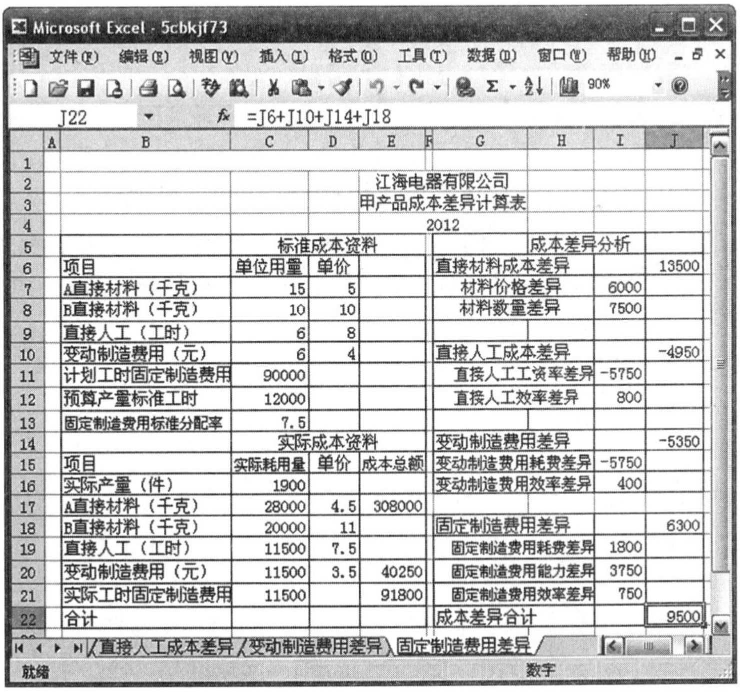

	B	C	D	E	G	I	J
2				江海电器有限公司			
3				甲产品成本差异计算表			
4				2012			
5		标准成本资料			成本差异分析		
6	项目	单位用量	单价		直接材料成本差异		13500
7	A直接材料（千克）	15	5		材料价格差异	6000	
8	B直接材料（千克）	10	10		材料数量差异	7500	
9	直接人工（工时）	6	8				
10	变动制造费用（元）	6	4		直接人工成本差异		-4950
11	计划工时固定制造费用	90000			直接人工工资率差异	-5750	
12	预算产量标准工时	12000			直接人工效率差异	800	
13	固定制造费用标准分配率	7.5					
14		实际成本资料			变动制造费用差异		-5350
15	项目	实际耗用量	单价	成本总额	变动制造费用耗费差异	-5750	
16	实际产量（件）	1900			变动制造费用效率差异	400	
17	A直接材料（千克）	28000	4.5	308000			
18	B直接材料（千克）	20000	11		固定制造费用差异		6300
19	直接人工（工时）	11500	7.5		固定制造费用耗费差异	1800	
20	变动制造费用（元）	11500	3.5	40250	固定制造费用能力差异	3750	
21	实际工时固定制造费用	11500		91800	固定制造费用效率差异	750	
22	合计				成本差异合计		9500

图 9—58

至此，标准成本法模型创建完成，同时按标准成本法计算出甲产品的直接材料、直接人工、变动制造费用以及固定制造费用的实际成本、标准成本和成本差异。

成本差异分析模型创建和应用的详细过程可参考《实验系统》“标准成本法”模块的“实验示范”中的直接材料成本差异、直接人工成本差异、变动制造费用差异和固定制造费用差异分析模型的屏幕录像，这里不再赘述。

9.5 产品成本计算的辅助方法模型的应用

产品成本计算辅助方法模型创建完成以后，为我们进行日常产品成本计算提供了极大的便利。这种便利主要表现在以后各期产品成本的计算以及产品成本计算错误的纠正等方面。下面主要以标准成本法模型为例说明产品成本计算辅助方法模型的应用。

成本差异分析模型主要应用于成本差异日常分析、假设分析和其他项目成本差异分析等。上例成本差异分析是根据江海电器有限公司某期实际成本资料和标准成本资料计算出来的结果，到获得下一期的实际成本资料后，就可以利用成本差异分析模型对下一期成本资料进行分析，即成本差异的日常分析。同时，影响成本差异分析结果的各因素的数据很可能因情况变化而不断地发生变化，企业管理者往往需要了解在各因素可能发生变化的情况下，对成本差异分析结果产生的影响，或者为了使成本差异分析结果达到某个特定的期望水平，管理者也需要了解影响成本差异分析结果的各因素所需变动的幅度，这时就需要进行成本差异分析的假设分析。成本差异分析包括因素（条件）变动的假设分析和结果变动的假设分析两方面。因素（条件）变动的假设分析是从因素变动分析入手，即假设影响结果的各个相关因素单独或同时变动，来观察因素变动对结果产生的影响；结果变动的假设分析是从结果变动分析入手，它是因素（条件）分析的逆向分析，即在假设结果发生变动的情况下，观察影响结果变动的各个相关因素的变动值。仍沿用上例资料说明日常分析、假设分析在成本差异分析模型中的应用。

模拟实验题

【实验1】 甲产品采用定额法计算产品成本。本月生产甲产品的有关资料如下：

(1) 月初在产品定额费用为 5 000 元，月初在产品脱离定额差异为节约 145 元，月初在产品定额费用调整为降低 100 元。定额变动差异全部由完工产品负担。

(2) 本月定额费用为 100 000 元，本月脱离定额差异为节约 5 100 元。

(3) 本月原材料成本差异率为超支 1%，材料成本差异全部由完工产品负担。

(4) 本月完工产品的产量 500 件。甲产品单位产品原材料费用定额为 220 元，定额变动系数为 0.9。

要求：

(1) 计算本月完工产品的原材料定额费用。

(2) 计算月末在产品的原材料费用。

(3) 计算完工产品和月末在产品的原材料实际费用（脱离定额差异，按定额费用比例在完工产品和月末在产品之间分配）。

【实验 2】 江海电器有限公司 2012 年 6 月生产甲产品的有关资料如下：

(1) 甲产品的标准成本资料见下表。

项目	单位用量	单价（元）
直接材料	6 千克	0.5
直接人工	2 工时	4
变动制造费用	1 工时	2
固定制造费用	2 工时	1.8
预算产量 1 000 件		
预算固定制造费用		3 600（1 000×2×1.8）
预算工时		2 000（1 000×2）

(2) 甲产品的实际成本资料见下表。

项目	总用量	单价（元）
直接材料	4 225 千克	0.55
直接人工	1 365 工时	3.8
变动制造费用总额 5 200 元		
固定制造费用总额 7 600 元		
实际产量 1 210 件		
标准工时	2 420（1 210×2）小时	

要求：按照标准成本法计算各成本项目的成本差异。

【实验 3】 江海电器有限公司 2012 年 12 月生产 D 产品的有关资料如下：

(1) 甲产品的标准成本资料见下表。

项目	单位用量	单价（元）
直接材料	20 千克	30
直接人工	5 工时	4
变动制造费用	5 工时	10
固定制造费用	5 工时	8
预算产量 1 000 件		
预算固定制造费用		40 000（1 000×5×8）
预算工时		5 000（1 000×5）

(2) 甲产品的实际成本资料见下表。

项目	总用量	单价（元）
直接材料	25 000 千克	29
直接人工	5 800 工时	4.5

续前表

项目	总用量	单价（元）
变动制造费用总额 59 000 元		
固定制造费用总额 42 000 元		
实际产量 1 200 件		
标准工时	6 000（1 200×5）小时	

要求：按照标准成本法计算D产品各成本项目的成本差异。

图书在版编目（CIP）数据

成本会计学模拟实验教程/马元驹编著. 一北京：中国人民大学出版社，2013.3
中国人民大学会计系列教材. 模拟实验
ISBN 978-7-300-17158-6

Ⅰ.①成… Ⅱ.①马… Ⅲ.①成本会计-高等学校-教材 Ⅳ.①F234.2

中国版本图书馆 CIP 数据核字（2013）第 043480 号

中国人民大学会计系列教材·模拟实验
成本会计学模拟实验教程
马元驹 编著
Chengben Kuaijixue Moni Shiyan Jiaocheng

出版发行	中国人民大学出版社		
社　　址	北京中关村大街 31 号	**邮政编码**	100080
电　　话	010－62511242（总编室）		010－62511398（质管部）
	010－82501766（邮购部）		010－62514148（门市部）
	010－62515195（发行公司）		010－62515275（盗版举报）
网　　址	http://www.crup.com.cn		
	http://www.ttrnet.com（人大教研网）		
经　　销	新华书店		
印　　刷	北京昌联印刷有限公司		
规　　格	185 mm×260 mm　16 开本	**版　　次**	2013 年 4 月第 1 版
印　　张	19.75 插页 1	**印　　次**	2018 年 8 月第 4 次印刷
字　　数	426 000	**定　　价**	38.00 元

教师教学服务说明

中国人民大学出版社工商管理分社以出版经典、高品质的工商管理、财务会计、统计、市场营销、人力资源管理、运营管理、物流管理、旅游管理等领域的各层次教材为宗旨。为了更好地服务于一线教师教学，近年来工商管理分社着力建设了一批数字化、立体化的网络教学资源。教师可以通过以下方式获得免费下载教学资源的权限：

（1）在“人大经管图书在线”（www. rdjg. com. cn）注册并下载“教师服务登记表”，或直接填写下面的“教师服务登记表”，加盖院系公章，然后邮寄或传真给我们。我们收到表格后将在一个工作日内为您开通相关资源的下载权限。

（2）如果您有“人大出版社教研服务网络”（http://www. ttrnet. com）会员卡，可以将卡号发到我们的电子邮箱，无须重复注册，我们将直接为您开通相关专业领域教学资源的下载权限。

如您需要帮助，请随时与我们联络：

中国人民大学出版社工商管理分社

联系电话：010－62515735，62515749，82501704

传真：010－62515732，62514775　　　　电子邮箱：rdcbsjg@crup. com. cn

通讯地址：北京市海淀区中关村大街甲 59 号文化大厦 1501 室（100872）

教师服务登记表

姓名		□先生　□女士	职　称		
座机/手机			电子邮箱		
通讯地址			邮　编		
任教学校			所在院系		
所授课程	课程名称	现用教材名称	出版社	对象（本科生/研究生/MBA/其他）	学生人数
需要哪本教材的配套资源					
人大经管图书在线用户名					
院/系领导（签字）： 院/系办公室盖章					